# एक सौ दलित आत्मकथाएँ

## इतिहास एवं विश्लेषण

# एक सौ दलित आत्मकथाएँ

## इतिहास एवं विश्लेषण

सम्पादक

मोहनदास नैमिशराय

वाणी प्रकाशन

# वाणी प्रकाशन

*4695, 21-ए, दरियागंज, नयी दिल्ली 110 002*

फ़ोन : +91 11 23273167 फ़ैक्स : +91 11 23275710

**शाखाएँ**

*अशोक राजपथ, पटना 800 004, बिहार*

*कॉफ़ी हाउस कैम्पस, महात्मा गांधी मार्ग, इलाहाबाद 211 001, उत्तर प्रदेश*

*महात्मा गांधी अन्तरराष्ट्रीय हिन्दी विश्वविद्यालय, वर्धा 442 001, महाराष्ट्र*

*सुल्तानिया रोड, मोतिया पार्क, भोपाल 462 001, मध्य प्रदेश*

www.vaniprakashan.com
marketing@vaniprakashan.in
sales@vaniprakashan.in

Ek Sau Dalit Aatmakathayen
*Edited by* Mohandas Naimishrai

ISBN : 978-93-90678-30-3
Dalit Autobiography/Dalit Criticism





प्रथम संस्करण 2021

मूल्य : ₹ 1250





*आर. टेक ऑफ़सेट प्रिंटर्स, दिल्ली-110032 में मुद्रित*

*वाणी प्रकाशन का लोगो मक़बूल फ़िदा हुसेन की कूची से*

*“भले ही लोग जाने-अनजाने में मुझे भूल जायें। पर याद रखना पुरानी और नयी पीढ़ी के उस्तादो! मैंने दस-बीस नहीं, चालीस-पचास और सत्तर-अस्सी भी नहीं पूरे एक सौ (हो सकता है उससे भी अधिक) प्रेरक शख़्सियतों का रोज़नामचा लिखकर पूरा कर लिया है। जिन्हें कभी पाठक तो कभी रिसर्च-स्कॉलर, कभी समाजशास्त्री और कभी भूल से उनके जीवन संघर्ष पर फ़िल्म बनाने वाले ज़रूर पढ़ेंगे। हाँ, जी हाँ, वे ज़रूर पढ़ेंगे। और पढ़ते हुए भीतर से दहकेंगे भी ज़रूर। स्वयं ही नहीं दहकेंगे बल्कि दूसरों को भी दहकायेंगे। सोये हुओं को जगायेंगे और जगे हुओं के भीतर बारूद भरेंगे। फिर मशाल लेकर तो आना ही है जी किसी-न-किसी को। तब रही-सही बेड़ियाँ टूटेंगी ही। ध्वंस के बाद सृजन होता ही है। ऐसी शख़्सियतों और आत्मकथाकारों को समर्पित जिन्होंने बारूद न सही अपने भीतर चिंगारी समेटे इस दुनिया से अलविदा कहा।”*

# अनुक्रम

*भूमिका*

# मेरे शब्द उनका जीवन

आत्मवृत्त या आत्मकथाएँ हमारे जीवन का वह हिस्सा है, जो सवर्णों द्वारा उत्प्रेरित सामाजिक घटनाओं और दुर्घटनाओं की परत-दर-परत खोलती हैं। साथ ही वैसी ऐतिहासिक रचनाएँ या कृतियाँ शोषण और उत्पीड़न की चश्मदीद गवाह रहती हैं। आत्मकथाएँ हमारे जीवन में संघर्ष हेतु प्रेरक का काम करती हैं।

दलित चाहे चपरासी हो या कलक्टर, मन्त्री हो या सन्त्री या फिर देश का राष्ट्रपति ही क्यूँ न हो। भारत जैसे हिन्दू राष्ट्र में वह ताउम्र जाति आधारित विषमता तथा शोषण झेलने को अभिशप्त ही होता है। जाति जीवन का कटु सत्य है। दलित हो या ब्राह्मण, जाति छाया की तरह उनके साथ चलती है। जहाँ वे जायेंगे छाया उनके साथ जायेगी। छाया तो अँधेरे में अदृश्य हो जाती है लेकिन जातीय पहचान अँधेरे में भी क़ायम रहती है।

आत्मकथाओं को लेकर द्विज लेखकों तथा समीक्षकों में विरोधाभास है। उनमें से अधिकांश साहित्यकार दलितों के द्वारा लिखे जा रहे रक्तिम संघर्ष के इन दस्तावेज़ों से परहेज करने लगे हैं। उनकी तरफ़ से तरह-तरह की टीका हुई है। हालाँकि कुछ इनका समर्थन करते हैं। जबकि दलितों की ओर से आत्मकथा लिखना चेतना के दरवाज़े खुलने जैसा है।...समूचा इतिहास खुलता है। तुम (द्विज) क्या-क्या छिपाओगे अब कुछ छिपने वाला नहीं है, तुम्हारी महान संस्कृति-परम्परा तार-तार हो चुकी है। हिन्दू देवी-देवताओं के साथ उन प्रथाओं, कुरीतियों को बाबा साहेब के अनुयायियों ने कूड़े में फेंक दिया है और नये जीवन की शुरुआत की है।

हिन्दी में आत्मकथा लेखन की प्रदीर्घ परम्परा रही है और इसे गद्य की एक विधा के रूप में स्वीकार भी किया गया है। दलित और ग़ैर-दलित समाज के लेखकों के द्वारा मराठी से इतर भाषाओं में आत्मकथाएँ आती रही हैं जिनके बारे में समय-समय पर लिखा जाता रहा है। हम उस इतिहास में नहीं जा रहे हैं।

ऐसा कहा जाता है कि मराठी दलित साहित्य से अन्य भाषाओं में दलित साहित्य का उद्‌भव और विकास हुआ। विशेष रूप से दलित साहित्य में मराठी

दलित आत्मकथा लेखन 'अस्मितादर्श त्रैमासिक' के माध्यम से प्रकाश में आया। 'मी आणि माझे लेखन' (मैं और मेरा लेखन) शीर्षक से मराठी दलित साहित्यकारों के आत्मकथन अस्मितादर्श के (1976) दीपावली अंक में प्रकाशित हुए हैं। इसमें सर्वश्री ना.रा. शेंडे, केशव मेश्राम, बन्धु माधव, राजा ढाले, योगीराज वाघमारे और ज.वि. पवार की आत्मकथा प्रकाशित हुई हैं जिन्होंने मराठी दलित साहित्य में आत्मकथा निर्मिति की ज़मीन तैयार की। और देखते-देखते गाँव/खेड़ा/क़स्बा तथा शहरों में बिताया गया दलित बचपन काग़ज़ों पर उतरने लगा। तब से लेकर आज तक दलित आत्मकथाकारों की क़लम से न स्याही ख़त्म हुई और न उनके भीतर की तड़प।

दलित आत्मकथाएँ और जीवनियाँ किसी भी भाषा में लिखी गयी हों, वे हमें अँधेरे से उजाले की ओर ले जाती हैं। उस अँधेरे में दलित समाज के छटपटाने की क्या विवशताएँ रहीं, उन्हें भी रेखांकित करती हैं। आत्मकथाएँ नयी पीढ़ी को सावधान भी करती हैं, इसलिए कि जिस अँधेरे में रहते हुए दलित समाज के लोगों ने गुलामों जैसा जीवन बिताया, वैसा यातनापूर्ण जीवन नयी पीढ़ी को न बिताना पड़े। उनका जीवन गुलामी से मुक्त हो। उनके आसपास दुष्परम्पराओं तथा प्रथाओं के धार्मिक बन्धन न हों। वे मुक्त परिवेश में साँस ले सकें।

संख्या की दृष्टि से देखा जाये तो मराठी दलित आत्मकथाओं के बाद हिन्दी दलित आत्मकथाओं का ही नम्बर आता है। यह पंक्तियाँ लिखने तक हिन्दी में मूल आत्मकथाएँ बीस के लगभग तो हो ही गयी हैं। वैसे सम्भावना है कि आने वाले नये बरस तक (2021) दलितों के द्वारा लिखी जाने वाली आत्मकथाओं की संख्या हिन्दी में तीस तो हो ही जायेगी। उदाहरण के लिए सुनेर सिंह ताराम की 'क़तरा-क़तरा ज़िन्दगी' और द्वारका भारती की आत्मकथा प्रेस में है। कुछ अभी ऊहापोह में हैं और द्वन्द्व में भी। जबकि मराठी में दलित आत्मकथाएँ दो सौ की गिनती को पार कर गयी हैं जिनमें मराठी दलित महिलाओं की भागीदारी सराहनीय रही है। पर उन पर शोध सम्बन्धी कार्य उतनी गम्भीरता से नहीं हुआ है। मराठी साहित्यकार, समीक्षक और पत्रकार इस मामले में पीछे हैं। मेरी अपनी जानकारी में मराठी दलित आत्मकथाओं पर आलोचनात्मक महत्त्वपूर्ण किताबें पन्द्रह-बीस से अधिक नहीं हैं। जबकि हिन्दी में इस तरह की लगभग दस पुस्तकें आ गयी हैं। कुछ शोधार्थी ज़रूर एम. फिल. और पीएच.डी. करने के बहाने पुरानी और चर्चित आत्मकथाओं के साथ गुमनामी में पड़ी आत्मकथाओं का कभी-कभार ज़िक्र ज़रूर कर देते हैं। कुछ पाठक पढ़ लेते हैं और भूल जाते हैं। और वैसी आत्मकथाएँ आत्मकथाकारों के साथ फिर से गुमनामी के अँधेरे में खो जाती हैं।

मराठी में ऐसी आत्मकथाओं की संख्या एक सौ पचास के लगभग है और हिन्दी में सात-आठ के लगभग—जिनकी प्रसिद्धि उस तरह से नहीं हुई। अन्य भाषाओं में क्या स्थिति है, इस बारे में बेहतर रूप से उन भाषाओं के शोधार्थी जानें या उन राज्यों के लेखक।

हिन्दी में गम्भीर रूप से जो कार्य इस बारे में हुआ है, वह 'अपेक्षा' के माध्यम से। तेज सिंह ने एक नहीं दो-दो दलित आत्मकथा विशेषांक प्रकाशित किये। हिन्दी के साथ मराठी और अन्य भाषाओं में जो आत्मकथाएँ 'अपेक्षा' के पन्नों पर आयीं, उनके ब्योरे दिये। आज वे हमारे बीच नहीं हैं। हम उन्हें 'सलाम' करते हैं। दूसरा प्रयास 'बयान' के माध्यम से मेरे द्वारा हुआ है। समय-समय पर आत्मकथाओं की समीक्षा के साथ दलित और ग़ैर-दलितों के विश्लेषण भी प्रकाशित किये गये हैं।

इनके अलावा पश्यन्ती/राष्ट्रीय सहारा/दलित अस्मिता/सारिक़ा/कथाक्रम/कथादेश/संचेतना/इलेस्ट्रेटेड वीकली/धर्मयुग/समकालीन भारतीय साहित्य/युद्धरत आम आदमी/हंस/वसुधा/दलित साहित्य वार्षिकी, शिल्पकार टाइम्स आदि पत्र-पत्रिकाओं में भी दलित साहित्य तथा आत्मकथाओं पर छपता रहा है।

जहाँ तक 'अस्मितादर्श' की बात है, उसके माध्यम से जैसे क्रान्तिकारी साहित्यिक योगदान गंगाधर पानतावणे जी ने दिया, उनका कोई सानी नहीं है। पत्रिका शुरू होने से लेकर स्वयं उनके परिनिर्वाण तक अस्मितादर्श का शायद ही कोई ऐसा अंक होगा जिसमें आत्मकथाओं के बारे न लिखा गया हो। मराठी दलित आत्मकथाओं की अधिकतम जानकारी मुझे उनकी पत्रिका से ही मिलती थी। हर अंक नियमित रूप से मुझे औरंगाबाद से प्राप्त होता था। हम उन्हें भी सलाम करते हैं। दुःखद बात यह रही कि उनके कारण तो मराठी दलित साहित्य में जो चेहरे सामने आये, और अन्तरराष्ट्रीय स्तर पर ख्याति प्राप्त की उन्होंने पानतावणे साहब तक को पहचानने से भी इनकार कर दिया। इसलिए कि वे अपनी पहचान बनाने में लगे रहे। सत्ता पार्टी के साथ तथा साहित्य अकादेमी के आकाओं से साँठ-गाँठ करते रहे। पुरस्कार और अन्य सुविधाएँ बटोरने के साथ आगे बढ़ते रहे, लेकिन उनके पीछे भी बहुत-से साथी हैं, उनसे वे जानबूझकर बेख़बर रहे।

कुछ मराठी दलित साहित्यकारों के साथ आत्मकथाओं के गुमनामी के अँधेरे में चले जाने के बारे में अपवाद और विरोधाभास की तरफ़ पाठकों का ध्यान ले जाना चाहूँगा। उदाहरण के लिए 'आम्ही आणि आमचा बाप' के आत्मकथाकार नरेन्द्र जाधव का। एक रिकार्ड के तौर पर अगर हम कहें कि दुनिया में जितनी

पब्लिसिटी नरेन्द्र जाधव को मिली, शायद ही देश तथा विदेश के किसी दलित या ग़ैर-दलित आत्मकथाकार को मिली होगी। लेकिन वह सब सरकारी विज्ञापन जैसा था और कुछ ही वर्षों के बाद वे स्वयं भी गुमनाम हो गये। दलित लेखकों तथा समीक्षकों ने उन्हें किनारे कर दिया। कोई माने या न माने 'अर्श से फ़र्श' तक आने में स्वयं नरेन्द्र जाधव की भूमिका महत्त्वपूर्ण रही। उनका पीआरओ शिप कारगर साबित हुआ। वैसे नरेन्द्र जाधव न प्रेमचन्द बन सके और न शरणकुमार लिंबाले। जब तक वे बड़े ओहदों पर रहे, राजनीति के दरबार में आते-जाते रहे, लोग उन्हें काका/दादा/चाचा कहते रहे, धुरन्धर दलित और ग़ैर-दलित लेखकों ने भी बहुत-से समीक्षकों के साथ उनके बारे में बहुत कुछ कहा और लिखा। बाद में वे सब भूल गये। क्योंकि नरेन्द्र जाधव की एक अदद आत्मकथा के अलावा अन्य कोई साहित्यिक उपलब्धि भी नहीं थी। फिर उनके सामाजिक सरोकार भी नहीं थे। शेखर की मानें तो घर में ब्राह्मण पत्नी, गणपूजक बाप, अम्बेडकरवादी बेटा कहीं का भी नहीं। नालायक कहना ठीक नहीं क्योंकि लायक और कमाऊ पूत की सरकारी मोहर तो लग गयी। लेकिन याद रखें, रिज़र्व बैंक के भारी-भरकम पद से लेकर वाइस चांसलर और योजना आयोग के सदस्य बन जाना हम साहित्यिक उपलब्धि नहीं मानते। यह तो मौसमी पकवान की तरह से पद होते हैं। मौसम आया और गया।

मराठी दलित साहित्य क्षेत्र में अपने ही साथियों के प्रति तथा उनकी रचनाओं के लिए उदासीनता के बारे में कहा जाये तो और भी मराठी दलित लेखक ज़िम्मेदार रहे हैं।

इधर डॉ. श्यौराज सिंह बेचैन की अस्थियों के अक्षर का राष्ट्रीय नाट्य विद्यालय के कलाकारों द्वारा नाट्य रूप 'श्रुति' में 24 नवम्बर, 2004 को प्रस्तुत किया गया। उनके बाद शरणकुमार लिंबाले की आत्मकथा की भी राष्ट्रीय नाट्य विद्यालय द्वारा नाट्य प्रस्तुति हुई। यह हमारे लिए अच्छी बात है।

बकौल रमणिका गुप्ता आत्मकथाओं में शर्म की परतें खुलती हैं। आत्मकथा भोगे हुए सच और जीवन के अनुभवों का दस्तावेज़ीकरण है। इसलिए ज़िन्दगी काफ़ी हद तक जी लेने के बाद ही वे सार्थक हो सकती हैं चूँकि ज़िन्दगी के शुरू में व्यक्ति के पास अनुभव से अधिक सपने होते हैं। ज़िन्दगी को काफ़ी अर्से तक जी लेने के बाद या कहूँ ज़िन्दगी से मुठभेड़ कर लेने के बाद या यथार्थ से रू-ब-रू हो लेने के बाद, सपनों के टूटने या साकार होने के बाद जो लिखा जाता है वह व्यक्ति से अधिक समाज का अनुभव या सपना होता है। संघर्ष करते और जूझते हुए ज़िन्दगी जीने के अनेक सत्यों से जब हम रू-ब-रू हो लेते हैं

तो परिपक्व निष्कर्ष और संकल्प हाथ लगते हैं। तब लिखी गयी आत्मकथाएँ इच्छाओं की नहीं बल्कि सत्यों के साथ-साथ अनुभवों के साक्षात्कारों की कथा होती है। एक आत्मकथा लिखने के बाद अगर हमें दूसरी आत्मकथा लिखने की दरकार पड़े तो वह टुकड़ों में बँटा सत्य बन जाती है, उसमें निरन्तरता नहीं बल्कि बदली हुई परिस्थितियों का वर्णन अधिक होता है। आत्मस्वीकृतियाँ समय के अन्तराल में भिन्न निष्कर्ष भी दे सकती हैं।

तसलीमा नसरीन सच बोलती हैं और अपने रिश्तों की परतें भी खोलती हैं तो वह अश्लील मानी जाती हैं। जबकि उन्हें इस तरफ़ धकेलने वाले ख़ुद उनके मामा या अन्य सम्बन्धी भी होते हैं, जो बचपन में ही उनके साथ यौन सम्बन्ध क़ायम करते हैं। अन्य लेखिकाओं में कमलादास/अमृता प्रीतम/मैत्रेयी पुष्पा/अग्निहोत्री आदि हैं, जिन्होंने अपने रिश्तों की परतों को खोला है। पर कुछ ने अपने शरीर को उतना खोलकर रख दिया कि उनकी आत्मकथाएँ 'हैरतअंगेज़ कारनामों की संभोग कथाएँ' ही बन गयीं। रमणिका गुप्ता उन सब में अव्वल रहीं।

साथियों की आत्मकथाओं से बहुत-सी नयी बातें भी स्पष्ट हुईं। उनमें विशेष यह कि कुछ दलित साथियों के हिन्दुत्व से रिश्ते रहे। वे आर.एस.एस. की शाखाओं में भी जाते थे। कुछ का भाजपा से भी जुड़ाव था।

सूरजपाल चौहान को यह मानने में कोई हिचक नहीं कि उनका दलित चेतना से जुड़ाव बाद में हुआ। पहले इनकी रचनाएँ आर.एस.एस. के मंचों पर गूँजती थीं। अपने जिन 'साहित्यिक मित्रों' के प्रति सूरजपाल ने कृतज्ञता ज्ञापित की है, उनमें इस संगठन से जुड़े 'साहित्यिक' भी हैं। सूरजपाल की कुछ रचनाएँ संगठन के मुखपत्र 'पाँचजन्य' में स्थान पाती रही हैं जब वे ओमप्रकाश वाल्मीकि के सम्पर्क में आये तो इनकी सोच में तब्दीली आने लगी। "मेरे लेखन में ग़ैर-दलित साहित्य से हिन्दी साहित्य की ओर जो 'टर्निंग प्वाइंट' आया उसका श्रेय ओमप्रकाश वाल्मीकि जी को ही जाता है।" सूरजपाल की सम्बद्धता ब्राह्मणवाद के समकालीन पोषक-संगठन से रही है, इसलिए उनसे उम्मीद की जाती है कि वे इस अनुभव पर विस्तार से लिखेंगे, आर.एस.एस. की रणनीति, उसकी कार्यप्रणाली, तमाम कार्यक्रमों के अप्रकट आशयों का अपने ढंग से खुलासा करेंगे, मगर 'तिरस्कृत' में उन्होंने इस पर ख़ास ध्यान नहीं दिया है?

वहीं भँवर मेघवंशी ने आर.एस.एस. के बारे में बहुत-सी बातें खुलकर दर्ज की हैं। कुछ वर्षों तक वे आर.एस.एस. के रंग में रँगे हुए थे। उन्हीं की भाषा बोले थे। जो उन्होंने स्वीकार किया है।

एक दशक पूर्व तक अधिकांश सवर्ण लेखकों/समीक्षकों का यह कहना और मानना था कि आत्मकथाएँ 60 बरस के बाद लिखनी चाहिए। उनके ऐसा मानने

के पीछे विशेष रूप से दो तरह के तर्क रहे होंगे। पहला उम्र दराज के दौर में फ़ुर्सत हो जाती है और दूसरे लेखक के भीतर जीवन के अनुभवों का भण्डार आने से परिपक्वता आ जाती है। मेरे अपने विचार में ये दोनों ही तर्क दलितों के लिए ठीक नहीं हैं। क्योंकि ऐसा भी देखा गया है कि सभी में अनुभव उम्र बढ़ने से नहीं आते। और न ही कुछ के अनुभवों में वह ताप रहता है। आपके पास अनुभव है, पर आक्रोश नहीं है। आपके पास ज़ख्मी अतीत है, पर उसका वर्णन और विश्लेषण करने की हिम्मत नहीं है। तब कैसे अपने जीवन के बयानों को बेबाकी से दर्ज करेंगे। फिर अक्सर ऐसा भी होता है कि उम्र की ढलान पर पहुँचने के बाद अपवाद को छोड़कर आदमी फिसलता ही है। वह ठीक से चल भी नहीं पाता। उसके भीतर का वेग कभी का चुक जाता है। वह ख़ाली हो जाता है। परिणामस्वरूप विचारों की ज्वाला ठण्डी होने लगती है। जिस भाषा को बोलते-सुनते बचपन बीता, जवानी ने पदार्पण किया, उसके बाद वह भाषा ही बदल जाती है। पुराने शब्द ग़ायब हो जाते हैं और नये शब्द आ जाते हैं। कभी-कभी बचपन के परिवेश से रिश्ते-नाते ही टूट जाते हैं। दलित भी महानगरों की चकाचौंध में खो जाता है। वह स्वयं या दूसरे उसके आस-पास नये तरह का आभा मण्डल रचने/बनाने लग जाते हैं, जिसकी कीर्ति और भव्यता में वह खो जाता है। इसलिए शब्द/भाव/भावना/उत्तेजना/आक्रोश/पीड़ा/प्रतिबद्धता जिस दौर में हो उसी समय दलित क़लमकार को अपने जीवन में हुई घटनाओं/दुर्घटनाओं को दर्ज करना चाहिए। एक बार आवेग गया तो फिर लौट कर नहीं आता।

इधर कम उम्र में दलितों के बीच से आत्मकथाएँ लिखने की शुरुआत होने लगी है, जो क़ाबिलेतारीफ़ है। उन सभी को मैं सलाम करता हूँ। उनकी हिम्मत को दाद देता हूँ। वे चुनौती स्वीकार कर रहे हैं। साथ ही नयी और पुरानी पीढ़ी को प्रेरित भी कर रहे हैं। पुरानी को इसलिए भी कि उम्रदराज लेखकों में जोश आ जाये। ऐसा हो भी रहा है।

यह पुस्तक या कहूँ कि दलितों की यातनाओं का दस्तावेज़ लिखने/सम्पादन करने तक मैं लगभग एक सौ साठ दलित/ग़ैर-दलित आत्मकथाएँ पढ़ चुका हूँ। कुछ इस वर्ष पढ़ीं और अधिकांश पिछले तीस-चालीस बरसों में पढ़ने में आयीं। आठ-दस माह पूर्व अरुण माहेश्वरी जी से इसे छापने के बारे में बातचीत हुई थी। लगभग पाँच माह इस पुस्तक के लिए मैटर जुटाने में लगे। इस बीच मेरे अपने जीवन में सुखद और दुःखद परिस्थितियाँ आयीं/ जिन्हें मैंने हँसते/रोते हुए पार किया। सच कहूँ तो साथियों की आपबीती पढ़ते हुए मैं अपने ग़म भूल गया। मुझे हिम्मत मिली। आत्मकथाओं ने साहस दिया और मैं संघर्ष करते हुए

उनके नोट्स तैयार करता रहा। मेरे जीवन में वे पाँच माह बहुत ही महत्त्वपूर्ण रहे। महापुरुषों से लेकर सामाजिक कार्यकर्त्ताओं के संघर्ष से रू-ब-रू हुआ।

प्रियदर्शिनी विजयश्री ने इतिहास की गुफाओं से देवदासियों के इतिहास को बाहर लाकर निश्चित ही शोधार्थियों के सामने हज़ारों देवदासियों की आपबीती के दस्तावेज़ रखे हैं। हमारी राय में तथाकथित सवर्ण प्रगतिशील लेखकों/पत्रकारों/चिन्तकों/राजनीतिज्ञों/समाजसेवियों/शिक्षाविदों/समाजशास्त्रियों के मुँह पर यह तमाचा है, जो सदियों से यह कहते नहीं थकते कि हमारी संस्कृति महान है। मेरी इस पुस्तक में कुछ देवदासियों की पीड़ा और संघर्ष के अंश भी दिये गये हैं।

देवदासियों और पोतराज के जीवन संघर्ष तथा दलितों पर थोपी गयी निर्मम परम्परा के बहाने मुझे याद आया कोलकाता की रैड लाइट एरिया की वेश्याओं से जुड़ी हिन्दू समाज की ऐसी ही परम्परा तथा प्रथा का। विवाह आदि खुशी के अवसर पर आज भी बंगाली परिवार वेश्याओं के कोठों की मिट्टी अपने घरों पर लाकर शीश नवाते हैं।

इन आत्मकथाओं के प्रकाशन के बारे में कहूँ तो किसी-किसी आत्मकथा के छपने वाले वर्ष की सही जानकारी नहीं मिल सकी। विशेष रूप से जिनका हिन्दी में अनुवाद हुआ उनमें से अधिकांश अनुवादक ने मूल मराठी में किताब कब प्रकाशित हुई इसका विवरण नहीं दिया। एक शोधार्थी के नाते मुझे दिक़्क़त हुई।

महाराष्ट्र से मेरे पते पर स्पीड पोस्ट से उर्मिला पवार ने महाराष्ट्र की ऐसी दलित महिलाओं की सूची भेजी, जिनमें से कुछ ने आत्मकथा लिख दी हैं। कुछ अभी लिख रही हैं और कुछ लिखने का मन बना रही हैं। उनमें सुगन्धा शेंडे/उषा अंभोरे/सुरेखा भगत/छाया कोटेगावकर/प्रा. आशा लता कांबले/स्मिता नगरकर/प्रज्ञा पवार/प्रा. सन्ध्या रंगकारी/जनाबाई गिन्हे/नलिनी पुडेक/अनिता पगारे/अरुणा लोखण्डे/मालती बोधेले/साखरे/लता राजस/विभा राही/अर्चना हातेकर/कमल तेजस/पुष्पा कांबले/शकुन्तला रोकड़े/राजेश्वरी कांबले/जयश्री गायकवाड़/नन्दा तायवड़े/रेखा मेश्राम/माया वासनिक/ प्रियकला मेश्राम/विमल थोरात आदि (पूर्ण विवरण के लिए उनकी पुस्तक देखें)। उर्मिला पवार एक सजग लेखिका रही हैं। उनकी आत्मकथा 'आमदान' महत्त्वपूर्ण है। सहयोग के लिए उन्हें धन्यवाद।

मेरे जीवन का यह महत्त्वपूर्ण लेखन कार्य है। इस बहाने कितने लोगों के जीवन संघर्ष को मैं पढ़ सका। अगर एक सौ दलित आत्मकथाओं पर मैं पाण्डुलिपि तैयार न कर पाता तो उन सभी साहित्यकारों/शिक्षाविदों/सामाजिक कार्यकर्त्ताओं के प्रभावशाली व्यक्तित्व और कृतित्व के नज़दीक जाने से महरूम हो जाता।

विचार करें कितनी गणिकाओं/वेश्याओं/नृत्यांगनाओं/देवदासियों/रखैलों, जेल क़ैदियों तथा तलाक़शुदा महिलाओं ने अपनी आपबीती लिखी होगी। और लिखे हुए पन्नों को आँसुओं से भी भिगोया होगा, कुछ ने लिखकर, फाड़ दिये होंगे पन्ने, कुछ ने रख लिये होंगे, पर कहाँ गये वे पन्ने उन पन्नों का किसने हिसाब रखा? किसने तलाश किये यातनाओं के दस्तावेज़? इस पर नयी पीढ़ी के शोधार्थियों को अवश्य लिखना चाहिए।

आत्मकथाओं पर इस पुस्तक को फाइनल करते हुए कौशल पवांर तथा कुटील जी की आत्मकथाएँ छपने की जानकारी मिली। समय अभाव के कारण वे शामिल नहीं हो सकी हैं।

इस तरह मेरे द्वारा सम्पादित पुस्तक 'एक सौ दलित आत्मकथाएँ', जिसे अरुण जी ने न सिर्फ़ स्वीकार किया बल्कि वाणी प्रकाशन से प्रकाशित भी किया। उनका मैं आभारी हूँ। साथ ही उन साथियों का भी जिन्होंने आत्मकथा लिखने की हिम्मत की। इनके अलावा शेखर/रजनी तिलक/ऊषा अंभोरे/उर्मिला पवार आदि का फिर से धन्यवाद, जिन्होंने आत्मकथाओं की सामग्री जुटाने में मदद की।

**–मोहनदास नैमिशराय**

# दलित साहित्य में द्विजों की घुसपैठ

## कैलाश दहिया

*इधर दलित साहित्य और आत्मकथाओं के विश्लेषण और आलोचनात्मक व्याख्यानों में भी सवर्णों की अच्छी-ख़ासी घुसपैठ हो गयी है। जो सकारात्मक से नकारात्मक अधिक साबित हुई है। क्योंकि अधिकांश सवर्ण लेखक/समीक्षक/और चिन्तक जहाँ भी जायेंगे वहाँ वे हिन्दू संस्कृति/वेद/पुराण/और अन्धविश्वास की कथाएँ लेकर जायेंगे। ऐसा पूर्ण रूप से साबित हो चुका है। ज़ाहिर है कि उनका प्रभाव सभी पर तो नहीं, कुछ पर अवश्य पड़ता है। वे कुछ दलित लेखकों के साथ दलित साहित्य को भी दूषित करते हैं। कभी-कभी ऐसे कुछ सवर्णों को दलित कवि/कथाकार/और समीक्षक अपना गुरु भी बना लेते हैं, जो द्रोणाचार्य बन अँगूठा तो नहीं काटते, लेकिन किसी दलित या किन्हीं दलितों को उनकी संस्कृति/अस्मिता से ज़रूर काट लेते हैं।*

*इस बारे में विकास नारायण राय (विभूति नारायण राय के भाई) की टिप्पणी देखें–"गाँधी और अम्बेडकर क्रमशः यथार्थवादी एवं अनुभववादी दलित साहित्य के प्रेरणा बिन्दु रहे हैं।" अब उनकी इस बात पर कौन दलित साहित्यकार विश्वास करेगा? गाँधी दलितों के प्रेरक कैसे हो गये? हाँ यह बात अवश्य है कि उन्होंने दलितोद्धार के लिए प्रयास किये पर वर्ण व्यवस्था का कभी भी उन्होंने विरोध नहीं किया। यहाँ तक कि वे राम राज्य की फिर से स्थापना करने में भी प्रयासरत थे। दलित साहित्य पर तो उन्होंने कभी कुछ कहा ही नहीं। यहाँ तक कि दलित शब्द के स्थान पर हरिजन प्रयोग करते रहे। स्वयं विभूति नारायण ने महात्मा गाँधी अन्तरराष्ट्रीय हिन्दी विश्वविद्यालय में क्या किया, कितने दलितों की नियुक्ति की। कितने दलितों को विजिटिंग प्रोफ़ेसर बनाया? कितनी किताबें लायब्रेरी के लिए ख़रीदी गयीं? इस तरह के ज्वलन्त सवाल आज भी हमारे सामने हैं। आख़िर गाँधीवादियों ने दलित साहित्य को कितना आगे बढ़ाया?*

कैलाश दहिया लिखते हैं कि इधर ठेठ सवर्ण विचारधारा के पैरोकार बजरंग बिहारी तिवारी हैं, जिन्होंने दिल्ली के कुछ दलित कवि तथा कथाकारों को अच्छा-ख़ासा गुमराह किया। उनमें महिलाएँ भी हैं। मनोवैज्ञानिक आधार पर कुछ परिवर्तन होने लगता है जब ऐसे दलितों के घरों (दिल्ली के बाहर अधिक) पर वे चाय या भोजन भी कर लेते हैं। कुछ दलितों को ऐसा लगता है कि स्वयं ब्राह्मण देवता उनके घर पर आ गया। यही ब्राह्मण और दलित दोनों का मनोविज्ञान है। पहला प्रभावित करता है और दूसरा प्रभावित होता है। यहाँ सवाल यह भी उभरता है कि स्वयं बजरंग ने अपने घर पर कितने दलितों को भोजन या नाश्ते पर आमन्त्रित किया?

माफ़ करना ऐसे तथाकथित प्रगतिशील लोग अम्बेडकरवादी नहीं गाँधीवादी हैं। वैसे कभी-कभी अम्बेडकरवादी मुखौटा ज़रूर लगा लेते हैं। और दलित भ्रमित हो जाते हैं। पुरुषोत्तम अग्रवाल गाँधीवादियों की इसी श्रेणी में आते हैं। साथ ही विजय प्रताप और देवेन्द्र चौबे हैं (तीनों दिल्ली से) वे भी गाँधीवादी हैं। इलाहाबाद से बद्री नारायण तिवारी, कानपुर से गिरिराज सिंह, वाराणसी से काशीनाथ सिंह, दिल्ली से रमणिका गुप्ता ने दलित साहित्यकारों के सान्निध्य में ख़ूब नाम कमाया। साहित्य सृजन भी जम कर किया इसमें कोई सन्देह नहीं है। पर क्या और कैसा लिखा, इस पर हमें विचार करना चाहिए। वे आधी अम्बेडकरवादी और आधी गाँधीवादी रहीं। हालाँकि कभी-कभी गाँधी की आलोचना भी कर देती थीं। लेकिन दलित साहित्य के नाम पर उन्होंने घाल-मेल ख़ूब किया। हिन्दू धर्म की प्रथाओं को भी माना। भाग्य-दुर्भाग्य के फेर में भी रहीं। और नास्तिक होने का दम्भ भी भरती रहीं।

वैसे देखा जाये तो अम्बेडकरवाद की सीढ़ियाँ चढ़ कर उन्होंने दलितों के घरों में प्रवेश किया। राजेन्द्र यादव अन्त तक अम्बेडकरवादी नहीं बन सके बावजूद इसके कि उन्होंने 'हंस' के माध्यम से दलित साहित्य का अपनी तरह से परचम ख़ूब फहराया। हालाँकि दलित साहित्य के द्वारा नाम भी कमाया और पैसा भी। इस पर भी शोध की ज़रूरत है कि दस-पन्द्रह वर्षों में छपे हंस के कुल पन्नों में दलितों की भागीदारी का कितना प्रतिशत रहा? बिल्कुल ऐसी ही स्थिति महाराष्ट्र से रणसुभे जी की रही। दलित साहित्य और अम्बेडकर साहित्य अनुवाद करने, समीक्षाएँ लिखने तथा दलित साहित्य सम्मेलनों में शामिल होने के बाद भी वे गाँधीवाद से कितना इतर बढ़ सके। अम्बेडकर के बारे में लिखा भी ख़ूब, कहा भी ख़ूब। पर उनकी मानसिकता वही रही।

मेरा यह सब लिखने का उद्देश्य इतना है कि व्यक्ति का अपना धर्म होता है, संस्कृति होती है और उसके भीतर होती हैं स्मृतियाँ। उन स्मृतियों से मुक्त नहीं हो पाता है वह।

जब दलित साहित्य सामने आया तब तथाकथित मुख्यधारा के द्विज साहित्यकारों ने इसको थोड़ा नाक चढ़ाकर और थोड़ा मुस्कराकर देखा था। सन्देह तो उसका शुरू से रहा ही है। और फिर थोड़ा सोच-समझकर सवर्ण समीक्षाकारों ने सहानुभूति का मुलम्मा भी चढ़ा दिया। फिर एकाएक न जाने क्या हुआ बाजू बढ़ाकर ज़िद करने लगे कि हम भी दलित साहित्य लिखेंगे। दलित क्या कर सकते थे? उन्हें अच्छा ही लगा कि चलो सदियों से अत्याचार और शोषण करने वाले अब उसके बारे में लिखेंगे भी। पर यह क्या? वे तो मानने को ही तैयार नहीं दिखे कि उन्होंने कभी अत्याचार भी किये हैं। इन द्विज साहित्यकारों ने तो दलित साहित्य के नाम पर प्रेमचन्द, हजारी प्रसाद द्विवेदी, निराला जैसों के लेखन को ही दलित साहित्य की श्रेणी में रखना शुरू कर दिया। इनके गीत गाने शुरू कर दिये। दलित लेखन में बेचैनी तो थी, पर वह क्या करे?

तभी अभ्युदय होता है डॉ. धर्मवीर, मोहनदास नैमिशराय, ओमप्रकाश वाल्मीकि, श्यौराज सिंह बेचैन, सूरजपाल चौहान तथा देश की विभिन्न भाषाओं में अन्य दलित लेखकों का। अम्बेडकरी विचारधारा में रचे-बसे हमारे विचारक और साहित्यकार लेखन की ठहरी हुई दुनिया में हलचल मचा देते हैं। बाबा साहेब डॉ. भीमराव अम्बेडकर से चलकर हमारे लेखक अपनी परम्परा में जोतिबा फुले से होते हुए कबीर, रैदास तक पहुँच जाते हैं। फिर डॉ. धर्मवीर तो सिद्ध करते हैं कि कबीर हमारे हैं। वे कबीर के लेखन में घुसा दिये गये ब्राह्मणी प्रक्षिप्त और किंवदन्तियों की चीर-फाड़ शुरू कर देते हैं। हाहाकार मच जाता है इससे हिन्दी साहित्य में। सही में हिन्दी हिन्दी वालों के हाथों आ जाती है वरना तो अब तक हिन्दी के नाम पर संस्कृत वालों की द्विज परम्परा ही हिन्दी पर वर्चस्व बनाये हुए थी। *डॉ. धर्मवीर बताते और सिद्ध करते हैं कि दलित साहित्य केवल और केवल दलित ही लिख सकता है कोई द्विज नहीं। लेकिन द्विजों की ज़िद देखिए, वे हठ करते हैं कि हम भी दलित जीवन पर क़लम चलायेंगे।*

दलित साहित्य में द्विजों की घुसपैठ आज की नहीं पुरानी है। प्रेमचन्द हठ किये बैठे थे कि वे दलित साहित्य लिखेंगे।

उधर एक-एक कर के दलितों की आत्मकथाएँ आनी शुरू हो जाती हैं। हाथ-पाँव फूल जाते हैं इन्हें पढ़कर द्विजों के। कथित भारतीय संस्कृत वालों की संस्कृति (जीवनशैली) की पोल खुलना शुरू हो जाती है। कल तक जो जगद्गुरु

होने का दम्भ भरते थे, वे मुँह छिपाते फिरते हैं। *अपने-अपने पिंजरे से शुरू हुआ यह सिलसिला बढ़ कर जूठन, मेरा बचपन मेरे कन्धों पर, छांग्या रुक्ख, सन्तप्त से होता हुआ मुर्दहिया तक आ पहुँचा है। इन्हीं के बीच महाआख्यान 'मेरी पत्नी और भेड़िया' ने साहित्य जगत में तूफ़ान खड़ा कर रखा है। इन आत्मकथाओं ने भारतीय समाज की बुनावट को तार-तार कर दिया है।* प्रेमचन्द रसातल में पहुँचा दिये गये हैं। नामवरी आलोचक भी स्वीकार करते हैं कि प्रेमचन्द ने दलित जीवन को दूर-दूर से और किसी ख़ास चश्मे से देखा था। यह दलित साहित्य की ही ताक़त रही। और दलित आत्मकथाएँ क्या कहती हैं?

डॉ. तुलसीराम ने अपनी आत्मकथा की शुरुआत 'मूर्खता मेरी जन्मजात विरासत' वाक्य से की है। इस पर डॉ. दिनेश राम ने 'बहुरि नहिं आवना' में लिखा है–"ऐसा साहसिक और ईमानदारी भरा वाक्य एक दलित ही लिख सकता है, कोई द्विज नहीं। आख़िर, आज तक किसी द्विज ने यह नहीं लिखा कि अगर उसकी क़ौम निरन्तर विदेशियों की गुलाम रही तो इसलिए कि वह 'मोरेली बैकवर्ड' थी।" (देखें, बहुरि नहिं आवना, अक्टूबर-दिसम्बर 2010, पृ. 2), यूँ डॉ. दिनेश राम दलित और द्विज साहित्य के अन्तर को स्पष्टता से रेखांकित कर देते हैं। एक डॉ. तुलसीराम ही नहीं, दलितों द्वारा लिखी गयी आत्मकथाओं ने भारतीय समाज-व्यवस्था की चिन्दी-चिन्दी बिखेर दी है। यह वह समाज-व्यवस्था है जिसके कसीदे काढ़ते द्विज अघाते ही नहीं थे। इस समाज-व्यवस्था को वे अपनी महान संस्कृति कहकर महिमामण्डित करने की कोशिशें करते रहे हैं। इसी कथित संस्कृति से ही इनका साहित्य निकलता है, जिसमें जार कर्म की रामायण-महाभारत साफ़-साफ़ दिख जाती है। सबसे हैरानी की बात यह है कि वे अपनी जार व्यवस्था को 'आध्यात्मिकता और धर्म' का नाम देकर उसका पक्ष लेते हैं। इसमें बिन ब्याही कुतिया माँ बनती है। विवाह के बाद भी ग़ैरों से बच्चे पैदा करती है। इन बच्चों के पिता का नाम धर्मराज, इन्द्र वग़ैरह न जाने क्या-क्या बताया जाता है। फिर कृष्ण के नाम पर लिखा साहित्य तो जार कर्म से भरा ही पड़ा है। इसी जार कर्म के साहित्य का चलन हम प्रेमचन्द में पाते हैं। हजारी प्रसाद द्विवेदी सैक्स अपराधी (बलात्कारी) को माफ़ करने को तत्पर हैं। नामवर सिंह इस पर चुप्पी साध जाते हैं। अगर हम डॉ. दिनेश राम की बात को और खोलें तो पाते हैं कि दलित साहित्य की बुनियाद सच पर खड़ी है। तभी तो डॉ. तुलसीराम लिख पाते हैं कि मूर्खता उनकी जन्मजात विरासत है। सूरजपाल चौहान अपनी पत्नी और भतीजे के जार सम्बन्धों को सारे समाज के सामने खोल देते हैं। और उधर प्रखर चिन्तक डॉ. धर्मवीर ने तो 'मेरी पत्नी और भेड़िया' में

द्विज पर्सनल क़ानूनों की धज्जियाँ उड़ा दी हैं। दलित साहित्य के इसी सच की ताक़त से द्विजों के पैरों तले ज़मीन निकल गयी है।

द्विजों ने दलित आत्मकथा लेखन को जार्ज बर्नार्ड शा के कथन से झूठा सिद्ध करने की कोशिश की, लेकिन वह भूल गये कि गाँधी, नेहरू से लेकर राजेन्द्र प्रसाद, मौलाना अबुल कलाम आज़ाद ने आत्मकथा लिखी है। किसी ने दलित आत्मकथाओं में दोहराव की बात कही तो किसी ने इन्हें बिल्कुल साधारण करार दिया है। दलित आत्मकथाओं में दोहराव की बात करने वाले भूल गये कि आज़ादी के दौर में हर आत्मकथा में आज़ादी की कामना के सिवाय कुछ था भी? तो यहाँ बताया जा रहा है कि दलित आत्मकथाएँ दलितों की आज़ादी के दस्तावेज़ हैं। 'अपने-अपने पिंजरे', 'मेरा बचपन मेरे कन्धों पर', 'छांग्या रुक्ख', 'सन्तप्त', 'मुर्दहिया' जैसी आत्मकथाओं के बीच 'मेरी पत्नी और भेड़िया' दलितों की आज़ादी का बीजमन्त्र है। निश्चित ही 'मेरी पत्नी और भेड़िया' सत्य के साथ मेरे प्रयोग को हटा कर साहित्य, समाज को नयी दिशा देगी। द्विज साहित्यकारों की ज़मीन खिसक चुकी है। वे जबरन 'दलित साहित्य' में घुसपैठ करने की कोशिशों से अभी भी बाज नहीं आ रहे हैं!

उधर दलित आत्मकथाएँ समाज को झकझोर रही हैं, इधर सोहनपाल सुमनाक्षर के नेतृत्व में दलित लेखकों ने प्रेमचन्द की 'रंगभूमि' की होली जलाई। इससे पारम्परिक द्विज साहित्य में हड़कम्प मच जाता है। वे यह कहकर विरोध करते हैं कि किताब जलाने की बजाय रचनात्मक तरीक़े से दलित इसका जवाब दें। तब आती है 'प्रेमचन्द : सामन्त का मुंशी'। सारे द्विज पारम्परिक साहित्य में किसी भी तरह की रुचि बची ही नहीं। वह रीतिकाल, छायावाद, कथित प्रगतिशील, उदारवादी और वामपन्थी लेखन को हैरानी से देखता है। वामपन्थी साहित्य तो वैसे अब अन्तिम साँसें ही ले रहा है। यह दलित साहित्य ही है जिसने हिन्दी सहित भारतीय भाषाओं को बचाया हुआ है। इन्हीं बातों को पहचान कर द्विज साहित्यकार दलित साहित्य में घुसपैठ करना चाहते हैं, वह भी अपनी जार परम्परा के साथ। इसी बात से दलित साहित्य से उसकी टकराहट शुरू हो जाती है, क्योंकि द्विज जार परम्परा दलितों के प्रति अमानवीयता, अत्याचार, बलात्कार और शोषण से भरी हुई है। जबकि दलित लेखन तो मानवीयता से ओत-प्रोत है। फिर जिसे अपने लिए अन्याय स्वीकार नहीं वह दूसरे पर अन्याय क्यों करेगा?

आज दलित साहित्य पर सैकड़ों की संख्या में नहीं बल्कि हज़ारों शोधार्थियों के द्वारा पीएच.डी., एम.फिल. तथा डी.लिट. हो रही हैं। वरिष्ठ दलित साहित्यकारों मोहनदास नैमिशराय, ओमप्रकाश वाल्मीकि, प्रो. श्यौराज सिंह बेचैन, बलबीर माधोपुरी,

डॉ. तुलसीराम की आत्मकथाओं पर देश में ही नहीं विश्व के विश्वविद्यालयों में शोध हो रहे हैं। उनकी कहानियों के पाठ हो रहे हैं। उन पर पेपर लिखे जा रहे हैं। डॉ. धर्मवीर के चिन्तन ने तो साहित्य की दिशा ही मोड़ दी है। द्विज साहित्यकार इस बात को समझ गये हैं कि अब दलित वाणी को दबाया नहीं जा सकता।

दलित साहित्य से ही प्रेरणा ग्रहण कर द्विज साहित्य में बदलाव देखने को मिल रहा है। कृष्णा अग्निहोत्री की दो खण्डों में प्रकाशित आत्मकथा 'लगता नहीं है दिल मेरा' तथा 'और...और...औरत' ने तो द्विज-जीवन के घृणा से भरे सच सामने रख दिये हैं। यह अच्छी शुरुआत है। इस आत्मकथा को द्विज लेख़न की प्रारम्भिक रचना माना जा सकता है। जो कार्य रमणिका गुप्ता नहीं कर सकीं वह कृष्णा ने कर दिखाया। रमणिका तो समाज में अश्लीलता फैलाती रहीं और संभोग का दर्शन बाँटती रहीं। दलितों की नयी पीढ़ी को गुमराह करती रहीं, ख़ुद भटकती रहीं और अन्य को भी भटकाती रहीं। ध्यान से अगर इन दोनों द्विज लेखिकाओं की आत्मकथाओं को पढ़ेंगे तो ज़मीन-आसमान का फ़र्क़ मिलेगा। कहना न होगा कि इससे पहले का सारा द्विज साहित्य प्रक्षिप्त और किंवदन्तियों के सिवाय कुछ और भी नहीं। दलित साहित्य से प्रेरणा पाकर द्विज लेखन अगर आगे बढ़ता है तो भारतीय साहित्य के लिए शुभ ही है। वरना तो यूरोप ने द्विज साहित्य को हमेशा सन्देह की नज़र से देखा ही है। इधर हमारे दलित रचनाकारों ने अपनी दृष्टि को और अधिक व्यापक बनाया है। अफ्रीकी और लातीनी साहित्य से दलित साहित्य के अन्तःसम्बन्ध बढ़ रहे हैं। यह अच्छी बात है। ख़राब बात है दलित साहित्य में द्विजों की घुसपैठ होना।

# आत्मकथा/आत्मवृत्त/और जीवनी

## डॉ. तेज सिंह

देखा जाये तो आत्मकथन, आत्मचरित्र और स्वकथन आदि शब्दों के माध्यम से उनकी विशिष्टताओं को उजागर किया जाता रहा है। आत्मकथा में आये 'आत्मा' और 'कथा' शब्दों पर घोर आपत्ति है। कुछ साथियों की दृष्टि में 'आत्मा' शब्द कर्म-सिद्धान्त का परिचायक लगता है जो वर्ण-व्यवस्था को सैद्धान्तिक आधार देकर जातिवाद को ही मज़बूत करता है। यह 'गीता' का ऐसा विलक्षण दर्शन है जो दलितों के सामाजिक-आर्थिक शोषण को सैद्धान्तिक आधार देता है। इस तरह 'आत्मा' शब्द दलितों के शोषण की केन्द्रवर्ती आधारशिला बन जाता है। इसलिए मराठी के लेखकों और आलोचकों ने ज़ोर देकर कहा है कि दलितों के अनुभवपरक कथन वाले लेखन के लिए 'स्वकथन' शब्द का इस्तेमाल किया जाना चाहिए। उन्हें 'आत्मकथा' के स्थान पर 'स्वकथन' शब्द के इस्तेमाल में ज़्यादा सार्थकता दिखाई देती है। यही वजह है कि अब उन्होंने 'स्वकथन' के साथ 'अम्बेडकरवाद' जोड़कर 'अम्बेडकरवादी स्वकथन' लिखना शुरू कर दिया है। इससे हमारे द्वारा प्रस्तुत 'अम्बेडकरवादी साहित्य की अवधारणा' को मज़बूत आधार मिलता है। लेकिन हिन्दी में अभी इस पर बहस चल रही है। जिस तरह मराठी के दलित लेखकों-समालोचकों को 'आत्मकथा' के 'आत्म' शब्द से परहेज है ठीक उसी तरह उन्हें उसमें आये 'कथा' शब्द से भी परहेज है। इसलिए इसके स्थान पर 'कथन' को रखकर 'स्वकथन' कहा है।

आम तौर पर कथा-साहित्य को 'फ़िक्शन' कहा जाता है जिसके अन्तर्गत कहानी-उपन्यास आदि आते हैं और उनके पात्र और घटनाएँ काल्पनिक होते हैं। मराठी साहित्य में उन्हें इन्हीं आधार पर 'स्वकथन' या 'अम्बेडकरवादी स्वकथन' कहा जाने लगा है लेकिन अम्बेडकरवादी उन्हें 'आत्मवृत्त' या 'अम्बेडकरवादी आत्मवृत्त' कहना उचित समझते हैं। लेकिन यहाँ अभी हम 'आत्मवृत्त' शब्द का ही इस्तेमाल कर रहे हैं।

यहाँ प्रश्न उठता है कि मराठी के दलित लेखकों ने जिस विधा के तहत आत्मवृत्त लेखन किया था क्या उसी रूप में हिन्दी सवर्ण समीक्षकों, सम्पादकों और प्रकाशकों ने भी किया है? जबकि साहित्यिक विधा के रूप में प्रतिष्ठित होने के बाद ही इन आत्मवृत्तों के हिन्दी में अनुवाद का सिलसिला चला था जो आज तक जारी है। हालाँकि मराठी के दलित लेखकों ने शुरू-शुरू में अपने आत्मवृत्तों को आत्मकथा ही कहकर प्रचलित किया था लेकिन उस वक़्त भी उन्होंने उन्हें ग़ैर-दलितों की आत्मकथाओं से साफ़ तौर पर अलगाया था परन्तु जब हिन्दी के प्रकाशकों ने उन्हें हिन्दी में अनूदित कराकर प्रकाशित किया तो उससे कई भ्रम फैल गये। पता नहीं कि उन्होंने अनजाने में या जान-बूझकर मराठी के इन आत्मवृत्तों को उपन्यास तो कभी आत्मकथात्मक उपन्यास और जीवनी बताकर प्रचारित किया। ऐसा भी नहीं था कि वे उपन्यास और जीवनी का अन्तर न समझते हों? कुछ उदाहरणों से यह स्पष्ट हो जायेगा।

*दया पवार का 'बलुतं' मराठी दलित साहित्य का पहला आत्मवृत्त है जो 1978 में प्रकाशित हुआ था* जिसका हिन्दी अनुवाद 'अछूत' नाम से राधाकृष्ण प्रकाशन, नयी दिल्ली से 1980 में प्रकाशित हुआ। प्रकाशक ने एक स्थान पर इसे उपन्यास लिखा तो दूसरे स्थान पर (फ़्लैप पर) आत्मकथात्मक उपन्यास कहकर प्रचारित किया। इसकी अन्तिम पंक्ति में लिखा है कि *'अछूत' ने दलित लेखन को ही प्रतिष्ठित नहीं किया बल्कि वह दलित लेखकों में आत्मकथात्मक लेखन की प्रेरणा भी रहा है।* हिन्दी के अन्य प्रकाशकों ने भी राधाकृष्ण प्रकाशन की इसी कार्यशैली को अपनाया और एक आत्मवृत्त विरोधी-परम्परा ही खड़ी कर दी गयी। शरणकुमार लिंबाले के आत्मवृत्त 'अक्करमाशी' को एक स्थान पर उपन्यास लिखा गया मगर पुस्तक के फ़्लैप पर आत्मसंघर्ष, आत्म-विडम्बना, व्यवस्था-विरोध और सामाजिक संकट जैसे भावबोधों से सुनियोजित आत्मकथात्मक उपन्यास बताया है। जबकि ख़ुद लेखक ने अपने वक्तव्य 'लेखक की ओर से' में आत्मकथा ही बताया है। बिल्कुल ठीक इसी तरह *साहित्य अकादेमी द्वारा प्रकाशित लक्ष्मण माने का 'पराया' आत्मवृत्त को एक स्थान पर मराठी का उपन्यास तो फ़्लैप पर आत्मकथा लिखा है।* इसी संस्थान द्वारा प्रकाशित *लक्ष्मण गायकवाड के प्रसिद्ध आत्मवृत्त 'उठाईगीर'* को आरम्भिक पृष्ठों पर 'साहित्य द्वारा पुरस्कृत मराठी आत्मकथा' लिखा गया है जबकि फ़्लैप पर एक आत्मकथात्मक उपन्यास के रूप में प्रचारित किया गया है। इसके उलट लेखक ने अपने वक्तव्य में इसे आत्मकथा ही माना है कि यह आत्मकथा वास्तव में एक कार्यकर्ता का मुक्त चिन्तन है। इस कारण इस आत्मकथा का साहित्यिक मूल्यांकन करने की अपेक्षा

समाजशास्त्रीय मूल्यांकन हो। लेखक ने यह भी स्वीकार किया है कि 'उठाईगीर' लिखने की प्रेरणा उन्हें शरणकुमार लिंबाले की 'अक्करमाशी' और लक्ष्मण माने की 'उपरा' (मराठी) से मिली है। फिर भी अगर प्रकाशक इन आत्मवृत्तों को आत्मकथात्मक उपन्यास बताते हैं तो ताज्जुब होता है। आख़िर, प्रकाशक मराठी के इन आत्मवृत्तों को उपन्यास या आत्मकथात्मक उपन्यास कह कर क्यों प्रचारित कर रहे हैं? इस बारे में स्वयं मराठी दलित लेखक क्या असमंजस में नहीं हैं?

ताज्जुब उस वक़्त भी होता है जब प्रकाशकों के साथ-साथ हिन्दी के कुछ प्रसिद्ध आलोचक भी इन आत्मवृत्तों को उपन्यास, आत्मकथात्मक उपन्यास या जीवनी कहने लगते हैं। किताब घर से प्रकाशित *बेबी काम्बले का आत्मवृत्त 'जीवन हमारा'* को फ़्लैप की शुरुआती पंक्तियों में आत्मकथात्मक उपन्यास बताया है कि इस उपन्यास को पढ़ना महाराष्ट्र की समस्त पददलित जातियों का हाहाकार और विलाप को अपने रक्त में बजता अनुभव करना है। डॉ. मैनेजर पाण्डेय ने इसकी भूमिका 'दलित स्त्री-जीवन की वास्तविकताएँ' शीर्षक में यह स्वीकार किया कि मराठी में यह आत्मचरित्र या आत्मकथा के रूप में विख्यात है। क्योंकि मराठी के दलित लेखक भी अपनी ऐसी रचनाओं को आत्मकथा या आत्मचरित्र ही लिखते आये हैं। फिर भी वे इस आत्मवृत्त को अपनी ज़िद के चलते आत्मकथात्मक उपन्यास ही मानते हैं बिल्कुल इसी तरह *कौसल्या बैसन्त्री के आत्मवृत्त 'दोहरा अभिशाप'* को सोशलिस्ट विचारधारा के लेखक मस्तराम कपूर ने आत्मकथात्मक उपन्यास ही माना है। हद तो उस वक़्त होती है जब *किशोर शान्ताबाई काले के आत्मवृत्त 'छोरा कोल्हाटी का'* को प्रकाशक ने जीवनी बताकर प्रचारित किया। यहाँ तेज सिंह सवाल उठाते हैं कि प्रकाशक जीवनी और आत्मकथा के मूलभूत अन्तर को भी कैसे भूल गया? जीवनी किसी प्रतिष्ठित या विशिष्ट व्यक्ति की अन्य लेखक (व्यक्ति) द्वारा 'वह' के माध्यम से वर्णनात्मक शैली में लिखी जाती है जबकि आत्मकथा और आत्मवृत्त ख़ुद लेखक द्वारा 'मैं' के माध्यम से आत्मकथात्मक शैली में लिखे जाते हैं। यह एक सामान्य-सा नियम है।

आख़िर हिन्दी के आलोचक और प्रकाशक इन आत्मवृत्तों को उपन्यास, आत्मकथात्मक उपन्यास या जीवनी क्यों मानने पर ज़ोर दे रहे हैं? जबकि मराठी के लेखको अपनी ऐसी रचनाओं को आत्मकथा (शुरुआती दौर में), स्वकथन और आत्मवृत्त मानते रहे हैं। इसलिए हिन्दी के प्रकाशकों और आलोचकों द्वारा दलित लेखकों के आत्मवृत्तों को आत्मकथात्मक उपन्यास के रूप में प्रचारित और प्रकाशित किये जाने का विरोध किया है। उन्हें लगता है कि ऐसा करके हिन्दी के प्रकाशक दलित लेखकों का अपमान कर रहे हैं। यही वजह है कि प्रसिद्ध लेखक

शरणकुमार लिंबाले ने दुखी मन से बाद में इन शब्दों (आत्मकथात्मक उपन्यास और उपन्यास) के इस्तेमाल पर घोर आपत्ति दर्ज की। उनके अनुसार आत्मवृत्तों को उपन्यास कहकर कल्पना से जोड़ दिया गया है और उनकी यथार्थता पर प्रश्नचिह्न लगा दिया गया है। क्योंकि उपन्यासों में काल्पनिक चरित्रों और घटनाकर्मों का अधिकाधिक सहयोग लिया जाता है। उपन्यास वैसे भी मनोरंजन का एक साधन रहा है। अपने मूल चरित्र में उपन्यास आत्मकथा से पूर्णतया भिन्न है। हमें यहाँ यह भी ध्यान में रखना होगा उपन्यास एक विधा है और आत्मकथात्मक एक शैली मात्र है। आत्मकथात्मक शैली के इस्तेमाल से कोई उपन्यास आत्मकथात्मक उपन्यास नहीं बन जायेगा, वह उपन्यास ही रहेगा। ठीक इसी तरह आत्मकथात्मक शैली का इस्तेमाल करने से उपन्यास आत्मवृत्त नहीं बन जायेगा; वह उपन्यास ही रहेगा। उपन्यास की कई शैलियाँ हो सकती हैं और होती भी हैं। लेकिन आत्मवृत्त की तो एक ही शैली होती है आत्मकथात्मक शैली, जिसमें 'मैं' के माध्यम से लेखक अपनी जीवन-गाथा लिखता है। इसलिए उपन्यास अपने मूल चरित्र में आत्मवृत्त से पूरी तरह भिन्न है। वह एक साहित्यिक अनुशासन के तहत विकसित हुआ है। इसलिए उसका अपना साहित्यिक अनुशासन है। इसके बावजूद हिन्दी के प्रकाशक और आलोचक आत्मवृत्तों को आत्मकथात्मक उपन्यास या जीवनी कहते हैं तो वे अपनी हठधर्मिता का ही परिचय दे रहे हैं।

इस बारे में तेज सिंह ने सम्भवतः पहली बार गम्भीरता से विचार किया और 'अपेक्षा' पत्रिका के माध्यम से सम्बन्धित विषय पर विमर्श हेतु साथियों को अवसर दिया। वे शिद्दत से यह कहते हैं, भले ही बाद के दौर में मराठी के लेखकों ने अपने आत्मवृत्तों को 'स्वकथन' या 'अम्बेडकरी आत्मकथन' कहना शुरू कर दिया है, कुछ आत्मवृत्त भी कह रहे हैं, लेकिन हम हिन्दी में प्रकाशित आत्मकथाओं को अम्बेडकरवादी आत्मवृत्त कहना ज़्यादा सही मानते हैं और यहाँ उनकी विशेषताओं को निम्न अवधारणा पर उद्घाटित कर रहे हैं। एक, हम स्वकथन और आत्मवृत्त में कोई विरोध नहीं देखते। इसलिए उन्हें एक-दूसरे का पर्याय मानकर चलते हैं। आत्मवृत्त का अर्थ है अपने और अपने आसपास के बारे में कथन जिसमें कल्पना के लिए कोई स्थान नहीं होता बल्कि उनमें अपने भोगे हुए जीवन की अभिव्यक्ति है और इस भोगे हुए जीवन में पूरे समाज का जीवन अभिव्यक्ति पाता है। यानी व्यक्ति के बजाय समुदाय या समाज का पूर्णवृत्त रहता है। परम्परागत आत्मकथाओं और आत्मवृत्तों में यही मूलभूत अन्तर है।

दूसरे, आत्मवृत्त व्यक्ति-केन्द्रित न होकर समाज-केन्द्रित होते हैं। यही वजह है कि आत्मवृत्त का लेखक व्यक्ति-चिन्तन से सामाजिक-चिन्तन की ओर अग्रसर होता है।

यानी व्यक्ति जीवन से सामाजिक जीवन की ओर उन्मुख होता है। इस तरह व्यक्तिगत अनुभव सामाजिक अनुभव बनकर अभिव्यक्ति पाते हैं जो अन्ततः प्रामाणिक अनुभूति में तब्दील हो जाते हैं इसलिए आत्मवृत्तों में अनुभूति की प्रामाणिकता ही नहीं रहती बल्कि अभिव्यक्ति की प्रामाणिकता भी मौजूद रहती है जिसे अम्बेडकरवादी साहित्य में अभिव्यक्ति की प्रामाणिकता के नाम से जाना जाता है।

तीसरे, आत्मवृत्त एक व्यक्ति के माध्यम से पूरे समाज का वृत्तान्त प्रस्तुत करते हैं। इस अर्थ में आत्मवृत्त बहुजन समाज के विभिन्न समुदायों के दुख-दर्द, पीड़ाओं और यातनाओं के साथ-साथ उनकी आशा-आकांक्षाओं की भी साहित्यिक अभिव्यक्ति हैं। एक तरह से वे बहुजन समाज के विभिन्न समुदायों का ही साहित्यिक प्रतिनिधित्व करते हैं। एक अन्य अर्थ में बहुजन समाज के विभिन्न समुदायों का ही जीवन्त दस्तावेज़ हैं।

चौथे, यह सही है कि आत्मवृत्त एक व्यक्ति के माध्यम से अपने समुदाय और समाज की कथा-व्यथा का वृत्तान्त प्रस्तुत करते हैं लेकिन उनमें व्यक्ति की विशिष्टताओं का पूर्णतया लोप नहीं होता है बल्कि वे अपने व्यक्तित्व के साथ-साथ अपने समुदाय और समाज का जीवन्त चित्र उपस्थित करते हैं। क्योंकि बहुजन समाज में एक नहीं, विभिन्न समुदाय हैं।

पाँचवें, आत्मवृत्त लेखकों के अनुभव भले ही अलग-अलग हों, लेकिन उनकी अनुभूतियों में समानता है। जैसा कि पहले भी कहा गया है कि वे सभी लेखक बहुजन समाज का हिस्सा हैं परन्तु बहुजन समाज विभिन्न समुदायों में बँटा हुआ है। इन लेखकों की अनुभूतियों में समानता इसलिए है कि वे सभी लेखक, जातिप्रथा से समान रूप से कम या अधिक पीड़ित हैं। एक तरह से सभी समान रूप से एक ही समाज-व्यवस्था के शिकार हैं। वैसे भी जातिप्रथा केवल मानसिक अवस्था ही नहीं है बल्कि वह एक सामाजिक-आर्थिक-संरचना भी है। इसलिए सामाजिक-आर्थिक संरचना में मौजूद तत्त्वों ने ही उसे एक मज़बूत आधार दिया है।

छठवें, आत्मवृत्तों में व्यक्ति का विरोध व्यक्ति से नहीं होता है, बल्कि पूरे समाज-सवर्ण समाज से होता है जिसके द्वारा उनका शोषण-उत्पीड़न होता है जिसे मैं बहुजन समाज का प्रतिपक्ष कहता हूँ। जबकि परम्परागत आत्मकथाओं (सवर्णों द्वारा लिखित) में व्यक्ति का विरोध व्यक्ति से होता है जिसे वे व्यक्तिगत स्तर पर ख़त्म कर लेते हैं। इस तरह आत्मवृत्त लेखकों के सामने सवर्ण समाज के रूप में पूरा का पूरा प्रतिपक्ष खड़ा होता है जिससे टकराकर उन्हें सामाजिक-विकास के रास्ते तलाशने पड़ते हैं।

सातवें, आत्मवृत्त लेखकों के सामने प्रश्न व्यक्ति का नहीं होता, बल्कि उनके सामने अपनी सांस्कृतिक परम्परा और सामाजिक-अस्मिता की तलाश का प्रश्न ही मूल प्रश्न रहता है। इसलिए वे अपने आपको सामाजिक-अस्मिता की तलाश के साथ-साथ सामाजिक-शोषण, अन्याय और असमानता के ख़िलाफ़ विद्रोह की चेतना तथा क्रान्तिकारी सामाजिक परिवर्तन के आधार बिन्दुओं पर केन्द्रित रहते हैं। क्योंकि उसकी सामाजिक-अस्मिता सामाजिक-अस्तित्व से ही तय होती है। जैसा सामाजिक-अस्तित्व होता है वैसी ही सामाजिक-अस्मिता और सामाजिक चेतना होती है। बिना सामाजिक चेतना के सामाजिक बदलाव (क्रान्तिकारी बदलाव) सम्भव नहीं है। इसलिए उन्हें सामाजिक स्तर पर ही नहीं, सांस्कृतिक स्तर पर भी प्रतिपक्ष से टकराना पड़ता है। बहुजन समाज की संस्कृति श्रमण-संस्कृति है और प्रतिपक्ष की संस्कृति के रूप में ब्राह्मणवादी संस्कृति है। श्रमण-संस्कृति आज़ादी, बराबरी और भाईचारा जैसे मानवीय मूल्यों पर आधारित है जबकि ब्राह्मण-संस्कृति असमानता, अन्याय और शत्रुता जैसे अलोकतान्त्रिक और अमानवीय-मूल्यों पर विकसित हुई है। भारत में जातिप्रथा का मूलाधार यही ब्राह्मणी-संस्कृति है जिससे आत्मवृत्त लेखकों को सामाजिक स्तर पर टकराना पड़ता है और उनकी सामाजिक-अस्मिता इन्हीं सामाजिक-सांस्कृतिक टकराहटों के बीच से निर्मित होती है। भारत में सामाजिक-अस्मिताएँ जाति और लिंग के आधार पर निर्मित होती हैं, इसमें दो राय नहीं हो सकती। इसी वजह से यहाँ सामुदायिक भावना का पूर्णतया अभाव है।

आठवें, आत्मवृत्त के लेखक अपना पक्ष प्रस्तुत करते हैं परन्तु वह लेखक (व्यक्ति) का अपना पक्ष ही नहीं होता, अपने समुदाय और समाज का भी पक्ष होता है। इसलिए आत्मवृत्त एक व्यक्ति का नहीं, बल्कि बहुजन समाज के विभिन्न समुदायों का भी प्रतिनिधित्व करते हैं।

नौवें, अन्ततः आत्मवृत्तों की सबसे बड़ी विशेषता यह है कि उनके लेखन के पीछे अम्बेडकरवादी विचारधारा के साथ अन्य महापुरुषों से मिली प्रेरणा के रूप में काम कर रही होती है। यह विचारधारा वाला पक्ष ही आत्मवृत्तों का सबसे मज़बूत पक्ष है।

दसवें, आत्मवृत्त-लेखन की प्रक्रिया में लेखकों को दोहरी मानसिक यन्त्रणा से गुज़रना पड़ता है—एक सामाजिक स्तर पर तो दूसरा, लेखन के स्तर पर। परन्तु परम्परागत आत्मकथा के लेखक को दोहरी क्या इकहरी मानसिक यन्त्रणा से भी नहीं गुज़रना पड़ता है। क्योंकि उन्होंने जातिप्रथा के दुहरे-तिहरे उत्पीड़न के दंश को महसूस तक नहीं किया होता है जिसे आत्मवृत्त के लेखकों ने ख़ुद

भोगा और झेला होता है। इन आत्मवृत्तों का अध्ययन-विश्लेषण करते वक़्त इस मूलभूत अन्तर को नहीं भूलना चाहिए।

यह सही है कि हिन्दी के लेखकों ने अपने आत्मवृत्तों को अभी तक आत्मकथा के रूप में ही स्वीकार किया है। वे इस विवाद में नहीं पड़ते कि उन्हें 'आत्मकथन' कहें या 'स्वकथन' या फिर 'आत्मवृत्त'। लेकिन वे ग़ैर-दलितों की आत्मकथाओं से अपनी आत्मकथाओं को अलग ज़रूर मानते रहे हैं—लेखक के स्तर पर भी और उद्देश्यों के स्तर पर भी।

यह भी सही है कि मराठी के आत्मवृत्तों में बहुजन समाज के लगभग उन सभी समुदायों को प्रतिनिधित्व मिला है जिसका हिन्दी साहित्य की परम्परागत आत्मकथाओं में अभाव है। इसलिए वे पूरे समाज का ही प्रतिनिधित्व नहीं करतीं। बहुजन समाज भारत के समाज का बहुसंख्यक हिस्सा (लगभग पचासी फ़ीसदी) है। परम्परागत आत्मकथाओं में यह (बहुजन समाज) एकदम बाहर है। भारतीय समाज विभिन्न समाजों, विभिन्न धर्मों और विभिन्न संस्कृतियों में बँटा हुआ देश है। खुद तथाकथित हिन्दू समाज भी विभिन्न जातियों में बँटा हुआ है और सामाजिक अलगाव का शिकार है। सामाजिक अलगाव मनुष्यों के सामाजिक-सम्बन्धों में अलगाव पैदा करता है और उसका मूलाधार हिन्दू धर्म और दर्शन पर आधारित वर्णव्यवस्था है और जातिवाद उसका ही विकृत रूप है। परम्परागत आत्मकथाएँ वर्णव्यवस्था के इस दंश से मुक्त हैं जबकि दलित आत्मकथा का मुख्य दंश यही है।

इसलिए सवर्ण आत्मकथाओं और दलित आत्मकथाओं के अनुभवों, अनुभूतियों, उद्देश्यों और संरचनाओं में भी भिन्नताएँ हैं जिसकी ओर हिन्दी के आलोचकों ने ध्यान नहीं दिया है। संस्कृत काव्यशास्त्र से प्रेरणा लेने वाले हिन्दी के आलोचकों का ध्यान इस ओर जा ही नहीं सकता था जिसमें आज का अम्बेडकरवादी साहित्यिक आन्दोलन विकसित हुआ है जिसे हमने अम्बेडरकवादी साहित्य कहा है और आत्मवृत्त अम्बेडकरवादी साहित्य की एक विशिष्ट विधा है। सांस्कृतिक जन जागरण में सृजनात्मक लेखन के दोनों रूप सामने आते हैं—मौखिक और लिखित। अशिक्षित व्यक्ति मौखिक रूप से अपनी सृजनात्मक अभिव्यक्ति करता है तो शिक्षित व्यक्ति लिखित रूप में, जिसे उसकी सांस्कृतिक अभिव्यक्ति कहा जाना चाहिए। इस तरह व्यक्ति शिक्षित होकर सृजनात्मक लेखन को विकसित करने के लिए आगे आ सकता है। लिखित लेखन अपनी प्रामाणिकता खुद सिद्ध कर देता है, उसमें उसे किसी के प्रमाण की ज़रूरत नहीं होती और उसमें प्रक्षेपण की भी गुंजाइश नहीं रहती जैसी कि मौखिक लेखन में होती है।

हिन्दी में अब आत्मवृत्त लेखन बहुसंख्या में होने लगा है। शुरू-शुरू में तीन-चार आत्मवृत्त ही सामने आये थे लेकिन अब उनकी संख्या बढ़ गयी है। संख्या में ही नहीं, गुणात्मक रूप से भी वे प्रभावशाली बन गये हैं। *हिन्दी का पहला आत्मवृत्त मोहनदास नैमिशराय का 'अपने-अपने पिंजरे' है। जो 1995 में आया। निश्चित ही नैमिशराय जी ने हिम्मत जुटाई और सामाजिक विषमता के जीवन्त चित्रों को बेबाकी से उजागर किया। बाद में दूसरा भाग भी प्रकाशित हुआ। इसके बाद ओमप्रकाश वाल्मीकि का 'जूठन' आया जिसके बाद हिन्दी में आत्मवृत्त लेखन का सिलसिला ही चल निकला। के. नाथ (तिरस्कार), सूरजपाल चौहान (तिरस्कृत-सन्तप्त) दो खण्डों में, डी.आर. जाटव (मेरा सफ़र मेरी मंज़िल), कौसल्या बैसन्त्री (दोहरा अभिशाप), माता प्रसाद (झोंपड़ी से राजभवन), श्याम लाल (एक भंगी कुलपति की अनकही कहानी), रमाशंकर आर्य (घुटन), नवेन्दु महर्षि (इन्सान से ईश्वर तक, मेरे मन की बाइबिल, रुकी हुई रोशनी) तीन खण्डों में, रूपनारायण सोनकर (नागफनी), श्यौराज सिंह 'बेचैन' (मेरा बचपन मेरे कन्धों पर), डॉ. धर्मवीर (मेरी पत्नी और भेड़िया) तथा तुलसीराम (मुर्दहिया) आदि प्रसिद्ध आत्मवृत्त हैं।* लेकिन भगवान दास का 'मैं भंगी हूँ' को पिछली बार हमने पहला आत्मवृत्त कहा था जो वास्तव में आत्मवृत्त नहीं है बल्कि वह भंगी समुदाय का ऐतिहासिक अध्ययन है जिसमें उन्होंने अपना जीवन परिचय देकर (पारिवारिक) पाठकों और लेखकों में, ऐसा भ्रम पैदा कर दिया कि वे उसे आत्मवृत्त ही समझ बैठे। लेकिन *जब हम उसका अध्ययन करते हैं तो पाते हैं कि वह भंगी समुदाय का सामाजिक इतिहास बताता है। जब 'अपेक्षा' पत्रिका का 'दलित आत्मवृत्त विशेषांक', जुलाई-सितम्बर 2003 में आया था तो भूलवश उसे हिन्दी का पहला आत्मवृत्त घोषित किया था, जो ग़लत था। इसलिए 'अपेक्षा' के वर्तमान आत्मवृत्त अंक में हम एक आत्मवृत्त के रूप में उसे शामिल नहीं कर रहे हैं। (तेज सिंह)*

हम 'आत्मकथा' के स्थान पर 'आत्मवृत्त' शब्द का इस्तेमाल कर रहे हैं। जैसा कि पहले भी कहा गया है कि 'अपने-अपने पिंजरे' हिन्दी का पहला आत्मवृत्त है जिसे प्रकाशक ने आत्मकथा कहा है। लेखक ने इस सम्बन्ध में पहले भाग में कुछ भी नहीं कहा है। *भूमिका प्रसिद्ध कथाकार महीप सिंह ने लिखी है* जिसमें उन्होंने इसकी विशेषताओं की ओर कुछ संकेत दिये हैं। *इसकी भूमिका में उन्होंने लिखा है कि "मोहनदास नैमिशराय का यह आत्मवृत्त हिन्दी साहित्य में एक सर्वथा नवीन प्रयास है।"* 'अपने-अपने पिंजरे' को उन्होंने आत्मकथा न कहकर आत्मवृत्त ही कहा है और फिर इसका अन्तर भी स्पष्ट किया है कि "हिन्दी में आत्मकथा लिखने के लिए जिस प्रकार की स्पष्टता, प्रामाणिकता, निर्ममता और

बेबाकी की आवश्यकता होती है वह हिन्दू चरित्र में नहीं है।" (वही, भूमिका) मराठी साहित्य के दलित लेखकों के आत्मवृत्त बहुत चर्चित और महत्त्वपूर्ण स्थान बना चुके हैं और उन्होंने अपनी ऐसी रचनाओं को 'आत्मचरित्र' या आत्मकथाएँ न कहकर 'आत्मवृत्त' माना है और मराठी आलोचकों से अपनी सहमति रखते हुए *महीप सिंह* ने बताया है कि "...उनके कथनानुसार आत्मकथाएँ अवकाश ग्रहण के उपरान्त बुढ़ापे प्रसंग कब के हो चुके होने से 'भूतकाली' होते हैं, 'वर्तमान' से उनका कोई सरोकार नहीं होता। आत्मवृत्त युवा लेखकों द्वारा लिखे गये हैं जिन्होंने अपने वृत्तों के माध्यम से यह जानने का प्रयास किया है कि आख़िर हम कौन हैं, जिस रूप में आज हम समाज में पहचाने जाते हैं, उसका कारण क्या है। ऐसे लेखक पीछे मुड़कर इसलिए देखते हैं कि सामने का रास्ता साफ़ और स्पष्ट दिखाई दे।" (वही भूमिका)

*(दलित आत्मकथाओं के बारे में ऐसा विश्लेषण और आकलन डॉ. तेज सिंह का रहा है। निश्चित ही उनके अध्ययन और लेखन से हिन्दी दलित साहित्य और विशेष रूप से आत्मकथाओं के लेखन को बल मिला है।)*

*(अपेक्षा से साभार)*

# अम्बेडकरवादी स्वकथन (आत्मवृत्त) का सामाजिक मूल्य

**शेखर**

बकौल डॉ. प्रदीप आगलावे अम्बेडकरी स्वकथन (आत्मवृत्त) का साहित्यिक मूल्य कम हो सकता है, लेकिन सामाजिक मूल्य ज़्यादा है। स्वकथनकार अपनी जीवनी के उतार-चढ़ाव समाज के सामने रखता है। वह ख़ुद को नंगा कर समाज के घिनौने सच को सामने लाता है। देखा जाये तो अम्बेडकरवादी पुरुष और स्त्री दोनों ने बड़ी बेबाकी से स्वकथन लिखे हैं और लिख रहे हैं। स्त्रियों की तुलना में पुरुषों के स्वकथन अधिक हैं। मगर स्त्रियों की भी स्वकथन में अब अच्छी-ख़ासी भागीदारी हो रही है।

'छांग्या रुक्ख' (बलबीर माधोपुरी), 'अपने-अपने पिंजरे' (मोहनदास नैमिशराय), 'जूठन' (ओमप्रकाश वाल्मीकि), 'तिरस्कार' (के. नाथ), 'तिरस्कृत' (सूरजपाल चौहान), 'उचल्या' (लक्ष्मण गायकवाड), 'अक्करमाशी' (शरणकुमार लिंबाले), 'तराल-अन्तराल' (शंकरराव खरात), 'बलुतं' (दया पवार), 'उपरा' (लक्ष्मण माने), 'बस्ती' (वसन्त मून), 'अन्धारातील काजवा' (बालकृष्ण सरकाटे), 'धुलीतून ध्येयाकडे' (एन.एम.निमगडे), 'जिर्ण आमुचं' (बेबी कांबले), 'माज्या जल्माची चित्तरकथा' (शान्ताबाई कांबले) आदि सैकड़ों स्वकथन सारे भारत में लिखे गये हैं। यह बात सच है कि स्वकथन की शुरुआत मराठी से हुई है। पर आज हिन्दी, पंजाबी, कन्नड़, गुजराती आदि भारत की अनेक भाषाओं में स्वकथन प्रकाशित हो चुके हैं। ग़ैर-दलितों ने स्वकथन ही नहीं बल्कि दलित साहित्य (अम्बेडकरवादी साहित्य) का शुरू में विरोध किया था। पर आज अम्बेडकरवादी साहित्य और अम्बेडरकवादी साहित्य का 'स्वकथन' सर्वमान्य हो गया है और भारत की सीमाएँ तोड़कर अन्तरराष्ट्रीय स्तर पर जागरूक साहित्यकारों को अपनी ओर खींच रहा है। इसका मूल कारण गुलाम को गुलामी से अवगत करना, मानव उत्थान कर स्वतन्त्रता-समता-बन्धुता स्थापित करना ही अम्बेडकरवादी साहित्य का मूल लक्ष्य है।

स्वकथन के माध्यम से समाज गुलामी से अवगत हो रहा है। स्वकथन लेखकों पर और उनके समाज पर हुए अन्याय शर्मनाक हैं। कुत्ते की पूजा की गयी, साँप को ईश्वर मानकर दूध पिलाया गया, गाय-भैंस को पूजा गया, पर दलित का स्पर्श अपवित्र माना गया, इन्सान का इन्सान से स्पर्श करना तो दूर उसकी छाया पड़ी तो उसे दण्डित किया गया। ऐसी कुरीतियों के उदाहरण स्वकथन के ज़रिये सामने आते हैं। इन सामाजिक कुरीतियों से लड़ना, ऊँच-नीच का भेदभाव ख़त्म करना, यह भी स्वकथन-लेखक का उद्देश्य है। व्यक्ति, समूह, घर-परिवार, जाति, प्रान्त, देश, समाज की बुरी और अच्छी प्रथाएँ, दुःख और संघर्ष जैसे सामाजिक तथ्यों को साथ लेकर स्वकथन लेखक आप-बीती व्यक्त करता है। इसलिए इसका सामाजिक मूल्य ज़्यादा है।

अम्बेडकरवादी साहित्य का 'स्वकथन' एक प्रकार से क्रान्तिकारी साहित्य है, एक सामाजिक तथ्य और सत्य है। इस साहित्य से अम्बेडकरवादी समाज में जागृति आयी, और सवर्णों में परिवर्तन भी आया है। भेदभाव, ऊँच-नीच, जातिभेद की दरार भी कुछ कम हुई है। पीड़ित-शोषित, सर्वहारा, समतावादी और अन्य समाज प्रगतिशीलता और रचनात्मकता की दिशा में बढ़ा है। स्वकथन लेखकों और अम्बेडकरवादी लेखकों को अपने इस जुझारूपन को घर-घर पहुँचाने का कार्य तेज़ करना चाहिए। अम्बेडकरवादी साहित्य सम्पूर्ण क्रान्ति का सपना देखता है।

## दलित आत्मवृत्त : सामाजिक जीवन की अभिव्यक्ति

डॉ. इसादास भड़के लिखते हैं कि दलित आत्मवृत्त अर्थात अम्बेडकरी स्वकथन अम्बेडकरी चेतना द्वारा लिखे गये हैं। दलितों के वास्तविक जीवन को ध्यान में रखकर अम्बेडकरी स्वकथनों का जन्म हो रहा है। यह सफ़र बचपन से प्रौढ़ावस्था में प्रवेश करने तक इसी चेतना को अम्बेडकरी स्वकथन साकार कर रहे हैं।

अम्बेडकर साहित्यिक एवं अम्बेडकरी स्वकथनकार का प्रेरणास्रोत डॉ. अम्बेडकर हैं। स्वकथन से साकार होने वाले मानवीय-मूल्यों का शोध अम्बेडकरी स्वकथन लेखक करता है। मानवीय मूल्यों के ह्रास और मानवीय मूल्यों के पतन के कारणों को स्वकथन लेखकों ने हर प्रसंग में व्यक्त किया है। मानवीय मूल्यों की स्थापना करना उनका उद्देश्य है।

ज़िन्दगी में अपने हिस्से में आयी ग़रीबी, दुःख, भूख व वेदना का अहसास अम्बेडकरी स्वकथन लेखकों को है। इसी कारण वे अन्तर्मुख होकर सम्मान प्राप्त करने के लिए, ग़रीबी, दुःख नष्ट करने के लिए रात-दिन लगे रहते हैं। अम्बेडकरी स्वकथनकार व्यक्तिगत जीवन चित्रित करने के साथ सामाजिक चिन्तन अधिक करता है।

दलितों के जीवन का सामाजिक स्तर पर विचार करता है। इसी विचार से स्वकथन लेखक सामाजिक पहचान को प्रगल्भता तथा पूर्णता प्रदान करता है।

सामाजिक अस्मिता इन्सान का सांस्कृतिक मूल्य है। इस देश और समाज का दलितों के हिस्से में आया हुआ जीवन इन्सान के सांस्कृतिक मूल्यों को पैरों के नीचे कुचलता है। यह हमेशा के लिए स्वकथन लेखक के मन-मस्तिष्क में है। अम्बेडकरी स्वकथन लेखक रोटी की बजाय अस्मिता, स्वाभिमान को ज़्यादा महत्त्व देता है। गाँव के बाहर के, अपमानित जीवन, स्वकथनकारों के हिस्से में आने की वजह से अम्बेडकरी स्वकथन लेखकों को विद्रोह, क्रान्ति और परिवर्तन ज़रूरी लगता है। परम्परागत जीवन को नकार कर, विद्रोह व क्रान्ति करके परिवर्तन की ओर जाने के लिए बेचैन रहता है।

दलितों के हिस्से में आया हुआ जीवन गुलामी का बँधा हुआ जीवन है। इस बन्धन से मुक्त होने के लिए उनकी भागदौड़ आज़ादी का पुरस्कार है। सामाजिक अहसास से सम्प्रभुता और स्वतन्त्रता मिलनी चाहिए। यह वास्तविकता अम्बेडकरी स्वकथनकारों ने अपने स्वकथनों में लिखी है और यह उनकी माँग है।

अम्बेडकरी समाज के हिस्से में आने वाला जीवन समानता के मानदण्डों और समानता की कसौटी पर आधारित होना चाहिए। आदर्शवादी और साम्यवादी जीवन होना चाहिए। यह अम्बेडकरी स्वकथनकारों का मूल मन्तव्य है। अम्बेडकरी समाज के हिस्से में आये दुःख विश्वासात्मक हैं। यहाँ की पराम्परागत शोषण सत्ता, जाति संख्या, वर्णव्यवस्था नष्ट होनी चाहिए। इन्हीं कारणों से होने वाले दुःख नष्ट होने चाहिए, यह अम्बेडकरी स्वकथनकारों को लगता है। स्वकथनकार अनेक प्रकार के प्रश्नों से घिरे हैं। पर सोचे-समझे सामाजिक परिवर्तन की ओर उनका सफ़र चल रहा है। परम्परागत-मूल्यों को नकारने की हिम्मत उनमें है। इसलिए वे अम्बेडकरी आन्दोलन की तरफ़ सामाजिक परिवर्तन की दृष्टि से देखते हैं।

अम्बेडकरी समाज की व्यक्तिगत व सामाजिक संवेदना में फ़र्क़ नहीं है, ऐसा स्वकथनकारों का मानना है। अम्बेडकरवादी समाज और अम्बेडकरवादी व्यक्ति का प्रश्न एक ही है।

# बाबा साहेब डॉ. अम्बेडकर—मैं कैसे बना?

*ऐसे समय जब देश में स्वयं पुनर्जागरण के अग्रदूत हिन्दू धर्म और वर्ण-व्यवस्था की परम्पराओं के कारण त्रस्त-पस्त जैसे हो रहे थे, वैसी भीषण विषमता से भरे जीवन में उन्हीं दुष्परम्पराओं/प्रथाओं/कुरीतियों को दरकिनार करते हुए उस महान शख़्सियत ने जीवन के सामाजिक/धार्मिक/और सांस्कृतिक पथ पर स्वाभिमान से जीने के लिए क़दम बढ़ाया था। ज़ाहिर है कि बाबा साहेब डॉ. अम्बेडकर ने जाति भेद की आग में जलते हुए/तिलमिलाते हुए यातनापूर्ण बिताये गये जीवन की इबारत लिखने की शुरुआत की होगी। इतिहास के उसी मोड़ से वहीं आत्मकथा/डायरी/आत्मवृत्त/संस्मरण चाहे जो कहें, दलितों के लिए महत्त्वपूर्ण इबादत भी बनी और संघर्ष का क्रान्तिकारी फ़लसफ़ा भी। अधिकांश मराठी दलित लेखक और चिन्तक दलित आत्मकथाओं की शुरुआत वहीं से मानते हैं जब से डॉ. अम्बेडकर द्वारा लिखित 'मी कसा झालो' (मैं कैसे बना) इतिहास में दर्ज हुई। उनका आत्मकथ्य जनता पत्र के 6 नवम्बर, 1954 अंक में प्रकाशित हुआ था। बाबा साहेब ने लिखा, "मेरा विकास किसी अद्भुत शक्ति के कारण नहीं हुआ, बल्कि मेरे जीवन-निर्माण में परिश्रम और संघर्ष मुख्य बिन्दु रहे हैं।" वही बिन्दु दलितों के लिए प्रेरणा-स्रोत बने। विचार करें अगर बाबा साहेब स्वयं अन्य लेखकों/साहित्यकारों/समाजशास्त्रियों की तरह पूर्ण रूप से आत्मकथा लिखने में अपना समय लगाते तो हो सकता था कि उन्हें नोबल पुरस्कार भी मिल जाता। लेकिन उस पुरस्कार से कहीं अधिक जो डॉ. अम्बेडकर को मिला, उसकी गूँज विश्व स्तर पर अभी भी है।*

वैसे भी अम्बेडकर के जन्म से परिनिर्वाण होने तक स्वयं उनके पास इतने खट्टे-मीठे अनुभव हो गये थे, जिन्होंने उनके मन को गुदगुदाया कम और ज़ख़्मी अधिक किया। डॉ. अम्बेडकर के बेचैन और उद्वेलित करने वाले ऐसे पत्र, डायरी तथा संस्मरण पाठक/शोधार्थी अवश्य ही पढ़ें। जिन्हें मेरी जानकारी और अध्ययन में दिल्ली में रहे उनके सहयोगी नानक चन्द रत्तू, सोहन लाल शास्त्री, इलाहाबाद

से रामचन्द्र बनौघा, औरंगाबाद से गंगाधर पानतावने, कराची से वसन्त आवाजी डहाके, चण्डीगढ़ से के.सी. सुलेख, जलन्धर से ए.आर. बाली तथा बम्बई में दादर की हिन्दू कालोनी में ही रहनेवाले उनके मित्र चांगदेव भवानराव खैरमोडे तथा 15 अप्रैल, 1948 को पंजीकृत विवाह पद्धति से बनी उनकी दूसरी पत्नी डॉ. सविता अम्बेडकर, ने अपनी पुस्तक में बख़ूबी दर्ज किये हैं। इनके अतिरिक्त डॉ. अम्बेडकर प्रतिष्ठान में *बाबा साहेब डॉ. आम्बेडकर सम्पूर्ण वाङ्मय (जहाँ मैं लगभग 6 वर्ष के पहले दौर में सम्पादक और फिर मुख्य सम्पादक रहा) में भी महानायक के जीवन संघर्ष का सिलसिलेवार ब्यौरा दिया गया है।*

जिस वर्ष मैंने अंग्रेज़ी की चौथी की परीक्षा पास की तो मेरे समाज के लोगों ने मुझे बधाई देने के लिए एक आम सभा का आयोजन करके इस अवसर पर ख़ुशी मनानी चाही। दूसरे समुदायों में शिक्षा की स्थिति की तुलना में यह कोई ख़ुशी मनाने का अवसर नहीं था। किन्तु इस जगह पहुँचने वाला अपनी जाति का मैं पहला लड़का था इसलिए आयोजकों को लगा कि मैंने बहुत बड़ा मैदान मार लिया है। वे मेरे पिताजी की अनुमति लेने आये। किन्तु मेरे पिताजी ने यह कहते हुए साफ़ मना कर दिया कि इससे लड़के का दिमाग़ चढ़ जायेगा। आख़िर उसने एक परीक्षा ही तो पास की है उससे अधिक तो कुछ नहीं किया। जो लोग इस अवसर पर यह समारोह करना चाहते थे वे बहुत निराश हुए। किन्तु उन्होंने हार नहीं मानी। वे दादा केलुसकर के पास गये। वह राजी हो गये। थोड़ी बहस के बाद मेरे पिताजी ने हथियार डाल दिये और सभा सम्पन्न हुई। इसकी अध्यक्षता दादा केलुसकरजी ने ही की। वह अपने समय की साहित्यिक हस्ती थे। अपना भाषण समाप्त होने पर उन्होंने मुझे बुद्ध के जीवन पर लिखी अपनी पुस्तक की एक प्रति उपहार के रूप में भेंट की। यह पुस्तक उन्होंने बड़ौदा सयाजीराव ओरिएंटल श्रृंखला के लिए लिखी थी। मैंने इस पुस्तक को बहुत रुचि से पढ़ा और इससे अत्यन्त प्रभावित और प्रेरित हुआ।

मैं यह प्रश्न करने लगा कि मेरे पिता ने बौद्ध साहित्य के बारे में मुझे क्यों नहीं बताया? इसके बाद मैंने निश्चय कर लिया कि मैं अपने पिता से यह प्रश्न करके ही रहूँगा। एक दिन मैंने पूछ ही लिया। मैंने अपने पिता से पूछा कि वह हमें महाभारत और रामायण पढ़ने के लिए क्यों बाध्य करते हैं जिसमें ब्राह्मणों और क्षत्रियों की महानता का बखान किया गया है और शूद्रों और अस्पृश्यों के पतन की कहानियाँ दोहराई गयी हैं। उन्होंने बस इतना ही कहा, "तुम्हें ऐसे मूर्खतापूर्ण प्रश्न नहीं करने चाहिए। तुम अभी बच्चे हो तुम्हें वही करना चाहिए जो तुमसे कहा जाता है।" मेरे पिता रोमन कुलपिता थे और अपने बच्चों पर

पितृसत्ता का बहुत अधिक प्रयोग करते थे। एक मैं ही था जो उनके साथ इतनी छूट ले लेता था और इसका कारण यह था कि मेरी माँ मुझे बहुत छोटा छोड़ कर मर गयी थीं और मेरी देखभाल मेरी बुआ करती थी। इसलिए कुछ समय बाद मैंने अपने पिता से एक बार फिर वही प्रश्न किया। इस बार अवश्य ही मेरे पिताजी ने उत्तर देने के लिए तैयारी कर रखी थी। वह बोले, "मैं तुमसे महाभारत और रामायण पढ़ने के लिए कहता हूँ क्योंकि तुम्हारे अन्दर हीन भावना बनने की सम्भावना है जो स्वाभाविक भी है। महाभारत और रामायण का महत्त्व इस हीन भावना को समाप्त करने में है। द्रोण और कर्ण को ही ले लो। वे छोटे लोग थे किन्तु वे कितने ऊँचे उठे? वाल्मीकि को देखो। वह कोली जाति के थे किन्तु वह रामायण के लेखक बने। इसी हीनभावना को समाप्त करने के लिए मैं तुमसे महाभारत और रामायण पढ़ने को कहता हूँ।" मेरी समझ में आ गया कि मेरे पिता के तर्क में कुछ बल था। किन्तु मैं पूरी तरह सन्तुष्ट नहीं हुआ। मैंने उनसे कह दिया कि मुझे महाभारत का कोई भी चरित्र पसन्द नहीं है। मैंने कहा, "मुझे भीष्म, द्रोण और कृष्ण में से कोई भी पसन्द नहीं है। भीष्म और द्रोण पाखण्डी थे। वे कहते कुछ थे और करते उसके उलट थे। कृष्ण...में विश्वास करते थे। उनका जीवन की शृंखला के अतिरिक्त और कुछ भी नहीं है। राम को भी मैं उतना ही नापसन्द करता हूँ। शूर्पनखा और बाली-सुग्रीव के प्रसंग में उनका आचरण देखिए और सीता के प्रति उनके पशुवत् व्यवहार को देखिए।" मेरे पिता चुप हो गये और उन्होंने पलट कर कोई उत्तर नहीं दिया। वह जानते थे कि मैं विद्रोह पर तुला था।

बाबा साहेब डॉ. अम्बेडकर के जीवन में ऐसी बहुत-सी घटनाएँ और दुर्घटनाएँ हैं जिन सभी का अगर संग्रह किया जाये तो कम-से-कम एक हज़ार पृष्ठों की महत्त्वपूर्ण आत्मकथा बन सकती है। उनके पत्रों के साथ उनके तर्क, उनका दर्शन यह सब विस्तार में जाये तो दलित जातियों के समाजशास्त्र से लेकर स्वयं डॉ. अम्बेडकर के मनोविज्ञान के बारे में शोधार्थी लाभान्वित हो सकते हैं।

डॉ. सविता लिखती हैं, "डॉ. अम्बेडकर ने अपने 1 फ़रवरी, 1948 के पत्र में बिना किसी संकोच के अपनी आन्तरिक भावनाओं को व्यक्त किया और डॉ. शारदा कबीर पर जम कर बरसे कि उन्होंने डॉ. मावलंकर के दिमाग़ में यह दिल्ली आने वाला विचार डाला, जिससे मैं भारी दुविधा में पड़ गया हूँ।" "यह", उन्होंने कहा, "अत्यन्त विचारहीन और अतिशय उन्मादी कृत्य है, लेकिन मेरी आदिम उदारता ने, जो मेरी बहुत बड़ी कमी है, ज़ोर मारा और मैं विचलित होकर लिखने बैठ गया हूँ।"

उन्होंने जो कहा, वह इस प्रकार है—

"मैं एक टेढ़ा आदमी हूँ। सामान्य तौर पर मैं पानी जैसा शान्त और घास जैसा विनम्र हूँ। लेकिन जब मुझे ताव आ जाता है तो फिर कोई मुझे बस में नहीं कर सकता और मैं बेकाबू हो जाता हूँ। मैं मौनप्रिय व्यक्ति हूँ। मुझ पर यह आरोप लगाया जाता है कि मैं स्त्रियों अर्थात दूसरी स्त्रियों से बात नहीं करता। लेकिन मैं तो आदमियों से भी तब तक बात नहीं करता, जब तक वे मेरे अन्तरंग न हों। मैं मूडी आदमी हूँ। कभी मैं बहुत गम्भीर रहता हूँ। कभी मैं पूरी तौर पर मज़ाक़ में होता हूँ। मैं मस्त व्यक्ति नहीं हूँ, जीवन के आनन्द मुझे आकर्षित नहीं करते। मेरे साथियों को मेरे संयम और वैराग्य का बोझ वहन करना पड़ता है। मेरी किताबें मेरी साथी रही हैं, वे मुझे पत्नी और बच्चों से भी अधिक प्यारी हैं। नैतिकता के स्तर पर मैं अदम्य हूँ और मैं नैतिकता के कठोर नियमों में किसी प्रकार की ढिलाई सहन नहीं करता। मैंने अपने बारे में ये तथ्य आपको इसलिए बताये हैं, ताकि आपको कुछ पता चल जाये कि आपको कितने टेढ़े ग्राहक से निपटना है। स्पष्ट तौर पर, आप इस सबके बारे में चिन्तित नहीं हैं। आप शायद सोचती हैं कि जैसे नोच-खसोट कर कुत्ते बिल्ली एक साथ हो जाते हैं, उसी तरह हम भी नोच-खसोट कर एक-दूसरे के साथ आ जायेंगे। ऐसा हरगिज़ नहीं है। मैं आपकी सफलता की कामना करता हूँ। आपने मेरे अतीत के बारे में पूछने का कष्ट नहीं उठाया है। लेकिन यह आपके लिए अनेक मराठी पत्रिकाओं के पृष्ठों पर कभी भी उपलब्ध रहेगा। लेकिन आपका व्यक्तिगत इतिहास मुझे उपलब्ध नहीं है। मैं चाहूँगा कि आप मुझे इसकी कुछ जानकारी दें...मुझे कला अच्छी लगती है और मुझमें एथलेटिक्स का अच्छा-ख़ासा बोध है।

"मेरा सन्देश है संघर्ष और अधिक संघर्ष, त्याग और अधिक त्याग। केवल संघर्ष ही है, जिससे उन्हें मुक्ति प्राप्त होगी और किसी अन्य चीज़ से नहीं।"

प्रत्येक व्यक्ति का कोई-न-कोई जीवन-दर्शन होना चाहिए, क्योंकि प्रत्येक व्यक्ति के पास एक मापदण्ड होना ही चाहिए, जिससे वह अपने व्यवहार को माप सके और दर्शन और कुछ नहीं, मापने का मापदण्ड है।

सकारात्मक स्तर पर मेरे सामाजिक दर्शन को स्वतन्त्रता, समानता और बन्धुत्व के तीन शब्दों में निहित किया जा सकता है। लेकिन, कोई यह न कहे कि मैंने अपना दर्शन फ्रांसीसी क्रान्ति से उधार लिया है। मैंने ऐसा नहीं किया है। मेरे दर्शन की जड़ें धर्म में हैं, राजनीति शास्त्र में नहीं। इन्हें मैंने अपने गुरु भगवान बुद्ध की शिक्षाओं से लिया है।

मेरे पिता सैनिक होते हुए भी एक धार्मिक-व्यक्ति थे। उन्होंने कड़े अनुशासन में मुझे पाला-पोसा। बचपन से ही मुझे अपने पिता के धार्मिक जीवन में कुछ

विरोधाभास दिखाई दिये। वह कबीरपन्थी थे, जबकि उनके पिता रामानन्दी थे। इसके अनुसार वह मूर्ति पूजा में विश्वास नहीं करते थे, लेकिन फिर भी वह गणपति पूजा करते थे। निस्सन्देह गणपति पूजा वे हमारे लिए करते थे, किन्तु मुझे यह अच्छा नहीं लगता था। वह अपने पन्थ की पुस्तकें पढ़ते थे। साथ ही, मुझे और मेरे भाई को भी प्रतिदिन सोने से पहले वह महाभारत और रामायण का एक अंश पढ़ने को बाध्य करते थे। ये अंश हमसे हमारी बहनों और उन अन्य लोगों के लिए पढ़वाये जाते थे, जो मेरे पिता के घर पर कथा सुनने के लिए एकत्रित होते थे। यह क्रम कई वर्षों तक चला।

हालाँकि डॉ. सविता अम्बेडकर ने बहुत बाद में अपनी पुस्तक (आत्मकथा के रूप में) में डॉ. अम्बेडकर के जीवन की घटनाओं तथा दुर्घटनाओं को रेखांकित किया है। लेकिन स्वयं अम्बेडकर ने 'मी कसा झालो' (मैं कैसे बना) संस्मरण में पहले ही लिख दिया था।

मराठी में जो आत्मकथ्य डॉ. अम्बेडकर द्वारा लिखा गया था, जो 'मेरा जीवन' शीर्षक से जनता पत्र के 6 नवम्बर, 1954 के अंक में प्रकाशित हुआ था। निश्चित तौर पर कहा जा सकता है कि यह किसी दलित-चिन्तक विद्वान लेखक का पहला आत्मकथ्य है जो किसी पत्र में प्रकाशित हुआ था। इन तथ्यों से इस बात का पता चलता है कि दलित साहित्य (अम्बेडकरवादी साहित्य) के आत्मवृत्त-लेखन की शुरुआत दलित लेखकों के आत्मकथ्यों के प्रकाशन के बाद ही हुई। इस तरह सभी दलितों ने अपने जीवनगत अनुभवों को पहले-पहल आत्मकथ्यों के रूप में अभिव्यक्त करने की कोशिश की थी और उसके बाद ही वे आत्मवृत्त लेखन की ओर अग्रसर हुए।

निश्चित तौर पर डॉ. अम्बेडकर का 'मेरा जीवन' आत्मकथ्य अम्बेडकरवादी साहित्य की ऐतिहासक धरोहर है जिससे लेखकों ने प्रेरणा ली होगी। इस आत्मकथ्य में उन्होंने यह ज़रूर स्वीकार किया है कि सभी स्मृतियों को समेटकर एक आत्मकथ्य लिखने का विचार है। समग्र आत्मकथा न लिखूँ तो कम-से-कम 'मेरा बचपन' नाम से एक पुस्तक ज़रूर लिखूँगा। तेज सिंह लिखते हैं कि इस आत्मकथ्य के लिखे जाने तक उन्हें उम्मीद थी कि वे कम-से-कम आठ-दस साल तक और जीवित रहेंगे लेकिन अस्वस्थता की वजह से दो साल बाद ही उनका निर्वाण हो गया और 'मेरा बचपन' नामक आत्मवृत्त लिखने का उनका सपना अधूरा ही रह गया। डॉ. अम्बेडकर का यह अधूरा सपना दलित लेखकों द्वारा उनके निर्वाण के बाईस साल बाद पूरा हुआ जब मराठी दलित साहित्य के इतिहास पुरुष दया पवार ने 1978 में 'बलुतं' आत्मवृत्त लिखकर प्रकाशित कराया।

मराठी में स्वयं किसी दलित लेखक के द्वारा लिखी गयी इस पूरक आत्मकथा बलुतं (हिन्दी में अछूत) को प्रथम प्रयास कहा गया है जो 1977-1978 में प्रकाशित हुई। अगले पृष्ठों में पाठकों को स्वयं आत्मकथाकार के साथ उनकी आत्मकथा की जानकारी दी जायेगी।

## सन्दर्भ


1. बाबा साहेब डॉ. अम्बेडकर के सम्पर्क में, लेखिका डॉ. सविता भीमराव अम्बेडकर, अनुवाद एवं सम्पादन, डॉ. अनिल गजभिये, सम्यक प्रकाशन, नयी दिल्ली, 2014।
2. 'अपने-अपने पिंजरे' समीक्षात्मक अध्ययन, श्री नटराज प्रकाशन, नयी दिल्ली, 2009
3. जे.वी. पवार से डॉ. अम्बेडकर भवन, दादर, मुम्बई में 2019 में बातचीत के आधार पर।
4. दलित आत्मवृत्त का प्रतिपक्ष, तेज सिंह द्वारा लिखा गया सम्पादकीय, अपेक्षा, जुलाई-सितम्बर, 2003

# पहली महिला आत्मकथा : आमार जीबोन (मेरा जीवन)

पाठकों और शोधार्थियों को जानकारी देने के उद्देश्य से आत्मकथाओं के इतिहास में जायें तो पहली महिला आत्मकथा का विवरण हमें मेरा जीवन (आमार जीबोन) के बारे में मिलता है, जो 1876 में पहली बार बंगला में छपी थी। अपनी आपबीती को क़लमबद्ध करने की हिम्मत जुटाने वाली महिला रास सुन्दरी दासी थी। पहला भाग उन्होंने लिखा था साठ बरस की उम्र में तथा दूसरा भाग अठासी वर्ष में। उनका जन्म बंगाल के पोतजिया गाँव में हुआ था। उनका विवाह फरीदपुर ज़िले के रामजिया गाँव में चौदह वर्ष की उम्र में हुआ, तब उनके भीतर लिखने-पढ़ने की इच्छा जाग्रत हुई।

महिलाओं का उन दिनों लिखना-पढ़ना अपराध था। घर के बाहर एक निर्जन स्थान पर पुस्तक पढ़ने का साहस किया। वह भी संगिनियों की मदद से। जितना समय राज सुन्दरी पुस्तक पढ़ती, संगिनियों की ज़िम्मेदारी होती कि कोई देख तो नहीं रहा है। इस तरह विषम और विकट परिस्थितियों में पहली आत्मकथाकार का पढ़ना शुरू हुआ। उस समय की परम्परा तथा कठोर नियमों के तहत अगर कोई महिला पढ़ने-लिखने का प्रयास करती भी तो उसे कलंकिनी घोषित कर दिया जाता था।

रास सुन्दरी दासी के ही समकालीन जुझारू महिला कवयित्रियों तथा लेखिकाओं की अगर बात करें तो हमारे सामने एक नहीं तीन-तीन महिलाओं का गौरवशाली इतिहास खुलता है।

बकौल वीर भारत तलवार स्त्री का सच लिखने वालों में मराठी भाषी ताराबाई शिन्दे का नाम प्रमुखता से लिया जाता है। 1882 में प्रकाशित उनकी पुस्तक 'स्त्री पुरुष तुलना' के पृष्ठों पर जो वास्तविकताएँ नज़र आयीं उन्होंने नवजागरण काल के सुधारवादी 'महाशयों' तक को बेचैन कर दिया था। ब्राह्मणवाद विरोधी आन्दोलन से ऊर्जा प्राप्त ताराबाई शिन्दे ने मराठी, अंग्रेज़ी और संस्कृत के कामचलाऊ ज्ञान से उन्नीसवीं शताब्दी के उत्तरार्द्ध में संघर्षरत स्त्री के कष्ट

लिपिबद्ध किये हैं। 'देवो न जानाति' माने जाने वाले 'त्रिया चरित्र' के पुरुष प्रचारित मिथकों को ताराबाई ने तीक्ष्णता से इस पुस्तक में ध्वस्त किया है। यह पुस्तक 'वस्तु' समझी जाने वाली स्त्री में 'व्यक्ति' की छटपटाहट को रेखांकित करती है। अखिलेश ने उन्हें प्रतिरोध की परम्परा बताया है। उनकी चर्चित पुस्तक स्त्री पुरुष तुलना 1882 में प्रकाशित हुई। जो किसी आत्मकथा से कम नहीं। स्त्री पुरुष तुलना किताब की लेखिका ताराबाई शिन्दे नवजागरण के दौर की महत्त्वपूर्ण स्त्री थीं जिन्होंने भद्रवर्गीय पुरुष सुधारकों के आन्दोलन की न सिर्फ़ सीमाओं को पार किया बल्कि उसकी कड़ी आलोचना भी की। ताराबाई की किताब का अंग्रेज़ी में अनुवाद और विमोचन करते हुए रोजालिन्द ओहानलोन ने ताराबाई का जीवन परिचय दिया है। ताराबाई बरार प्रान्त के बुधनाला शहर में रहने वाले एक प्रभावशाली मराठा (कुनबी) परिवार में जन्मी थीं। उनका जीवनकाल 19वीं सदी का उत्तरार्द्ध था और वे 1905 के कुछ बाद तक ज़िन्दा रहीं। उनके पिता बापू जी हरिशिन्दे शहर में डिप्टी कमिश्नर के दफ़्तर में हेडक्लर्क थे, पर शहर के बाहर भी उनके परिवार की कुछ ज़मीन थी। बापू जी हरिशिन्दे ताराबाई के परिवार का सम्बन्ध ज्योतिबा फुले के ब्राह्मणवाद विरोधी आन्दोलन से था।

19वीं सदी के पुरुष शास्त्रों और पुराणों का हवाला देकर पतिव्रत धर्म की वकालत करते थे। ताराबाई ने उन शास्त्रों और पुराणों को ही चुनौती दी। ताराबाई की किताब में शास्त्र और पुराणों के सन्दर्भ भरे पड़े हैं, पर कड़ी आलोचना के साथ। वह पूछती हैं कि शास्त्रों और पुराणों में जिन स्त्रियों को पतिव्रत धर्म का आदर्श बताया गया है द्रौपदी, अहल्या, सत्यवती और कुन्ती क्या उनका भी चरित्र विवादास्पद नहीं? क्या उनमें से हर एक ने गुप्त रूप से विवाहेतर प्रेम नहीं किया? सच बात तो यह है कि पुरुष पण्डितों के बनाये स्त्री धर्म का पालन न पहले कभी होता था, न आज हो सकता है। इससे भी आगे बढ़कर ताराबाई स्त्री धर्म की अनैतिकता को उजागर करती हैं।

ताराबाई ने लिंग भेद के आधार पर स्त्री-पुरुष के अधिकारों में फ़र्क़ करने और दोहरे मापदण्ड बरतने के ख़िलाफ़ आवाज़ उठायी। वह बार-बार पूछती हैं कि पुरुष अपने आपको स्त्रियों से इतना भिन्न क्यों समझता है? स्त्री की तुलना में वह खुद को इतना महान और बुद्धिमान क्यों मानता है? अगर वे इतने ही महान और हीरो थे तो अंग्रेज़ों के गुलाम कैसे बन गये? उनके बीच ऐसी क्या भिन्नता है कि पत्नी के मरने से पति पर कोई आफत नहीं आती, वह जब चाहे दूसरा विवाह कर ले, पर पति के मरने से विधवा स्त्री को ऐसे दुख दिये जाते हैं

मानो उसी ने पति को मारा हो? ये दोहरे मापदण्ड क्यों जबकि स्त्री-पुरुष की यौन इच्छाओं में कोई भेद नहीं? ऐसी विधवा होने से अच्छा तो सती होना है। धर्माचार्यों ने शास्त्रों में सब नियम पुरुषों की सुख-सुविधा का ख़याल रखकर बनाये हैं, स्त्रियों की नहीं। इनके मुक़ाबले ब्रिटिश शासन के क़ानून ज़्यादा अच्छे हैं जिन्होंने स्त्रियों की दशा में सुधार और उन्नति के लिए रास्ता खोल दिया है। 'ईश्वर अंग्रेज़ी राज को सदा बनाये रखे।'

साहित्य की अन्य विधाओं की तरह 'आत्मकथा' लेखन की शुरुआत भी भारतेन्दु युग से हुई। ऐसा अध्ययन में आता है। बकौल सुधा सिंह 19वीं सदी के आरम्भ में स्त्री लेखन और स्त्री आत्मकथात्मक लेखन दोनों सामने आते हैं। साहित्येतिहास की पुस्तकों में भारतेन्दु की रचना *'कुछ आपबीती कुछ जगबीती'* को हिन्दी की पहली आत्मकथा लेखन का प्रयास कहा गया और फिर जब तक बनारसी दास के 'अर्ध कथानायक' को नहीं खोज लिया गया, आत्मकथा लेखन की शुरुआत नहीं मानी गयी। जबकि स्त्रियों द्वारा लिखे गये आत्मकथात्मक गद्य के उदाहरण पहले भी मिलते हैं, लेकिन उन पर आत्मकथा की कोटि के तहत विचार नहीं किया गया।

आत्मचरित्रों में कुछ नाम रूसो (कॉनफेसन्स), कैसंनीवहा (मेमोरीज), एथेल मॅनीन (कॉनफेसन एंड इम्प्रेशन), महात्मा गाँधी (सत्य के प्रयोग), न.चि. केलकर (गतगोष्टी) जैसे बहुत सारे नाम लिए जा सकते हैं। माओत्सेतुंग, राहुल सांकृत्यायन द्वारा लिखित आत्मचरित्र लिखने के बाद एक समाधान आत्मचरित्रकार को मिलता है। अम्बेडकरवादी स्वकथनकार लिखने के बाद भी बेचैन रहता है। उसका उद्देश्य सताये हुए लोगों में परिवर्तन कर क्रान्ति के सपनों की पूर्ति करना है।

गुजरात से डॉ. धीरज भाई वणकर के शब्दों में कहें तो साहित्य एवं जीवन का सम्बन्ध अविच्छिन्न है। न तो जीवन को साहित्य से अलग किया जाता है और न साहित्य को जीवन से अलग किया जा सकता है। सामान्यतः साहित्य को जीवन की आलोचना कहा जाता है, पर जीवन के जो सबसे नज़दीक है, वह आत्मकथा है। वस्तुतः आत्मकथा लिखना साहस का काम है।

आदर्श हिन्दी कोश में जीवन के 'वृत्तान्त' या 'हाल' को जीवन-चरित्र कहा गया है। जबकि 'बृहद् हिन्दी कोश' में आत्मकथा शब्द को 'आत्मन्' और 'कथा' का सामासिक रूप बताते हुए आत्मकथा को 'अपने जीवन की कहानी' बताया गया है। हरिवंश राय बच्चन ने आत्मकथा को 'जीवन की तस्वीर' कहा है। वहीं अमृता प्रीतम ने आत्मकथा को 'लेखक की अपनी आवश्यकता मानते हुए यथार्थ से यथार्थ तक पहुँचने की प्रक्रिया' माना है।

एनसाइक्लोपीडिया ब्रिटेनिका में आत्मचरित्र को 'ऑटोबायोग्राफी द एकाउंट ऑफ़ एंड इंडिविजुअल ह्यूमन लाइफ रिटन बाई द सबजेक्ट हिमसेल्फ़' जैसी परिभाषा की है और यूनिवर्सल डिक्शनरी ऑफ़ द इंगिलश लैंग्वेज में 'आटोबायोग्राफी बाई-आर्ट एंड प्रेक्टिस ऑफ़ राइटिंग ए नेरेटिव ऑफ़ वन्स ओन लाइफ' जैसी परिभाषा दी गयी है। वहीं 'ए बायोग्राफी और नेरेटिव ऑफ़ वन्स लाइफ रिटन बाई ऑनसेल्फ' परिभाषा वेबस्टर ने की है।

खुद के विगत जीवन की, खुद के अब तक जिए हुए जीवन की घटनाओं को क्रमबद्ध करके लिखना आत्मचरित्र है। विगतस्मृति, बीता हुआ कल, ख़ुशी की घटनाएँ, दुःख की घटनाएँ, ग़लतियों के प्रसंग, पराक्रम का इतिहास आत्मचरित्र के रूप में संगृहीत करके रखना आत्मचरित्र का यह मुख्य उद्देश्य है।

बकौल निरुपमा कपूर महिला आत्माभिव्यक्ति के उदाहरण मीरा के काव्य और सीमन्तनी उपदेश में आरम्भिक स्टेज पर मिलते हैं जैसा सीमन्तनी उपदेश पढ़ने से पता चलता है—उस समय पूरे देश में तलाश करने से शायद सौ-पचास ही पुरुष ऐसे निकलेंगे, जो स्त्रियों को इन्सान मानते थे।

## सन्दर्भ


1. रास सुन्दरी दासी, 'मेरा जीवन', सम्पादन और अनुवाद : सुधा सिंह, स्वराज प्रकाशन, नयी दिल्ली, 2010
2. ताराबाई शिन्दे, 'स्त्री-पुरुष तुलना', तद्भव, लखनऊ।
3. निरुपमा कपूर, साझी पीड़ा साझी कहानी : स्त्री आत्मकथा दलित साहित्य (वार्षिकी) 2012

# दलित आत्मकथात्मक साहित्य का समाजशास्त्र

## देवदासी जीवन के आसपास

दलित आत्मकथाएँ दलित समाज की भोगी हुई यथार्थ पीड़ा, वेदना, आपबीती का समाजशास्त्रीय दस्तावेज़ हैं। दलितों ने भारतीय समाज की जिस पीड़ा को भोगकर दुःख का साक्षात्कार किया है, वह आत्मकथाओं में ही सही रूपों में आ पाया है क्योंकि आत्मकथाओं में झूठ की गुजांइश कम रहती है। बकौल राजेश पासवान "आत्मकथा वास्तविकता के अधिक नज़दीक एवं आत्मकथाकार के जीवन के कटु-प्रसंगों की स्वीकार्यता के साथ उपस्थित होती है।"

आमतौर पर 'आत्मकथा' का आशय 'निज कथाओं' से लगाया जाता है, लेकिन दलित आत्मकथाएँ निज कथाएँ नहीं समाज कथाएँ हैं क्योंकि "दलितों के पास अपना कोई भी निज-अभिन्न नहीं, उसके पास जो कुछ भी है, वह समाज का ही दिया हुआ है। दलित आत्मकथाएँ ग़ैर-दलित आत्मकथाओं से इसी सन्दर्भ में भिन्न और पृथक् हैं, इसलिए दलित आत्मकथाएँ अपने सन्दर्भों और रचाव में सामाजिक आयाम वाली हैं। इन आत्मकथाओं में दलित लेखक ने ऐसा कोई भी पक्ष अनछुआ नहीं रखा जो उसके जीवन से सम्बन्धित हो।" वरिष्ठ दलित साहित्यकार मोहनदास नैमिशराय की भी यही मान्यता है, वे दलित आत्मकथाओं को व्यापक सामाजिक आयाम से जोड़ते हुए कहते हैं, "दलित आत्मकथाकार की एकांगी दृष्टि नहीं होती क्योंकि जब वह लिखता है या सोचता है तो समूचे दलित समाज की दृष्टि, उसका 'मान-अपमान', उसके सवाल, जद्दोजहद एक लेखक के सामने होते हैं, इसलिए दलित आत्मकथाएँ एक व्यक्ति के जीवन पर आधारित नहीं होतीं, उसमें सम्पूर्ण दलित समाज होता है।"

'आत्मकथा' लिखने का कोई-न-कोई सार्थक उद्देश्य ज़रूर होता है। बिना उद्देश्य के व्यक्ति/लेखक आत्मकथा लिखने की ओर प्रवृत्त ही नहीं होता। राजेश पासवान के मतानुसार, "सामान्यतः लेखक जब यह महसूस करता है, कि उसने जो जिया है, व्यक्तिगत जीवन संघर्षों से सीखा है, उनसे प्राप्त किया है।"

देखा जाये तो आत्मकथा भी लिखने की शुरुआत हमें उसी पल से मान लेनी चाहिए जिस पल से मनुष्य के भीतर विचार के साथ आक्रोश ने जन्म लिया। वह बात अलग है कि अपने बारे में कम और आसपास के परिवेश के साथ अपने घर/बस्ती/गाँव और शहर के बारे में अधिक लिखा होगा। उसका सबसे महत्त्वपूर्ण कारण यह है कि मनुष्य के भीतर चेतना से चिन्तन की प्रक्रिया आदिकाल से रही है।

इसी विचार को आगे बढ़ाते हुए मैं अगर कहूँ कि डॉ. अम्बेडकर से पहले से ही हाशिए के समाज में आत्मकथा लिखने की प्रवृत्ति रही है। स्वयं डॉ. अम्बेडकर जब दक्षिण भारत के दौरे पर गये तो उन्हें देवदासी परम्परा से बहुत नज़दीकी से रू-ब-रू होना पड़ा था। बाद में बम्बई में उन्होंने देवदासियों/वेश्याओं की एक सभा भी ली थी, जिसमें उन्होंने उन्हें इस शर्मनाक कार्य को छोड़ने की सलाह भी दी थी।

इस बारे में हमें अच्छी-ख़ासी सामग्री 'देवदासी या धार्मिक वेश्या? : एक पुनर्विचार' पुस्तक के माध्यम से मिलती है जिसमें विशेषरूप से कर्नाटक और मद्रास राज्यों में देवदासी परम्परा के ख़िलाफ़ अछूतों की तरफ़ से हुई सुधारवादी गतिविधियों से मिलती है जिन पर ज्योतिराव फुले के आन्दोलन का गहरा प्रभाव था।

इसी बारे में अगर कहा जाये तो बीसवीं सदी के आरम्भ में विशेष रूप से दक्षिण भारत में धार्मिक-वेश्या विरोधी मुहिम के प्रेरणास्रोत 'देवरैया' थे। जिनका जन्म 1889 में रोदबल में हुआ। वे दलित समाज की होलेया जाति से थे। फुले के ग्रन्थ 'गुलामगिरी' से प्रभावित थे और साथ ही सत्यशोधक समाज और अ-ब्राह्मण आन्दोलन के नेताओं जे. कांबले, मद्रास प्रेसीडेंसी के पेरियार रामास्वामी और कोल्हापुर के शाहू महाराज का उनकी विकसित हो रही बौद्धिक चेतना पर गहरा प्रभाव पड़ा। उत्तरी कन्नड़ भाषी इलाक़ों में लोगों से अम्बेडकर का परिचय कराने वाले वही थे। उन्होंने नाटक तथा कविता के माध्यम से मुक्ति आन्दोलन शुरू किया। आत्मकथा न सही, लेकिन ऐसी घटनाओं और दुर्घटनाओं के बारे में डायरी ज़रूर लिखी जिसमें सवर्णों द्वारा दलित स्त्री-पुरुषों को दी गयी यातनाओं के विवरण दर्ज हैं।

इस बारे में बेंगलुरु नागरत्नम्मा द्वारा 1910 में *'राधिका सन्तवनम'* के प्रकाशन का उल्लेख करना ज़रूरी है। जो उस समय एक महत्त्वपूर्ण घटना साबित हुई। इसे आत्मकथा कहना ठीक होगा, पर यह गद्य शैली में नहीं पद्य शैली में है। इसकी लेखिका मुड्डु फलानी 18वीं सदी के तंजौर के मराठा शासक प्रताप

सिन्हा की दरबारी नृत्यांगना थी। कुंडुकरी वीरसालिंगम ने इस पुस्तक की समीक्षा करते हुए लिखा, "मुड्डु फलानी एक वेश्यांगना है...। वह प्रताप सिंह की रखैल थी...।" इस पुस्तक में कई ऐसे वक्तव्य हैं जो एक स्त्री मुख से शोभा नहीं देते, जो अशोभनीय भी हैं। व्यभिचार उसका पुश्तैनी धन्धा रहा है आदि-आदि। कहना न होगा, यह थी उन दिनों पुरुष मानसिकता। यानी एक वेश्या/नृत्यांगिनी/रखैल/आदि-आदि को लिखने का अधिकार नहीं है। इस पर लेखिका तथाकथित शुचिता प्रतिनिधियों को वात्स्यायन के कामसूत्र का हवाला देती है।

इसके बाद 'देवालय लामिद बुथु बोम्मा लेन्दुकू' का प्रकाशन 1930 के दशक में हुआ। इसके लेखक ताप्ती धर्माराव बड़े मुखर और पत्रकार थे।

लगभग उसी दौरान महात्मा फुले प्रतिष्ठान की ओर से 'गंडहिंग्लज' में देवदासियों का एक सम्मेलन हुआ था। सम्मेलन की अध्यक्षता कोल्हापुर की समाज कार्यकर्ता श्रीमती उर्मिला सबनीस ने की थी और सम्मेलन की स्वागताध्यक्षा गौराबाई सलवादे नाम की एक देवदासी थी। इस सम्मेलन में आस-पास की क़रीब दो सौ देवदासियाँ और अन्य स्त्री-पुरुष उपस्थित थे। गौराबाई का भाषण बहुत ही प्रभावी था। उसके भाषण से सारे सम्मेलन में गम्भीर और करुण वातावरण पैदा हो गया था। उसने कहा था– *"मैं बच्ची थी तभी मेरे माता-पिता ने मेरी गर्दन पर छुरी चलाई। मेरे दो बच्चे हुए। एक लड़का-एक लड़की। लड़का मैट्रिक हुआ। लड़की सातवीं में। बच्चों को मैंने ध्यान से सँभाला। लेकिन कितनी कठिनाइयाँ। माता-पिता का नाम न होने से झंझट। हमारी कोई जाति न होने से तकलीफ़ होती थी। कोल्हापुर का अध्यापक जाति का दाख़िला माँगता है। क्या करे? मेरे आँसुओं में बच्चों के अश्रु मिलते थे। फिर बच्चे पढ़ने लगे। मैं मर भी जाऊँ तो अपनी बेटी को देवदासी नहीं बनाऊँगी।"* गौराबाई गोया भाषण नहीं दे रही थी उसके अन्तरमन की पीड़ा शब्द रूप लेकर कह रही थी। प्रक्षुब्ध होकर वह बोली, *"गाँव वाले ही देवदासियाँ चाहते हैं उन्हें यात्रा के समय गाड़ी के सामने नाचने के लिए देवदासियाँ चाहिए। बाद में वे लोग हमें भूल जाते हैं। उन बच्चों की परवरिश हमें करनी पड़ती है। बुढ़ापे में कोई हमें नहीं पूछता। बम्बई, पुणे के दलाल यहाँ धूम मचाते हैं। किसी घर की ख़ूबसूरत लड़की पर नज़र रखना उसे देवार्पण करने के लिए उसके माता-पिता को तंग करते हैं उन्हें पैसे भी देते हैं, बम्बई के वेश्यालयों में यलम्मा को अर्पण हुई देवदासियों की संख्या बढ़ी है।"*

इसी प्रकार कोल्हापुर की देवदासी शोभा जाधव की आपबीती–

*"मैं बचपन से दासीपन की यातनाएँ भुगत रही हूँ। मेरी माँ मेरे पीछे लड़ रही है कि मैं अपनी बेटी को देवदासी बना दूँ। मैं नहीं मानती लेकिन मेरी बेटी*

*के साथ किसी को शादी तो करनी चाहिए नहीं तो उसे नौकरी मिलनी चाहिए। जिसके पास पैसा नहीं उस स्त्री के लिए शील की रक्षा करना कठिन हो जाता है, कौन-सी औरत ख़ुशी से शरीर बेचेगी। लेकिन पेट पालने के लिए उसे शरीर विक्रय करना पड़ता है।"*

ताराबाई कांबले, इन्दुबाई पाटिल, राधाबाई, काराव्वा, दुमाबाई, शान्तव्वा आदि देवदासियों ने भीं अपनी-अपनी व्यथा को वाणी दी। बोलते समय कई देवदासियाँ रोने लगती थीं। सभी ने एक स्वर में यही कहा कि– *"शरीर में देवी का संचार होना, जर आना, देवी को अर्पण करना सब ढोंग है। सारा पेट का धन्धा है, हमें नरक से निकालिये। हमें रोज़ी दीजिए। राजे, दलाल लोग हमें इस नरक में ढकेलते हैं। बुढ़ापे में हम रोगी बनकर बहते ज़ख़्मों के साथ गाँव वापस लौटती हैं, हमारी भी आरज़ू है कि प्यार की गृहस्थी हमें मिले, सुख मिले लेकिन हमारी पुकार कौन सुनता है?"*

इस सम्मेलन में देवी को अर्पण की हुई छोटी-छोटी बच्चियाँ भी थीं। उनकी उपस्थिति अपने आप में एक कठोर टिप्पणी थी। और हिन्दू धर्म तथा संस्कृति के अमानवीय चित्र। सम्मेलन की अध्यक्ष उर्मिलाबाई सबनीस ने सवाल पूछा, *"किसी भी प्रकार की गुलामी देवता को कैसे मान्य हो सकती है? देवदासियों को चाहिए कि वे ईश्वरी क्रोध का डर मने से निकालें। देवदासियों की लड़कियों के साथ शादी करने के लिए युवकों को आगे आना चाहिए।"*

सम्मेलन के प्रवर्तक बाबा आढ़ाव ने कहा था, *"भारतीय समाज क्रूर और ढोंगी है। उसको स्त्री के मन की नहीं बल्कि उसके शरीर की ज़रूरत है। धर्म मानव के लिए होता है, मानव को कुचलने वाला धर्म हो ही नहीं सकता।"*

सम्मेलन समाप्ति के बाद आयी हुई देवदासियाँ पीतल की यलम्मा देवी सिर पर लेकर लौट रही थीं, फिर से अपने शापित जीवन की तरफ़।

इन भुक्तभोगी महिलाओं के द्वारा लिखे गये संस्मरण तथा डायरी पर अगर गम्भीरतापूर्वक शोध किया जाये तो निश्चित ही हमें हज़ारों आत्मकथात्मक वृत्तान्त और यातनाओं को बयाँ करते संस्मरण मिल सकते हैं। साथ ही आत्मकथा से सम्बन्धित महत्त्वपूर्ण जानकारी भी मिल सकती है और इस बहाने समाजशास्त्रीय अध्ययन भी हो सकता है। दक्षिण भारत के राज्यों/रियासतों के साथ गोआ और बम्बई प्रेसीडेंसी में दलित समाज की महिलाओं का धार्मिक आधार पर कितना यौन शोषण होता था उनके महत्त्वपूर्ण स्रोतों का पता लग सकता है। उस दौर में मन्दिर कितने पवित्र थे या वे चकले बन गये थे, इस पर भी अध्ययन और विश्लेषण हो सकता है।

## सन्दर्भ


1. प्रियदर्शिनी विजयश्री, 'देवदासी या धार्मिक वेश्या : एक पुनर्विचार', अनुवाद विजय कुमार झा, वाणी प्रकाशन, नयी दिल्ली, 2010
2. मुथुलक्ष्मी रेड्डी पेपर्स, फाइल सं. 12
3. सी.पी. ब्राउन (1999), शब्दकोश; पी. भास्कर रेड्डी, 1993
4. वसन्त राजस, देवदासी शोध आणि बोध (मराठी), सुगावा प्रकाशन, पुणे, 1997
5. डॉ. चन्द्र कुमार वरठे, दलित साहित्य आन्दोलन, रचना प्रकाशन, जयपुर, 1997
6. मुजरई विभाग, कर्नाटक स्टेट आर्काइव।
7. कैथरीन मायो की किताब 'मदर इंडिया'।
8. गुर्जदा अप्पाराव, 1994, भूमिका।
9. डॉ. बी. आर. अम्बेडकर पेपर्स (एन. एम. एम. एल.), नयी दिल्ली।
10. मदारी भाग्य रेड्डी वर्मा पेपर्स कलेक्शन, हैदराबाद।

# शिवराम जानबा काम्बले से सम्बन्धित पुस्तक

जहाँ तक दलित आत्मकथा की बात है, उससे सम्बन्धित कुछ नये विवरण शोध के दौरान प्राप्त हुए हैं। वह जानकारी पाठकों तथा शोधार्थियों को भी हो, इसलिए उन तथ्यों को हम 'शेयर' करना चाहते हैं। The Life of Shivram janba kamble and brief history of the poona parvati satyagraha नाम से हमें एक पुस्तक मराठी और अंग्रेज़ी में मिलती है, जिसे एच.एन. नवलकर ने लिखा था। यह 1930 में कमाटीपुरा स्ट्रीट 5, कैम्प, पूना से प्रकाशित हुई। पुस्तक की क़ीमत थी एक रुपया।

अनुक्रमणिका के आधार पर देखें तो प्रस्तावना से लेकर उपोद्घात तक 14 से 35 पृष्ठ हैं। इसमें अंग्रेज़ी तथा मराठी में समर्पण पृष्ठ हैं। इसके पश्चात प्रथम भाग में (पृ. 42 से 79 तक) काम्बले जी के चरित्र, शिक्षण, सोमवंशीय मित्र, पुस्तक में अस्पृश्योद्धारक मण्डली आदि के महत्त्वपूर्ण उल्लेख मिलते हैं। दूसरे अध्याय में (पृ. 80-141) पूना टेम्पल एंट्री आन्दोलन से लेकर अन्य सत्याग्रहों का ब्यौरा है। फिर परिशिष्ट (143-189) हैं जिनमें अच्छी-ख़ासी जानकारी है। इसके बाद पृ. 190 से 114 पर अन्य विवरण मिलते हैं। इसमें कुछ पत्र ऐसे हैं जिनका सामाजिक और राजनीतिक दृष्टिकोण से महत्त्व है। महार सैनिकों की समस्याओं के बारे में भी कई पत्र हैं। ये पत्र कलक्टर और कमिश्नर से लेकर गवर्नर जनरल तक को लिखे गये हैं। संक्षेप में कहा जाये तो मेरे आज तक (19 अगस्त, 2016) के अध्ययन में कीर/रामचन्द्र बनौधा और खैरमोड़े से भी पहले यह महत्त्वपूर्ण पुस्तक आयी जिसमें महान शख़्सियत शिवराम जानबा काम्बले के जीवन संघर्ष के साथ दलित आन्दोलन की भी जानकारी है। बाबा साहेब के संघर्ष का भी ब्यौरा इसमें दिया गया है।

# मुल्कराज आनन्द की ऐतिहासिक कृति : 'अनटचेबल'

बकौल रामासुजान अमर भारतीय अंग्रेज़ी साहित्य के एक महानतम प्रतिनिधि मुल्कराज आनन्द (1905-2004) कोई मामूली हस्ती नहीं थे। अपने विपुल-विविध साहित्य-सृजन एवं अविचल सतत वैचारिक सामाजिक-राजनीतिक सक्रियता के ज़रिये वे कई पीढ़ियों को प्रभावित और उद्वेलित करते रहे। भारत में प्रगतिशील लेखक संघ की प्रेमचन्द की अध्यक्षता में 1936 में स्थापना से पहले ही 1935 में साम्राज्यवाद फासीवाद विरोधी लेखकों ने लन्दन में 'इंडियन प्रोग्रेसिव राइटर्स एसोसिएशन' की स्थापना की थी और एक घोषणापत्र जारी किया था। उनमें वे भी शामिल थे।

इसकी अत्यन्त सशक्त अभिव्यक्ति उनके पहले ही उपन्यास या दलित आत्मकथा 'अनटचेबल' (1935) में हो जाती है। मुल्कराज आनन्द की इस ऐतिहासिक कृति की भूमिका विश्वविख्यात लेखक ई.एम. फोरेस्टर ने लिखी थी। वे लिखते हैं कि सफ़ाईकर्मी की स्थिति गुलाम से भी बदतर थी। *इसकी कथा बाखा नाम के एक 18 वर्षीय 'भंगी' लड़के की जीवन घटनाओं एवं स्थितियों के इर्द-गिर्द बुनी गयी है।* प्रथम दृष्ट्या सिर्फ़ छुआछूत के सवाल को उठाता दिखता यह उपन्यास या आत्मकथा अपने छोटे कलेवर में वर्णव्यवस्था एवं सामाजिक संरचना के पाखण्ड को भी परत-दर-परत उधेड़कर रख देता है। अपने सिर पर पाखाना ढोने वाले इन लोगों की छाया से भी 'छुआ' जाने वाले लोगों, इनके प्यास से तड़पते रहने पर भी दूर से इनके बर्तन में पानी डालने से इनकार करते। बाखा की बहन सोहिनी को पुरोहित कालीनाथ सफ़ाई कराने के बहाने घर बुलाता है और उससे भद्‌दे इशारे करता है। उसके रोने-विरोध करने पर उलटे पुरोहित 'छू कर भ्रष्ट कर देने' का आरोप सोहिनी पर लगाते हुए चिल्लाने लगता है और ऊँची जाति के लोगों की भीड़ जमा कर लेता है। इस बीच बाखा भी वहाँ पहुँच जाता है और पूरी स्थिति समझकर ज़हर का घूँट पीकर रह जाता है और बहन को घर भेज देता है। छुआछूत से जुड़े अनेक घोर अपमानजनक अनुभवों से स्वयं बाखा को भी गुज़रना पड़ता है।

सड़क पर कोई चिल्लाया, "सड़क के किनारे चल कमीने। आवाज़ देता क्यों नहीं चलता।" बाखा की ओर देख उसने दूर से ही फिर कहा–

"जानवर! तुझे पता नहीं, तू मुझे छू नहीं सकता।"

बाखा का मुँह खुला, पर एक शब्द भी बाहर नहीं निकला। गाली देने वाले सवर्ण व्यक्ति की अभी जैसी सन्तुष्टि नहीं हुई थी। वह फिर चिल्लाया, "कमीने कुत्ते!... सूअर के बच्चे!... कुतिये के पिल्ले!..."। उसका भयंकर क्रोध उसकी ज़बान पर उबल रहा था और उन्माद की-सी दशा में बाहर झपटती उसकी भाषा सारहीनता में लड़खड़ा रही थी। "मुझे...मु...झे...जाकर...अ...भी अभी नहाना पड़ेगा। ...मैं काम ...काम पर जा रहा था...अब तेरे...ते...रे...कारण देर होवेगी।"

क्या माजरा है यह जानने के लिए पहले एक आदमी रुका। फिर दूसरा, फिर तीसरा। वह व्यक्ति अभी भी बाखा को गालियाँ दे रहा था।

"यह गन्दा कुत्ता मेरे से भिड़ गया! कुतिया के पिल्ले ऐसी लापरवाही से गलियों में चलते हैं! सूअर कहीं का! बिना तनिक भी आवाज़ दिये अकड़ता चला जा रहा था।"

बाखा सिर झुकाये ख़ामोश खड़ा रहा। कभी-कभी वह अपना भाल ऊपर उठा लेता था, जिस पर पसीने आ रहे थे तथा निराशा और निरर्थक विनय-भाव की ग्रन्थियाँ पड़ी हुई थीं।

कुछ और आदमी आकर रुक गये कि मामला क्या है। भारतीय शहरों की गलियों में प्रायः पुलिस के सिपाही तो दिखाई ही नहीं देते। जैसे उसका सड़क पर चलना कोई अपराध हो।

## और कितनी घटनाएँ

एक दिन हमेशा की तरह वह साफ़-सफ़ाई करने घर से निकला। मन्दिर के दालान में फैले वटवृक्ष के घने पत्तों की छाया में खड़े हो उसने टोकरी-झाड़ू को पृथ्वी पर रखा और अपनी धोती को कसा। बरगद के विशाल तने के चारों ओर बनी एक पत्थर की मठिया में एक मन्दिराकार पीतल के पिंजरे में सर्प की एक चमकती मूर्ति विराजमान थी। उस पर उसकी दृष्टि रुकी। फिर वह आगे बढ़ गया और सफ़ाई का काम करने लगा। मन्दिर में पूजा हो रही थी। लोग आ-जा रहे थे। शंख-ध्वनि गूँज रही थी। वह आवाज़ लगाते हुए सफ़ाई कर रहा था।

"राम, राम भ्रष्ट कर दिया।" उसे शोर सुनाई दिया। उसने सिर उठाया और चारों ओर देखा। उसे दिखाई पड़ा झुकी हुई मूँछों वाला एक नाटा आदमी।

मन्दिर के पुजारियों में से ही एक दालान में भागा आता हुआ काँपता लड़खड़ाता गिरता-पड़ता हवा में भुजाएँ उछालता कठोर काठ से चीख़ता—"भ्रष्ट कर दिया! भ्रष्ट कर दिया! भ्रष्ट कर दिया!"

'अरे! मैं देख लिया गया! अनर्थ हो गया!' यह विचार बाखा के मस्तिष्क में बिजली की तरह कौंध गया। तभी उसे चीख़ते हुए पुजारी के पीछे एक स्त्री की प्रतिमूर्ति दिखाई पड़ी। वह भौचक्का-सा खड़ा रहा यद्यपि अभी तक वह भयाकुल था और सोचता था कि उसकी दुर्दशा होने वाली है। पर उसे यह नहीं ज्ञात था कि दुर्दशा क्या आकार धारण करेगी।

उसे शीघ्र ही पता चल गया। भक्त लोगों की एक विशाल भीड़ मन्दिर से बाहर झपटी और एक गायन-नाटक के पटाक्षेप से पूर्व के-से क्रम में पंक्तिबद्ध होकर खड़ी हो गयी। नाटा क्षीण पुजारी उससे कुछ सीढ़ियाँ नीचे हाथ ऊपर उठाये खड़ा था। पुजारी के पीछे आने वाली स्त्री-प्रतिमूर्ति जो उसकी बहन सोहिनी थी शरमाती हुई दालान में अटक गयी थी।

"भ्रष्ट कर दिया! भ्रष्ट कर दिया! भ्रष्ट कर दिया!" नीचे से ब्राह्मण चिल्लाया। ऊपर की भीड़ ने भी उसके स्वर में स्वर मिलाकर चीख़ना प्रारम्भ किया। कोई भय से कोई क्रोध से पर सब-के-सब आवेश के बीभत्स आवेग से अपने हाथ हिला रहे थे। भीड़ में से एक ने आगे बढ़कर कहा—"उतर सीढ़ी पर से! ओ भंगी। दूर हो यहाँ से तूने हमारी सारी पूजा भ्रष्ट कर दी! सारा मन्दिर ही अपवित्र कर दिया! अब हमें मन्दिर शुद्धि का व्यय उठाना पड़ेगा। उतर यहाँ से भाग दूर कुत्ते!"

बाखा सीढ़ियों पर से झपटता हुआ पुजारी के पास से निकलकर अपनी बहन की ओर गया। वह दो भयों की भावना से अभिभूत था—एक भय अपने लिए उस पाप के लिए जो उसे ज्ञात उससे हो गया था; दूसरा भय अपनी बहन के लिए उस पाप के लिए जो उससे हो गया हो क्योंकि वह वहाँ पर मूक स्तम्भित खड़ी थी।

बाखा ने सुना नाटा पुजारी चीख़ रहा था, "तुम लोग तो दूरी से ही अपवित्र किये गये हो। मैं तो भिड़कर अपवित्र हुआ हूँ।"

"दूरी! दूरी!" भीड़ ने प्रत्युत्तर में चिल्लाकर कहा, "शास्त्रों के अनुसार तो अस्पृश्य उनहत्तर गज की दूरी से ही मन्दिर को अपवित्र कर सकता है और यहाँ तो वह सीढ़ियों पर चढ़ आया था द्वार के पास तक! हम तो बरबाद हो गये! अब हमें अपने आपको तथा अपने मन्दिर को पुनीत करने के लिए यज्ञ करना होगा।"

"पर मैं...मैं..." पुजारी ने प्रलाप किया पर वह अपना वाक्य पूरा नहीं कर सका।

मन्दिर की सीढ़ियों पर की भीड़ ने मान लिया कि ग़लती बाखा की है। उन्होंने उससे नहीं पूछा कि वह अपवित्र किस प्रकार हुआ था। सोहिनी ने दालान के द्वार पर सुबकियों तथा आँसुओं के साथ बाखा को सुनायी।

"इस कलमुँहे ने" वह बोली, "मेरे साथ अश्लील व्यवहार किया जब मैं उसके घर टट्टी साफ़ कर रही थी। और जब मैंने आर्तनाद किया तो यह स्वयं चिल्लाता हुआ भाग खड़ा हुआ कि मुझे अपवित्र कर दिया, मुझे अपवित्र कर दिया।"

## हजारी कौन थे? डॉ धर्मवीर

आत्मकथाओं का ज़िक्र करते हुए पहली गाँधी जी की आत्मकथा 'सत्य के साथ मेरे प्रयोग' है और दूसरी नेहरू जी की जीवनी 'मेरी कहानी' है। इन दोनों किताबों के नाम पढ़े-लिखे हिन्दुस्तानियों की ज़बान पर स्वतन्त्रता संग्राम के हिस्से के रूप में सामान्य ज्ञान की चीज़ों के रूप में लाजिमी रटवा दिये जाते हैं, लेकिन भारतीय लोगों का ज्ञान तब तक अधूरा कहा जायेगा जब तक वे यह नहीं जानते कि 'एन इंडियन आउटकास्ट : द ऑटोबायोग्राफी ऑफ़ एन अनटचेबल' के लेखक और आत्मकथाकार कौन हैं। उत्तर में ज्ञानवर्द्धन कराया जा सकता है कि ये हजारी जी हैं।

हजारी जी कौन थे? भारत में सबसे पहली बताने लायक बात यह है जो शायद सुन कर किसी को बुरा लगे। वे जाति के भंगी थे। उनके बारे में ज़्यादा खोजने से पता चलेगा कि वे भारत में और विश्व में कहाँ-कहाँ रहे। भारत की राजधानी दिल्ली में 1922 में 'प्रिन्स ऑफ़ वेल्स' के आगमन पर एक बड़े होटल के कर्मचारी के रूप में उन्होंने खुद 'प्रिन्स ऑफ़ वेल्स' को खाना खिलाने का रुतबा और श्रेय पाया था। एक युवक के रूप में उस घटना का उन्होंने अपनी आत्मकथा में चश्मदीद ब्यौरा दिया है।

उनकी आत्मकथा 1951 में ब्रिटेन से प्रकाशित हुई। श्यौराजसिंह बेचैन के अनुसार हजारी की आत्मकथा अभी तक की दलित आत्मकथाओं में पहली और रचनात्मकतापूर्ण आत्मकथा है। नायक का जीवन गतिशील और संघर्षमय रहा है, उन्होंने आत्मकथा को केवल अपने निजी कष्टों तक सीमित नहीं किया है, बल्कि यथास्थिति में हस्तक्षेप कर अपने सामाजिक वजूद का स्थायी अहसास कराया है। लेखक की यात्रा तत्कालीन समाज में व्याप्त भयंकर अस्पृश्यता, जाति घृणा और अनुदार व्यवहार की कहानी है। अतीत को मुड़-मुड़ कर देखते जाने वाले आत्मकथाकार ने धर्म, दर्शन, साहित्य, समाज और राजनीति के बिम्ब आत्मकथा में बख़ूबी उकेर दिये हैं। वे यायावरी जीवन जीए, उन्होंने डायरी लेखक की तरह

अपने अलग-अलग ठिकानों का वर्णन किया। अलीगढ़, लखनऊ, शिमला और दिल्ली आदि शीर्षकों से आत्मकथा के अध्याय लिखे। उस समय के शहरों की तस्वीर एक दलित की दृष्टि से देखनी है तो हजारी की आत्मकथा को गम्भीरता से लेना होगा।

अपनी सामाजिक और शैक्षिक समस्याओं को व्यक्त करने का हजारी का तरीक़ा बहुत सूक्ष्म और मनोवैज्ञानिक है। गाँव के स्कूल के पास उच्च वर्णों के बच्चे टेनिस की गेंद खेल रहे हैं। चूहड़े का होने के कारण यह बच्चा उनमें नहीं खेल सकता। इनका पालतू मोती नाम का कुत्ता झपट कर उन बच्चों की गेंद उठा लाता है और हजारी के पाँवों में रख देता है—"उन्हें छोड़, मुझसे खेल।" लेकिन तभी गेंद उनसे छीन ली जाती है और हजारी और मोती का भागते हुए दूर तक पीछा किया जाता है।

बचपन में एक बार हजारी बहुत बीमार पड़ गये थे। उनका गाँव के हकीम से इलाज चल रहा था। वे लिखते हैं—"हकीम के घर जाने के लिए मुझे गाँव के भीतर से गुज़रना पड़ता था। दोनों तरफ़ बड़ी जाति वालों के मकान थे। गली इतनी नेड़ी थी कि मुश्किल से दो आदमी गुज़र सकते थे। एक सुबह जब मैं इस नेड़ी गली से जा रहा था, मैंने सामने उच्च जातियों के हिन्दू बच्चे देखे। वे मेरी ओर आ रहे थे। लेकिन जैसे ही उन्होंने मुझे देखा, वे एक ओर दीवार से चिपक कर खड़े हो गये। यह भी सुना कि उनमें से एक बच्चा ज़ोर से चिल्लाया था कि रास्ता छोड़ दो क्योंकि चूहड़े का आ रहा है। इस बात ने मुझे भीतर तक बेचैन कर दिया शायद इसलिए भी क्योंकि मैं बीमारी की वजह से कमज़ोर था। पहली बार मैंने अपने व्यथित मन के ग़ुस्से को जाना कि वह कितना गहरा है।" घर आते ही हजारी ने अपनी माँ से कहा था कि मैं आज ही शिमले जाना चाहता हूँ और मेरी बीमारी वहीं ठीक हो जायेगी। ...मुसीबत तब की है जब दलितों के पास स्थानान्तरण और धर्मान्तरण का विकल्प भी नहीं छोड़ा जाता था। यह बँधुआ मज़दूरी और धर्म की जेल है।

यह आत्मकथा अस्पृश्यता की भारतीय ग़ुलामी से एक स्वप्नदर्शी अछूत की मुक्ति की कहानी है। रास्ते अपने-अपने हैं जो जैसे अपनाएँ। झूठ और सच इस में कोई मायने नहीं रखते। हजारी ने कई जगह अपनी जाति छुपाई है क्योंकि उन की जाति से जुड़ी हुई हीनता ख़ुद मनु का खड़ा किया हुआ सब से बड़ा झूठ है।

हजारी जी की इस पुस्तक का पहली बार प्रकाशन 'एन इंडियन आउटकास्ट : द ऑटोबायोग्राफी ऑफ़ एन अनटचेबल' के शीर्षक से ब्रिटेन से सन् 1951 में हुआ। प्राक्कथन श्री एच.एल.एल. पोलक का लिखा हुआ है।

इसका दूसरा संस्करण ब्रिटेन से ही सन् 1969 में 'अनटचेबल : द ऑटोबायोग्राफी ऑफ़ एन इंडियन आउटकास्ट' के शीर्षक से छपा है। इस संस्करण के प्रस्तावना लेखक श्री बेट्रिस पिटनी लैम्ब हैं। काग़ज़ और छपाई की दृष्टियों से दोनों संस्करणों की प्रस्तुतियाँ आकर्षक और सुन्दर हैं। पहले संस्करण के प्रकाशक 'बन्निसडेल प्रेस, लन्दन' और दूसरे संस्करण के प्रकाशक 'द पाल माल प्रेस लिमिटेड, लन्दन' हैं। मुझे ये दोनों संस्करण ऑक्सफोर्ड यूनिवर्सिटी की 'इंडियन इन्स्टिट्यूट लायब्रेरी' में मिले हैं।

## सन्दर्भ


1. R.K. Kshirsagar, M.D. Publications, New Delhi, 1994
2. चमन लाल, दलित और अश्वेत साहित्य, भारतीय उच्च अध्ययन संस्थान, शिमला, 2001
3. Untouchable, Arnold Publishers, New Delhi, 1935 (First Edition)
4. डॉ. चन्द्रकुमार वरठे, दलित साहित्य आन्दोलन, रचना प्रकाशन, जयपुर, 1997
5. डॉ. धर्मवीर, जय भंगी-जय चमार।
6. "A good autobiography is rare. That such an autobiography should have been written by an Indian untouchable is little short of a miracle." An Untouchable : The Autobiography of an Indian Outcaste, Hazari, Preface by Betrice Pitni lamb, The Paul Mall Press Limited, London, 1969
7. "Nevertheless, the story, told with so much restraint and moderation, so little bitterness and hostility, is a sad and yet a true one." An Indian Outcaste : The Autobiography of an Untouchable, Hazari, Preface by H.L.L. Polak, Bannisdale Press, London, 1951
8. "Hazari...whom you or I would be glad to meet and know?" An Untouchable : The Autobiography of an Indian Outcaste, Hazari, Preface by Betrice Pitni Lamb, The Paul Mall Press Limited, London, 1969
9. सामाजिक न्याय सन्देश, सितम्बर, 2014

# सोहनी की आत्मकथा के बहाने

## नरक-सफ़ाई की शव परीक्षा

*भारत में जातियों/उपजातियों की अमानवीय परम्परा अगर नहीं होती तो समाज में विषमता नहीं होती। विषमता नहीं होती तो ग़ैर-बराबरी नहीं होती, ग़ैर-बराबरी नहीं होती तो एक-दूसरे से अलगाव नहीं होता। अलगाव नहीं होता तो परस्पर घृणा के भाव नहीं होते। घृणा के भाव नहीं होते तो तथागत बुद्ध और डॉ. अम्बेडकर के सपनों का भारत धर्म/जातियों में खण्ड-खण्ड न होता। कहना न होगा कि आज 21वीं शताब्दी में भी अधिकांश भारतीय सामाजिक और धार्मिक विषमता को जाने अजाने झेलने की स्थिति में हैं।*

*सोहनी की आत्मकथा के बहाने यहाँ एक महत्त्वपूर्ण बात मैं शेयर करना चाहता हूँ कि जब बाम्बे प्रेसीडेंसी में सफ़ाईकर्मियों की बड़ी संख्या में ज़रूरत थी उस समय न सिर्फ़ गुजरात से भंगी जाति के लोग विशेष रूप में बम्बई गये बल्कि मेघवाल/चांभार/खलप/वणकर आदि जातियों के लोग भी सफ़ाईकर्मी के रूप में नौकरी के लिए गये। और यह सब गाँधी के राज्य में हुआ। ऐसे समय सवाल यह उठता है कि क्यों नहीं सवर्ण जातियों ने यह पेशा अपनाया। जबकि गाँधी से पहले और गाँधी सहित हिन्दू संस्कृति के पुरोधा यह कहते हुए नहीं थकते कि मैला कमाना छोटा काम नहीं होता यह तो पवित्र कार्य है। सेवा है आदि-आदि।*

*महाराष्ट्र में अनुसूचित जातियों की सूची में 59 जातियाँ शामिल की गयी हैं। इनमें केवल भंगी/मेहतर/आलेमना/रूखी/मलकाना/हलालखोर/लालबेगी/वाल्मीकि/कोटार/झाड़मल्ली दस का ही उल्लेख है। दस के समूह के अलावा महावंशी/धेड़/वणकर/मेघवाल का विवरण भी आता है। ये जातियाँ भी किसी-न-किसी रूप में सफ़ाई कार्य से सम्बद्ध हैं।*

*"दूसरे किसी मुल्क़ में न कभी भंगी थे, न आज हैं। किन्तु हमारे यहाँ हैं। हम यह मानकर चलते हैं कि दुनिया में हमीं सबसे पाक-साफ़ हैं। हमारा दम्भ और अहंकार जितना महान है, उतना ही पतन भी महान है।"*

एन.आर. मलकानी *'स्वच्छ लोग-अस्वच्छ देश' सफ़ाई दर्शन* (23 सितम्बर, 1962) को पढ़ें तो एन.आर. मलकानी प्रसिद्ध गाँधीवादी चिन्तक व कार्यकर्ता थे जिनकी अध्यक्षता में भारत सरकार ने देश में मैला ढोने की प्रथा ख़त्म कराने के लिए 1957 में एक आयोग स्थापित किया था जिसकी रिपोर्ट 1960 में भारत सरकार को दे दी गयी थी। यही रिपोर्ट गाँधी जन्मशताब्दी समिति की ओर से 1965 में अंग्रेज़ी में *'स्वच्छ लोग व अस्वच्छ देश'* शीर्षक से छपी थी। किन्तु इस रिपोर्ट के छपने के बाद आज तक भी सर पर मैला ढोने की प्रथा देश में समाप्त नहीं हुई है, हालाँकि क़ानूनी रूप में भारत सरकार द्वारा इस रिपोर्ट के मिलने के बाद तुरन्त प्रभाव से काग़ज़ों में पूरे देश में यह प्रथा ख़त्म कर दी गयी थी। किन्तु क़ानून और सामाजिक वास्तविकताओं में ज़मीन-आसमान का फ़र्क़ है। यह सिर्फ़ रिपोर्ट ही नहीं है बल्कि भंगी समाज के बीच से आत्मकथाओं के जीवन्त दुःखद चित्र भी हैं और यही इस अध्ययन का महत्त्वपूर्ण मुख्य बिन्दु है।

अरुण ठाकुर और महम्मद खड़स समतावादी विचारों के कार्यकर्ता व शोधकर्ता हैं जिन्होंने 1982-85 के दौरान महाराष्ट्र के वरिष्ठ बुद्धिजीवी ज.मि.द. फड़के के मार्गदर्शन में महाराष्ट्र में मलकानी आयोग की सिफ़ारिशों के क़ानून बनने के क़रीब बीस वर्ष बाद महाराष्ट्र में 31 गाँव, क़स्बों व शहरों में 337 सफ़ाई सेवकों से मुलाक़ात कर, क्षेत्र-सर्वेक्षण की पद्धति द्वारा क़रीब डेढ़ सौ पृष्ठ की शोध रिपोर्ट तैयार की, जो मराठी भाषा में इस विषय पर छपने वाली सम्भवतः पहली पुस्तक थी। प्रकाश भातम्ब्रकर द्वारा इस पुस्तक का हिन्दी रूपान्तर पहली बार 1996 में छपकर सामने आया जिसकी प्रस्तावना में महाराष्ट्र के प्रसिद्ध सामाजिक कार्यकर्ता *डॉ. बाबा आढाव* ने कहा कि *'भंगी जाति का जन्म एक व्यावसायिक आवश्यकता थी।'* उनका मत है कि कुल तीन-चार सौ वर्ष पुरानी इस जाति का जन्म उत्तर भारत (पंजाब, हरियाणा, दिल्ली आदि) में हुआ। वास्तव में भारत में अस्पृश्यता या छूतछात का सार्वजनिक व्यवहार सबसे अधिक 'भंगी' जाति के साथ होता है, यद्यपि महाराष्ट्र में महार, माँग, चाम्हार, ढोर व अन्य जगहों पर डोम, चाण्डाल व अन्य कुछ जातियों के साथ भी अस्पृश्यता के व्यवहार से इन जातियों को शूद्र जाति में भी 'अतिशूद्र' माना जाता है। बाबा आढाव के अनुसार भंगी जाति के लोग अपना अतीत 'राजपूत' या 'रणबाँकुरे' वंश में मानते हैं। प्रसिद्ध हिन्दी उपन्यासकार अमृतलाल नागर ने भी अपने उपन्यास 'नाच्यौ बहुत गोपाल' में भंगी जाति के इतिहास को औपन्यासिक रूप प्रदान किया है।

इस शोध कार्य के निर्देशक डॉ. य.द. फड़के ने महाराष्ट्र में समाज सुधार आन्दोलन के सन्दर्भ में गोपाल गणेश आगरकर के 1893 के लेख में *'नरक की*

*परिकल्पना बालटी या टोकरी युक्त शौचालयों'* से की थी। महाराष्ट्र के एक अन्य समाज-सुधारक सेनापति बापट ने मार्च 1913 में 'नरक-सफ़ाई' के लिए स्वेच्छा से झाड़ू उठाया।

डॉ. फड़के ने महाराष्ट्र में 1981 की जनगणना के आँकड़ों के आधार पर बताया है कि महाराष्ट्र में अनुसूचित जातियों में 59 जातियाँ शामिल करके 15 जातियों को सफ़ाई के काम से सम्बन्धित माना है, ये जातियाँ इस प्रकार हैं—भंगी, मेहतर, ओलगाना, रुखी, मलकाना, हलालखोर, लालबेगी, वाल्मीकि, कोरार, झाड़मल्ली, महावंशी, धेड़, वणकर, मेघवाल व मेंगवार। 1981 की जनगणना के अनुसार महाराष्ट्र में क़रीब पौने दो लाख सफ़ाई कर्मचारी थे, जिनमें से गाँवों में मात्र सोलह हज़ार कर्मचारी रहते थे। शहरों में भी अकेले मुम्बई में ही क़रीब 77 हज़ार सफ़ाई कर्मचारी रहते थे, इनमें से 48% लोग निपट निरक्षर थे, 1981 में इस इतनी बड़ी जनसंख्या में से केवल 20 लोग डॉक्टर और 23 लोग इंजीनियर थे। अध्यापक में कुल 18 व केवल 62 स्त्री-पुरुष एम.ए. स्तर तक पढ़े थे।

महाराष्ट्र में सफ़ाई-कामगारों की इन जातियों में से क़रीब साठ हज़ार स्त्री-पुरुष सफ़ाई के काम-काज में शामिल थे, जिनमें से चालीस हज़ार कामगार नरक-सफ़ाई यानि मैला सर पर ढोने के अमानवीय काम में लगे थे। नरक-सफ़ाई के इस काम में हिन्दू, मुसलमान व सिख धर्म—तीनों ही धर्मों के व्यक्ति शामिल हैं। डॉ. फड़के के अनुसार इस्लाम व सिख धर्म में बराबरी की सारी घोषणाओं के बावजूद नरक-सफ़ाई से जुड़े व्यक्तियों से वैसा ही भेदभाव होता है, जैसा हिन्दू धर्म में होता है। डॉ. फड़के के अनुसार 1935 में डॉ. अम्बेडकर ने कुछ चुनिन्दा शागिर्दों को सिख धर्म का अध्ययन करने गाँव भेजा था। उस समय मजहबी सिख नेता सरदार किशन सिंह ने डॉ. अम्बेडकर को पत्र लिखकर किसी भी हालत में सिख धर्म स्वीकार न करने का अनुरोध किया था।

डॉ. फड़के द्वारा नरक-सफ़ाई के कामगारों सम्बन्धी पृष्ठभूमि के बाद अरुण ठाकुर व महम्मद खडस की शोध रिपोर्ट प्रस्तुत की गयी है, जो कुल 14 अध्यायों में बँटी है। पहले अध्याय में किसने दी यह सज़ा में प्राचीन भारत की शौचालय व्यवस्था की चर्चा की गयी है। विश्व की शौचालय व्यवस्था की भी पुस्तक में चर्चा की गयी है, जो काफ़ी दिलचस्प व शिक्षाप्रद है। चौदहवीं सदी तक लन्दन में इतनी गन्दगी थी कि 'ब्लैक जेथ' की महामारी के बाद पहली बार सीवर लाइन बिछाई गयी। सोलहवीं सदी तक स्पेन, फ्रांस और इंग्लैंड में शौचालयों की व्यवस्था नहीं थी, लेकिन उन देशों में एक बार शौचालय व्यवस्था औद्योगिक क्रान्ति के साथ स्थापित हुई तो भी अलग से भंगी जाति नहीं बनी।

एन.आर. मलकानी के अनुसार 'आधुनिक काल में शहरों के विकास के साथ ही भंगी का पेशा शुरू हुआ। मुस्लिम काल में इसकी नींव रखी गयी व ब्रिटिश औपनिवेशिक काल में जबरन पुश्तैनी पेशा बना कर भंगी का ठप्पा लगा दिया गया।' अंग्रेज़ों ने सैनिक छावनियों में विशेष तौर पर भंगी भर्ती किये।

लन्दन की तरह मुम्बई में भी सफ़ाई की बदतर व्यवस्था के कारण बीमारियों व मौतों के बाद 1965 के आसपास नगरपालिकाएँ स्थापित कर महाराष्ट्र में सफ़ाई व्यवस्था शुरू की गयी, लेकिन मुम्बई या महाराष्ट्र में लन्दन की तरह अंग्रेज़ों ने भूमिगत सीवरेज की व्यवस्था क्यों नहीं की? भारत में आधुनिक शहरों के विकास से पहले भंगी कोई पुश्तैनी पेशा नहीं था, लेकिन भंगी कर्म था ही ऐसा कि उसने भारत में जड़मूल जाति-व्यवस्था के भीतर अस्पृश्यता की भावना को बढ़ा दिया।

भंगियों में हिन्दू-मुसलमान-सिख धर्मावलम्बी होने के अलावा उनकी कई उप-जातियाँ भी हैं। इस सम्बन्ध में भी लेखक ने काफ़ी जानकारी इकट्ठा की है। महाराष्ट्र तथा देश के अन्य भागों में भी डॉ. अम्बेडकर के दलित-आन्दोलन से यह समाज दूर ही रहा और गाँधी तथा कांग्रेस से यह समाज आज़ादी के बाद भी प्रभावित रहा। 1980 में गुजरात में आरक्षण विरोधी आन्दोलन शुरू हुआ। उसके बाद भंगी युवकों की अस्मिता ने अपना रंग दिखाना शुरू किया। गुजरात और बम्बई में उन्होंने अन्य दलितों के कन्धे से कन्धा मिलाकर प्रदर्शन किये। सामाजिक समस्याओं की ओर परिवर्तनवादी दृष्टि से देखने के लिए सरकार शायद अभी भी तैयार नहीं। इसलिए सिफ़ारिशें काग़ज़ों के पुलिन्दों में बन्द रहती हैं और ये लोग उपेक्षा के शिकार बने रहते हैं।

स्थानीय स्वराज्य संस्थाओं को भंगियों के लिए मकान तथा अन्य सुविधाएँ मुहैया कराने के लिए केन्द्र सरकार की ओर से शत-प्रतिशत अनुदान प्राप्त होता रहा है। किन्तु स्थानीय स्वराज्य संस्थाएँ उसका उपयोग करती नहीं दिखाई देतीं।

भंगी स्त्री-पुरुष दोनों सफ़ाई काम करते हैं, तथापि उनके अपने मकानों की साफ़-सफ़ाई भी देखते ही बनती है। किन्तु इस पूरी आपाधापी में औरतों को बेहद कष्ट उठाने पड़ते हैं। आधुनिकीकरण और शहरीकरण की बदौलत झुग्गी बस्तियों की बाढ़-सी आ रही है। इसके परिणामस्वरूप स्वास्थ्य रक्षा का लिए फिर से भंगियों की आवश्यकता पड़ने लगी है। अन्य कोई व्यक्ति यह काम करने के लिए तैयार नहीं होते। इसलिए स्थानीय स्वराज्य संस्थाओं के ज़िम्मे सार्वजनिक स्वास्थ्य-रक्षा का जो कार्यभार है उसे निभाने का दायित्व अन्ततः भंगियों के सिर पर ही आ जाता है। काम गन्दगीपूर्ण होने से वे व्यसनाधीनता के शिकार हो जाते हैं।

आमदनी से अधिक यक़ीन होने के कारण क़र्ज़ का बोझ बढ़ता है सो अलग। इस प्रकार शोषण का दुश्चक्र तेज़ी से उन्हें घेर लेता है।

भंगी समाज हिन्दू-मुसलमान इन दो खेमों में लगभग बँट गया है किन्तु कोई भी धर्म उनके साथ न्याय नहीं कर रहा। लेखक ने मुसलमान भंगियों के बारे में अलग से एक पूरा अध्याय लिखा है।

प्रगत समाज अक्सर अफ्रीकी काले-गोरे संघर्ष के बारे में बहस करते हैं। गोरों की ज़्यादतियों के बारे में यदा-कदा आग भी उगलते हैं। किन्तु दीये तले अँधेरे को दूर करने के प्रति वह पूरी तरह से उदासीन है। यदि देश चाहता है कि भंगियों का विकासमान, सम्मानजनक पुनर्वसन किया जाये तो आज तक उनके द्वारा की गयी मौलिक सेवा के बदले, उनसे अमानवीय पद्धति से सेवा करवाने के प्रायश्चित्त के रूप में साम्पत्तिक त्याग हमें करना पड़ेगा। उन्हें रहने के लिए मालिकाना अधिकारजनित मकान, अन्यान्य व्यवसाय शुरू करने के लिए अधिकाधिक वित्तीय सहायता, यथासम्भव रूप से उन्हें नौकरियों में स्थान, व्यापक शैक्षणिक सुविधाएँ आदि तरीक़ों से उनकी सहायता की जा सकती है। महात्मा गाँधी भंगी कन्या को राष्ट्रपति की कुर्सी पर देखना चाहते थे। डॉ. राममनोहर लोहिया ने ग्वालियर में 'महारानी बनाम मेहतरानी' जैसे चुनाव को भी आजमाया।

यदि यह मान लिया जाये कि प्राचीन भारत में मल-निकासी की कोई-न-कोई व्यवस्था मौजूद थी, तो यह काम किसके ज़िम्मे था? इस सवाल का कोई जवाब है हमारे पास? प्राचीन भारतीय वाङमय में भंगी जाति का कहीं कोई उल्लेख नहीं है। हाँ, धर्मानन्द कोसाम्बी की अनुवादित पुस्तक *'बौद्ध संघ की विजय'* में यह उल्लेख है कि, "सुनीत का जन्म भंगी परिवार में हुआ था। थेरगाथा के बारहवें निपात से उसकी गाथाएँ हैं। उनमें उसका चरित्र-चित्रण है।" वह कहता है—*"मैं नीच कुल में जनमा था। मेरा व्यवसाय निकृष्ट था। मैं भंगी था। लोग मुझे टालते थे, मेरी भर्त्सना करते थे। फिर भी मैं बड़ी विनम्रता से कई लोगों का अभिवादन किया करता था।"*

इसके अलावा बॉम्बे गज़ेटियर के आठवें खण्ड में पृष्ठ 157 पर ज़रूर लिखा हुआ है कि "भंगी जाति दो हज़ार वर्षों से है।" किन्तु इसका कोई आधार उन्होंने नहीं दिया है। धर्मानन्द कोसाम्बी ने जिन ग्रन्थों की ओर इशारा किया है, उन ग्रन्थों के समकालीन अन्य किसी भी ग्रन्थ में भंगी जाति का ज़िक्र नहीं है। अतएव यह सवाल अनुत्तरित ही रह जाता है कि मौजूदा सफ़ाई-व्यवस्था का उदय कब हुआ था।

महर्षि वि.रा. शिन्दे ने अपनी पुस्तक *'भारतीय अस्पृश्यता की समस्या'* में लिखा है—"भारत में मुसलमानों के प्रवेश से पहले क्या यहाँ पाखाने की ठीक ऐसी ही व्यवस्था थी, जैसी आज है? यदि हाँ, तो मनुस्मृति में चाण्डाल के लिए जो काम गिनाये गये हैं, उनमें इसका उल्लेख भी अवश्य ही रहता। इस प्रान्त में नगरपालिकाओं की स्थापना के बाद पाखाने साफ़ करने के लिए भंगियों को गुजरात और पंजाब से लाया गया था। क्योंकि यहाँ की कोई भी अन्त्यज जाति यह काम करने के लिए तैयार नहीं थी। इससे तो यही ध्वनित होता है कि यह पद्धति उत्तर से ही आयी होगी। और इस व्यवसाय में अधिकांश मुसलमान होने के कारण यह कहा जा सकता है कि शायद यह मुसलमानों की ही देन हो।" मुसलमानों में चूँकि परदा-पद्धति थी, औरतों के लिए शायद पाखाना-पद्धति आवश्यक हो गयी थी।

गौस अंसारी ने भी उत्तर प्रदेश के भंगी समाज में भंगी जाति के बारे में जो आठ कहानियाँ प्रचलित हैं, उनके हवाले से बताया है कि उनमें से पाँच कहानियों पर इस्लाम का प्रभाव अधिक है। उन्होंने यह भी निष्कर्ष निकाला है कि भारत पर इस्लामी हमले से पहले यहाँ भंगी नहीं थे। भंगियों को मेहतर भी कहा जाता है। सोलहवीं सदी में हुमायूँ के घर में काम करने वाले नौकरों को मेहतर ही कहा जाता था—यह भी उन्होंने सबूत के साथ प्रतिपादन किया है।

एन.आर. मलकानी ने भी अपना मत-प्रदर्शन करते हुए लिखा है कि "आधुनिक काल में शहरों के विकास के साथ ही भंगी-पेशा शुरू हुआ। सबसे पहले मुसलमानों ने इस व्यवसाय की नींव रखी। और अंग्रेजों ने इस व्यवसाय को जबरन पुश्तैनी बना दिया और भंगी जाति पर ठप्पा लगा।" ठीक इसी तरह के विचार एम.जे. उषाराव ने भी व्यक्त किये हैं, "उल्लेखनीय है कि हाल के वर्षों में सफ़ाई काम को संस्थागत रूप प्राप्त हुआ। अंग्रेजों के आगमन के पश्चात सफ़ाई काम संगठित पेशा बन गया। सैनिक छावनियों तथा नगरपालिकाओं की स्थापना के बाद भंगियों की आवश्यकता तीव्रता से महसूस की गयी।"

ब्रिटिश सेना सफ़ाई पसन्द थी, इसलिए वे भंगियों को अपने साथ ही रखते थे। सम्भवतया इसी के परिणामस्वरूप भंगी देश के अन्यान्य भागों में पहुँच गये। एंथोविन के कोश में भी यही तर्क प्रस्तुत किया गया है कि "सैनिक छावनियों के साथ ही भंगी उत्तर से अन्य इलाक़ों में आ बसे होंगे।"

यह तो निर्विवाद सत्य है कि भंगी सैनिक छावनियों से जुड़े हुए थे। पुणे में भंगियों की अलग-अलग कालोनियाँ हैं। उनकी अलग पंचायतें हैं। इन सभी पंचायतों की एक शीर्ष पंचायत होती है जिसे *'ब्रिगेडी पंचायत'* कहा जाता है।

सेना की ब्रिगेड से ही शायद 'ब्रिगेडी' शब्द लिया गया है। सैनिक छावनियों तथा नये शहरों की बढ़ती हुई संख्या के कारण सम्भवतया भंगियों की आवश्यकता तीव्रता से महसूस की गयी।

'भंगी' शब्द की व्युत्पत्ति के सम्बन्ध में भी कई मत प्रचलित हैं। देहाती पेशे का विशेषता सूचक भी यह शब्द हो सकता है। गुजरात में बाँस की टोकरियाँ बुनने वालों को भंगी कहा जाता है। ज़ाहिर है कि बाँस को भंग करना पड़ता है इसलिए उन्हें भंगी कहा जाता है। समाज में बाँस की टोकरियाँ बुनने का काम ओछा माना जाता है। रोज़गार की तलाश में इलाक़े से बाहर जाने वाले लोग बम्बई की ओर आकृष्ट होने लगे। *उनकी मानसिकता का हृदयद्रावक चित्र सोहनी ने अपनी पुस्तक 'धेड़ की कहानी' में प्रस्तुत किया है।*

*"हमने सुना था कि बम्बई में सोना मिलता है। अतएव हम लोगों में से तीन ने अपना मुक़द्दर आज़माने का निर्णय लिया। पुश्तैनी घरबार छोड़कर कहीं दूर जा बसने का दुख भला किसे नहीं होगा? पर मार्ग व्यय के लिए पैसा नहीं था। एक विचार यह भी आया कि घर में ही रहकर अपने परिजनों के साथ भुखमरी को बाँट लिया जाये अथवा लोगों की राय मानकर बम्बई जाया जाये। मैं असमंजस में था। काफ़ी कशमकश के बाद मैंने बम्बई जाने का निर्णय लिया।*

*"इस अत्यन्त कटु निर्णय के बाद भी बम्बई जाना आसान नहीं था। जाति-व्यवस्था यानी कँटीले बाड़ से घिरी एक दर्दनाक क़ैद है। यहाँ निचली जाति की समस्त गतिविधियों को बेड़ियों से जकड़कर रखा गया था। अंग्रेज़ों की बदौलत रेल तो आ गयी थी, पर अस्पृश्यों को रेल के टिकट कहाँ मिलते थे?*

*"मैं टिकट लेने गया तो बाबू टिकट नहीं देता था। आख़िरकार हाथ-पाँव पड़ने पर वह राज़ी हुआ। प्रत्येक टिकट के लिए तीन आने रिश्वत देना तय हुआ। तब मेरे दिये तीस रुपयों पर भी गंगाजल छिड़कने के बाद ही उसने रुपये भीतर रखे और ठीक गाड़ी के चल पड़ने के वक़्त ही टिकटें मेरी और उछाल दीं, जो सत्ताईस रुपयों की थीं। निर्धारित शर्त के अनुसार उसे सिर्फ़ नौ आने लेने चाहिए थे। किन्तु वह पूरे तीन रुपये हजम कर गया।"*

बाद में काठियावाड़ में 'धेड़' नाम पट्ट लगाकर अलग से एक खिड़की ही शुरू की गयी। इतने बड़े पैमाने पर स्थलान्तर जो शुरू हुआ था। टिकट के पैसे न होने के कारण कई लोग तो सूरत से बम्बई पैदल ही आये। चन्दू नाम के 63 वर्षीय निवृत्त सफ़ाई कामगार ने तो बताया कि उसके दादा-परदादा राजस्थान से पैदल चलकर महाराष्ट्र आये थे। चन्दू शोलापुर में रहता है।

सोहनी स्वयं भंगी जाति से था, कम पढ़ा-लिखा, पर अनुभव अधिक था। उनकी पुस्तक को आत्मकथा भी माना जा सकता है।

गुजराती में एक कहावत है :

*देव गया डुंगरे, पीर गया मक्के*
*अंगरेजना राजमा, धेड़ मारी धक्के*

किन्तु हक़ीक़त में धेड़ों को ही धक्के खाने पड़े। अपने गाँव से धक्का खाकर निकले हुए लोगों को शहर में कहाँ ठौर मिलता। किन्तु मजबूरी के क्षणों में भी अपने पेशे के अलावा अन्य कोई भी पेशा करने के लिए कोई राज़ी नहीं होता। और फिर ओछा काम स्वीकार करना तो ज़्यादा मुसीबतज़दा होता है। साथ ही यह भी सही है कि स्थलान्तर के कारण जाति-व्यवस्था के बन्धन कुछ शिथिल पड़ जाते हैं। महाराष्ट्र में महार-माँग अपना गाँव छोड़कर शहरों में आये तो सही, किन्तु यह स्थलान्तर राज्य में ही होने से वे अपने स्थान के प्रति जागरूक रह सके। भंगी काम करने के लिए लोगों को प्रवृत्त करने की दृष्टि से अंग्रेजों ने भंगियों के लिए आकर्षक वेतनमान रखे थे। 1864 में नासिक में बहुरे का वेतन दस रुपये तो भंगी का पन्द्रह रुपये था। बम्बई में भी नगरपालिका, पोर्ट ट्रस्ट आदि संस्थाओं ने भी ऐसे ही आकर्षक वेतन रखे थे। रोज़ी-रोटी की आवश्यकता, आकर्षक वेतन का लालच और स्थलान्तर के कारण जाति-व्यवस्था के शिथिल पड़े बन्धनों की वजह से वणकरों ने भंगी काम स्वीकार किया।

गुजरात से अछूतों के हुए स्थलान्तर के सम्बन्ध में डॉ. बी.वी. पाण्डेय ने शोध कार्य किया है। उन्होंने पाया कि गुजरात के पिछड़े वर्ग के लोगों की कुल आबादी में से 48 प्रतिशत लोग अहमदाबाद की शरण में आये। उन्होंने जिन 173 परिवारों का सर्वेक्षण किया, उनमें से 48 परिवारों को अपना मूल पेशा बदलना पड़ा, तो 21 परिवारों के हिस्से में बेरोज़गारी आयी।

जब उनके गृह राज्य गुजरात में यह स्थिति थी तो बम्बई में उन्हें मजबूरन वैकल्पिक पेशा स्वीकारना पड़े तो आश्चर्य नहीं होना चाहिए। 1901 के बॉम्बे गज़ेटियर में दिये गये आँकड़े इसी तथ्य की पुष्टि करते हैं : "पिछले 25 वर्षों में बड़े शहरों में धेड़ भंगी-काम जैसे ओछे काम भी करने लगे हैं।"

अन्यान्य जातियाँ भंगी-काम में किस तरह प्रवृत्त हुईं—इस सम्बन्ध में कई तरह के प्रवाद प्रचलित हैं। अमृतलाल नागर ने अपने उपन्यास 'नाच्यौ बहुत गोपाल' में यह निष्कर्ष निकाला है कि निचली जातियों को ज़ोर-ज़बरदस्ती से भंगी बनाया गया। इसके समर्थन में उन्होंने 'मार-मार के भंगी बनाना' कहावत का हवाला दिया है। कुछ विद्धानों की राय है कि युद्ध-बन्दियों को ज़बरदस्ती इस काम में लगाया गया होगा। कुछ अन्य लोगों की दलील है कि ज़ोर-ज़बरदस्ती इक्का-दुक्का व्यक्ति के साथ की जा सकती है, समाज के बड़े

समूह के साथ नहीं। इसमें ज़ोर-ज़बरदस्ती तो है, किन्तु वह शारीरिक नहीं, समाजार्थिक है।

इस प्रकार 'बम्बई में तो सोना मिलता है' इस अफ़वाह को आज़माने के लिए आये धेड़ों पर 'सोनखत' (मनुष्य के मल-मूत्र से बनी खाद) की टोकरियों का बोझ ढोने की नौबत आयी। इसके परिणामस्वरूप जाति-व्यवस्था जनित उनके स्थान को सदमा पहुँचा। बम्बई के एक वृद्ध भंगी ने अत्यन्त मायूसी-भरे अन्दाज़ में कहा, "गाँव में हमें *दोजख के भागी* कहा जाता था।" उल्हासनगर के कालीचरण के कथनानुसार 'परदेस में पैसा भी मिलता है और आज़ादी भी' यह तो सही है, किन्तु प्रत्याशी अपनी हक़ीक़त को गाँववालों से छुपाने की पुरज़ोर कोशिश करते हैं। ठीक यही स्थिति चाम्भार मूल के शोलापुरी भंगियों की है। वे आन्ध्र प्रदेश से स्थलान्तरित हुए हैं और उनका यह व्यवसाय शादी के रिश्ते तय करने में बाधक बनता है।

बम्बई में इस व्यवसाय को स्वीकार कर लेने के बाद अन्यान्य नगरों में स्थापित नगरपालिकाओं में उनकी माँग बढ़ती गयी। एम.जी. भगत ने अपने सर्वेक्षण में इस बात की ओर इशारा किया है। वे लिखते हैं—"सफ़ाई-काम की विधिवत् शुरुआत हो जाने के बाद महाराष्ट्र के जिन कई नगरों में नगरपालिकाओं की स्थापना हुई वहाँ भंगी बराबर पहुँच गये।" पनवेल में तो वाल्मीकियों की कच्चे घरों की बस्तियों में घर के बाहर ही सूअरों के लिए पक्की ईंटों के कांजी हौद बनाये गये हैं। सूअरों की वजह से इनकी बस्तियों में गन्दगी-ही-गन्दगी पायी जाती है। इसके अलावा बाक़ी लोग भी उन्हें हिकारत से ही देखते हैं। सूअरों की वजह से पालिका प्रशासन भी उनसे खफ़ा ही रहता है। मनमाड़ नगरपालिका ने एक आदेश जारी कर उन्हें हिदायत दी थी कि सूअरों को शहर से तीन किलोमीटर दूर रखा जाये। इस आदेश के बाद उनकी बस्ती में काफ़ी हंगामा हुआ था। तथापि, अहमदनगर, संगमनेर की बस्तियाँ इसका अपवाद हैं। वहाँ वे सूअर नहीं पालते। उनके मकान भी साफ़-सुथरे हैं। *वाल्मीकियों की तरह शेख भंगी और लालबेगी लोगों की जीवन-शैली पर उत्तर प्रदेश की संस्कृति का प्रभाव स्पष्ट रूप से दिखाई देता है। मुख्य अन्तर यही है कि ये सूअर नहीं पालते। सूअर को मुसलमान अशुभ मानते हैं। अतएव वाल्मीकियों का पड़ोस तकलीफ़देह होने के बावजूद अन्य मामलों में उनमें समानता पायी जाती है।*

वाल्मीकियों और मेघवालों में इस अन्तर की वजह क्या हो सकती है? सम्भवतया सामाजिक पृष्ठभूमि ही इसकी वजह हो।

उत्तर प्रदेश में जाति-व्यवस्था तथा ज़मींदारी की सामन्ती साँठ-गाँठ अभी भी बरकरार है। अतएव बन्धन अधिक कठोर हैं। यहाँ ज़मींदारों के घरों से

लेकर तबेलों तक की सफ़ाई का काम वाल्मीकियों के ही ज़िम्मे होता है। उनका सामाजिक दर्जा 'उपयुक्त गाँव-कामगार' का कतई नहीं होता। अस्पृश्य जातियों में भी उनका स्थान निम्न ही है। इसके विपरीत मेघवाल अस्पृश्य तो हैं, पर उन्हें 'उपयुक्त गाँव-कामगार' की श्रेणी मिली हुई है। बुनकर होने के नाते कृषि-कार्यों के अलावा भी आय का ज़रिया उनके पास था। यह तो हम देख ही चुके हैं कि उन्हें ओछा काम करने के लिए नहीं कहा जाता था। इसीलिए उनकी जीवन-पद्धति वाल्मीकियों से अलग थी। सफ़ाई पेशे में मजबूरन धकेले जाने का मलाल उन्हें बराबर कचोटता रहता है। खनकती आवाज़ में पारूबाई ने 'हम भंगी नहीं, वणकर है' कहा तो उनकी आवाज़ में यही मलाल था। अपने रहन-सहन, सौन्दर्य-दृष्टि, व्यवसाय बदलने की जी-तोड़ कोशिश आदि से वे यही जतलाने का प्रयास करते हैं कि वे भंगी नहीं हैं, जबकि वाल्मीकियों को सफ़ाई-पेशे से कभी कोई शिकायत नहीं होती। उनकी प्रतिक्रिया 'वहाँ भी झाड़ू लगाते थे, यहाँ भी झाड़ू लगाते हैं' होती है। अतएव राजस्थान, उत्तर प्रदेश में वे जिस तरह से रहते थे, ठीक उसी तरह से यहाँ भी रहते हैं। *जगदीश खैरालिया ने अपनी आत्मकथा 'कथा झाडूच्या वंशपरंपरेची' में इस बात की विस्तार से चर्चा की है।*

"हमारी जाति की औरतें गाँव में सफ़ाई का काम किया करती थीं तथा मर्द मवेशियों के लिए चारा-धास लाते थे। ज़मींदार तथा हमसे वरिष्ठ जाति के लोगों के घर हम सफ़ाई के लिए बाँट लेते थे।"

फुलाबाई रिडलान (औरंगाबाद) ने भी अपने अनुभव बयान करते हुए कहा, "हम गोबर उठाने का काम करते थे, पैसा नहीं मिलता था, रोटी देते तो थे पर टोकरी में डाल के...." शायद इसी वजह से ठाणे के एक युवक मुरारी ने कहा, "मैं तो यू.पी. जाता ही नहीं।" सभी लोगों ने बताया कि उत्तर प्रदेश में अभी भी जाट, ठाकुर, ब्राह्मण आदि लोगों का व्यवहार अत्यन्त दकियानूस क़िस्म का होता है। इस वजह से वाल्मीकि वहाँ सहमे-सहमे-से ही रहते हैं।

## सन्दर्भ


1. अरुण ठाकुर, महम्मद खड़स, 'नरक-सफ़ाई', राधाकृष्ण प्रकाशन, दरियागंज, नयी दिल्ली, 1996, पृ. 16
2. वही, पृ. 10
3. वही, पृ. 17
4. 'बौद्ध संधाचा परिचय' (मराठी) मुम्बई से 1926 में प्रकाशित।
5. 'नरक-सफ़ाई', पृ. 22

6. वही, पृ. 23
7. Sohni, V.S. Ek-Dhed-na-Dukhi-Kahani, Bharat Sevak Samaj, B.H. Mehta यांच्या प्रबन्धातून 12, Bombay, 1921
8. वही, पृ. 36
9. शिटवाडकर वि.वा. (सं.) जीवनगंगा, नासिक नगरपालिका व शहर यांची गोल्या शंभर वर्षांची वाटचाल, 1864-1964 नासिक, नगरपालिका, 1965, पृ. 12

# मराठी दलित-आत्मवृत्त : सामाजिक व्यथा के दस्तावेज़

आरम्भिक दौर में मराठी साहित्य में जो दलित आत्मकथाएँ प्रकाशित हुईं, उनमें पीड़ा और आक्रोश बेबाकी से उभरा। राजनीति में जहाँ सोशल इंजीनियरिंग की शुरुआत हुई वहीं सामाजिक और साहित्यिक क्षेत्र में दलितों के द्वारा हुंकार भी गूँजी। दलित पैंथर जैसा जुझारू संगठन अस्तित्व में आ चुका था। बकौल प्रभाकर नारायण परांजपे दलित साहित्य का सैद्धान्तिक परिचय कराना मेरा लक्ष्य नहीं है अपितु यहाँ चार दलित लेखकों के आत्मवृत्तों का परिचय कराना मेरा उद्देश्य है। सम्भव है इस परिचय से दलित साहित्य के प्रति मार्मिक दृष्टिकोण का निर्माण हो। 'बलुतं', 'आठवणीचे पक्षी', 'मुक्काम पोस्ट देवाचे गोठणे' तथा 'उपरा'। 'राम-नगरी' और 'तराल-अन्तराल' शीर्षकों से आत्मचरित्र (आत्मकथा) भी प्रकाशित हुए हैं। प्रभाकर लिखते हैं कि मुझे आवश्यक प्रतीत है कि मैं कह दूँ कि मैंने इन्हीं चार आत्मवृत्तों को क्यों चुना? मेरे लिए आत्मचरित्र (आत्मकथा) और आत्मवृत्त विधाएँ दो स्वतन्त्र विधाएँ हैं। आत्मकथाएँ अवकाश ग्रहण के उपरान्त बुढ़ापे में लिखी जाती हैं। वे स्वकेन्द्रित होती हैं, उनमें वर्णित प्रसंग कब के हो चुके होने से 'भूतकालीन' होते हैं, 'वर्तमान' से उनका कोई सरोकार नहीं है। 'राम-नगरी' तथा 'तराल-अन्तराल' दोनों आत्मकथाएँ हैं। जो रोचक और जानकारी से पूर्ण हैं, परन्तु वर्तमान की अतल गहराइयों को वे छू तक नहीं पाती हैं।

ये चारों आत्मवृत्त या आत्मकथाएँ तीन वर्षों की अवधि में प्रकाशित हुईं। 'बलुतं', 25 दिसम्बर, 1977 को, 'आठवणीचे पक्षी', 27 जनवरी, 1979 को, 'मुक्काम पोस्ट देवाचे गोठणे', जुलाई, 1979 को और 'उपरा', 25 दिसम्बर, 1979 को प्रकाशित हुई हैं। इन आत्मवृत्तों ने मराठी साहित्य और जनजीवन को काफ़ी प्रभावित किया है। अपने प्रभावशाली कार्य से इतिहास के लिए ये चारों आत्मवृत्त अनिवार्य बन गये हैं। इन आत्मवृत्तों का निर्माण सहसा नहीं हुआ है। विगत बीस वर्षों में प्रवाहित साहित्य धारा से परिचितों के लिए इनका आगमन कोई अचानक घटना भी नहीं है। बल्कि साहित्यिक आन्दोलन की परिणति है।

मराठी के आधुनिक साहित्यकारों में दया पवार का स्थान काफ़ी ऊँचा है। 'बलुतं' के बहाने वे विश्व भर में जाने गये। पु.ल. देशपाण्डे ने 'बलुतं' के बारे में लिखा है–'इस पुस्तक को पढ़ने के बाद, आँखों पर से पर्दा हटता है। भयानक सच सामने आता है, एक नया साक्षात्कार होता है। इन्सानियत के और क़रीब हम आते हैं।'

दया पवार का जन्म 15 सितम्बर, 1935 को हुआ था। वे पश्चिम रेलवे में कार्यरत थे। 1990 में जब वे सीनियर आडिटर के पद पर कार्यरत थे तब उन्होंने स्वेच्छा सेवानिवृत्ति ली। उनकी प्रकाशित पुस्तकों में कोंडवाड़ा कविता संग्रह, बलुतं आत्मकथा, विटाळ कथा संग्रह, चावड़ी लेख संग्रह, बलुतं–एक वादन (पत्र संग्रह और समीक्षा), काम्प्या यशवन्त ढाले यांची डायरी सम्पादन, धम्मपद और पासंग (स्तम्भ लेखन) का समावेश है। उन्होंने फ़िल्म्स डिवीज़न द्वारा निर्मित फ़िल्म डॉ. अम्बेडकर फ़िल्म का पटकथा लेखन भी किया था। उनके कविता संग्रह कोंडवाड़ा को 1975 में तथा बलुतं को 1977 में महाराष्ट्र शासन का पुरस्कार प्राप्त हुआ था। अमेरिका के फोर्ड फ़ाउंडेशन ने उन्हें 1988 में फेलोशिप प्रदान की थी।

'ग्रन्थाली' प्रकाशन ने जब बलुतं को प्रकाशित किया तब जैसे भूकम्प आ गया था। 'दगडू मारुती पवार' के जीवन में आये दुखों को इसमें बयाँ किया गया था। इसे जिस शैली में लिखा गया है वह निश्चित रूप से भिन्न है। तत्वज्ञान की सतह पर जीने वाले और प्रत्यक्ष जीवन का दाहक अनुभव लेने वालों में बड़ी खाई होती है। केवल जीवित रहे इसलिए नाम 'दगडू' रखा गया। दगडू यानी पत्थर। उन्होंने अपनी ज़िन्दगी की सच्चाइयों को उँडेलकर रख दिया है।

इसी किताब के बहाने वे 1972 में कोलम्बो में आयोजित वर्ल्ड बुद्धिस्ट कॉन्फ्रेन्स में भाग ले सके। 1984 में फ्रैंकफ़र्ट जर्मनी में आयोजित 'वर्ल्ड बुक फेअर' में उन्होंने हिस्सा लिया। वहाँ दलित साहित्य पर शोध पत्र पढ़ा। बलुतं पर एन.एफ.डी.सी. ने 'अत्याचार' शीर्षक से फ़िल्म का निर्माण किया था। उसकी पटकथा को प्रथम पुरस्कार मिला। 1990 में उन्हें 'पद्मश्री' से सम्मानित किया गया। 1994 में साहित्य अकादेमी द्वारा दिल्ली में आयोजित 'लेखक भट' कार्यक्रम में उन्हें आमन्त्रित किया गया। बलुतं का हिन्दी में 'अछूत' शीर्षक से 1981 में अनुवाद प्रकाशित हुआ। जर्मनी भाषा में 1988 में, फ्रेंच में 1990 में और 1992 में इटालियन भाषा में बलुतं का अनुवाद प्रकाशित हुआ।

वे महाराष्ट्र राज्य साहित्य संस्कृति मण्डल तथा पुणे स्थित महाराष्ट्र राज्य पाठ्य पुस्तक मण्डल के सदस्य रहे। मुम्बई स्थित एस.एन.डी.टी. विद्यापीठ के वे सिनेट सदस्य थे। उन्होंने उदयपुर स्थित पश्चिम विभागीय सांस्कृतिक केन्द्र के

सदस्य के रूप में कार्य किया। डॉ. बाबा साहेब अम्बेडकर चरित्र साधने प्रकाशन समिति के सदस्य के रूप में उनका कार्य काफ़ी अच्छा रहा। वे महाराष्ट्र राज्य रंगभूमि के निर्णायक मण्डल के भी अध्यक्ष रहे। परिवर्तन साहित्य महामण्डल के अध्यक्ष के रूप में भी उनका कार्यकाल चर्चित रहा। अपने लेखकीय जीवन में उन्होंने श्रीलंका, न्यूयॉर्क, जर्मनी, पेरिस और लन्दन की यात्रा की।

दया पवार ने लेखन को एक नयी दिशा दी। 'दगडू' व्यक्तिगत जीवन के दुखों को भुलाकर समाज के आन्दोलन में उतरता है। 'जाति' की एक भयानक तस्वीर लेखन में उतारी है। दलित आन्दोलन के अन्दर जो विषमता है उस ओर भी लेखक ने ध्यान आकर्षित किया है। यह जीवन की वास्तविकता है। समता के नाम पर शोषण और भी भयानक होता है। व्यक्तिगत जीवन को महत्त्व न देना ही समाज के क़रीब जाने का पहला कारण है। भयानक सच्चाई सामने आती है। शहर का दलित और गाँव का दलित क्यों गले नहीं मिल पाते यह महत्त्वपूर्ण है। इसी प्रश्न का उत्तर खोजने की आवश्यकता है।

इन आत्मवृत्तों के सम्बन्ध में ख़ासकर उनके कलात्मक मूल्यों और महत्त्व के सम्बन्ध में मत भिन्नता सम्भव है परन्तु सामाजिक इतिहास के नाते इनके महत्त्व को कोई नहीं नकार सकता। सामाजिक इतिहास के दस्तावेज़ के रूप में ये आत्मवृत्त आज प्रस्थापित हैं। सन् 1940 से 1960 तक महार (ढेढ़) चमार और कैकाडी समाज के युवाओं को अपने स्तर से ऊपर उठने के प्रयत्नों में जिन अनुभवों का सामना करना पड़ा, उसकी हक़ीक़त इन आत्मवृत्तों में शब्दांकित की गयी है। इस अनुभव की परिधि देहातों और नगरों को समान रूप से अपने में समा लेती है। दया पवार धामणगाँव (संगमनेर के पास) और बम्बई के अनुभवों को अंकित करते हैं। वहीं मराठवाडा के उद्गीर के पास वाले सुल्लाली नामक देहात से सोनकांबले अपने अनुभव ग्रहण करते हैं। कोंडविलकर कोंकण से राजापुर के पासवाली सोगमवाडी बस्ती से आये हैं। लक्ष्मण माने फलटण के पास निरगुडी देहात से आये हैं।

वे जाग्रत होकर शहरों की ओर क्यों बढ़ते हैं। इसका उत्तर दया पवार के अनुसार यह है कि व्यक्ति शहरों में काफ़ी मात्रा में अपनी जाति से मुक्ति पा जाता है पर गाँवों में ऐसा नहीं है। वे आगे लिखते हैं कि गाँव का घुटना भर लड़का तक कोंडविलकर के पिता को 'गुण्या चमार' कहकर तुच्छता से पुकारता था। वहीं देखें महीना भर गाँव में घूमकर गोबर इकट्ठा कर ला देने के बावजूद सोन काम्बले को अपना मेहनताना मिलना मुश्किल हो जाता है। यातनाओं की चरम सीमा तो तब होती थी जब अन्न माँगने के लिए उन्हें ज़ोर-ज़ोर से चिल्लाने

पर विवश किया जाता था। जब वे कालिज में पहुँचे तभी उन्होंने चप्पल पहनना शुरू किया और उसी समय उन्होंने अपने पैरों से सालती यातना के ठोस रूप में 51 काँटे निकाले। माँ-बाप की असमय मौत ने उन्हें बहन का आश्रित बना दिया था। उस समय दरिद्रता के कारण जो पीड़ा भुगतनी पड़ी और जिन यन्त्रणाओं का सामना उन्हें करना पड़ा उसका वर्णन पढ़ने मात्र से रोंगटे खड़े हो जाते हैं और पाठक का मन और भी बेचैन हो उठता है।

सामाजिक परिवर्तन के आन्दोलन में सहयोगी युवकों की ज़िद और तड़प का परिचय माने के आत्मवृत्त से प्राप्त होता है। खानाबदोश और विमुक्त जाति के लोगों में जनजागरण और संगठित होने की प्रक्रिया की सम्भावना का अहसास हम इन्हीं आत्मवृत्तों के कारण करते हैं।

'बलुतं' और 'उपरा' आत्मकथा के लेखकों ने अपने बचपन से लेकर युवावस्था तक की जीवन यात्रा का वर्णन कालक्रमानुसारी किया है। इनके लेखक ठोकरें खाते हैं और आगे बढ़ते हैं, लेकिन 'आठवणीचे पक्षी' और 'मुक्काम पोस्ट देवाचे गोठणे' में यह नहीं है। न ही उनका गाँव, उनका स्कूल और न ही उनके मित्रों और रिश्तेदारों का प्रलयकारी चित्रण।

'आठवणीचे पक्षी' का सारा प्रतिपादन महारों (ढेढ़) की बोली में है और 'उपरा' का वार्तालाप कैकाडी बोली में है। (कैकाडी बोली का मराठी के साथ कोई सम्बन्ध इन वार्तालापों में परिलक्षित नहीं होता है। मराठी से अलग शायद तेलुगू से इसका सम्बन्ध हो सकता है।) 'बलुतं' और 'मुक्काम पोस्ट देवाचे गोठणे' में भी बोली का प्रभाव है, परन्तु 'देवाचे गोठणे' के अतिरिक्त तीनों आत्मवृत्तों की निवेदन शैली मौखिकता के साथ, वार्तालाप-शैली के साथ मेल खानेवाली है। 'अठावणीचे पक्षी' की शैली निश्चित रूप में वार्तालाप की है। दृष्टिकोण की भिन्नता के कारण 'बलुतं' और 'उपरा' एक पक्ष में पड़ने वाले आत्मवृत्त हैं तो 'देवाचे गोठणे' तथा 'आठवणीचे पक्षी' दूसरे पक्ष में पड़ते हैं। 'बलुतं' और 'उपरा' के लेखकों को अपने सामाजिक परिप्रेक्ष्य का जिस क़दर और जितना भान है उतना अन्य दो आत्मवृत्त-लेखकों को नहीं है। 'बलुतं' और 'उपरा' में विद्रोह की प्रचण्डता है, अपने अधिकारों का मान है। बलुतं का रूप बन्ध अपने ढंग का है और इसीलिए विशेष उल्लेखनीय है। लेखक स्वयं अपने आप से वार्तालाप करता है इसमें। पुस्तक में कथोपकथन 'दगडू पवार' और 'दया पवार' के बीच चलता है। बलुतं के हर प्रसंग के इसी कारण दो-दो आयाम उद्घाटित होते हैं। इस घटना को अपने समय के सन्दर्भ में देखने वाले दगडू की प्रतिक्रियाओं का एक आयाम है।

'मुक्काम पोस्ट देवाचे गोठणे' माधव कोंडविलकर की डायरी शैली में लिखी आत्मकथा है। इस डायरी के सन्दर्भ में मराठी साहित्यकार कहते हैं, "मुक्काम पोस्ट ही दैनन्दिनी खंरतर एक खरी-खुरी वास्तव अशी कादंरवरीच आहै।" जयवंत दलवी (मराठी उपन्यासकार) के शब्दों में, "प्रस्तुत लेखन अत्यन्त ताजेतवाने, वेगळेच आणि मनाची पकड़ घेणारे आहे। अशा प्रमाणिक अनुभूतींची मराठीत फार आवश्यकता आहे।'' दलित साहित्यकार दया पवार के शब्दों में, "डायरी वाचून अस्वस्थ झालो आणि माझे बालपण मला स्पर्शून गेले। लेखन शैली तर नितळ पाण्यासारखी कुठेच गदूळपणा नाही ही गोष्ट कौतुकाची।"

अब लेखक की डायरी के कुछ पन्नों पर नज़र डालते हैं। लेखक माधव कोंडविलकर चमार जाति के पढ़े-लिखे और सुशिक्षित युवक हैं। अध्यापक बनकर जब अपनी ही पाठशाला में (जहाँ वे कभी छात्र थे) जाते हैं तब उन्हें अपने बचपन की यादें आती हैं। वे अपनी डायरी में (दिनांक 22/11/69) लिखते हैं–"सबेरे स्कूल पहुँचते ही स्कूली जीवन की पुरानी यादें ताज़ा हो गयीं। इसी स्कूल के जिस कोने में बैठकर मेरे अध्ययन की शुरुआत हुई, वही कोना आज मैंने पुनः एक बार नज़दीक से देखा। अब इस कोने में मेरी तरह कोई अकेला नहीं था। तब मैं अकेला ही बैठकर पढ़ाई करता था। अध्यापक द्वारा ब्लैक बोर्ड पर लिखा पाठ दूसरे से देखकर अपनी स्लेट पर उतारा करता था। अध्यापक कभी-कभार दूर से ही स्लेट देख लिया करते थे अथवा क्लास के किसी बड़े लड़के को यह हिदायत देते, फिर लड़के मेरी स्लेट को बिना स्पर्श किये स्लेट देखते या देखने का नाटक करते। कोई भी छात्र मेरे साथ नहीं बैठता था, बात नहीं करता था। मैं गूँगे की तरह बैठा-बैठा पढ़ाई करता रहता था। सब छात्र, हँसते, खेलते, मज़ा करते, उछल-कूद करते, मैं उनमें मिल नहीं सकता था। अध्यापक का ध्यान भी मेरी तरफ़ कम ही रहता, चाहो तो पढ़ो, नहीं तो यहाँ से चले जाओ–इसी दृष्टि से मुझे सब देखते। उनकी दृष्टि से मैं कूड़ा-करकट था, कोने में फेंकने लायक, उसी स्कूल में पढ़ाने गया था, मैं अध्यापक बनकर।"

कमलेश्वर के शब्दों में, "आज का लेखक भाषा को अपनी मजबूरी मान सकता है पर चिन्तन को अपनी भाषा तक सीमित रखने से सहमत नहीं। इसीलिए आज वह कोई भी रचना, जो अपनी भाषा में लिखी जाती है, वह वैचारिक स्तर पर अपनी भाषा की नहीं रह जाती, बल्कि भारतीय सोच की विस्तृत दिशाएँ उजागर करती है। इसीलिए लेखकों के यह आत्मकथ्य भी किसी प्रदेश या भाषा की मानसिकता का नहीं बल्कि भारतीय मानसिकता का रचनात्मक और संघर्षपूर्ण विवरण पेश करते हैं–यह जितने आत्मीय हैं उतने ही अनात्म भी–

क्योंकि इनमें लेखक मात्र लेखकीय दर्प या दम्भ का बाना पहनकर नहीं आता वह अपने को अपने समय के भारतीय सामान्य जन के समकक्ष रखकर उसकी ही तरह दुःख-सुख, यातनाओं, अन्याय से भरी आत्म कहानी को समय की गर्दिश में देखता है।"

दया पवार का 'बलुतं' (हिन्दी अनुवाद अछूत) और शरणकुमार लिंबाले का 'अक्करमाशी' ऐसे उपन्यास हैं जो लिखे तो हैं आत्मकथात्मक शैली में लेकिन आत्मकथाएँ नहीं हैं। दरअसल आत्मकथा और आत्मकथात्मक शैली के उपन्यासों में अन्तर की जो सूक्ष्म रेखा है उसे पहचानना, अनिवार्य है। रणसुभे जी ने इन्हें उपन्यास कहा है, आत्मकथा नहीं।

पहले शरणकुमार लिंबाले की पुस्तक 'अक्करमाशी' को ही लें। अनुवादक के शब्दों में–"अक्करमाशी का अर्थ है जारजपुत्र, अवैध सन्तान, समाज द्वारा अमान्य सम्बन्धों से जन्मी सन्तति, स्त्री की मजबूरी को देखकर उसे रखैल बनाने वाले सम्पन्न और अमानवीय पुरुष सम्बन्धों से जन्मी सन्तति। ऐसी सन्तति को मराठी में अक्करमाशी कहते हैं।"

अक्करमाशी शब्द का प्रयोग महाराष्ट्र के गाँवों में अक्सर होता रहा है। मगर यहाँ थोड़ा विश्लेषण अनिवार्य है। गाँवों में लड़का या लड़की के विवाह के लिए कुछ बुजुर्ग आते-जाते रहते हैं। जहाँ और जिस घर में लड़का या लड़की को देखना/या देखनी हो, सम्बन्ध जोड़ना हो, वहाँ न जाकर गाँव के अन्य लोगों से उस घर परिवार के बारे में बातचीत की जाती है। जहाँ अक्करमाशी होने की बात पता चलती है, वहाँ सम्बन्ध नहीं होता। अब प्रश्न उठता है कि अक्करमाशी क्या है?

**शरणकुमार लिंबाले के शब्दों में**– *"मेरी माँ अछूत तो पिता सवर्ण। माँ झोंपड़ी में, पिता कोठी में। पिता ज़मींदार, माँ भूमिहीन। और मैं? 'अक्करमाशी'। गाँव, भाषा, माँ-पिता, जाति, धर्म इन सभी दृष्टियों से मैं खण्डित हूँ। गुमशुदा व्यक्तित्व लिए जीने वाले मेरे अस्तित्व को 'जारज' कहकर सतत अपमानित किया गया है। ब्राह्मणों से लेकर शूद्रों तक सभी अपने ख़ानदानी अभियान और ख़ानदानी अस्मिता लिए जीते हैं। परन्तु यहाँ मेरी अस्मिता पर ही बलात्कार हुआ है। बलात्कारित स्त्री की तरह मेरा यह जीवन। यहाँ की नीति ने मेरे साथ एक अपराधी की तरह ही आचरण किया है। मेरे जन्म को ही यहाँ अनैतिक घोषित किया गया है। उस जीवन की वेदना इस आत्मकथा में है।" मराठी दलित आत्मकथाएँ कहीं हिन्दू संस्कृति और परम्पराओं से जुड़ती हैं तो कहीं उनका बहिष्कार करती हैं। चूँकि दलित हिन्दुस्तान में रहता है।*

भारतीय संस्कृति एवं समाज-संरचना का 'आभरान' के माध्यम से अगर हम अवलोकन करें तो उसी संस्कृति का बीभत्स चेहरा हमारे सामने खुलता जाता है। 'आभरान' (रंग-बिरंगे चीथड़े) पहनकर दी हुई यह आँच है, जो भारतीय संस्कृति में पोतराज की गुलामगीरी को स्पष्ट करती है। *'आभरान' मराठी दलित लेखक पार्थ पोळके की आत्मकथा है, जो 1984 में ग्रन्थाली प्रकाशन, मुम्बई से प्रकाशित हुई।*

यह आत्मकथा भारतीय संस्कृति के चिथड़ों को सर एवं कमर पर बाँधकर भीख माँगने वाले पोतराज के मर्मान्तक जीवन की व्यथा-कथा है। साथ ही, पोतराज के वंश में जन्म ऐसे एक संघर्षशील 'पार्थ' की भी कथा है, जो भारतीय जाति-व्यवस्था के कुरुक्षेत्र में योद्धा के साथ सारथी भी है।

लेखक ने महार समाज में व्याप्त अन्धश्रद्धा के शिकार बने पिता मरिबा पोतराज को प्रतिनिधि स्वरूप में सामने रखकर समग्र महार माँगों की रूढ़ि परम्पराओं को एक प्रेषक के रूप में पाठकों तक प्रेषित किया है।

पोतराज, जो रंग-बेरंग टुकड़ों को अपनी कमर पर चारों ओर से लटकाता है, उसे 'आभरन' (आभूषण) कहा जाता है, जिसे पहन माथे पर बड़ा तिलक, पैरों में घुँघरू बाँधकर घर-घर जाकर भीख माँगता है मुँह से "आयी मरीमाता एक के इक्कीस, पाँ के पचास बेल मण्डप तक जाने दे, छात्र-अमृत से डेर घूमने दे। माथे का कुमकुम, हाथ का चूड़ा पैरों के बिचूम्बे की रक्षा करो माँ लकसीमी" की दुआ देता है। इस व्यवस्था एवं सामाजिक मानसिकता पर रोष व्यक्त करते हुए आत्मकथा में लेखक कहता है—"आभरान यानी यहाँ की समाज-व्यवस्था ने पोतराज को दिये हुए राजवस्त्र पूरे आयुष्य के टुकड़े-टुकड़े करने वाले।"

आत्मकथा में एक ओर रोष एवं खिन्नता भरे उद्गार तो दूसरी ओर, इस व्यवस्था के मायाजाल से बचाने वाले शिक्षा, संगठन एवं संघर्ष का महामन्त्र देने वाले बोधिसत्व महामानव डॉ. बाबा साहेब अम्बेडकर एवं उनके विचारों से प्रेरित होकर अपने बेटे पार्थ को शिक्षा देने वाले पिता मरिबा एवं मेहनत करने वाली माता के प्रति कृतज्ञता व्यक्त हुई है। लेखक लिखता है—"अगर आबा ने उस समय मुझे स्कूल में नहीं डाला होता और बाई ने दोनों भाइयों के लिए छाती फटने तक कष्ट नहीं उठाये होते, तो आज आबा के आभरान के टुकड़े पूरे शरीर पर लपेटकर कोड़े के फटक लगाता। मैं भी दरवाज़े-दरवाज़े भीख माँगता। दूसरों के बासी टुकड़ों पर जीता और अपने बच्चों के लिए आभरान के टुकड़े ओढ़ने के लिए रखकर मर जाता।"

सुधा सिंह लिखती हैं कि कौशल्या बैसन्त्री ने 68 वर्ष की आयु में अपनी आत्मकथा 'दोहरा अभिशाप' लिखी। निश्चित ही यह दोहरे सामाजिक अभिशाप की कथा है।

विमल थोरात के विचार में दलित आत्मकथन दलित समाज के विविध आयामों को अपने में समेटकर, उसके हर एक पहलू पर एक समाजशास्त्री की दृष्टि से विचार करके सामाजिक अन्तःसम्बन्धों की पड़ताल करता हुआ नज़र आता है। इसलिए वे केवल व्यक्तिगत अनुभवों की अभिव्यक्ति नहीं हैं, बल्कि दमित, दलित समाज के अनुभवों की अभिव्यक्ति हैं। दलित समाज के सामाजिक, सांस्कृतिक, आर्थिक और राजनीतिक सरोकारों को ये आत्मकथन उजागर करते हैं। इसी तरह से लक्ष्मण माने की 'उपरा' (पराया), अनिल अवचट की 'हम भी ज़िन्दा हैं', दादा साहेब मोरे की 'गबाड़ी' (डेरा डंगर), किशोर शान्ता बाई काले की 'छोरा कोल्हाटी का', शंकर राव खरात की 'तराल-अन्तराल', आदि हैं।

इसी शृंखला में वसन्त मून की आत्मकथा 'वस्ती' (बस्ती) भी प्रकाशित हुई।

## सन्दर्भ

1. 'दलित आत्मवृत्त : सामाजिक व्यथा के दस्तावेज़', प्रभाकर नारायण परांजपे, संचेतना (दलित साहित्य विशेषांक), नयी दिल्ली, दिसम्बर, 1981
2. दत्तात्रय मुरुमकर, 'साहित्य समय और वेदना', साहित्य संस्थान, ग़ाज़ियाबाद, 2012
3. अपेक्षा, जुलाई-सितम्बर, 2003
4. सुधा सिंह, 'आत्मकथा का शिल्प और दलित स्त्री आत्मकथा', आजकल, सितम्बर, 2016, पृ. 47

# वसन्त मून की आत्मकथा 'वस्ती'

शेखर लिखते हैं कि वसन्त मून ने बाबा साहेब के समग्र वाङ्मय (साहित्य) के सम्पादन का जटिल कार्य सुगमता से किया। उनकी खोजपूर्ण किताब 'स्वतन्त्रतापूर्व विदर्भ के दलितों का इतिहास' महत्त्वपूर्ण दस्तावेज़ कहा जा सकता है। महाराष्ट्र की प्रशासकीय सेवा में भी वे रहे। साथ ही समाज सेवा से भी जुड़े रहे।

उनकी 'वस्ती'* आत्मकथा (1995) में नागपुर के आनन्द नगर के दलित जीवन के चित्रण के साथ विदर्भ के दलित आन्दोलन का इतिहास भी स्पष्टता से रेखांकित हुआ है। उदाहरण के लिए उनकी आत्मकथा में आये एक मार्मिक प्रसंग को देखें–1956 में धम्मदीक्षा के पश्चात नागपुर के आनन्द नगर के बौद्ध बने लोग वस्ती के मन्दिर की मूर्तियाँ कुएँ में फेंक देते हैं। इस पर सवर्णों के द्वारा आपत्ति कर पुलिस में केस दर्ज होता है। आनन्द नगर में नारायण चव्हाण नाम के कोतवाल थे। वे कहते हैं कि हो न हो मूर्तियाँ कुएँ में फेंक दी गयी होंगी और उन्हें ढूँढ़ कर बाहर निकाला जाता है। वसन्त मून इस घटना को रेखांकित कर दलितों की उन्नति को रोकने वाले भितरघात को भी पाठकों के सामने स्पष्टता से रखते हैं। मेरे पिता बताया करते थे कि नारायण चव्हाण रिश्ते में मेरे श्वसुर थे। उनकी बेटी से मेरा ब्याह तय हुआ था किन्तु शादी के पूर्व ही वह असमय मर गयी थी। नारायण कोतवाल के बेटे चन्द्रभान चव्हाण आर.पी. आई. में स्थानीय नेता भी रहे हैं। वसन्त मून की आत्मकथा 'वस्ती' न केवल लेखक की आत्मकथा है अपितु 'वस्ती' में नागपुर के तमाम दलित 'वस्ती' का प्रतिबिम्ब पाठकों को दिखाई देता है।

'वस्ती' आत्मकथा असल में दलित समाज जीवन के संघर्ष का जीवन्त इतिहास कहा जा सकता है। हिन्दी में इस तरह की आत्मकथा 'अपने-अपने पिंजरे' है, जिसमें वस्ती के साथ शहर में रहने वाले लोगों का जीवन खुलता चला जाता है और पाठकों के साथ शोधार्थियों को भी महत्त्वपूर्ण जानकारी मिलती है।

---

* वस्ती : मराठी में वस्ती ही लिखा जाता है।

जैसे स्वयं नैमिशराय ने अपने बचपन के बारे में लिखा है कि किस तरह से वसन्ता नाम के बौद्ध अनुयायी बाबा साहेब डॉ. अम्बेडकर पुस्तकालय एवं वाचनालय भवन में (जो उनकी वस्ती जाटव गेट में स्थित था) प्रतिदिन सुबह शाम आकर बुद्ध वन्दना कराते थे। तब हमने भगवान बुद्ध के बारे में जाना था। इस तरह देखा जाये तो नैमिशराय जी के बचपन में ही बौद्ध धर्म के बीज अंकुरित हो गये थे। जिसने पेड़ बनकर अपने-अपने पिंजरे के आत्मकथाकार के व्यक्तित्व और कृतित्व को प्रभावित किया। वैसे ही दलितों के सामाजिक, राजनीतिक, आर्थिक आदि सभी पक्षों का 'वस्ती' में बेबाक चित्रण है। वैसी ही बेबाकी उत्तरी भारत की पहली दलित आत्मकथा 'अपने-अपने पिंजरे' में पढ़ने को मिलती है। किन्तु खेद है कि यह महत्त्वपूर्ण आत्मकथा 'वस्ती' मराठी साहित्य के साथ हिन्दी में भी उपेक्षित रही है। होना यह चाहिए था कि इसको भारत की तमाम भाषा में अनूदित होकर आना चाहिए था। हिन्दी में यह कार्य बहुत पहले हो जाना चाहिए था। लेकिन वैसा हो नहीं सका। मुझे कई बार नैमिशराय जी ने बतलाया है, क्योंकि वे जब-जब बम्बई जाते थे तब-तब वसन्त मून तथा मीनाक्षी मून से अक्सर मिलते थे। उनके अनुसार मून साहब सामाजिक और साहित्यिक कार्यों में इतने व्यस्त रहते थे कि नरेन्द्र जाधव (आमचा बाप आणि आम्ही) की तरह अपनी आत्मकथा को प्रचारित प्रसारित कराने का समय ही नहीं निकाल पाते थे। स्वयं नैमिशराय जी से वार्तालाप के दौरान वे ऐसी असमर्थता ज़ाहिर करते थे।

वसन्त मून साहेब से मेरी मुम्बई में अक्सर मुलाक़ातें होती रहती थीं। कभी बान्द्रे (पूर्व) उनके घर में कभी उनके ऑफ़िस में। फिर बान्द्रे (सरकारी मकान) से वे गोरेगाँव (पश्चिम) चले गये थे। देखा जाये तो मून साहेब ने साहित्यिक कम लिखा तथा शैक्षिक क्षेत्र को अधिक महत्त्व दिया था। उन्होंने स्वयं नागपुर में डॉ. अम्बेडकर रिसर्च इंस्टीट्यूट शुरू किया। उनका उद्देश्य था दलित समाज के युवा साथी पढ़ें और शोर्ध कार्य में भी भाग लें। नागपुर में ही उन्होंने 1984 में पुस्तकालय का रजिस्ट्रेशन कराया। लगभग पाँच हज़ार किताबों से उन्होंने इस लायब्रेरी की शुरुआत की। इसके अलावा उन्होंने पुस्तकें भी लिखीं और अनुवाद भी किया। उनकी मुख्य पुस्तकों में बौद्ध धर्म प्रदीप (मराठी, 1960), डॉ. अम्बेडकर आणि धम्म क्रान्ति (1978), गोस्टी अम्बेडकराच्या (1992), डॉ. अम्बेडकर : जीवन और कार्य हैं। यह पुस्तक नेशनल बुक ट्रस्ट ने 1990 में हिन्दी में प्रकाशित की थी।

जहाँ तक मुझे याद है वसन्त मून जी उन दिनों (90 के दशक में) महाराष्ट्र सरकार के अन्तर्गत 'आफ़िसर ऑन स्पेशल ड्यूटी' के रूप में कार्य कर रहे थे। यहाँ आने से पूर्व वे 'डिप्टी कलक्टर' थे। महाराष्ट्र सरकार ने डॉ. बाबा साहेब अम्बेडकर सोर्स मेटीरियल कमेटी के सदस्यों की सहमति से उन्हें बाबा साहेब डॉ. अम्बेडकर सम्पूर्ण वाङ्मय के कार्य को पूरा करने के लिए रखा था।

मून साहेब के जीवन की सबसे बड़ी उपलब्धि थी उनके द्वारा बाबा साहेब डॉ. अम्बेडकर सम्पूर्ण वाङ्मय के लगभग 20 खण्डों का अंग्रेज़ी में संग्रह और सम्पादन करना। अंग्रेज़ी से अन्य बारह भाषाओं में अनुवाद और सम्पादन कार्य डॉ. अम्बेडकर प्रतिष्ठान, नयी दिल्ली से हो रहा था। जहाँ मैं लगभग 6 वर्ष सम्पादक और मुख्य सम्पादक रहा था। वसन्त मून जी से मेरी अन्तिम मुलाक़ात प्रतिष्ठान में ही हुई थी। उनकी पत्नी मीनाक्षी मून भी साथ में थीं। वे भी सम्पादक और लेखिका थीं। साथ ही अच्छी लेखिका भी।

*(इसे लिखने में शेखर के आलेख से सहयोग लिया गया है, जो 'बयान' के अंक में प्रकाशित हुआ था। साथ ही मून साहेब और उनकी पत्नी मीनाक्षी मून से मुम्बई प्रवास में मेरी मुलाक़ातें होती थीं उनसे बातचीत के आधार पर।)*

# ढोर गली से दिल्ली

*हर व्यक्ति अपने जीवन की लड़ाई स्वयं लड़ता है। कुछ लोग विपरीत परिस्थितियों से लड़ते हुए अन्ततः उसे अनुकूल बना लेने में कामयाब होते हैं तो कुछ हताश-निराश होकर हार मान लेते हैं। कुछ रातों-रात सफलता प्राप्त करने के चक्कर में ग़लत रास्ते पकड़ लेते हैं और जीवन भर उन्हीं में भटकते रह जाते हैं। कहीं कोई चमत्कार नहीं होता। भाग्यवादी समय अनुकूल होने का इन्तज़ार करते हुए अपने भाग्य को कोसते हैं और कर्मवादी विपरीत परिस्थितियों से लड़ते हुए अन्ततः उसे अनुकूल बना लेते हैं। मनुष्य का भाग्य अदृश्यलोक में बैठी कोई काल्पनिक शक्ति नहीं लिखती। उसे स्वयं लिखना होता है। अल्लामा इक़बाल का मशहूर शेर है–*

*"ख़ुदी को कर बुलन्द इतना कि हर तक़दीर के पहले,*
*ख़ुदा बन्दे से ख़ुद पूछे बता तेरी रजा क्या है।"*

*केन्द्रीय गृहमन्त्री रहे सुशील कुमार शिन्दे की जीवन यात्रा इसका जीता-जागता उदाहरण है।* उन्होंने तमाम विपरीत परिस्थितियों के बीच पूरे धैर्य के साथ संघर्ष किया और सत्ता के शीर्ष पदों तक पहुँचे। कठिन परिस्थितियों में भी ख़ुद को टिकाये रखा। वर्ना दलित समाज के एक अनपढ़ माता-पिता की सन्तान जिसके लिए स्कूल जाना और पढ़ाई को जारी रखना कठिन था, राज्य के मुख्यमन्त्री पद से लेकर देश के कई महत्त्वपूर्ण मन्त्रालयों तक की ज़िम्मेदारी कुशलतापूर्वक सँभालना सम्भव नहीं था। अपनी सकारात्मक सोच के कारण ही वे कांग्रेस के शीर्ष नेताओं में शामिल हुए। सच तो यह है कि जिस सामाजिक पृष्ठभूमि से वे आये उसमें जीवन-यापन ही एक बड़ी चुनौती होती है। दो जून रोटी का जुगाड़ कर पाना ही मुश्किल होता है। ऐसे में अपनी पारिवारिक ज़िम्मेदारियों का निर्वहन करते हुए सफलता की इन ऊँचाइयों तक पहुँचना एक दिवास्वप्न के समान ही था।

शिन्दे जी ने यह साबित कर दिया कि असम्भव तब तक असम्भव होता है जब तक कोई उसे सम्भव न कर दिखाये क्योंकि वह आशावादी था—ऐसा आशावादी, जो यह सोचकर जीता है कि दुनिया में सब कुछ पाया जा सकता है। वह आशावाद और आत्मविश्वास से लबरेज़ था। उसका मानना था कि अगर आपके भीतर कुछ बनने की इच्छा है तो सब कुछ सम्भव है।

नेपोलियन ने कहा था—'असम्भव' शब्द मेरे शब्दकोश में नहीं है। बहरहाल इस छोटी-सी घटना ने एक बालक की उस कहानी को जन्म दिया जो संघर्ष-भरी थी। इसने उसे वह चाभी दे दी जिसने समय-समय पर उसके लिए सफलता के दरवाज़े खोले।

सुशील कुमार शिन्दे जी शोलापुर जिले के निवासी रहे हैं। उनके पिताजी का नाम संभा जी शिन्दे है। शोलापुर की ढोर गली में जन्म हुआ।

यह आसानी से समझा जा सकता है कि दगडू के बचपन के शुरुआती वर्ष कैसे रहे होंगे। दोनों माताएँ उसे दिलोजान से चाहती थीं। उसकी सौतेली बड़ी माँ कृष्णाबाई तो कुछ ज़्यादा ही। वह शरारतें करता पकड़ा जाता तो माँ सक्कूबाई की मार से बचने के लिए कृष्णाबाई के पीछे छिप जाता। वह उसे बचा लेती। वह उसकी छोटी-से-छोटी हर इच्छा को पूरा करने के लिए तैयार रहती थी। दगडू मिठाई का शौक़ीन था। वह उसे मिठाई खिलाकर उसके नन्हे दाँतों को देखकर ख़ुश होती। सक्कूबाई और कृष्णाबाई कभी भी दगडू की आँख में आँसू या दुख की परछाईं नहीं देख सकती थीं।

दगडू अपने चचेरे भाइयों के साथ मस्त रहता। वह सबका दुलारा था। वे लोग गाँव के सिद्धेश्वर तालाब में तैरने जाते—एक ओर भैंसें नहाती थीं और दूसरी तरफ़ दगडू और उसके साथी। गिल्ली-डण्डे का खेल चलता, कंचे खेले जाते। उन दिनों उसकी ज़िन्दगी एक ख़्वाब की तरह थी।

आज़ादी से तीन हफ़्ते पहले की तारीख़, दगडू (शिन्दे तब इसी नाम से जाने जाते थे) नींद से जागा तो उसे पता चला कि उसके पिता नहीं रहे। उसके चारों तरफ़ अँधेरा छा गया था। घर में एक मनहूस सन्नाटा पसरा हुआ था। उसकी माँ और सौतेली माँ, जो उसे बहुत प्यार करती थीं, शून्य में आँखें गड़ाये बैठी रहती थीं। वे उस आघात से स्तम्भित हो गयी थीं जो उन्हें लग चुका था। उस समय नन्हा दगडू अपनी माँ के गले में बाँहें डालने के सिवा और क्या कर सकता था! पड़ोसी, नाते-रिश्तेदार आने लगे थे और धीरे-धीरे घर के सामने की गली लोगों से भर गयी। नन्हे दगडू ने इतनी भीड़ कभी नहीं देखी थी। उसकी माँ और सौतेली माँ असहनीय दुख में डूबी हुई थीं। वे एकटक अपने पति की मृत देह को देखे जा रही थीं। वे नियति के सामने बेबस थीं। दिनों, हफ़्तों और

महीनों तक इस अकथ दुख की असह्य छाया फैली रही, जो टलने का नाम ही नहीं ले रही थी। मिलने-जुलने वाले लोग पिता की याद दिलाकर इस दुखती रग को छेड़ देते थे। इस त्रासदी ने उन पर दुखों का पहाड़ लाद दिया था। ऐसी परेशानियाँ उन्होंने कभी देखी नहीं थीं। अचानक हुए इन बदलावों ने दगडू को झिंझोड़कर रख दिया था।

शिन्दे का जीवन भी ऐसे ही मोड़ पर था। वह अपनी उम्र से बढ़कर मेहनत कर रहा था। भविष्य उसके सामने था। वह आशावादी था कि एक दिन हालात बदलेंगे।

दगडू को आठ रुपये तनख़ाह मिलती थी। ये आठ रुपये उसके लिए दुनिया की दौलत के समान सब कुछ थे। यह मायने नहीं रखता था कि उसे इन पैसों के लिए फैक्टरी के एक दड़बेनुमा स्थान में अथक परिश्रम करना पड़ता था। उसकी उम्र तब मुश्किल से बारह वर्ष थी। फैक्टरी में चाकलेट बनाने का काम होता था।

उसकी लगन फैक्टरी के मालिक बाबूराव से छुपी न रही। बाबूराव का अनुभव और ज्ञान उससे कहता था—चमकदार चेहरे और नीली आँखों वाले, पर दिखने में कमज़ोर इस लड़के में कुछ ख़ास बात ज़रूर है। उसने अगले कुछ हफ़्तों तक उस पर नज़दीकी नज़र रखी और महसूस किया कि उसका शुरुआती अन्दाज़ा बिल्कुल सही था।

अंग्रेज़ लेखक सैम्युअल रिचर्ड्सन के अनुसार : 'मानवीय स्वभाव चीज़ों की तुलना करता है। कुछ लोग ऐसे होते हैं जो हमें अपनी उकृष्टता से आकर्षित करते हैं।' शिन्दे में यह गुण था तथा उसका मालिक बाबूराव इस बात को समझ गया था कि यह लड़का जीवन में ज़रूर कुछ न कुछ बनेगा। हीरा अँधेरे में भी चमकता है। वैसे ही इन्सान के गुण और चरित्र की दृढ़ता ग़रीबी में भी नज़र आती है। ऐसी स्थिति में पगार में दो रुपये की बढ़ोतरी उसके लिए महत्त्वपूर्ण बात थी। पर परिवार की ज़रूरतें कहाँ पूरी हो पाती थीं।

अपनी दोनों माँओं की मुश्किलें कम करने के लिए वह त्यौहार के दिनों में भी अगरबत्तियाँ बेच लिया करता था जिससे वह कुछ और पैसा कमा सके। ज़िन्दगी के इस मोड़ पर उसके पास सिर्फ़ एक जोड़ी कपड़े थे जिन्हें वह बड़ी लगन और श्रद्धा से धोकर साफ़-सुथरा रखता। बाबूराव से मिलनेवाले दस रुपयों में से एक रुपया वह अपने पास रखता और बाक़ी नौ रुपये कृष्णाबाई और सक्कूबाई को दे देता।

कुछ महीनों बाद उसने 'साधना रोलिंग वर्क्स' नाम की वर्कशॉप में नौकरी कर ली। यह एक नयी और अलग दुनिया थी। सबसे महत्त्वपूर्ण बात यह थी कि वह जो कमाता था, उससे घर का सामान और दूसरे यक़ीन चल रहे थे।

इसी समय उसे एक और काम मिला। उसे एक स्थानीय डॉक्टर के घर में घरेलू सामान लाने एवं काम में मदद करनी थी। घर की मालकिन का नाम था सोनूबाई अवटे। वह डॉ. विष्णु गणेश वैशम्पायन की प्रेमिका थी, जो सोलापुर के वाडिया अस्पताल के मैट्रन थे। सोनूबाई किशोर दगडू के लिए दया और उदारता का स्वरूप थी। उसने कभी दगडू के साथ 'अस्पृश्य' जैसा व्यवहार नहीं किया, न उसे यह अहसास कराया कि वह क्या है, कहाँ से आया है। वह उसके साथ अच्छे सलूक से पेश आती थी।

सुशील शिन्दे जिस माहौल से आया था वहाँ छुआछूत जीवन की एक वास्तविकता थी। लेकिन सोनूबाई के घर में ऐसा कुछ भी नहीं था। न जाति के सवाल थे और न छोटे-बड़े की भावना। सोनूबाई का घर भी समृद्धता से ओतप्रोत था। शानदार दरवाज़े, झूमर, चमकीला फ़र्नीचर, यह सब देखकर अच्छा लगता था। इसी घर में उसे खाना भी अच्छा मिलता। कहाँ सोनूबाई की ब्राह्मणीय जीवन-शैली और कहाँ एक दलित बच्चा? बकौल पी.आर. सुभाषचन्द्रन दगडू ने यहाँ कार्य करते हुए बहुत कुछ सीखा। स्वयं शिन्देजी के शब्दों में कहा जाये तो मेरी शख़्सियत का गठन सोनूबाई के घर पर ही हुआ। सोनूबाई के घर की सोहबत ने मेरे व्यक्तित्व को सजाया और सँवारा। निश्चित रूप से उनके आचरण में भद्रता और नम्रता यहीं से आयी।

सोनूबाई के घर की संगीतमय शामें किसी जलसे से कम नहीं होती थीं। जब कलाकार आते और शास्त्रीय संगीत की गूँज परिवेश में तैरने लगती। दगडू को संगीत की लहर स्वप्निल दुनिया में ले जाती और उसकी उदासी उस सौन्दर्य में डूब जाती।

दगडू से कहा कि उसका स्कूल जाना तो छूट गया है लेकिन वह चाहे तो अपनी क़िस्मत रात्रि स्कूल में आज़मा सकता है। सरकार ने कामकाजी बच्चों के लिए ऐसे स्कूल खोल रखे हैं। इस विचार ने दगडू को उत्साहित कर दिया। आख़िर अँधेरे में कोई उम्मीद की किरण दिखाई तो पड़ी। उसे यह सम्भव होता दिखा कि वह पढ़ने लगा है। प्रारम्भ में उसके हाथ निराशा ही आयी जब उसने सुना कि सान्ध्य स्कूल में सिर्फ़ आठवीं कक्षा में ही प्रवेश मिलता है। वह सिर्फ़ पाँचवीं तक पढ़ पाया था।

उसे एक स्कूली शिक्षा इंस्पेक्टर का पता चला जिसके पास पाँचवीं दर्जे तक पढ़े हुए ऐसे बच्चे को, जिसकी पढ़ाई छूट चुकी है, आठवीं कक्षा में प्रवेश देने का अधिकार था। वह उनके पास गया और उसे उनमें दया की दृष्टि नज़र आयी। शेलवनकर नामक उस स्कूली शिक्षा अधिकारी ने न केवल उसकी दुख-भरी कहानी

सुनी बल्कि उसकी मदद भी की। दगडू की आपबीती कहानी से प्रभावित होकर शिक्षा अधिकारी ने उससे कहा कि वह किसी स्थानीय व्यक्ति से एक सिफ़ारिशी चिट्ठी ले आये जिससे उसका काम आसान हो जायेगा।

दगडू तुरन्त डॉ. विष्णु के पास पहुँचा। उसे यक़ीन था कि डॉ. विष्णु उसे पत्र देने से मना नहीं करेंगे। ऐसा ही हुआ, वे तैयार हो गये। उन्होंने उनकी ओर से एक सिफ़ारिशी चिट्ठी लिखी और दगडू के लिए एक बन्द दरवाज़ा खुल गया। पाँचवीं कक्षा से आठवीं कक्षा में दादू का बिना परीक्षा दिये पहुँच जाना एक महत्त्वपूर्ण बात थी। वह स्कूल जाने लगा। ऐसे स्कूल शाम में पाँच बजे से आठ बजे तक चलते हैं। दगडू दिन-भर काम करता और समय पर स्कूल पहुँच जाता। ज़िन्दगी जैसे उसके लिए कामयाबी का दरवाज़ा खोल रही थी।

दसवीं कक्षा तक दिन में काम और रात में पढ़ने का यह क्रम चलता रहा।

प्राचार्य ने उससे कहा, ग़रीबी कोई अपराध नहीं है अपने आप पर विश्वास करो, कड़ी मेहनत करो और ऊँचा लक्ष्य रखो। उनके आशा भरे इन शब्दों ने दगडू को अपने लक्ष्य के प्रति प्रेरित किया। प्राचार्य के रूप में उसे ऐसे व्यक्ति की छवि दिखाई दी जो उसकी मुश्किलों को समझ रहा था। उसने अपने आप से वादा किया कि वह प्राचार्य के उस विश्वास को पूरा करेगा जो उन्होंने उस पर किया था। उसे एक अवसर की तलाश थी जो उसे मिल चुका था। उसे उनका विश्वास बनाये रखना था।

सुशील के जीवन की यह राह दुर्गम और काँटों भरी थी। उसने कभी सपने में भी ऐसी कल्पना नहीं की थी। जैसा जीवन साकार हुआ। उनका मानना रहा है कि विकास के लिए स्वयं को बदलो और मेहनत करो। दलित दूसरों की दया और समर्थन की गाड़ी में बहुत सवारी कर चुके, अब समय आ गया कि वे आत्मनिरीक्षण करें। उनकी मराठी आत्मकथा *'गुरुडक्षेप'* का यह हिन्दी अनुवाद है। शेखर के शब्दों में कहें तो यदि आदमी चाहे तो अपनी उन्नति स्वयं कर सकता है, जिसकी मिसाल शिन्दे जी हैं। उनके जीवन चरित्र से निश्चित ही प्रेरणा ग्रहण की जा सकती है।

## सन्दर्भ


1. किसने मेरा भाग्य लिखा, 'ढोर गली से दिल्ली', पी.आर. सुभाष चन्द्रन, अनुवाद प्रो. टी. वी. कट्टीमनी, राजकमल प्रकाशन, नयी दिल्ली, 2012
2. 'बयान' में प्रकाशित शेखर के आलेख, 'दृढ़निश्चय की छलाँग को रेखांकित करने वाले सुशील कुमार शिन्दे की जीवनी', 1 अप्रैल, 2010

# जग बदल धालुनि घाव/दुनिया बदलने को किया प्रहार

## एकनाथ आव्हाड

*सूर्य पश्चिम की ओर झुक रहा है। हल्का सौम्य पीला सा सूर्य किरणों का प्रकाश। एक गड़रिया बकरियों के पीछे जा रहा है। गड़रिये की बकरियाँ रोड के किनारे पेड़-पौधों में मुँह डालने लगी हैं। बकरियों का मैं-मैं करना चल रहा है, उनके गर्दन में घुँघरू की और उस गड़रिया की हुर्र-हुर्र जैसी आवाज़ हो रही है। बकरियों के झुण्ड के सामने एक पाँच-सात साल का लड़का स्कूल का मैला-सा कुर्ता पहनकर जा रहा है। बकरियों के झुण्ड के पीछे-पीछे एक प्रौढ़ व्यक्ति अपने कन्धों पर बड़ी-सी लाठी पकड़ कर जा रहा है। उसकी फुल बाँहों वाली बनियान पीठ से फटी हुई है। दोनों कन्धों पर छोटे-से धागे ने बनियान को पकड़ कर रखा है। फटी हुई बनियान का एक बड़ा वर्तुल तैयार हुआ। पृथ्वी के आकार का एक शून्य वह गड़रिया अपने पीठ पर लेकर जा रहा है। मैं भी बचपन में बकरियों के पीछे ऐसे ही फटे हुए कपड़ों में घूमता था।*

मैं रास्ते से जा रहा हूँ। 'संगम' गाँव रास्ते में आया। कोई मुझे रोकना चाह रहा है। लाल रंग के बोर्ड पर सफ़ेद शब्दों में लिखी एक पाटी 'मानवी हक्क अभियान'। हमारे संगठन की एक शाखा इस गाँव में भी है। मुझे 'जय भीम' सम्बोधित करके रोकना चाह रहा था। वह एक दलित किसान महादेव सुन्दरमल था। पहले वह कैसे जीवन जीता था? उसका बड़ा परिवार था। मज़दूरी के अलावा जीविका का कोई दूसरा साधन नहीं था। हर साल विस्थापन निश्चित होता था। वैसे महादेव को 1972 में शासन की ओर से दो एकड़ ज़मीन मिली थी। किन्तु बैल नहीं थे हल नहीं था। इसलिए वो ज़मीन बंजर ही थी। भुखमरी से महादेव परेशान हो गया था। उस समय हमारी संस्था की ओर से कई दलित परिवारों के लिए अनाज बैंक प्रकल्प आयोजित किया जाता था। साहूकार लोग अनाज ब्याज पर देकर दलित मज़दूरों का शोषण करते थे। उस गुलामी की लाचारी को

तोड़ने के लिए हम लोग अनाज बैंक प्रकल्प का आयोजन करते थे। उस वर्ष महादेव के परिवार की रोज़ी रोटी का प्रश्न दूर हो गया था। अब यह महादेव क्या काम करता है?

'क्या महादेव कैसे चल रहा है?'

'जिजा इस वर्ष गायरान ज़मीन में तेईस क्विंटल कपास हुआ। तीन बोरा बाजरी हुई। एक क्विंटल तुअर दो आढक मूँग दाल छह आढक तील अब किसी बात की कमी नहीं है।'

हम लोगों ने भूमिहीन महिलाओं की बैंक स्थापना की है। महादेव की पत्नी इस बैंक की भागीदार है। वो कहती है—'जिजा आपके कारण ही हम खेत में फ़सल ले पा रहे हैं। बच्चों को स्कूल भेज पा रहे हैं। अच्छे घर में रह पा रहे हैं। मेरे पति इस गाँव के पोलिस पटेल बन गये हैं... जिजा इन पत्थरों के देवताओं ने हमारे लिए किया ही क्या है? आप तो हमारे लिए माता-पिता से भी बढ़कर सहारा बन गये हैं...।'

मैं कहता हूँ—'मेरी माँ...ऐसे ही व्यर्थ मेरी प्रशंसा मत कर। पहले यह बता तू अपने बैंक से क़र्ज़ (लोन) लिया है? क्या किया उन पैसों का?'

वो कहती है—'जिजा मैं यूँ ही नहीं बोल रही हूँ...तीन बार लोन लिया है। पूरा क़र्ज़ा उतार दिया। यह घर के सामने जो भैंस है वो उसी क़र्ज़ से ली गयी है। दिद्रड़ी के हॉटेल में हर दिन दूध जाता है। हर माह तीन-चार हज़ार की कमाई हो जाती है...।'

वाह रे!! मेरी छाती स्वाभिमान से भर आती है। एक समय इस गाँव के दलितों को गाँव की बावड़ी पर पानी भरने की मनाही थी। मैंने महादेव को हिम्मत देकर सत्याग्रह करवाया था। उसने बावड़ी पर पानी भरने की शुरुआत की। मैंने क़ानून का डण्डा उस गाँव को दिखाया ही था। गाँववालों ने खुले रूप में विरोध नहीं किया। परन्तु बावड़ी के पानी से गाँववालों ने देवी-देवताओं पर पानी डालना बन्द कर दिया। 'महार-मागों ने बावड़ी को बाँट दिया।' ऐसी गाँववालों की धारणा बन गयी। गाँव के जातिवादी लोगों के विरोध में जाकर हमने इस गाँव के गायरानधारक दलितों की ज़मीन में बावड़ी खोदने के लिए अर्थिक सहायता दी। केन्द्रीय खाद का तन्त्र सिखाया। अब उन्हें कीमियाई खाद की यूरिया खाद की आवश्यकता नहीं है। कम-से-कम यक़ीन में छोटे से ज़मीन के टुकड़े पर महादेव जैसे कई दलित किसान अपना जीवन सन्तोष से जी रहे हैं। पिछले पच्चीस-तीस सालों में ऐसे पचास हज़ार भूमिहीन दलित मेरे जीवन से जुड़ गये। हम सबने मिलकर एक संघर्ष का सफ़र किया। इस सफ़र का सूत्र था—'दुनिया बदलने को किया प्रहार। कहकर गये मुझे भीमराव।'

# आत्मकथा लिखने के संकट

*आत्मकथा लिखने से पहले और आत्मकथा छपने के बाद कैसे अनुभव होते हैं यह स्वयं लेखक ही जानता है। दर्द/पीड़ा/और आक्रोश से लेकर तीखी समीक्षाओं की चुभन। फिर भी आगे लिखने की चुनौती।*

एक समय ऐसा था जब हिन्दी दलित साहित्य में आत्मकथा न होने की बात साहित्यिक गोष्ठियों में बार-बार उठाई जाती रही थी। इन गोष्ठियों के आयोजन से लेकर वक्तागण तक चाहे वे दलित जातियों के लेखक रहे हों या ग़ैर-दलित समाज के साहित्यकार-पत्रकार अथवा समीक्षा-टीकाकरण। उनके बीच यह विमर्श का मुद्दा बन गया था। हालाँकि साहित्य जगत में इस तरह के सवाल पहले से ही (70-80 के दशक) उठते रहे थे। तब तक हिन्दी में कोई भी दलित आत्मकथा नहीं प्रकाशित हुई थी।

असल में आत्मकथा लिखना जितना मुश्किल और अपने ही ज़ख़्मों को कुरेदना जैसा है उतना ही कठिन है उसे प्रकाशित कराना भी। एक बार आपने हिम्मत कर आत्मकथा लिख भी ली तो ज़रूरी नहीं कि उसे प्रकाशन छापने को तैयार ही बैठे होंगे। कम-से-कम एक दलित लेखक, कथाकार को तो उस समय प्रकाशक छापने को तैयार ही नहीं होता था।

वैसे दलित आत्मकथा लिखने के तो दोहरे संकट हैं। दलित कथाकार को पहले स्वयं अपने समाज/परिवार/और रिश्तेदारों से जूझना पड़ता है। बाद में सवर्ण जाति के समीक्षकों से भी उलझना ज़रूरी हो जाता है। जो शालीनता तथा अश्लीलता की विपरीत शब्दावलियों के बहाने ऐसे कथाकारों को कोसना कतई नहीं भूलते।

*1995 के मध्य में वाणी प्रकाशन से मेरी आत्मकथा 'अपने-अपने पिंजरे' प्रकाशित हुई।* उसके लिखने से छपने की कथा जानना ज़रूरी है। वह इसलिए कि दलितोन्मुखी आत्मकथा की बनावट से बुनावट के बीच के ख़तरों की समझ सम्भावित दलित कथाकारों को होनी ज़रूरी है।

1993 वर्ष के अन्त होते-होते मैंने अपनी आत्मकथा पूरी कर ली थी। अगले वर्ष यानी 1994 के आरम्भ के माह में सम्पादन/संशोधन हुआ। बाद में यह मैटर पुनः टाइप हुआ। जुलाई-अगस्त माह में प्रख्यात कथाकार महीप सिंह को यह आत्मकथा की पाण्डुलिपि दोहरे उद्देश्य से दी। प्रथम भूमिका लिखने दूसरे 'अभिव्यंजना प्रकाशन' से छापने के लिए। भूमिका लिखकर उन्होंने वह न छापने के दो-चार बहाने कह कर लौटा दी। हालाँकि तब तक वे अभिव्यंजना प्रकाशन से दस-पन्द्रह पुस्तकें छाप चुके थे। दूसरे प्रकाशक प्रभात प्रकाशन थे। लगभग छह माह पाण्डुलिपि अपने पास रखने/जाँचने/परखने के बाद उन्होंने यह कह कर लौटा दी कि इसकी भाषा कटखनी है। तीसरे प्रकाशक राधाकृष्ण थे। उन्होंने भी मेरी आत्मकथा की जाँच-पड़ताल कर इसे अपरोक्ष रूप में अश्लील कह कर लौटा दी। इसके बाद में आधे मन से वाणी प्रकाशन पहुँचा। जिन्होंने कम समय में ही इसे छापने की अपनी ज़िम्मेवारी पूरी की। इस तरह लगभग एक वर्ष की जद्दोजहद के बाद 'अपने-अपने पिंजरे' आत्मकथा प्रकाशित हो सकी।

आत्मकथा प्रकाशित होने से पूर्व एक दो घटनाएँ/दुर्घटनाएँ होते-होते बचीं। उनका खुलासा करना ज़रूरी है। आत्मकथा के कुछ पृष्ठ या पाण्डुलिपि की फ़ोटोकॉपी को मैं समय-समय पर साथियों/सहयोगियों के साथ वरिष्ठ लेखक/कथाकारों को पढ़ने तथा उनकी राय जानने के लिए देता था। पद्मश्री डॉ. श्यामसिंह शशि को भी मैंने इसकी पाण्डुलिपि दी। मैंने उन्हीं दिनों डॉ. अम्बेडकर प्रतिष्ठान में बतौर सम्पादक ज्वाइन किया था। उन्होंने कुछ पृष्ठ फ़ोटोकॉपी कर संयुक्त सचिव (गंगादास) को यह कह कर दिये कि नैमिशराय को आपने सम्पादक बनाया है और वह इस तरह की अश्लील भाषा लिखता है। कुल मिलाकर जहाँ डॉ. शशि ने मुझे हतोत्साहित किया वहीं ओमप्रकाश वाल्मीकि ने मेरा उत्साह बढ़ाया।

आत्मकथा छपने के तत्पश्चात ही मुझे अपने तथा परायों दोनों ने अपनी-अपनी तीखी प्रतिक्रियाओं/लांछनों/दोषारोपणों/तथा शील-अश्लीलता की नयी-पुरानी परिभाषाओं के साथ ख़ूब घेरा। जहाँ एक तरफ़ मेरे भाइयों ने यह कहा कि इस पुस्तक को जला दो अन्यथा लोग हमारे घर ही जला देंगे। वहीं एक मित्र रंजन ज़ैदी ने इसलिए बुरा मानते हुए कहा कि आख़िर आत्मकथा लिखने का मेरा मक़सद क्या है, कि मैंने लौंडेबाज़ी के सन्दर्भ में मेरठ के स्थानीय मुसलमानों का ज़िक्र किया था, जो उन्हें बेहद खला। स्वयं दलित समाज से दो-चार ने मुझ पर ताने भी कसे। उनका कहना था कि मुझे आख़िर क्या ज़रूरत थी अपनी ही जाति की दबी हुई परतें उघाड़ने की। कुछ साथियों ने मुझे ख़ुशवन्त सिंह की श्रेणी में रख दिया। कुछ ने मुझे सलमान रुश्दी बनने का प्रयास भर बतलाया।

समकालीन जनमत में जनवादियों का वक्तव्य छपा कि नैमिशराय को हम इसलिए माफ़ करते हैं कि उनका यह पहला प्रयास है। आगे लिखा तो हम देखेंगे। कुछ ने यह भी कहा कि पुरस्कार लेने के लिए शरणकुमार लिंबाले बनना चाहते हैं। डॉ. धर्मवीर ने कहा आत्मकथा अच्छी है, पर इसमें आयी गालियाँ खटकती हैं। आरम्भ में वे आत्मकथाओं के पक्ष में नहीं थे। बाद के दौर में डॉ. धर्मवीर दलित आत्मकथाओं का समर्थन करने लगे थे।

मैं सोचता हूँ गालियाँ अपनी आत्मकथा से निकालूँ या भारतीय समाज से जिसकी नस-नस में वे बसी हैं। और दलित समाज को माँ/बहिन/बेटियों ने जिन्हें सुनते/ सहते हुए उत्पीड़न सहा है, भोगा है। क्या यथार्थ का वैसा चित्रण नहीं करना चाहिए?

जिसे हज़ारों वर्षों से दलित समाज के लोग भोगते रहे हैं, जिसे हिन्दू शंकराचार्यों ने व्यवस्था का नाम दिया, वहाँ गालियाँ किताबों में समीक्षकों को क्यों खटकती हैं, जो समाज में कही/सुनी जाती हैं और किसी को बुरी/अश्लील नहीं लगतीं। जबकि हिन्दू समाज में तो कुछ गालियाँ तकिया कलाम बन चुकी हैं। घर हो या ऑफ़िस खेत हो या कारख़ाने परिवेश में उन गालियों की गूँज रही है।

सलमान रुश्दी और तसलीमा नसरीन की बात अलग है। उन पर वार एक पक्षीय ही होता रहा है। पर दलित कथाकारों को तो चौतरफ़ा वार झेलने पड़ते हैं। उनके लिए हिन्दू भी वैसे ही और मुसलमान भी। कौन चाहता है दलित अपने इतिहास को जानें अपनी अस्मिता का अहसास करें और ठीक-ठाक रहें। दोनों धर्मों के लोगों को दलितों का सुखमय जीवन खटकता है। सुख के एक-एक टुकड़े की तलाश में दलितों को भटकना पड़ता है। दलितों के साथ हज़ारों वर्षों से बुर्जुआ वर्ग यही करता आया था। दलित साहित्य में इसी दर्द का अहसास पाठकों को होता है।

आत्मकथा लिखने वाला केवल एक व्यक्ति नहीं है बल्कि एक बृहत्तर दलित समाज और परिवार का अंग है। उनके परिवार और परिवेश में अन्य लोग भी हैं। उनका भी यह कहना है कि संसार की सारी शासक क़ौमें अपने परिवारों की अन्दरूनी बातें बचाकर रखती रही हैं। डॉ. धर्मवीर ने इस तरह के विचार संचेतना में प्रकाशित परिचर्चा में भी दिये थे। वैसे सवर्णों से इतर दलित आत्मकथाओं का विरोध करने वालों में कुछ दलित साथी भी थे।

## आत्मकथाओं से उभरते सवाल

राजेन्द्र यादव लिखते हैं कि संशय, अकेलेपन, असुरक्षा और सन्त्रास के साथ-साथ लेखकों/साहित्यकारों ने अपनी आकांक्षाओं और सपनों को वाणी दी और सामाजिक

बन्धनों को तोड़ कर आगे आये। आत्मकथा पढ़ने से ऐसा ही आभास होता है। दलित साहित्य में आरम्भ से ही सवाल-दर-सवाल करने की परम्परा रही है। इसलिए दलितों के बीच रचनाधर्मिता का विकास हुआ। विषमता के ख़िलाफ़ विद्रोह हुआ। इतिहास से राजनीति तक जहाँ भी उत्पीड़न हुआ उसे आत्मकथाओं में दर्ज करने की महारत दलित कथाकारों ने की। शिद्दत के साथ अपनी बात कही। चाहे वह कितनी भी निर्मम क्यों न रही हो। जैसा वरिष्ठ कथाकार डॉ. सुखबीर ने कहा भी है—"आख़िर आग का पूरा पहाड़ है कब तक दबा रह सकता है?"

रूपचन्द गौतम का मानना है कि मराठी दलित साहित्य में दलित आत्मकथाओं का दौर काफ़ी लम्बे समय तक चला जो आज भी जारी है। दलित आत्मकथाएँ मराठी साहित्य की श्रेष्ठतम उपलब्धि हैं। काफ़ी समय से हिन्दी दलित साहित्य में भी आत्मकथा लिखने का क्रम चल रहा है। मेहतर समाज के इतिहास को आत्मकथा के रूप में पेश करनेवाली भगवानदास की 'मैं भंगी हूँ' पुस्तक की अभी तक कई आवृत्तियाँ निकल चुकी हैं। सन् 1994 में 'आज का प्रश्न' शृंखला में राजकिशोर द्वारा सम्पादित पुस्तक 'हरिजन से दलित' में ओमप्रकाश वाल्मीकि का आत्मकथा विषयक आलेख 'एक दलित की आत्मकथा' के प्रकाशित होने तक उसकी कोई विशेष चर्चा नहीं हुई थी, परन्तु सन् 1995 में मोहनदास नैमिशराय की आत्मकथा 'अपने-अपने पिंजरे' के प्रकाशित होते ही भगवानदास की 'मैं भंगी हूँ' की सभी जगह चर्चा होने लगी। इसकी नयी आवृत्ति के आते ही यह एक दलित आत्मकथा के रूप में प्रसिद्ध हो गयी और इसे ही हिन्दी की प्रथम दलित आत्मकथा कहा जाने लगा। हालाँकि स्वयं भगवानदास इसे अपनी आत्मकथा नहीं मानते। उनके अनुसार यह भंगी समाज की व्यथा है।

दलित आत्मकथाएँ दलित संघर्ष की सार्थकता सिद्ध करती हैं। किसी भी दलित लेखक द्वारा लिखी गयी आत्मकथा उनकी जीवन गाथा के साथ-साथ उनके समाज की गाथा भी होती है। इस तरह वह अपने जीवन के दुःख-दर्द एवं अपमान को भी स्वर देते हैं। ये आत्मकथाएँ वंचितों और अस्पृश्यों की सामाजिक जीवन की सच्चाई को व्यक्त करने के महत्त्वपूर्ण दस्तावेज़ होने के साथ-साथ निम्न जातियों के दुःख-दर्द, व्यथा-वेदना, अन्धविश्वास, अमानवीय परम्पराओं, अशिक्षा और स्त्रियों के साथ पशुतुल्य व्यवहार की वास्तविकता दर्शाने वाले दस्तावेज़ भी हैं। इस दस्तावेज़ को सार्थक करनेवाली आत्मकथा है हिन्दी के वरिष्ठ दलित लेखक मोहनदास नैमिशरायजी की आत्मकथा 'अपने-अपने पिंजरे' जिसका पहला भाग सन् 1995 में और उसका दूसरा भाग सन् 2000 में प्रकाशित हुआ था। इस आत्मकथा में दलित जातियों के सामाजिक परिवेश, धार्मिक कार्यकलाप,

आर्थिक शोषण, स्कूल-कॉलिजों में जातिगत राजनीति के साथ शहर का चित्रण किया गया है।

बकौल दिलीप मण्डल हिन्दी में दलितों के बारे में लिखने की परम्परा निस्सन्देह काफ़ी पुरानी है। प्रेमचन्द की कहानी 'कफ़न' और महावीर प्रसाद द्विवेदी की कविता 'हीरा डोम' से लेकर प्रगतिशील ज़माने में लिखी गयी ढेरों रचनाएँ इसका प्रमाण हैं, लेकिन दलितों द्वारा दलित विषयों पर लेखन का सिलसिला सही मायने में चार-पाँच साल पहले ही शुरू हुआ है। समीक्ष्य पुस्तक 'अपने-अपने पिंजरे' इसी की एक कड़ी है।

# मैं भंगी हूँ

*दलित आत्मकथाओं के इतिहास के विद्यार्थी यह भलीभाँति जानते होंगे कि हिमाचल प्रदेश की पृष्ठभूमि से आये वरिष्ठ लेखक/पत्रकार/और चिन्तक भगवानदास जी द्वारा लिखित आत्मकथा 'मैं भंगी हूँ' पर 80 के दशक में पाठकों/शोधार्थियों/और सामाजिक कार्यकर्त्ताओं के बीच गम्भीर विमर्श होता था। "मैं भंगी हूँ एक अछूत द्वारा लिखी हुई 'अछूत जाति की आत्मकथा' है।...मैंने साधारण भंगी के दिल में उतरने की कोशिश की है ताकि उसकी कहानी सच्चे ढंग से बयान कर सकूँ और इस 'पुस्तक' को पढ़ते हुए वह यही अनुभव करे कि जो कुछ शब्दों में लिखा है वही उसके दिल में भी था। मैंने निष्पक्ष और निर्भीक होकर भंगी की 'कहानी' बयान करने की कोशिश की है।...मेरा उद्देश्य भंगी का 'सच्चा इतिहास' तथा 'कहानी' पेश करना है।" (भूमिका, पृ. XII, XIII)*

दलित टुडे, प्रकाशन, लखनऊ से 1981 में पुस्तक रूप में इसका पहला संस्करण छपा। पंजाब के साथ हरियाणा, उत्तर प्रदेश, महाराष्ट्र तथा बिहार में इसे संजीदगी से पढ़ा गया। वैसे 'मैं भंगी हूँ' आत्मकथा पहले-पहल उर्दू भीम पत्रिका में 1957 में धारावाहिक छापी गयी थी। सन् 1998 में इसका संशोधित एवं संवर्धित द्वितीय संस्करण छपा। मार्च 1998 में भगवानदास जी ने 'दूसरे संस्करण के बारे में' इस पर पुनः अपने विचार दिये—"...दरअसल इस 'पुस्तक' में लिखी 'कहानी' केवल 'भंगी जाति की ही कहानी' नहीं है बल्कि यह 'सभी अछूत जातियों की कहानी' है। ...कुछ लोगों ने पुस्तक का नाम पढ़कर यह अन्दाज़ा लगा लिया कि यह महाराष्ट्र में जन्मे प्रसिद्ध और पुरस्कृत दलित लेखक दया पवार जी के 'बलुतं' की तरह मेरी आत्मकथा है परन्तु यह मेरी आत्मकथा नहीं है।" (द्वितीय संस्करण के बारे में, पृ. I, II)

इसके लेखक भगवानदास का जन्म हिमाचल प्रदेश के जतोग ज़िले में 1927 में हुआ था। सुप्रीम कोर्ट में लॉ प्रैक्टिस करने वाले सम्भवतः वाल्मीकि समाज के वे पहले एडवोकेट थे। साथ ही संयुक्त राष्ट्र संघ में दलितों की बात कहने वाले प्रथम दलित।

स्वयं भगवानदास लिखते हैं कि मेरी मातृभाषा उर्दू रही है। मैंने यह किताब पहले उर्दू में ही लिखना शुरू किया था। इस पुस्तक के माध्यम से मैंने साधारण भंगी के दिल में उतरने और समझने की कोशिश की है। वे लिखते हैं दिल्ली के कुछ 'हरिजन' (भंगी) नेताओं ने मुझ पर मानहानि का मुक़दमा करने की धमकी दी थी। परन्तु एकाध कोशिशों के बाद उनका जोश ठण्डा पड़ गया। उनका मत था कि भंगी के स्थान पर वाल्मीकि शब्द लिखा और बोला जाना चाहिए।

साहित्य एक आईना भी होता है और मशाल भी। यह पुस्तक जहाँ इतिहास बताती है, वहीं कमज़ोरियों को भी बेनकाब करती है। आशा है, लोग इसे पसन्द करेंगे और यह पुस्तक उन लोगों में जागृति, आशा और बदलाव की ख़्वाहिश पैदा करेगी, जिनके लिए यह लिखी गयी थी। दूसरे लोगों को भी उनके प्रति अपना रवैया बदलने की प्रेरणा देगी।

लेखक ने इसी आत्मकथा में भंगी समाज की जुबानी लिखने का प्रयास किया है। प्राचीन काल से आज तक वह समाज भंगी कैसे बना। क्या-क्या काम उसने किये। बौद्ध और जैन काल में उसने क्या भूमिका निभाई। मुसलमान आक्रमणों का उस पर क्या असर हुआ। ईसाई मिशनरी तथा योरोपियन व्यापारी शासकों के साथ उसके कैसे सम्बन्ध रहे। 1857 के गदर तथा मुग़ल राज्य के पतन में उसने क्या किया। सिख मत के गुरुओं तथा अन्य वैष्णव मत के साधु-सन्तों की उसने क्या सेवा और सहायता की और उस पर इनके क्या प्रभाव पड़े। अंग्रेज़ी राज्य में जो स्वतन्त्रता तथा शिक्षा के अवसर उसे मिले, उससे उसने क्या लाभ उठाया। फिर आर्य समाज तथा गाँधीवाद के कैसे प्रभाव उस पर पड़े और वह संगठन से बिखराव और उन्नति की बजाय पीछे की ओर कैसे चलने लगा।

यह अपने क़िस्म की एक पुस्तक है जिसमें जो कुछ भी सामग्री पढ़ने को मिलेगी वह अध्ययन और खोज का नतीजा है। भंगी जाति पर बहुत कम लिखा गया है और जो कुछ लिखा गया है वह हज़ारे की किताब 'एक अछूत की जीवन गाथा' को छोड़कर बाक़ी सभी किताबें अंग्रेज़ों या हिन्दुओं द्वारा लिखी गयी हैं। डॉ. भगवान दास द्वारा दिये गये ब्यौरे के अनुसार मुल्कराज आनन्द का प्रसिद्ध उपन्यास 'द अनटचेबल', कैन्टोनमेंट में काम करने वाले एक भंगी के जीवन पर आधारित कहानी है। रिचर्ड ग्रीव द्वारा बनारस के बीसवीं शताब्दी के शुरू में भंगियों पर लिखी पुस्तक 'नाइट्स ऑफ़ ब्रूम्स' उपलब्ध नहीं। यह गाजीपुर में छपी थी। इसी प्रकार ए. दौल्लाह, एम.ए., पीएच.डी. और ग्रिसवॉल्ड, एम.ए., पीएच.डी. द्वारा लिखी पुस्तक 'दि चूहड़ा' और एफ. हैन्निंगर की अंग्रेज़ी पुस्तक 'द भंगीज' भी उपलब्ध नहीं। शायद किसी कारण यह दोनों पुस्तकें छप नहीं सकी थीं। अमीचन्द शर्मा द्वारा लिखी पुस्तक 'वाल्मीकि प्रकाश' तथा पंजाब के एक वाल्मीकि सोशल वर्कर पण्डित बख़्शी राम के 'वाल्मीकि चमत्कार' और इलाहाबाद के बदरी

प्रसाद वाल्मीकानन्द जी द्वारा लिखी पुस्तक 'वाल्मीकि' आदि वाल्मीकि को भंगी जाति से जोड़ने की ब्राह्मणी प्रॉपोगण्डे की कोशिशें हैं। ये भंगी का इतिहास और समस्याओं पर लिखी पुस्तकें नहीं।

मैंने निष्पक्ष और निर्भय होकर भंगी की कहानी बयान करने की कोशिश की है। उनकी कमज़ोरियों पर पर्दा डालने की कोशिश नहीं की। एक बुद्धिमान का कहना है कि किसी भी चश्मे का शीशा बेरंग नहीं होता। शायद यह ठीक है। परन्तु जहाँ कहीं ऐसा रंग आ गया है तो वह इन्सानी कमज़ोरी के कारण समझिए। मेरा उद्देश्य भंगी का सच्चा इतिहास तथा कहानी पेश करना है। मैं उसमें कहाँ तक सफल हुआ हूँ, इस बात का फ़ैसला पढ़ने वाले बेहतर कर सकेंगे। प्रसिद्ध उर्दू शायर फ़ैज़ अहमद फ़ैज़ ने मज़दूर, शोषित और दलित वर्ग की स्थिति को सामने रखकर लिखी अपनी प्रसिद्ध नज़्म 'कुत्ते' में मज़दूर वर्ग की छुपी शक्ति की तरफ़ इशारा करते हुए कहा है—

*कोई इनको अहसास-ए-जिल्लत दिला दे,*
*कोई उनकी सोयी हुई दुम हिला दे।*

मैंने सोयी हुई दुम हिलाने की कोशिश ही नहीं की, बल्कि एक आशा, एक आदर्श, एक लक्ष्य भी उनके सामने रखने का प्रयास किया है। आख़िर में मैं अपने नेता तथा मार्गदर्शक, डॉ. भीमराव अम्बेडकर के सामने नतमस्तक हूँ, क्योंकि मुझे लिखने की प्रेरणा उनके व्यक्तित्व, संघर्षमय जीवन तथा लेखों से मिली।

बकौल बाबूलाल चाँवरिया, 'मैं भंगी हूँ' दरअसल केवल झाड़ू टोकरा लिए, गटर में उतरते पाखाना साफ़ करने वाले दर्जनों नामों से अलंकृत एवं सम्बोधनों वाली विभिन्न गालियों से उपकृत किये जाने वाले अकेले भंगी की कहानी नहीं है, वरन् पंचम वर्ण की समस्त जातियों के उस बहिष्कृत समूहों की कहानी है, जिन्होंने स्वयं को जीवित रखने के लिए देशकाल और परिस्थितियों के आधार पर विभिन्न प्रकार के गन्दे पेशों के कारण जीविका कमाने के कालान्तर में अलग-अलग तरीक़े अपनाये।

## सन्दर्भ


1. भगवानदास, 'मैं भंगी हूँ', 1981
2. देवेन्द्र चौबे, 'आधुनिक साहित्य में दलित विमर्श', ओरियंट ब्लैकस्वान, आसफ़ अली रोड, नयी दिल्ली, 2009
3. 'बयान' में प्रकाशित आलेख से।

# दलित का 'ना हिन्दू' होना

## डॉ. धर्मवीर

डॉ. धर्मवीर के मतानुसार मोहनदास नैमिशराय की आत्मकथा 'अपने-अपने पिंजरे' के दूसरे भाग में उनके जवाँ मर्द होने और घर बसाने के समय की व्यथा-कथा है। पता चलता है कि लेखक का जीवन बहुआयामी है। उन्होंने जीवन को उसकी समग्रता में जीना और लिखना चाहा है। उन सारे पक्षों पर बात की जा सकती है लेकिन मैं यहाँ अपने दायरे को सीमित रखना चाह रहा हूँ। यह दायरा एक दलित लेखक की सोच का है। कहा जाये कि अपने धार्मिक और सामाजिक युद्ध में दलित एक व्यक्ति नहीं है, बल्कि अपने पूरे दलित समाज का प्रतिनिधित्व करता है। यह सोचना ग़लत है कि किसी दलित की आर्थिक स्थिति अच्छी हो गयी है तो वह दलित समाज का अंग नहीं रह गया है। इसी जगह दलित समस्या का समाधान निकलता है कि वह हिन्दू समाज और अन्य समाजों से एक पृथक् समाज है। मोहनदास नैमिशराय की यह आत्मकथा इसी दिशा में जाती है और 'व्यक्ति नहीं बल्कि आन्दोलन'—इस पुस्तक का निचोड़ है।

लेखक ने जाति को लेकर बहुत लिखा है। लिखा क्या—उन्होंने जाति की पहचान को भोगा और सहा है। वे अपने हृदय और मस्तिष्क में गुज़ार कर जान सके हैं कि जाति क्या चीज़ है। कॉलिज के बारे में वे लिखते हैं—"हम कहीं भी जायें, कितनी भी बड़ी कक्षा में पढ़ें, जातियाँ हमारा पीछा नहीं छोड़तीं। जहाँ भी हम जाते, वे भी बिना किसी रोक-टोक के जा पहुँचती थीं। बल्कि हमारे साथ-साथ चलती, उठती-बैठती थीं। कभी-कभी तो साँप भी केंचुली त्याग देता है, पर आदमी अपनी जाति की केंचुली नहीं छोड़ पाता। वह जीवन से मृत्यु तक उसी केंचुली के भीतर रहता है। जाति जैसे आदमी के कन्धों पर चढ़कर यात्रा कर रही हो—हम जहाँ भी जाते, हमारी जाति भी जाती। जाति कभी हमसे पीछे नहीं रहती।"

रेल यात्रा एक सार्वजनिक वाहन की यात्रा है। इसमें कोई भी टिकट लेकर बैठ सकता है। लेकिन मेरठ से दिल्ली के लिए चलने वाले शटल में क्या होता है जिसमें ज़्यादातर पढ़े-लिखे सरकारी कर्मचारी यात्रा करते हैं? जब अपनी दिल्ली में नौकरी की वजह से लेखक ने इससे यात्रा करनी शुरू की तो उन्हें पता चला कि एक दिन शटल में दलित और सवर्ण यात्रियों के बीच तूतू, मैं-मैं से हाथापाई तक की नौबत आ गयी। यात्रियों में सीट के लिए लड़ाई होती थी लेकिन यह सीट की लड़ाई भी जातिवादी बनी हुई थी। वे लिखते हैं—"असल में यह लड़ाई-झगड़े जगह की कमी होने के कारण नहीं होते थे। बल्कि सवर्णों के झूठे दम्भ और अहम् के कारण होते थे। उनके बराबर में कोई दलित बैठे, यह उन्हें गवारा न था। साथ-साथ ट्रेन में चलते-चलते एक-दूसरे की जाति का भी पता चल जाता था। तब और भी वाद-विवाद हो जाता था। विषय कुछ भी हो, जातियों के ऊँचे-नीचे होने की बातें सवर्णों द्वारा अवश्य ही दोहराई जाती थीं।" जाति के आधार पर मार-पिटाई होने के बाद तजुर्बा क्या निकला? लेखक बताता है—"उस दिन से ...हमारा भी जाति के आधार पर एक अलग खेमा बनने लगा। हम जातियों की विषमता को तोड़ नहीं पाये बल्कि अपनी ही जाति के बीच अपने-आपको मज़बूत और सुरक्षित समझने लगे।"

*'अपने-अपने पिंजरे' के आत्मकथाकार हमारे नये बुद्ध हैं। वे उन पुराने राजकुमार सिद्धार्थ की तरह नहीं हैं जिन्होंने अपने प्रश्नों के उत्तर की खोज में घर छोड़ा था। वे मुरादनगर के पास एक गाँव मथुरापुर के स्कूल में मास्टर लग गये थे और ग़रीबी पर ध्यान केन्द्रित कर रहे थे। कई बच्चों को ठण्ड में नंगे देखकर उन्होंने अपने कोट और स्वेटर उतार दिये। तब उन्हें उनके हेडमास्टर समझाते हैं—"गौतम बुद्ध बनने की ज़रूरत नहीं है। सर्दी लग गयी तो बिस्तर पर पड़ जाओगे। तुम्हें कौन देखेगा? जो कुछ भी तुम्हारे पास है, उसका उपभोग करने में क्या बुराई है।" लेकिन लेखक की सोच का क्रम टूट नहीं रहा था। वे लिखते हैं—"हालाँकि उस दिन फिर से मैंने दूसरा स्वेटर पहन लिया था, पर सारा दिन गाँव के जीवन्त चित्र देख कर मुझे अजीब-सा ही लगता रहा। ग़रीब और ग़रीबी के अनगिनत सवालों से रात भर जूझता रहा। स्वयं लेखक के शब्दों में, एक हमारे सेठ जी (अमृत वनस्पति मिल के मालिक, उन्हीं के दान से स्कूल चलता था) हैं जिनके कुत्ते भी वातानुकूलित कमरों में रहते हैं, जिनके पास बीस-बीस कारें हैं। बंगले में नौकर-चाकरों की फ़ौज है। दूसरी ओर गाँव में बिना छत के मकान, बिना कपड़ों के बच्चे और बिना सम्मान के गुलामों की तरह जीते हुए लोग। यह कैसी सृष्टि है, अनमोल समाज किसने बनाया, विषमता की बेल क्यों*

*बढ़ रही है, आदमी-आदमी के बीच इतना अधिक अन्तर, यह सब कब समाप्त होगा?" रात भी कटी, सुबह ही हुई, लेकिन हमारे नये बुद्ध की मनःस्थिति वैसी ही बनी रही। वे सोचते ही रहे—"हम दलित थे, ग़रीब थे, अभावग्रस्त थे। आख़िर समूचे दलित समाज की ऐसी हालत क्यों हुई? कौन ज़िम्मेदार थे आख़िर इस सबके?" यहाँ बताया जा सकता है कि पुराने बुद्ध को अपने प्रश्नों के उत्तर बोधि वृक्ष के नीचे बैठकर मिल गये थे लेकिन हमारे बुद्ध के उत्तर अभी व्यवहार में उतरने बाक़ी हैं। उन्हें सामाजिक विषमता से टकराना है—और आजीवक समाज की 'संसार शुद्धि' लानी है, पुराने बुद्ध की तरह घर-बार छोड़कर व्यक्तिगत निर्वाण प्राप्त नहीं करना। बुद्ध बने उन पहले राजकुमार की समस्या छोटी और व्यक्तिगत थी जबकि मक्खलि महान बने हमारे आजीवक श्रमजीवी की समस्या बड़ी और सामूहिक है।*

आत्मकथाकार लिखते हैं—"हिन्दू धर्म तथा संस्कृति की...अमानवीय परम्परा से जुड़ी अजीबोग़रीब अश्लील गालियाँ...जिन्हें हमें सुनना ही पड़ता था।" लेकिन वे गालियाँ क्यों सुनें? उनकी ग़लती क्या है? उन्होंने अपराध क्या किया है? स्वयं उनके शब्दों में—"आत्मकथा लिखने से मेरे भीतर का विस्फोट बाहर आ रहा है। दलित अस्मिता के सवाल उभर रहे हैं। वे अपनी जड़ों को तलाश रहे हैं।" जब इतिहास में अपनी जड़ें तलाश कीं तो यह जानकर उनकी ख़ुशी का ठिकाना न रहा—"हम ग़रीब ज़रूर थे पर हमने न देश बेचा था न अपना ज़मीर। न हम डण्डीमार थे और न ही सूदखोर। चोर लुटेरों की श्रेणी में हम नहीं आते थे।" तुलना करने पर उन्हें पता चलता है—"...सवर्णों की तरह हमने न मुग़लों से समझौता किया न अंग्रेज़ों से सौदेबाज़ी की। और न शहर में बख्शीश में हवेलियाँ/कटरे/मन्दिरों के नाम पर बड़े-बड़े भूखण्ड स्वीकार किये।" इन जड़ों की खोज और तुलनात्मक पहचान के बाद लेखक इस निष्कर्ष पर आते हैं—"सवर्णों और दलितों के जीवनपथ और मृत्युपथ अलग-अलग थे।" यूँ यहाँ वे कबीर की घोषणा के 'ना हिन्दू' बन जाते हैं। यह उनकी छोटी प्राप्ति नहीं है। फिर क्या है, लेखक को दलित समाज की और भारत की कई समस्याओं के समाधान एक साथ मिलने लगते हैं। इस सोच का पहला फ़ायदा यह हुआ कि वे धर्मान्तरण के चिन्तन से विरत हो गये। बौद्ध धर्म में धर्मान्तरण के बारे में उनकी सोच है—"बस्ती में कुछ लोग हालाँकि बौद्ध बन गये थे, पर हिन्दू-मुसलमान दोनों की निगाह में हम ढेढ़ चमार ही थे और हमारी औरतें चमारी। वे हमें चमार और चमट्टा कहकर बुलाते थे। जन्म होते ही हमारे माथे पर हमारी जाति लिख दी जाती थी।"

निश्चित रूप से लेखक ने समाज सेवा का काम किया है। उनकी समाज सेवा पत्रकारिता और साहित्य के रूप अख़्तियार करती गयी है। अपने समय के दलित राजनेताओं से उनकी उठ-बैठ रही है। जीविका के रूप में उन्होंने कई नौकरियाँ कीं। कहना चाहिए कि वे नौकरियों को छोड़ते गये हैं। उन्होंने आई.ए.एस. और पी.सी.एस. की परीक्षाओं की तैयारियाँ भी की थीं। मतलब यह कि वे अपने समय के एक पूरे जागरूक व्यक्ति हैं। लेकिन सबसे अच्छी बात यह है कि वे एक पारिवारिक और गृहस्थ पुरुष भी हैं। वे संन्यासी नहीं हैं और बीवी-बच्चों वाले हैं। दुखद त्रासदी यह हुई कि इस दौरान उनके प्रिय बेटा 'मनीष' की मृत्यु वैसी मृत्यु नहीं है जिसे प्रकृति या नियति के सामने लाचार खड़े होकर देखा जाये। यह बात सही है कि "...वह अक्सर बीमार रहता था। कमज़ोर भी तो बहुत था। दुबले-पतले बदन का था।" यह सब ठीक, लेकिन लेखक का यह लिखना भी उतना ही ठीक है कि "हमारी आर्थिक स्थिति इतनी अच्छी नहीं थी कि उसे अच्छा इलाज सुलभ कराते या कोई टॉनिक देते।" इलाज के लिए लेखक अपने इस बेटे को "एक-दो बार इर्विन अस्पताल में लेकर गये थे।" तभी लेखक ने लिखा है—"डॉक्टर लोग मुझसे ज़्यादा लापरवाह थे। उनके लिए सभी बच्चे एक जैसे थे। और फिर मैं तो आम आदमी ही था। ख़ास आदमी के बच्चों के लिए ख़ास तरह से इलाज होता। दोनों के लिए अलग-अलग तरह के इलाज थे, दवाइयाँ थीं।" लेखक के दर्द भरे शब्द हैं—"वह एक अच्छा बच्चा था, पर हम अच्छे न थे।"

आदमी अपने प्रियजन की मौत के आघात को इस रूप में बर्दाश्त कर लेता है कि वह उसकी तीमारदारी में लगा था। दुख की बात यह है कि अपने बेटे की मौत में लेखक को यह तीमारदारी मयस्सर नहीं हो सकी। सबसे बड़ा घाव यह था कि उनकी पत्नी या ससुराल वालों ने उन्हें इस मौत की ख़बर तक नहीं दी थी। पहाड़गंज, दिल्ली में रहते हुए उन्हें मौत की ख़बर पड़ोस की महिलाओं के द्वारा अगले दिन मिली। पत्नी उनसे ठीक ही खफ़ा थी। तब लेखक अपने आपसे पूछते हैं—"मैंने कहाँ भूल की, मुझे समझ नहीं आ रहा था। समाज के लिए जो लोग कार्य करते हैं। उनका हश्र क्या मेरे जैसा ही होता है। उनके बच्चे क्या बिना दवाई के मर जाते हैं...फिर वे क्यूँ समाज सेवा में आते हैं? समाज सेवा करना क्या अपराध है? आदमी अपनी ही स्वार्थसिद्धि में लगा रहे। क्या यही जीवन का उद्देश्य है, वह केवल अपना ही परिवार देखे। समाज/जाति तथा समुदायों के सवालों को नज़रअन्दाज़ करता चला जाये। हज़ारों सवाल मेरे आस-पास गूँज रहे थे उनमें एक सवाल हथौड़े की तरह मुझसे ही पूछ रहा था, क्या तुम अपने

बेटे की मौत के ज़िम्मेदार नहीं हो?" वे आगे लिखते हैं– *"मैं श्मशान में जाकर कई घण्टे तक उस मिट्टी के पास बैठा रहा जिसमें मेरे बच्चे को कल ही मेरी ग़ैर-मौजूदगी में दफ़ना दिया गया था। मुझे सूचना तक नहीं दी गयी। मुझसे आख़िर इतनी बड़ी क्या ग़लती हो गयी? पहले समाज ने हमें हाशिए पर डाल दिया था, अब मैं स्वयं अपने ही परिवार के हाशिए पर था।" आत्मकथाकार सँभलने की कोशिश करते हैं–"दलित समाज में सकारात्मक और नकारात्मक पहलू होने के बाद भी मेरा वजूद था। बेटे की मौत का मुझे अफ़सोस था। पर मैं भी तो समाज का एक टुकड़ा था। मेरे और अन्य टुकड़ों को मिलाकर ही तो समाज बनता था।" वे जिस नतीजे पर आते हैं, वह उन्हीं के शब्दों में इस प्रकार है–"अन्ततः अपने आँसू पोंछकर मैं पुनः उसी संघर्षपथ पर अग्रसर होने लगा था। दलित आन्दोलन की कोई जीवन्त तस्वीर हम सभी ने मिल-जुलकर बनानी थी। किसी के मरने से दलित आन्दोलन थोड़ा ही मरता है, मरना भी नहीं चाहिए। उसमें हर किसी को कोई रंग तो भरने ही होते हैं। मैंने ख़ून का रंग भर दिया तो क्या। किसी-न-किसी को तो क़ीमत चुकानी पड़ती है।"*

'अपने-अपने पिंजरे' का दूसरा भाग इन्हीं शब्दों के साथ समाप्त हो जाता है। तब वे मेरठ के सी.ए. बी. इंटर कॉलिज की लेक्चरर की नौकरी छोड़कर दिल्ली में बामसेफ के कार्यालय में कार्य करते थे। बेटे मनीष की मौत की रात भी लेखक आन्दोलन में रत और घर-परिवार से बेख़बर बामसेफ के कार्यालय में देर तक काम करते रहे थे। उस समय वे संस्था से मात्र दो सौ रुपये माह के लेते थे और बदले में फुल टाइम सोशल वर्कर से लेकर सम्पादक बन गये थे। प्रेस में तीन-तीन घण्टे खड़े होकर प्रूफ़ देखने पड़ते हैं। वे लिखते हैं–"कई बार महसूस किया कि मायावती अपने दौरों की रिपोर्ट देते हुए ज़ोर देकर अधिकार भाव से छापने के लिए कहती थीं। कभी कोई ख़बर छपने से छूट जाती तो नाराज़ होतीं।"

डॉ. धर्मवीर लिखते हैं कि ज्यों-ज्यों दलित लेखकों की आत्मकथाएँ मैं पढ़ता हूँ, वैसे-वैसे समाज का वह सच उद्घाटित होता जाता है। नैमिशराय जी की आत्मकथा में भी ऐसा कुछ मिलता है।

*(डॉ. धर्मवीर के आलेख से)*

# 'दोहरा अभिशाप'

अनीता भारती लिखती हैं कि कौसल्या बैसन्त्री का आत्मवृत्त 'दोहरा अभिशाप' दलित साहित्य की अनुपम और अद्वितीय कृति है। दलित साहित्य विमर्श में इस कृति का कई मायनों में विशेष महत्त्व है। यह हिन्दी का पहला ऐसा आत्मवृत्त है जिसे एक दलित लेखिका द्वारा लिखा गया है, दूसरा यह है कि लेखिका ने स्वयं दलित होने के कारण जिस ईमानदारी और प्रतिबद्धता के साथ दलित महिलाओं के उत्पीड़न और संघर्ष को दिखाया वह अपने आप में अद्वितीय है। तीसरा यह कि यह तीन पीढ़ी की कथा है जिसमें लेखिका की माँ भागीरथी, नानी आजी और स्वयं लेखिका के जीवन का मार्मिक एवं विशद चित्रण हुआ है। दोहरा अभिशाप जब छपकर आया था, तब लेखिका की स्त्री मुक्ति की धारणा को लेकर कई दलित साहित्यकार उन पर व्यक्तिगत आरोप लगाने तक से नहीं चूके। उस समय इन रूढ़िवादी दलित लेखकों द्वारा उनके लेखन और निजी जीवन पर कई प्रश्नचिह्न खड़े किये थे, परन्तु प्रश्नचिह्न कितने भी खड़े हों आत्मवृत्त में उठाये गये दलित स्त्री के संघर्ष और त्याग को झुठला नहीं सकते।

बकौल सुधा सिंह महार जाति की उपजाति कोसरे में कौशल्या का जन्म हुआ। उन्होंने महाराष्ट्र की दलित जातियों के बीच कैसे जाति भेद था, उसे भी रेखांकित किया है।

बजरंग बिहारी तिवारी के शब्दों में हिन्दी दलित साहित्य आन्दोलन में महिलाओं की क्या भूमिका है या हो सकती है, इस पर अब तक पर्याप्त विचार नहीं हुआ है। मोटे तौर पर इसके दो-तीन कारण गिनाये जा सकते हैं। पहला, इस आन्दोलन में स्त्रियों की सक्रिय उपस्थिति इतनी कम है कि यह मुद्दा किसी का ध्यान नहीं खींचता। दूसरा, हर स्थिति के लिए प्रतिपक्षी को ज़िम्मेदार ठहराने की प्रवृत्ति इतनी हावी है कि अन्य पहलुओं की तरफ़ ध्यान ही नहीं जाता। और तीसरा, असुविधाजनक आन्तरिक सवालों से कतराने की नवजागरणकालीन प्रविधि का इस्तेमाल इस वक़्त भी हो रहा है। क्योंकि स्त्रियों की स्थिति पर बात करना

ख़ुद दलित पुरुषों के लिए सहूलियत भरा मामला नहीं है इसलिए इसका विमर्श के केन्द्र में न आ पाना स्वाभाविक है।

बकौल बजरंग बिहारी हिन्दी दलित साहित्य में कौशल्या बैसन्त्री से पहले दो आत्मकथाएँ प्रकाशित हुई हैं—मोहनदास नैमिशराय की 'अपने-अपने पिंजरे' तथा ओमप्रकाश वाल्मीकि की 'जूठन'। ये दोनों ही आत्मकथाएँ 'पोलिटिकली करेक्ट' होने के अतिरिक्त सजगता बरतती हैं। इस कारण इनमें सपाट और बहिर्मुखता अधिक है। आन्तरिक ब्यौरों और अन्तर्विरोधों पर कम ध्यान दिया गया है। कौशल्या बैसन्त्री दलित साहित्य आन्दोलन में सक्रिय लेखिका नहीं हैं, इसलिए उनकी आत्मकथा से साहित्यिक की माँग वाज़िब नहीं। उन्होंने बहुत सहजता से आम भाषा में अपने जीवनानुभवों को व्यक्त किया है।

कौशल्या बैसन्त्री की इस आत्मकथा में दलित जीवन का एक सम्यक् और सर्वांगपूर्ण चित्र प्रस्तुत किया गया है। इसमें पारिवारिक प्रेम, विशेषकर बच्चों के लिए माँ के संघर्ष का जो ख़ूबसूरत चित्र है, वह इस उपन्यास को दलित साहित्य में विशिष्टता प्रदान करता है।

आत्मकथा के बारे में स्वयं लेखिका के शब्दों में "पुत्र, भाई, पति सब मुझ पर नाराज़ हो सकते हैं, परन्तु मुझे भी तो स्वतन्त्रता चाहिए कि मैं अपनी बात समाज के सामने रख सकूँ। मेरे जैसे अनुभव और भी महिलाओं को आये होंगे परन्तु समाज और परिवार के भय से अपने अनुभव समाज के सामने उजागर करने से डरती और जीवन भर घुटन में जीती हैं। समाज की आँखें खोलने के लिए ऐसे अनुभव सामने आने की ज़रूरत है।"

मैं लेखिका नहीं हूँ, ना साहित्यिक लेकिन अस्पृश्य समाज में पैदा होने से जातीयता के नाम पर जो मानसिक यातनाएँ सहन करनी पड़ीं इसका मेरे संवेदनशील मन पर असर पड़ा। मैंने अपने अनुभव खुले मन से लिखे हैं। पुरुष प्रधान समाज औरतों का खुलापन बर्दाशत नहीं करता। पति तो इस ताक में रहता है कि पत्नी पर अपने पक्ष को उजागर करने के लिए चरित्रहीनता का ठप्पा लगा दे। ('दोहरा अभिशाप' की भूमिका से)

कहना न होगा कि 'दोहरा अभिशाप' तीन पीढ़ियों की कहानी है। तीनों ही ज़िन्दगियाँ संघर्षों, तकलीफ़ों से भरी हुई हैं। मस्तराम कपूर के विचार में आदमी जीता क्यों और कैसे है? घोर-से-घोर परिस्थितियों में भी आदमी अपने लिए एक सुरक्षित नीड़ का निर्माण कर लेता है। आदमी ही क्यों, पशु-पक्षी भी अपने लिए नीड़ का निर्माण करते हैं जहाँ वे आस-पास के तमाम ख़तरों, दुखों और परेशानियों से मुक्ति का अहसास प्राप्त करते हैं। इस नीड़ का निर्माण वे प्रेम

से करते हैं—बच्चों का प्रेम, माता-पिता का प्रेम, मित्रों और परिवारजनों का प्रेम, अनजान व्यक्तियों का प्रेम और कुल मिलाकर ज़िन्दगी से प्रेम। इस प्रेम के बिना कोई जी नहीं सकता। यह ज़िन्दगी का कारण भी है और उसकी सार्थकता भी। यह मृत्यु से लड़ने और उस पर विजय प्राप्त करने की शक्ति आदमी को देता है। कोई भी जीवन प्रेम के बिना नहीं हो सकता, भले ही जीवन प्रेम के बिना नहीं हो सकता, भले ही जीवन की स्थितियाँ कितनी ही विकट हों। इसलिए यह कहना कि दलितों के जीवन में और होता ही क्या है, इकतरफ़ा और जल्दबाज़ी का वक्तव्य है।

कौशल्या बैसन्त्री के इस उपन्यास में दलित जीवन का एक सम्यक् और सर्वांगपूर्ण चित्र प्रस्तुत किया गया है। इसमें पारिवारिक प्रेम, विशेषकर बच्चों के लिए माँ के संघर्ष का जो ख़ूबसूरत चित्र है, वह इस उपन्यास को दलित साहित्य में विशिष्टता प्रदान करता है। कौशल्या बैसन्त्री बताती हैं कि उनकी बस्ती (खलासी लाइन) में चिकित्सा और शिक्षा की शुरुआत ईसाई भिक्षुणियों ने की। उन्होंने नागपुर में लड़कियों के लिए एक हाई स्कूल खोला था और एक छोटा-सा दवाखाना भी। ईसाई ननें गड्डी गोदाम की बस्ती में आकर औरतों और लड़कियों को कढ़ाई-बुनाई और सिलाई सिखाती थीं। ये ईसाई भिक्षुणियाँ ही थीं जिनके 'चेहरे पर घृणा कभी नहीं दिखाई देती थी।' पारम्परिक भारतीय तो वसुधैव कुटुम्बकम् और अकूत घृणा का सामंजस्य लेकर पैदा होता है।

## सन्दर्भ

1. आजकल, सितम्बर, 2016, पृ. 48

# द्रोणाचार्यों का जातिवाद

*'जूठन' में एक सवर्ण अध्यापक की भाषा पर गौर करें।*

मास्टर साहब चीख़ उठे थे—"चूहड़े के तू द्रोणाचार्य से अपनी बराबरी करता है ले तेरे ऊपर मैं महाकाव्य लिखूँगा।" और मास्टर सटाक-सटाक छड़ी से, ओमप्रकाश की पीठ पर महाकाव्य रच देता है। यह आत्मकथा वास्तव में पीठ पर अंकित महाकाव्य ही है जो मास्टर ने नहीं व्यवस्था ने अंकित किया है। यह व्यवस्था सवर्णों के लिए स्वर्ग और दलितों के लिए नरक का निर्माण करती है।

इस आत्मकथा में व्यवस्था के स्वर्ग और नरक दोनों अवस्थाओं का चित्रण है। एक ओर सामन्ती ठाठ-बाट से रहनेवाले गाँव के प्रधान, मुखिया और मास्टर हैं, जो ऊँची जातीयता के भाव से ग्रस्त हैं, तो दूसरी ओर उनकी बेगार, और ग़ुलामी करने वाले दलित हैं, जो हाड़-तोड़ मेहनत के बदले पाते हैं सिर्फ़ जूठन और दुत्कार। इसी व्यवस्था के नरक में रहकर ओमप्रकाश बड़े होते हैं जो कि व्यवस्था और ग़रीबी की पीड़ा क्या-क्या नहीं कराती है बालक ओमप्रकाश से। सूअर मारने से लेकर मरे बैल की खाल उतारने तक के घृणित काम से लेकर मास्टरों की कठोर बेगार तक वह करता है। यह नर्क ही उसे एक नये समाज के निर्माण के लिए संघर्ष की प्रेरणा देता है। वह स्वतन्त्रता, समानता और बन्धुत्व के सिद्धान्तों पर आधारित डॉ. अम्बेडकर की दलित चेतना से जुड़ता है। सचमुच उन लोगों के लिए महत्त्वपूर्ण है, जो सदियों से इनसे वंचित रहे हैं।

ओमप्रकाश वाल्मीकि की यह आत्मकथा कई मायनों में महत्त्वपूर्ण और प्रभावशाली है। यह न केवल दलित साहित्य के प्रतिमानों को परिभाषित करती है, बल्कि उसकी आवश्यकता को भी महसूस कराती है। यह आत्मकथा हिन्दी के आभिजात्य कहे जाने वाले लेखकों को यही नहीं बताती है कि जो दलित साहित्य लिखा जा रहा है, और जिसे वे नकारने की साज़िश रच रहे हैं, उसके लेखकों की नंगी पीठ पर उनकी आदर्श वर्ण व्यवस्था ने कितने ज़ख़्म बनाये हैं, बल्कि यह भी स्पष्ट करती है कि अभिजात दृष्टि दलित साहित्य का मूल्यांकन नहीं कर सकती।

कँवल भारती लिखते हैं कि इस आत्मकथा की कुछ कमज़ोरियाँ भी हैं। पहली कमज़ोरी यह है कि यह नितान्त व्यक्तिपरक ज़्यादा है और इसमें जाति के समाजशास्त्र की समष्टिपरक व्याख्या काफ़ी सीमित हैं। दूसरी कमज़ोरी यह है कि राजेन्द्र यादव की प्रशंसा यह तो उचित लगती है, जहाँ लेखक 'सारिका' में न छपने की चर्चा करता है। वह खलता है। पर, अन्य कुछ स्थलों पर राजेन्द्र यादव की प्रशंसा में जो लिखा गया है, उससे सन्दर्भ का मेल नहीं बैठता है। इस ठकुरसुहाती के बिना भी काम चल सकता था, जिससे आत्मकथा में पहचान बनती है।

इस आत्मकथा में विद्रोह के अनेक स्वर हैं। कई ग़लत परम्पराओं को तोड़ने की चेष्टाएँ हैं। शादी-ब्याह के मौक़े पर चूहड़े बारातियों के खा चुकने के बाद फेंकी गयी जूठी पत्तलों से जूठन इकट्ठा करते थे और चटखारे लेकर खाते थे। सुखदेव सिंह त्यागी की लड़की की शादी में बालक ओमप्रकाश भी अपनी माँ-बहन के साथ जूठन के लिए टोकरा लेकर गये थे। बारात के खाना खा चुकने के बाद माँ सुखदेव सिंह त्यागी से कहती हैं, "चौधरी जी, म्हारे जातकों (बच्चों) कू भी एक पत्तल पर धर के कुछ दे दो।" सुखदेव सिंह जूठी पत्तलों से भरे टोकरे की तरफ़ इशारा करके कहता है—"टोकरा भर तो जूठन ले जारी है ऊपर से जातकों के लिये। सुभाष चन्द्र लिखते हैं कि ओमप्रकाश वाल्मीकि की आत्मकथा 'जूठन' ऐसा दस्तावेज़ हैं, जो दलित उत्पीड़न की प्रक्रियाओं को उद्घाटित करती है। स्वयं आत्मकथाकार का आग्रह है कि उसे एक मानव के रूप में स्वीकार किया जाये, न कि जाति की पहचान पर। इस मानवीय गरिमा व पहचान पाने के आदर्श सिद्धान्त से कभी समझौता नहीं किया। इसके लिए अपने दोस्तों व रिश्तेदारों से अपमान भी सहना पड़ा और उनको छोड़ना भी पड़ा। कितने ही लोगों से जाति न छुपाने के कारण वाल्मीकि के सम्बन्ध टूट गये, पर झूठ पर आधारित ग़ैर-बराबरी युक्त सम्बन्धों को कभी स्वीकार नहीं किया। अम्बरनाथ में महाराष्ट्र की ब्राह्मण लड़की सविता का परिवार ओमप्रकाश वाल्मीकि को ब्राह्मण समझता है। ब्राह्मण मानकर उसको सम्मान भी देता है। अपने धार्मिक-पारिवारिक अनुष्ठान में भी महत्त्व प्रदान करता है। सविता ओमप्रकाश वाल्मीकि को चाहने भी लगी है लेकिन ज्यों ही वाल्मीकि को पता चलता है कि उसको ब्राह्मण समझकर ऐसा व्यवहार किया जा रहा है तो वे साफ़-साफ़ बतला देते हैं कि वह ब्राह्मण नहीं बल्कि एस.सी. हैं।

'मैंने तुम्हारी राय पूछी थी।'

आत्मकथाकार पूछते हैं।

‘अच्छे लगते हो।’ उसने मेरी बाँह पर अपने शरीर का भार डाल दिया था। मैंने उसे दूर हटाया और कहा, ‘अच्छा, यदि मैं एस.सी. हूँ...तो भी...’

‘तुम एस.सी. कैसे हो सकते हो?’ उसने इठलाकर कहा।

‘क्यों? यदि हुआ तो?’ मैंने ज़ोर दिया।

‘तुम तो ब्राह्मण हो’ उसने दृढ़ता से कहा।

‘यह तुमसे किसने कहा?’

‘बाबा ने।’

‘ग़लत कहा, मैं एस.सी. हूँ...’ मैंने पूरी शक्ति से कहा था। मेरे भीतर जैसे कुछ जल रहा था।

‘ऐसा क्यों कहते हो?’ उसने गुस्सा दिखाया।

‘मैं सच कह रहा हूँ... तुमसे झूठ नहीं बोलूँगा। न मैंने कभी कहा कि मैं ब्राह्मण हूँ।’ मैंने उसे समझाना चाहा।

वह आश्चर्य से मेरा मुँह ताक रही थी। उसे लग रहा था, जैसे मैं मज़ाक़ कर रहा हूँ।

मैंने साफ़ शब्दों में कह दिया था कि मैंने उत्तर प्रदेश के ‘चूहड़ा’ परिवार में जन्म लिया है।

सविता गम्भीर हो गयी थी। उसकी आँखें छलछला आयीं। उसने रुआँसी होकर कहा, ‘झूठ बोल रहे हो न?’

‘नहीं सवि...यह सच है...जो तुम्हें जान लेना चाहिए...’ मैंने उसे यक़ीन दिलाया था।

‘वह रोने लगी थी। मेरा एस.सी. होना जैसे कोई अपराध था। वह काफ़ी देर सुबकती रही। हमारे बीच अचानक फ़ासला बढ़ गया था। हज़ारों साल की नफ़रत हमारे दिलों में भर गयी थी। एक झूठ को हमने संस्कृति मान लिया था।’ (पृ. 19) इसके बाद इस परिवार से वाल्मीकि का नाता टूट जाता है। वाल्मीकि में कोई हीनता बोध नहीं है, कोई जातिगत ग्रन्थि नहीं है, लेकिन सविता और उसके परिवार में श्रेष्ठता-बोध ग्रन्थि है इसलिए इस घटना से वाल्मीकि तो बिल्कुल सहज व ‘तनाव मुक्त’ महसूस करते हैं जबकि सविता गम्भीर हो जाती है और वह अपने परिवार को तनाव से बचाने के लिए वाल्मीकि से प्रार्थना करती है कि अपनी जाति के बारे में उसके पिता को न बताये। वह कहती है ‘घर आओ या न आओ लेकिन यदि यह सच है तो बाबा से मत कहना...।’ वह फिर रुआँसी हो गयी थी। उसका गला भर गया था।

‘लेकिन क्यों?’ मैंने जानना चाहा था।

'नहीं कहोगे...वादा करो...' सविता की आँखों में अजीब-सी याचना थी। (पृ. 120)

एक और महत्त्वपूर्ण प्रसंग है जहाँ वाल्मीकि अपनी जाति को छुपाते नहीं, बल्कि बिना किसी हीनता-बोध के ज़ाहिर कर देते हैं और बदले में सवर्ण द्वारा किये अपमान को भी सहन करने के लिए तैयार हैं। वाल्मीकि अपने दोस्त भिक्खूराम के साथ अपने अध्यापक के गाँव से गेहूँ लेने जाते हैं। मास्टर बृजपाल के परिवार के लोग उनको अच्छा खाना खिलाते हैं लेकिन जब वे खाना खाकर बाहर निकलते हैं। जैसे-तैसे खाना खाकर हम लोग बाहर आ गये थे। भिक्खूराम बुजुर्ग के एकदम पासवाली चारपाई पर बैठ गया था। मैं थोड़ा फ़ासले से खड़ा था। इस बीच एक और व्यक्ति वहाँ आ गया था। बुजुर्ग ने हुक्के की नली उसकी ओर बढ़ा दी। हुक्के की नली से धुआँ खींचते हुए उस व्यक्ति ने हम दोनों के विषय में बुजुर्ग से पूछताछ शुरू कर दी। बरला से आये हैं, सुनते ही उसने सवाल दाग़ा था, 'कौण जात है?'

उसके सवाल का उत्तर दिया मैंने, 'चूहड़ा जात है।'

उन दोनों के मुँह से निकला था, 'चूहड़ा?' बुजुर्ग ने चारपाई के नीचे से लाठी उठाकर तड़ से मार दी थी, भिक्खूराम की पीठ पर। हाथ तगड़ा था। भिक्खूराम बिलबिला गया था।

बुजुर्ग के मुँह से अश्लील गालियों की बौछार होने लगी थी। आँखें भयानक लग रही थीं। दुबले-पतले शरीर में शैतान उतर आया था। उसके बर्तनों में आदर के साथ बैठकर खाना खाने, चारपाई पर बैठने का दुस्साहस किया था, जो उनकी नज़र में अपराध था। मैं सहमा हुआ चबूतरे से नीचे खड़ा था। बुजुर्ग चिल्ला रहा था जिसे सुनकर भीड़ जमा हो गयी थी। कई लोगों की राय थी कि रस्सी से बाँधकार दोनों को पेड़ पर लटका दो। (पृ. 66)

वहीं हिन्दी की पहली आत्मकथा 'अपने-अपने पिंजरे' के बारे में बात करें तो नैमिशराय ने अपने इस आत्मवृत्त में मेरठ के शुरुआती वर्षों का बड़ी निर्ममता और साफ़गोई से चित्रण किया है। क्षितिज शर्मा के शब्दों में कहा जाये तो 'अपने-अपने पिंजरे' की भूमिका में महीप सिंह ने इसे मराठी आलोचकों की तर्ज़ पर 'आत्मवृत्त' कहा है। आत्मवृत्तों में लेखकों ने यह जानने का प्रयास किया है कि आख़िर 'हम कौन है', 'जिस रूप में आज हम समाज में पहचाने जाते हैं उसका क्या कारण है?'

मोहनदास नैमिशराय की यह आत्मकथा भी इसी अर्थ में 'आत्मवृत्त' है। विगत में पहुँची उनकी दृष्टि अपने सामाजिक ढाँचे को टटोलने का ही काम कर रही है। वर्ण-व्यवस्था के जकड़े शिकंजे से दबे समाज की अन्तर्व्यथा को कहने

के लिए उन्होंने अपने बचपन को नये सिरे से देखने का प्रयास किया है। उनका शहर मेरठ जो हिन्दू-मुस्लिम आबादी का मिला-जुला शहर है, उनकी बात को उठाने का ज़रिया बना।

बकौल कँवल भारती ओमप्रकाश वाल्मीकि ने 1994 में 'आज के प्रश्न' शृंखला में राजकिशोर की सम्पादित पुस्तक 'हरिजन से दलित' के तहत संस्मरण लिखा। जबकि 1995 में मोहनदास नैमिशराय की आत्मकथा 'अपने-अपने पिंजरे' पुस्तक रूप में प्रकाशित हुई, जो हिन्दी दलित साहित्य में पहली और सशक्त आत्मकथा के रूप में प्रतिष्ठित हुई। 1994 में लिखे गये अपने आत्मकथात्मक आलेख को वाल्मीकि ने विस्तार दिया और एक मुकम्मल आत्मकथा का रूप दिया, जो 'जूठन' शीर्षक से 1997 में राधाकृष्ण प्रा.लि., नयी दिल्ली से प्रकाशित हुई। कई साथियों को उनके संस्मरण से यह भ्रम हो गया कि ओमप्रकाश वाल्मीकि की आत्मकथा पहले आयी। क्रम के आधार पर ऐसा नहीं है।

बकौल लेखक आत्मकथा का 'जूठन' शीर्षक राजेन्द्र यादव जी का सुझाया हुआ है, मैं समझता हूँ कि यह एक ग़लत सुझाव है, आत्मकथा में आरम्भ के सिर्फ़ दो पृष्ठों में ही जूठन का वर्णन है। शेष 158 पृष्ठों में इसका आत्मकथा के शीर्षक के लिए इन पृष्ठों से कई सुन्दर नाम चयन किये जा सकते थे। जूठन सिर्फ़ घृणास्पद शब्द ही नहीं है, उससे एक लघुकथा का भी आभास होता है। यह शीर्षक सम्पूर्ण आत्मकथा का प्रतिनिधित्व नहीं करता है। इस सम्बन्ध में मोहनदास नैमिशराय की आत्मकथा का शीर्षक काफ़ी सार्थक और प्रतिनिधिक है। सम्भवतः इस आत्मकथा का शीर्षक चयन करने में मराठी दलित लेखकों की आत्मकथाओं के शीर्षकों का भावबोध मस्तिष्क में रहा है।

इसका अर्थ यह नहीं है कि मराठी की दलित आत्मकथाओं की तरह की जुगुप्सा और उत्तेजना इस आत्मकथा में नहीं है। यह किसी भी मराठी दलित आत्मकथा के समान ही उत्तेजक है। विद्रोही है, हालाँकि 'अपने-अपने पिंजरे' इस भावबोध से बिल्कुल अलग है।

'अपने-अपने पिंजरे' एक लेखक की आत्मकथा के साथ-साथ एक शहर की भी कथा है, जो बताती है कि उस पूरे शहर में दलितों का जीवन कैसा था। लेकिन 'जूठन' में लेखक के जीवन तक ही कथा केन्द्रित रहती है। लेखक जिन लोगों के सम्पर्क में आता है, उनके मनोविज्ञान को भी यह आत्मकथा व्यक्त करती है और उस शहर की हल्की सी झलक भी देती है, जहाँ लेखक का कर्म क्षेत्र रहा है। ओमप्रकाश वाल्मीकि के दलित लेखक का जन्म महाराष्ट्र की धरती पर हुआ जहाँ वह चन्द्रपुर की आर्डिनेंस फैक्ट्री में कार्यरत रहे। महाराष्ट्र की माटी की गन्ध उनके पोर-पोर में बसी है। यहीं रहकर लेखक डॉ. गंगाधर पानतावणे

के सम्पर्क में आया, जिनका योगदान दलित साहित्य में मील का पत्थर है। महाराष्ट्र के तमाम साहित्यकार, बुद्धिजीवियों, कलाकारों और रंगकर्मियों से उनका परिचय हुआ और भदन्त आनन्द कौसल्यायन जैसे बौद्ध विद्वान का भी उनको सम्पर्क मिला। यहीं डॉ. अम्बेडकर के साहित्य और दलित चिन्तन से ओमप्रकाश वाल्मीकि का परिचय हुआ और वही उनका भी चिन्तन बना।

ओमप्रकाश वाल्मीकि उत्तर प्रदेश के मुजफ़्फ़रनगर जनपद के मूलनिवासी हैं, जहाँ वह गाँव बरला में चूहड़ा परिवार में जनमे, प्रारम्भिक शिक्षा भी गाँव के स्कूलों में ही हुई। इसलिए इस आत्मकथा में उत्तर प्रदेश और महाराष्ट्र दोनों प्रान्तों के सामाजिक यथार्थ का वर्णन मिलता है। वह दोनों में कोई अन्तर नहीं देखते, महाराष्ट्र में मेहतर और उत्तर प्रदेश के चूहड़ा वाल्मीकि में कोई अन्तर नहीं है। बस, भाषा का छोड़कर, शेष तमाम चीज़ें एक सी हैं। वह भी सूअर पालते हैं। वैसे ही देवी-देवताओं की पूजा में सूअर चढ़ाते हैं, शराब अर्पित करते हैं। रीति-रिवाज भी एक ही जैसे हैं। उससे ज़्यादा दलित जीवन का विशद इस आत्मकथा में नहीं है। पर, लेखक की अपनी अनुभूतियों से गाँव में जाति के सन्ताप को ज़रूर समझा जा सकता है।

कुछ परिवार मुसलमान जुलाहों को छोड़कर पूरा गाँव त्यागियों का था। एक जोहड़ के किनारे पर चूहड़ों के मकान थे, जिनके पीछे गाँव भर की औरतों का खुला शौचालय था। चारों तरफ़ गन्दगी थी। ऐसी दुर्गन्ध कि साँस घुट जाय। तंग गलियों में सूअर घूमते थे, रोज़ मरों के झगड़े होते थे। ऐसे माहौल में ओमप्रकाश वाल्मीकि का बचपन बीता था, जिसमें बकौल लेखक यदि वर्ण व्यवस्था को आदर्श व्यवस्था कहने वालों को दो-चार दिन रहना पड़ जाय तो उनकी राय बदल जायेगी।

गाँव में ठाकुर ब्राह्मण नहीं थे, पर त्यागी भी दलितों के प्रति मनु की व्यवस्था का ही पालन करते थे। "अस्पृश्यता का ऐसा माहौल कि कुत्ते-बिल्ली, गाय-भैंस को छूना बुरा नहीं था, लेकिन चूहड़े का स्पर्श हो जाय, तो पाप लग जाता था।" मुसलमान तगाओं का व्यवहार भी हिन्दुओं जैसा ही था। देश को आज़ादी मिले आठ साल हो गये थे, पर गाँव में हिन्दुओं का ही राज चलता था।

## सन्दर्भ

1. युद्धरत आम आदमी।
2. दलित आत्मकथाएँ अनुभव से चिन्तन, 2006

# एक दलित आई.ए.एस. की व्यथा

भारत में आज़ादी के बाद शीर्ष स्तर के प्रशासनिक ढाँचे को आई.सी.एस. से आई.ए.एस. में कर दिया गया था। 60 और 70 के दशक तक आई.ए.एस. अधिकारी अपने क्षेत्र में किसी रियासतदार से कम नहीं होता था। उसे विशेष अधिकारों से नवाज़ा गया था। ऐसे में सवर्ण जातियों के कुलीन वर्ग के उच्च अधिकारी कैसे सहन कर सकते थे कि दलित समाज का कोई व्यक्ति कलक्टर या कमिश्नर बने। फिर भी प्रतिस्पर्धा में उनका चुनाव तो होने ही लगा था। पर सवर्ण भारतीय प्रशासनिक सेवा में उनका क्या महत्त्व था, यह दलित ही मानते थे। ऐसी ही एक आपबीती उत्तर प्रदेश से दलित आई.ए.एस. बलवन्त सिंह के भीतर जातीयता के आधार पर सवर्णों के द्वारा इतनी कड़वाहट दे दी गयी कि अन्ततः उन्हें एक दिन नौकरी छोड़नी पड़ी। उन्होंने इस सन्दर्भ में अंग्रेज़ी में 'एन अनटचेबल इन द आई.ए.एस.' अपनी आत्मकथा भी लिखी है जिसे पढ़कर उस समय की सामाजिक स्थिति का पता चलता है। उनकी यह आत्मकथा 1997 में छपी। एक वर्ष बाद यानी 1998 में दूसरा भाग अंग्रेज़ी में ही 'स्ट्रगल अगेंस्ट स्लेवरी' आयी। बाद में उनकी चार-पाँच पुस्तकें और आयीं। बलवन्त सिंह लिखते हैं कि जब वे मैटकाफ ट्रेनिंग सेंटर, दिल्ली के बाद मसूरी अकादमी में गये तो सवर्ण आई.ए.एस. प्रोबेशनर्स के भीतर उन्होंने उनकी जातीय भावना महसूस की जो पढ़-लिख जाने के बाद भी अपनी पुरानी रूढ़ियों से चिपटे थे। नये परिवेश का उन पर कोई असर न था। इस तरह देखा जाये तो आई.ए.एस. प्रोबेशनर्स में भी दो तरह के सोशल ग्रुप थे। प्रथम वे जो सवर्ण जातियों विशेष तौर से अधिकारी वर्ग के स्थापित परिवारों से आते थे और दूसरे जो साधारण मध्यम और निम्न परिवारों से आते थे। ऐसे आई.ए.एस. सामाजिक स्टेटस के बारे में बातें नहीं करते थे पर जो अन्य ग्रुप (सवर्ण) से थे, लेखक ने उन्हें 'ब्ल्यू ब्लड' नाम से भी परिभाषित किया है। वे सामाजिक रुतबे, नियम-क़ानूनों के बारे में हमेशा सजग रहते थे। उनके भीतर अहं भाव था सर्वश्रेष्ठ होने का।

बलवन्त सिंह जी बतलाते हैं कि एक बार दिल्ली विश्वविद्यालय से अकादमी में कोई वैज्ञानिक भाषण देने के लिए आया। उसका नाम शेषाद्री था। वह ब्राह्मण था। लेक्चर समाप्ति पर कुछ प्रोबेशनर्स से यह बात कर रहा था जो उसकी बातें ध्यान से सुन रहे थे। *शेषाद्री दबे स्वर में कह रहा था, "तुम लोग बहुत सॉफ़्ट हो, तुम्हें तो दृढ़ होना चाहिए। वह जगजीवनराम के नीचे कार्य नहीं करेगा।"* बाबूजी उस समय केन्द्र में कैबिनेट मन्त्री थे। किसी प्रोफ़ेसर के मुख से ऐसी बातें सुनना निश्चित ही पीड़ादायक और चोट करने वाला था। ऐसी परिस्थितियों में दलित समाज का कोई व्यक्ति कैसे उन लोगों से न्याय की उम्मीद कर सकता है, जिन्होंने सदियों से दलित समाज को अमानवीय स्थिति में रहने को मजबूर किया।

अधिकांश प्रोबेशनर्स सवर्ण समाज से थे जो इतने तंगदिल थे कि शेड्यूल्ड कास्ट्स का नाम उनके लिए घृणा का प्रतीक था। उन्हें दलित समाज तथा उनकी समस्याओं से कोई लेना-देना नहीं था जो सदियों से बोझ ढो रहे थे। वे लिखते हैं कि एक घटना ने मेरी भावनाओं को बहुत ठेस पहुँचाई। वह घटना मसूरी अकादमी के उच्च अधिकारियों के पक्षपात का प्रतीक थी। उनके अनुसार बेस्ट राइडर को डायरेक्टर का मेडल दिया गया। मैं सुबह-शाम घुड़सवारी किया करता था। मेरे लिए राइडिंग एक खेल की तरह ही था। यह एक तरह से कसरत का भी अंग था। मैं अन्य किसी भी खेल में हिस्सा नहीं लेता था लेकिन अधिकारियों की संकुचित मनोवृत्ति के कारण मैं घुड़सवारी प्रतिस्पर्धा में शामिल न हो सका। मेडल मिलना अलग बात थी लेकिन समान स्तर पर अवसर से रोकना गम्भीर विषय था।

सवर्ण जाति के उच्च अधिकारी मुश्किल से ही निम्न जाति के व्यक्ति के प्रति प्रशंसा का कोई शब्द रखते थे। वे बन्द दिमाग़ के लोग थे। उच्चवर्गीय प्रभुत्व वाले समाज में शोषित समाज से आया व्यक्ति न्याय की उम्मीद नहीं कर सकता था। लोकतन्त्र की पूर्व कल्पना बिना किसी जाति और वर्ग के भेद के आधार पर होती है लेकिन एक मन्त्री को इतना तो योग्य होना ही चाहिए कि वह सभी के लिए आत्मविश्वास का प्रेरक बने। उनकी पोस्टिंग बाद में बागपत में हुई जो तीन दशक पूर्व मेरठ ज़िले में आता था। जाट बहुल पिछड़ा क्षेत्र दलित उत्पीड़न के लिए बदनाम था।

बलवन्त सिंह लिखते हैं, "मैं सामाजिक रूप से दूसरे हवाई जहाज़ पर खड़ा था एक जाति से ग्रस्त समाज में...। निम्न जातियों के बारे में कुछ लोगों की तो पूर्व धारणाएँ होती हैं। दलित अधिकारी की ओर से वे एक मजिस्ट्रेट से (जो उसी वर्ग से आता है) भी वैसी ही अपेक्षा रखते हैं जैसी आम आदमी (दलित) से।

और अगर कुछ अलग तरह से घटता है तो उन्हें अच्छा नहीं लगता। मनोवैज्ञानिक आधार पर वे अपने को असहज महसूस करते हैं। अधिकांश शिकायतें जाति आधारित होती हैं। जो अधिकारी विशेषाधिकार रहित समाज से आते हैं वे सदियों से सामाजिक तौर पर और आर्थिक रूप में शोषण का शिकार होते हैं।

*हमारा समाज खानों में बँटा हुआ है और हर जगह तथा प्रत्येक स्टेज पर ऊँच-नीच का भूत देखने में आता है। यहाँ तक कि हमारे वकील भी जिन्हें क़ानून का रक्षक कहा जाता है, सवर्ण अपनी रोज़मर्रा की बातचीत में कोर्ट-कचहरी में आदतन कहते हुए मिल जाते हैं "श्रीमान मेरा मुवक्किल न भंगी है और न चमार। वह इज़्ज़त वाला आदमी है।" जैसे कि इज़्ज़त और रुतबा कुछ लोगों की बपौती हो और अन्य उससे महरूम हों। वकीलों के मुँह से ऐसी बातें सुनकर आश्चर्य होता है।*

यहाँ तक कि अपनी नौकरी के आरम्भिक चरण में बहुत-सारे विचार बनने आरम्भ हुए और अधिकारी इस तरह की व्यूह रचना तैयार करने लगे थे। वे अन्य अधिकारियों को बुरा कहने तथा नीचा दिखाने में शर्म या हिचकिचाहट महसूस नहीं करते थे। एक शाम चाय पार्टी में जहाँ मुख्यमन्त्री तथा अन्य को आना था कुछ अधिकारी जिनके मुख्य सचिव से सीधे सम्बन्ध थे बहुत घुलमिल कर बातें कर रहे थे। मेरे कानों ने सुना वे क़ह रहे थे, "बल्लू यानी बलवन्त सिंह कोऑपरेटिव टाइप का नहीं है। वह निम्न जाति से है और अनुसूचित जाति की तरह व्यवहार करता है।"

आत्मकथाकार लिखते हैं कि 1960 में मेरठ में उनकी पहली पोस्टिंग हुई। उनका पद सब डिवीजनल मजिस्ट्रेट था। कोर्ट में एक मुक़दमा आया। वे बताते हैं, जिरह के दौरान वकील ने कहा था, "सर मेरा मुवक्किल न तो भंगी है और न चमार।"

बलवन्त सिंह के द्वारा लिखित आत्मकथा के दूसरे भाग में भी हमें विवरण मिलता है। 'स्ट्रगल अगेंस्ट स्लेवरी' में उन्होंने स्वयं अपने जीवन तथा अपनी जाति (चमार) की मुश्किलों के बारे में लिखा है। उनका जन्म सहारनपुर ज़िला के नौरंगपुर गाँव में हुआ था। उनके पिताजी भूमिहीन मज़दूर थे।

148 पृष्ठों की उनकी आत्मकथा में सामाजिक विषमताओं से जूझते हुए कैसे वे शिक्षा ले पाते हैं और 1957 में एम.ए. करने के बाद आई.ए.एस. की परीक्षा में सफल होते हैं इन सबका जीवन्त वर्णन मिलता है। आज सुविधाओं में पले-बढ़े दलित समाज के युवकों को अहसास होना चाहिए कि कितनी आर्थिक परेशानियों और सामाजिक विषमता के बीच वे भारतीय प्रशासनिक सेवा में सफल हुए होंगे।

उनके पिता का नाम मंगत सिंह और माँ नत्था देवी थी। पिता केवल पाँचवीं कक्षा तक पढ़े थे। ग़रीबी के कारण आगे की पढ़ाई छूट गयी और वे दादाजी के काम में मदद करने लगे। आत्मकथाकार लिखते हैं कि उनके गाँव में स्कूल न था। एक पेड़ के नीचे अध्यापक कुछ बच्चों को पढ़ाते थे। उन्हें भी वहीं बैठा दिया गया। गाँव के लोग उन्हें 'भूसर' कह कर चिढ़ाते थे। गाँव में छुआछूत ज़ोरों पर थी। वे चमार जाति से थे। दूसरी जाति के बच्चे ध्यान रखते थे कि बलवन्त उनसे छू न जाये।

"एक वर्ष बाद मुझे रामपुर (स्माल टाउन) के प्राइमरी स्कूल में दाख़िला दिला दिया गया, जो तीन मील दूर था। वहाँ भी जाति भेद था। इस तरह आगे की पढ़ाई जारी रही।"

*(उनकी आत्मकथाओं से, जिन्हें उपलब्ध कराने में सहयोग किया डॉ. एन. सिंह ने। स्वयं बलवन्त सिंह भी सहारनपुर में ही रहते थे।)*

# ‘तिरस्कार’ से भावनाओं का सफ़र

डॉ. सुखबीर सिंह लिखते हैं कि ‘तिरस्कार’ एक दलित व्यक्ति के जीवनपर्यन्त समाप्त न होने वाले अत्याचारों, विडम्बनाओं, यातनाओं और उपेक्षाओं का जीवन्त प्रमाण है। परन्तु इस ‘आत्मकथा’ की मूल शक्ति है स्वयं को ही नहीं वरन् सम्पूर्ण दलित समाज को उपेक्षाओं की गर्त से निकालने का एक सफल प्रयास। कैलाशनाथ ने दलित जीवन की विडम्बनाओं और उपेक्षाओं का चित्रण बड़े ही जीवन्त रूप से किया है। भले ही साहित्यिक आत्मकथा के आधार पर इसमें लघुता, विस्तारहीनता तथा असम्बद्धता आदि दोषों को साहित्य मर्मज्ञ सरलता से गिना सकते हैं, परन्तु इसके बावजूद एक दलित-पीड़ित व्यक्ति की यातनाओं से उत्पन्न एक विप्लव-क्रान्ति को ‘तिरस्कार’ ने जाग्रत करने का प्रयास किया है।

‘तिरस्कार’ कैलाशनाथ (के. नाथ) के इर्द-गिर्द ही अन्त तक घूमती दिखाई देती है। इसमें जीवन की मुख्य घटनाएँ हैं—गाँव के कुएँ पर अछूत होने के कारण पानी के लिए बचपन में घण्टों इन्तज़ार करना, ठाकुरों से झगड़े में भाई की हत्या और गाँव का कच्चा घर टूट-फूट जाना तथा शहर में चकाचौंध भरी ज़िन्दगी के बावजूद ‘अछूतों’ का घृणित जीवन देखकर व्यथित होना। तत्पश्चात नौकरी में प्रवेश के बाद भी अछूत होने के कारण विभाग-परिवर्तन तथा विभाग में कार्यरत कर्मचारियों द्वारा जातिवादी घृणित व्यवहार। यहीं पर एक मुज़रा करने वाली स्त्री के द्वारा पवित्र स्नेह प्राप्ति। साथ ही जीवन-संगिनी रानी देवी का जीवन में स्नेहिल प्रवेश। रानी देवी के सम्पर्क से ही बौद्ध धर्म की दीक्षा लेकर जातिगत भेदभाव से मुक्ति पाने का प्रयास। लेखक को बौद्ध-संगठन का राज्य स्तरीय अध्यक्ष बनाया जाना, दलितों के लिए समय-समय पर आन्दोलन चलाना और उनको उनका अधिकार दिलाने के लिए कृतसंकल्प होना। कानपुर की ही एक घृणित जीवन बिताने वाली दलित बस्ती से हर तरह के अपराधों और अन्यायों की बड़ी ओजस्विता से लड़कर समाप्ति कराना। दलितों के उत्थान के लिए गाँव

की ज़मीन तक बेचकर दलितों को बौद्ध धर्म में दीक्षित कराना। दलितों को न्याय दिलाने के लिए दिल्ली तक का भी दौरा। यहाँ पर दलित नेता बाबू जगजीवनराम की मृत्यु के पश्चात समाधि-स्थल के लिए अग्रणी संघर्षरत। आत्मकथाकार आज भी दलितों की सम्पूर्ण मुक्ति के लिए संघर्षरत हैं।

इस तरह पूरी आत्मकथा, संघर्षशीलता के विभिन्न भागों में विभक्त है—एक, ग्रामीण जीवन के उपेक्षणीय अनुभव दूसरे, शहरी जीवन का उपेक्षणीय व्यवहार तथा तीसरे दलित आन्दोलन और बौद्ध-धर्म दीक्षा तक लम्बी यात्रा।

'आत्मकथा' गाँव के मिठऊवा कुएँ से शुरू होती है। बालक कैलाश को अछूत होने के कारण पानी भरने के लिए घण्टों इन्तज़ार करना पड़ता था "प्यासे होंठ सूखते रहते, लार घुटकता रहता। मेरा नन्हा मन आक्रोश और असन्तोष से तिलमिला उठता।"

विद्यालय में अछूत होने के कारण सवर्णों की ज़्यादती उन्हें प्रत्येक स्तर पर सहनी पड़ती है। साफ़-सुथरा घर तथा साफ़-सुथरे कपड़े होने पर भी केवल जातिहीनता के कारण जगह-जगह पर उपहास का पात्र बनना पड़ता जो कैलाश के मन में दलित क्रान्ति के लिए बीजांकुर स्वरूप प्रविष्ट हो रहा था। गाँव पूरी तरह सामन्तवादी व्यवस्था से ग्रस्त है। गाँव में अकेली रानी साहिबा के पास इतनी ज़मीन है जितनी पूरे गाँव के पास नहीं है। लेखक का गाँव वास्तव में दलितों के लिए भयानक क्रूरता से भरा है। लेखक उनमें जागृति देखना चाहता है, एकता देखना चाहता है लेकिन सभी दलित जातियाँ भी 'ऊँच-नीच' की दीवार के दायरे में सीमित हैं।

'तिरस्कार' का गाँव वास्तव में वर्णवादी व्यवस्था में दलितों पर होने वाले अत्याचारों का प्रतीक है जिसमें एक अछूत जवान कन्या तथा उसकी माँ के साथ ठाकुरों द्वारा होने वाला बलात्कार का दृश्य वास्तव में दलित जीवन की असमर्थता तथा सवर्णों की जातिगत धृष्टता का प्रत्यक्ष प्रमाण बन जाता है कि "किसी अछूत की बेटी जवान होने लगी तो बूढ़े से लेकर लड़के तक उसके घर के आस-पास मँडराने लगते। मेरे टोले में एक सुन्दर लड़की थी। बेहूदों ने उसे 'बुआ' कहना शुरू किया और उसे बरबाद कर डाला।" इतना ही नहीं, उसकी माँ का भी बलात्कार कर डाला तथा उसकी ज़मीन छीन ली। बेटा मज़दूर बनने पर विवश हो गया। बालक कैलाश इस पाशविक अत्याचार से चीत्कारता हुआ कहता है, "कब होगी इन खेतों की पड़ताल, कब लिखा जायेगा 'छेदी' का नाम, उसकी ज़मीन की मिल्कियत के कॉलम में।"

अछूतों के नाम पर अछूत होने की 'मुहर' ब्राह्मणों द्वारा उनके जन्म से ही लगा दी जाती थी इसलिए पण्डित अछूतों का नाम 'पोथी-पत्रा' देखे बिना गोबर, मुस्सु, मुसई आदि नाम रख देते थे।

स्कूल में अछूत के रूप में प्रवेश होने पर सवर्णों के द्वारा तरह-तरह की उपेक्षाओं का पात्र बनना पड़ा। पेड़ तक भी छूने का अधिकार नहीं और न चारपाई छूने का। लेखक यहाँ दलितों की मानसिकता में छाये अछूतपन और सवर्णों के भय को भी दर्शाता है—"बिल्कुल डरपोक से, चलते थे, बैठते थे तो उकड़ूँ की तरह। यही उनकी पस्त मानसिकता के चिह्न हैं।" इसी मानसिकता से लेखक दलित समाज को मुक्त कराना चाहता है। हर साल की होली कैलाश के परिवार-जनों को ठाकुरों से अन्याय न सहकर विरोध करने का दण्ड देकर जाती थी। इसी के कारण ही कैलाश को अपने घर और अपने भाई शिवलाल से हाथ भी धोना पड़ा।

कैलाश ने जब जूनियर हाईस्कूल में प्रवेश पाया तो पास ही के एक गाँव को देखकर उसका मन चीत्कारा, "दलित गाँव से बाहर जीवन बिता रहे थे तथा रोटी और नमक पर जीवन भर आश्रित रहने वाले ये अछूत अपनी बेटियों का विवाह 10-12 वर्ष की अवस्था में ही कर देते थे। इन्हीं में से एक नन्हा हलवाहा लेखक पर प्रभाव छोड़ता है। क्योंकि इनके पैरों में बिवाई फटने पर ये सूई-डोरे से सिलवाते, हँसिया-खुर्पे से उँगली कट जाती तो इलाज अरहर की पत्ती होता।" जीवन की दरिद्रता का इससे निरीह और बीभत्स रूप क्या हो सकता है। पास ही मिट्टी में खेलते साँवले से दलित बच्चे को जब एक ब्राह्मणी ने दुत्कारा तो लेखक 'कृष्ण' और उस बच्चे में असमानता ढूँढ़ने में स्वयं को असमर्थ पाता है तथा दुत्कारने के औचित्य को नहीं समझ पाता।

कैलाश दलितों में जोश लाना चाहते हैं जिसकी उनके अन्दर कमी थी। क्योंकि वे अपने ऊपर होने वाली ज़्यादतियों का प्रतिकार कर सकें। वे यदि अछूत समझे जा रहे हैं तो सिर्फ़ इसलिए क्योंकि वे सवर्णों की जातिगत निम्नता का लेबल ओढ़े हुए हैं, चिपकाए हुए हैं। जबकि संस्कार और रहन-सहन दोनों ही दृष्टि से देखने पर दलित ही श्रेष्ठ बैठते हैं। साफ़-सुथरे कपड़े पहनना तथा गाँव की किशोरियाँ और नवयुवतियों (दलित) का नहाते समय भी अच्छे ढंग से कपड़ों को शरीर पर डाले रखना उनके संस्कारी होने का प्रमाण है जबकि जितने भी सवर्ण पात्र यहाँ दिखाई देते हैं, वे विचारों से कुण्ठित हैं और साथ ही नैतिक रूप से भ्रष्ट भी हैं।

शहर में लेखक को नौकरी प्राप्त होने के पश्चात जातिभेद को न मानने वाली एक प्रेरणादायिनी स्त्री का साहचर्य मिला। उनका नाम था रानी देवी।

उनके साथ बीती एक बरसाती रात कैलाश के जीवन में संघर्ष और दलित क्रान्ति के रूप में प्रेरणास्रोत बनी। वाक्य इस प्रकार थे रानी देवी के, *"हम क़ानून और समाज से लड़ेंगे। जीवन का मोह ही हम दोनों को कायर बना रहा है। आओ युगचेता देखो, बादल की गरजन से मुझे निकाल लो उस पार।"* सच में, कैलाश के जीवन और उद्देश्यों को भी फलीभूत करने का प्रेरणास्रोत एक स्त्री बनी।

इसके बाद के कैलाश नाथ में एक असीम उत्साह जागा। जब वह स्व-रचित नाटक 'आँचल' का मंचन करता है। आरक्षण के मुद्दे पर सात दिनों की अनिश्चितकालीन भूख हड़ताल का सरकार से शर्तें मनवाना। यहीं से शुरुआत होती है कैलाश नाथ के दलित संघर्ष की यात्रा। इसके बाद तो कैलाश ने पीछे मुड़कर देखने का प्रयास ही नहीं किया। दिन-प्रतिदिन दलितों के उद्धार के लिए आन्दोलन, अनशन इत्यादि इनके दिनचर्या के अंग बन गये। कभी 'काम दो, कभी मकान दो' के नारे को लेकर जुलूस निकालना, कभी किसी दलित पर होने वाले अत्याचार का प्रतिकार करने के लिए न्यायालय का द्वार खटखटाना आदि ऐसे प्रसंग हैं जो आत्मकथा संघर्ष को नया आयाम देते हैं।

सन् 1990 में लेखक ने गाँव की अपनी ज़मीन बेचकर ऐतिहासिक क़दम उठाते हुए हज़ारों दलितों को बौद्ध धर्म में डॉ. भीमराव अम्बेडकर के सुपौत्र जी के द्वारा दीक्षित कराया जाना भी महत्त्वपूर्ण है जिसको असफल करने का राज्य सरकार तक ने भी प्रयास किया था।

इन सब से दूर 'तिरस्कार' में हमें दलित जीवन का सबसे बीभत्स रूप देखने को मिलता है कानपुर रेल लाइन में बसे एक 'गूदड़ गाँव' का, जहाँ का जीवन मानवता के नाम पर सबसे गन्दा, भद्दा और घिनौना मज़ाक़ है।

"वहाँ पर एक स्त्री द्वारा आटा गूँधने के पश्चात आटे को एक सूअर अपने मल-सने थूथन से कुरेदकर मुँह मारकर खाने लगता है। ऐसा ही प्रसंग है। स्त्री ने मात्र उसे झिड़की देकर भगाया और सूअर के मल-सने आटे की ही रोटी चूल्हे पर पकाना शुरू किया। इसके लिए जिन कण्डों का उपयोग किया था, वे सूअर के ही मल से बने थे। जिसके कारण उठने वाली बदबू पूरे गाँव की इसी सत्यता को बता रही थी। वह मरी हुई चेतना की स्त्री थी। उसकी हाँडी में मरे हुए सूअर का मांस पक रहा था। पास ही बीनी हड्डियों में से निकलते सफ़ेद कीड़े, और सीवर-पोल का पानी था पीने के घड़े में। वास्तव में इनकी स्वयं की ज़िन्दगी भी कीड़ों की तरह बिलबिला रही थी।" लेखक द्रवित होकर कह उठता है, "यह अनुसूचित जाति के लोग हैं जिनके नाम पर सैकड़ों कल्याणकारी योजनाएँ बन चुकी हैं।" यह मानव जाति पर सबसे बड़ा व्यंग्य है।

लेकिन लेखक (कैलाशनाथ) तिरस्कार के इस बीभत्स रूप को नहीं सह सकता अतः उस गाँव में सुधार प्रक्रिया लाते हुए वहाँ की गूदड़ बीनने वाली एक स्त्री को विधायक के चुनाव में खड़ा कर देता है। गाँव के लोगों में जागृति आयी तथा वहाँ होने वाले सभी अपराधों का विनाश लेखक के द्वारा हुआ। इसी तरह ही 'तिरस्कार' से मुक्ति के लिए लेखक अपने अवर्ण व सवर्ण सहयोगियों के साथ दलितों को समाज में पूर्ण प्रतिष्ठा दिलाना चाहता था परन्तु सभी दलित अलग-अलग बँट गये और वे अकेले रह गये। लेकिन अकेले होकर भी वे कानपुर में दलितों के उद्धार के लिए राजधानी तक गये और बाबू जगजीवन राम जैसे प्रतिष्ठित दलित नेता की मृत्यु के पश्चात समाधि स्थल के लिए संघर्षरत आन्दोलनकारी रैली में राजघाट के निकट बहन मीरा कुमार को सम्बोधित करते हुए कहा—"बाबू जी दलितों के चोटी के नेता थे। उनके मरने के बाद अस्थिकलश रखने के लिए दिल्ली में ज़मीन नहीं मिल रही है? दीदी।" (मीरा कुमार) तुम नेतृत्व करो। फावड़ा लेकर झण्डेवाला पार्क में समाधि की जगह मैं खोदूँगा और इस प्रकार लेखक के सफल प्रयास से ही..."कई वर्षों बाद राजघाट में किसी अछूत नेता की समाधि के लिए भूमि मिली। जहाँ श्रद्धा के सुमन चढ़ाये जा सकें।" दलितों के उत्थान के लिए ही लेखक ने राज्य और राष्ट्रीय स्तर के बड़े-बड़े नेताओं, साहित्यकारों तथा पत्रकारों से भी सम्बन्ध स्थापित किये और इसके द्वारा भरसक सफलता भी प्राप्त हुई।

कैलाशनाथ का आत्मवृत्त 'तिरस्कार' दलित क्रान्ति का एक महत्त्वपूर्ण दस्तावेज़ है। तिरस्कार के माध्यम से के. नाथ को बहुजन समाज की उस पीड़ा का सामना करना पड़ता है। भारतीय समाज का जातिगत ढाँचा इस प्रकार से क्रूर है जहाँ बेबस बहुजन समाज के लोगों का शोषण खुलेआम होता है। सभी लोग तिरस्कार के दंश को महसूस करते हैं।

स्वयं आत्मकथाकार के अनुसार, 'तिरस्कार' लिखने का आधार पूर्व में प्रकाशित 'मेरे गाँव का कुआँ' है। 'तिरस्कार' आत्मवृत्त की शुरुआत 'मिठऊवा कुआँ' से होती है। ग्रामीण परिवेश में जातिगत भावना को उकेरता 'मिठऊवा कुआँ' प्रकरण प्रमुख भाग है। "ब्राह्मण-ठाकुर एक साथ पानी भरते, फिर पिछड़ी जातियाँ, लेकिन जब अछूत जातियों का नम्बर आता, तो जाति के अनुसार बारी-बारी से कुएँ की जगत पर चढ़ते, पानी भरते और इतना बचकर निकलते कि कहीं उनके घड़े न छू जायें। ऐसी थी सामाजिक व्यवस्था मेरे गाँव की। ऐसा था वह कुआँ। उसी का पानी पूरे गाँव में पिया जाता था। जब घड़े का छलकता पानी कुएँ में गिरता उस समय उसमें न कोई जाति थी न धर्म। बस पानी था।

जब पानी बाहर आ जाता, घड़ों में बँट जाता। एक घड़े का पानी, दूसरे घड़े से मिल नहीं सकता था। छलककर भी गिर जाता तो घड़ा फोड़ दिया जाता और बद्री कुम्हार के यहाँ जाकर दूसरा घड़ा, दण्ड के रूप में दिलाना पड़ता। मैं घण्टों कुएँ की जगत के नीचे खड़ा पानी भरने का इन्तज़ार करता रहता। प्यासे होंठ सूखते रहते, लार घुटकता रहता। ऐसे में मेरा मन आक्रोश और असन्तोष से तिलमिला उठता।" के. नाथ के आत्मवृत्त के इस भाग से पाठक जीवन की जीवन्त घटनाओं से रू-ब-रू होते हैं जिससे बहुजन समाज को पीड़ा पहुँचती है। गाँव में 'मिठऊवा कुआँ' से जाति भेद की श्रेणी से अवगत होते हैं लेकिन प्यास हर इन्सान की एक-सी होती है। इस आत्मवृत्त के माध्यम से समझा जा सकता है कि घड़े का पानी छलकता है तब वह सीधे कुएँ में गिरता है उस समय उस पानी की न कोई जाति थी, न धर्म। आक्रोश जातिगत व्यवस्था के ख़िलाफ़ है। वह के. नाथ के मन में उपजी क्रान्ति की पहली किरण है। बहुजन समाज के व्यक्ति की छोटी-छोटी घटनाओं से क्रान्ति का बीज पनपता है।

आत्मवृत्त में 'मेरा गाँव' से के. नाथ जी की आत्मीयता उतनी है जितनी एक दलित लेखक की हो सकती है। जंगल, वृक्ष, झोंपड़ी, कुएँ, लिपे-पुते माटी के घर अच्छे लगते हैं लेकिन कहीं-कहीं मन में टीस भी है। गाँव तो मेरा है लेकिन "पूरी दलित बस्ती के नामों पर अपमान और तिरस्कार जोड़ दिया गया था। ब्राह्मणों और ठाकुरों के मनचले लोगों का जमघट उनकी बस्ती में लगा रहता था। किसी को जुआ खेलना सिखा दिया, किसी को चरस पीना। अछूतों की ज़मीनें जुए में गिरवी रखकर हमेशा के लिए उन्हें भूमिहीन बना दिया जाता था।" गाँव से जितना लगाव के. नाथ जी को रहा उससे ज़्यादा उन्हें कष्ट भी हुआ। ग़ैरदलितों द्वारा दलितों के बच्चों में बुराई उत्पन्न करना। उन्हें शराबी व जुआरी बनाना। गाँव की स्मृतियों में यह काँटेयुक्त संस्मरण चुभते हैं। के. नाथ जी गाँव की बेशर्म सभ्यता को धिक्कारते हैं। गाँव में ग़ैरदलितों की मानसिकता कितनी संकीर्ण होती है उससे अवगत होते हैं। बहुजन समाज की बहू, बेटियों पर किस प्रकार गन्दी नज़र रखते हैं आत्मवृत्त से गाँव की सामन्ती प्रवृत्ति उजागर होती है। गाँव में स्कूल की स्थिति भी कुछ ठीक नहीं थी। शिक्षक की मानसिकता भी ब्राह्मणवाद से ग्रस्त थी। अस्पृश्यता एवं तिरस्कार से बहुजन समाज के बच्चों का सामना होता था। के. नाथ के स्कूल की घटना शिक्षा का विद्रूप चेहरा दिखाती है। "अस्पृश्यता और तिरस्कार, मेरे नन्हे से जीवन में असन्तोष और प्रतिशोध की तपिश पैदा करते गये। मुझे स्कूल का घड़ा छूने का अधिकार नहीं था। मैंने अपने गाँव के एक गड़रिया के लड़के को मित्र बना लिया था। उसे घड़ा छूने का अधिकार था।"

बहुजन समाज के लिए त्योहार भी ख़ुशियों का नहीं था। परम्परागत इस तरह के प्रावधान थे जिसमें प्रत्यक्ष या अप्रत्यक्ष रूप से बहुजन समाज के लोगों को अपमानित और तिरस्कृत होना पड़ता था। भारतीय समाज का घिनौना चेहरा आत्मवृत्त के माध्यम से देखने को मिलता है। होली का पर्व बहुजन समाज के लिए प्रताड़ित होने का पर्व था। होली के दिन अछूतों के दरवाज़े बन्द रहते थे। बड़कौनी सिंह ठाकुर ढोलक लेकर आगे रहता था। उसके पीछे 100-150 लोगों का जुलूस। फगुआरों की टोली जैसे ही मेरे टोले के मोड़ पर जाती, नाम लेकर अछूतों को *कबीरे (गालियों का फाग) गायी जाती।* हर बार मेरा परिवार आगे बढ़कर उनकी ढोलक छीनता था। फिर लट्ठ चलते थे। टोले के लोग अपने खेत में छिप जाते। केवल मेरा परिवार ख़ून से रंग जाता। फिर थाने जाते और गाँव के लोगों की गिरफ़्तारी होती। बस हर वर्ष ऐसे ही ख़ून से होली होती थी। मेरे भाइयों में किसी का सिर फूटता किसी का हाथ टूटता।

बहुजन समाज में विद्रोह की चेतना को स्पष्ट देखा जा सकता है। तिरस्कार आत्मवृत्त संघर्ष की गाथा है। दलित शोषण का दस्तावेज़ है जो कि भारतीय समाज के विकृत संस्कारों से भी अवगत कराता है। 'नन्हा हलवाहा' के माध्यम से मासूम बचपन की त्रासदी को उकेरा गया है। नन्हे बालकों की जीवनी मज़दूरों जैसी ही थी। गाँव के निष्ठुर जीवन में बचपन कहीं खो-सा गया था। के. नाथ का आत्मवृत्त भोगा हुआ यथार्थ है। शिशुओं से भी भेदभाव करना ग्रामीण जीवन का हिस्सा था। आत्मकथाकार का मन ब्राह्मणवादी मानसिकता के लोगों से सवाल भी करता है। कभी-कभी तो उस धानुक का प्यारा-सा, नन्हा बच्चा, रास्ते में बैठकर धूल अपने सिर में डालता रहता। उसकी इस बाल क्रीड़ा को देखकर उसकी माँ अन्दर ही अन्दर ममत्व मृदुल होती। वहीं ब्राह्मणों की महिलाओं के रास्ते रुक जाते थे। "हटाइए इसे उठा ले जाओ रास्ते से, नहीं मुझे फिर नहाना पड़ेगा" आदि। जैसे कोई मल त्याग गया हो और रास्ते में पड़ा हो। वैसा ही स्तर था उस सात-आठ माह के बच्चे का। बस उसकी माँ दौड़ती आती, दोनों हाथों से उठाकर, अपने कलेजे के टुकड़े को, सीने से चिपकाती और चबूतरे पर बिठा देती।

'तिरस्कार' में 'चिलम का अड्डा' बहुजन समाज की दुर्दशा को चित्रित करता है। ठाकुर व ब्राह्मण किस प्रकार गाँव में चिलम का अड्डा बनाकर रखते। बहुजन समाज के युवाओं को भ्रष्ट करते। उनमें गन्दी आदतों को डालते जिससे परिवार में कलह होता था। अछूतों के कार्यों में ढोर का उठाना, उसकी खाल उतारना अत्यन्त घिनौना था। बहुजन समाज की पीड़ा के साथ-साथ पिछड़ी जातियों के दर्द का वर्णन, यह सब आत्मवृत्त में उभरता है।

के. नाथ ने 'मुझे नींद क्यों नहीं आती' में पारिवारिक तनाव एवं दाम्पत्य जीवन के झगड़े को चित्रित किया है। बहुजन समाज के लोगों का पारिवारिक संगठन भी अत्यन्त पेचीदा होता है। "धीरे-धीरे अम्मा बप्पा के बीच तनाव बढ़ता गया उनके आपसी संघर्ष ने मेरी नींद छीन ली। मैं बड़ा होता गया। इस बढ़ती हुई किशोरावस्था में वासनाओं से मुक्त, कुछ शाश्वत स्नेह मिला। एक चरवाहा बालिका थी जो कुएँ के मुँडेर पर बैठकर मेरा इन्तज़ार करती थी पीतल की कलसी लेकर, घण्टों सूनी डगर में, मेरी राह निहारती थी। आम की डाल पकड़कर खड़ी रहती। हरेभरे खेतों की मेंड़ पर उनींदी-सी उदास बैठी रहती। उसके पवित्र और वासना रहित स्नेह ने मेरी रातों की नींद उड़ा दी।" गाँव की तगंहाली, संकीर्ण मानसिकता वाले लोगों के बीच के. नाथ जी ने बहुत सहा। उसका परिणाम है कि तभी से दलित साहित्यकार के रूप में दलित चेतना को जगाने का काम कर रहे हैं। भारत के सामाजिक ढाँचे का सर्वाधिक आधार राजनीति है। राजनीतिक नेतृत्व के बिना किसी समाज का विकास सम्भव नहीं है। लेकिन बहुजन समाज के लोगों के हाथों में राजनीतिक नेतृत्व न के बराबर है। यही प्रमुख कारण भी है कि दलित विकास की ओर अग्रसर नहीं हो पा रहे हैं।

*के. नाथ ने 11 फ़रवरी 1966 को कलेक्ट्रेट विभाग में नौकरी प्रारम्भ की। लेकिन वहाँ भी छुआछूत से ही सामना हुआ। एक ऊँचे टीले पर तहसील की इमारत और गेट पर चाय की दुकान थी। टूटा छप्पर, कण्डे की भट्ठी, और केतली में खौलता चाय का पानी। एक साठ साल का बूढ़ा, मैली-कुचैली धोती और बनियान व कमर तक लटकता जनेऊ। मैंने सोचा चाय पी लूँ, तब तक ऑफ़िस खुल जायेगा। उसकी टूटी बेंच पर बैठ गया। वह अकेला था। उसने मेरी जाति पूछी। मैंने कह दिया 'अछूत हूँ'। मेरी जाति सुनते ही वह आग-बबूला हो गया और मुझे बेंच से उठ जाने के लिए कहा। मैंने बैग उठाया और बाहर आया। उसने बेंच पर पानी छिड़का और बड़बड़ाया। फिर शेष बचे पानी को उड़ेल दिया और अपशब्द भी कहे। के. नाथ को अस्पृश्यता जैसी घिनौनी पीड़ा ने पुनः कराह दिया। एक गन्दा-सा, मैला-कुचैला व्यक्ति और उसके अन्दर जाति के प्रति इतनी घृणा थी। के. नाथ ने जैसे ही सरकारी नौकरी का पद ग्रहण किया उनके मन में क्रान्ति की ज्वाला भभक उठी थी। धीरे-धीरे वह दलित आन्दोलन से जुड़ गये। सामाजिक जागरूकता के लिए संघर्ष करने लगे।*

## काँटों में उलझता जीवन (आत्मकथा का दूसरा भाग)

'काँटों में उलझता जीवन' वरिष्ठ दलित लेखक के. नाथ जी की आत्मकथा है। यह आत्मकथा ही नहीं बल्कि दलित समाज की कथा है। इसमें उत्तर प्रदेश की

औद्योगिक नगरी कानपुर में दलितों की सामाजिक, आर्थिक, राजनीतिक और धार्मिक स्थितियों का आँखों देखा विवरण है। इतना ही नहीं, इसमें 1980 से 1999 तक के बीस वर्षों का दलित राजनीति का लेखा-जोखा दर्ज है। चूँकि लेखक स्वयं सामाजिक आन्दोलनों में बढ़-चढ़ कर भाग लेते रहे हैं, इसलिए इस किताब का महत्त्व और अधिक बढ़ जाता है। आत्मकथा में लेखक और दलितों के दुःख एकाकार हो गये हैं।

पुस्तक की प्रस्तावना में के. नाथ जी ने अपनी पत्नी के निधन पर लिखा है—"जीवन आधा रह गया और संघर्ष भी।" यह वाक्य दलित आन्दोलन की दिशा का आधार है, यह दलित चिन्तन का सूत्र वाक्य है। लेखक को जीवन साथी के जाने पर जीवन अधूरा ही नहीं लगा, बल्कि वे जिस उद्देश्य को लेकर संघर्षरत थे, उसमें भी अब उन्हें आधापन दिखाई देने लगा। 'दलित-मुक्ति' की जो लड़ाई लड़ी जा रही है, उसमें स्त्रियों की भूमिका को लेखक ने चिह्नित कर दिया है, इसलिए यह किसी को याद दिलाने की ज़रूरत नहीं कि 'दलित विमर्श' में 'स्त्री विमर्श' तुल कर चल रहा है।

लेखक ने विभिन्न घटनाक्रमों के माध्यम से जो सवाल उठाये हैं, वे क्रमबद्ध न होकर भी दलित विमर्श के लिए महत्त्वपूर्ण सामग्री प्रस्तुत करते हैं। जाति का सवाल द्विजों और दलितों के बीच सदियों पुराना है। आज भी दलित लेखक जाति को तोड़ने की बात करते हैं, उधर लेखक लिखते हैं, "महात्मा गाँधी ने भी जाति प्रथा पर अनेक कड़े प्रहार किये, लेकिन अभी तक यह प्रथा पहले की ही तरह एक वृहद् शिला-खण्ड की भाँति अपने स्थल पर पड़ी हुई है।" (पृ. 23) वे आगे लिखते हैं—"दलित जातियों को मन्दिर प्रवेश की क्यों आवश्यकता पड़ती है जबकि बाबा साहेब ने उन्हें बौद्ध धर्म दिया था।" (पृ. 26) हम देखते हैं कि जाति और मन्दिर प्रवेश के मामले अभी भी ज्यों के त्यों उलझे हुए हैं। बौद्ध धर्म अपना लेने के बाद भी जातिप्रथा दलितों का पीछा नहीं छोड़ रही है। हाँ, मन्दिर बेशक हम अपने ख़ुद के बना सकते हैं। के. नाथ जी ने तटस्थ रूप में ऐसे महत्त्वपूर्ण सवाल उठाये हैं। ये सवाल दलित-विमर्श के महत्त्वपूर्ण बिन्दु हैं। इन सवालों के साथ-साथ आत्मकथा में 'दलित विमर्श' के जो बड़े सवाल उभरे हैं, उन्हें समझ कर ही दलित आन्दोलन आगे बढ़ सकता है।

यह आत्मकथा हमें समकालीन परिस्थितियों को समझने में मदद करती है। इस में विशेषतः उत्तर प्रदेश के राजनीतिक हालात को एक दलित की दृष्टि से देखा गया है। चूँकि नाथ जी सामाजिक मोर्चे पर लगातार काम कर रहे हैं, इसलिए उनकी समझ और भी महत्त्वपूर्ण हो जाती है।

# सूरजपाल चौहान :
# तिरस्कृत जीवन से सफलता की ओर

'तिरस्कृत' 152 पृष्ठीय एक अनूठी कृति है। हिन्दी दलित साहित्य के अन्तर्गत यह *तीसरी दलित आत्मकथा नहीं है। क्रमननुसार इसका नम्बर सातवाँ है। 2002 में यह प्रकाशित हुई।* इससे पूर्व की दलित आत्मकथाएँ विमर्श में पीछे रह गयीं। इसके भी अनेक कारण रहे। आत्मकथाकार सूरजपाल चौहान ने वर्णवादी समाज में 'तिरस्कृत' होकर ही 'तिरस्कृत' लिखी है। यह लेखक की बचपन से लेकर जवानी के लगभग 40-42 वर्षों की जीवन-गाथा है। आत्मकथाकार को अपनी ज़िन्दगी से अपनी पढ़ाई, आत्मसम्मान आदि आकांक्षाओं से अधिक लगाव था। 'तिरस्कृत' में जातिवादी उत्पीड़न के साथ-साथ अपने परिवार, रिश्तेदारी, दलित समाज द्वारा मिली गहन मानसिक पीड़ा और तिरस्कार को भी इन्होंने उद्घाटित किया है।

'तिरस्कृत' के तीन-चार साल बाद 'सन्तप्त' छपी। बकौल डॉ. टेकचन्द "'सन्तप्त' में सूरजपाल जी ऐसे ही एक प्रसंग की याद दिलाते हैं। अभाव और कठोर ग़रीबी ने पीछा नहीं छोड़ा। भूख मनुष्य होने का अहसास छीनती रही!" 'पण्डारा रोड (नयी दिल्ली) की मार्किट के ढाबों व रेस्टोरेंट के नौकर रात-भर की जूठन सुबह तक कूड़ाघर पर फेंक जाते थे। मैं भोर होने से पहले उसमें से रोटी के छोटे-छोटे टुकड़े चुनकर खाता। वहीं उसी फेंके गये जूठे खाने को गली के कुत्ते भी खाते। कई बार कुत्ते मेरे ऊपर गुर्रा पड़ते, क्योंकि मैं उनके हिस्से का चुन-चुनकर जो खाता था।" भूख से उपजी विवशता बच्चे को जाने कहाँ-कहाँ ले गयी। जिस व्यवस्था की आड़ में दलित समाज को शिक्षा, पैसा व अधिकार से वंचित कर दिया उस व्यवस्था का प्रकोप हमें 'सन्तप्त' के उपरोक्त सन्दर्भ में मिलता है।

इस बारे में डॉ. काशीनाथ सिंह का यह कथन सही है कि सूरजपाल चौहान जी की दोनों आत्मकथाएँ ('तिरस्कृत' और 'सन्तप्त') जुड़वाँ हैं।

अतः तिरस्कार की पीड़ा महसूस करनी हो तो 'सन्तप्त' पढ़िए और उसकी वजहें जाननी हों तो 'तिरस्कृत' पढ़िये। दोनों आत्मकथाओं में बचपन के अभाव, माता-पिता को अपमानित होते देखने की तकलीफ़, शिक्षा प्राप्ति में कठिनाइयाँ, क़दम-क़दम पर जाति-व्यवस्था की निचली सीढ़ी पर होने का त्रासद अहसास। नौकरी मिलने पर जाति की बैसाखी के सहारे का आरोप आदि वे सभी जाने-पहचाने सन्दर्भ हैं जो प्रायः सभी दलित लेखकों की आत्मकथाओं में कमाये हुए सत्य और भोगे हुए यथार्थ के रूप में केन्द्रस्थ हैं।

## 'झोंपड़ी से राजभवन', 'घुटन' तथा अन्य आत्मकथाएँ

डॉ. एन. सिंह लिखते हैं कि कोई व्यक्ति किसी समृद्ध, साधन सम्पन्न और अवरोध मुक्त परिवार में उत्पन्न होकर सफलताओं के उच्च शिखर तक पहुँच जाये तो कोई बड़ी बात नहीं, लेकिन किसी साधारण, अभावग्रस्त परिवार में जन्म लेकर केवल अपनी मेहनत और सामर्थ्य से महान उपलब्धियों से सुसज्जित हो जाये, यह निश्चय ही एक महत्त्वपूर्ण घटना है। माता प्रसाद जी एक ऐसे ही व्यक्ति हैं, जो सतह से उठकर शिखर की ओर उन्मुख हैं। उनका जन्म जगरूप राम एवं श्रीमती रज्जी देवी के घर मछली शहर के कजियाना मोहल्ले में 11 अक्तूबर, 1925 को हुआ। उन्होंने गाँव में आने वाले एक मेहमान, जिसे बच्चे बब्बा कहते थे, से 9 वर्ष की उम्र में कैथी... कुछ अक्षर सीखने से अपनी शिक्षा का आरम्भ किया। माता प्रसाद जी ने बहुत ही कठिन परिस्थितियों में अपनी औपचारिक शिक्षा पूर्ण की। उन्होंने हिन्दी मिडिल (सन् 1942) प्रथम श्रेणी तथा उर्दू मिडिल (सन् 1943) द्वितीय श्रेणी में उत्तीर्ण की। इन कक्षाओं में वे मॉनीटर भी रहे। एचटी-सी करते समय ही उन्होंने 'कोविद' परीक्षा भी दी जिसमें वे उत्तीर्ण हुए। बाद में अध्यापक बनकर पढ़ाते समय स्वयं पढ़ते भी रहे और तभी उन्होंने हाईस्कूल परीक्षा (1952) प्रथम श्रेणी में उत्तीर्ण की। उनकी ज्ञान पिपासा यहीं शान्त नहीं हुई। उन्होंने 'साहित्य रत्न' (राजनीति) और 'साहित्य रत्न' (साहित्य) की परीक्षाएँ भी उत्तीर्ण कीं। साहित्य और राजनीति के इस अध्ययन ने उनकी चेतना को इस हद तक जाग्रत किया कि वे राजनीति में रहते हुए आज भी साहित्य-सृजन में संलग्न हैं।

माता प्रसाद जी एक सफल अध्यापक रहे हैं, तभी तो उन्हें कई नये स्कूलों को व्यवस्थित रूप में चलाकर स्थापित करने का श्रेय प्राप्त हुआ। वे सहायक अध्यापक से प्रधानाध्यापक बने। अपने छात्रों और उनके अभिभावकों से उन्हें भरपूर सम्मान मिला है। इसका उल्लेख करते हुए वे अपनी आत्मकथा में लिखते हैं—"मैं पढ़ाने में छात्रों के साथ कड़ी मेहनत करता था, इसलिए वे बड़े प्रसन्न रहते थे।

कभी-कभी अपने घरों पर निमन्त्रित करते, मैं उनके यहाँ जाता रहा। बाद में जब मैं राजनीतिक क्षेत्र में आया, तो इन छात्रों और उनके अभिभावकों के कारण मुझे सहायता मिलती रही।" मैं समझता हूँ किसी अध्यापक के लिए अपने छात्रों के सम्मान से बड़ा और कोई पुरस्कार नहीं है। माता प्रसाद जी सफल राजनीतिज्ञ ही नहीं हैं, वे एक दायित्वशील पति तथा अपनी सन्तानों से भरपूर स्नेह करने वाले पिता भी हैं। जिन्होंने अपने बच्चों को सहज तरीक़े से मेहनत करके अपने पाँव पर खड़े होने की ही प्रेरणा दी है।

माता प्रसाद जी जिन्हें हिन्दू समाज का अछूतपन विरासत में मिला और साथ ही मिली ग़रीबी, जहाँ शिक्षित होकर आगे बढ़ने की सम्भावनाएँ कम ही थीं। लेकिन फिर भी वे पढ़े, शिक्षक बने। यदि यूँ कहें तो ज़्यादा उचित होगा कि शिक्षक ही नहीं बने, बल्कि लोक-शिक्षक बने जिन्होंने शिक्षक रहते हुए भी दलित समाज को अपने लोकगीतों के माध्यम से जाग्रत करने का काम किया। तभी तो उन्हें, रऊफ जाफ़री साहब ने अध्यापन छोड़कर हरिजन समाज कल्याण विभाग के 'सोशल वर्कर' के रूप में काम करने के लिए कहा और यहीं से प्रशस्त हुआ उनके राजनीति में प्रवेश का मार्ग। फिर तो वे ज़िला कांग्रेस कमेटी के मन्त्री बने। सन् 1957 से सन् 1977 तक उ.प्र. विधानसभा, सन् 1980 से सन् 1992 तक विधान परिषद् के सदस्य रहते हुए 31 जुलाई, 1988 से नवम्बर 1989 ई. तक उ.प्र. सरकार में राजस्व मन्त्री भी रहे। इसके अतिरिक्त माता प्रसाद जी 21 अक्तूबर, 1993 से 16 मई, 1999 तक अरुणाचल प्रदेश के राज्यपाल रहे।

साधारण अध्यापक से राजभवन तक का उनका यह सफ़र उतना आसान भी नहीं रहा, जितना ऊपर से देखने में लगता है। इसके लिए चाहिए थी एकनिष्ठ ध्येय दृष्टि और रस्सी पर चलती नटी-सा सन्तुलन और साहस। उनके जीवन का अध्ययन करने से पता चलता है कि उन्होंने यह सन्तुलन कभी नहीं खोया। यही कारण है कि राजनीति जैसे दलदल में रहते हुए भी उनके विरोधियों की संख्या नगण्य है और उन्हें मित्रों की कमी नहीं है। उनके मित्र राजनीतिक क्षेत्र में भी हैं और सामाजिक तथा साहित्यिक क्षेत्र में भी हैं। सबसे बड़ी बात यह है कि सत्ता पाकर जहाँ व्यक्ति भ्रष्ट तथा नैतिक दृष्टि से पतन का शिकार हो जाता है, वहीं माता प्रसाद जी उत्तरोत्तर मानवीय होते गये हैं

एक उदाहरण हम उनकी आत्मकथा 'झोंपड़ी से राजभवन' से ही ले सकते हैं। उन्होंने लिखा है कि "सन् 1957 ई. में प्रथम बार जब मैं विधानसभा का चुनाव लड़ने गया, तो मेरे पास कुछ भी पैसा नहीं था। श्रीमती जी के चार थान चाँदी के गहनों को बेचा गया। उससे लगभग पौने पाँच सौ रुपये मिले।

इसी रुपये से ज़मानत की राशि 125/- रु. जमा की गयी। श्रीमती जी के गहने जो गये तो आज तक मैं उन्हें बनवा नहीं सका। कभी-कभी इसका उलाहना सुनना पड़ता है। वैसे मुझे कोई चोर या बेईमान नहीं कहता। मेरे राजनीतिक विरोधी भी मेरी सादगी और ईमानदारी को मानते हैं। मेरे लिए यह सबसे बड़ा सम्मान है।" (पृ. 43) सम्भवतः इसीलिए पत्रकार हीरालाल शर्मा ने अपने संस्मरण में उनकी ईमानदारी पर टिप्पणी करते हुए लिखा है कि "जहाँ तक ईमानदारी का सवाल है, मैं दावे के साथ कह सकता हूँ कि राजनीति के ऊँचे ओहदों पर रहने के बावजूद उनके ऊपर किसी तरह का दाग़ नहीं लग सका। माता प्रसाद जी की घरेलू ज़िन्दगी आज भी सादगी की है।" उनकी सादगी का आभास तो कोई भी कर सकता है।

माता प्रसाद जी के राजनीतिक जीवन की यात्रा सन् 1957 में विधानसभा चुनाव लड़ने से हुई। विधायक, कैबिनेट मन्त्री तथा राज्यपाल जैसे महत्त्वपूर्ण पड़ावों के अतिरिक्त भी उन्हें सन् 1980 से 1985 तक उ.प्र. कांग्रेस विधान मण्डल का महामन्त्री, 1985 से 1988 तक उ.प्र. कांग्रेस विधान मण्डल दल के कोषाध्यक्ष पद का दायित्व सौंपा गया। वे 1975 से 1977 तक उ.प्र. विधान मण्डल की अनुसूचित जाति, अनुसूचित जनजाति एवं विमुक्त जाति संयुक्त समिति के सभापति रहे। उ.प्र. विधान परिषद् की सद्‌भाव समिति के चेयरमैन के तौर पर 1980 से 1982 तक तथा विधान परिषद् की विनिश्चय संकलन समिति के चेयरमैन के तौर पर 1986 से 1988 तक उन्होंने महत्त्वपूर्ण दायित्वों का निर्वाह किया।

उ.प्र. के राजस्व मन्त्री के रूप में उन्होंने जो सबसे महत्त्वपूर्ण कार्य किये उनमें डॉ. भीमराव अम्बेडकर विश्वविद्यालय, लखनऊ को 244.28 एकड़ भूमि का आवंटन करना है। अपने इसी कार्यकाल में उन्होंने 6 नये ज़िलों, 30 नयी तहसीलों तथा 2 उप-तहसीलों का भी सृजन कराया। इसके अतिरिक्त उन्होंने छोटे किसानों के ऋण भी माफ़ किये जो लगभग सम्पूर्ण प्रदेश में 28 करोड़ रुपये की राशि थी। उन्होंने अपने 32 वर्षों के विधायक जीवन में ऐसे अनेक कार्य किये जिसे अनुसूचित जाति, अनुसूचित जनजाति के लोगों के सामाजिक सम्मान में तो बढ़ोतरी हुई ही, उनको आर्थिक लाभ भी हुआ। उनके विधायी कार्यों पर दृष्टिपात करते हुए अरविन्द उपाध्याय ने उचित ही लिखा है कि—"अपने विधायी कार्यकाल में माता प्रसाद जी ने जहाँ एक तरफ़ विभिन्न समस्याओं एवं मुद्दों के बुनियादी हल के लिए प्रयत्न किये वहीं दूसरी तरफ़ उन्होंने हर विषय पर अपनी गहरी पकड़, आम जनता से सीधे जुड़ाव, अपने दायित्वों के प्रति पूरी गम्भीरता

तथा वांछित संवेदनशीलता का परिचय दिया। उनका अब तक का विधायी कार्यकाल वर्तमान जन-प्रतिनिधियों के लिए एक 'पाठ' है।"

डॉ. एन. सिंह का कहना है कि राजनीतिक व्यस्तताओं के बीच भी उनका साहित्य-सृजन निरन्तर चलता रहा क्योंकि वे जानते हैं कि भारतीय समाज में विभाजन और विषमता का जो विष हज़ारों वर्ष पूर्व बोया गया था, अब वह फल-फूलकर विशाल वट वृक्ष हो गया है, जिसे सहसा उखाड़कर फेंका नहीं जा सकता, इसके असर को धीरे-धीरे ही समाप्त किया जा सकता है और वह काम केवल साहित्य ही कर सकता है।

वरिष्ठ दलित साहित्यकार तथा राजनेता माता प्रसाद जी की आत्मकथा 'झोंपड़ी से राजभवन' स्वतन्त्र भारत में जहाँ एक ओर दलितों के राजभवन तक पहुँचने की प्रक्रिया को रेखांकित करती है, वहीं स्वतन्त्रता से पूर्व झेले गये उनके सन्त्रास का उद्घाटन भी बड़ी शिद्दत के साथ करती है और बताती है कि आगे बढ़ने की इस राह में दलित को सफलता प्राप्त करने के लिए सवर्ण से चार-पाँच गुणा अधिक श्रम करना पड़ता है जिसमें कितने ही दलित टूट कर बिखर जाते हैं। उनकी इस आत्मकथा का काल सन् 1925 से लेकर सन् 1999 तक फैला हुआ है। यह उनकी 74 वर्ष की अवधि का विस्तृत एवं प्रामाणिक दस्तावेज़ है।

सन् 1993 में अरुणाचल प्रदेश का राज्यपाल बनने के उपरान्त एन. सिंह ने उनके व्यक्तित्व एवं कृतित्व पर एक अभिनन्दन ग्रन्थ 'शिखर की ओर' के सम्पादन का कार्य प्रारम्भ किया था जिसका लोकार्पण 20 नवम्बर, 1997 के साथ सम्पन्न हुआ। वे लिखते हैं, इस अवधि में उनसे मेरा निरन्तर और प्रगाढ़ सम्पर्क रहा जो आज भी यथावत् बना हुआ है। इस अवधि में मैंने अपने अनुभव से भी जाना है कि उनमें बड़े पद पर बैठकर किसी प्रकार का अहम् नहीं आया है। सब लोगों से आम आदमी की तरह मिलना, उसके दुःख-दर्द में शामिल होना उनकी आदत में शुमार है। राजभवन में बैठकर वे कभी भी गाँव में उत्पीड़न का शिकार हो रहे दलित को भूल नहीं पाये। इसका कारण सम्भवतः उनके बचपन की स्मृतियाँ भी रही हों।

उनका आरम्भिक जीवन संघर्ष देखें तो दस वर्ष की अवस्था में विवाह तथा 14 वर्ष की आयु में गौना। परिवार की ज़िम्मेदारी के साथ पढ़ाई। उनकी पत्नी श्रीमती प्रसाद का माता प्रसाद जी के बदले का काम भी स्वयं करके उन्हें पढ़ने का अवसर देना। अपने अभाव भरे बचपन का उल्लेख करते हुए माता प्रसाद जी लिखते हैं कि—"मछली शहर क़स्बे के कजियाना मोहल्ले की दलित बस्ती के पश्चिम किनारे पर जिस छोटे से घर में मेरा परिवार रहता था, वह भूमि पड़ोस

के एक पठान परिवार की थी। इसमें एक छोटा कच्ची दीवार का खपरैल का कमरा और उसके सामने एक बड़ा छप्पर का औसारा था। माँ कमरे के भीतर ही चूल्हे पर लकड़ी से ही खाना बनाती थी। औसारे में ही सभी भाई-बहनें एक-एक चारपाई पर दो-दो तीन-तीन लोग सोते थे। एक फर्लांग दूर दक्षिण तलियाँ के किनारे सभी टट्टी फरागत जाते थे। कुछ दूर से कुएँ से मिट्टी के घड़े में पानी रस्सी से खींचकर माँ या बड़े भाई लाते थे। कुएँ पर ही हम लोग नहाते थे। घर में माँ चार बजे सवेरे ही उठकर जाती (चक्की) चलाकर आटा पीसती, बरतन, घरद्वार साफ़ करती। सभी को बासी जौ या मक्के की रोटी, कड़वा तेल, नमक रखकर दिया जाता। उसे खाकर मैं पढ़ने जाता। दोपहर को खाना नहीं बनता, मकई का दाना या महुआ भूनकर दिया जाता था, कभी गुड़ भी मिलता था, शाम को जौ की रोटी या मक्के की रोटी बनती थी, सब्ज़ी कभी नहीं बनती थी। दाल-चावल हर रोज़ दुकान से ख़रीद कर आता था।" (पृ. 46)

इस प्रकार की त्रासद स्थितियों में गुज़रा बचपन! उस पर अल्पायु में हुआ विवाह।

उन्हीं के शब्दों में—"मैंने अनुभव किया कि भाषण का प्रभाव अपने लोगों पर बहुत कम पड़ता है। यदि जनभाषा में गीत लिखे जायें तो उनका प्रभाव लोगों पर अधिक पड़ता है। उस समय ज़िले में स्वतन्त्रता संग्राम से सम्बन्धित राजकुमार वैद्य के गीत सुनने के नाम पर हज़ारों लोग इकट्ठे हो जाते थे। इसलिए मैंने भी सोचा क्यों न लोकगीत में समाजसुधार और जागृति की बातें कही जायें। इसलिए मैंने बहुत से लोकगीत, जिनमें कहरवा, पूर्वी कज़ली, मरतल्ला, बिरहा आदि लिखे। पहले सन् 1948 में 'हरिजन ग्राम्य गीत' के नाम पर इलाहाबाद जाकर छपवाया, फिर विधायक होने पर इसे संशोधित किया। इसके कुछ गीत निकाल दिये, कुछ नये गीत मिलाकर 'दलित समाज सम्बन्धी लोकगीत' के नाम से एक पुस्तिका छपी।" (पृ. 67) इन लोकगीतों से माता प्रसाद की लोकप्रियता बढ़ी। सन् 1957 के बाद से माता प्रसाद जी ने पीछे मुड़कर नहीं देखा, वे स्वयं तो ईमानदार हैं ही उनकी सन्तान भी वैसी ही संस्कारी तथा ईमानदार हैं।

अरुणाचल प्रदेश के राज्यपाल पद तक पहुँचने वाले एक दलित माता प्रसाद का गाँव 'झोंपड़ी से राजभवन' में जिस तरह दिखाई देता है, वैसा ही विश्वविद्यालय के कुलपति पद तक पहुँचने वाले डॉ. रमाशंकर आर्य की आत्मकथा 'घुटन' में भी है। 'अपने-अपने पिंजरे', 'जूठन', 'नागफनी', 'मुर्दहिया', 'दोहरा अभिशाप', 'शिकंजे का दर्द', और 'मेरा बचपन मेरे कन्धों पर' में गाँव का यथार्थ है। इसलिए 'घुटन' (2007) आत्मकथा के प्रारम्भ में ही जब लेखक कराह उठता है कि

'पता नहीं मेरा गाँव मुझे काटने क्यों दौड़ता है' तो दलित आत्मकथाओं में अभिव्यक्त 'गाँव' के स्वरूप को जानने वाला समझ जाता है कि वह आगे क्या कहना चाह रहा है।

राजेन्द्र यादव के अनुसार दलित लेखक की आत्मकथा उसके पूरे समाज की आत्मकथा होती है। सभी दलित आत्मकथाओं में बचपन एक जैसा ही होता है। बचपन की स्मृतियों में 'घुटन' सहित सभी दलित आत्मकथाएँ एक जैसी हैं। उन्होंने बताया कि 'घुटन' में इस सत्य का तथ्यीकरण किया गया है कि दलित छात्र हों अथवा दलित कुलपति, सभी को शिक्षा के क्षेत्र में व्याप्त ब्राह्मणवाद का शिकार बनना पड़ता है।

*के. नाथ की आत्मकथा तिरस्कार में भी पीड़ा उभरती है—अस्पृश्यता के दंश से अभी मुक्त नहीं हूँ। हर क्षण हिन्दू वर्चस्व का ज़हरीला सर्प फन उठाये डसता रहता है। स्वतन्त्रता मिले 58 वर्ष हो चुके हैं वह मेरी आयु के बराबर है। मैं और भारत की स्वतन्त्रता दोनों हम उमर के हैं। न स्वतन्त्रता पूँजीपतियों, राजे-महाराजों और बड़े उद्योगपतियों के हाथों से मुक्त है और न दलित अस्मिता हिन्दू दासता से। दोनों ही क़ैद हैं। दोनों के ही पैरों में बेड़ियाँ हैं। मेरे पास न स्वतन्त्रता द्वारा मिली आज़ादी है, न जनतन्त्र द्वारा खुली साँसें।*

प्रो. चौथीराम के शब्दों में—"लोक़ज़ीवन का जितना व्यापक परिवेश और उसके जितने विविध लोकरंग लोकगीत, लोकसंगीत, लोकनृत्य आदि 'मुर्दहिया' में मिलते हैं उतने ग्रामीण जीवन के महान आख्याता प्रेमचन्द के कथा-साहित्य में भी नहीं मिलते।" (तद्भव, अंक-26, पृ. 289)। इसी क्रम में 'अपने-अपने पिंजरे', 'जूठन', 'सन्तृप्त', 'तिरस्कृत' और 'मेरा बचपन मेरे कन्धों पर' में पश्चिमी उत्तर प्रदेश के लोक़ज़ीवन की झाँकियाँ देखी जा सकती हैं। ललिता कौशल के विचार में दलित आत्मकथाएँ जीवन के अत्यन्त नज़दीक और सबसे अधिक विश्वसनीय सिद्ध हुई हैं। इन आत्मकथाओं में लेखक अपनी शर्म, अपना उत्पीड़न तथा नंगी सच्चाइयों को समाज के सामने लाने का साहस करते हैं। सदियों से अस्पृश्य लोगों के साथ अमानवीय व्यवहार होता रहा है। उच्च वर्ग का जीवन खोखली श्रेष्ठता के आडम्बर होने के कारण ही गरिमापूर्ण रहा और निम्न वर्ग को हमेशा घृणा की दृष्टि से देखता रहा। समाज की मानवीयता को यह ब्राह्मणवादी व्यवस्था दीमक की तरह अन्दर-ही-अन्दर चाटती रही, जिसके कारण छुआछूत और जाति-पाँति की क्रूरता समाज में जर्जर रहती रही। जहाँ तक दलित जीवन का सवाल है, वह भारतीय समाज में हमेशा बहिष्कृत ही रहा है, इसलिए डॉ. अम्बेडकर ने इसे अब ग़ैर-बराबरी और हिकारत भरा बहिष्कृत भारत भी कहा। इस ज़िन्दगी से दलित

वर्ग मुक्ति पाना चाहता है और रूढ़िवादी-परम्पराओं को नकार कर जीना चाहता है। डॉ. अम्बेडकर ने सोच एवं दृष्टिकोण में परिवर्तन लाने के लिए घोषणा की थी 'शिक्षित बनो, संगठित हो, संघर्ष करो।' जागरूक दलित इस नारे को अमल में लाने के लिए पूरा प्रयास कर रहे हैं। शिक्षा चेतना व स्वाभिमान की आधारशिला है। शिक्षा वह तीसरा नेत्र है जो व्यक्ति को अपने अधिकारों के प्रति सचेत करता है।

## सन्दर्भ


1. माता प्रसाद, 'झोंपड़ी से राजभवन', नमन प्रकाशन, दरियागंज, नयी दिल्ली, 2002
2. सुभाष चन्द्र, 'दलित आत्मकथाएँ अनुभव से चिन्तन', इतिहास बोध प्रकाशन, इलाहाबाद, 2006
3. डॉ. धर्मवीर, 'दलित आत्मालोचन की प्रक्रिया', मुहिम प्रकाशन, हापुड़, 2007
4. डॉ. एन. सिंह, 'दलित जीवन के खट्टे-मीठे अनुभव', वसुधा, जुलाई-सितम्बर, 2003

# मेरा सफ़र मेरी मंज़िल

रॉबर्ट फ्रास्ट ने कहा था, "एक रोमांचकारी जंगल में दो मार्ग भिन्न दिशाओं में जाते हैं, मुझे खेद है मैं दोनों का सफ़र नहीं कर पाया, और केवल एक का ही यात्री बन सका...।" लेकिन डॉ. डी.आर. जाटव को इस बात का कोई खेद नहीं है कि उन्होंने सिर्फ़ एक ही रास्ता चुना। वह था बाबा साहेब डॉ. अम्बेडकर के द्वारा बताया हुआ रास्ता।

उनकी आत्मकथा 'मेरा सफ़र मेरी मंज़िल' 2000 में आयी। हिन्दी पाठकों को एक नयी आत्मकथा पढ़ने को मिली। आदर्श और सिद्धान्तों के आस-पास नये संकल्प, मानवीय दर्शन से ओत-प्रोत पर सामाजिक विषमता झेलता हुआ नायक। स्वयं उन्हीं के शब्दों में मैं हताश हो गया, कोई रास्ता नज़र नहीं आ रहा था कि चारों ओर से आने वाले कष्टों का मुक़ाबला कैसे किया जाये? इसी बीच मुझे डिफेन्स अकाउंट्स, मेरठ से अपर डिवीजन क्लर्क हेतु साक्षात्कार-पत्र मिला जिसे लेकर मैं मेरठ पहुँचा। ब्रिगेडियर ने साक्षात्कार लिया। जब मैं उसके समक्ष उपस्थित हुआ, तब उसने कई प्रश्न किये जिनके मैंने सन्तोषजनक उत्तर दिये।

अन्त में ब्रिगेडियर ने पूछा, "अच्छा मि. जाटव, आप पोस्ट-ग्रेजुएट हैं।" "जी हाँ, सर", मैंने उत्तर दिया। "लेकिन मैं सोचता हूँ, तुम यहाँ अधिक दिनों तक नहीं टिकोगे; यह हमारी हानि होगी", ब्रिगेडियर बोला। तब फिर मैंने उत्तर दिया, "सर, क्या आप नहीं चाहेंगे कि आपका एक यू.डी.सी. अफ़सर बनकर यहाँ से कहीं अच्छी जगह जाये?" "वेरी क्लेवर, बहुत चतुर हो", ब्रिगेडियर ने यह टिप्पणी की। मैं चुन लिया गया। मैंने मेरठ में लगभग एक वर्ष तक कार्य किया। अच्छे नम्बरों से साठ के दशक में एम.ए. करने के बाद और पीएच.डी. के लिए प्रयासरत एक दलित युवा। जिसे मजबूरी में क्लर्क की नौकरी करनी पड़ती है। यह सवर्णों में उन युवाओं के लिए भी सबक है जो कुण्ठित हो जाते हैं।

सविता लिखती हैं कि हिन्दी जगत में दलित आत्मकथाएँ नब्बे के दशक में सिलसिलेवार आनी शुरू हुईं। 1995 में मोहनदास नैमिशराय की आत्मकथा

'अपने-अपने पिंजरे' आयी जिसमें समूचे दलित समाज की पीड़ा की अभिव्यक्ति की गयी है। 1997 में ओमप्रकाश वाल्मीकि की 'जूठन', तथा 1999 में कौशल्या बैसन्त्री की आत्मकथा 'दोहरा अभिशाप' आयी। 1999 में ही के. नाथ की 'तिरस्कार' और 2000 में डॉ. जाटव की 'मेरा सफ़र मेरी मंज़िल' प्रकाशित हुई। इसके बाद 'तिरस्कृत' और 'सन्तप्त' दो आत्मकथाएँ सूरजपाल चौहान तथा प्रो. श्यौराज सिंह बेचैन की आत्मकथा 'मेरा बचपन मेरे कन्धों पर' आयी। 'शिकंजे का दर्द' सुशीला टाकभौरे की और डॉ. तुलसीराम की आत्मकथाएँ 'मुर्दहिया' और 'मणिकर्णिका' आयीं। डॉ. तुलसीराम ने मुर्दहिया में जहाँ जन्म से 16-17 साल तक के बारे में लिखा उसी की अगली कड़ी के रूप में उनकी दूसरी आत्मकथा 'मणिकर्णिका' आयी।

इस तरह हिन्दी में और आत्मकथाओं के आने का सिलसिला शुरू हुआ। जिन्होंने निश्चित ही दलित साहित्य के पाठकों और शोधार्थियों के लिए एक प्रेरक का काम किया।

## 'घुटन से' और 'द मेकिंग ऑफ़ ए मिनिस्टर'

बिहार राज्य से रमाशंकर आर्य की पहली दलित आत्मकथा 'घुटन' प्रकाशित हुई है। बिहार की जिस धरती पर दलित आन्दोलनों की एक समृद्ध परम्परा रही है वहाँ से दलित आत्मकथा का आना एक सुखद अहसास है। रजनी तिलक ने 'रमणिका फ़ाउंडेशन' के संयुक्त बैनर तले इसी आत्मकथा पर केन्द्रित गोष्ठी में उपरोक्त विचार रखे। गोष्ठी की अध्यक्षता रमणिका गुप्ता ने की। रजनी तिलक ने हिन्दी दलित आत्मकथाओं का विवरण देते हुए 'घुटन' की विशिष्टताओं का उल्लेख किया। उन्होंने सार-संक्षेप के क्रम में बताया, "रमाशंकर आर्य ने 'घुटन' के माध्यम से शिक्षा के क्षेत्र में व्याप्त ब्राह्मणवाद की बखिया उधेड़ी है।" उन्होंने विवेच्य आत्मकथा के परिप्रेक्ष्य में जेंडर का प्रश्न तो उठाया लेकिन 'घुटन' का लेखक यानी रमाशंकर आर्य अन्त तक दब्बूपन से उभर नहीं सका है।

बिहार से ही बुद्ध शरण हंस लिखते हैं, "मेरे जीवन में शुरू से अन्त तक जो भी मर्मस्पर्शी, भावोत्तेजक और मर्माहत करने वाली घटनाएँ घटी हैं, उन घटनाओं पर मैंने कथात्मक संस्मरण लिखने का अनोखा प्रयास किया है। ऐसी संस्मरण कथा मैंने कभी कहीं किसी की पढ़ी नहीं है। इस कारण मैंने अपनी इस संस्मरण कथा को अनोखा प्रयास कहा है। इस पुस्तक में संकलित कथाएँ न सिलसिलेवार हैं और न एक-दूसरे से अनुस्यूत। इसी कारण मैंने इन संस्मरण कथाओं का शीर्षक रखा है—'टुकड़े-टुकड़े आईना'। मेरे इस संस्मरण की सारी

कथाएँ एक-दूसरे से बिल्कुल स्वतन्त्र हैं, किन्तु सारी कथाएँ मेरी ज़िन्दगी से जुड़ी हैं।" उनकी आत्मकथा के बारे में अगले पृष्ठों पर विवरण देंगे।

बुद्ध शरण हंस जी आरम्भ में प्रोविंसियल सिविल सर्विस में रहे। बाद में आई.ए.एस. के रूप में उनकी पदोन्नति हुई। वे बिहार से हैं। कविता, कहानी, उपन्यास और नाटक आदि विधा पर लगभग चालीस पुस्तकें हैं। वहीं 'मेरा सफ़र मेरी मंज़िल' के लेखक डॉ. डी.आर. जाटव अपने जीवन में डॉ. अम्बेडकर का प्रभाव तथा जीवन के प्रत्येक विकास में उनकी प्रेरणा मानते हैं। डॉ. अम्बेडकर को दलितों के उद्धारक मानते हैं। उन्होंने अम्बेडकर का ज़िक्र बार-बार किया है। अपनी आत्मकथा के उद्देश्य के बारे में डॉ. जाटव लिखते हैं–"मैं अम्बेडकरवादियों एवं अन्य प्रबुद्ध पाठकों को यह कहना चाहता हूँ कि इस आत्मकथा के सृजन का एकमात्र उद्देश्य अपने स्वयं के जीवन तथा कार्यों का कोई विस्तृत विवरण देना नहीं है, केवल यह प्रदर्शित करना है कि अपने महान उद्धारक बाबा साहेब अम्बेडकर के नाम से मैं किस प्रकार परिचित हुआ और यह भी उद्घाटित करना है कि मैंने उस राह के अनुसरण की दिशा में कितना सफ़र किया है जिसे हमें स्वयं डॉ. साहेब ने दिखाया था।"

राजस्थान के झुंझुनू ज़िले के एक छोटे से गाँव सहड़ में जन्मे और 1990-92 के दौरान राजस्थान सरकार में श्रम (राज्य) मन्त्री रहे बाबूलाल खांडा ने 'द मेकिंग ऑफ़ ए मिनिस्टर' के नाम से अंग्रेज़ी में आत्मकथा लिखी है। जो बी.आर.एस.ए. पब्लिशर्स, जयपुर से प्रकाशित हुई।

दलित आत्मकथाओं के बारे में देखा जाये तो उनकी अलग बात है। यह ठीक है कि बाबूलाल खांडा सवर्णों और उनकी (वर्ण) व्यवस्था का अतिरिक्त गुणगान नहीं करते लेकिन यह क्या कम है कि एक दलित का अभिशप्त जीवन, जो उन्हें सवर्णों और उनकी व्यवस्था के द्वारा ही प्रदान किया हुआ है, उसे जीते हुए और झेलते हुए भी उनकी आलोचना नहीं करते।

बाबूलाल खांडा की ऐसी सोच का मुख्य कारण, मैं समझता हूँ, उनका गाँधी के प्रभाव में होना है जिसका दूसरा पहलू अम्बेडकर विरोध हो जाता है। बकौल हेतु भारद्वाज–"वे (बाबूलाल खांडा) अम्बेडकर के अन्ध भक्त कभी नहीं रहे तथा वे उनकी सीमाओं को अच्छी तरह समझते थे।" अम्बेडकर के प्रति अपने नज़रिये को बाबूलाल खांडा ख़ुद कुछ इन शब्दों में व्यक्त करते हैं–"मुझे सन्देह है कि डॉ. अम्बेडकर दलित थे क्योंकि वे अंग्रेज़ की तरह रहते थे।" लेकिन कोई दलित जब अम्बेडकर का 'अन्धभक्त' नहीं होता तो वह गाँधी भक्त बन बाबूलाल खांडा बन जाता है। किसी दलित या दलितों के एक हिस्से का आज

भी गाँधी से अतिरिक्त प्रभावित रहना और जाने-अनजाने अम्बेडकर के विरोध में होना बेवजह नहीं हो सकता।

मधुमती के सम्पादक ने इसे सन्तुलन का प्रयास कहा है।

आत्मकथा में मुख्य रूप से दलितों की जातियों के परस्पर तनावों को उभारा गया है। बाबूलाल खांडा कौटिल्य के राजनीतिक चिन्तन के मुरीद रहे हैं। उनके अनुसार कौटिल्य के सिद्धान्तों का पालन कर व्यक्ति अपने जीवन में सफल हो सकता है।

## सन्दर्भ


1. 'द मेकिंग ऑफ़ ए मिनिस्टर', बी.आर.एस.ए. पब्लिशर्स, चौड़ा रास्ता, जयपुर, 1998
2. मधुमती (राजस्थान साहित्य अकादमी की पत्रिका), उदयपुर, मार्च, 2002

# मायावती से माया महारानी का सफ़रनामा

*मायावती एक साधारण परिवेश में पली-पढ़ीं और उन्होंने दिल्ली विश्वविद्यालय से बी.ए. और एल.एल.बी. की। अम्बेडकरवादी आन्दोलन से जुड़कर उन्होंने पहले 70 के दशक में बामसेफ ज्वाइन की। फिर बहुजन समाज पार्टी की कांशीराम के साथ मिलकर स्थापना की। भारत में उत्तर प्रदेश से पहली दलित महिला मुख्यमन्त्री बनीं। बाद में चौथी बार मुख्यमन्त्री पद पर भी आसीन हुईं। कहना न होगा कि जीवन के कुछ क्षेत्रों में उन्होंने ज़ोरदार तरीके से दस्तक दी। सम्भवतः इसी कारण राजनीति में भी वे अग्रणी रहीं। मान्यवर कांशीरामजी का गॉड फादर के रूप में उन्हें मिलना या संघर्ष के दिनों में एक साथी के रूप में उन्हें स्वीकार करना प्राइमरी अध्यापक से उन्हें मुख्यमन्त्री की कुर्सी तक ले जाने में जिनकी महत्त्वपूर्ण भूमिका रही। मैं स्वयं उसी दौर में मेरठ के सी.ए.बी. इण्टर कॉलेज से अध्यापकी छोड़कर कांशीराम जी से जुड़ा था। मायावती की इस आत्मकथा में बामसेफ से बहुजन समाज पार्टी के बनने तक संघर्ष के उन ब्यौरों का अभाव मिलता है। साथ ही उन साथियों का भी उल्लेख नहीं मिलता, जिनके सहयोग से माया महारानी बनी थीं। मैं स्वयं उस दौर के संघर्षों का चश्मदीद गवाह रहा हूँ। ख़ैर जो भी उन्होंने स्वयं लिखा था या लिखवाया, प्रस्तुत है उसी आत्मकथा 'मेरे संघर्षमय जीवन एवं बहुजन मूवमेंट का सफ़रनामा' के कुछ अंश.....*

आत्मकथा के पहले ही पृष्ठ खोलते हुए पाठकों को संसद में बाबा साहेब की प्रतिमा (रंगीन) मिलती है। साथ में लिखा है—बहुजनो, शासक बनो। फिर वे स्वयं लिखती हैं, अनुसूचित जाति से सम्बन्धित 'जाटव' बिरादरी के एक मध्यमवर्गीय परिवार में 15 जनवरी, 1956 को मेरी पैदाइश हुई। मेरे पिता प्रभुदास जी, मूलरूप से ज़िला गौतमबुद्ध नगर (उत्तर प्रदेश) में ग्राम बादलपुर के रहने वाले हैं। लेकिन शिक्षा प्राप्ति के पश्चात दिल्ली में एक क्लर्क के पद पर सरकारी नौकरी (डाक-तार विभाग में) मिल जाने के कारण, अपने परिवार सहित दिल्ली में ही रहने लगे थे। इसी कारण मेरी माता श्रीमती रामरती जी ने दिल्ली के ही

एक सरकारी अस्पताल—श्रीमती सुचेता कृपलानी अस्पताल में मुझको जन्म दिया। इस अस्पताल का पुराना नाम लेडी हार्डिंग अस्पताल है।

मुझे अपनी शिक्षा दिल्ली में ही प्राप्त करने का मौक़ा मिला। मेरी माता जी श्रीमती रामरती अनपढ़ ज़रूर हैं, लेकिन समझदार और बहुत मेहनती महिला भी हैं। चूँकि मेरे पिताजी की तनख़्वाह इतनी ज़्यादा नहीं थी कि हमारे परिवार का ख़र्चा अच्छी तरह से चल सके, इसलिए मेरी माँ ने दिल्ली जैसे शहर में, अपने बलबूते पर भैंसों के माध्यम से 'दूध की डेरी' चलाकर उसके द्वारा परिवार का आर्थिक बोझ, ख़ूब अच्छी तरह से सँभाला, ताकि छह भाइयों और तीन बहनों वाले भरे-पूरे परिवार की ठीक ढंग से परवरिश की जा सके।

1975 में दिल्ली विश्वविद्यालय से बी.ए. करके 1976 में बी.एड. की डिग्री ली। उसके बाद वकालत की। मैंने दिल्ली के एक सरकारी प्राइमरी स्कूल में अध्यापिका की नौकरी भी की। मान्यवर कांशीराम जी के माध्यम से बामसेफ से जुड़ी। कुछ करने का एक नया रास्ता मिला।

बाबा साहेब डॉ. अम्बेडकर द्वारा लिखित पुस्तकों को पढ़ने के बाद, पूरे देश में दलितों की सामाजिक एवं आर्थिक स्थिति का मुझे अहसास हुआ और गहन पीड़ा भी। इतना ही नहीं, बल्कि विद्यार्थी जीवन में, जब मैं अपने माता-पिता के साथ उत्तर प्रदेश में रिश्तेदारों के यहाँ जाया करती थी, तो देहातों में दलितों के अलग मोहल्ले देखने को मिलते थे, जहाँ से सवर्ण समाज के लोग आमतौर पर आना-जाना भी पसन्द नहीं करते थे। इसके अतिरिक्त, लोगों की पहचान नाम से कम, उनकी जाति से ज़्यादा करायी जाती थी। इन सब बातों ने मेरे जीवन में एक हलचल सी पैदा कर दी थी और काफ़ी सोच-विचार के बाद अन्त में, मैंने आई.ए.एस. के माध्यम से एक बड़ी अधिकारी बनकर इसके ज़रिये दलित-शोषित समाज की सेवा करने का मन बनाया तथा फिर आई.ए.एस. अधिकारी बनने के लिए तैयारी भी शुरू कर दी थी। लेकिन सन् 1977 में मान्यवर कांशीराम जी से भेंट होने के बाद मेरे जीवन में एक नया मोड़ आया, जहाँ से मेरे राजनीतिक जीवन की शुरुआत हुई जिसकी जानकारी देना मैं यहाँ बेहद ज़रूरी समझती हूँ।

यह घटना सन् 1977 की है, जब केन्द्र में जनता पार्टी की सरकार थी जिसके (जनता पार्टी) द्वारा दिल्ली के कांस्टीट्यूशन क्लब के हॉल में, सितम्बर 1977 में 'जाति तोड़ो' विषय पर तीन दिन का एक सम्मेलन बुलाया गया और इसमें मुझे भी अपने विचार रखने के लिए आमन्त्रित किया गया था।

राजनारायण जी, जो उस समय भारत सरकार में केन्द्रीय स्वास्थ्य मन्त्री थे, वे स्वयं ही सम्मेलन का संचालन कर रहे थे। संचालन करते समय, वे बार-बार अनुसूचित जाति के लोगों को 'हरिजन' के नाम से सम्बोधित कर रहे थे, जो मुझे सुनने में कतई अच्छा नहीं लग रहा था।

जब सम्मेलन में मुझको बोलने का मौक़ा मिला, तो मैंने सबसे पहले एक ही बात रखी कि—एक तरफ़ तो राजनारायण जी देश में 'जाति' तोड़ने की बात कर रहे हैं, परन्तु दूसरी तरफ़ सम्मेलन का संचालन करते समय, अनुसूचित जाति के लोगों को 'हरिजन' के नाम से सम्बोधित कर रहे हैं। क्या इससे देश में 'जातिवाद' को बढ़ावा नहीं मिलेगा, अर्थात क्या 'हरिजन' शब्द जातिसूचक नहीं है? जबकि भारतीय संविधान में दलितों के लिए 'हरिजन' शब्द का नहीं, बल्कि 'अनुसूचित जाति' शब्द का इस्तेमाल किया गया है। इसलिए 'जाति तोड़ो' के नाम से बुलाया गया यह सम्मेलन, अनुसूचित जाति के लोगों को गुमराह करने व उनकी आँखों में धूल झोंकने वाला नज़र आता है। मेरी तर्कपूर्ण बातों को, वहीं उपस्थित लोगों ने काफ़ी सराहा और हॉल के अन्दर राजनारायण एवं जनता पार्टी की सरकार के 'मुर्दाबाद' तथा 'बाबा साहेब डॉ. अम्बेडकर अमर रहें' के नारे गूँजने लगे। इस घटना के कई वर्ष बाद भी इसी शब्द हरिजन को लेकर एक अन्य प्रकरण में, सन् 1994-95 के दौरान भी पूरे देश में एक बार फिर इस मुद्दे के कारण माहौल गर्म हुआ, जिसमें मेरे ख़िलाफ़ मनुवादियों ने एक ज़बरदस्त जंग शुरू कर दी थी।

मैंने इस शब्द को लेकर गाँधीजी के बारे में केवल इतना ही कहा था कि गाँधीजी ने दलितों को 'हरिजन' नाम देकर, उन्हें जो भगवान की औलाद कहा है, इस क़िस्म की सोच रखने वाले लोगों को मेरा यह कहना था कि यदि दलित समाज के लोग 'भगवान की औलाद' हैं, तो क्या फिर सवर्ण समाज के लोग 'शैतान की औलाद' हैं? यह बात मैंने 1994 के दौरान लखनऊ के एक संवाददाता सम्मेलन में किसी प्रेस रिपोर्टर द्वारा, इस शब्द का प्रयोग करने पर आपत्ति जताते हुए कही थी। परन्तु मेरी इन बातों को जान-बूझकर मनुवादी प्रेस-मीडिया के लोगों ने तोड़-मरोड़ कर यह छाप दिया था कि मैंने "गाँधीजी को शैतान की औलाद कहा है।"

इस ख़बर के छपते ही पूरे देश में मेरे ख़िलाफ़ मनुवादियों ने एक बवाल खड़ा कर दिया। किसी ने मुझसे माफ़ी माँगने को कहा, तो किसी ने जेल भेजने की माँग की तथा किसी ने मुझे जान से मारने की धमकी भी दी। लेकिन मैं मनुवादियों की किसी भी धमकी के आगे नहीं झुकी। अन्त में मेरे विरोधियों को

थक-हार के शान्त हो जाना पड़ा, क्योंकि मेरे तर्कों तथा उससे उपजे सवालों का उनके पास कोई समुचित जवाब नहीं था। और फिर तब तक अपना बहुजन समाज भी 'जैसे-को-तैसा' जवाब देने के लिए जागरूक व तैयार हो चुका था।

उन विभिन्न संगठनों में से एक संगठन 'बामसेफ' (The All India Backward (SCs, STs & OBCs) and Minority Communities Employees Federation) के कुछ कार्यकर्त्ताओं ने मुझे इस संगठन और इसके संस्थापक मान्यवर कांशीराम जी के बारे में बहुत कुछ बतलाया था। इतना ही नहीं, बल्कि मान्यवर कांशीराम जी ने भी सामाजिक कार्यक्रमों में स्वयं मेरे विचारों को सुना और उससे वे काफ़ी प्रभावित भी हुए।

स्वयं मायावती अतीत में हुई घटनाओं के बारे में बताते हुए लिखती हैं, मान्यवर कांशीराम जी, 'बामसेफ' के अपने एक साथी को साथ में लेकर मुझसे और मेरे पिताजी से मिलने के लिए देर-रात्रि मेरे निवास स्थान पर पहुँचे। उस समय मैं दिल्ली विश्वविद्यालय में (सायंकालीन) एल.एल.बी. प्रथम वर्ष की छात्रा थी और सरकारी नौकरी करने के साथ-साथ आई.ए.एस. परीक्षा की भी तैयारी कर रही थी। मेरी मेज़ पर रखी किताबों को देखकर सबसे पहला सवाल मान्यवर कांशीराम जी ने मुझसे यही पूछा कि "आप पढ़-लिखकर क्या बनना चाहती हैं तो मैंने जवाब में कहा कि मैं एक 'कलेक्टर' बनना चाहती हूँ ताकि मैं अपने समाज की सेवा कर सकूँ।"

यह जवाब सुनकर मान्यवर कांशीराम जी ने मुझसे कहा कि "आप कलेक्टर बनकर भी सही मायने में अपने समाज की सेवा नहीं कर सकती हैं क्योंकि जिस राजनीतिक पार्टी की केन्द्र या प्रदेशों में सरकारें होती हैं उन्हीं के इशारों पर ही कलेक्टर को काम करना पड़ता है। आज हमारे समाज में कलेक्टरों की कमी नहीं है बल्कि कलेक्टरों से सही काम लेने के लिए हमारे समाज में अभी तक अच्छे नेता तैयार नहीं हो पाये हैं अर्थात कमी समाज में सही नेताओं की है, जिसे आप काफ़ी हद तक पूरा कर सकी हैं। मैं आपकी खूबियों, लगन व मेहनत को देखकर आपको एक दिन इतना बड़ा नेता बनाना चाहता हूँ कि आपके सामने एक नहीं बल्कि अनेकों कलेक्टर फ़ाइलें लेकर आपके आदेशों को लेने के लिए इन्तज़ार में खड़े रहें जिनके माध्यम से आप अपने समाज की सही मायने में सेवा कर सकती हैं और करवा भी सकती हैं।"

मान्यवर कांशीराम जी की इन सब बातों से मैं काफ़ी प्रभावित हुई और फिर मैंने 'कलेक्टर' बनने का इरादा छोड़कर 'समाज का एक बड़ा नेता' बनने का फ़ैसला ले लिया तथा सरकारी नौकरी से त्यागपत्र देकर और एल.एल.बी. की पढ़ाई पूरी करके मैं फिर राजनीति में खुलकर सामने आ गयी।

1984 में, जब से बी.एस.पी. अस्तित्व में आयी है, तब से लेकर अब तक मैंने लोकसभा के कई चुनाव लड़े हैं, जिसमें कई बार भारी सफलता भी प्राप्त हुई है। मैंने शुरुआत में लोकसभा के कई उपचुनाव भी लड़े थे जिनमें मैं कामयाब तो नहीं हो पायी परन्तु मनुवादी पार्टियों को लोहे के चने ज़रूर चबवा दिये थे। राज्यसभा के लिए भी मैं कई बार चुनी गयी।

इतना ही नहीं, बल्कि उत्तर प्रदेश में बहुजन समाज के लोगों की चाहत को ध्यान में रखकर विधानसभा के लिए भी मैंने दो सीटों से चुनाव लड़ा और दोनों सीटों पर मैं भारी मतों से विजयी भी हुई। मेरा चुनावी इतिहास आप इसी पुस्तक में आगे एक अलग अध्याय में विस्तार से पढ़ सकते हैं। देश के सबसे बड़े प्रदेश, उत्तर प्रदेश में, मैं बहुत कम उम्र में ही दलित समाज से पहली बार तीन दफा मुख्यमन्त्री भी बनी हूँ। लेकिन 3 जून, 1995 को जब मैं पहली बार मुख्यमन्त्री बनी थी तो मेरे मुख्यमन्त्री बनने के एक दिन पहले 2 जून, 1995 को समाजवादी पार्टी के नेता मुलायम सिंह यादव ने षड्यन्त्र के तहत भारी तादाद में आपराधिक तत्त्वों को इकट्ठा करके उत्तर प्रदेश की राजधानी लखनऊ के सरकारी राज्य अतिथि गृह में, जहाँ मैं ठहरी हुई थी, उनके व सरकारी मशीनरी के माध्यम से मेरे ऊपर जानलेवा हमला भी कराया, लेकिन बहुजन समाज के आशीर्वाद से उस हमले में मैं बाल-बाल बच गयी।

वे लिखती हैं कि मनुवादी पार्टी के आग्रह पर उ.प्र. में सरकार बनाने के लिए मैंने उनसे समर्थन तो ज़रूर लिया, पर उनके हिसाब से कभी सरकार नहीं चलाई। उसी के दौरान 17 अक्तूबर, 1995 को उन्होंने बिना किसी उचित कारण के लगभग, साढ़े चार महीने पश्चात ही मेरी सरकार से समर्थन वापस ले लिया था।

इसके बाद, भाजपा से फिर से समर्थन लेने के लिए मैं भाजपा के सामने गिड़गिड़ाई नहीं बल्कि मैंने तुरन्त ही अपनी सरकार का इस्तीफ़ा तत्कालीन राज्यपाल को दे दिया था। यह पत्र भी एक ऐसा महत्त्वपूर्ण दस्तावेज़ है जिससे मेरे सिद्धान्तों एवं स्वाभिमान का पता चलता है। तत्कालीन राज्यपाल श्री मोतीलाल वोरा को लिखे गये पत्र की प्रति इस प्रकार है :

मायावती

सचिवालय एनेक्सी
लखनऊ
दिनांक : 17 अक्तूबर, 1995

आदरणीय महामहिम श्री राज्यपाल जी,

मुझे अवगत कराया गया है कि भारतीय जनता पार्टी ने मेरी सरकार से अपना समर्थन वापस ले लिया है, जिसके फलस्वरूप मेरी सरकार अल्पमत में आ गयी है।

मेरी सरकार का साढ़े चार माह का कार्यकाल एक अत्यन्त सफल उपलब्धियों का रहा है। 'जंगल राज' समाप्त कर क़ानून का राज स्थापित करने में हम सफल रहे हैं। प्रदेश में पहली बार मुख्यमन्त्री के स्तर से विकास कार्यों की मण्डल स्तर पर गहन समीक्षा कर, योजनाओं के क्रियान्वयन में तेज़ी लायी गयी। सबसे बड़े प्रदेश की बागडोर सँभालने के बाद मैंने प्रयास किया कि बिना किसी धर्म, जाति का भेदभाव किये, सबसे ग़रीब, असहाय व्यक्ति को सरकार में भागीदारी का अहसास हो तथा मजलूम व धार्मिक अल्पसंख्यकों के हितों में भी अनेक निर्णय लिये हैं, जिनसे समाज के सन्तुलित विकास की प्रक्रिया तेज़ी से प्रारम्भ हुई।

स्वतन्त्र भारत में पहली बार एक दलित महिला को राज्य सरकार की बागडोर सँभालने का अवसर प्राप्त हुआ था, जिसे स्वयं प्रधानमन्त्री जी (पी.वी. नरसिम्हा राव) ने 'प्रजातन्त्र का चमत्कार' कहा था। लेकिन साम्प्रदायिक एवं मनुवादी ताक़त को एक दलित महिला का मुख्यमन्त्री बने रहना रास नहीं आया और आख़िरकार सरकार गिराने का षड्यन्त्र रच डाला। दलितों के हित की बात करने वाले स्वार्थी तत्त्वों का असली चेहरा सामने आ गया है। ग़रीब जनता चुनाव के समय पर ऐसे तत्त्वों को अवश्य जवाब देगी।

हमने कभी तुच्छ राजनीति नहीं की और अन्य लोगों की तरह न कभी कुर्सी से चिपके रहने का प्रयास किया है। हमने हमेशा सिद्धान्तों की राजनीति की है और अपने सिद्धान्तों से हमने न कभी कोई समझौता किया है और न ही भविष्य में करेंगे। बहुजन समाज के हित के लिए कोई भी कुर्बानी हमारे लिए छोटी है।

महामहिम राज्यपाल महोदय, मैं आपकी आभारी हूँ कि आपने साढ़े-चार माह के मेरी सरकार के कार्यकाल के दौरान सहयोग एवं मार्गदर्शन किया। स्वच्छ लोकतान्त्रिक मूल्यों, परम्पराओं एवं मान्यताओं का आदर करते हुए मैं अपना तथा अपने मन्त्रि-परिषद् का त्यागपत्र भेज रही हूँ जिसे कृपया स्वीकार करने का कष्ट करें।

सादर!

भवदीय
(मायावती)

श्री मोतीलाल वोरा
महामहिम श्री राज्यपाल
उत्तर प्रदेश, लखनऊ

## मेरे बचपन की कुछ यादें

मुझे याद है कि वर्ष 1995 में जब मैं उत्तर प्रदेश की पहली बार मुख्यमन्त्री बनी, तो तब पूरे देश में दलित-शोषित समाज के साथ-साथ मेरे माता-पिता की भी ख़ुशी का ठिकाना नहीं रहा था। उनके जीवन में कभी न भूलने वाली, इस ख़ुशी को देखकर, मीडिया के लोगों ने, मेरे माता-पिता से यह पूछा कि क्या आपको, कभी इस बात का अहसास हुआ था कि एक दिन, आपकी यह बेटी देश के सबसे बड़े प्रदेश अर्थात् उत्तर प्रदेश की मुख्यमन्त्री बनेगी? यह सवाल सुनकर मेरे माता-पिता ने तुरन्त ही जवाब दिया कि "पूत के पाँव, पालने में ही नज़र आ जाते हैं" अर्थात् हमें अपनी बेटी की शुरू से ही उनकी आदतों व बचपन में घटी कुछ घटनाओं से यह अहसास होने लगा था कि यह लड़की, बड़ी होकर, ज़रूर कोई-न-कोई ऊँची उड़ान भरेगी और बहुत बड़ा नाम कमायेगी। आख़िर में, आगे चलकर हमारी सोच के अनुसार ऐसा ही हुआ।

लेकिन आज अपने संघर्ष के बल पर जब मैं देश में बहुजन समाज के आत्म-सम्मान व स्वाभिमान की प्रतीक बन गयी हूँ देश का बहुजन समाज नहीं बल्कि समूचा समाज यह जानना चाहता है कि मेरे जीवन में बचपन की ऐसी कौन-सी घटनाएँ हैं जिनकी वजह से हमारी 'बहनजी' देश की राजनीति में, काफ़ी ऊँचे शिखर तक पहुँच गयी हैं।

जहाँ तक मेरे बचपन का सवाल है, इस विषय में मेरा यही कहना है कि बचपन से ही मैं जीवन में कुछ कर दिखाने के लिए संघर्ष में रत रही हूँ। इसलिए मेरी इन सब ख़ूबियों से प्रभावित होकर मेरे दादा श्री मंगल सेन जी अपने पूरे परिवार में सबसे ज़्यादा मुझे ही प्यार करते थे। वे बड़े ही सिद्धान्तवादी, प्रगतिशील तथा नेक विचारों के इन्सान थे, इसी कारण, हमारे पूरे गाँव में सभी लोग उनका बेहद सम्मान करते थे और आपसी झगड़ों के निपटारे तथा अन्य कोई सलाह लेने के लिए अक्सर उनके पास आते रहते थे। मेरे दादा आज़ादी से पहले ब्रिटिश शासन के दौरान अंग्रेज़ सेना में एक सिपाही थे तथा उन्होंने प्रथम विश्वयुद्ध के दौरान इटली में जाकर लड़ाई में हिस्सा भी लिया था।

जब मेरे पिता केवल छह महीने के ही थे उसी समय मेरी दादी जी का देहान्त हो गया था। मेरे दादा जी के मित्रों, सगे-सम्बन्धियों आदि ने उन्हें दूसरी शादी करने की सलाह भी दी, क्योंकि उस समय उनकी उम्र भी बहुत ज़्यादा नहीं थी। लेकिन मेरे दादा जी ने इस बात को मानने से साफ़ इनकार कर दिया और इसके बाद मेरे पिताजी का लालन-पालन उन्होंने स्वयं अपने हाथों से ही किया।

इसके अलावा मेरे दादा अन्धविश्वास, धार्मिक आडम्बरवाद व पाखण्डवाद आदि के सख़्त ख़िलाफ़ थे। उन्होंने अपने पुत्र (मेरे पिता प्रभुदास जी) को शुरू से ही यह स्पष्ट नसीहत दी थी कि तुम्हें मेरी जितनी सेवा करनी है वह तुम मेरे जीते-जी कर सकते हो। लेकिन मेरे मरने के बाद न तो मेरी अस्थियाँ गंगा-जमुना में बहाना, न सारी बिरादरी को दावत मृतभोज देना और न ही 'कव्वों को अपना बाप बनाना' अर्थात् न ही मेरा श्राद्ध-पिण्डदान आदि कराना।

अपनी इन सब बातों पर बल देने के लिए अक्सर वे एक कहावत भी अपने पुत्र को समझाने के उद्देश्य से सुनाया करते थे कि :

*जीवित बाप पर दंगम-दंगा।*
*मरे बाप, पहुँचाये गंगा।।*

अर्थात् ज़्यादातर परिवारों में आज भी यह बात देखने को मिलती है कि जब बाप वृद्ध अवस्था में पहुँच जाता है, तो उसकी सेवा करने की ज़िम्मेदारी से बचने के लिए, उसके बेटों में अक्सर झगड़ा ही होता रहता है। लेकिन उसके देहान्त के बाद, ये सब नाटक अर्थात्, मृतभोज, गंगा स्नान, श्राद्ध व पिण्डदान आदि किये जाते हैं, जिनको लेकर मेरे दादा इन रूढ़िवादी मान्यताओं के सख़्त ख़िलाफ़ थे। उनके जीवन और आदर्शों का मुझ पर काफ़ी प्रभाव पड़ा है।

मेरी दादी का नाम श्रीमती भूपकौर था। वे बहुत ही सरल, उदार तथा मानवीय गुणों से भरपूर महिला थीं।

यह बात तब की है जब मैं शायद कॉलेज के पहले या दूसरे साल में थी और उस समय मेरी उम्र लगभग 17-18 वर्ष की थी। दिल्ली के इन्द्रपुरी इलाक़े में जहाँ हमारा मकान है वहीं पर हमारे पड़ोस में घनश्याम सिंह बिरला नामक एक व्यक्ति रहते हैं। उनकी शादी के कई वर्ष बाद तक भी, उनके घर में कोई सन्तान पैदा नहीं हुई थी और हमारे पास-पड़ोस की औरतें अपनी दकियानूसी व रूढ़िवादी सोच के कारण, उनकी पत्नी को किसी भयंकर बीमारी से ग्रसित मानती थीं तथा उसके साथ उठने-बैठने में भी संकोच किया करती थीं।

लेकिन कई वर्ष बाद घनश्याम सिंह बिरला की पत्नी गर्भवती हुई और जिस दिन उन्हें बच्चा पैदा होने वाला था तो इत्तिफ़ाक से उस दिन किसी कारणवश मैं अपने घर पर ही थी, तभी मुझे पता चला कि श्री घनश्याम सिंह की पत्नी को प्रसव-पीड़ा हो रही है और उनके पति श्री घनश्याम सिंह बिरला ऑफ़िस गये हुए हैं तथा हमारे आस-पड़ोस की औरतें, उनकी पत्नी की सहायता करना तो दूर, उसके पास जाने से भी कतरा रही हैं। यह सुनकर जब मैं उनकी पत्नी की सहायता के लिए अपने घर से जैसे ही बाहर निकली, तो मेरी माता ने मुझे

वहाँ जाने से रोका तथा मुझे कहा कि अभी तेरी शादी भी नहीं हुई है। अगर तू उस औरत के पास गयी तो तुझे भी उसकी बीमारी लग जायेगी। इसलिए मैं तुझे वहाँ न जाने दूँगी। हमारे आस-पड़ोस की दूसरी औरतों ने भी मुझे वहाँ जाने से काफ़ी रोका, लेकिन मैंने उनसे कहा कि वह औरत दर्द से चिल्ला रही है और तुम सब ऐसे ऊल-जुलूल, दकियानूसी बातों में उलझी हुई हो। यह ठीक नहीं है। अगर उसको जल्दी ही अस्पताल नहीं पहुँचाया गया तो वह मर जायेगी। यह कहते हुए मैं अपनी माता तथा अन्य औरतों की परवाह न करते हुए उस औरत के पास पहुँची और उसको ऑटो में बैठाकर करोलबाग इलाक़े में स्थित कपूर अस्पताल ले गयी, जहाँ कुछ समय बाद उसने एक पुत्र को जन्म दिया।

यहाँ मैं आपको यह भी बताना ज़रूरी समझती हूँ कि मेरा नाम 'माया' कैसे पड़ा है। इसके पीछे भी एक दिलचस्प कहानी है। एक बार मैंने यूँ ही मज़ाक़ में अपने पिताजी से पूछा कि आपने मेरा नाम 'माया' क्यों रखा है? तो उन्होंने मुझे बताया कि हमने तुम्हारा नाम मनुवादी परम्परा के अनुसार किसी पण्डित आदि से तुम्हारी ग्रहदशा वगैरह निकलवाकर नहीं रखा था, बल्कि इसके पीछे एक वास्तविक घटना जुड़ी हुई है।

उन्होंने मुझे बताया कि जिस दिन मेरा जन्म हुआ था तो उस दिन हमारे घर में एक साथ तीन-तीन ख़ुशियाँ आयी थीं। एक तो मेरे पिताजी, जो कि डाक-तार विभाग में कार्यरत थे, उनका प्रमोशन हुआ था तथा वे लोअर डिवीजन क्लर्क (एल.डी.सी.) से तरक़्क़ी पा कर अपर डिवीजन क्लर्क (यू.डी.सी.) के पद पर पहुँच गये थे। इसके साथ ही उन्हें अपने ऑफ़िस से काफ़ी पुराना बकाया पैसा भी मिला। साथ ही उनकी पोस्टिंग भी एक अच्छे विभाग में हो गयी। इसी से ख़ुश होकर मेरे पिता जी ने कहा कि यह जो मेरे घर में बेटी पैदा हुई है वह मेरे लिए बहुत ख़ुशियाँ व धन लेकर आयी है इसी के लिए उन्होंने मेरा नाम 'माया' रख दिया। इस प्रकार, मेरा बचपन बहुत ही संघर्ष व चुनौतीपूर्ण तथा अपने जीवन में कुछ कर दिखाने की चाहत वाला रहा है। आज भी, मैं जब कभी-कभार फ़ुर्सत के पलों में अपने बचपन की इन अविस्मरणीय घटनाओं को याद करती हूँ तो मन रोमांचित हो उठता है।

लखनऊ में मुख्यमन्त्री की हैसियत से मिले एक सरकारी बंगले में रहती थी और दिल्ली में आने के बाद बहुजन समाज पार्टी, केन्द्रीय कार्यालय में या फिर मान्यवर कांशीराम जी को मिले सरकारी बँगले में रहती थी। दिल्ली में अक्सर मेरा एक-न-एक भाई या बहन अपने परिवार सहित मेरी देखभाल के लिए मेरे

साथ ज़रूर रहते हैं। वे लोग मेरे साथ-साथ मान्यवर कांशीराम जी की भी भोजन आदि सम्बन्धित सुविधाओं का पूरा ख़याल रखते हैं। भाइयों में से सबसे बड़ा भाई सिद्धार्थ कुमार, मेरे विचारों से शुरू से ही काफ़ी प्रभावित रहा है, वह भी मेरा ख़याल रखता है। पहले वह दिल्ली में, भारत सरकार के श्रम-मन्त्रालय में डिप्टी डायरेक्टर के पद पर कार्यरत था, लेकिन उसने सरकारी नौकरी से वीआरएस के तहत वॉलन्टरी रिटायरमेंट ले लिया है। मेरा यही भाई मेरे घर छोड़ने पर काफ़ी समय तक मेरे साथ रहा है। फ़िलहाल अब मेरे साथ मेरा छोटा भाई आनन्द कुमार रहता है। इनके अलावा मेरे अन्य भाई-बहन भी मेरा पूरा ख़याल रखते हैं।

वैसे मेरा उसूल है कि मैं परिवार के सदस्यों और रिश्तेदारों से साल में केवल एक ही बार अपने जन्मदिन के मौक़े पर मिलती हूँ। इस ख़ुशी के मौक़े पर मान्यवर कांशीराम जी के परिवार के सदस्य भी हम सबसे अक्सर मिलते हैं, लेकिन अपने परिवार के सभी सदस्यों को मैं राजनीति से बहुत दूर रखती हूँ ताकि मेरे ऊपर कोई परिवारवाद का आरोप न लगा सके। साथ ही, मैंने बहुजन समाज की ख़ुशहाली के लिए अपना समस्त जीवन बहुजन समाज को समर्पित कर दिया है और इस लक्ष्य की प्राप्ति के लिए मैंने जीवनपर्यन्त अविवाहित रहने का दृढ़ संकल्प भी लिया है।

932 पृष्ठीय इस सामाजिक तथा राजनीतिक आत्मकथा में बहुजन समाज पार्टी के कार्यक्रमों तथा घटनाक्रमों की भरमार है। बीच-बीच में स्वयं मायावती के चित्रों तथा प्रेस कतरनों के अलावा बाबा साहेब डॉ. अम्बेडकर/श्रीमती रमाबाई/ज्योतिबा फुले/छत्रपति शाहूजी महाराज/नारायण गुरु/पेरियार ई.वी. रामास्वामी/सूबेदार रामजी मालोजी/क्रान्तिज्योति सावित्री बाई फुले/कांशीराम जी के चित्रों के साथ उनके जीवन संघर्ष के बारे में भी विवरण दिये गये हैं। इस आत्मकथा में मुख्य बात जो खटकती है वह लगभग 300 पृष्ठों में उत्तर प्रदेश सरकार का सरकारी विज्ञापनों का ब्यौरा है। उदाहरण के लिए सचिवों के नाम, ज़िलावार जनसंख्या, मन्त्रियों के नाम और पते। यहाँ तक कि पूरे देश में बीएसपी जहाँ-जहाँ से चुनाव लड़ी उन चुनाव क्षेत्रों के नाम तथा अर्जित मतों का प्रतिशत। इसी में मायावती के लम्बे-लम्बे साक्षात्कार भी दिये गये हैं।

इसके बाद संक्षेप में लिखा जाये तो 932 पृष्ठों की पुस्तक में आत्मकथा के नाम पर सिर्फ़ पचास पृष्ठ दिये गये हैं। 38 से 60 पृष्ठों में चुनावी लेखा-जोखा है। उसके बाद चार पृष्ठों में एडवोकेट मायावती के चित्र। फिर मेरे संघर्ष की सच्चाइयाँ, मान्यवर कांशीराम जी की जुबानी। बीच में फिर मायावती का चित्र।

मुझे 'द आयरन लेडी—मायावती' नामक किताब के लेखक मोहम्मद जमील अख्तर के साथ किताब के सन्दर्भ में बातचीत करने का सम्मान प्राप्त हुआ। लेखक...। पृष्ठ 76 पर "हुक्मरान बनने के लिए 'बहुजन' बनना होगा—कांशीराम"

चित्र के साथ उनके भाषण की कतरनें। अगले पृष्ठ पर मायावती का चित्र। इसके बाद अख़बारों में हिन्दी/अंग्रेज़ी में प्रकाशित उनके साक्षात्कार तथा मायावती/कांशीराम के चित्र। आगे के पृष्ठ पर 'संघर्ष ही मेरा ओढ़ना, संघर्ष ही मेरा बिछौना' के तहत वक्तव्य। फिर कांशीराम/मायावती के चित्र। इसके बाद 121 से 256 पृष्ठ तक बिजनौर/पंजाब/नैनीताल/आगरा/हरिद्वार/मथुरा/मैनपुरी/अलीगढ़/दिल्ली/ इलाहाबाद/मेरठ/नागपुर/मुजफ़्फ़रपुर/लखनऊ/चाँदपुर/हाथरस/ग्वालियर/भरतपुर/ इटावा/फीरोज़ाबाद/गया/पटना आदि शहरों में हुए बीएसपी के कार्यक्रमों में कांशीराम और मायावती के वक्तव्य।

पृष्ठ 257 से 315 तक बामसेफ/डीएसफोर/और बीएसपी का परिचय दिया गया है। पृष्ठ 323 से 327 तक "गाँधीजी ने हरिजन कहकर दलितों का अपमान किया, मनुवाद को बढ़ाया" नाम से मायावती का विचार। पृष्ठ 327 पर ही 15 प्वाइंट में टाइप है—

"मैं (गाँधीजी से) घृणा तो नहीं करता, लेकिन पसन्द भी नहीं करता। मेरी नापसन्दगी का कारण यह है कि मैं देश को सर्वोपरि मानता हूँ। इस लपेट में गाँधीजी को क्या कोई आ जाये तो मैं उसे छोड़ूँगा नहीं।"

बाद के पृष्ठों में साप्ताहिक 'संडे मेल' के कार्यकारी सम्पादक त्रिलोक दीप और विशेष संवाददाता वीरेन्द्र सेंगर से उनकी बातचीत को छापा गया। साथ ही गाँधी/मनु और पूना पैक्ट पर उनके विचारों को भी दिया गया। इसके बाद लगभग 220 पृष्ठों में चुनावी परिणाम के ब्यौरे दिये गये हैं। जिनकी ज़रूरत नहीं थी। आत्मकथा के आख़िर के लगभग पचास पृष्ठों में ज्योतिबा फुले/छत्रपति शाहू महाराज/नारायण गुरु/ई.वी. रामास्वामी/बाबा साहेब डॉ. अम्बेडकर/सावित्रीबाई फुले/रमाबाई अम्बेडकर/कांशीराम के बारे में दिया गया है। पृष्ठ 925 पर सबसे अन्त में लिखा है—

कुमारी मायावती<br>राष्ट्रीय अध्यक्ष<br>बहुजन समाज पार्टी<br>सांसद (राज्यसभा) एवं<br>पूर्व मुख्यमन्त्री, उत्तर प्रदेश (तीन बार)

*राज्यसभा सदस्य के साथ भारत के सबसे बड़े राज्य की तीन-चार बार मुख्यमन्त्री रही मायावती की आत्मकथा में वैसी गम्भीरता बिल्कुल भी नहीं है जैसी हम फिदेल कास्त्रो/मार्टिन लूथर किंग/विनोबा भावे/बाबा आमटे/कलाम साहब/नेल्सन मण्डेला/अब्राहम लिंकन/के.आर. नारायण आदि की जीवनी या आत्मकथाओं में पाते हैं।*

बीच के पृष्ठों (550-640) पर स्टेट गेस्ट हाउस काण्ड (2 जून, 1995) के सम्बन्ध में रमेश चन्द्र कमेटी की जाँच रिपोर्ट भी छापी गयी है। आत्मकथा में मायावती के चित्रों की भरमार है।

रुपचन्द गौतम लिखते हैं कि इस आत्मकथा (भाग-1) में जो सबसे ज़्यादा बात खटकती है, वह है बामसेफ और डी एसफोर के ऐसे साथियों का नाम तक न होना, जिन्होंने बामसेफ और बीएसपी के माध्यम से सत्ता तक पहुँचाने में मायावती को सहयोग किया। केवल कांशीराम का बार-बार वे वर्णन करती हैं। दूसरे बहुजन अधिकार और आप्रेस्ड इंडिया के कार्यकारी सम्पादकों क्रमशः मोहनदास नैमिशराय और राम खोबरागड़े का ज़िक्र तक नहीं है। 70 के दशक में वे स्वयं मेरठ के सी.ए.बी. इंटर कॉलेज से अध्यापकी छोड़कर बामसेफ में आये थे। जबकि राम खोबरागड़े बैंक ऑफ़ बड़ौदा में नौकरी करते थे। उनके अलावा रामगोपाल (वकील साहब), राधेश्याम/खापर्डे/मनोहर आप्टे आदि का कहीं उल्लेख नहीं है। जिन्होंने बामसेफ के प्रचार-प्रसार में रात-दिन एक किया।

कुल मिलाकर कहा जा सकता है 'मेरे संघर्षमय जीवन एवं बहुजन मूवमेंट का सफ़रनामा' आत्मकथा पर राजनीति हावी हुई है। उनके बड़बोले बयानों के साथ चित्रों की झाँकियों के बीच उनका वह संघर्ष गुम हो गया जिसे पाठक पढ़ना चाहता था। सबसे अधिक चुभने/खटकने वाली बात यह है कि यह आत्मकथा आर्ट पेपर पर छापी गयी है। और 15 जनवरी, 2006 के हिसाब से इसका मूल्य 1200 रुपये रखा गया, जो बहुत अधिक है। यह आत्मकथा आम दलित/पिछड़े/ओबीसी के द्वारा ख़रीदने की ताक़त से बाहर रही। लेकिन बताया जाता है कि मायावती जब तीन-चार बार उत्तर प्रदेश की महारानी बनीं तो सरकारी अमले विशेष रूप से कलक्टर और कमिश्नर आदि उच्च अधिकारियों से पुस्तक बिक्री में मदद ली गयी। पार्टी के पदाधिकारियों ने भी बढ़-चढ़ कर उनकी आत्मकथाओं की ख़रीद में हिस्सेदारी निभाई। उनकी आत्मकथा के प्रथम भाग के बारे में ही हमारी इस पुस्तक में ब्यौरा दिया गया है। बताया जाता है कि इसके बाद सात-आठ भागों में उनकी आत्मकथा प्रकाशित हुई है।

*(साभार 'मेरे संघर्षमय जीवन एवं बहुजन मूवमेंट का सफ़रनामा'—कुमारी मायावती)*

## सन्दर्भ

1. 'बहुजन संगठक', कार्यकारी सम्पादक, मोहनदास नैमिशराय, करोलबाग, नयी दिल्ली।
2. 'बहुजन संघर्ष', सम्पादक जितेन्द्र कुमार, करोलबाग, नयी दिल्ली।
3. 'दिल्ली की दलित पत्रकारिता', सं. रूपचन्द गौतम।
4. 'बहुजन अधिकार', सम्पादक मोहनदास नैमिशराय 1981 से आरम्भ।

# हिन्दुत्व की नागफनी से उलझता जीवन संघर्ष

6 जनवरी, 2008 को राजेन्द्र भवन, नयी दिल्ली में 'नागफनी' का लोकार्पण कार्यक्रम हुआ। बताया जाता है कि रूपनारायण सोनकर की चर्चित आत्मकथा 'नागफनी' पर सुनने वालों का जितना उत्साह था उतना ही उत्साह वक्ताओं में भी दिखा। प्रो. नामवर सिंह ने पुस्तक का लोकार्पण करते हुए सोनकर को समर्थ लेखक बताया। उन्होंने नागफनी को एक महत्त्वपूर्ण पुस्तक मानते हुए कहा कि यह किताब, कई किताबों की श्रृंखला के रूप में आयी है कि "जब इस सभा में बौद्धिकों के बीच भाईचारा बना है, तब वह यक़ीनन समाज में भी बनेगा। इस बदले माहौल को भी पकड़ना ज़रूरी है। मुझे लगता है कि ये आत्मकथा, उनकी स्मृतियों की किताब है। यह एक नयी विधा का जन्म है।"

समाजवैज्ञानिक रामशरण जोशी ने कहा, "नागफनी आत्मकथा वस्तुतः हमें उन सत्यों और यथार्थों का साक्षात्कार कराती है जो भारतीय समाज की वास्तविकता है। इसमें कुछ भी मेरे लिए अविश्वसनीय या काल्पनिक नहीं है। सोनकर अन्तर्विरोधों को 'रिजॉल्व' करने की कोशिश करते हैं ना कि 'डिफ़्यूज' करने की। यह आत्मकथा अपनी बात कहने के बजाय समाज की बात ज़्यादा करती है।" वहीं कँवल भारती ने अपने परिचित तेवर में नागफनी की मुक्तकण्ठ से प्रशंसा करते हुए इसे "आत्मकथा के क्षेत्र में एक नये अध्याय की शुरुआत कहा।" रमणिका गुप्ता ने कहा, "रूपनारायण सोनकर की आत्मकथा अन्य दलित आत्मकथाओं से बिल्कुल अलग है। यह वास्तव में, जाति से जमात बनने की कथा है। यह दलित चेतना की आत्मकथा है, न कि जाति चेतना की।"

दलित लेखक व विचारक तेज सिंह ने 'नागफनी' आत्मकथा की विशिष्टता को रेखांकित करते हुए इसे चुनौती देने वाला आत्मवृत्त कहा है। क्योंकि यह अन्य आत्मवृत्तों से अलग आत्मवृत्त है। जबकि 'हंस' पत्रिका के कार्यकारी सम्पादक संजीव ने इसे एक बेहतरीन आत्मकथा बतलाया।

बकलम रूपनारायण सोनकर दो काव्य संग्रह, नाटक और दो कहानी संग्रह लिखने के बाद मैंने आत्मकथा लिखने की सोची। बल्कि आत्मकथा लिखने के लिए अजय नावरिया ने मुझे प्रोत्साहित किया। लगभग पचास पृष्ठ लिखकर उनके पास भेजे। मैंने पूछा, यह आत्मकथा कैसी लगेगी? नावरिया ने कहा—"एक्सीलेंट।"

बकौल कँवल भारती "नागफनी ने जूठन को पीछे छोड़ दिया है। जूठन आत्मकेन्द्रित है जबकि नागफनी समाज पर केन्द्रित है।" प्रसिद्ध उपन्यासकार तेजेन्द्र सिंह ने नागफनी को सराहा। आत्मकथाकार के अनुसार प्रसिद्ध लेखिका अल्पना मिश्रा ने मुझे फ़ोन पर नागफनी के लिए बधाई दी।

सोनकर लिखते हैं कि जब सन् 1998 को मेरा नाम सुनील कुमार ने प्रस्तावित किया था उस समय सोहनपाल सुमनाक्षर ने कहा था—"यह आदमी कुत्ते-बिल्लियों पर कविताएँ लिखता है, यह दलित साहित्यकार नहीं है।"

मैं इस बात को कबूल करता हूँ कि वास्तव में सन् 1999 तक मैं पूर्णतया दलित साहित्यकार नहीं था। मुझे सवर्णों द्वारा प्रताड़ित व अपमानित किया गया था। मेरे अन्दर दलित साहित्य की ज्वाला भभक रही थी। मेरा 1995 के पहले किसी भी दलित साहित्यकार से परिचय नहीं हुआ था। मैं राष्ट्रीय स्तर के कवि-सम्मेलनों में ज़्यादा व्यस्त रहता था। मैंने देहरादून में रहते हुए कुछ दलित साहित्यकारों का नाम सुना था, जिनमें मोहनदास नैमिशराय तथा ओमप्रकाश वाल्मीकि आदि हैं। मेरे अन्दर भभक रही दलित साहित्य की ज्वाला में घी डालने का काम मेरे मित्र सुनील कुमार ने किया। दलित साहित्य के बारे में मेरी धारणा स्पष्ट नहीं थी। दलित साहित्य के बारे में मेरा कनसेप्ट क्लियर करने में उपन्यासकार तेजेन्द्र सिंह ने बहुत मदद की। वह देहरादून में दूरदर्शन के डायरेक्टर थे। उन्होंने मुझे दलित विशेषांक 'वसुधा' पढ़ने की सलाह दी। मैंने उस पत्रिका को पाँच-छह बार पढ़ा। अच्छे-अच्छे लेखों को कई बार पढ़ा। अजय नावरिया का लेख कई बार पढ़ा।

कुछ साथियों का मानना है कि हिन्दी की दलित आत्मकथाओं की दुनिया में एक दूसरा आश्चर्य यह भी है कि 'झोंपड़ी से राजभवन' जैसी आत्मकथा भी चर्चित नहीं हुई, जबकि इसके लेखक श्री माताप्रसाद राजनीति व प्रशासन में लगातार ऊँचे ओहदों पर रहते हुए अरुणाचल प्रदेश के राज्यपाल के पद तक पहुँचे हुए महत्त्वपूर्ण व्यक्तित्व हैं। कैलाशनाथ लिखित 'दलित उत्पीड़न' एवं डी.आर. जाटव की 'मेरा सफ़र : मेरी मंज़िल' तो अनुल्लिखित ही रह गयीं। 'अपेक्षा' के 'आत्मवृत्त' विशेषांक ने ही इनका पहला पता दिया। जबकि रूपनारायण सोनकर की 'नागफनी' ने आत्मकथाओं के विमर्श में ख़ूब शोर-शराबा किया। उन्होंने दलित साहित्यकारों के बीच अपनी उपस्थिति दर्ज कराई है।

प्रस्तुत पुस्तक 'नागफनी' के कुछ अंश 'हंस' में प्रकाशित होकर पहले ही पर्याप्त चर्चित हो चुके थे। इसके पीछे के रहस्य से अभी पर्दा उठना बाक़ी है। वैसे सोनकर अपने नाटकों और कहानियों के लिए जाने जाते रहे हैं।

बकौल डॉ. आर.एच. वणकर सोनकर की आत्मकथा में कुछ बातें विवादास्पद रही हैं। पर वे विवादों को झेलकर बाहर आते हैं। उनकी 'नागफनी' अपमान, शोषण एवं असमानता को उकेरती आत्मकथा है। मानव को मानव के रूप में न स्वीकारना, उनके साथ पशुवत व्यवहार करना और अत्याचारों को बढ़ाना, ये आज कहाँ तक उचित है? 'नागफनी' मात्र एक आत्मकथा नहीं, मगर पूरे दलित समाज का चित्रण है। पूरे दलित समाज का प्राण है। ऐसी आत्मकथाएँ पुरानी धार्मिकता को नष्ट कर देती हैं। दलितों को सम्मान प्रदान करती हैं। सोनकर के विचारों में ताक़त तो है ही, साथ-साथ जीवन की सच्चाई है। समाज की सदियों पुरानी जो मान्यताएँ घर कर गयी हैं उसे नष्ट करने का सन्निष्ठ प्रयास है। 'नागफनी' में एक तरफ़ आक्रोश है, तो दूसरी ओर संवेदना है, तो साथ-साथ समाज में व्याप्त अन्धविश्वास को उखाड़ फेंकने का ज़बरदस्त आह्वान है।

रूपनारायण सोनकर ने हिन्दी दलित आत्मकथाओं की शृंखला में एक और शृंखला जोड़ते हुए 'नागफनी' शीर्षक से आत्मकथा लिखकर हिन्दी साहित्य को समृद्ध किया है। इस आत्मकथा को पढ़ते हुए एक अजीब-सी बेचैनी होती है। आत्मकथाकार ने जातिवाद के दंश को स्वयं झेला है। यही कारण है कि लेखक समाज में क्रान्तिकारी परिवर्तन चाहता है। सामन्तशाही और ब्राह्मणवाद का ख़ात्मा ही लेखक का अभीष्ट है। जब तक समाज में ऊँच-नीच, ग़ैर-बराबरी, अस्पृश्यता का भाव विद्यमान है तब तक सामाजिक समरसता, समानता और भाईचारे की चर्चा बेमानी है।

आत्मकथाकार लिखते हैं, मैं आपको एक घटना और बताने जा रहा हूँ तब मैं बारहवीं में पढ़ रहा था। मई या जून का महीना था। मैं बिन्दकी से पैदल अपने गाँव नसेनियाँ जा रहा था। गेहूँ की फ़सल पक गयी थी। कुछ खेतों में किसान गेहूँ की फ़सल काट रहे थे। बहुत सारे खेतों में चना, गेहूँ और अरहर खड़ा था। कच्ची सड़क के किनारे कहीं-कहीं आम और जामुन के पेड़ खड़े थे। टपका (पका आम) और जामुन तेज़ हवा के झोंके चलने से ज़मीन पर गिर पड़ते थे। मैं रास्ते चलते-चलते पके आम व जामुन उठाकर खाते-खाते चला जा रहा था। कभी-कभी सड़क पर कच्ची मिट्टी के गोले आसमान तक तेज़ हवा में गोल-गोल चक्कर लगाते थे। यदि आदमी इनमें फँस जाये तो पूरा बदन धूल-मिट्टी से सन जाता था। हो सकता कि वह हवा में उड़ने भी लगे।

लगभग एक या दो बजे दोपहर का समय था। मुझे तेज़ प्यास लग रही थी। मैं देवरी बुज़ुर्ग गाँव के पास पहुँच गया था। सड़क के किनारे एक बड़ा कुआँ था। गाँव वालों ने राहगीरों के लिए एक बालटी रस्सी में बाँध रखी थी। जो भी राहगीर आता प्यास बुझाने के लिए कुएँ के अन्दर बालटी डालकर पानी निकालता और एक पीतल के लोटे से पानी पीता था।

मैं बहुत प्यासा था। मैंने उस कुएँ के पास रखी बालटी कुएँ में डालकर रस्सी खींचकर पानी निकालकर पी लिया। उसी समय गाँव की तरफ़ से एक जनेऊधारी ब्राह्मण माथे पर बड़ा-सा टीका लगाये, धोती, कुर्ता पहने हाथ में एक लाठी लिए हुए कुएँ के पास आकर बोला, "साले! तूने अपने आप कुएँ से पानी निकालकर बालटी में लोटा डालकर पी लिया। मैं तुझे जानता हूँ कि तू अछूत है।"

"पण्डित जी मैं बहुत प्यासा था।"

"तूने किसी को आवाज़ क्यों नहीं दी?"

"उस समय यहाँ पर कोई नहीं दिखाई दे रहा था।"

"साले! थोड़ी देर इन्तज़ार कर लेता तो क्या प्यासा मर जाता! उतर साले! कुएँ की जगत से नीचे..."

मैंने कहा—"मैं हाथ-मुँह धो लूँगा तभी नीचे उतरूँगा, मुझे बहुत तपन महसूस हो रही है।" वह ब्राह्मण बोला—"अभी मैं तुझे ठण्डा कर देता हूँ..."

उसने लाठी से मेरे ऊपर प्रहार कर दिया। मेरे सर से ख़ून की धारा बहने लगी। मैं बालटी पकड़े हुए कुएँ की फ़र्श पर गिर पड़ा। उसी समय दो-तीन ब्राह्मण वहाँ पर आ गये बोले—"साले! अछूतों ने हाईस्कूल, इंटर क्या पढ़ लिया अपने आपको गवर्नर समझने लगे।" जिस ब्राह्मण ने मुझे लाठी मारी थी, दोबारा चिल्लाते हुए बोला—"उतर साले कुएँ की जगत से नीचे..."

कुएँ की जगत ऊँची थी। सभी ब्राह्मण कुएँ की फ़र्श से नीचे थे।

"न उतरे तो इसे कुएँ के अन्दर फेंक दो।" सभी लाठीधारी ब्राह्मणों ने ऊँची आवाज़ में कहा।

मैं डर गया कि ये लोग कहीं मुझे कुएँ के अन्दर न फेंक दें। वे सभी कुएँ की बनी सीढ़ियों से कुएँ की जगत के ऊपर आने लगे और लाठियों से मुझ पर हमला करने लगे। मैं लोटे से पानी बालों में डालकर अपना गरम सर धो रहा था। मैं झुका हुआ था। दो ब्राह्मणों ने लाठियों से मुझ पर ज़ोर से प्रहार कर दिया। लाठियाँ मेरी पीठ पर लगीं। मैं ज़ोर से कराह उठा। लोटा मेरे हाथ से छूट गया।

कुएँ के फ़र्श से सीढ़ियों से लुढ़कता हुआ ज़मीन पर गिर पड़ा। मेरा दाहिना हाथ बालटी से बँधी रस्सी पर आ गया। मैं ज़ोर से उठ खड़ा हुआ। मैंने ज़ोर से

रस्सी पकड़ ली। बालटी का पानी नीचे उड़ेल दिया। रस्सी के सहारे बालटी को चारों तरफ़ घुमाने लगा। चार-पाँच ब्राह्मणों की लाठियों के प्रहार का उत्तर लोहे की बालटी से देने लगा। बिल्कुल उसी तरह जैसे अभिमन्यु के पास जब कोई हथियार नहीं था तब रथ के पहिये को हाथ में लेकर उसने कौरवों का सामना किया था। चारों तरफ़ से घिरे होने के बावजूद भी उसने कौरवों के छक्के छुड़ा दिये थे। अभिमन्यु चारों तरफ़ पहिये को घुमा-घुमा कर कौरवों पर प्रहार करता था। उस लकड़ी के पहिये के सामने कौरवों के सारे हथियार असफल हो रहे थे। पहिया बिल्कुल सुदर्शन चक्र नज़र आ रहा था न जाने कितने योद्धाओं का सर काट दिया था। पहिया उस समय सुदर्शन चक्र बनकर अधर्मी योद्धाओं का संहार कर रहा था। हर युग में सुदर्शन चक्र उन वीरों का साथ देता है जो न्याय, समता, भ्रातृत्व और सामाजिक कुरीतियों के विरुद्ध शंखनाद करते हैं। मेरे लिए बालटी सुदर्शन चक्र के समान थी। मेरे सामने अहंकारी, घमण्डी, अपने उच्च कुल की दुहाई देने वाले तानाशाह हिटलर खड़े थे। जो मानव को मानव नहीं समझते थे। जब मैं रस्सी से बँधी लोहे की बालटी को चारों तरफ़ घुमाता था तब लाठियाँ बालटी से टकरा कर एक तिनके की तरह टूट जाती थीं या उनके हाथों से छूटकर दूर गिर पड़ती थीं। स्वाभिमानी व सत्य की राह पर चलने वाले आदमी कभी भी हारते नहीं हैं। बुराइयों को नेस्तनाबूद करके ही दम लेते हैं। बुराइयों को सदैव पनपाने वाले निर्बलों पर अत्याचार करने वाले लोग कभी भी जीतते नहीं हैं? यदि वे किसी तरह जीत भी जायें तो उनकी अन्तरात्मा उनको सदैव धिक्कारती रहती है?

सभी चिल्ला रहे थे—"मारो साले को! कुएँ में फेंक दो।"

अपने बचाव के लिए मैं बालटी चारों तरफ़ तेज़ी से घुमाने लगा।

मेरी बालटी जिस भी ब्राह्मण के सर, बदन पर पड़ती थी वह चिल्लाते हुए गिर पड़ता था। मैंने सभी ब्राह्मणों को धराशायी कर दिया और बालटी घुमाते हुए ज़ोर से अपने गाँव की ओर भागने लगा। मेरा गाँव वहाँ से तीन किलोमीटर दूर था। घायल ब्राह्मण उठ कर तेज़ी से दौड़कर मुझे पकड़ने की कोशिश करने लगे। मैं बहुत तेज़ भाग रहा था। वे सड़क के किनारे पड़े ईंट के टुकड़े फेंक-फेंक कर मुझे निशाना बनाने लगे। पर वे मुझे पकड़ नहीं पाये। कुछ दूर पीछा करने के बाद वापस लौट गये।

आदमी को पहले हमला नहीं करना चाहिए। लेकिन अपनी रक्षा ज़रूर करनी चाहिए। यदि हमला करने वाले आपकी जान लेने पर उतारू हो जायें तो सामने वाले पर ज़ोरदार प्रहार करना चाहिए। वह आदमी बहुत बड़ा कायर होता है जो

बग़ैर संघर्ष किये हुए मरता है। दलितों की आत्मा इतनी दबा दी जाती है कि वे संघर्ष करना भूल जाते हैं। वह इसीलिए सवर्णों से हर जगह पिटते रहते हैं। जिस दलित की आत्मा दब जाती है वह हट्टे-कट्टे होते हैं। यदि वे अपनी अन्तरात्मा को हट्टा-कट्टा और मज़बूत बना लें तो अत्याचारी सवर्णों के अत्याचारों का माकूल उत्तर दे सकते हैं।

दलितों को शारीरिक और आन्तरिक दोनों तरह से मज़बूत बनना है। जिस दिन पन्द्रह प्रतिशत ग्रामीण दलितों में यह भावना आ जायेगी उस दिन सम्पूर्ण भारत में शोषण और अत्याचार का नामोनिशान नहीं रहेगा।

पानी पीकर मेरी प्यास बुझ गयी थी। पानी मेरे शरीर में पेट्रोल का काम कर रहा था। मेरे शरीर रूपी वाहन को मेरा हृदय रूपी ड्राइवर तेज़ी से भगा रहा था। पैर रूपी पहिये तेज़ी से कच्ची सड़क पर दौड़ रहे थे। मैं ऊबड़-खाबड़ सड़क को पार करते हुए तेज़ी से अपने गाँव पहुँच गया।

मैं मौत के मुँह से निकल आया था। कुआँ बहुत गहरा और पुराना था। लेकिन समाज में फैली छुआछूत, ग़ैर-बराबरी, शोषण, अत्याचार और कुरीतियाँ कुएँ से भी ज़्यादा गहरी और पुरानी हैं। इनकी कोई थाह नहीं है। मैं अगर कुएँ में डाल दिया जाता तो हो सकता है मैं संघर्ष करके कुएँ से बाहर आ जाता, लेकिन इन सामाजिक विसंगतियों, क्रूर सामाजिक रूढ़ियों, नाइंसाफियों, ऊँच-नीच और छुआछूत से बचना मुश्किल है। इनका जवाब वही है जो मैंने दिया।

उनकी आत्मकथा में दूसरी घटना मंचीय सवर्ण कवियों की है।

मंच पर महाभारत के सारे पात्र उपस्थित थे। सुरेन्द्र शर्मा ने सरस्वती वन्दना के बाद मंच पर कविता पढ़ने के लिए मेरा नाम पुकारा। मंच के सामने विश्वविद्यालय और कॉलेजों के छात्र-छात्राएँ बड़ी संख्या में कविता सुनने आये थे। मेरी एक हास्य व्यंग्य की कविता को सुनकर आगे बैठे छात्र-छात्राओं ने मेरे ऊपर फूल फेंकना शुरू कर दिया। सुरेन्द्र शर्मा चिढ़ गये। मेरी पूरी कविता नहीं होने दी। मुझे बैठने का आदेश दे दिया। लड़के-लड़कियाँ एक और एक और की माँग करते रहे लेकिन सुरेन्द्र शर्मा टस-से-मस नहीं हुए। उन्होंने कहा—"अब आप हुल्लड़ मुरादाबादी की कविता सुनिए। बहुत सारे कवि हैं बाद में सोनकर से कविता पढ़वाएँगे।" मैं एक खिलाड़ी की भाँति अपने कैप्टन की बात मान गया। जैसे भारत के कप्तान राहुल द्रविड ने ऑस्ट्रेलिया के ख़िलाफ़ उस समय पारी घोषित कर दी थी जिस समय सचिन तेन्दुलकर को अपनी डबल सेंचुरी पूरा करने के लिए मात्र छह रनों की ज़रूरत थी।

मैं दूसरे नम्बर पर कविता पढ़ रहा था, समय का कोई अभाव नहीं था, लेकिन मुझे समय नहीं दिया गया। मैंने कविता पढ़ने के पहले मेयर श्री अरुण कुमार जैन व अशोक कुमार जैन का आभार व्यक्त किया—"मैं आप दोनों का बहुत आभारी हूँ आपने मेरे जैसे छोटे कवि को प्रख्यात कवियों के बीच कविता पढ़ने का अवसर दिया। उम्मीद है भविष्य में भी आप मेरे जैसे कवियों को अवसर प्रदान करते रहेंगे।"

सुरेन्द्र शर्मा बीच में मेरी बात काटते हुए बोले—"आपको अवसर प्रदान किया जायेगा। ताकि सारे पुराने कवि मंचों से धीरे-धीरे ग़ायब हो जायें और आप जैसे कवि मंचों पर विराजमान हो जायें।"

श्रोता समझ नहीं पा रहे थे कि एक बड़ा चर्चित हास्य रस का कवि सार्वजनिक तौर पर अपनी भड़ास निकाल रहा था या कमेंट कर रहा था। 'आप जैसे' शब्द मेरी छाती में ख़ंजर की तरह घुप गये थे। क्या यह सिर्फ़ छोटे कवि के प्रति घृणा थी। नहीं...यह घृणा वरिष्ठता की नहीं जाति की थी।

मैंने शर्मा जी से कहा—"जब तक आप मेरे जैसे छोटे कवियों को अपने साथ बैठाकर कविता नहीं पढ़ाएँगे तो हम लोग कैसे सीख पायेंगे। आप जैसे महान् कवियों का कैसे अनुसरण कर पायेंगे।"

"महान् कवि अब तुमसे सीखेंगे कविता पढ़ना" शर्मा जी का यह गुस्सा भरा कटाक्ष था। आधुनिक अर्जुन और गुप्ताजी का बेटा भी तो, तब नये-नये लिक्खाड़ थे।

वार्तालाप बढ़ता जा रहा था। द्रोणाचार्य सुरेन्द्र शर्मा मुझ पर नये-नये तीर छोड़ रहे थे। मैं सभी तीरों की काट करता जा रहा था।

## सन्दर्भ

1. बयान सं. मोहनदास नैमिशराय, अगस्त, 2012

# दुख-सुख के सफ़र में

उमेश कुमार सिंह की आत्मकथा 'दुख-सुख के सफ़र में' सन् 2014 में प्रकाश में आयी। दलित जीवन के आत्मसंघर्ष की यह एक ऐसी कड़ी है, जो दलित जीवन के अतीत को सम्मुख लाते हुए उसमें गुणात्मक परिवर्तन की आकांक्षा व्यक्त करती है। दलितों के प्रति सामाजिक व सांस्कृतिक अस्पृश्यता, असमानता और भेदभाव आज भी मौजूद है तथा अख़बारों में तद्‌विषयक असंवेदनशीलता निरन्तर उजागर होती रहती है। ये आत्मकथाएँ इन कटु अनुभवों को साझा कर समाज की संवेदना को जाग्रत करने का प्रयास हैं। जाति, धर्म और लिंगगत भेदभाव से उबरे बिना कोई भी समाज समानता और मानवता के आदर्श को स्पर्श नहीं कर सकता। दलित उत्पीड़न की आवाज़ देती प्रत्येक रचना, इस उद्देश्य की पूर्ति हेतु उठा दृढ़ क़दम है। यह रचनाएँ दलित समुदाय को संघर्ष हेतु प्रेरणा भी देती हैं। स्वयं लेखक का कथन महत्त्वपूर्ण है–

"आत्मकथा लिखने के पीछे मेरा उद्देश्य अपने जीवन के भोगे हुए यथार्थ को जस का तस उस समाज के सम्मुख रखना मात्र नहीं है, जिस समाज के लोगों द्वारा खड़ी की गयी अपमान और तिरस्कार भरी ज़िन्दगी की अनगिनत मुसीबतों ने मुझे जुझारू बनाया और आगे बढ़ने का हौसला प्रदान ही किया है। मैं अपने हम उम्र और युवा वर्ग के समक्ष अपनी रचना को परखने के लिए रखना चाहता हूँ, जो अपने सम्मुख आयी विपत्ति के क्षण में, अपने आगे बढ़ते हुए क़दमों को कभी रोक न दें।" उमेश कुमार सिंह इस आत्मकथा के प्रारम्भ में जातिवाद से भिड़ने का दम-खम दिखाते हुए पर्याप्त आशावादी दिखते हैं। यह आत्मकथा लेखक के बचपन से लेकर अलीगढ़ मुस्लिम यूनिवर्सिटी में एम.ए. की पढ़ाई तक के सफ़र का आख्यान कहती है। महात्मा गाँधी अन्तरराष्ट्रीय हिन्दी विश्वविद्यालय, वर्धा में प्राध्यापक के रूप में कार्यरत लेखक की चिन्ता केवल उनके साथ ही नहीं सम्पूर्ण दलित समुदाय के साथ समानता के व्यवहार की है। यहाँ वे एक 'समतामूलक एवं सामाजिक न्याय पर आधारित भारत' की कल्पना करते हुए इस आत्मकथा को प्रस्तुत करते हैं।

# पंजाब की सभ्याचारक विरासत का 'डेरेदार' : चरणदास सिद्धू

**प्रो. स्वर्ण सिंह**

सिद्धू किसी का दास नहीं! चरणदास होना तो बहुत दूर की बात है। पता नहीं, माँ-बाप ने उसका नाम क्या सोचकर रखा था। दास-भावना उसके नज़दीक नहीं पहुँची। वह तो निरा फक्कड़ है। सीधा-सादा-सा, खुले स्वभाव वाला बन्दा। बेपरवाह! गाँव के डागर-बछड़े चराता-चराता दिल्ली आ धमका। और यहाँ भी ऐसे चला फिरता है जैसे कोई खोयी हुई गाय हो। सिर पर पगड़ीनुमा कपड़ा लपेटे...हाथ में छोटी-सी सोंटी या दादा वाली मुड़ी हुई लाठी। साँझ-सवेरे लोगों के दरवाज़े तोड़ने शुरू कर देता है—सोंटी से। बैठने से पहले ही सवाल डाल देता है..."भई, यह लड़का मुझे दे दे...मेरा काम रुक गया...ससुरे लड़के भी नहीं मिलते...साले नाटक का पंगा डाल बैठा...।" एक पंगा ख़त्म नहीं होता और दूसरा छेड़ देता है...फिर तीसरा...चौथा और पाँचवाँ...!

पंगेबाज़ सिद्धू निरा मिरासी दिखता है—शक्ल-सूरत और बोल-वाणी से। सारी दुनिया को टिच्च समझता है। और उसके मखौल तजुर्बेकार मिरासियों से ज़्यादा काट करते हैं। सीधे सीने में घुसते हैं। मसखरी, ठट्ठा, मज़ाक़ और ऊँची-ऊँची हँसी-दिल्लगी सिद्धू की पहचान है। इसके बावजूद भी कई रंगों में खेलने वाले सिद्धू को आप अच्छी तरह समझ नहीं सकते। वह बहुत ऊँचे-ऊँचे बोलता है। वह अपनी मारी हुई को हलाल कहता है। बूढ़े बाजीगर की भाँति नाचता-कूदता है। सीधी-उलटी टपूसियाँ मारता है। बाज़ी हारकर भी जीता हुआ होता है...मैं...न...मानूँ...। मानो...न...मानो...सिद्धू जैसे खरे बदई दिल्ली में बहुत थोड़े हैं।

# पंजाबी का घुमक्कड़ नाटककार चरणदास सिद्धू

डॉ. रावेल सिद्धू

दिल्ली की सड़कों पर, ख़ासकर मण्डी हाउस के चौराहे के इर्द-गिर्द, बन्द गले का कोट पहने और लम्बी तनी वाला थैला लटकाये, किसी बन्दे को ऊँची-ऊँची बातें करते हुए देखो, तो समझो कि वह पंजाबी का सिरमौर नाटककार चरणदास सिद्धू है। श्रीराम सेंटर की कैंटीन में बैठा सिद्धू पंजाबी नाटक और रंगमंच के बारे में अपने फ़ैसले सुनाते ही साथ ही साथ नैशनल स्कूल ऑफ़ ड्रामा के अलावा, दिल्ली के दूसरे थिएटर ग्रुपों का भी नितारा करता जाता है। उसे इस बात पर मान है कि वह होशियारपुरिया है। यों दुआबे का रहने वाला हर व्यक्ति उसको 'होशियारपुरिया' ही लगता है।

चरणदास सिद्धू पंजाबी नाटक का शैदाई है। उसने ज़्यादातर देहाती धरातल से सम्बन्धित नाटक लिखे हैं। उसकी विशेष बात यह है कि वह अपने फ़्लैट में टेबल पर बैठकर नाटक नहीं लिखता। बल्कि हर नाटक को पहले खुद जीता है। बोली और कथानक का तजुरबा हासिल करने के लिए वह गाँव-गाँव घूमा है। पंजाब में आतंकवाद के दौरान, लोगों के मनों को पढ़ने के लिए और उनकी तकलीफ़ों के बारे में जानने के लिए, सिद्धू माझा के उन इलाक़ों में बार-बार घूमा है जहाँ उस वक़्त बिना केश दाढ़ी वाला बन्दा जाने से भी डरता था। इस तरह घूमते हुए को पुलिस ने भी पकड़ा और मुजाहिदों ने भी, पर उसने कभी हिम्मत नहीं हारी। देहाती औरत के जज़्बात को पकड़ने के लिए तथा उनकी गँवारू मुहावरेदार बोली में नाटक के डायलॉग लिखने से पहले, वह कभी चूड़ियाँ बेचते हुए और कभी कपड़े की गठड़ी लेकर, औरतों के झुरमुट में बैठता रहा है।

## सयानी अवस्था

चरणदास सिद्धू अपनी ज़िन्दगी से बड़ा ख़ुश है। उसका परिवार महान है। चरण के पास अपने ज़माने के बारे में, उसकी सयानी अवस्था तक दुनिया में आ चुकी तब्दीलियों के बारे में, कहने के लिए बहुत कुछ है। वह अपनी ज़िन्दगी की बाबत हमें अपने विचार बताकर बहुत ख़ुश होगा। आओ, वर्तमान ज़माने के बारे में चरण से कुछ और पता करें। आजकल चरण नयी दिल्ली में बस रहा है। वह दिल्ली यूनिवर्सिटी में प्राध्यापक हुआ करता था। ग्यारह महीने पहले, 14 मार्च, 2003 को वह सेवामुक्त हो गया। उसको बाकायदा पेंशन मिलती है और कुछ उसके पास बचत भी है। उसके सारे बच्चे अपनी-अपनी जगह धन्धों में स्थापित हो चुके हैं। चरण ड्रामे देखने जाया करता है, पढ़ता है, किताबें लिखता है, हारमोनियम बजाता है और जी भरकर सोता है। वह कहता है : "थोड़े इन्सान होंगे जो मेरे जितने सुखी हों।" चरण अपने फ़्लैट में पत्नी ज्ञान कौर के साथ रहता है। पता : इला अपार्टमेंट्स, फ़्लैट: ए-104, बी-7, वसुन्धरा एनक्लेव, नयी दिल्ली-110096

डॉ. सिद्धू का जीवन चमत्कारी है। और उसका परिवार सराहनीय है। चरणदास का कुनबा वाकई तारीफ़ के लायक है। उसके पाँच दोहते-दोहतियाँ हैं। उनके नाम और जन्मतिथियाँ यों हैं : सलोनी 12-6-1987, सुहानी 19-9-1993, सारंग 16-5-1995, युगान्तर 1-6-1999, तानिया 7-9-2003। सलोनी बारहवीं जमात में पढ़ती है, सारंग तीसरी में, और नन्हा युगान्तर पहली में। सुहानी और तानिया आजकल अमरीका में रहती हैं, पर हर साल चरण को मिलने इंडिया जाती हैं। चरण अपने परिवार को बहुत प्यार करता है। वह अपने दोहते-दोहतियों संग खेलने के लिए इच्छुक रहता है। दिन के वक़्त वह अपने मनपसन्द शुग्लो में व्यस्त रहता है।

एक दिन में चरण बहुत कुछ करता है। उसको किताबें पढ़कर, लिखकर, और नाटक मंचित करके मज़ा आता है। चरण नाटक देखने भी जाता है।

चरण दुनिया के कई मुल्कों की सैर कर चुका है, जैसे : अमरीका, इंग्लैंड, फ्रांस, स्विट्ज़रलैंड, इटली, यूनान, तुर्की तथा ईरान। उसको हिमालय पर्वत की यात्रा का बड़ा शौक़ है।

मेरे नाना, डॉ. चरणदास सिद्धू ने मुझे शिक्षा दी जो ज़िन्दगी भर मुझे बेहतर रास्ता दिखायेगी। वह शिक्षा है : "तुम जो काम सबसे ज़्यादा पसन्द करते हो, वही करो। और लगातार मेहनत से करते जाओ। काम पर डटे रहो। अकेला काम ही है जो आपको सदा के वास्ते सुख प्रदान कर सकता है। बन्दे नहीं। तुम्हारे परिवार या दोस्त नहीं। सिर्फ़ तुम्हारा काम तुम्हें स्थायी सुख दे सकता है।"

डॉ. सिद्धू का जीवन महान है। वे जब बच्चे थे, उनका पूरा परिवार उनको प्यार करता था। पढ़ाई करते वक़्त, उन्हें यारों-दोस्तों की संगत में मौज-मस्ती मिली। पहली प्रौढ़ उम्र में, उन्होंने वजीफ़े जीते, ब्याह किया और पाँच बच्चे पाले। सयानी उम्र में, उन्होंने कई किताबें लिखीं, इनाम जीते, सम्मान प्राप्त किये, और अपने दोहते-दोहतियों को हार्दिक स्नेह दिया।

इस जैसी बीती डॉ. चरणदास सिद्धू की ज़िन्दगी!

एक निजी चिट्ठी

प्यारे नाना पापा,

आपका जीवन सचमुच बहुत दिलचस्प लगता है। मुझे पता नहीं था, बचपन में आपको जलेबी बहुत पसन्द थीं—क्योंकि अब आप जलेबी बहुत कम खाते हैं। यक़ीन नहीं आता, आप 43 बरस प्रोफ़ेसर रहे। आप महान हस्ती हैं। मुझे आपके जीवन के बारे में जानकर बहुत मज़ा आया। मैं आशा करती हूँ कि आपको मेरी लिखी आपकी जीवनी अच्छी लगेगी। मेरे सवालों के जवाब लिखने के लिए बहुत-बहुत शुक्रिया।

प्यार, सुहानी

फ़रवरी, 2004

*(लेखिका के बारे में : सुहानी गोयल दस बरस की लड़की है, जो शंडोआ वैली ऐलीमेंट्री स्कूल में पढ़ती है। उसकी पैदाइश नयी दिल्ली में 19 सितम्बर, 1993 को हुई थी। वह चार साल भारत में रही। 1997 में वह जजीरे के देश साइप्रस चली गयी। वहाँ वह साढ़े तीन साल रही। 18 सितम्बर, 2001 को वह अमरीका चली गयी, जहाँ वह आज तक रह रही है।)*

# बूझो तो उसका नाम

## सुशील छोक्कर

देखो वह साँवला जोशीला
पहने सादी पैंट और जिस पर सफ़ेद क़मीज़
आँखों पर पहने मोटा चश्मा
और पैरों में कपड़े के जूते
कन्धे पर डाले झोला वह कौन?
मस्त, मनमोहक चाल से चला जाता
बूझो तो उसका नाम।

लोग, कहते कि,
वह कॉलेज में बच्चों को इंग्लिश पढ़ाता
पर बच्चे कहते कि,
वह हमें जीवन जीना सिखाता
बुद्धिजीवी कहते कि,
वह चार-चार भाषाएँ जानता।
पर कामगार कहते कि,
वह हमारी बोलियाँ बोलता।
वह कौन?
मस्त, मनमोहक चाल से चला जाता
बूझो तो उसका नाम।

कहते हैं कि,
वह रूप बदल बदल, गाँव-गाँव

इन्सानी कहानी की तलाश में घूमता फिरता।
पर किसान कहते कि,
वह गौतम बुद्ध, जीवन के रहस्य की खोज में।
कहानीकार कहते हैं कि,
वह कहानियों को स्टेज पर जीवित करता।
पर दर्शक कहते कि,
शहीद भगत, बाबा बन्तू भजनो, किरपा,
सत्यदेव, चन्नो, शंकर,
कमला और लेखू को देख
रोया करता।
वह कौन?
मस्त, मनमोहक चाल से चला जाता
बूझो तो उसका नाम।

उसके दोस्त बोले,
घर उसका सादा-सा, कमरा उसका आधा-सा,
पर पड़ोसी बोले,
घर के बाहर लगी लकड़ी की एक प्लेट, जो बोले :
"नेता, भिखारी, हाकिमों का, यहाँ न कोई गेट।"
धर्मानुयायी कहते फिरते कि,
वह किसी धर्म को नहीं मानता।
पर कोई चुपके से कहता कि,
वह नफ़रत को नहीं मानता।
आलोचक कहते : इसमें भी हैं दोष।
पर दूर कहीं से आयी एक आवाज़
मैं नहीं हूँ कोई भगवान,
मैं तो हूँ बस, एक इन्सान!

वह कौन?
मस्त, मनमोहक चाल से चला जाता
बूझो तो उसका नाम।

टीचर्ज डे 5-9-2008

वैसे तो सिद्धू की साम्प्रदायिकता मुक्त इन्सानी दोस्ती के प्रमाण 'पंज कुएँ वाले', 'भाइया हाकिम सिंह' और 'शहीद भगत सिंह' वाली 'नाट्य-तिकड़ी सहित', कितने ही नाटकों में प्राप्त हैं, मगर उसके ज़िन्दगी जीने के अन्दाज़ और व्यवहार में से इसके प्रमाण समय-समय पर भरपूर मात्रा में देखे हैं। 'मानुषी' की सम्पादिका मधु किश्वर संग उसके सहयोग और उसके काम के बारे में सिद्धू की प्रशंसात्मक पहुँच आज भी मेरे मन में अंकित है। दिल्ली दंगों के समय, उसकी पीड़ा, दुख और बेचैनी शब्दों में अंकित करना कठिन है। उसने आप इस संकट के समय कइयों की जान बचाई। आज के हर दिल अज़ीज़ पंजाबी गायक रब्बी शेरगिल्ल को, चोटियाँ बनाकर, वो अपने जमाई रवि तनेजा की मदद से, कार में बैठाकर, हिन्दू मुहल्ले से निकालकर अपने कॉलेज वाले घर में ले आया। रब्बी की माता डॉ. महेन्द्र कौर गिल्ल तथा पिता सरदार जगीर सिंह को मुश्किल से छिपाकर बचाया। दिल्ली दंगों में मरे और जले हुए सिक्खों को याद कर-करके, सिद्धू लम्बे समय तक बेचैन रहा। अबा-तबा बोलता रहा।

## डॉ. सिद्धू की रचनाओं की सूची

| नाटक | प्रस्तुति | | |
|---|---|---|---|
| 1. इन्दुमती सत्यदेव | 1973 | 1981 | 1984 |
| 2. स्वामी जी | 1976 | 1980 | 1984 |
| 3. भजनो | 1977 | 1979 | 1981 |
| 4. लेखू करे कुढंगी | 1981 | 1984 | 1984 |
| 5. बाबा बन्तू | 1981 | 1982 | 1984 |
| 6. अंबियों को तरसेगी | 1981 | 1983 | 1984 |
| 7. कल कॉलेज बन्द रहेगा | 1981 | 1982 | 1984 |
| 8. पंज कुएँ वाले | 1983 | 1985 | 1986 |
| 9. बात फत्तू कहार की | 1982 | 1985 | 1986 |
| 10. मस्त मेघोवालिया | 1983 | 1986 | 1987 |
| 11. भाइया हाकिम सिंह | 1983 | 1986 | 1987 |
| 12. श्री पद-रेखा ग्रन्थ | 1984 | 1986 | 1987 |
| 13. शेक्सपीयर की बेटी | 1985 | 1986 | 1989 |

|  |  |  |  |
|---|---|---|---|
| 14. अमानत की लाठी | 1986 | 1987 | 1989 |
| 15. जीता फाँसी लगेगा | 1985 | 1987 | 1989 |
| 16. किरपा बुनकर | 1984 | 1988 | 1989 |
| 17. नीना महावीर | 1983 | 1989 | 1993 |
| 18. मंगू और बिक्कर | 1984 | 1990 | 1996 |
| 19. प्रेम पिकासो | 1988 | 1990 | 1996 |
| 20. चन्नो बाजीगरनी | 1988 | 1990 | 1996 |
| 21. इक्कीसवीं मंज़िल | 1987 | 1991 | 1997 |
| 22. एकलव्य बोला | 1985 | 1992 | 1994 |
| 23. बब्बी गयी कोहकाफ़ | 1989 | 1994 | 2002 |
| 24. क़िस्सा पण्डित कालू कुम्हार | 1988 | 1995 | 1997 |
| 25. भाग्यवान पोता | 1989 | 1995 | 1998 |
| 26. इंक़लाबी पुत्र | 1989 | 1995 | 1998 |
| 27. नास्तिक शहीद | 1989 | 1995 | 1998 |
| 28. पूनम के बिछुए | 1986 | 1997 | 2002 |
| 29. शास्त्री की दीवाली | 1987 | 1998 | 2002 |
| 30. पहाड़िन का पुत्र | 1990 | 1999 | 2003 |
| 31. पाँच गठड़ी एक पुत्र के सिर | 1990 | 1999 | 2003 |
| 32. बाबुल, मेरा डोला अटका | 1990 | 1999 | 2003 |
| 33. वतन को वापसी | 1991 | 2001 | 2003 |
| 34. ग़ालिब-ए-आजम | 2008 | 2010 |  |
| 35. सिकन्दर की जीत | 1992 | 2010 |  |
| 36. सुथरा गाता रहा | 1992 | 2010 |  |

## आलोचना

1. दी पैटर्न ऑफ़ ट्रैजीकॉमडी इन बर्नार्ड शॉ (बाहरी पब्लिकेशंस, दिल्ली, 1979)
2. ईश्वर चन्द्र नन्दा : पंजाबी प्लेराइट (साहित्य अकादमी, 2001), अंग्रेज़ी।
3. नाटक कैसे बनायें? : मुलाक़ातें (शिलालेख, दिल्ली, 2006)
4. ड्रामेबाज़ियाँ : नाटकीय निबन्ध (शिलालेख, दिल्ली, 2005)

5. नाटक कला और मेरा तज़ुरबा (शिलालेख, दिल्ली, 2007)
6. मेरी साहित्यिक आपबीती (शिलालेख, 2007)

## पाठ्य पुस्तकें

1. ऐन इटैंसिव कोर्स इन इंग्लिश (ओरियंट लांगमैन, 1975)
2. इंडियन एजूकेशन : ए प्राईमर फॉर रिफॉर्मर्ज (1972)
3. काम्प्रैहैंसिव इंग्लिश ग्रामर एंड कम्पोजीशन (डॉ. प्रेमनाथ और डॉ. कपिल कपूर के साथ मिलकर; खोसला एंड कम्पनी, नयी दिल्ली)

## सम्पादन

1. समकालीन पंजाबी नाटक (नैशनल बुक ट्रस्ट, 2000)
2. पंजाबी गीतां दा गुच्छा : डॉ. गिरीश बख्शी (गणपति प्रकाशन, नयी दिल्ली, 2003)

# टुकड़ा-टुकड़ा जीवन : कावेरी

*आत्मघाती दंश की पीड़ा कहाँ से शुरू करूँ कहाँ अन्त। लोगों की माँग है अपनी आत्मकथा लिखूँ। पीड़ा सहा हुआ मन, फिर उसे कुरेदा जाय तो क्या होगा। एक बहुत बड़ा विस्फोट। मैंने अपने बचपन के अध्याय को खोलकर पाया है कि अन्याय सहने में बिल्कुल असमर्थ थी मैं। अस्पृश्यता का दंश बचपन में लगा, जिसके कारण मैंने विद्यालय जाना बन्द किया। मेरा बचपना यह स्वीकार नहीं कर पाया कि सवर्णों के बच्चों का छुआ पानी शिक्षक पी ले और मुझसे बालटी छुआने पर मुझे चाँटा जड़ दे। मेरा कोमल मस्तिष्क सहन नहीं कर पाया। उस आघात से मैं क्षुब्ध हो गयी। मुझे बुख़ार से पीड़ित होना पड़ा। मेरी दादी जुझारू थी। वे अपनी पोती पर हुए अत्याचार को सहन नहीं कर पायीं। जाकर शिक्षक को ख़ूब फटकारा। यहाँ से जीवन का प्रथम टुकड़ा शुरू।*

*बिहार की पृष्ठभूमि से आयी लेखिका कावेरी अपनी आत्मकथा बिना किसी भूमिका के सीधी सपाट भाषा में शुरू करती हैं। उनके भीतर अथाह दर्द का समन्दर हिलोरें मारता रहा है घर के भीतर भी और बाहर भी। वे क़दम-क़दम पर प्रताड़ना सहती हैं और आगे बढ़ती हैं। स्वयं उनके शब्दों में मुझे पढ़ने के लिए सिजुआ कोलवरी ले आयीं। जहाँ मैंने स्वच्छन्दतापूर्वक पढ़ाई शुरू की। मुझे याद है। दादाजी ने एक शिक्षक को खुराकी पर मुझे पढ़ने के लिए रखा था। शाम को पढ़ाने आते थे और खाना खाकर जाते थे। पढ़ाने के बदले उन्हें रुपये नहीं देते थे। दादाजी ड्यूटी से आकर मेरी पढ़ाई पहले देखते। दादाजी भी पहाड़ा पढ़ाते। दो-तीन महीने बाद शिक्षक ने कहा था—अब इसका नाम विद्यालय में लिखवा दीजिए। सिजुआ जो धनबाद के पास है। वहाँ के डाक बंगला में प्राइमरी स्कूल था। वहीं मेरा नामांकन पहली कक्षा में हुआ। शिक्षिकाएँ मुझे ताज्जुब भरी दृष्टि से देखती थीं। कुछ पूछने पर फटाक से जवाब। तीन महीने में मेरे दादा और शिक्षक ने चालीस तक पहाड़ा, मनोहर पोथी, जोड़-घटावा, गुणा-भाग, सब पढ़ा दिये थे। दादा जी की तरह शिक्षक भी मुझे प्यार करते थे।*

दादा जी की मैं लाड़ली थी। मेरे लिए दादा ने एक गाय ख़रीदी थी। सुबह-शांम दूध निकालने के पहले मुझे पुकार लेते। मैं गिलास लेकर हाज़िर हो जाती। दादा ताज़ा दूध गिलास में उड़ेल देते। अभी तक जिह्वा पर वह स्वाद मौजूद है। शिक्षक का नाम भूल गयी। मेरी उम्र भी चार साल की रही होगी। उनका सरनेम याद है। माँ गुरु। मैं उनकी मुँह लगी हो गयी थी। एक दिन उन्हें कहीं जाना था। थोड़ी देर पढ़ाकर उन्होंने कहा—'आज इतना ही पढ़ो अच्छा' मैंने तुरन्त कह दिया, गुरुजी का कच्छा। इस पर वे काफ़ी ग़ुस्सा हो गये। कान उमेठकर मुझे उठकी-बैठकी करवा दिये। बालमन, मैं काफ़ी डर गयी और गाँव वाले शिक्षक याद हो आये।

*जीवन गुज़र गया तो जीने का ढंग आया,*
*जब शमाँ बुझ गयी तो महफिल में रंग आया।*

मैंने अपने माता-पिता से रहन-सहन और व्यवहार में सहज और सरल रूप का गुण सीखा था। परन्तु जिस माहौल से मैंने जीवन गुज़ारा वहाँ कोई व्यक्ति सरल और सहज नहीं मिला। इस बात को मैंने अभी तक समझा नहीं। एक बेहतर ज़िन्दगी जीने का कोई फ़ार्मूला नहीं सूझा। अपना स्वार्थ ताक पर रख लोगों के बारे में सोचा। यही मेरी ग़लती रही। होना यह चाहिए था कि अपना स्वार्थ साधते हुए सबकी भलाई और उन्नति में अपनी भलाई देखनी थी। अमूल चूक का भरपाई क्या सम्भव है? मेरा यह रूप सरदर्द बना हुआ है।

जिसे मैंने अपना समझा वही दूर होते गये। समय के साथ सम्बन्ध ढीले पड़ गये। पति के रूप में सुरक्षा कवच तो नहीं मिला, किन्तु समाज में स्थान तो मिला। लेखिका के रूप में मुझे लोग याद करेंगे तो पति के बदौलत। यहाँ तक पहुँचने और पहुँचाने में पति का हाथ रहा। मुझे बिन्दास बनने का शौक़ नहीं रहा। परन्तु जुझारू बनने की इच्छा थी। समाज में कुछ ऐसा करूँ, जिससे आम लोगों की भलाई जुड़ी हो। ख़ासकर औरतों की भलाई।

जीवन में जो चाह थी, पूरी नहीं हुई। मैंने सोचा था अवकाश के बाद समाज सेवा, साहित्य सेवा, निश्चितता और बेफ़िक्री से करूँगी। लेकिन ना मेरे पास अमिताभ बच्चन की तरह अकूत सम्पत्ति और क़ाबिलियत है और न महाराष्ट्र के वर्धा ज़िले के नवरगाँव में जन्मी साहसी सिन्धुताई सकपाल जैसी कर्मठता, जिन्हें समाज सेवा के लिए 'सिल्वर स्पॉट लाइट' पुरस्कार मिला।

मुझसे कहाँ चूक हुई। माना कि मेरा लक्ष्य था स्वावलम्बी होकर अपने बच्चों की परवरिश करना। पति की डरपोकता ने मेरे जीवन को नरक में ढकेला। मेरी आत्मा स्वीकार करती है। बहुत सारे मुद्दों से जूझती मैंने अपने को अकेला पाया।

मेरे अन्दर के तहखानों में एक बलिष्ठ भुजा की चाहत, जो मेरा सही संरक्षक होता बनी रही। ऊपर से सामान्य अन्दर की ललक से जूझती न जाने कब समय पार हो गया। रोग, शोक को सहती भविष्य को अन्धकारमय बना दिया।

एक अपराध मुझसे हुआ। नौकरी पाकर पैरों पर खड़ी हुई तो बच्चे असुरक्षित और भटक गये। मेरे बच्चे मुझे आज नसीहत देते हैं। मैं लापरवाह और अकुशल माँ हूँ। बहुएँ ऐसा समझती हैं। वह स्वाभाविक है। उन्हें मेरे दुख-सुख की जानकारी नहीं। मैंने अपना लक्ष्य ख़ुद निकाला था। मेरे माता-पिता असमर्थ थे, आर्थिक विपन्नता थी। ससुराल वालों को मेरी परवाह क्यों होती? आँधी-तूफ़ान की भाँति दुख आया और मैंने सरलता से निबटारा करते हुए लक्ष्य को पाया।

चन्द्रपुरा (बोकारो) में रहते हुए जीवन के जो बदरंग लेखिका ने देखे उन्हीं को उन्होंने रेखांकित किया है। कहना न होगा कि कावेरी के भीतर ताउम्र हाहाकार रहा। वे सुलगती रहीं, पिघलती रहीं। पर उनके भीतर एक झील भी थी जो कभी-कभी स्वयं उन्हें सुख और सन्तोष देती थी। सम्भवतः उसी कारण तनहा होकर वे लिखती रहीं और पाठकों तक पहुँच सकीं।

# अपनी जमीं अपना आसमाँ

बकौल पुनीता जैन रजनी तिलक की आत्मकथा 'अपनी ज़मीं अपना आसमाँ' (2017) हिन्दी दलित आत्मकथा लेखन में एक स्त्री द्वारा रचित आत्मकथा की तीसरी उपस्थिति है। इससे पूर्व कौसल्या बैसन्त्री की 'दोहरा अभिशाप' तथा सुशीला टाकभौरे की 'शिकंजे का दर्द' ये दोनों आत्मकथाएँ प्रकाश में आ चुकी हैं। दलित जीवन की जिस मर्मान्तक पीड़ा के दृश्य पूर्व में उक्त दोनों आत्मकथाओं में दर्शित हैं, पर रजनी तिलक की आत्मकथा में वह स्वर कतिपय क्षीण है। क्षीण होने के पीछे कुछ ठोस कारण भी हैं। वे अपने बाबा के अतीत की जीवन यात्रा से कथा का सूत्र थामती हैं, जिनकी सम्पत्ति दबंगों द्वारा हड़प लिए जाने पर वे दिल्ली की एक बस्ती मछलीवालान में आकर बस जाते हैं। बाबा, माता-पिता, भाई मनोहर, मित्रों के सान्निध्य में अपनी अस्मिता की खोज करती लेखिका की मूल पीड़ा दलित की तुलना में स्त्री होने की अधिक है। उनकी सम्पूर्ण संघर्ष यात्रा में दलित होने की पीड़ा पर स्त्री मुक्ति का संघर्ष भारी है।

महत्त्वपूर्ण यह भी है कि आत्मकथा में लेखिका का स्वर कहीं भी आत्मदया का शिकार नहीं है। यहाँ दलित के आक्रोश में स्त्री के आक्रोश का स्वर अधिक मुखर है। यह इतना मुखर है कि दलित नेता माननीय कांशीराम से भी रजनी स्त्री के पक्ष में कड़ा प्रश्न खड़ा करने में सक्षम रही हैं।

शेखर के अनुसार बहुत कम लोगों को यह मालूम है कि 70 के दशक में रजनी तिलक बामसेफ संस्था में थीं। बहुजन समाज पार्टी की नींव यहीं से पड़ी थी। दिल्ली के करोलबाग में कार्यालय था, जहाँ स्वयं मोहनदास नैमिशराय के साथ मायावती, कृपा गौतम आदि भी आते थे। यह शुरुआती दौर था। नैमिशराय जी की 'अपने-अपने पिंजरे' (प्रथम भाग) में कांशीराम मायावती के साथ अन्य साथियों का उल्लेख हुआ है।

रजनी तिलक की आत्मकथा के बाद अनिता भारती की आत्मकथा 'छूटे पन्नों की उड़ान' भी 2018 में आती है। स्वयं लेखिका के अनुसार इसकी कहानी भी मेरे

जीवन की किताब में आगे जुड़ने वाले पन्नों से शुरू होती है। मेरा अन्तरजातीय विवाह भी मेरी ज़िन्दगी की किताब का एक बहुत ही महत्त्वपूर्ण पन्ना है।

बकौल शेखर 'अपनी ज़मीं अपना आसमाँ' शीर्षक से आत्मकथा रजनी जी के अपने पुरखों के आर्थिक शोषण का उन्हें अपने खेतों से बेदखल कर अपने पुरखों का गाँव छोड़कर निर्वासित जीवन जीने के लिए प्रयास की जानकारी प्रबुद्ध पाठकों को उपलब्ध कराती है। उन्हें अनजान शहर की शरण लेनी की घटना सुनाती है। इस दृष्टि से इस आत्मकथा की आर्थिक शोषण की कसौटी से जाँच पड़ताल करें तो यह जीवनी रजनी जी के पुरखों का शोषण कर उन्हें गाँव से बलात् खदेड़ने का हृदय विदारक तथा मार्मिक दस्तावेज़ भी है।

कहना न होगा कि दिल्ली में रहते हुए और अनगिनत रंगों की राजनीति झेलते हुए रजनी ने आत्मकथा लिखकर हिम्मत का काम किया था। पर बहुत-से प्रसंग उनकी आत्मकथा में नहीं आ सके। वैसे 'आशय' त्रैमासिकी के संयुक्तांक (सित. 2005-सित. 2006) में उन्होंने अपनी आत्मकथा का एक अंश 'समरगाथा' नाम से 14 पृष्ठों में दिया था। वह उनकी इस आत्मकथा में नहीं है। मैंने एक बार 'बयान' में उसे छापने की बात की थी, तो उन्होंने मना कर दिया। शायद वे उन पक्षों को उजागर करना नहीं चाहती थीं। कुछ भी हो। उन्होंने जो भी लिखा, वह भी हिम्मत का काम है।

## सन्दर्भ

1. आश्वस्त, जुलाई, 2018
2. 'टुकड़ा-टुकड़ा जीवन', ईशा ज्ञानदीप, दिल्ली, 2017

# डॉ. निमगडे और डॉ. शहारे की आत्मकथा

पाठकों को यह जानकर ख़ुशी होगी कि हम जिन दो शख़्सियतों के बारे में यहाँ कुछ बता रहे हैं उनमें एक वैज्ञानिक थे तो दूसरे यूपीएससी के चेयरमैन। प्रख्यात आलोचक नामवर सिंह लिखते हैं कि डॉ. निमगडे से मेरा पहला परिचय उनकी इस आत्मकथा के द्वारा हुआ और इसके साथ ही वे मेरे आत्मीय हो गये। आत्मकथा प्रत्येक प्रबुद्ध दलित की अनमोल निधि है। यह उसका आत्मबोध भी है और जीवन-संघर्ष का अमोघ अस्त्र भी। कहना न होगा कि इस आत्मचेतस् अस्त्र को धार मिली है बाबा साहेब डॉ. अम्बेडकर के युगान्तरकारी उद्‌बोधन से। उन्होंने ही इतिहास के मूकनायक को मुखरनायक बनाया। डॉ. निमगडे बीसवीं शताब्दी के इस जनजागरण की उपज हैं और उनकी आत्मकथा एक उत्कृष्ट उपलब्धि। मराठी में इसका शीर्षक है 'धूळीतून ध्येयकडे', जिसे हिन्दी में 'धूल से निकल कर ध्येय की ओर' अथवा केवल 'धूल से ध्येय तक' भी कह सकते हैं। जो भी हो, मेरी दृष्टि में तो निमगडे जी 'धूल में फूल' हैं। पैदा भले ही धूल में हुए हों, अपने पुरुषार्थ से वे इतने ऊपर उठे कि उन्हें देखने के लिए अपनी आँखें उठाने की ज़रूरत महसूस होती है।

उनकी 'आत्मकथा' पढ़ने के बाद ही पता चलता है कि निमगडे जी ने जीवन का विष पीकर भी हमें जीवनदायी अमृत प्रदान किया है। उनकी जीवनसंगिनी हीरा बाई निमगडे ने इसका हिन्दी रूपान्तर करके हिन्दी भाषी पाठकों पर बड़ा भारी उपकार किया है और इसके लिए उनके प्रति कृतज्ञ होना चाहिए। समस्त हिन्दी समाज की ओर से मैं इस मराठी साहित्यिक कृति का हृदय से स्वागत करता हूँ।

स्वयं आत्मकथाकार के अनुसार, मेरी आयु 77 वर्ष से भी अधिक हो चुकी है। बाल्यावस्था के कुछ वर्ष छोड़ दिये, तो लगभग 72 वर्ष के दीर्घकालीन अनुभवों का इसमें समावेश किया गया है, इसलिए इस पुस्तक का विस्तार एवं पृष्ठ संख्या बढ़ना स्वाभाविक ही है।

जिनके साथ मैंने बचपन एवं युवावस्था में कुछ स्वर्ण-पल बिताये थे, सुख-दुख के विभिन्न प्रसंग अनुभव किये थे, उनमें से कुछ साथी एवं मित्र यह दुनिया छोड़ कर जा चुके हैं, इस बात का मुझे बहुत दुख है। मेरे इस जीवनकथन में उन सबका उल्लेख आवश्यक रूप से आया है। मैं समझता हूँ कि यही मेरा उनके प्रति भावपूर्ण श्रद्धार्पण है।

डॉ. एन.एम. निमगडे का जन्म 1 मई, 1925 को चन्द्रपुर के साठगाँव में हुआ था। उमरेड से 1945 में मैट्रिक कर आगे की पढ़ाई की। 1962 में रोकफेलर फ़ाउंडेशन, न्यूयार्क द्वारा फैमिली फैलोशिप लेकर विस्कासिन विश्वविद्यालय अमेरिका से पीएच.डी. (कृषि) में उपाधि प्राप्त की, बाद में भारतीय कृषि अनुसन्धान पूसा, नयी दिल्ली में 1952 में शोधकार्य के साथ अध्यापन किया।

वे लिखते हैं, अपने घर में मैं पहला बेटा था, इसलिए घर में सबका लाड़ला था। किन्तु लाड़ जताने के लिए किसी को भी फुरसत नहीं थी। सब खेतों में मज़दूरी करने जाते थे। मेरी माँ बताती थी कि मेरे 12 दिन का होने के बाद ही वह भी काम करने को जाने लगी थी। ऊपर से उसे खाने के लिए भरपूर एवं पौष्टिक आहार भी नहीं मिलता था, जिसकी वजह से उसको दूध भी नहीं उतरता था। मैं दिन-रात भूख के मारे रोता-बिलखता रहता था। मुझे किस तरह ज़िन्दा रखा जाये, यही चिन्ता माँ को लगी रहती थी। कभी वह पानी में थोड़ा आटा घोल कर उसे पका कर पानी जैसी पतली पेज बना कर पिलाती थी। घर के नज़दीक ही एक गधी को बच्चा हुआ था। माँ मुझे उसका दूध निकाल कर पिला देती थी।

जहाँ तक वरिष्ठ लेखक और शिक्षाविद् डॉ. एम.एल. शहारे की बात है उनकी यह आत्मकथा बाबा साहेब डॉ. अम्बेडकर के अनुयायियों को गफलत से उबारने के लिए काफ़ी है। इसलिए कि 'यादों के झरोखे' नाम से यह रचना केवल उनकी अपनी आत्मकथा नहीं है बल्कि दो शताब्दियों का ऐसा महत्त्वपूर्ण दस्तावेज़ है, जिसमें पाठकों के सामने बाबा साहेब के द्वारा समता और सम्मान के लिए आरम्भ किये गये आन्दोलन के पृष्ठ-दर-पृष्ठ खुलते जाते हैं।

'यादों के झरोखे' का फलक विस्तार में गया है। अनगिनत लोग, अनगिनत समस्याएँ और उनसे आमना-सामना करते हुए बाबा साहेब डॉ. अम्बेडकर कैसे दलितों को उनके खोये हुए अधिकार दिलाने के लिए संघर्ष करते हैं, डॉ. शहारे जी ने इसे प्रभावपूर्ण तर्कों के साथ प्रस्तुत किया है।

वे लिखते हैं, महाराष्ट्र लोकसेवा आयोग की सदस्यता ग्रहण करने के बाद मुझे पूरे राज्य में घूमने का मौक़ा मिला और दलित-युवाओं की समस्याओं से अवगत हुआ। उनकी समस्याओं के निदान हेतु मैंने सोचा। सदस्य होने के नाते

जितना मैं कर सकता था उतना किया। इसके बाद संघ लोकसेवा आयोग का सदस्य तथा बाद में अध्यक्ष हुआ। आरक्षण कोटा मैंने पूरा किया। भारतीय कृषि वैज्ञानिक चयन समिति का अध्यक्ष बना। अपने-अपने अधिकारों को लेकर यहाँ के कर्मचारियों में तनाव बढ़ा हुआ था। इस तनाव को कम करने में मुझे बहुत-सी कठिनाइयों का सामना करना पड़ा।

डॉ. निमगडे की तरह ही डॉ. एम.एल. शहारे भी उच्च शिक्षा प्राप्त थे और महाराष्ट्र की उन शख़्सियतों में से थे, जिन्होंने ग़रीबी में रहते हुए संघर्ष कर अपना स्थान बनाया था। अपनी आत्मकथा 'यादों के झरोखे' की प्रस्तावना लिखने का सम्मान उन्होंने मुझे दिया।

यह आत्मकथा अन्य दलित आत्मकथाओं से थोड़ा अलग है। उदाहरण के लिए स्वयं लेखक नवरात्रों से सम्बद्ध है और लगातार हिन्दुत्व का महिमामण्डन करता है। हालाँकि रणसुभे इस आत्मकथा की तारीफ़ करते हैं।

2014 में वर्धा से एक और मराठी दलित आत्मकथा प्रकाशित हुई जिसका टाइटल था 'उधार आयुस्य'। यह कमाल विढोबा नगराले का आत्मचरित्र है। अध्यापकी से सेवानिवृत्त होने के बाद 70 वर्ष की आयु में उन्होंने अपनी आत्मकथा लिखी। लेखक यवतमाल ज़िला (महाराष्ट्र) के पादुर्णा गाँव के रहने वाले हैं।

'सकाल' दैनिक (नासिक) के सम्पादक उत्तम काम्बले की आत्मकथा 'वाट तुड़विताना' प्रकाशित हुई, जिसका हिन्दी अनुवाद 'अगनपथ' नाम से हुआ, जो बाद में छपी।

# मराठी दलित महिलाओं की आपबीती

दलित महिलाओं की आत्मकथाओं में बेबी काम्बले की पहली आत्मकथा है। इसमें दलित जाति में स्त्रियों की स्थिति का वास्तविक चित्रण हो सका है। दलित अपने आप में ग़रीब होने के कारण उपेक्षित हैं—साथ ही अशिक्षित होने के कारण अन्धविश्वासी भी हैं। ऐसे में यदि वह स्त्री है तो इन सारी विवशताओं को झेलते हुए एक और विवशता—स्त्रीपन, स्त्री होना। किसी दलित महिला की यह पहली आत्मकथा है जिसमें वह समाज के सतह तक जाकर लेखन के माध्यम से वह सब सामने रखती है, जिसका वर्णन ही पाठकों को दहला देता है।

ग़रीबी इतनी भीषण कि मरे ढोर-डंगर के कीड़े पड़े मांस भी झाड़-पोंछकर, नमक-मिर्च लगा कर खाना, मांस सुखाकर उसे चाणी बनाकर, भून कर खाना, बासी रोटियों के टुकड़े सुखाकर फिर उबाल कर खाना। ऐसे कितने ही प्रसंग। इन सारी घटनाओं से बनवासी जीवन का पता चलता है। किसी भी प्रकार आक्रोश प्रदर्शित न करते हुए समाज के शव-परीक्षण की तरह सब कुछ साफ़-साफ़ उभरता चला जाता है। इन आत्मकथाओं में अन्धश्रद्धा और अस्वच्छता से ज़ख़्मी तमाम घटनाओं-दुर्घटनाओं का लेखा-जोखा मुखर हो उठा है।

प्रो. कुमुद पावडे का अन्तःस्फोट एक तरह से आत्मकथन ही है। बन्धन-मुक्त दलित स्त्री के जीवन के बारे में इसमें विभिन्न धारणाएँ व्यक्त हुई हैं। उनका जन्म नागपुर की महार बस्ती में 18 नवम्बर, 1938 को हुआ। आरम्भिक शिक्षा के बाद संस्कृत से एम.ए. किया। 1962 से 1998 तक सरकारी कॉलेज में अध्यापन।

रूढ़ अर्थों में आत्मकथन की परिभाषा के मुताबिक़ 'अन्तःस्फोट' की रचना नहीं है लेकिन समयनिर्धारण के अनुसार अन्तःस्फोट को दलित स्त्री के मन का पहला सृजनात्मक आविष्कार कहा जा सकता है। कुमुद पावडे महाराष्ट्र के नागपुर ज़िले के आसपास की हैं। वहाँ का दलित जीवन पश्चिम महाराष्ट्र या मराठवाड़ा के दलित जीवन से सभी अर्थों में अलग है। आर्थिक स्थिरता के कारण यहाँ की दलित स्त्रियों को तरह-तरह की असहनीय यातनाओं से नहीं गुज़रना पड़ा।

डॉ. बाबा साहेब अम्बेडकर के वैचारिक आन्दोलन की शुरुआत भी यहीं से हुई। नागपुर, विदर्भ इलाक़ा सामाजिक-सांस्कृतिक आन्दोलनों का केन्द्र रह चुका है सो वहाँ के आम दलित लोगों पर इस बदलाव का तुरन्त असर हुआ। बदली हुई मानसिकता और आमूलचूल परिवर्तन की राह पर निकली शिक्षित दलित महिला का स्वगत कथन है।

बकौल कालूलाल कुलमी दलित आत्मकथाओं ने दलित साहित्य और उसके सौन्दर्यबोध को निर्मित करने में सबसे ज़्यादा अहम भूमिका निभायी है। वे परम्परागत सौन्दर्यबोध पर सवाल खड़े करती हैं। उनका सौन्दर्य भैंस का मांस है और उसका रस्सा, जो पेट की भूख को मिटाता है। वहीं से जीवन के अर्थ आते हैं? एक बच्ची का भूख से लड़ते हुए आगे बढ़ना ही उसका सौन्दर्य है।

'नाजा' ऐसी लड़की की कहानी है, जिसका समाज हर तरह से उपेक्षित है। उसके घर में खाने के लिए दाने नहीं हैं। घर भी नहीं है। बस समझ लो रहने का ठीया है, जहाँ रहना है। जहाँ काम मिलता है, वहाँ काम करना है और शाम होने पर जैसे भी हो खाना मिले, तो खाना है, अगर नहीं मिले, तो भूखे ही सोना है। 'नाजा' का परिवार इस पीड़ा को समझता है? लेकिन वह मज़दूरी के अलावा क्या करें?

'नाजा' के गाँव के स्कूल में एक मास्टरजी आते हैं और उसके पिता से कहते हैं कि 'नाजा' को स्कूल भेजें। सखाराम जीवन के अभाव के बीच भी अपनी बच्ची को स्कूल भेजता है। "जब मैं तीसरी कक्षा में आयी तो हमारा स्कूल बदल गया। कक्षा तीन में हमें पढ़ाने के लिए एक पाटिल मास्टरजी आये। वे हमें छूते नहीं थे और कक्षा के बाहर बिठाते थे। हमसे ज़रा भी ग़लती होती, तो अपना लम्बा डंडा फेंक कर मारते थे। हम अपनी स्लेटें जाँचने के लिए ले जाते, तो वे हमसे नीचे रखने को कहते।"

शान्ता कृष्ण काम्बले उर्फ़ नाजा की आत्मकथा 'माजी जन्माची चित्रकथा' का हिन्दी अनुवाद रजनी तिलक तथा उषा अंभोरे ने किया है। कम साथियों को मालूम है कि इनका बड़ा बेटा प्रख्यात साहित्यकार प्रो. अरुण काम्बले, छोटा बेटा चित्रकार एवं इनकी बेटी शिक्षिका है। बकौल अनुवादक नाजा अपने जीवन-संघर्ष के दौरान डॉ. अम्बेडकर के आन्दोलनों से जुड़ी रहीं, इस किताब में अनेक स्थानों पर उन आन्दोलनों को अपनी आत्मकथा में उतारा है।

वहीं देखा जाये तो 'आयदान' मात्र एक दलित नारी का आत्मकथन नहीं अपितु इसमें कई नारियों के जीवन का प्रतिनिधित्व करने की क्षमता है। इसमें लेखिका के साथ या बराबर कई स्त्रियाँ अपनी व्यथाओं की गठरिया खोल देती हैं।

मूलतः उनकी माँ इस आत्मकथन की धरोहर या प्रथम नायिका है। जिस प्रकार नरेन्द्र जाधव के 'आम्ही अन आमचा बाप' (हम और हमारे पिताजी) आत्मकथन में आद्योपान्त उनके पिताजी प्रभावित करते हैं उसी प्रकार 'आयदान' में माँ। पति की मृत्यु के उपरान्त परिवार की चरमराती नैया को वे बड़ी कुशलता से किनारे तक लाती है। उसका स्वाभिमान, मेहनत, सहनशीलता, संघर्ष, निष्ठा और विचार काबिले तारीफ़ है। परिस्थिति के आगे वह लाचार होती है न हतबल। भरण-पोषण हेतु बाँस के छिलके से टोकरियाँ और तत्सम वस्तुएँ (आयदान) बुनते हुए वह अपने परिवार की भी बुनावट करती है सुगरन चिड़िया की तरह। 'आयदान' में माँ के साथ पार्वती वहिनी, विठा वहिनी, हिरी आक्का, भिकी आक्का जैसी नारियों से साक्षात्कार होता है जो मूकनायिकाओं की तरह पन्नों पर उपस्थित है।

साहित्य की विविध विधाओं में आत्मकथा ने मराठी के अनेक रचनाकारों को आकर्षित किया है। विशेष रूप से स्त्रियों ने आत्मकथा-लेखन में अधिक दिलचस्पी दिखाई है। रणसुभे जी के अनुसार इनमें से कुछ आत्मकथाओं को 'स्त्रीवादी' विशेषण लगाया जा सकता है। रमाबाई रानाडे की 'आमच्या आयुष्याची काही आठवण' (1910) एवं पार्वतीबाई आठवले की 'माझी कहानी' (1928) आरम्भिक दौर की उल्लेखनीय आत्मकथाएँ हैं। लक्ष्मीबाई तिलक की 'स्मृतिचित्रे' (1934-36) मराठी साहित्य की श्रेष्ठ कृति है। उन्होंने अपने सरल गृहस्थ जीवन का संवेदनशील रूप से आलेखन किया है। आनन्दीबाई उर्फ़ वाया कर्वे की 'माँझे पुराण' (1944) में स्त्री शिक्षा के लिए की गयी नम्र सेवा का लेखा-जोखा है। कमलादेवी देशपाण्डे की 'स्मरण साखली' (1943) में वैधव्य प्राप्ति के पश्चात योरोप जाकर उच्च शिक्षा प्राप्ति का वर्णन है। लीलाबाई पटवर्धन ने प्रसिद्ध मराठी लेखक माधवराव पटवर्धन के साथ बिताये वैवाहिक जीवन का आलेखन 'आमचे अकरा वर्षे' (1945) में किया है। हंसा वाडकर ने 'सांगते आईका' (1969) में नाट्य जीवन का और स्नेहप्रभा प्रधान ने 'स्नेहांकिता' में फ़िल्म जगत और गृहस्थ जीवन की झाँकी कराई है। प्रसिद्ध साम्यवादी गोदावरी परूलेकर की आत्मकथा 'जेह्वा माणूस जागा होता' को 1972 का साहित्य अकादेमी पुरस्कार प्राप्त हुआ था। उन्होंने थाणे ज़िले में स्थायी अनुसूचित जनजाति वरली की दयनीय स्थिति का वर्णन किया है। अभिनेत्री लीला चिटनीस की 'चन्देरी दुनियेत' (1981) और दुर्गा खोटे की 'मी दुर्गा खोटे' ऐसी ही रचनाएँ हैं। 'मी आणि बालकवि' (1983) पार्वतीबाई थोम्बरे के मराठी के महान कवि के साथ बिताये वैवाहिक जीवन का विवरण है।

# मल्लिका अमरशेख की आत्मकथा

*मराठी आत्मकथा 'मला उद्ध्वस्त व्हयिचंय' (मुझे फना होना है) की लेखिका मल्लिका अमरशेख ने पुस्तक की प्रस्तावना में विनम्रता से अपने सामान्य जीवन के असामान्य अनुभवों को अपने जैसी कुण्ठित जीवन जीने को मजबूर स्त्रियों के सामने रखने की बात कही है। "आज तक अनेक लोगों ने अपने आत्मचरित्र लिखे हैं, प्रसिद्धि प्राप्त, यशस्वी, सक्षम पुरुषों के चरित्र...लेकिन मेरे जैसी महत्त्वहीन स्त्री ने केवल स्त्री होने के नाते मेरे जीवन के सभी खिड़की-दरवाज़ें खोल देने की ठान ली, इसे एक मूर्खतापूर्ण चुनौती कहें या और कुछ भी कह लें... ।" मल्लिका अमरशेख आत्मनिरीक्षण, आत्मपरीक्षण एवं आत्मशुद्धि इन तीन प्रक्रिया में से गुज़रकर एक नये चरित्र के रूप में निखरती हैं।*

महाराष्ट्र के बार्शी गाँव के मुसलमान परिवार मेहबूब पटेल बनाम अमरशेख एवं टिपिकल पाठारे प्रभु की कुसुम जयकर की तीसरी बेटी मल्लिका। माता-पिता कम्युनिस्ट पार्टी के कार्यकर्ता और उस ज़माने में अन्तर्जातीय प्रेमविवाह यानि खलबली मचाने वाली घटना। माता मध्यवर्गीय सुशिक्षित ग्रेज्युएट और म्युनिसिपालिटी में नौकरी लेकिन पिता केवल कामदार।

फिर मल्लिका का जन्म, अमरशेख की जेलयात्रा समाप्त और आर्थिक स्थिति में सुधार। मल्लिका का बचपन बीमारी के नाम...जीएगी या मरेगी ऐसी स्थिति। चौदह वर्ष की उम्र तक रोना मना लेकिन रोने की ताक़त का ही अभाव। केवल पढ़ते रहने से निराले सपनों के संसार का निर्माण अकेलापन और मनस्वी व्यवहार। माँ और पिता के संरक्षण में खिड़की से दिखने वाले निरभ्र आकाश के तेजस्वी टुकड़े में से श्वेत शुभ्रपरी और राजकुमार का आकर हँसाना।

बेटी का पिता से लगाव फ्रायड द्वारा प्रस्थापित एक मनोवैज्ञानिक सत्य। मल्लिका अपने पिता के व्यक्तित्व से अभिभूत-बस्ती में पिता की प्रतिष्ठा, उनके उत्तुंग पहाड़ी आवाज़ को सुनकर आनन्द का अनुभव, उनका फ़िल्मों में अभिनय, हज़ारों कारदारों को सम्बोधित करके उनमें जागृति लाना, उनका आकर्षण

रहन-सहन, उनकी रसिकता, उनका सुदृढ़ शरीर, उनके वस्त्र, उनके बालों का स्टाइल, होठों की सूक्ष्म पतली रेखा अत्यन्त संवेदनशील, निर्मल बड़ी-बड़ी गोल आँखें। मल्लिका का सातवें वर्ष में ही पहला कविता सृजन—जीवन की पहली साँस, छोटी-सी बुद्धि से निकला हुआ पहला सचेत सपना। पढ़ना शुरू करते ही सबसे पहले पिता की कविता पढ़ना। विन्दा करन्दीकर, नारायण सुर्वे, श्री. ना. येंड से जैसे प्रसिद्ध कवियों की महफ़िल में पिता को कविता पाठ करते देखना, उत्सव में सहभागी होने के समान लगना, उनके जोश और लय से प्रेरणा प्राप्त करना, कविता पाठ का कौशल मल्लिका को पिता से विरासत में प्राप्त। पिता के समान प्रकृति प्रेमी, बारिश को देखते हुए परम आनन्द प्राप्त करना। पिता के साथ सब जगह घूमना—मीटिंग, सभा, फ़िल्म, नाटक, प्रदर्शनी, विभिन्न स्थलों की यादें। आँखों में केवल सपने ही सपने।

मल्लिका को घेर लेना। दुख...दुख के, वेदना के आँसू, प्रखर अनुभव, दुख का इन्तज़ार...अनिवार्य दुख का अश्वत्थामी चेहरा देखने की उत्सुकता। कथा-उपन्यास की दुखी नायिका होने का आभास होना। आगामी जीवन की पूर्वसूचना का आभास?

और फिर पिता से अभिभूत मल्लिका का बारह वर्ष की उम्र में पिता को हमेशा के लिए खो देना। जान-बूझकर यादें मिटा देने की कोशिश करना। जीवन का थम जाना और एक नये जीवन का आरम्भ। खेल ख़त्म होने के बाद खाली रंगमंच जैसा और विलक्षण उदास दिखने वाले प्रेक्षागृह के समान। घर का जैसे घर न होना। लोगों की चहल-पहल कम...लगभग बन्द। घर में केवल तीन औरतें। कविता-सृजन जारी—1971-72 में 'महाराष्ट्र बाल कवयित्री' पुरस्कार प्राप्त। शारीरिक परिवर्तन का दौर, माँ नर्वस ब्रेकडाउन की शिकार, स्कूल में श्रेष्ठ विद्यार्थिनी पुरस्कार, गायन, नाटक जैसी प्रवृत्ति का चलते रहना। कविता-सृजन—दो मिनट में शब्दों का अनायास प्रस्फुटित होना और फिर पूर्णविराम...एक तृप्ति का अपार आनन्द।

मौक़ाशी काका का दो मित्रों—जयन्त प्रधान और अनिल बर्वे के साथ घर आना। अनिल बर्वे—पत्रकार, लेखक और नक्सलाइट। दीदी की पहचान और अनिल बर्वे के साथ विवाह का निर्णय। घर में पुरुषों का आवागमन, फिर से आनन्द किल्लोल का आरम्भ। मल्लिका का घर आये पुरुषों को चकित होकर देखते रहना।

और फिर मल्लिका के जीवन के एक नये दौर का आरम्भ। मल्लिका के जीवन में एक संवेदनशील, आँखों में भरपूर प्रेमभर कवि का प्रवेश। कभी किसी बात को गम्भीरता से न लेनेवाली मल्लिका के मन में पहली बार सपनों के

राजकुमार की प्रतिमा का साकार होना। एक विलक्षण कवि, स्मार्ट, श्याम, चाल में पौरुष की झलक, मर्दानगी की हवा...मल्लिका के स्त्रीत्व का जाग उठना। सपनों की घनघटा का छा जाना।

डॉ. बाबा साहेब अम्बेडकर के समग्र जीवन के संघर्ष का परिणाम–अछूतों का संगठन और उनके उत्थान के लिए आन्दोलन। दलित युवा पीढ़ी द्वारा विशेष ढंग से विभिन्न आन्दोलनों का सूत्रपात–'दलित पैंथर्स' का विशेष योगदान। अमेरिका में 'ब्लेक पैंथर्स' संगठन से प्रेरित 'दलित पैंथर्स' का प्रस्थापित, समाज-व्यवस्था के विरोध में संगठित होने का प्रयास। फ़रवरी, 1974 में दलित आन्दोलन की हवा ज़ोरों पर थी, दलित नेता ताज़े नये-नये गरम दिमाग़ वाले–नये ज़बरदस्त विचारक-प्रसारक। 'दलित पैंथर' यानि नामदेव ढसाल नामक एक अफलातून कवि के दिमाग़ की कल्पना। थाली बजाकर लोगों को एकत्रित करके सभाएँ करते-करते 'दलित पैंथर' का एक राजकीय पक्ष बन जाना।

मुम्बई की बहुमंज़िली इमारत 'उषाकिरण' के पास झोंपड़ी में रहने वाला, रात को टैक्सी में सोने वाला, वेश्या की बदनाम बस्ती में भटकने वाला, ज़िन्दगी भर शराब, चरस, गाँजा, अफ़ीम के नशे में डूबा रहने वाला, कविता के द्वारा ज़हर उगलने वाला नामदेव ढसाल। माता-पिता की इकलौती सन्तान–लाड़ प्यार में बिगड़कर ग़लत राह पर चल पड़ने वाला नामदेव ढसाल। कम उम्र में लड़की भगाकर, प्रेमभंग से दारुण दुख के कारण एक आदर्श, सपने देखने वाले विद्यार्थी का अन्ततः अधःपतन। पैंथर का काम आरम्भ करके थोड़े ही समय में प्रसिद्धि के शिखरों को छूने वाला दलित लोकप्रिय कवि। मल्लिका को अभिभूत कर देने वाला नामदेव ढसाल। मल्लिका का केवल उसकी कविता, संवेदनशीलता और राजनीतिक वामपन्थी विचारधारा से परिचय। मल्लिका के सपनों के राजकुमार की प्रतिमा में 'फिट' होने वाला पुरुषोचित, संवेदनशील प्रेमी कवि। मल्लिका को कमाटीपुरा की वेश्याओं के घर, गुण्डे-मवाली, हिजड़ों की बस्ती में मंगेतर के रूप में घुमाने वाला नामदेव ढसाल। नामदेव का घर देखकर मल्लिका की माँ और दीदी का अनिच्छा जताना लेकिन नामदेव की विवाह के लिए बेचैनी और दोनों का विवाह करने का निर्णय।

नामदेव द्वारा विवाह से पूर्व ही स्त्रीत्व की माँग करना, मल्लिका के मन में शरीर सुख के प्रति घृणा का उत्पन्न होना और फिर 1 जून, 1974 को विवाह सम्पन्न। नामदेव के जीवन में प्लानिंग का सर्वथा अभाव। 'दलित पैंथर' संगठन में गड़बड़ का आरम्भ, नामदेव दलित और मल्लिका के पिता कम्युनिस्ट।

दलित समाज में कम्युनिस्टों के प्रति, उनके दर्शन के प्रति तिरस्कार की भावना। नामदेव को मिलने वाली आर्थिक सहायता का स्रोत सूख जाना—मल्लिका के गहने बेचकर जीवन-निर्वाह और फिर मल्लिका का मातृत्व। नामदेव और मल्लिका के बीच झगड़े—नामदेव का हाथ उठाना। शायद फादर कॉम्प्लेक्स के कारण नामदेव से सबसे नज़दीकी रिश्ता लेकिन उसके व्यवहार से एकाकीपन का अहसास और मल्लिका द्वारा आत्महत्या की कोशिश। और मल्लिका के अन्तर्बाह्य में अनजाना परिवर्तन आरम्भ। फिर प्रसूति की भयंकर पीड़ा का अनुभव—वेदना और केवल वेदना, क्या यही स्त्री के जीवन की सार्थकता है? अनागत भविष्य के सुख-आनन्द के लिए अनोखे, दिशाहीन अँधेरे मार्ग पर चलने की क्या आवश्यकता? अपूर्ण लेकिन उतने ही समर्थ। स्त्री में यदि स्वतन्त्र बुद्धि, विचार करने का सामर्थ्य है तो फिर स्वयं को मिटाकर पुरुष का आधिपत्य स्वीकारने की क्या आवश्यकता?

मल्लिका अमरशेख ने कभी नामदेव ढसाल का कुल नाम अपने नाम के साथ नहीं जोड़ा। स्त्री का स्वतन्त्र व्यक्तित्व यानि क्या? मल्लिका अमरशेख ने अपनी दृष्टि से उसकी परिभाषा इस प्रकार दी है। "जिस स्त्री को कहाँ रुकना है, यह पता होता है उसे स्वतन्त्र बुद्धि की समझो।" मल्लिका के अनुसार 'स्वतन्त्रता' शब्द इतना लचीला है कि जितना खींचो उतना खिंचता है, कम करो उतना छोटा होता जाता है।

मल्लिका अमरशेख ने दलित समाज को बहुत ध्यान से देखा है। आत्मकथा जीवन के आघात-प्रत्याघातों के अनुभव के निचोड़ से उत्पन्न सोच का आलेखन है। आत्मकथा में जिस सत्य का उद्घाटन हुआ है, वह केवल मल्लिका अमरशेख के जीवन का ही सत्य नहीं है, वह सत्य बनकर हमारे आसपास हमें नज़र आता है। शायद इसीलिए मल्लिका कहती हैं कि "मेरे इस आत्मकथन से कम-से-कम एक स्त्री को भी अपना खोया हुआ चेहरा खोजने में मदद मिलेगी" तो वही इसकी सार्थकता होगी। मल्लिका अमरशेख की आत्मकथा की भाषा मल्लिका के संवेदनशील कवि हृदय की काव्यमय भाषा है। मल्लिका के जीवन के दुःखद प्रसंगों का आलेखन भी मल्लिका के व्यक्तित्व की रेखाओं को उभारकर प्रस्तुत करता है। प्रेम में फना होकर मल्लिका ने अपने एक अलग ही विश्व से हमारी पहचान करायी है।

उनकी माँ का नाम मुनेरबी था। वह तलाकशुदा थीं। खेती में कामधाम कर अन्य माताओं की तरह दुख-दर्द झेल कर उन्होंने बच्चों का पालन-पोषण किया। उनकी ओविया (मराठी का एक काव्य प्रकार) सुनते हुए पिताजी बड़े हुए और वे क्लीनर बन गये। बार्शी के कामगार आन्दोलन में राष्ट्रीय वृत्ति के पुरोगामी,

होनहार युवक के रूप में उनकी पहचान बन गयी और उन्होंने लालकुरती ट्रेड यूनियन में शिरकत की। उनकी आवाज़ ठीकठाक थी। खुली जगह में बुलन्द आवाज़ में गाने का रियाज़ करने में उन्हें बड़ा मज़ा आता था। मिल में नौकरी भी मिल गयी थी। लेकिन मन्दी की चपेट में आ जाने से नौकरी छूट भी गयी। उसके परिणामस्वरूप हड़ताल हुई। उसका नेतृत्व पिताजी ने किया और उन्हें जेल की हवा खानी पड़ी।

एक अजीब-सा, सपनों का संसार। एकाकी और घुन्नेपन के कोष में मैं आबद्ध हो गयी थी पूरी तरह से। उस कोष के धागों ने मेरी समूची ज़िन्दगी को बाँध रखा था। मेरी रग-रग में समोये हुए वे अहसास आज भी मुझसे जुड़े हुए हैं। कई अविस्मरणीय रातों के ठिठके हुए जड़े हुए बदहवास क्षण आज भी मेरे ज़हन में ज्यूँ के त्यूँ हैं। उन अबोध, मायूस लम्हों की खुमारी कुछ और ही थी। 1962 में प्रपंच फ़िल्म प्रदर्शित हुई, उसमें पिताजी की भूमिका थी। पिताजी की गोदी में बैठ कर मैं फ़िल्म का प्रीमियर देख रही थी। फ़िल्म के एक दृश्य में पिताजी को ख़ुदकुशी करने के लिए पहाड़ की चोटी पर जाते हुए मैंने देखा और मैं ज़ोरों से चिल्लायी—"पिताजी रुक जाइए।" उसके बाद मैं रोने लगी। दर्शक मुझे घूर-घूर कर देखते रहे। ख़ैर, इस फ़िल्म में एक भी गीत नहीं था। सिर्फ़ अभिनय के बल पर उन्हें राज्य पुरस्कार प्राप्त हुआ। उसके बाद भी दो-तीन फ़िल्मों में उन्होंने काम तो किया, पर वे फ़िल्में अधुरी ही रहीं। अब पिताजी ने फ़िल्मों से अपना ध्यान हटा लिया। वे कला पथक के काम में ही मुस्तैदी से जुट गये। बचपन में लड़कों ने मुझे कभी आकर्षित नहीं किया। मेरा हुलिया ही कुछ अलग था। स्कूल में खेलते हुए' खाना खाते हुए तथा सहपाठियों से व्यवहार करते हुए यह अलगाव बराबर महसूस किया जा सकता था।

नामदेव को जितनी तेज़ी से शोहरत मिली, उतनी ही तेज़ी से उसका पतन भी होने लगा। वह हमेशा त्रस्त और सहमा-सहमा-सा दिखाई पड़ता था। अक्सर हम दोनों में बात-बात पर कहासुनी होती थी। मैं रुआँसी हो जाती, वह मुझे मनाता था। जब उनसे यह पूछा गया कि कुछ मराठी दलित साहित्यकारों का यह आक्षेप है कि यह आत्मकथा पूर्व नियोजित ढंग से स्वयं आपके पति यानी नामदेव ढसाल ने लिखवाई तो उनका कहना था कि यह आक्षेप ग़लत है। ढसाल भला मुझसे यह आत्मकथा क्यों लिखवाते या मैं उनके कहने पर क्यों लिखती। नामदेव साहित्य क्षेत्र में पहले से ही प्रसिद्ध रहे हैं उन्हें इस आत्मकथा से क्या और प्रसिद्धि मिल पाती।

जहाँ तक लेखन का सवाल है, रचानाधर्मिता मेरा जीवन है। मैं लिखे बिना जीवित नहीं रह सकती। नामदेव में बहुत दोष हैं, पर अच्छाई भी तो है।

समीक्षकों के अनुसार मल्लिका अमरशेख मराठी की पहली स्त्रीवादी कवयित्री हैं। उनके 'वालूचा प्रियकर' संग्रह की कविताओं में पहली बार स्त्री के अनन्त दुःखों को वाणी मिली है।

माधुरी छेड़ा के शब्दों में कहें तो दलित स्त्री की आत्मकथा अपार व्यथा की कथा है। सदियों की ऐसी व्यथा जो आत्मानुभूति का हिस्सा बनकर उनके व्यक्तित्व में घुलती रही हो।

# आदिवासी महिला नजुबाई की आत्मकथा

महाराष्ट्र वह भूमि है, जहाँ से आत्मकथनों के माध्यम से उपेक्षितों का साहित्य लावा बन कर फूटता रहा है। आदिवासी लेखिका एवं सक्रिय कार्यकर्ता नजुबाई गावित का आत्मकथन भी इसी ज्वालामुखी का हिस्सा है। इसमें आदिमजनों के प्राकृतिक जीवन और इस जीवन के साथ छल-कपट करने वाली आधुनिक सभ्यता का पर्दाफ़ाश किया है। नजुबाई ने वेदना और विद्रोह के स्थायी भावों को जीवन की विषम परिस्थितियों के सन्दर्भों सहित प्रदर्शित किया है। समूचे भारत में आदिम जनजातीय स्त्री का 'आदोर' यह आद्य आत्मकथन है। सन् 1995 में सत्यशोधक मार्क्सवादी प्रकाशन, देवपुर, धुले से इसका प्रथम संस्करण प्रकाशित हुआ। दस आयामों में विभाजित यह आत्मवृत्त नजुबाई की व्यक्ति रेखा के साथ समूचे आदिवासी जगत का गहन चित्र प्रस्तुत करता है।

## श्रमजीवी, सदाचारी एवं सर्वहारा भूमिपुत्रों की यथार्थ गाथा

आदिवासी लेखिका एवं सामाजिक समता की प्रबल पक्षधर नजुबाई का जीवन संघर्षमयी रहा है। बुद्ध, फुले तथा अम्बेडकर के साथ मार्क्स का भी काफ़ी प्रभाव उन पर रहा है। भारत के सर्वहारा समुदायों की श्रमप्रतिष्ठा एवं निष्ठा विश्व के सन्मुख एक गरिमामयी मिसाल है। नजुबाई दुर्गम प्रदेश में रहनेवाले शोषितों का प्रतिनिधित्व करनेवाली स्त्री है। आदिवासी स्त्री और समाज की देश की अग्रणी चिन्तक है।

1995 में नजुबाई गावित नामक एक आदिवासी महिला का स्वकथन 'आदोर' शीर्षक से प्रकाशित होता है। इन्होंने अलबत्ता मुखपृष्ठ पर यह छापा है कि उनके 'आत्मवृत्त पर उपन्यास' का यह पहला खण्ड है। वे इसे उपन्यास क्यों कहती हैं—पता नहीं। क्योंकि इसमें जो चित्रण हुआ है, वह पूर्णतः यथार्थ है। नजुबाई गावित की शिक्षा चौथी कक्षा तक हुई है। परन्तु वे अत्यन्त बुद्धिमान तथा प्रतिभासम्पन्न हैं। परिवर्तनवादी आन्दोलन में वे सक्रिय थीं और आज भी सक्रिय हैं।

धुले ज़िला श्रमिक महिला संघ की स्थापना इन्होंने की। इन दिनों वे मार्क्सवादी कम्युनिस्ट पार्टी का काम करती हैं। उनके इस स्वकथन की भूमिका मेधा पाटकर ने लिखी है। प्रस्तुत स्वकथन में भील आदिवासी समाज का दर्द भरा चित्रण किया गया है। मेधा पाटकर लिखती हैं—"प्रस्तुत आत्मकथा में आया हुआ वर्णन, विश्लेषण जीवन्त है, वैचारिक या तात्विक नहीं। इस लेखक की अपनी ताक़त है। लेखिका के हृदय पर जो बिम्बित है, उसी को उसने काग़ज़ पर उतारा है। यह लेखन पाठकों को भी बेचैन करने की शक्ति रखता है।

एक अन्य आत्मकथा के बारे में डॉ. शशिकान्त सोनवणे लिखते हैं कि 1999 में आदडोर आत्मकथन का विस्तार होकर 'तृष्णा' शीर्षक से पाठकों के सन्मुख उभर आया है। इसे आत्मवृत्तिपरक उपन्यास कहा गया है किन्तु यह मूलतः 'ईसरी' नामक स्त्री चरित्र के द्वारा कही गयी लेखिका नजुबाई की करुण कहानी है। नजुबाई ही वह ईसरी है, जिसमें सेवा, प्रेम, ममता, त्याग एवं संघर्ष की भावनाएँ प्रबलता से प्रतिबिम्बित होती हैं।

इस आत्मकथन में लेखिका की आदिम समुदाय, स्त्री एवं संस्कृति को प्रदर्शित कराने की भावनाएँ प्रेरणास्वरूप रही हैं। लेखिका ने आदोर को जन्म देकर वन्य जनों की बेहाल किन्तु (परम्परागत दृष्टि से) बेहतरीन मानी गयी ज़िन्दगी का भंडाफोड़ किया है। लेखिका के पूर्वजों का साम्यवादी होना, उनका समताधिष्ठित लोक व्यवहार एवं उदात्त आचरण होना आदिम समुदाय के प्रेरक सन्दर्भ हैं।

## सन्दर्भ


1. 'लाजा', दानिश बुक्स, गाजीपुर, दिल्ली, 2009
2. 'अपेक्षा', दलित आत्मवृत्त विशेषांक, जुलाई-सितम्बर, 2003
3. डॉ. अरुण लोखण्डे, समकालीन भारतीय साहित्य, 'दलित महिलाओं के आत्मकथन'
4. आश्वस्त, दिसम्बर, 2004
5. डॉ. सूर्यनारायण रणसुभे, 'प्रादेशिक भाषा और साहित्येतिहास', लातूर ज़िला हिन्दी साहित्य परिषद, लातूर, 2004
6. 'आदोर' (नजुबाई गावित), सत्यशोधक मार्क्सवादी प्रकाशन, धुले, प्रथम संस्करण 1995

# आदिम (जनजातीय) स्त्री का आद्य आत्मप्रकाशन 'आदोर'-नजुबाई गावित

**डॉ. शशिकान्त सोनवणे**

*नजुबाई ने अपने आत्मकथन के पूर्व अपने आदिवासी पूर्वज की दीप्तिमान लोककथा प्रस्तुत की है। यह लोक कहानी सर्वहारा समाज की साम्यवादी प्रवृत्ति प्रदर्शित करते, आदिवासियों के साथ हुए छल-कपट को उजागर करती है। यह छल-कपट से आज भी हज़ारों आदिवासी मूल भूमिपूत्र होकर भी भ्रष्टाचारियों द्वारा प्रताड़ित किये जा रहे हैं। यातनाएँ झेलने पर विवश हैं। इसी आशय की कहानी में नजुबाई कहती हैं, 'हमारा पूर्वज सुखी और समृद्ध था। अपने सुख-समृद्धि की पोटली वह हमेशा अपने पास रखता था। 'शिरी' के फूलों की बहार ख़त्म हो गयी थी। बेचैनी की धुन में वह शिरी की बेलियों को ढूँढ़ने लगा। एक कंगाल (सूखे पर्णवाला) पेड़ के शिखर उसे एक फूल नज़र आया। पेड़ से लिपट कर आसमान छूनेवाली उस वल्लरी पर वह अकेला ही फूल खिला था। उसने अपनी पोटली ज़मीन पर रख दी और वह तेज़ी से पेड़ पर चढ़ गया। जान पर खेल कर आख़िर उसने वह फूल तोड़ लिया। अपनी सुधबुध बिसराकर वह फूल सूँघता-सूँघता नीचे उतरा किन्तु नीचे उसकी पोटली नहीं थी। उनकी पोटली लेकर शाहू (सभ्यता के आड़ में छिपे शोषक) भाग गया था। उस दिन से हम आदिवासी ग़रीब बन गये।'*

नजुबाई ने आदिम समुदायों के शोषण में साहू-बनियों को सर्वाधिक ज़िम्मेदार मानते हुए उनके द्वारा किये जाने वाले ढोंग और पिपासा के अनेक सन्दर्भ प्रस्तुत किये हैं। इन्होंने ही आदिमों से बेगारी करवाकर गुलामों की ज़िन्दगी जीने पर मजबूर किया है। इनकी ज़मीन-जायदाद एवं पशु-सम्पदा के साथ स्वतन्त्रता पर भी इन लालचियों ने क़ब्ज़ा कर रखा था। इनके चंगुल से आदिवासी चाहकर भी पूर्णतः मुक्त नहीं हो सकता। बालु बनिया और झिपया के संवादों से इस षड्यन्त्र

का पर्दाफ़ाश करते नजुबाई लिखती हैं, 'भोर होने पर झिपया पुनः बालु वाण्या (बनिया) के पास गया। याचना के स्वरों में कहने लगा—सेठ! आज भी मुझे आठ चंपे (नाप) खावटी (अनाज) दो। मेरी फ़सल आते ही सबसे पहले मैं तेरी खावटी अदा करूँगा। हमें फ़सल में से कुछ नहीं रहा तो भी चलेगा। अब तुम्हारे दरवाज़े पर दुबारा माँगने के लिए नहीं आऊँगा किन्तु अब की बार मुझे खाली हाथ मत भेजो।' इस पर बड़ी कठोरता से उत्तर देते बनिया बोला—अरे झिपया! खावटी ले जाने को आठ दिन भी नहीं हुए ऊपर से और खावटी माँगता है। तुझे शर्म नहीं आती? जा, पहले उस बैल का गोबर भरकर उधर डालकर आ, तब खावटी दूँगा। तुम लोग तो हमें लूटकर खा लोगे। हमें भी ज़िन्दा रहने दो। टोकरी और फावड़े से कुछ दिनों का पड़ा गोबर झिपया ने भरकर एक जगह डाल दिया। नदी से हाथ-पाँव धोकर वह फिर बालु बनिया के पास आया। बालु ने सोलह चंपे के बत्तीस चंपे बही में लिख लिए और घुन लगी लाल जवार आठ चंपे गिन दी।

बनिए एवं साहूकार के डर से आदिवासी ईसरी तथा अन्य सदस्यों को अपनी मेहनत की कमाई भी अनेक बार गँवानी पड़ी है। उदर निर्वाह हेतु ज़मीन में गाड़कर रखी हुई अनाज की कोठी तथा गाय और बछड़ा भी बड़ी निर्दयता से इन लालचियों ने हथियाये हैं। आदिवासियों के छोटे बच्चों का 'मुँह का दूध छीननेवाले' ये निर्दयी कसाई से भी कठोर बने हैं। इन निर्दयी सूदखोरों से लोहा लेकर, उनका भंड़ाफोड़ कराने का साहस ईसरी अर्थात नजुबाई में कूटकूटकर भरा है। स्वाभिमानी और श्रमशील ईसरी मेहनत की कमाई से पूरे परिवार एवं समाज पर गहरा प्रभाव छोड़ती है। अभाव में भी स्नेह, संस्कार एवं संघर्ष की पूँजी ख़त्म नहीं होती बल्कि वह अभाव की अग्नि में अत्यधिक तपकर सच्चा कंचन बनकर निखर उठती है। पति, पुत्र एवं पाण्डे के लोगों में जागरण की चेतना निर्माण करती है।

## आदिवासियों के घोर शोषण एवं छल-कपट की चित्र कथा

नजुबाई का यह आत्मकथन सतपुड़ा के पहाड़ी आँचल में सदियों से जीवन जी रहे आदिवासी मावची समुदाय की उपेक्षा एवं दूरावस्था को प्रदर्शित करता है। लेखिका ने शासन तथा सामाजिक स्तरों पर होने वाले आदिवासियों के निर्मम शोषण को शब्दांकित किया है। वन अधिकारियों की नियुक्ति मुख्यतः वन एवं वनरक्षियों (आदिवासी) के रक्षण तथा संवर्धन हेतु होती है। किन्तु ये अधिकारी तथा कर्मचारी इनकी सहायता के बजाय इनका शोषण कर, इन पर अत्याचार करते हैं। आदिवासियों के साथ मारपीट करना इनके बायें हाथ का खेल बना हुआ है।

आर्या आदिवासी का बूढ़ा पिता पाण्डूया भी इन वन कर्मचारियों के अत्याचार का शिकार हुआ। जंगल के मालिकों को (आदिवासियों को) अब इन अधिकारियों से इतना डर लगता है कि वे जंगल में जाना पसन्द नहीं करते। घर भूखों मरते हुए इन अधिकारियों की मार से बचते हैं। बीमार पाण्डूया की वेदना चित्रित कर नजुबाई कहती है, "लोग अब पूर्णतः त्रस्त हो चुके हैं। जंगल के सिपाही हमें पकड़ कर जंगल में कड़ी धूप में बिठाकर रखते हैं। बिना अनाज-पानी के वह हमें सहना पड़ता है कितने बुरे दिन आ गये हैं। हमारे पूर्वज कितनी मौज-मस्ती में दिन काटते थे। न जाने कहाँ से गोरे लोग आ गये, जो हमें तकलीफ़ दे रहे हैं। हमारे पूर्वजों ने उनके समय में एक सिपाही तक नहीं देखा था। और अब? देखो ना मुझे कितना मारा इन पुलिसियों ने। बगल में नगाड़ा रखकर मैं चुपचाप जंगल से गुज़र रहा था। तभी किसी पुलिसवाले की नज़र मुझपर पड़ी। उसने मेरी कमर में लात मारकर ज़मीन पर गिराया। नगाड़ा ऊपर और मैं नीचे। मेरी लँगोटी पकड़ उन्होंने मुझे ऊपर उठाया। लँगोटी से बाँधी हुई तमाखू उसने टटोलकर देखी। जंगल को आग लगाने के शक के नाम पर उन्होंने मुझे ख़ूब मारा। किसी ने मेरी एक न सुनी।"

शासन द्वारा नियुक्त किये वन अधिकारियों की सतपुड़ा जैसे दुर्गम पहाड़ी आँचल में मानो खुद की हुकूमत चलती है। उदरनिर्वाह हेतु सूखी लकड़ियाँ इकट्ठा करते आदिवासियों को बड़ी निर्दयता से ये पीटते रहे हैं। जो पुरुष नहीं मिलता उसकी स्त्री को पकड़ कर थाने में बन्द कर देते हैं। ऐसे में आदिवासी पीढ़ी अपनी उपजीविका कैसे चला पायेगी? पाण्डे के एक प्रसंग के माध्यम से यह उजागर कर लेखिका कहती है, "पाण्डे के लोग धीरे-धीरे इकट्ठे होने लगे। स्त्रियाँ इनसे हटकर कुछ दूरी पर बैठीं। अफ़सर के घोड़े को देखकर वे खुसर-फुसर करने लगी। उनकी ओर देखकर अधिकारी बोला, जिस स्त्री का पति जंगल में गया होगा या शराब बनाता होगा उसकी स्त्री को पकड़कर जेल में क़ैद कर देंगे। ...डिप्प्या नाम कहने लगा। साहब उनके नाम लिखने लगा। दस लोगों की सूची तैयार हुई, जिनको पकड़ने साहब कारभारी (आदिवासी मुखिया) के साथ घोड़े पर निकल पड़ा। लोग सहम उठे।"

साहू, बनिये एवं पुलिस आदिवासियों के शोषक हैं। इनके अलावा सभ्य समझे जानेवाले शहरी समाज के कुछ पापी लोग भी आदिमों का जीवन तहस-नहस करते रहते हैं। एक स्थान पर गाँवों तथा शहरी लोगों की कामवासना को अनावृत्त कर लेखिका कहती है, *"...उन्हें देखकर लड़के-लड़कियाँ भागने लगे। मनु ज़ोर से चिल्लाकर बोला—बिट्टया! दौड़ो मत। मैं हूँ मनु। वे लड़कियाँ मेला देखने मेरे*

*साथ आना चाहती थीं। इसलिए मैं छिप बैठा। जवान लड़कियों को रात भर मेले में कौन सँभालेगा? लड़कियाँ देखते ही वे अन्य जाति के लोग जैसे उमड़ पड़ते हैं। हमारे (आदिम मनुष्य) हाथों से लड़कियाँ छीन कर भाग जाते हैं। कितनी घिनौनी यह जात्रा (मेला) बन गयी है। कोई स्तन पकड़ता है, कोई उनके कूल्हों को चिकोटी काटता है। लड़कियों को गंमत (तमाशा) भी देखने नहीं देते थे साहू लोग। पिछले साल आदमियों की भीड़ में से एक लड़की को छीनकर ले गये वे लोग। उस लड़की को गाड़ी में बिठाकर कहाँ ले गये? जिसका आज तक पता नहीं चला।"*

नजुबाई ने अपने समुदाय की दरिद्र अवस्था को सभ्य समुदायों की कुटिल नीति के साथ अन्य आदिवासी समुदायों के अविवेक को ज़िम्मेदार माना है। खानदेश आँचल के सतपुड़ा क्षेत्र में आदिवासियों के अनेक समुदाय निवास करते हैं। मावची के अलावा यहाँ पावरा भील भी बड़ी संख्या में मिलते हैं। लेखिका के मतानुसार युवा पीढ़ी में शराब, चोरी जैसे आपराधिक कार्य भीलों द्वारा अधिक किये जाते हैं। खानदेश में समय-समय पर अख़बार एवं लोकवार्ताओं में चर्चा मिलती है। भीलों में कुछ लोग आजकल इतने अमानुष हो चुके हैं कि अपने ही भाई-बहनों, बुजुर्गों तथा संवर्ग के सदस्यों को लूटने को तैयार रहते हैं। अन्नाभाव एवं वैद्यकीय सुविधाओं की कमी तथा असह्य प्रसव पीड़ा से मर चुकी मावची समुदाय की अंबु के प्रेत (मृत व्यक्ति) को विवस्त्र कर कुछ भीलों ने उसके वस्त्र, अलंकार चुरा लिए। इस अमानवीय प्रसंग को चित्रित कर नजुबाई कहती है, "वह श्मशान में गया। अंबु का विवस्त्र प्रेत देखकर बेभान होकर उसने ख़ूब आक्रोश किया। उसने छोटे भाई की बीवी के नये कपड़े साथ लिए। छोटे भाई और कुदाल को साथ लेकर वह फिर से श्मशान पहुँचा। सुया ने अंबु के शरीर पर चोली पहनायी। आधा लुगड़ा (साड़ी) उसके कमर को लपेटकर आधा उसके ऊपर लपेट दिया। उसको फिर से दफना कर, उसके ऊपर बड़े से पत्थर एवं काँटे रख दिये। मृतक अंबु के बारह दिन के बच्चे को बकरी का दूध पिलाकर बड़ा किया क्योंकि द्वार पर बँधी गाय बनिया छीन ले गया था।"

## सेवामयी, करुणामूर्ति एवं प्रेरणाज्योति ईसरी का दीप्तिमान चरित्र

नजुबाई ने अलौकिक आन्तरिक सौन्दर्य की धनी ईसरी के माध्यम से अपने स्वाभाविक गुणों एवं संघर्षमयी जीवनशैली को प्रस्तुत किया है। भारतीय लोकधारणा एवं विश्वासों के अनुसार आज भी अधिकांश आदिवासियों में मातृसत्ताक पद्धति पायी जाती है। स्त्रियों को पूर्ण सम्मान, स्वतन्त्रता एवं सर्वाधिकार देकर भी

आदिम पुरुष अपने कर्तव्य पथ से कभी अडिग नहीं होते। ईसरी के परिवार में भी यह स्थिति स्पष्ट दिखाई देती है। मूलतः आदिम स्त्रियों ने ही कृषि ईजाद की। इसी के कारण नजुबाई का जीवन भी पूर्णतः जंगल और कृषि को ही समर्पित रहा है। सूरज निकलने से उसके ढलने तक अत्यन्त विपन्नावस्था में परिवार की परवरिश में वह अपने आप मिटाकर परिवार को ठीक-ठाक आगे बढ़ाना चाहती है। व्यथा वेदनाओं को सहर्ष झेलते हुए वह रात-दिन कष्टप्रद कामों में लगी रहती। इसके कष्टमय जीवन पर नजुबाई लिखती है, "ईसरी सिर पर घास की गठरी लेकर धीरे-धीरे आ रही थी। ईसया (पुत्र) ने झट आगे बढ़ उसके सिर से वह बोझ उतारा। इतना बड़ा बोझ ढोने पर वह उस पर चिढ़ने लगा। धीमी साँस लेकर उसने प्रति उत्तर दिया। घर बैठकर क्या खाये? उस भूरी डोशी (बुढ़िया) के पैसे लौटाने पड़ेंगे। उसके पहले ही काफ़ी पैसे हमारी तरफ़ बाक़ी हैं। सप्ताह के बाज़ार के लिए घास काटकर उसे बेचकर पैसों का जुगाड़ करना पड़ेगा। भावडया (लड़का) को इस काम के लिए तुम्हें बैल देने पड़ेंगे। बैल गाड़ी में गट्ठर लादकर बाज़ार में पहुँचाना पड़ेगा।" अगले प्रसंग में, "ईसरी टोकरी लेकर खेत में गयी। खेती की फ़िक्र में वह आधी रात को ही उठकर काम पर जाती थी। खेत में जाकर उसने सीट से लपेटा लुगड़ा (साड़ी) कमर में बाँधी। झिरे (फ़सल) का बीज उस टोकरी में पीट-पीट कर निकालने लगी। टोकरी भरने पर उसने कमर का लुगड़ा छोड़कर उसमें बीज उँडेला। वह अनावृत्त होकर मजबूरीवश ठिकारे का बीज निकालने लगी। खेती में ख़ूब ओस कण थे, जो सूरज निकलने पर टप-टप ज़मीन पर गिरने लगे। उसने तीन पायला (नाप) और तीन चंपे बीज निकालकर तैयार किया था। कमर का लुगड़ा निचोड़कर वह खेती के बाहर आयी। सिर पर रखे लुगड़े को छोड़कर वह बीज सुखाने बैठी। साथ में वह निन्दणी (कृषि विषयक काम) भी करने लगी।"

## सन्दर्भ

1. अपेक्षा (दलित आत्मवृत्त विशेषांक), सं. तेज सिंह, जुलाई-सितम्बर, 2003

# पंजाबी दलित आत्मकथाएँ

पंजाब में दलित साहित्य और आत्मकथाओं के बारे में दलित आन्दोलन का इतिहास जानने से पहले यह समझना होगा कि वहाँ बहुत पहले से दलित आन्दोलन रहा है। बाबा साहेब डॉ. अम्बेडकर ने कई बार पंजाब के दौरे किये थे। डी.सी. अहीर की अंग्रेज़ी में लिखी पुस्तक 'डॉ. अम्बेडकर एंड पंजाब' का अध्ययन करने से हमें पता चलता है कि डॉ. अम्बेडकर ने पहली बार (31 मार्च-1 अप्रैल, 1932) लोथियन समिति के सदस्य के रूप में पंजाब का दौरा किया था। इस मताधिकार देने वाली समिति का गठन दिसम्बर 1931 को मार्कीस ऑफ़ लोथियन की अध्यक्षता में हुआ था। इसलिए इसे लोथियन समिति के नाम से पुकारा जाता है। इस अवसर पर समिति के प्रतिनिधियों ने मुलाक़ात कर दलित समाज की समस्याओं से अवगत कराया था। इनमें बाबू मंगू राम, हज़ारा राम तथा जालन्धर से प्रकाशित रचनाओं के सम्पादक रामचन्द्र विशेष थे। बाबा साहेब डॉ. अम्बेडकर अमृतसर (पंजाब) में दूसरी बार 13-14 अप्रैल, 1936 में आयोजित सिख मिशन सम्मेलन में सम्मिलित होने के लिए आये थे और तीसरी बार 1951 में। इस दौरान उन्होंने जालन्धर, लुधियाना, और पटियाला आदि का दौरा कर वहाँ आयोजित सभा, सम्मेलनों को सम्बोधित किया था।

इस तरह डॉ. अम्बेडकर के व्यक्तित्व और कृतित्व से प्रेरणा लेकर पंजाब के दलितों के भीतर आन्दोलन उभरा था। जिसने आज़ादी के बाद की पीढ़ी को भी अच्छे-ख़ासे ढंग से प्रेरित और उद्वेलित किया था। अपने लेख 'पंजाबी कहानी और दलित चेतना' में गुरमीत कल्लर माजरी लिखते हैं कि आज़ादी ने जहाँ सांस्कृतिक क्रान्ति को जन्म दिया वहाँ अन्धविश्वास, जात-पाँत रहित समाज के पुनर्निर्माण के लिए अच्छे माहौल का निर्माण भी हुआ। शिक्षा में उदारीकरण की नीति ने सभी जातियों और जमातों के लिए संयुक्त मोर्चा क़ायम किया... सरकारी सेवाओं का विस्तार, खेती में वैज्ञानिक सोच का प्रसार और शहरीकरण के रुझान ने भी दलित चेतना के लिए बन्द किवाड़ों को खोल दिया है।

पर दलित कथाकारों की रचनाधर्मिता के पीछे मुख्य कारण रहा दलित समाज को जातीय आधार पर सदियों से ठुकराने की सवर्णों की प्रवृत्ति तथा सवर्णों का अपने को श्रेष्ठ समझने का उनका अहंभाव। परिणामस्वरूप दलित साहित्य चेतना के कुछ आधार, गद्य चेतना के रूप में नानक सिंह, सन्तोख सिंह 'धीर', गुरदयाल सिंह की कहानियों द्वारा पंजाबी साहित्य में आये। इनके पश्चात सोहन सिंह 'शीतल' और गुरदयाल सिंह के उपन्यासों ने इस चेतना को बीज से एक विशालकाय वृक्ष के रूप में तब्दील किया।

हालाँकि गुरमीत कल्लर माजरी यह मानते हैं कि मार्क्सवाद जाति-चेतना की गवाही नहीं देता, लेकिन उनका कहना यह भी है कि जमाती संघर्ष में जुटी हुई निचली जातियों ने अपने आपको चेतना के स्तर पर ला खड़ा किया है। सातवें दशक के बाद मार्क्सवादी विचारधारा ने समुचित पंजाबी साहित्य को प्रगतिवादी विचारधारा के साथ जोड़ा। जबकि अधिकांश दलित लेखकों का मत है कि 70 के ही दशक में दलितों की अस्मिता और पहचान के सवालों को लेकर महाराष्ट्र में गठित 'दलित पैंथर' जैसे जुझारू संगठन की राज्य स्तर पर इकाइयाँ पंजाब में भी बनी थीं जिसमें एच.एल. विरदी का नाम प्रमुखता से लिया जा सकता है।

पंजाबी में दलित आत्मकथा लिखने की शुरुआत प्रेम गोरखी से मानी जाती है। मगर, अपने कथ्य और प्रसंगों के कारण उसे पंजाबी में दलित आत्मकथा नहीं माना गया। इस आधार पर बलवीर माधोपुरी की आत्मकथा 'छांग्या रुक्ख' को पंजाबी की पहली विश्वसनीय एवं प्रामाणिक आत्मकथा माना जा सकता है, जो सन् 2002 में प्रकाशित हुई। यह आत्मकथा हिन्दी में 2007 में प्रकाशित हुई जिसका हिन्दी अनुवाद सुभाष नीरव ने किया है।

पंजाबी साहित्य के उपन्यासकार लेखक नानक सिंह ने 1949 में अपनी आत्मकथा 'मेरी दुनिया' लिखकर आत्मकथा लिखने की नींव रखी। आधी सदी के इस सफ़र में व्यक्तित्व को उभार देने के लिए कुछ आत्मकथाएँ लेखकों के द्वारा पंजाबी यूनिवर्सिटी पटियाला ने एक शृंखला रूप में विशेष तौर पर लिखवायीं। पंजाबी साहित्य स्व-जीवनी लिखने का कार्य काफ़ी पिछड़ने के बाद शुरू हुआ। फिर भी 1949 से लेकर 2002 तक दो दर्जन से भी अधिक ऐसी आत्मकथाएँ लिखी गयीं जो साहित्यिक, सांस्कृतिक और ऐतिहासिक प्रसंग में विशेष महत्त्व रखती हैं।

पंजाबी साहित्य में गणनात्मक और गुणात्मक रूप से आत्मकथा के विकास को साहित्य की एक स्वतन्त्र विधा के रूप में स्वीकार कर लिया है। उपन्यासकार नानक सिंह अपनी आत्मकथा 'मेरी दुनिया' की भूमिका में लिखते हैं,

"अपनी स्व-जीवनी के जो-जो किवाड़-खिड़कियाँ मैंने खोल कर दिखाये हैं, बिना हिचक के नहीं की कि अच्छी नहीं लगने वाली वस्तु को छुपा कर दर्शक की आँख से दूर कर दूँ या साधारण-सी वस्तु को पॉलिश से चमका कर असाधारण रूप में पेश कर दूँ।" (पन्ना, मेरी दुनिया) मेरे विचार में नानक सिंह के इस विचार ने आत्मकथा लेखन में अहम रोल अदा किया। फिर भी कुछ रचनाओं ने इस मॉडल को तोड़ा है।

पंजाबी के प्रसिद्ध उपन्यासकार गुरुदयाल सिंह, कथाकार सुजान सिंह और सन्तोख सिंह धीर की आत्मकथाएँ उनके रचना संसार में मध्यवर्गीय दृष्टि के कारण, निम्न वर्णीय जातिगत जटिलताओं से लबरेज़ वृत्तान्त से मुक्त रही हैं। दलित आत्मकथा सदियों से धर्म और जाति के आधार पर सामाजिक और आर्थिक शोषण का शिकार उन लेखकों के जीवन का वृत्तान्त है जिनकी रचनात्मक दृष्टि में महात्मा बुद्ध, ज्योतिराव फुले, अम्बेडकर, कबीर और गुरु रविदास की धार्मिक और सामाजिक दृष्टि का प्रत्यक्ष असर है। दलित साहित्य में आत्मकथा लिखने का भाव स्वयं को प्रकट करने का ही नहीं होता बल्कि वह इससे भी बढ़कर सामाजिक, सांस्कृतिक, धार्मिक, आर्थिक स्थिति का रचनात्मक विश्लेषण होता है। आमतौर पर आत्मकथाकार उम्र की प्रौढ़ अवस्था में जाकर जीवनी लिखते हैं। पंजाबी में दलित आत्मकथाकारों ने दलित जीवन के अनुभवों को ऐसी बेबाकी से पेश किया है जिससे दलित जीवन के अन्दर जाति-तिरस्कार, आर्थिक-बेबसी, सामाजिक-हीनता और व्यवस्था में पड़ा घिनौनापन रचित प्रसंगों में से रूपायित होने लगता है।

लेखक ने इसे 26 उप शीर्षक के अन्तर्गत छोटी-छोटी घटनाओं के रूप में लिखा है। इन घटनाओं को लिखने की प्रेरणा उसे अमृता प्रीतम से मिली जिन्हें 'नागमणि' में क्रमबद्ध हर माह छापा जाता रहा। अपने स्वरूप में इसे दलित आत्मकथा नहीं कहा जा सकता जिस रूप में बाद में दलित आत्मकथाएँ लिखी जा रही हैं। फिर भी प्रेम गोरखी ने इनके द्वारा अपने बचपन और बढ़ती उम्र के कसैले अनुभवों को शिद्दत से बयान किया है।

प्रेम गोरखी की यह जीवन कथा एक सामाजिक संघर्ष के रूप में सामने आती है जिसमें एक अदना मनुष्य जाति और आर्थिकता के अन्तर्विरोधों में घिरा, प्यार और हवस के आपस में रगड़ते ख़तरनाक पलों में से निकलता, जुर्म और घृणा की दुनिया के नापाक रिश्तों की हुमस को सहता, नामोशी और हार के दरम्यान मानवीय सोच के दायरों में से बाहर नहीं जाता। प्रेम गोरखी ने अपनी आत्मकथा को अपने बचपन के दिनों से आरम्भ करके 'पंजाबी ट्रिब्यून' में प्रूफ़ रीडर की

नौकरी लग जाने तक सीमित रखा है। पंजाबी की इस दलित स्व-जीवनी की विशेषता इस कारण भी है कि प्रेम गोरखी ने पहली बार अपने मुजरिमाना जीवन का मार्मिक चित्रण साइकिल चोरी होने के प्रसंग में अपने रोमांस के पलों की पेशकारों में बिजली बोर्ड के स्टोर में से सामान चोरी करके बेचने के सन्दर्भ में जिस तरह पाठकों के सामने प्रस्तुत किया वह बेबाक है, दूसरी तरफ़ समाज में दलित मनुष्य को रौंद, उसकी नियति, उसकी पहचान के प्रति एक नहीं, सैकड़ों प्रश्नों को सामने खड़ा कर देती है। इन्हीं प्रश्नों का विराट और दमनकारी रूप लाल सिंह 'दिल' की स्व-जीवनी में एक नक्सली के तौर पर पकड़े जाने पर पुलिस द्वारा उस पर किये गये जुल्म के रूप में मिलता है, यहाँ उसके अपने, उसे पहचानने से इनकार कर देते हैं।

1998 में छपी लाल सिंह 'दिल' की आत्मकथा 'अधूरे सफ़र की पूरी दास्तान' के नाम से है। लाल सिंह 'दिल' की जीवनी का प्रेरणास्रोत भी सामाजिक अन्याय और मानसिक, शारीरिक उत्पीड़न ही रहा है।

यह स्व-जीवनी लाल सिंह 'दिल' की ज़िन्दगी के उन पलों की दास्तान है जिन में वह बेबसी का जीवन जीता है और जात-पाँत का दर्द ओढ़ते हुए नक्सली लहर का हिस्सा बना। दिल की यह स्व-जीवनी एक ऐसा लम्बा वृत्तान्त है जिसका कोई शीर्षक नहीं। असल में यह वृत्तान्त की सहज पेशकारी है जिसमें दिल हिला देने वाली घटनाओं का वर्णन है। लाल सिंह 'दिल' को आम लोगों के साथ-साथ छोटी जाति का होने के कारण पुलिस के हाथों जलील होना पड़ा।

नक्सली लहर से मोह-भंग होने के पश्चात मानसिक व शारीरिक पीड़ा सहन करने के बाद दिल पंजाब से उत्तर प्रदेश चला गया और वहाँ उसने इस्लाम धर्म कबूल कर लिया। यह भी उसके अन्दर के विद्रोह की प्रतिक्रिया थी। धर्म की तब्दीली को वह मानसिक सकून के साथ जोड़कर देखता है। वह पहले वली मोहम्मद बुशरा फिर वली मोहम्मद और फिर वली मोहम्मद सम्बरालवी बनता है। वह इस्लाम कबूल कर लेने के पश्चात एक चिट्ठी में लिखता है, "हाँ मैं ठीक-ठाक रह रहा हूँ, चमड़े का काम करने वाले भी उसी लोटे से नाक मुँह धोते हैं, जिसमें क़ुरान मजीद लिखने वाले या इल्म फैलाने वाले।"

## इश्क़ की आग और इंक़लाब के शोले का कवि : लाल सिंह 'दिल'

सन् 2007 के अगस्त महीने की 14 तारीख को 64 वर्ष की आयु में, लुधियाना में जब उनकी मृत्यु हुई, तब उनकी जन्मभूमि पंजाब से बाहर उनकी कविताएँ तो छोड़िए, उन्हें कोई जानता तक नहीं था। पिछले दो सालों में, उनकी 'दास्तान' और कविताओं के हिन्दी व अंग्रेज़ी में प्रकाशन के बाद हालात कुछ बदले हैं।

रोज़ खाने-कमाने वाले, एक अत्यन्त निर्धन रामदासिया चमार परिवार में जन्मे दिल, स्कूली शिक्षा हासिल करने वाले अपने परिवार के पहले व्यक्ति थे। उन्होंने शिक्षक प्रशिक्षण महाविद्यालय में भी अध्ययन किया। परन्तु जिस क्रूर भेदभाव का सामना उन्हें करना पड़ा, उसके चलते वे नक्सल आन्दोलन में शामिल हो गये। वहाँ भी उच्च जातियों के माओवादी क्रान्तिकारी उन्हें नीची नज़रों से देखते थे। सन् 1970 के दशक में कई दुस्साहसिक कार्यवाहियों के चलते उन्हें गिरफ़्तारी, कारावास और शारीरिक यन्त्रणा भोगनी पड़ी। वे उत्तर प्रदेश के विभिन्न इलाक़ों में भटकते फिरे।

उत्तर प्रदेश में आम के एक बागान में चौकीदार का काम करने के दौरान उन्होंने कुछ मुसलमानों को एक साथ बैठकर खाना खाते देखा। यह उनके लिए एक क्रान्ति थी। उन्होंने इस्लाम अंगीकार कर लिया और एक ऐसे भाईचारे का अनुभव किया, जो उनके लिए एकदम स्वर्गिक था। वे पाँच वक़्त की नमाज पढ़ते थे और उन्होंने अपनी ग़रीब, बूढ़ी माँ से ज़िद कर अपनी पत्नी (जो हमेशा केवल उनकी कल्पनाओं में ही रही) के लिए बुर्का भी ख़रीदवाया। परन्तु अन्ततः वे शराब की शरण में चले गये।

इस बीच, पंजाब के उनके नक्सली साथी, अपनी उच्च जाति/वर्ग की जीवनशैली फिर से अपना चुके थे जबकि दिल को अपना पेट भरने के लिए भी संघर्ष करना पड़ रहा था। अपने एक लेखक मित्र के साथ मिलकर उन्होंने अपने गाँव समराला की एक बन्द पड़ी मस्जिद को फिर से खोला और पाँच साल तक वहाँ अजान देने का काम करते रहे। अपने जीवन के सन्ध्याकाल में उन्होंने अपने गृहनगर के बस अड्डे के नज़दीक एक चाय की दुकान चलाई परन्तु उससे वे अपनी रोज़ की रोटी और रोज़ की शराब का इन्तज़ाम भी नहीं कर पाते थे। अपनी घोर ग़रीबी के बावजूद दिल ने ज़रूरतमन्द कवियों के लिए दी जाने वाली सरकारी पेंशन तक लेने से इनकार कर दिया। उनका कहना था कि वे एक कामरेड हैं।

उनके कुछ मित्रों ने चन्दा इकट्ठा कर अपने क्षेत्र में कच्चे मकान को सुधरवाया। उनके मित्रों के अनुरोध पर उन्होंने अपनी आत्मकथा लिखी। 'दास्तान' सन् 1998 में प्रकाशित हुई और वह आम बोलचाल के शब्दों में लिखी गयी दिल को छू लेने वाली पुस्तक है। जीवन भर जब वे उत्तर प्रदेश में मज़दूरी करते थे तब भी वे कविताएँ लिखते रहे और धर्मपरिवर्तन के बाद उनकी कविताओं में उर्दू और अरबी के कुछ शब्द भी शामिल होने लगे। दिल की कविताओं के कुछ संग्रह हैं 'सतलज दी हवा' (1971), 'बहुत सारे सूरज' (1982), 'साथर' (1997) और 'बिल्ला आज फिर आया' (2007)।

उनकी मौत के बाद भी जातिगत भेदभाव ने दिल का पीछा नहीं छोड़ा। यद्यपि उनकी इच्छा थी कि मुस्लिम होने के कारण उन्हें दफ़नाया जाये तथापि गाँव में कोई मुस्लिम क़ब्रिस्तान नहीं था। ऐसे में उनकी देह को पड़ोसी गाँव ले जाया जाना पड़ता जहाँ कि शायद उसे दफ़नाने के लिए स्वीकार न किया जाता। इसलिए दिल के भाइयों ने गाँव में चमारों के लिए निर्धारित स्थान पर उनकी लाश का अग्निसंस्कार कर दिया।

*(फारवर्ड प्रेस, मई 2014 से साभार)*

# छांग्या रुक्ख

बलवीर माधोपुरी की स्व-जीवनी प्रेम गोरखी और लालसिंह 'दिल' की स्व-जीवनियों से भिन्न है। समय का अन्तराल भी इसमें विशेष भूमिका अदा करता है। बीसवीं सदी के आख़िरी दशक तक दलित साहित्य के बारे में बहुत दबे स्वर में बात की जाती थी। परन्तु जब राजनीतिक और सामाजिक अधिकारों का आन्दोलन उभरा तो सामाजिक बदलाव के लिए जूझ रहे वामपन्थी संगठनों ने शोषित और शोषक के दरमियान पहचान की। उसी समय दलित साहित्य में 'दबासुर' खुलकर प्रकट होने लगा। दूसरा अहम पक्ष यह है कि पहली दोनों स्व-जीवनियों में लेखकों ने अपनी समूची ज़िन्दगी के कसैले अनुभवों के समान्तर जात-पाँत की बात करके दलित धारणा की बात की है। परन्तु माधोपुरी ने दलित अनुभव की केन्द्रीय इकाई के द्वारा समूचे जीवन के यथार्थ के विकास को समझने का यत्न किया। इस स्व-जीवनी के पात्र जब व्यवस्था में पड़ी जात-पाँत में पिसकर अपना विरोध व्यक्त कर रहे होते हैं या व्यवस्था के प्रतीक ब्राह्मणवादी किसानी पात्रों के साथ दस्तपंजा ले रहे होते हैं तो वह दलित जीवन के उत्थान की बात नहीं कर रहे होते बल्कि दलित पात्रों की मनोदशा और सामाजिक दशा के द्वारा एक आक्रोश की भावना प्रकट कर रहे होते हैं कि "कहने को तो हिन्दू धर्म का हिस्सा है पर असलियत में यह धर्म उनको गुलाम बनाने का माध्यम है, इसीलिए इन लोगों को समाज की मुख्यधारा से अलग रखा गया है।"

माधोपुरी की इस रचना में हिन्दुओं के वेदान्त दर्शन और स्मृतियों में धर्म-कर्म के सिद्धान्त ने जो रोल अदा किया है उसकी व्यावहारिक समझ और विरोध इस जीवनी के सार में फैला हुआ है—"तेरी बात भी सही है कि इस जात-पाँत के बारे में सिक्खों में भी हिन्दुओं जैसा यह कलंक है। मैं तो कहता हूँ किसी एक तरफ़ होकर मर जाओ। सभी...चाहे जिधर मर्ज़ी जाओ, चाहे सिक्ख बन जाओ, चाहे कुछ और पर हिन्दू न रहो...इस नरक से निकलो।" (पृ. 65)

छांग्या रुक्ख का मतलब 'कटा-छँटा वृक्ष' है, जिसे हम पत्रविहीन भी कह सकते हैं या ऐसा वृक्ष जिसकी शाखाएँ छाँट दी गयी हैं। बलवीर माधोपुरी ने इस छांग्या रुक्ख में अपने दलित जीवन को जिस भाषा और बोध के साथ अभिव्यक्त किया है वह क़ाबिले तारीफ़ है। माधोपुरी की आत्मकथा 'छांग्या रुक्ख' (काटा छाँटा हुआ दरख़्त) पंजाबी में 2002 में प्रकाशित होने के बाद शीघ्र पंजाबी की श्रेष्ठतम कृतियों में गिनी जाने लगी। इसके उपरान्त ही तुलसीराम की 'मुर्दहिया' 2010 में और 'मणिकर्णिका' 2014 में प्रकाशित हुई थीं और माधोपुरी की तुलना में तुलसीराम को हिन्दी पट्टी के चिन्तकों के दो उपवर्गों, साहित्यकारों और समाज विज्ञानियों, दोनों ही ने हाथों-हाथ लिया और उसकी भूरि-भूरि प्रशंसा की! हिन्दी साहित्य के समालोचकों का यह तुलसीराम का गुणगान माधोपुरी के प्रशंसकों को बुरा लगा ऐसा बताया जाता है। हालाँकि माधोपुरी की 'छांग्या रुक्ख' के साहित्यिक और समाजशास्त्रीय अध्ययन पर दोहरा आकलन भी हुआ है।

## 'छांग्या रुक्ख' को लिखने का सबब

इसे माधोपुरी ने स्वयं ही स्पष्ट किया है। उन्होंने यह पाया कि देश के सबसे ख़ुशहाल प्रान्त पंजाब में धार्मिक दिखने वाले अनेक ग्रन्थों का सृजन हुआ और विश्व का सबसे नया और मानववादी समझा जाने वाला सिक्ख धर्म ज़ोर-जुल्म के ख़िलाफ़ स्थापित हुआ। इसके बावजूद उसी धरती पर वह सभ्याचार उत्पन्न नहीं हुआ, जिसकी ख़ातिर गुरु साहिबान ने संस्कृत और उसकी संस्कृति को त्यागा था। सामाजिक और धार्मिक संस्थानों में दलितों के साथ अमानवीय व्यवहार जारी रहा (पृ. 15)। आत्मकथा लिखने की इच्छा माधोपुरी में अचानक नहीं जागी। दिल्ली आने पर वे मार्क्सवादी साहित्य के साथ-साथ भारत के दलित-साहित्य का अध्ययन पहले से अधिक करने लगे।

बलवीर माधोपुरी ने 'छांग्या रुक्ख' में जाति के मसले को एक सबक की तरह रखा है। वह न तो सामाजिक सद्भाव को संकुचित करता है और न 'चमारों तथा जट्टो' के बीच किसी द्वेष-भाव की बेल लगाता है। पिता, माँ, ताऊ और दादी के जीवन-संघर्ष और वर्तमान की भयावह परिस्थितियों ने लेखक को मानवीय और संवेदनशील ही नहीं बनाया, उसको विचार और सोच की दृष्टि से समृद्ध भी किया। किताबी ज्ञान के साथ-साथ उसका व्यावहारिक पक्ष विशेष रूप से परिपक्व हुआ और वह सामाजिक न्याय और समरसता का असली पैरोकार बन गया। उसने जाना कि आर्थिक व सामाजिक रूप से पिछड़ने के कारक सिर्फ़

जातिगत भेद नहीं हैं। इसके लिए वह शासन व्यवस्था ज़्यादा ज़िम्मेदार है, जिसने अभी तक देश में 'कृषि-योग्य भूमि' का सही बँटवारा नहीं किया। देश बँट गया, प्रदेश बँट गया, लेकिन सर्वहारा वर्ग के बीच ज़मीन नहीं बाँटी गयी। इसलिए बलवीर माधोपुरी इस दुख को बार-बार व्यक्त करते हैं कि यदि हमारे पास भी जट्ट सिखों की तरह दो-चार बीघा कृषि-योग्य भूमि होती तो शायद हमें दुख के इस पहाड़ से नहीं जूझना पड़ता। हमारी औरतों को अपमान और जलालत भरी ज़िन्दगी न देखनी पड़ती। लेखक को यह विश्वास होने लगता है कि शायद यह सब सामाजिक एवं राजनीतिक क्रान्ति के बिना सम्भव नहीं।

बलवीर माधोपुरी ने बचपन में जिस जातीय अपमान और उसकी पीड़ा को बर्दाश्त किया है, उसकी सच्ची तस्वीर हमें 'हम, चमारों का बरगद' और 'रेगिस्तान में बहा दरिया' आदि अध्यायों में देखने को मिलती है, पर यह आत्मकथा केवल गाँव माधोपुर के सामाजिक, राजनीतिक, आर्थिक एवं सांस्कृतिक अन्तर्विरोध को ही दर्ज नहीं करती, बल्कि यह आज़ादी के पहले और आज़ादी के बाद के पंजाब के भौगोलिक, सामाजिक तथा सांस्कृतिक परिदृश्य को भी पूरी बेबाकी तथा ईमानदारी के साथ सामने रखती है। 'मेरी जन्मभूमि—माधोपुर' परिचय आलेख में लेखक ने जिस प्रामाणिकता के साथ अपने गाँव और ज़िले का सामाजिक एवं भौगोलिक खाका दिया है, वह पूरे पंजाब प्रदेश के लहूलुहान चेहरे को भी सामने रखता है। इस सन्दर्भ में 'छांग्या रुक्ख' के वे अध्याय विशेष रूप से महत्त्वपूर्ण हैं, जिसमें 'चमारली' के लोगों पर अंग्रेज़ भी जुल्म ढाते थे और गाँव के मुखिया-सरपंच भी। रोज़ाना थानेदार की घोड़ी के लिए घास ले जाना इनकी ड्यूटी होती थी। यदि घास अच्छी न होती तो उन पर डण्डे बरसाये जाते थे। अत्याचार और जुल्म की यह दास्ताँ उस प्रदेश के दलितों की है, जिसे सबसे अधिक समृद्ध और ख़ुशहाल बताया जाता रहा है। ज़ाहिर है, देश की इस शासन-व्यवस्था ने ही दलितों में आक्रोश और घृणा के बीज बोये, मगर 'छांग्या रुक्ख' की कथा अपने इस गुस्सैल रुख का रचनात्मक इस्तेमाल करती है। यह व्यक्ति के श्रम और शिक्षा के महत्त्व को रूपायित करती है।

भारतीय समाज की संरचना उन समाजों से अलग है, जिनके पारम्परिक मार्क्सवादी सामाजिक विश्लेषण किये गये हैं। यह तो ठीक है कि यह विश्लेषण प्रगतिशील दृष्टि से किया जा सकता है और किया भी जा रहा है। परन्तु इसमें भारतीय समाज की जाति-व्यवस्था और उसकी संरचना को उसके यथार्थपरक रूप में देखना ज़रूरी नहीं। यह सिर्फ़ श्रेणी का मसला नहीं या उस क़िस्म का द्वन्द्वात्मक मसला भी नहीं, जिस प्रकार की दृष्टि को मार्क्सवादी विश्लेषण के

अन्तर्गत निर्मित किया जाता है। इस दृष्टि से बलवीर माधोपुरी की आत्मकथा 'छांग्या रुक्ख' हमारी आलोचना के सामने एक चुनौती खड़ी करती है।

## जाति मुद्दे पर कम्युनिस्टों की लाइन

1974-75 में कम्युनिस्ट पार्टी के कार्कून बन गये। कम्युनिस्ट पार्टी में काम करते-करते यह पाया कि कामरेड भी देश की सामाजिक व्यवस्था की नग्न वास्तविकता को चद्दर के नीचे ढँके रहते। माधोपुरी कम्युनिस्टों के दोगलेपन को 'बिरादरी का मसला' (पृ. 114-124) में उजागर करते हैं। उनके पिता कहा करते थे कि उनके परिवार के लोग पीढ़ियों से ग़रीबी, भूख के घोर दलिद्दर हैं। वे हीन-भावना के शिकार हैं। रब उनके हालात से ज़रूर परिचित होगा, नहीं तो उनका कारज भी सँवार देता। गाँव के मज़दूरों ने जब एक रुपया प्रति दिन मज़दूरी बढ़ाने की माँग की, तब सभी जट्‌ठ लट्‌ट लेकर अपने खेतों के चक्कर लगाने लगे ताकि उनके खेतों में कोई नीच जात हगने ना बैठ पाये। इस तरह आर्थिक एकाधिकार के कारण चमारों की बड़ी वाज़िब माँग भी अनसुनी रह जाती थी।

## ज़िन्दगी में भेदभाव और शोषण

'अपने नाम से नफ़रत' माधोपुरी के बलवीर चन्द के जाति सूचक नाम से चिढ़ होने से सम्बन्धित घटनाओं से सम्बन्धित है। उन्हें अपने नाम का पहला हिस्सा 'बलबीर' का अर्थ अच्छा लगता। दूसरा हिस्सा चन्द हिन्दू आस्था से जुड़ा लगता जिसने चमारों को शिकंजे में कसा हुआ है और उससे हीन कमीन की दुर्गन्ध फैलती महसूस होती है। वह अपना नाम बदलने की जुगत सोचते थे लेकिन नाम बदलने में बड़े झंझट थे।

माधोपुरी नौकरी और पेशेगत ज़िन्दगी में भेदभाव और शोषण की त्रासदी को 'छांग्या रुक्ख' के पृष्ठ 180 से आगे के पृष्ठों में बड़ी साफ़गोई से सामने रखते हैं। वह एफ.सी.आई. में 1978 में भर्ती हुए थे और उनकी एफ.सी.आई. कर्मियों के सामूहिक हितों के मुद्दों पर सक्रियता के कारण वे अगले साल उसकी यूनियन के ज़िला सचिव भी चुने गये। एफ.सी.आई. में माल बनाने के हज़ारों तरह के धन्धे चलते, शराबखोरी और औरतबाज़ी भी होती। चूँकि वह ऐसे नहीं थे, इसलिए उनके लिए 'काना' करने की बातें होतीं। काले धन्धों में भागीदारी ना करने की वजह से उनका तबादला पैंतीस किलोमीटर दूर कर दिया गया। घर से इतनी दूर रोज़ाना साइकिल से आना-जाना सम्भव नहीं होने के कारण, वह हफ़्ते में दो-एक बार ही घर आ पाते। ईमानदारी के अवगुण के कारण वहाँ

से भी तीन महीनों में उन्हें भुल्लथ के स्टोर का इंचार्ज बनाकर तबादला कर दिया गया। उन्होंने वहाँ भी धान की चोरी रोकने की कोई कसर नहीं छोड़ी। ईमानदार माधोपुरी के लिए एफ.सी.आई. के इस खुले भ्रष्ट वातावरण में नौकरी एक बोझ बन गयी थी। वह नौकरी छोड़ने की सोचने लगे। उन्होंने इसी के चलते एम.ए. पास किया।

एक कटे हाथ वाले बिहारी को कुछ मदद दी लेकिन वह भी उनके घर खाना खाने के बाद उनकी जाति जान जाने के बाद उल्टी करने की बात करने लगा। 1983 में अंग्रेज़ी से पंजाबी और पंजाबी से अंग्रेज़ी अनुवाद करना सीखने के बाद, उन्होंने उसका टेस्ट पास किया। बुआ के बेटे दौलत राम की मदद से उन्हें सूचना और प्रसारण मन्त्रालय की पी.आई.बी. में क्लास टू की नान गजेटिड अफ़सर के रूप में नियुक्ति मिल गयी। वह पंजाबी समाचारों का अनुवाद करते हुए, अपने और ख़ाली समय में कुछ लिखने भी लग गये। खालिस्तानी आतंकवाद के दिनों में उन्हें बड़ी दहशत भरी ज़िन्दगी जीनी पड़ी। गाँव के पास उन्हें आतंकवादियों ने घेर लिया था। पर्स और घड़ी रखकर उन्होंने वहाँ से भागकर अपनी जान बचाई। बचे भी इसलिए, क्योंकि उन्होंने सिर पर पगड़ी बाँध रखी थी।

## दिल्ली में किराये के मकान में जातिवाद

माधोपुरी 'किरायेदारी की लानत' (पृ. 206-14) दिल्ली में उनके साथ हुए किराये के मकान की उपलब्धता में बरते गये जातिवाद को दर्शाते हैं। उन्होंने बग़ैर दहेज के कुल 11 लोगों की बारात में जाकर अपनी शादी की थी। दिल्ली में नौकरी के शुरुआती दौर में कई साल वह अपने बड़े भाई के साथ बड़ी कठिनाई में रहे। दो बहनों और अपने से बड़े दो भाइयों के विवाहों ने उन्हें तंगी के समुद्र में फेंक दिया था। प्रोविडेंट फंड से बार-बार रकम निकालने की वजह से उनका वेतन घटकर मात्र दो हज़ार रह गया था। उसमें से वह अपने लिए तीसरा हिस्सा रखते और शेष दो तिहाई रकम माधोपुर में अपने बड़े भाई को गुज़ारे के लिए देते। भाभी ने आख़िरकार घर से चले जाने को कह ही दिया। उन्होंने किराये के मकान में रहना शुरू कर दिया। वे मकान तो भाड़े पर ले लेते थे पर जिस समय मकान मालिक को पता लगता कि वह पंजाब के सिक्ख नहीं बल्कि रमदसिया चमार हैं, वह उन्हें घर से निकाल देता। उन्हें बार-बार घर के लिए एडवांस और बच्चों के स्कूल की डोनेशन के लिए भारी रकम का इन्तज़ाम करना पड़ता। उन्होंने मुनीरका में एक कमरे का किराये का मकान लिया। तब तक शादी के 6 सालों में उनके तीन बच्चे हो गये थे। पाँच जनों का परिवार एक ही चारपाई

पर एक ही रज़ाई ओढ़ कर सोया करता था। उन्हें चार वर्षों में 6 मकान बदलने पड़े थे। जर्जर आर्थिक स्थिति से निबटने के लिए वह अनुवाद का काम करने लगे। फिर उन्होंने पालम में ही एक प्लाट ख़रीद लिया और निजी मकान बनवाने की जुगत में लग गये। सतिन्दर सिंह नूर कहते हैं कि उनकी आत्मकथा दलित साहित्य-शास्त्र के शिल्प और सौन्दर्य को परखने के लिए विवश करती है। वह गद्य में लिखित बड़ा प्रभावी काव्यात्मक और गहन समाजशास्त्रीय विश्लेषण है। उसके विभिन्न अध्यायों के शीर्षक तक काव्यमय और प्रतीकात्मक हैं। उसकी शैली अन्य पंजाबी और हिन्दी के साहित्यकारों से बिल्कुल अलग है। आत्मकथा हिन्दी के अतिरिक्त कई अन्य भारतीय भाषाओं और अंग्रेज़ी में भी अनूदित होकर प्रकाशित हो चुकी है। इस पुस्तक में ही कमलेश्वर, प्रो. सतिन्दर सिंह नूर, और श्यौराज सिंह बेचैन का अपना-अपना आकलन भी साथ में संलग्न है। ये लेख माधोपुरी की शैली, शिल्प और कथ्य के निरालेपन को रेखांकित करते हैं।

पंजाब के समाज में रमदसिया, मजहबी और पुरबिया तीन प्रकार के दलित रहते हैं, जो भेदभाव, शोषण, अपवचन और हिंसा के शिकार होते हैं। इन तीनों से पंजाब के सवर्ण समाज द्वारा किया जा रहा व्यवहार अलग-अलग श्रेणी का है। समाज विज्ञानियों ने इन सभी का अध्ययन किया है। माधोपुरी एक रमदसिया दलित हैं और उनकी 'छांग्या रुक्ख' मात्र रमदसिया दलितों की भुक्तभोगी आत्मकथा है लेकिन अपने मर्मस्पर्शी विश्लेषण से वह हिन्दू और सिक्ख दोनों ही धर्मों के अनुयायियों द्वारा बुरी तरह शोषित किया जाने वाला ऐसा कथ्य प्रस्तुत करती है, जैसा पंजाब में अभी तक किये गये किसी समाज विज्ञानी अध्ययन ने भी नहीं किया! एक अन्य दृष्टिकोण से भी माधोपुरी की 'छांग्या रुक्ख' बड़ी नायाब कृति साबित होती है। उसका रमदसिया दलितों से किया गया भेदभाव, अपवचन, शोषण और हिंसा का विश्लेषण कई ऐसे पहलू भी उजागर करता है, जिस पर छुआछूत निवारण अधिनियम, अनुसूचित जाति और अनुसूचित जनजाति नृशंसता निवारण अधिनियम और भारतीय दण्ड संहिता कोई संज्ञान ही नहीं लेते!

## सन्दर्भ

1. बलबीर माधोपुरी, 'छांग्या रुक्ख', वाणी प्रकाशन, नयी दिल्ली, 2007

# मोची एक मोची का अदबी-ज़िन्दगीनामा

## द्वारका भारती

एक ऐसी शख़्सियत, जो कम उम्र में ही इराक़ में गोला-बारूद की गन्ध के बीच रहते हुए भी समाजशास्त्री के रूप में मानवीय पहलुओं पर विचार करता हो। बगदाद में जिसकी मुलाक़ात सद्दाम हुसैन से हुई हो। जिसने ईरान व इराक़ के शहरों को युद्ध की भट्ठी में जलते हुए देखा हो। यह बहुत बाद में पता लगा कि उसी शख़्सियत यानी द्वारका भारती नाम के बागी मोची के भीतर भी बहुत कुछ जलता रहा था। कहने को सिर्फ़ मैट्रिक पास, जिसके पास चिन्तन का महत्वपूर्ण भण्डार रहा हो। इराक में वही बाग़ी मोची फुरसत के पलों में होता तो साथ रह रहे पाकिस्तानी, बंगलादेशी मज़दूर मिल बैठकर बातें करते। उनमें पंजाबी भी थे। पंजाबी में तब किसी ने पूछा, ''बाबा तुहाड़ी जूतियाँ दुकान है होशियारपुर में? बाबा यानी द्वारका ने सर हिलाया था। वहीं किसी ने पूछा, ''बाबा मोची है।''

''क्या मोची आदमी नहीं होता?''

सवाल पूछने वाला निरुत्तर हो गया था।

द्वारका भारती जी मेरे बहुत पुराने मित्र रहे हैं। पिछली शताब्दी में मेरी उनसे सोहनलाल शास्त्री जी के घर पर मुलाक़ात हुई थी। पाठकों को बता दें कि शास्त्री जी उन दिनों पटेल नगर दिल्ली रहते थे और मैं हर दूसरे-तीसरे दिन उनसे मिलने उनके निवास पर जाता था। शास्त्री जी बाबा साहेब डॉ. अम्बेडकर के साथ रहे हैं।

द्वारका भारती के साथ अन्य लेखकों जैसी स्थिति नहीं रही। वे एक आम परिवार में पैदा हुए जिसमें जूतियाँ बनाने का व्यवसाय पहले से होता रहा था। सीधे-सरल इंसान। 1985 के लगभग लिखना शुरू किया। लिखने से पहले पढ़ा ख़ूब। पढ़ने की अधिकता और जीवन में विषमता के साथ संघर्ष होने के कारण लिखना शुरू हुआ। अब सवाल है शिक्षा लेने के बाद भी वे अपने पैतृक व्यवसाय से क्यों जुड़े, इस बारे में वे बताते हैं कि परिवार में वे तीन भाई थे।

एक अमेरिका चला गया। बाक़ी बचे दो। हम दोनों को पिता की दोनों दुकानें सँभालनी पड़ीं। लेखन के बीच जूतियाँ बनाते हुए उन्हें कभी भी इस बात का अहसास नहीं हुआ कि वे चमड़ा मथते हैं। यह उनके लिए रोज़ाना का काम था और अभी भी है। जैसे दुकान में जूतियाँ टँगी होती हैं वैसे ही किताबें भी रखी होती हैं। हालाँकि कई लोग उनकी दुकान पर आते हैं। उनका व्यवहार ठीक नहीं होता, लेकिन क्या करें, सवर्णों की आदत तो रहेगी। पढ़ने के जुनून ने ही उन्हें अनुवाद की ओर अग्रसर किया। खूब-सारी किताबें पढ़ीं। पंजाबी तथा हिन्दी में लिखा भी बहुत।

# सरूप सियालवी की आत्मकथा 'ज़लालत'

पाँच नदियों वाले राज्य पंजाब में एक टूटा हुआ आदमी, एक टूटा और बिखरा हुआ समाज कैसे अपने आपको जोड़ने का प्रयास करता है, क्यों वह सम्मान का जीवन चाहता है? ज़लालत से भरे जीवन को सरूप सियालवी ने सच को उकेरने और पाठकों, शोधार्थियों को यह अहसास कराने का प्रयास किया है कि जाति भेद कल भी था और आज भी है। स्वयं सियालवी जी की आत्मकथा 'ज़लालत' से–

टूटना और बिखरना, इसके बाद अपने आपको, समाज को जोड़ना, जैसे कोई सरूप सियालवी से सीखे। 14 जनवरी, 1948 को जन्मे लेखक की आत्मकथा के बहाने शब्द नहीं उभरते बल्कि दुख-दर्द के साथ उनकी पीड़ा उभरती है। स्वयं उनके शब्दों में–मेरे लिए अपनी इस आत्मकथा को काग़ज़ पर उकेरना एक त्रासदी से कम नहीं था। मेरे पुरखों का जीवन तो शूलों से इतना अटा हुआ है कि उसे याद कर सारे वजूद में आज भी सिहरन दौड़ जाती है। हमारी पीढ़ी के दलितों को भी अमानवीय यातनाओं का सामना करना पड़ा है। कहना न होगा कि अपनी इस ज़लालत को उन्होंने पाठकों के सामने नंगा किया है। ऐसा वे स्वयं कहते हैं। (पृ. 7)

सरूप जी का परिवार विभाजन के दौर में शरणार्थी के रूप में पूर्वी पंजाब (पाकिस्तान) से पश्चिमी पंजाब (भारत) आ गये थे। इसलिए उनके सामाजिक उत्पीड़न के साथ सांस्कृतिक इतिहास बोध से गहरे रिश्ते रहे। उसी संस्कृति को वे युगों-युगों की द्वन्द्वात्मक क्रिया-प्रतिक्रिया मानते हैं।

वे आगे लिखते हैं, ''पाकिस्तान गये मुसलमानों के कुएँ से कुछ मुसलमान बने राजपूत पानी भरते थे। पाकिस्तान से आये बाजीगर भी इस कुएँ से पानी भरने लगे थे। पर चमार-अछूत जाति से सम्बन्धित होने के कारण उन्हें इस कुएँ से पानी नहीं भरने दिया गया। ऐसे में हमारे परिवार की औरतें सिरों पर घड़े तथा हाथों में रस्सी, बाल्टियाँ उठाकर, लम्बा घूँघट निकाले मजबूरन रविदासियों के गाँव के बाहर वाले कुएँ से पानी भर कर लाने लगी थीं।''

भारत के दो टुकड़े हुए। पाकिस्तान बना। बँटवारे में लोगों की अदला-बदली हुई। उस दौर में कई लाख लोगों ने यातनाएँ झेलीं। विशेषरूप से महिलाओं को साम्प्रदायिकता का शिकार होना पड़ा। उनसे बलात्कार किये गये। कुछ को मौत के घाट उतार दिया गया। बच्चे अनाथ हो गये। घर ही नहीं जले, अस्मिता भी जला दी गयी। आत्मकथाकार के परिवार को भी यह सब झेलना पड़ा। वे लिखते हैं—''केवल सात सदस्य बचकर आये थे। बड़े भाई की रास्ते में बीमारी के कारण मौत हो गयी। मेरी फूफी प्रेमों को गुंडे क़ाफ़िले में से उठाकर ले गये। जब बर्छी उठाकर मैं बचाने दौड़ा, मुझे रोक दिया गया। बाबा बताते हैं, मैं अपनी पौती को गुण्डों से छुड़ा कर लाता। वह चिल्लाती रही। उसका बाद में क़त्ल कर दिया गया।

उनके बाबा पाकिस्तान में जब रहते थे, वे बताते हैं कि मुसलमानों का ज़ोर होने की वजह से छुआछूत नहीं होती थी। क्योंकि इस्लाम धर्म में सब बराबर थे।

सरूप सियालवी का रचना कर्म वैसे तो 90 के दशक से पहले ही शुरू हो गया था। असल में उनके व्यक्तित्व और कृतित्व के निर्माण में पाकिस्तान से लौटने के बाद यहाँ की सामाजिक परिस्थितियाँ ज़िम्मेदार रहीं। जो क़दम-क़दम पर उन्हें चुनौती भी देती थीं। हिन्दू धर्म की समाज विरोधी परम्पराओं और प्रथाओं के ख़िलाफ़ उनके भीतर से आक्रोश तो उभरना ही था।

1994 में उन्होंने पहली बार 'रेप' कहानी काग़ज़ों पर उतारी, जो लकीर नामक पंजाबी पत्रिका में छपी। द्वारका भारती द्वारा अनुवादित काल कालान्तर पत्रिका में हिन्दी में भी प्रकाशित हुई। उसके बाद 'तीन पंजे सौ' कहानी लिखी। अन्य कहानियों में 'जेलो', 'डिगदेयां-डिगदेयां', टूटे-भज्जे' तथा बखटेवा आदि हैं।

# दक्षिण भारत की दलित आत्मकथाएँ

दक्षिण भारत में जहाँ तक दलित साहित्य और आत्मकथा की बात है, इस बारे में फकीर मोहन सेनापति (1843-1918) के व्यक्तित्व और कृतित्व को भी याद करना ज़रूरी है। दलितों की जीवन परिस्थितियों और उनकी सजगता के बारे में पता चलता है। शोधार्थियों के लिए जो ज़रूरी भी है।

फकीर मोहन कृत आत्मजीवन चरित पारम्परिक अर्थ में आत्मकथा नहीं है बल्कि एक ऐसी संश्लिष्ट साहित्यिक कृति है जिसमें संस्मरण, सांस्कृतिक इतिहास और एक पूरे युग की सामाजिक प्रक्रिया को औपन्यासिक ढाँचे में एक-दूसरे से गूँथ कर प्रस्तुत किया गया है। दरअसल इस ग्रन्थ में आत्मजीवन चरित के अन्दर तीन समानान्तर ग्रन्थ या पाठ चलते रहते हैं। पहले में लेखक के व्यक्तिगत जीवन की झाँकी है, दूसरे में सामाजिक परिवर्तन के बारे में एक व्यक्ति की प्रतिक्रिया है, और तीसरे में पतनशीलता का एक गुरु गम्भीर रूपक निर्मित किया गया है। इस पूरे कार्य व्यापार को औपन्यासिक ढाँचे में रखा गया है।

सन् 1917 में जब फकीर मोहन ने 'आत्मजीवन चरित' लिखना शुरू किया तो उनकी आयु 74 साल थी। वह बीमार और अकेले थे और उनके जीवन का केवल एक साल बाक़ी रह गया था। उनके मन में कड़वापन था लेकिन इससे उनकी दृष्टि पर कोई फ़र्क़ नहीं पड़ा। उन्होंने एक मिशनरी की तरह साफ़ दृष्टि के साथ लिखना शुरू किया। इस कृति की भूमिका में वह कहते हैं : 'मेरे कुछ मित्रों और पढ़े-लिखे युवकों ने, जिनकी उम्र मेरे बच्चों के बराबर है, मुझसे कहा है कि मैं अपनी जीवनकथा लिखूँ। मेरे लिए इस माँग को टालना आसान नहीं है। इसके अलावा ओड़िया में आत्मकथा साहित्य न के बराबर है, और मेरे अपने जीवन में भी ऐसी कोई ख़ास बात नहीं कि उससे आत्मकथा रची जा सके। फिर मुझमें वह योग्यता भी नहीं है कि किसी कथानक को पाठकों के लिए रोचक बना सकूँ। अगर मैं यह आत्मकथा लिखने का दुस्साहस कर रहा हूँ तो मात्र

इस इरादे से कि भविष्य में लोग आत्मकथा लिखना चाहेंगे, और मैं कम-से-कम इसके लिए एक नींव तो तैयार कर ही दूँ।'

इस तरह आत्मजीवन चरित ओड़िया साहित्य की एक विधा विशेष आत्मकथा की पहली कृति है।

ओड़िया उपन्यास के प्रारम्भ में फकीर मोहन के पूर्व 'भीमाभूआ' का नाम आता है। 1908 में प्रकाशित गोपाल वल्लभ दास ने ओड़िया के आदिवासी जीवन से परिचित होकर उसमें प्रचलित कथा-कहानियों से ही 'भीमाभूआ' का निर्माण किया है, जो आगे चलकर दादी-बूढ़ा, परजा, मूलिआ पिला आदि उपन्यासों का प्रेरणा स्रोत सिद्ध होता है।

ओड़िया में ज़्यादातर लोग गाँव में बसते हैं। 57% लोग आदिवासी और जनजाति के हैं। 40% ग़रीबी रेखा से नीचे, पर कहानियों में उनका प्रतिनिधित्व नहीं है।

मेरे ख़याल से यही स्थिति हर भाषा के साहित्य के साथ है, यह विषम परिस्थिति है। क्या हमें इन हालातों से आँख मूँद लेनी चाहिए। वरन् हमें अपने साहित्य के द्वार और झरोखे सबके लिए खोल देने चाहिए।

डॉ. टी.वी. कट्टीमनी लिखते हैं कि यह त्रासदी ही है कि पिता का पता होने पर भी 'अक्करमाशी' का नायक अपने पिता का नाम सहज अधिकार से बता नहीं पाता। 'उचल्या' द्वारा अपनी क़ौम की असलियत को बतानेवाले लक्ष्मण गायकवाड़ सरकारी सुविधाओं को हासिल करने के लिए अपमान महसूस न करनेवाले लेकिन खुले समाज में अपने आप को गवर्नमेंट ब्राह्मण अर्थात ब्राह्मण माननेवालों की मनःस्थिति को पाठकों के सम्मुख रखनेवाले अरविन्द मालगत्ती, स्वप्रतिभा के प्रकाश में ग़रीबी के गाढ़ान्धकार से लड़नेवाले सिद्धलिंगय्या आदि दलित आत्मकथाकार नयी पीढ़ी के आत्मनिरीक्षण करते-करते, कभी-कभी अपने आप पर हास-परिहास, व्यंग्य करते हुए भी अपने अदम्य जीवनोत्साह से परे जीवन प्रीति के द्वारा दलित समुदाय के भविष्य को समाज के सामने रखते हैं। अपनी आत्मकथा 'ऊरुकेरी' (गाँव गली) में सिद्धलिंगय्या की हास्य प्रज्ञा कन्नड़ साहित्य लोक में प्रसिद्ध है।

उपर्युक्त आत्मकथाओं के साथ अन्य भी दलित वर्गों की अभिव्यक्ति से भरी पड़ी हैं। वे हज़ारों सालों से वर्ण-भेद के कारण बहिष्कृत किये गये थे। हमारी व्यवस्था के दहलीज में 'सामूहिक जीवन' जीने के लिए बहिष्कार के अभिशाप से अभिशप्त लोगों की दर्दनाक, नग्न सत्य के अनुभव से तप्त घटनाओं का चित्रण यहाँ पाया जाता है। अछूतों पर छुआछूत का आरोप लगाकर समुदाय से

निकाला जाता है। आग में उन्हें निर्दयता से जलाया जाता है, मनुष्य के त्याज्य को ज़बर्दस्ती खिलाया जाता है, सामूहिक नरमेध किया जाता है। रोम में बसी हुई गुलामी तथा अमेरिका के अश्वेत नस्ल में कुछ बची हुई रिवाजों के अलावा बचे हुए लोगों के लिए आज़ादी प्रदान कर उन्हें लिखाई-पढ़ाई की व्यवस्था की गयी। परन्तु भारत में अछूतों के लिए इस प्रकार की सुविधाएँ नहीं थीं। यहाँ क़ौमी व्यवस्था और भी मज़बूत बन चुकी है; इन जातीय दैहिक-मानसिक दबाव का नग्न चित्रण दलित आत्मकथाओं में पाया जाता है।

जी. कुमारप्पा की मानें तो कन्नड़ में दलितों ने सवर्णों का बड़ा उग्र विरोध किया। कहीं-कहीं उनका विरोध हिंसात्मक भी हुआ। कहना न होगा कि जातिवाद विरोधी दलित साहित्य को कन्नड़ में 'बड़ाया आन्दोलन' का एक अंग मान लिया गया है। 'बड़ाया आन्दोलन' मौलिक परिवर्तन के लिए आन्दोलन रहा है। इसमें चन्द्रशेखर पाटिल, वी. लंकेश, देवनुर महादेवन, बी. कृष्णप्पा आदि वामपन्थी सोच के लेखक रहे हैं। इन्होंने पहली बार लेखकों और कलाकारों का संघ बनाया।

'गवर्नमेंट ब्राह्मण' को कन्नड़ भाषा की पहली दलित आत्मकथा माना गया है। आत्मकथाकार हैं अरविन्द मालगत्ति। 2015 में यह हिन्दी में आयी। टी.वी. कट्टीमनी और श्रीधर हेगड़े ने इसका अनुवाद किया। प्रो. अरविन्द मालगत्ती का जन्म अगस्त, 1956 को ज़िला बीजापुर (कर्नाटक) के मुद्दे बिहाल में हुआ था। उनके खाते में पाँच दस नहीं दो दर्जन से भी अधिक पुस्तकें हैं।

इस आत्मकथा में छोटे-छोटे 22 अध्याय हैं, जिसमें वे अपनी दादी, माँ, पिताजी, दोस्तों और अपनी प्रेमिका के साथ प्रकृति व पशुओं के साथ बिताये अपने अनुभवों को रोचक तरीक़े से लिखते हैं और अन्त में सवाल छोड़ते हैं जो समाज के सामने आईना लेकर खड़ा हो जाते हैं।

आत्मकथा में प्रो. अरविन्द मालगत्ती, दादी म्यागिन मनी एल्लव के इर्दगिर्द घूमता हुआ एक छोटा बच्चा जो अपनी दादी पर पूर्ण विश्वास करता है और संयुक्त परिवार में रहता है। वह दादी से प्रेरित होकर अपने काम करता है। दादी के लाड़ में पलने वाला ये बच्चा दादी के साथ ज़िद्द करके हर जगह जाता है चाहे उसे कितने ही कष्ट क्यों न उठाने पड़ें।

कर्नाटक में शव यात्राओं के दौरान गाँव में छुट्टे सिक्के शव से उतार कर फेंकने के रिवाज़ के बारे में बताते हैं अरविन्द मालगत्ती, "वे हम लोग के आने के बाद ही लाश ऊपर उठाते थे। लाश ले जाते समय वे हम पर उतनी ही जागरूकता से ध्यान रखते कि हम आये या नहीं, यह जानकर ही लाश उठाते थे। यह दलितों का काम था कि लाश के ऊपर उनके द्वारा फेंके जाने वाले

पैसे ज़मीन पर गिर जाने के बाद उनको झगड़ा करके उठाना है। फेंके गये पैसे तुड़पते हुए जो जो लाश को उठाये हैं, उनके पाँव के नीचे और पीछे से रोते हुए आने वाले के पाँव से गुज़रने के बाद हम लोगों को उठाने पड़ते थे। उन्हें उठाकर उनके पाप को दूर करना चाहिए, ऐसा विश्वास था।"

जातीय भेदभाव का अहम पहलू भोजन है। सबसे पहले भिन्न जातियों में अपनी-अपनी हैसियत के अनुसार से भोजन करने की पद्धति विकसित हुई। विवाह या अन्य अवसरों के भोजन में सबके लिए एकसमानता का भाव लिए होना चाहिए, परन्तु यहाँ रिवाज़ के अनुसार दलितों के लिए अलग भोज और अन्यों के लिए अलग भोज बनता रहा है। जातियों की हैसियत के हिसाब से जातियों में भी अलग-अलग पंगतें। यहाँ तक कि दलित जातियों में भी विभेद करके उनकी भी क्रमानुसार वरीयताएँ होती हैं। इस पर उनके द्वारा खाना खाकर जाने के बाद रंग भरे बर्तन में हाथ को रंग में डुबोने की परम्परा है ताकि दुबारा खाने न आ सके। जिस तरह चुनाव के सन्दर्भ में मतदान किये हुए व्यक्ति की अँगुली पर चिह्न लगाते हैं। यह रिवाज़ उत्तरी भारत से भिन्न है। यहाँ दलितों को पंगत में नहीं बैठाया जाता उन्हें जूठा भोजन ही परोसा जाता है। दोनों ही तरह के व्यवहार में समाज के रिवाज़ों में दलितों के प्रति अलगाव की अपमानजनक तस्वीर स्पष्ट होती है।

"हमारे क़बीले के लोगों में से पूरी कक्षा में चार लड़के पढ़ते थे, उनमें देवप्पा, मल्लप्पा, बसवन्तप्पा और मैं। ब्लैक बोर्ड पर, कल सुबह क्लास की सफ़ाई करने वाले छात्र का नाम लिखा जाता था। मेरे नाम को लिखने के लिए वे लोग आगे-पीछे किया करते थे। 'मालगत्ती' के बदले में 'मालकत्ती' लिखा था, उस प्रकार लिखे हुए नाम को फिर सुधारकर लिखने का दुस्साहस किया मैंने... स्कूल छूटने के बाद कक्षा में कोई नहीं था। मैं अकेला था...अध्यापक जी की कुर्सी लेकर उस पर खड़े होकर 'मालकत्ती' लिखा था, कन्नड़ में कत्ती का अर्थ गधा है, उसमें सुधार करने के लिए जहाँ पर 'क' था उसे 'ग' लिखने के लिए मैं आतुर था। अचानक मास्टर ने कक्षा के भीतर आते ही इसे देखकर टँगी हुई लकड़ी को ले लिया था। उन्हें देखते ही मेरी सारी ताक़त शिथिल हो गयी और नख से शिख तक काँपने लगा। कुर्सी से नीचे उतरकर मैंने कहा था कि 'कत्ती' लिखा गया था उसे ठीक कर रहा था। और ज़्यादा विवरण देने के पहले ही मास्टर द्वारा प्रहार शुरू हो चुके थे। 'कत्ती' कहकर लिखने से क्या हुआ? उसे 'गत्ती' करने के लिए गया था? 'साला लिखना सीखा समझकर सुधारने निकला है... गधा...गधा ही होता है, गधा कहीं घोड़ा बनेगा क्या?' कहकर दिल भर पीटा था।

मैंने आँसू बहाते हुए अपने पायजामे को उतारकर उनकी कुर्सी को साफ़ किया। वह मेरी स्मृति में अमिट छाप कर गयी है।" (गवर्नमेंट ब्राह्मण)

बाल्यकाल में क़ौमी हीनता की पीड़ा, जब प्रौढ़ावस्था में कुछ सहनीय व्यवस्था का साया होने पर पूर्व की स्थिति पर करारा व्यंग्य करने लगती है—जाग्रत दलित मानसिकता को। इसके साथ-साथ 'सामाजिक धोखा' भी लगता है—शूद्र वर्ग के लोगों को। दूसरों में हीनमान्यता उत्पन्न करने वाले एवं उसे अनुभव करनेवाले दोनों को 'हीन मान्यता' के लक्षण स्पष्ट रूप से मालूम नहीं रहते। उन दोनों के सामने यह जो प्रश्न कि वह क्यों हीन है? मैं क्या हीन हूँ? जैसे प्रश्नों का, स्थापित वर्ग भेद धारणा के द्वारा उत्तर पाना असम्भव है। हीन मान्यता से ग्रस्त आदमी को उससे परे होने के बाद ही, मालूम होता है कि—वह 'हीन मान्यता' है। जब वह कहता है कि 'हीनता' है तो वह उस हीनता को अपनी ज़िन्दगी से पृथक् करके ही देखता है। श्रेणीकृत समाज का यह 'अनावश्यक विभाजन' आदमी को 'हीन मान्यता' लगती है जिसके कारण से वह अपनी ज़िन्दगी को 'अपमान मिश्रित व्यंग्य' समझ लेता है। (सिद्धलिंगय्या अपनी कन्नड़ में लिखी हुई आत्मकथा 'ऊरुकेरी' में पग पग पर व्यंग्य मिश्रित शैली में अपने जीवन की कटु वास्तविकताओं का चित्रण करते हैं। आज़ादी के बाद यदि दलित साहित्यकार अपने इतिहास को याद करता है तो वास्तव में वह अपने अपमान को याद करता है। इस यादगार में अपना इतिहास उनको असहनीय लगता है और इसे भूलने के लिए उनकी अभिव्यक्ति में व्यंग्य, तीखापन अपने आप आ जाते हैं।

बस्ती के अन्तिम सिरे पर हमारा घर था। हमारे घर से आगे शायद कभी एक और घर हुआ करता था पर अब इसका छप्पर ढह चुका था और केवल तीन-चार फ़ीट ऊँची मिट्टी की दीवारें ही शेष रही थीं। मेरी तरह ही दूसरे घरों के बच्चे भी इन उकड़ूँ दीवारों के ऊपर लटक कर काम से घर लौटते अपने माता-पिता की एक झलक पाने के लिए दूर-दूर तक ताका करते थे। कई बार हम चिल्लाकर उनसे घर जल्दी आने के लिए कहा करते। बहरहाल वे इतनी दूर से हमारी पुकार सुनते होंगे या हमारी तरफ़ देखते भी होंगे, हमें नहीं मालूम। इन्हीं दीवारों से लगा हुआ 500 या 600 फ़ीट का ज़मीन का वह टुकड़ा था, जिसके मालिक थे अथ्यनोरू। इसी ज़मीन पर उनका वह ख़ूबसूरत घर था, जिसके साथ एक विशाल कुआँ और एक पम्पसेट वाली कोठरी थी। इस पम्पसेट के पानी से उनके ज़मीन की सिंचाई होती थी। हमारी बस्ती के बाशिन्दों के अनुसार अगर हमें इस पम्पसेट का पानी पीने को कभी-कभार मिल जाता था तो यह एक बड़ी बात होती थी। हमारे रिश्तेदार चुपचाप कुएँ के पास वाले फूलों के बगीचे तक जाते थे

और उसी तरफ़ से इसका पानी खींच लाते थे। इस कुएँ का पानी केवल दलित लोग ही लिया करते थे, कभी और किसी को मैंने उसका पानी लेते नहीं देखा।

एक बार जब मैं गड्ढे में कूड़ा डालने के बाद लौट रहा था, किसी ने मुझे पहचान लिया और कुछ कहने के लिए मेरी तरफ़ बढ़ा। इससे पहले कि वह अपना मुँह खोलते हुए मुझसे पूछता, "अरे तुम तो सिद्धलिंगय्या हो न?" मैंने अपने कालिख पुते चेहरे को नियन्त्रित किया और तेज़ी से मालिक के घर में प्रवेश कर गया। मालिक के घर में एक सप्ताह तक काम कर लेने के बाद मुझे बख्शीश दी गयी और वापस मिल में भेज दिया गया। रूखे स्वभाव वाले सुपरवाइजर ने धीरे-धीरे मुझे काम करना सिखा दिया। अब मैं वाइंडिंग के काम में दक्ष हो गया था। कामगारों को साप्ताहिक रूप से मज़दूरी मिलती थी। अपनी कमाई के पैसों से मैंने अम्बेडकर द्वारा लिखित और कुमार वेंकण्णा द्वारा कन्नड़ में अनूदित एक किताब ख़रीदी, जिसका शीर्षक था 'अस्पृश्यारू' (अछूत)। मुझे आश्चर्य है कि तब उस किताब को मैं कितनी अच्छी तरह से समझ पाया था। मेरी ख़ुशी की कोई सीमा नहीं थी। मैंने वहाँ लगभग तीन-चार महीनों तक काम किया और अपने कमाये गये पैसों से कई अच्छी किताबें ख़रीदीं। कभी-कभार बिरयानी खाने के लिए मैं एक बिहारी होटल में भी जाया करता था।

## श्मशान का रहवास

हमारा घर काफ़ी छोटा था। इसमें चार-पाँच सदस्यों के बैठने अथवा चैन से सोने लायक भी जगह नहीं थी। मैं अधिकांश समय घर से बाहर ही बिताया करता था। एक बार मैं अपने घर के साथ वाले रास्ते पर पूरब की ओर चला जा रहा था। मुझे इस तरह टहलना अच्छा लगता था। मैं एक अव्यवस्थित फैलाव वाले श्मशान तक पहुँचा। मैं उसके अन्दर चला गया और लम्बे-लम्बे पुराने पेड़ों और रंग-बिरंगे फूलों के पौधों को निहारता रहा। समाधियों को देखना मुझे काफ़ी मन्त्र-मुग्ध कर रहा था। किसी कारणवश श्मशान मुझे काफ़ी अच्छा लगता था। मैं प्रत्येक शाम वहाँ आने लगा। मैं उनमें से किसी एक समाधि पर बैठ जाता। कविता की पंक्तियाँ स्वतः ही फूट पड़तीं। मैं उन्हें लिखता जाता। मैंने मौन को आत्मसात कर लिया था। प्रारम्भ में, श्मशान के मज़दूर मुझे सन्देह से देखते थे। बाद में वे मुझसे काफ़ी घुल-मिल गये।

मेरी तरह ही, एक पूर्व सैनिक भी प्रतिदिन उस श्मशान में आया करते थे। इस बुज़ुर्ग व्यक्ति ने दूसरे विश्व युद्ध में भाग लिया था। उस दौरान वे कई देशों में रहे थे। हम दोस्त बन गये। वे मेरे लिए भी चाय मँगवा लिया करते थे।

मज़दूर श्मशान के पास बने घरों में रहा करते थे। मुझे उस मांस से विशेष लगाव हो गया था जो वे पकाया करते थे। वापसी में उन मज़दूरों के बच्चों को पढ़ा दिया करता। उनमें से कुछ बच्चों को मैंने नज़दीकी राजकीय प्राथमिक विद्यालय में भर्ती भी करा दिया था। उनमें से एक बच्चे को इस आरोप के साथ स्कूल से बाहर कर दिया गया था कि उसने किसी अन्य व्यक्ति की नहीं बल्कि स्वयं हेडमास्टर की ही क़लम चुरा ली थी। मैं उन्हें नियमित रूप से रात्रिकालीन ट्यूशन देता रहा। मज़दूर काफ़ी दयालु और सहज स्वभाव वाले थे। उनमें से अधेड़ उम्र के एक मज़दूर से मैंने पूछा कि ये भूत कहाँ रहते हैं। उसने नहीं की मुद्रा में सर हिलाते हुए कहा, "मैं तो स्वयं ही एक भूत हूँ।"

यह वही समय था जब मैंने ईश्वर पर विश्वास करना छोड़ दिया। हालाँकि भूतों के अस्तित्व को लेकर मेरा सन्देह अभी समाप्त नहीं हुआ था। मैं समाधि-स्थल पर रात में कई घण्टों तक बैठा रहता था। अक्सर मैं आधी रात को वापस आता और सो जाता। वे लोग जो उस श्मशान के आस-पास रहते थे उनका मानना था कि भूत उनके घरों के छप्पर पर पत्थर फेंका करते थे। ग्रहों की शान्ति और ख़ुद के बचाव के लिए वे नवग्रह पूजा किया करते थे। मैंने इसके बारे में उन लोगों से पूछताछ की जो शवों को गाड़ने का काम करते थे। उन्होंने भी बताया कि कुछ लोग श्मशान के किसी विशाल पेड़ पर चढ़ जाया करते हैं और पत्थर फेंकते रहते हैं। ये मज़दूर उन्हें दूर खदेड़ते रहते थे।

## कडलीमट्टी

एक दिन मैं कब्बन पार्क से होकर गुज़र रहा था तो कडलीमट्टी नाम के एक आदमी से मेरी मुलाक़ात हुई। वे 'पीपुल्स गार्ड' नाम की एक अंग्रेज़ी पत्रिका के सम्पादक थे। उन्होंने सूट और टाई पहन रखी थी। पैरों में बूट थे। वे कन्नड़ वाले होते हुए भी कन्नड़ नहीं बोलते थे। मैंने उनका अभिवादन किया और उन्हें अपनी कविताएँ दिखाने की इच्छा प्रकट की। उन्होंने ख़ुशी-ख़ुशी अनुमति दे दी। उन्होंने बताया कि वे श्रीरामपुर हरिजन सेवा संघ भवन में ठहरे हुए हैं और मैं चाहूँ तो अगली सुबह सात बजे से पहले अपनी कविताएँ लेकर वहाँ आ जाऊँ। मैंने रात में अपनी कविताओं की प्रतिलिपि तैयार की और ठीक छह बजे निश्चित स्थान पर पहुँच गया। मैंने किसी से पूछा कि कडलीमट्टी जी कहाँ मिलेंगे। उसने एक कमरे की तरफ़ इशारा किया। मैं अन्दर पहुँचा। कोई आदमी फटी हुई चटाई पर पुराना सा एक कम्बल ओढ़ कर सो रहा था। दीवार पर वही कोट, टाई और पतलून टँगी हुई थी जबकि नीचे कडलीमट्टी जी के बूट रखे थे।

यह सोचकर कि शायद यही कडलीमट्टी होंगे, मैंने उन्हें आवाज़ दी, 'सर।' सोया हुआ आदमी हड़बड़ा कर उठ बैठा। वे सचमुच में ही कडलीमट्टी जी थे। मैंने उन्हें नमस्कार किया। उन्होंने मुझे अंग्रेज़ी में फटकारना शुरू किया और पूछा कि मैं क्यों इतनी जल्दी वहाँ आ गया था। मैंने उनसे क्षमा माँगी। उनका बनियान एकदम मैला-कुचैला और जगह-जगह से फटा हुआ था, उनकी क़मीज़ भी तार-तार हो गयी थी। वे जल्दी से उठे और अपनी पैंट, कोट और टाई पहन ली। उन्होंने पैरों में बूट भी पहन लिये। इसके बाद वे कमरे के बाहर वाले नल तक गये, अपनी जेब से दन्तमंजन की एक पुड़िया निकाली और अपने दाँत साफ़ करने में जुट गये। अपनी दूसरी जेब से एक साबुन निकालकर उन्होंने अपना चेहरा धोया। एक तीसरी जेब से कंघी निकालकर उन्होंने अपने बालों को सँवार लिया। उन्होंने मुझसे कहा, 'आ जाओ' और फिर वे मुझे पास के एक हज्जाम की दूकान में ले गये। अपने बाल कटवाने के पश्चात उन्होंने अपने चेहरे तथा शरीर पर क्रीम और पाउडर का लेप किया। अब जाकर वे एक सुगन्धित व्यक्तित्व में बदल गये थे। इन सारी प्रक्रियाओं को पूरा करने के बाद वे मुझे एक होटल ले गये। उन्होंने मसाला डोसा का ऑर्डर दिया और अपना पूरा ध्यान मेरी कविताओं की तरफ़ केन्द्रित कर लिया। उन्होंने यह कहकर मुझे प्रोत्साहित किया कि तुम एक क्रान्तिकारी कवि हो। मैं कुछ महीनों तक प्रतिदिन उनसे मिलता रहा। चूँकि वे केवल अंग्रेज़ी में ही बोलते थे, इसलिए उनके अधिक दोस्त नहीं बन पाये थे। कहीं और न जाकर, मैं उन्हीं के साथ खानसामों वाली अंग्रेज़ी में बतियाता रहता था। धीरे-धीरे मैं उनका चेला बन गया था। उन्होंने मुझे 'पीपुल्स गार्ड' के लिए विज्ञापन लाने का काम सौंप दिया था। उनकी अपील को अपने साथ लेकर मैं पीपुल्स गार्ड के लिए विज्ञापन की तलाश में निकल जाता। सरकार ने निगमकर्मियों की समस्याओं के अध्ययन के लिए गठित सालप्पा समिति के सदस्य के रूप में उन्हें मनोनीत भी किया था।

### डी.आर. नागराज से मुलाक़ात

कॉलेज से दो वक्ताओं का चयन कर उन्हें एक अन्तर-महाविद्यालय वाद-विवाद प्रतियोगिता में भाग लेने हेतु भेजा गया था। हमारे कॉलेज ने यह तय करने के लिए कि कौन इस कॉलेज का प्रतिनिधित्व कर सकता है, एक वाद-विवाद का आयोजन किया था। मैंने इसमें भाग लिया। मैंने अपनी एक कविता का एक अंश उद्धृत किया और उसका श्रेय अपने राष्ट्रकवि कुवेन्दु को दिया। ये पंक्तियाँ इस प्रकार थीं, "उजले जादू के गढ़ हैं ये मन्दिर/और धार्मिक नेता जादूगर/

तीर्थस्थान बीमारियों के स्थल हैं—निरीह, मूर्खों के ये तीर्थ।" मेरे भाषण और इस कविता से प्रभावित होकर निर्णायकों ने मुझे चुन लिया। वाद-विवाद में भाग लेने वाले एक पतले, लम्बे लड़के का भाषण काफ़ी ज़ोरदार था। मैंने उसका भाषण काफ़ी ध्यान से सुना था। वाद-विवाद के बाद वह मेरे पास आया, मुझे बधाई दी और अपना परिचय भी दिया। उसने कहा, "तुमने जिन पंक्तियों को कुवेम्पु को समर्पित किया, वे पंक्तियाँ उन्होंने कहीं नहीं लिखी हैं। मुझे सच-सच बताना। ये किसकी पक्तियाँ हैं?" मैं घबरा गया। मैंने कबूल करते हुए कहा, "मैंने तो निर्णायकों को बेवकूफ़ बनाने के लिए ऐसा कह दिया था। वास्तव में ये मेरी कविता की पक्तियाँ हैं।" उस लड़के ने मेरी कविताएँ पढ़ने की इच्छा जतायी। उसने कॉलेज के प्रांगण में स्थित एक पेड़ की तरफ़ इशारा किया और कहा कि वह अगले दिन एक निश्चित समय पर इसी पेड़ के नीचे मेरी प्रतीक्षा करेगा। उसने मुझे अपनी कविताओं के साथ आने का निमन्त्रण दिया।

ये डी.आर. नागराज थे। वे कॉलेज में मुझसे एक कक्षा ऊपर थे। नागराज के साथ दोस्ती ने मेरे जीवन को एक नयी दिशा दी। उसने मेरी कविताओं का विश्लेषण किया और मेरी हिम्मत भी बढ़ायी। यह उद्घाटित करते हुए उसे काफ़ी प्रसन्नता हुई थी कि मैं एक बुद्धिवादी था। वह स्वयं भी एक क्रान्तिकारी के रूप में प्रसिद्ध था। जब दोडुबल्लापुर के एक युवा संगठन युवक संघ के सदस्य गणेश उत्सव के दौरान श्रद्धालुओं के बीच असली कुलथी का वितरण करने की तैयारी में लगे थे तो नागराज ने किसी तरह से कुन्ती कुमार तेल का जुगाड़ किया, जिसमें दस्त बढ़ाने की विशेषता होती है, और उसे विशाल कड़ाह में डाल दिया। जिन लोगों ने भी उस दिन यह प्रसाद खाया उन्हें बार-बार दस्त आने लगे। कई श्रद्धालु तो बिना किसी को बताये ही उत्सव स्थल को छोड़कर खुले मैदान की तरफ़ भागने लगे। यह जानकर कि डी.आर. नागराज के अलावा कोई और ऐसा काम नहीं कर सकता, युवक संघ के सदस्य उन्हें भी थोड़ा प्रसाद देने के लिए ढूँढ़ते फिर रहे थे। इस घटना के बाद नागराज बेंगलुरु के अपने रिश्तेदारों के घर रह जाया करते थे पर अपने गाँव नहीं जाते थे।

## एक अन्य घटना देखें—भगवान का दीपक बुझाना

बेंगलुरु के ए.पी.एस. कॉलेज में एक अन्तर-महाविद्यालय वाद-विवाद आयोजित हुआ। विषय था, "ईश्वर का कोई अस्तित्व नहीं है।" मैंने भी इस विषय पर भाषण दिया। प्रतियोगिता का उद्घाटन एक दीपक जला कर किया गया था। जिन लोगों ने भी यह कहा था कि ईश्वर का अस्तित्व है, दीपक ने उन्हें नकार दिया था।

उन सभी ने यह कहा था कि ईश्वर का अस्तित्व है, और सबूत के तौर पर दीपक की ओर इशारा किया था। कुछ ने तो यहाँ तक कह दिया था कि दीपक ईश्वर का ही एक अवतार है। मैं यह कहना चाहता था कि ईश्वर का अस्तित्व नहीं है, इस कारण मैं दीपक से तंग आ गया था। जब मेरा नाम पुकारा गया तो मैं सीधे चलता हुआ दीपक तक पहुँचा और उसे फूँक मारकर बुझा दिया। उसकी लौ पूरी तरह बुझ चुकी थी। अपने भाषण में मैंने कहा, "मैंने उस दीपक को बुझा दिया है जो ईश्वर का एक प्रतिरूप था। यदि तुम्हारा ईश्वर अस्तित्वमान है, तो उसे कहो मुझे बोलने से रोक दे।" मेरा भाषण सामान्य रूप से समाप्त हुआ।

जब मैं मंच से उतरा, तो लगभग आधे दर्जन विद्यार्थी भागते हुए मेरे पास आये और उन्होंने मुझे मज़बूती से जकड़ लिया। उनमें से एक के हाथ में माचिस की डिब्बी थी। उन्होंने मुझसे कहा कि मैं उस दीपक को जला दूँ जिसे मैंने बुझा दिया था। मैंने मना कर दिया। मैंने तर्क दिया कि जब वाद-विवाद का विषय ही ईश्वर को बनाया गया था तो ऐसे समय में दीपक को जलाना ही एक बड़ी ग़लती थी। मैंने समझाने की कोशिश की कि कैसे यह दीपक उन्हें रोकता था जब वे यह कहना चाहते थे कि ईश्वर का अस्तित्व नहीं होता। लेकिन उनका क्रोध शान्त नहीं हुआ। कुछ विद्यार्थी नेता दौड़कर आये और उन्होंने उनसे अपील की कि वे मेरे साथ कोई दुर्व्यवहार न करें, अन्यथा कॉलेज की बदनामी होगी। उन्होंने मुझे आश्वस्त किया कि कोई भी मेरे ख़िलाफ़ आवाज़ नहीं उठायेगा। उस वाद-विवाद में मुझे प्रथम पुरस्कार मिला।

## बेंगलुरु में पेरियार

पेरियार रामस्वामी नायकर को बेंगलुरु में आमन्त्रित किया गया था। कुछ लोगों ने इसका विरोध करने का निश्चय किया। हम पेरियार स्वागत समिति में सक्रिय थे। जिस क्षण पेरियार टाउन हाल में पहुँचे, नारेबाज़ी शुरू हो गयी। हम लोग उनके सम्मान में नारे लगा रहे थे। पी. लंकेश जो बैठक के एक वक्ता थे, ने कहा कि पेरियार पर इन नारों का कोई असर नहीं हुआ और वे उनके बीच से निकल आये थे।

पेरियार की वक्तृता शैली अत्यन्त आकर्षक थी। वे एक कन्नडिगा थे और तमिलनाडु में खासे प्रभावशाली बन गये थे। वहाँ के लोकप्रिय नेता अण्णादोरई और करुणानिधि उनके शिष्यों में से थे। पेरियार ने यही कहते हुए अपने भाषण की शुरुआत की कि "कहीं कोई ईश्वर नहीं है, नहीं है और बिल्कुल नहीं है। जिस किसी ने भी ईश्वर की रचना की है वह केवल एक मूर्ख था। जो भी लोग

ईश्वर के प्रचारक हैं वे निरे बुद्धू हैं। जो भी ईश्वर के आगे झुकता है वह एक वनैला पशु है।" पुराणों की कथाओं का मज़ाक़ उड़ाने में वे बड़े दक्ष थे। उन्होंने कहा कि यदि लम्बोदर गणेश छोटे से चूहे पर सवार होगा तो क्या वह उसे मसल नहीं देगा। उन्होंने श्रोताओं से पूछा कि यदि पार्वती ने अपने पसीने के मैल से गणेश की सृष्टि की थी तो कितने वर्षों के बाद स्नान किया था। वे मिथकों पर साधारण तर्कों से वार कर रहे थे। उनका भाषण सम्मोहक था। जिन लोगों ने भी सुना, वे उनके मुरीद हो गये।

कुछ लोग इस सम्मेलन को बिगाड़ने के लिए भी आये थे। हम लोगों ने इस सम्मेलन को अन्धविश्वास-विरोधी सम्मेलन नाम दिया था। कुछ लोगों ने कुतर्क किया, "अन्धविश्वास को क्यों समाप्त होना चाहिए? यह बहुत शानदार है, यदि ईश्वर का कोई अस्तित्व नहीं है तो तुम पैदा कैसे हो गये?" बच्चे का जन्म तभी हुआ करता है जब नर और मादा एक-दूसरे के नज़दीक आते हैं। अगर एक नर और एक मादा को अलग-अलग कमरों में बन्द कर दिया जाय तो कोई भी बच्चा जन्म नहीं ले पायेगा। हमने उन्हें चुप करने के लिए कहा कि केवल नर और मादा के शारीरिक संसर्ग से ही बच्चे जन्म ले सकते हैं।

जब मैं यह कह रहा था कि जाति-प्रथा को ध्वस्त कर देने की ज़रूरत है, तो उनमें से एक उपद्रवी ने पूछा, "जाति कहाँ है?" हमारे पक्ष के एक विद्यार्थी ने पूछा कि क्या वे लोग अपनी लड़कियों की शादी किसी दूसरी जाति में कराने के लिए तैयार हैं। अपमान के मारे इन विरोधियों ने, जो कुछ भी उनके हाथों में था, उसे सँभालते हुए हमला बोल दिया। वे छुरियों, चाकुओं और साइकिल चेन का उपयोग कर रहे थे। बुद्धिवादी इस हमले के लिए तैयार नहीं थे, उन्होंने लात-घूँसों का प्रयोग करते हुए एक शस्त्ररहित युद्ध शुरू किया। यह लगभग एक घण्टे तक चलता रहा। बिना अनुमति के पुलिस इस अहाते में प्रवेश नहीं कर सकती थी। बुद्धिवादियों में से कई घायल हो गये। तभी कुछ लड़के मुझ पर हमला करने के लिए दौड़ पड़े। मैं एक कोने में खड़ा यह सब देख रहा था। उनमें से एक लड़के ने, जिसने अपने हाथ में धारदार छुरी पकड़ रखी थी, मुझे मारने के लिए दौड़ लगायी। ठीक उस पल जब वह छुरी मुझे काट डालने वाली थी, उस दल के किसी दूसरे लड़के ने मुझे धर दबोचा और कसकर जकड़ लिया। छुरी ने उसकी हथेली को चीर डाला और उससे ख़ून के फव्वारे फूट निकले। जिस लड़के ने मुझे जकड़ रखा था, वह दुश्मन दल में मेरा एक दोस्त था।

प्रोफ़ेसर साम्बे गौड़ा जी इस बीच वहाँ आ गये थे, वे मुझे अपने कमरे में ले गये। उन्होंने कमरे को बाहर से बन्द कर दिया और मेरे विरोधियों को चले जाने के लिए कहने लगे। काफ़ी देर बाद उन्होंने ताला खोल कर मुझे बाहर निकाला

और सुरक्षित घर वापस भेज दिया। बाहर सैकड़ों विद्यार्थी, भयभीत होकर मेरी प्रतीक्षा कर रहे थे कि शायद मेरे साथ कुछ अनहोनी हो गयी है।

### भूसा प्रकरण

इन्हीं दिनों बसवलिंगप्पा वाली घटना घटित हुई थी। वे इसे भूसा अध्याय कहा करते थे। अपने उग्र वक्तव्यों के कारण बी. बसवलिंगप्पा देवराज अरस मन्त्रिमण्डल में काफ़ी विवादास्पद बन चुके थे। एक बार उन्होंने कह दिया था गाँधीजी सत्य का अर्थ बिल्कुल नहीं जानते थे। इसने बहुत से लोगों को भड़का दिया। एक अन्य अवसर पर उन्होंने दलितों का आह्वान किया कि वे ईश्वर के चित्रों को गटर में फेंक दें। इस बात से परम्परावादी बड़े आहत हुए। इसी तरह एक बार उन्होंने कहा कि कन्नड़ साहित्य का अधिकांश भूसा, यानी पशुओं का चारा है। उनकी इन बातों के परिणामस्वरूप भूसा आन्दोलन भड़क उठा। विद्यार्थियों ने माँग की कि वे इस्तीफ़ा दें। जब तक बसवलिंगप्पा ने स्पष्टीकरण नहीं दिया, आन्दोलन शान्त होने का नाम नहीं ले रहा था। ऊँची जातियों वाले और उनकी अपनी कांग्रेस पार्टी के भी कुछ नेता उनका विरोध कर रहे थे।

एक दिन हमारे छात्रावास में एक कार आकर रुकी। बसवलिंगप्पा ने मुझे बुलावा भेजा। मैं गया और उनसे मिला। उन्होंने अपनी आशा नहीं खोयी थी। उन्होंने मुझे आन्दोलनकारी विद्यार्थियों के बारे में बताया और कहा कि कुछ विद्यार्थियों को उनके समर्थन में एक बयान जारी करना चाहिए। मैंने उनसे सहमति प्रकट की और डी.आर. नागराज तथा अन्य मित्रों के साथ मिलकर एक बयान जारी किया। समस्या कम होने के बजाय और गम्भीर हो गयी। लेकिन हमारे बयान ने प्रान्त के दलितों तथा प्रगतिशील विद्यार्थियों को बसवलिंगप्पा के समर्थन में उठ खड़े होने की प्रेरणा दी।

दलित विद्यार्थियों को लेकर एक रैली आयोजित करने और जुलूस निकालने की सम्पूर्ण ज़िम्मेदारी मेरे ऊपर आ गयी थी। दलितों के विपरीत सामान्य लोग बसवलिंगप्पा का विरोध कर रहे थे। उनके दिमाग़ में यह भावना घर कर गयी थी कि वे ईश्वर-विरोधी, कन्नड़-विरोधी और गाँधी-विरोधी हैं।

कवि सिद्धलिंगय्या समकालीन दलित राजनीति के सांस्कृतिक भावावेश को बनाये रखने की दिलचस्प कोशिश करते हैं और इस तरह वे दूसरों से अलग हैं। यह ऐसा लेखन है जो क्रोध को मनोरंजन बनाता है। गुस्सा यहाँ विडम्बना बन जाता है। परेशानियाँ एक शरारत में बदल जाती हैं, जो जीवन की जटिलताओं को पकड़ने में मदद करती हैं। कितना आश्चर्य उत्पन्न होता है जब एक शानदार

वृत्तान्त किसी मानवीय गतिविधि की कथा में परिणत हो जाता है। सिद्धलिंगय्या क्रोध को मसखरी में बदल देते हैं। कई बड़े व्यक्तित्व जिन्हें मैं जानता हूँ प्रसंगवश यहाँ इस तरह आते हैं जैसे वे कोई साधारण व्यक्ति हों और उनके साथ उनकी मानवीय दुर्बलताएँ भी होती हैं। यह असम्भावित हो सकता है कि दलितों का क्रोध दुनिया को छिन्न-भिन्न कर दे...लेकिन उनके ज़ोरदार ठहाकों से उसका भौचक हो जाना तय है।

जिन-जिन प्रसंगों में भरपूर बालपन के विवरण प्रकट, विलीन और विकसित हुए हैं, वे वास्तव में मन्त्रमुग्ध करने वाले हैं। यह बात कुवेक्ष से लेकर अनन्तमूर्त्ति तक सभी लेखकों पर लागू होती है। एक सघन आत्मकथा लिखने के लिए वयस्क संवेदनशीलता मुश्किलें पैदा करती है। परिणामतः आत्मकथाएँ सामाजिक सम्बन्धों के विरल चित्रण तक ही सीमित रह जाती हैं। हम कुवेक्ष के 'जेनपिन दोणी' (स्मृति की नाव) को ही देख लें। इस आत्मकथा में भी यौवन की वैसी सघन अनुभूति नहीं है जैसी कि बचपन की। वयस्क जीवन के तत्त्व स्वयं को छिपा लेते हैं और वे कहानियों तथा उपन्यासों में प्रवेश कर जाते हैं। बचपन संवेदनशीलता की अखण्डित स्थिति हुआ करती है। यह एक ऐसी स्थिति होती है जहाँ व्यक्तिगत और सामाजिक, निजी और सार्वजनिक के बीच कोई भिन्नता नहीं पायी जाती। वयस्कता पहचान और श्रेणीकरण वाली स्थिति होती है। आत्मकथा का उपयोग आमतौर पर लेखक के सामाजिक छद्मावरण को दोषमुक्त करने, उसे विस्तार देने और विश्लेषित करने के लिए होता है। वह आत्मकथा जो स्वयं को अन्तराल नहीं देती, तकलीफ़ नहीं पैदा करती और स्वयं का उपहास नहीं उड़ाती वह एक चालू आत्म-समर्थन से ज़्यादा कुछ नहीं होती। कन्नड़ में वयस्क प्रामाणिक आत्मकथाओं के विरुद्ध एक वर्जना मौजूद रही है।

सिद्धलिंगय्या का परिचय देखें तो दलित कवि के नाम से प्रसिद्ध सिद्ध लिंगय्या लगभग पैंतीस वर्षों से कर्नाटक के सामाजिक क्षेत्र में सक्रिय हैं। बेंगलूरु विश्वविद्यालय में कन्नड़ भाषा के प्राध्यापक, बारह वर्ष कर्नाटक विधान परिषद् के सदस्य एम.एल.सी., कन्नड़ प्राधिकार के अध्यक्ष और अब कन्नड़ पुस्तक प्राधिकार के अध्यक्ष हैं।

'होलेमादिगर हाडु' (मोची चमारों के गीत) के प्रकाशन से इन्होंने कन्नड़ साहित्य के सुदीर्घ इतिहास को अपने चरित्र का पुनरावलोकन करने के लिए मजबूर किया। ग़रीबी और विद्रोह की ज़िन्दगी को इस कथानक में हास्य-व्यंग्य के माध्यम से अभिव्यक्त किया गया है और क्षमता ग़रीबी को कैसे जीतकर नये आत्मविश्वास को हासिल करती है इसका यह दस्तावेज़ है।

# मेरे पिता बालय्या

'मेरे पिता बालय्या' अछूतों की अतुलनीय दुनिया के विभिन्न पक्षों की विस्तृत रूपरेखा प्रस्तुत करती है—वाई.बी. सत्य (नारायण) अपनी इस आत्मकथा में सामाजिक सीमाएँ और तौर-तरीक़े, उनके सामाजिक, आर्थिक और सांस्कृतिक दृश्य प्रस्तुत करते हैं दलितों के द्वारा जीवन जीने के तरीक़े और साधन, उनके द्वारा किये जाने वाले समझौते और सामंजस्य, उनकी कामनाएँ और मार्ग में आनेवाली बाधाएँ इन सबका शब्दशः चित्रण प्रस्तुत करती है। यह वर्णन अपने आप में एक इतिहास बन जाता है—एक अस्पृश्य समुदाय के सामाजिक और आर्थिक भेदभाव के, दमनमूलक जाति व्यवस्था की क्रम परम्परा के, सामन्ती स्थितियों के और उपहास तथा अपमान के ख़िलाफ़ अनथक युद्ध का इतिहास। यह आत्मकथा जाति व्यवस्था और अस्पृश्यता की अमानवीय क्रूरता की प्रक्रिया को विश्लेषित करती है।

सत्य नारायण जी एक ग़रीब दलित परिवार से हैं। वे लिखते हैं, 1971 में उस्मानिया विश्वविद्यालय से ए.एस.सी. की पढ़ाई पूरी की थी। आन्ध्र प्रदेश में इंडियन एडमिनिस्ट्रेशन सर्विसेज, आई.ए.एस. के अधिकारी के रूप में अपनी सेवा के दौरान मुझे समाज के ग़रीब तबकों, विशेषकर अनुसूचित जातियों और जनजातियों के बीच काम करने का सौभाग्य प्राप्त हुआ। मैंने संवैधानिक और क़ानूनी आदेशों के बावजूद अस्पृश्यता प्रथा का बहुत क्रूरतापूर्ण ढंग से पालन किये जाते हुए देखा है। आज भी मुझे उस औरत की छवि याद है जो तालाब के किनारे घड़ा लेकर बैठी हुई थी कि कोई आये और तालाब से पानी लेकर घड़े में डाले। क्योंकि अछूत होने के कारण उसे तालाब पर जाने और पानी भरने की मनाही थी। यह जानकर मेरा मन वितृष्णा से भर गया था कि किस प्रकार अछूत समुदायों के लोगों के नामों के साथ अपमानसूचक प्रत्यय जोड़े जाते हैं ताकि जातिप्रथा क्रम में उनके निम्नतम स्थान को दर्शित किया जा सके।

नरसय्या की जीवन गाथा का आरम्भ आन्ध्र प्रदेश के तेलंगाना क्षेत्र के करीमनगर ज़िले के एक छोटे से गाँव वंगपल्ली से होता है। स्वयं आत्मकथाकार के शब्दों में जब हैदराबाद के निजाम एक दौरे पर इस गाँव से होकर गुज़रे, तब नरसय्या के पिता जिनका नाम भी नरसय्या ही था, उन्होंने निजाम को एक जवान बछड़े के चमड़े से बनाये गये ख़ूबसूरत जूतों का जोड़ा पेश किया। जिसे पहनकर निजाम इतना ख़ुश हुए कि उन्होंने तुरन्त पचास एकड़ ज़मीन का इनाम इन महोदय के नाम लिखवा दिया यानी हमारे लेखक के परदादा के। लेकिन निजाम के द्वारा दिये जाने के बावजूद वह ज़मीन नरसय्या को मिल नहीं सकी क्योंकि ज़मींदार ने अपने सामन्ती अधिकारों का प्रयोग करते हुए नरसय्या को उसमें से केवल दो एकड़ दी और बाक़ी ख़ुद हड़प गया। यह विचित्र लगता है मगर सत्य है कि नरसय्या इस पर न तो निराश हुआ और न ही गुस्सा बल्कि उसे राहत ही महसूस हुई। उसको इसका अफ़सोस नहीं था कि उसको मिली ज़मीन छीन ली बल्कि ख़ुशी थी कि उसे दो एकड़ ज़मीन तो मिली। (पृ. 16)

'मेरे पिता बालय्या' का अनुवाद शशि मुदिराज ने किया है। वे लिखते हैं कि इस पुस्तक के मूल लेखक की मूल अंग्रेज़ी रचना 'माई फादर बालय्या' के माध्यम से मेरा परिचय हुआ। यह पुस्तक व्यापक मानवीय अनुभव की गाथा है। हिन्दी में (2016) स्वराज प्रकाशन से आयी। निश्चित ही दलित जीवन की त्रासदियों को इस आत्मकथा में उकेरा गया है।

## करुक्कू

तमिल लेखिका बामा का दलित लेखन में एक अग्रणी नाम है। जब 'करुक्कू' शीर्षक से उनकी आत्मकथा प्रकाशित हुई तो तमिल साहित्यिक जगत में तहलका मच गया। प्रकृति के सौन्दर्य की तुलना में मनुष्य के बनाये भेदभावों का एक हुजूम सामने आता है। उनकी बेबाक भाषा ने तमिल उच्चवर्ग को झकझोर कर रख दिया। लक्ष्मी होल्स्टार्स द्वारा करुक्कू के अंग्रेज़ी अनुवाद को सन् 2001 में क्रॉसवर्ड पुरस्कार मिला और पुस्तक को काफ़ी सराहना मिली। फ़ौजी पिता ने बच्चों को शिक्षित किया। बामा कहती हैं अगर मेरे पिता फ़ौज में न होते तो हमें शिक्षा न प्राप्त होती और शिक्षा से मिली स्वतन्त्रता ने मुझे अपनी दादी और माँ की तरह ज़मींदारों के घर खेती पर काम करने नहीं जाना पड़ा। वे चेन्नई के पास उतिरामेश्वर गाँव में लड़कियों के स्कूल में अध्यापिका हैं। आजीवन अविवाहित रहकर वह दलित वर्ग की लड़कियों को शिक्षित करने का काम कर रही हैं। लेखन के बारे में उनका कहना है, "मैं चाहती हूँ कि अपने आसपास

का सामाजिक सत्य अपने लेखन में उभार सकूँ।" उनके दो कहानी संग्रह भी प्रकाशित हो चुके हैं।

बकौल डॉ. शशिकान्त सोनवणे 'करुक्कू' दक्षिण भारत की प्रथम तमिल स्त्री का आत्मकथन है। 1958 में पुट्टुपर्थी, मदुराई में जन्मी तमिलनाडु की लेखिका बामा भारतीय दलित साहित्य की सक्षम हस्ताक्षर हैं। दलितों तथा आदिमों के साहित्य में बामा का आत्मकथन 'करुक्कू' अपना पृथक् स्थान रखता है। दक्षिण भारत के दलित आदिमों एवं स्त्रियों के प्रखर आन्दोलनों की सक्षम पहचान है 'करुक्कू'। दूरस्थ एवं तलहटी के क्षेत्रों में निम्नवर्गीय उपेक्षिताओं के स्वरों की अनुगूँज है 'करुक्कू'। इस भू-भाग के वंचित समुदायों की कहानी है करुक्कू। 'बामा फैस्टीना मेरी' नामक एक बालिका, युवती तथा प्रौढ़ा की सामाजिक संघर्ष की अभिव्यक्ति है 'करुक्कू'। सन् 1992 में 'करुक्कू' मूलतः तमिल में प्रकाशित हुआ।

लम्बे समय तक संन्यासिनी का जीवन जीने वाली लेखिका बामा अपने आत्मकथन के लेखन के सन्दर्भ में कहती हैं, "सन् 1992 मेरे जीवन का सबसे महत्त्वपूर्ण वर्ष था, जब मैंने संन्यास त्यागकर, ईसाई मठ को छोड़, बाहर की दुनिया में क़दम रखे। मुझे ऐसा लगा जैसे मैं नयी दुनिया में आ गयी हूँ। जीवन एक प्रश्नचिह्न बन गया था। जीने का कोई सही रास्ता नहीं मिल रहा था। भविष्य के बारे में सोचकर दिल काँप उठता था। उस वक़्त मन के भार को हल्का करने के लिए मैं रोज़ लिखा करती थी। दिल खोलकर वर्तमान की वेदना, दर्द को प्रकट करते वक़्त बीती बातें, घटनाएँ एक घाव बनकर मुझे तड़पाने लगीं। वर्तमान से भविष्य की यात्रा में सवार होने के बजाय वर्तमान से पिछले पल की यादें अधिक प्रबल थीं। मन के विचारों को शब्दों में ढाल दिया। लिखते-लिखते मन का भार मानो कम होता गया। जीने की लालसा और उद्वेग धीरे-धीरे मन में समाने लगी।"

इंडिया टुडे ने 'करुक्कू' को पहला तमिल दलित टेक्स्ट माना है साथ ही आत्मकथात्मक उपन्यास भी। कहना न होगा कि यह आत्मकथा एक दलित ईसाई के भीतरी और बाहरी आवरण को रेखांकित करती है।

## सन्दर्भ


1. काँचा इलैया, 'मैं हिन्दू क्यों नहीं हूँ', अनुवादक : मुकेश मानस, आरोही बुक ट्रस्ट, दिल्ली, 2003
2. अरविन्द मालगत्ती, 'गवर्नमेंट ब्राह्मण'।

3. सिद्धलिंगय्या, 'गाँव गली', वाणी प्रकाशन, 2012
4. डॉ. अजय कुमार पटनायक, 'ओड़िया उपन्यास : एक ऐतिहासिक परिमूल्यांकन'।
5. 'मेरे पिता बालय्या', स्वराज प्रकाशन, नयी दिल्ली।
6. 'गवर्नमेंट ब्राह्मण', स्वराज प्रकाशन, नयी दिल्ली, रजनी तिलक के शोध पत्र से।
7. इंडिया टुडे, जनवरी 18, 2004

# बांग्ला दलित आत्मकथा

मराठी, हिन्दी तथा अन्य भाषाओं में प्रकाशित दलित आत्मकथाओं को देखते हुए यह कहा जा सकता है कि बांग्ला में भी दलित आत्मकथाएँ आयी हैं लेकिन एक सवर्ण की टिप्पणी देखें—बजरंग बिहारी तिवारी लिखते हैं कि आत्मकथन विधा में बांग्ला दलित लेखकों ने बहुत सक्रियता नहीं दिखायी है। जबकि चर्चित आत्मकथनों में डॉ. मनोरंजन सरकार की 'एक दिन दलितैर आत्मकथा' (2000), जतीन बाला की 'अमृतेर जीवन कथा' (बांग्ला संवत् 1401), धीरेन्द्र नाथ विश्वास की 'पितृ स्मृति', डॉ. अनिल रंजन विश्वास की 'रङ् बेरन्डेर दिन गुलि' (रंग-बिरंगे दिन) और 'आमार छेले बेला' के नाम लिये जा सकते हैं। डॉ. मनोरंजन सरकार की आत्मकथा प्रशंसनीय बन पड़ी है। दूसरी तरफ़ जतीन बाला की 'अमृतेर जीवन कथा' में बेचैनी से भरा जीवन भी है, कथा भी है। वर्ष 2005 में संदीप बन्द्योपाध्याय द्वारा सम्पादित 'दलितेर आख्यान वृत्त' का प्रकाशन हुआ। इसमें तमाम दलित जातियों की उत्पत्ति कथा संगृहीत है। कहा जाता है कि यह किताब बातचीत के आधार पर तैयार की गयी है। इधर बांग्ला की कुछ दलित आत्मकथाएँ बहुत चर्चा में हैं। इनमें मनोरंजन व्यापारी की 'चण्डाल जीवन' (2013) और मनोहर विश्वास की आत्मकथा 'मैं अपनी ही दुनिया में जीता हूँ' (2014) मुख्य हैं। इनके अलावा अन्त होते-होते आठ से दस आत्मकथाएँ आने की उम्मीद है। आत्मकथाओं के साथ-साथ महापुरुषों की जीवनी भी प्रकाशित हुई हैं।

इस बारे में 'आलो आंधारी' के सम्बन्ध में प्रज्ञा लिखती हैं कि चौका-बरतन, झाड़ू-पोंछा करके अपनी और अपने बच्चों की जीविका चलाने वाली बेबी को जब उसके 'तातुश' ने अपने जीवन के दुखों और संघर्षों की गाथा को काग़ज़ पर उतारने के लिए कहा तो उसकी सबसे बड़ी चिन्ता यही थी कि सातवीं कक्षा में पढ़ाई छोड़ देने के बाद अब क्या उससे कुछ लिखा-पढ़ा जायेगा?

लेकिन जब उसने लिखा तो अपने कष्टमय जीवन के सभी संघर्षों को बेहद सहज व सरल शब्दों में इस प्रकार लिखा कि उनकी आत्मकथा 'आलो आंधारी'

लक्ष्मण गायकवाड सिद्धलिंगय्या जैसे दलित लेखकों की आत्मकथा की श्रेणी में जा पहुँची। मुर्शिदाबाद में रहने वाली बेबी हालदार का जीवन बहुत ही कष्टपूर्ण रहा है।

माँ घर छोड़कर चली जाती है, सौतेली माँ आती है, फिर 11-12 की उम्र में बेबी का विवाह हो जाता है, जल्दी-जल्दी तीन बच्चे, उन बच्चों को पढ़ा-लिखा कर आदमी बनाने की चाह और उसके बाद उसके दुखों का अनवरत संघर्ष में बदल जाना। संघर्ष की यह गाथा किसी भी प्रकार के पूर्वग्रह से पूर्ण रूप से अछूती है। तभी तो बात-बात में उस पर हाथ उठाने वाला उसका स्वामी भी कभी-कभी उसे माया पात्र दिखता है। इस संघर्ष में उसका अपना कोई नहीं तो पूरी तरह से पराया भी कोई नहीं। न कोई हीरो है न कोई विलेन। बकौल मदन कश्यप, "बेबी हालदार की कथा में न कोई नायक है, न ही खलनायक। जो बुरा दिखता है, उसके भीतर भी कुछ अच्छाइयाँ हैं और जो बहुत अच्छा-अच्छा बन रहता है उसकी धूर्तताएँ भी प्रकट हो जाती हैं। उसके साथ सब कुछ बुरा ही बुरा नहीं है। समय-समय पर मदद पहुँचाने वाले कुछ अच्छे लोग भी मिलते हैं।"

अन्तरराष्ट्रीय ख्याति प्राप्त कर चुकी इस आत्मकथा में कुछ भी कल्पना नहीं है, न ही कोई बनाव-सिंगार है। भाषा-शैली के बनावटी तनाव से कोसों दूर 'आलो आंधारी' बिना किसी साहित्यिक विश्लेषण की चिन्ता किये, बस सीधे-सीधे अपनी राह चलती जाती है और इस राह में चलते-चलते कभी वह इतना खो जाती है कि उसे ख़ुद पता नहीं चलता कि कब वह 'मैं' से 'वह' में चली गयी है। इस बारे में बेबी का कहना है कि "अपने जीवन की कुछ घटनाओं को भुलाते रहने की कोशिश में मुझे अब कभी-कभी ऐसा लगता है जैसे वे घटनाएँ मेरे नहीं बल्कि किसी और के साथ घटी थीं।" पूरी आत्मकथा में प्रमुख पात्र को 'मैं' से सम्बोधित करते-करते कभी भी वह उस 'मैं' को 'वह' मान बैठती है–"बेबी के जीवन में क्या था वह मैं ख़ूब जानती हूँ।"

"बेचारी बेबी! बेचारी नहीं तो क्या! और किसका होगा इतना छोटा बचपन कि दीवार से टिककर बैठ, पूरा का पूरा याद कर लिया जाये! फिर भी बेबी को उससे मोह है।"

"इतने दुख का दिन बेबी ने कितनी हँसी-ख़ुशी से पार कर दिया! कुछ समझ ही नहीं पायी कि उसके साथ यह क्या हो गया।"

विजय मोहन सिंह (सहारा समय) के शब्दों में "आत्मकथा का यह तर्ज़े-बयाँ उल्लेखनीय है। क्योंकि यह किसी शिल्प कौशल के तहत नहीं अपनाया गया है, बल्कि अपने 'मैं' के 'वह' में तब्दील कर देने की प्रक्रिया में इतना स्वतःस्फूर्त और तटस्थ है कि अत्यन्त प्रामाणिक और घनिष्ठ रूप से घटित लेखन की प्रक्रिया में स्वतः अपने से बाह्य होकर अपने को देखने लगता है।"

मूल रूप से बांग्ला भाषा में लिखी गयी 'आलो आंधारी' का अनुवाद अब तक 15 भारतीय और अन्तरराष्ट्रीय भाषाओं में हो चुका है। हिन्दी में इसका अनुवाद प्रबोध कुमार (मुंशी प्रेमचन्द के नाती) ने किया है। अनुवाद में सातवीं कक्षा तक पढ़ी बेबी हालदार की भाषा को अधिक छेड़ा नहीं गया है। पुस्तक की अस्मिता को ज़िन्दा रखने की ख़ातिर कई शब्द और वाक्य-विन्यास बांग्ला के ही रहने दिये गये हैं।

जीवन से जूझती यह आत्मकथा सिर्फ़ किसी एक बेबी हालदार की होगी ऐसा नहीं है बल्कि इस कथा में वर्णित संघर्षों को न जाने कितनी और जी रही होंगी और जीवटता से उनका मुक़ाबला कर रही होंगी।

जैसा कि मेधा पाटकर कहती हैं, "मेहनतकश समाज का प्रतिनिधित्व करने वाली बेबी हालदार ने इस आत्म-चित्रण में ही शोषितों, भुक्तभोगियों का जीवन-चित्रण किया है। जिसका न केवल भावनिक या साहित्यिक बल्कि राजनीतिक-सामाजिक परिवर्तन की प्रक्रिया में भी योगदान होगा। एक महिला अपनी संवेदना से अन्यायकारी दुनिया की पोल-खोल कितनी गहराई से, फिर भी सरलता से कर सकती है, इसकी प्रतीक है यह किताब।"

अगर सोचते हो, झोंकों से बुझा दोगे इतना याद रखना, ये शमा ज़रा ज़िद्दी-सी है। नीतू गुप्ता लिखती हैं कि आलो आंधालो निम्नवर्गीय परिवार में रहने वाली एक ऐसी लड़की के जीवन की सच्चाई है जिसने विपरीत परिस्थितियों में भी हार न मानने की कसम उठाई थी। यह पुस्तक उन अनेक स्त्रियों के लिए प्रेरणा का स्रोत बन सकती है जो अपनी कठिनाइयों से हारकर आत्महत्या का या कोई दूसरा ग़लत रास्ता अख़्तियार कर लेती हैं। स्त्री की सबसे बड़ी भूल यही है कि स्वयं पर भरोसा न करे ज़रा से संकट में वह किसी पुरुष को ही अपना एकमात्र सहारा मान बैठती है। बाद में उस सहारे के द्वारा मुँह मोड़ लेने पर वह अपना सबकुछ ख़त्म हुआ समझने लगती है। स्त्री की दुनिया सिर्फ़ पुरुष के ही इर्द-गिर्द घूमती है। बचपन में पिता-भाई बाद में पति और पुत्र ही उसे अपनी ज़िन्दगी के एकमात्र सम्बल नज़र आते हैं। पुरुष के लिए व्रत रखने, पूजा करने, मन्नतें मानते-मानते उसकी सारी ज़िन्दगी स्वाहा हो जाती है। 'आलो आंधारी' सामाजिक असमानता से उपजी एक ऐसी सामाजिक कहानी है, जो कतिपय नयी नहीं है। बाल-विवाह कल भी होते थे और आज के तथाकथित विकसित समाज में भी होते हैं। बेबी हालदार की कम उम्र में शादी कर देना या होना जाना बेशक विचित्र घटना नहीं है। नयी बात महज़ इतनी है कि बेबी हालदार ने लगभग अनपढ़ होते हुए भी आपबीती को काग़ज़ पर उकेरा है।

बतौर अनुवादक बेबी हालदार की 'आलो आंधारी' बांग्ला में है। और बांग्ला से हिन्दी में अनूदित है। पर शीर्षक 'आलो आंधारी' का अनुवाद न करने में शीर्षक के साथ समग्र उपेक्षा का भाव समाहित है। कहानी समझ आ जाये और शीर्षक समझ से परे रह जाये, क्या पाठक के साथ अन्याय नहीं लगता।

जहाँ तक बहुजन समाज के महापुरुषों की जीवनी लेखन की बात है दलित लेखकों ने विशेष रुचि ली। बंगाल में सबसे अधिक डॉ. आम्बेडकर की जीवनी लिखी गयी। आम्बेडकर की जीवनी लिखने का पहला प्रयास डॉ. गुवाधर वर्मन का था। पर यह जीवनी पूरी न हो सकी थी। धनंजय कीर की आम्बेडकर की जीवनी के प्रकाशन के तुरन्त बाद रंजीत सिकन्दर ने इसका बांग्ला अनुवाद प्रस्तुत किया। मुख्य जीवनी लेखकों में रंजीत सिकन्दर ('वंचित जनतार मुक्ति योद्धा : डॉ. आम्बेडकर' 1987, 'डॉ. आम्बेडकरेर राजनीतिक चिन्ताधारा'), प्रो. जगबन्धु विश्वास ('मानवतादेर अक्लान्त योद्धा', 1996), स्वपन कुमार विश्वास ('भारतेर संविधानेर जनक' 1998, 'मार्क्सवाद और आम्बेडकरवाद सन्तुलन' 1999), प्रो. नरेश चन्द्र सरकार ('आम्बेडकर द्वन्द्व तत्व'), सुकृतिरंजन विश्वास ('जीवन ओ संग्राम : डॉ. आम्बेडकर', 2000), जगदीश मण्डल ('महाप्राण जोगेन्द्र नाथ ओ बाबा साहेब आम्बेडकर' 2000), धूर्जटि नस्कर ('दलित जनक आम्बेडकर'), नीतिश विश्वास ('जातीय नेता आम्बेडकर' तथा 'आम्बेडकर जीवन पंजि') आदि के नाम लिये जा सकते हैं। इसके अतिरिक्त ज्योतिबा फुले, पेरियार रामास्वामी, गुरुचाँद ठाकुर आदि की जीवनियाँ भी लिखी गयी हैं। प्रदीप राय की 'समाज विप्लवी पेरियार रामास्वामी' ऐसी ही एक उल्लेखनीय जीवनी है। कपिल कृष्ण ठाकुर द्वारा सम्पादित 'गुरु चाँद ठाकुर : अन्त्यज बांग्लार नव जागरण' (1997) जीवनी का संस्पर्श करता हुआ मूलतः दलितों का अपना इतिहास ग्रन्थ है। इस दृष्टि से कपिल कृष्ण ठाकुर की ही दो अन्य किताबें भी उल्लेख योग्य हैं—'मतुआ आन्दोलन ओ बांग्लार समुन्नत समाज' (1996) तथा 'बांग्लार कबिगान ओ लोक कवि विजय सरकार' (2002)। दूसरी किताब उन्होंने गोपाल विश्वास के साथ मिलकर सम्पादित की है।

## सन्दर्भ

1. बजरंग बिहारी तिवारी, 'बांग्ला दलित साहित्यः सम्यक् अनुशीलन', नयी किताब, दिल्ली, 2016
2. 'दलित साहित्य आन्दोलन : उद्भव, इतिहास, मूल्यांकन', चतुर्थ दुनिया प्रकाशन, कलकत्ता, 2002
3. दलित साहित्य वार्षिकी।

# गुजराती दलित आत्मकथाएँ

डॉ. कान्ति मालसतर के अनुसार दलित आत्मकथाएँ समग्र दलित समाज का सामाजिक, सांस्कृतिक दस्तावेज़ हैं। मराठी एवं हिन्दी दलित आत्मकथाओं की तुलना में गुजराती में काफ़ी अल्प मात्रा में दलित आत्मकथाएँ लिखी गयी हैं। जिनमें 'जीवन संघर्ष : एक आदर्श क्रान्ति कथा'-2001 (डाह्याभाई दिनबन्धु), 'पूर्णसत्य'-2002 (बी. केशरशिवम्), 'थोरनुं फूल भाग-1, 2, 3, 4-2007 (पी.के. वालेरा), 'बजता जाये एकतारा'-2001 (विठ्ठलराय श्रीमाली), 'आत्मकथा-1997 (ललित परमार), 'मनस्थ'.2007 (नटु भाई परमार), 'मारु जीवतरनु गाडु' (मेरी ज़िन्दगी की गाड़ी), डॉ. विनु भाई मोगरिया, 'अतीत के अनोखे संस्मरण', खेमचन्द चावड़ा, 2005, 'डेथ कान्ट स्टॉप मी', डॉ. अभय परमार एवं 'वडफळियुं'-2015 (मणिलाल रानवेरिया) प्रमुख हैं। इसके अलावा अनिल वाघेला की 'झमण' नामक आत्मकथा 'हयाती' पत्रिका में किस्तों में प्रकट हुई है।

'पूर्णसत्य' में आत्मकथाकार के जन्म 1940 से लेकर सरकारी नौकरी में से निवृत्त होने (1998) (छह दशक) तक के जीवन का यथार्थ बताया गया है। उन्होंने इस यथार्थ को विभिन्न विभागों में बाँटा है। पहले विभाग में उनके जन्म, बचपन, स्कूल-कॉलेज के जीवन के अनुभवों का वर्णन है एवं दूसरे विभाग में तहसीलदार बनने के पश्चात बड़ौदा में तालीम प्राप्त करके धोलका में तहसीलदार के रूप में जुड़े होने तक से गुजरात आदि जाति विकास निगम में कार्यकारी नियामक बने तब तक के उनके अनुभव अभिव्यक्त हुए हैं।

डॉ. बी. केशरशिवम् ने आत्मकथा के लिए गाँधी जी की 'सत्य के प्रयोग' और महाराष्ट्र के अन्तरराष्ट्रीय ख्याति प्राप्त आत्मकथा लेखक पद्‌मभूषण डॉ. धनंजय की कृति 'आम्बेडकर का जीवन चरित्र' जिनका गुजराती अनुवाद 'डॉ. आम्बेडकर : जीवन और कार्य' के नाम से प्रसिद्ध है, पीठिका के रूप में स्वीकृत किया है और आगे बढ़े हैं। वे स्वीकार करते हैं कि मराठी दलित लेखकों द्वारा लिखी हुई आत्मकथाओं को उन्होंने नहीं पढ़ा है। उन्होंने इन्दुलाल की आत्मकथा किशोर

अवस्था में पढ़ी थी। किन्तु अब तक उन्होंने कमलीशंकर पाण्ड्या की 'वीरान जीवन' और मणिलाल नभुभाई की आत्मकथा नहीं पढ़ी है। वे अच्छी कहानियाँ लिख पाये होते। किन्तु उनके भीतर छुपा वह अमलदार बाधक था। कच्ची उम्र में 'राती रावण की खाश' (लाल खीरनी की लाली) या 'श्रेतनों महेल्य' (रेत का महल) जैसी कलात्मक कहानियाँ लिखने वाला यह लेखक आज अपनी मध्य अवस्था तक एक अच्छे कहानीकार के रूप में प्रस्थापित हो गये होते। सर्जकता के स्फुरण में देर होने के बावजूद उन्होंने अपना चमत्कार दिखाया है, यह हमारे लिए हर्ष की बात है। क्रूर यथार्थ को शब्दबद्ध करने का प्रयोजन निश्चित रूप से विशेष आवश्यक माना जायेगा।

बी. केशरशिवम् ने उनके माता-पिता, दादा, परदादा एवं परदादी की तरह हर क़दम पर शम्बूक वध की वेदना को सहन किया है। स्वतन्त्र भारत में आत्मकथाकार को शिक्षा प्राप्त करने हेतु काफ़ी संघर्ष करना पड़ा है। हिन्दू समाज व्यवस्था के सारे दूषण शिक्षाधर्मों के शिक्षकों के भीतर ही समाये हुए हैं। उसकी अनुभूति इस आत्मकथा के माध्यम से होती है। देखें : न केवल पाठशाला में बल्कि गाँव में भी क़दम-दर-क़दम दलितों को अपमानित होना पड़ता था। मन्दिर प्रवेश की बात केवल एक कल्पना थी। एक बार लेखक नवरात्रि में जगदम्बा की गरबी के पास से गुज़र रहे थे तब उन्हें ख़ूब मार पड़ी थी। इस बारे में आत्मकथाकार कहते हैं कि "ए घा मारा हाथ पर नहीं पण जाणे मारा हृदय पर पडयो हतो!"

इस प्रकार आत्मकथाकार एक ओर ग़रीबी एवं दूसरी तरफ़ सामाजिक विषमता के बीच अपमान के अनेक कटु घूँट पीते-पीते एवं कई प्रतिकूलताओं के बीच जी.पी.एस.सी. की परीक्षा उत्तीर्ण कर तहसीलदार बने। उन्हीं के शब्दों में वे दिनांक 1-12-1969 के दिन तहसीलदार का कार्यभार सँभालने हेतु धोलका गये! दुःखद बात तो यह है कि उन्हें 'तहसीलदार' का लेबल तो लगा पर दलित का लेबल मिटा नहीं! धोलका में रहने हेतु किराये का मकान मिला नहीं! धोलका के पश्चात मेघरज तबादला हुआ तो वहाँ भी मकान मिला नहीं! फिर दुकान किराये पे लेकर उसमें रहना पड़ा! यह था सामाजिक जीवन का यथार्थ।

आज ऐसी मान्यता है कि दलित आर्थिक रूप से समृद्ध होने के बाद या ऊपरी पद पर आने के पश्चात अपने समाज के साथ नाता तोड़ देते हैं। पर बी. केशरशिवम् उनमें से अपवादरूप हैं। आत्मकथा के आधार पर कहा जा सकता है कि उन्हें अपनी पीड़ा, पदोन्नति या निजी लाभ को एक ओर रखकर दलितों पीड़ितों को न्याय दिलवाने हेतु अविरत लड़ते रहे हैं। जैसे कि खरोटी गाँव के दलितों के कुएँ में सवर्णों द्वारा क्रूड, तेल और मल डाला गया तब उन्होंने स्वयं

वहाँ उपस्थित रहकर कुएँ को साफ़ करवाया और कुएँ से दलितों को पीने के लिए जल भी मुहैया करवाया। गाँव के सवर्ण लोगों के कड़े विरोध के बावजूद सरकारी फ़ाज़ल ज़मीन दलितों को देने का फ़रमान जारी किया। इस प्रकार दुःखं-दर्द या विपदा-आपत्तियों में एक दलित अधिकारी दलित-पीड़ित समाज का किस प्रकार सहायक बन सकता है उसका ज्वलन्त उदाहरण बी. केशरशिवम् हैं।

आत्मकथाकार को नौकरी के सिलसिले में गुजरात के विविध शहरों में रहना पड़ा, इन सारी जगहों पर उन्हें विषादग्रस्त हिन्दू समाज का भद्दा रूप देखने को मिला! फिर भी प्रबल पुरुषार्थ एवं दृढ़ आत्मविश्वास के साथ सीना तानकर घाव को झेलते हैं पर उनकी सामाजिक प्रतिबद्धता बदलती नहीं। ऊपर से आम्बेडकरवादी विचारधारा को आगे बढ़ाने के लिए दिल से प्रयत्न करते रहते हैं! सामाजिक असमानता एवं आर्थिक संकट जैसी विषम परिस्थिति में भी लाचार बनकर जी रहे, निराशा महसूस करते व्यक्ति को बी. केशरशिवम् का जीवन वाकई सहारा दे वैसा है!—डॉ. चन्द्रकान्त टोपीवाला ने कहा है कि—"पूर्ण सत्य, जैसी किशोरवय की आत्मकथा द्वारा उन्होंने अस्पृश्यता एवं अभाव का सन्देश सहज एवं सरलतापूर्वक पेश किया है। दलित किशोर के परिवार की, उसके मनोबल की, उसके शोषण की, बोनमिल एवं बोइलर की, मज़दूरी की कथा एक ओर पूर्ण अन्धकार भरे खण्ड का परिचय करवाती है, तो दूसरी ओर दलित के व्यक्तिगत एवं सामूहिक चेतन-अवचेतन की सामग्री को दर्शाती है!" (शब्दसृष्टि, मार्च-2011, पृ. 21)

'पूर्ण सत्य' की मर्यादा संकलन की है। कई प्रसंग/घटनाओं की पुनरावृत्ति की गयी है। कई बार शीर्षक में जो विषय बताया गया है, उसके बदले लेखक ने अन्य विषय को दर्शाया है। जैसे कि—'कूतरीनो प्रकोप' में कूत्ती से अधिक मकरसंक्रान्ति के बारे में लिखा गया है। फिर भी 'पूर्ण सत्य' में लेखक हूँ (मैं) के माध्यम से 'अमें' (हम) दलित समाज की वेदना, संवेदना, संघर्ष, आशा-अरमान, अन्तर्द्वन्द्व और मानवता के निर्माण की भी बात की है। संक्षेप में 'पूर्ण सत्य' गुजरात के उपेक्षित समाज का प्रमाणभूत दस्तावेज़ है।

विट्ठलराय 'श्रीमाली' की 'बजता जाये एकतारा' आत्मकथा चार प्रकरणों में विभाजित है। पहले प्रकरण 'अरुणोदय' में जन्म से लेकर छह साल की उम्र, दूसरे प्रकरण 'प्रभात' में 6 से 18 वर्ष की उम्र, तीसरे प्रकरण 'मध्याह्न' में 18 से 58 साल की उम्र एवं चौथे प्रकरण 'समीसांज' में 58 से 75 वर्ष तक के जीवन के दौरान दलित एवं ग़रीबी की वजह से हुए अपमान, अवहेलना को भोगकर किस प्रकार पढ़करं अधिकारी बने, अधिकारी बनने के पश्चात भी हुए खट्टे-मीठे अनुभवों को निरूपित किया है।

पण्डिताई (गोरपदु) करके जीवन-यापन करनेवाले अन्त्यज गोर नथुराम–(गरोडा ब्राह्मण) खेमीबा की छठी सन्तान विट्ठलराय का जन्म मेहसाणा के मोटीदाउ नामक गाँव में 25 दिसम्बर, 1933 के दिन हुआ था। इस आत्मकथा के माध्यम से स्वतन्त्रता पूर्व एवं स्वतन्त्रता के पश्चात मेहसाणा, मोटीदाउ जैसे गाँव एवं अहमदाबाद, बड़ौदा, पाटण आदि शहरों में बसते अन्त्यजों की सामाजिक स्थिति की जानकारी प्राप्त होती है। आत्मकथाकार ने बताया है कि–1947 से पहले अन्त्यज समाज अत्यन्त दुःखद परिस्थिति में जीवन जी रहा था। गाँव से दूर सूर्योदय दिशा में कच्ची मिट्टी के दीवारों वाले, देशी छप्पर या घास-फूँस डाले हुए घरों में अन्त्यज समाज बसता था। कुछ अन्त्यज परिवार तो घास एवं तिनके की मढ़ी में रहते थे। गाँव बसता है तब अन्त्यज लोगों का आवास पूर्व दिशा में ही रखा जाता है। सवर्ण लोग ऐसा मानते होंगे कि पश्चिम की हवा पूर्व दिशा में से आगे सीधी ही निकल जाती है। अगर ये लोग पश्चिम में बसते होते तो उनकी बू भरी पश्चिम से आती हवा सवर्णों के मोहल्ले को प्रदूषित करती, इसीलिए उनका आवास हमेशा पूर्व में ही रखा जाता। (पृ. 55) ऊपर से अन्त्यज समाज में भी ऊँच-नीच के भेदभाव थे। जैसे कि भंगी को वणकर, सेनमाँ, चमार एवं गरो ब्राह्मण अपने से हीन मानते थे। यही नहीं बल्कि इस प्रत्येक जाति का अलग आवास एवं अलग पेशा! और इस प्रत्येक वास-आवास की भी अपनी अलग पहचान, "वणकर वास में जाये तो सूतर के खेळा की तरह बू आती थी, चमारवास में घर के सामने चमड़ा सुखाया होता था, उसकी बू आती थी..." (पृ. 9)

अन्त्यजों की भीतरी ईर्ष्या का फ़ायदा गाँव के ही दलचन्द शेठ, पीताम्बर पटेल एवं माधा पटेल उठाते एवं अन्त्यजों को क़दम-क़दम पर कष्ट पहुँचाते! एक बार आत्मकथाकार की माँ एवं भाभी के बीच में रोटी पकाने के मामले में संघर्ष हुआ तब आवास के ईर्ष्यालु बुनकर लोगों को समाचार पहुँचा दिया जिसके फलस्वरूप गाँव के दलचन्द शेठ, पीताम्बर एवं माधा पटेल ने उनके घर पर हमला किया। दुःखद बात तो यह थी कि हरिजनवास में से कोई भी उन्हें बचाने के लिए नहीं आया। आत्मकथाकार ने अभ्यास के दौरान हुए खट्टे-मीठे (अच्छे-बुरे) अनुभवों का वर्णन किया है। लेखक जब कॉलेज के प्रथम साल की शिष्यवृत्ति लेने के लिए कॉलेज के कार्यालय में गये तब एक पटेल बाबू ने व्यंग्य किया, "आइए दामाद जी, आइए! लाभ लेते जाओ। सरकार के दामादजी को सरकार सालियाणु देती है!" वहीं बड़ौदा की एक महिला का प्रेमपूर्ण स्मित प्राप्त करने का पहला अनुभव उन्हें रोमांचित बना देता है। भिखन खाँ, मिस स्वोलाड एवं जोहून जैसे शिक्षकों का प्रेम-भाव प्राप्त हुआ है! आत्मकथाकार ने पिता

नथुराम, माता खेमी एवं बड़े भाई त्रिकमलाल के नखशिख रेखाचित्र प्रस्तुत किये हैं। इन तीनों का उनके निर्माण में काफ़ी महत्त्वपूर्ण योगदान है। स्वाभिमानी और शिक्षा प्रेमी पिता के व्यक्तित्व के बारे में बताया है : "पिता हमारी शिक्षा की प्रगति को जाँचते रहते! भले ही पिता यजमानों पर आधारित रहते थे, पर अपना स्वाभिमान बरकरार रहे उसी प्रकार अपना वर्तन करते! वे ऐसा मानते कि हम भी पढ़कर नौकरी प्राप्त कर स्वाभिमानपूर्वक जीएँ!" (पृ.6) घर की आर्थिक स्थिति कमज़ोर होने के बावजूद छठी तक पढ़े हुए आत्मकथाकार के बड़े भाई त्रिकमलाल भीख माँगने से ज़्यादा मज़दूरी करना पसन्द करते हैं! त्रिकमलाल ने आत्मकथाकार को स्वाभिमान की शिक्षा पढ़ाई है। वे बचपन में एक बार एक बुनकर की बारवा का तमतमाता शीरा (हलवा) खाने के लिए गये थे तब हलवे की जगह उन्हें बड़े भाई का तीखा तमाचा मिला था जो आज भी चुभ रहा है एवं स्वाभिमानी बनने के लिए प्रेरित कर रहा है। भाई कहते, पढ़-लिखकर नौकरी करोगे तो हर रोज़ घर पर हलवा खाओगे, माँगने के लिए नहीं जाना पड़ेगा। मार क्या थी उसका अभी ही अहसास हो गया था। बचपन की मार हाल सहन कर रहा हूँ! मन कहता कि अब तो पढ़ना ही है! (पृ.11) परिणामस्वरूप एम.एस. डब्ल्यू. का अभ्यास कर 1959 में भरुच में अफ़सर की नौकरी के कार्यकाल के दौरान उन्हें भी बी. केशरशिवम् की तरह ही ग़ैरदलित अधिकारियों की विकृत मानसिकता का शिकार बनना पड़ता है। आत्मकथाकार के शब्दों में, "एक बार गिरा तो खड़ा होकर दुगुने साहस से दौड़ने लगता हूँ, गिरने का दुःख भूल जाता हूँ। नया मनोबल प्राप्त करके अपनी गति बढ़ाता हूँ एवं जीवन को रसपूर्ण बनाता हूँ।" (पृ. 270) जैसी नकारात्मक विचारधारा की वजह से ही वे चारों ओर उफनते जातिवाद के बीच से विचलित हुए बिना ऊपरी पद की नौकरी तक पहुँचे, इतना ही नहीं उन्होंने अपनी सन्तानों को भी उच्च शिक्षा दिलवाई! इस तरह विट्ठलराय की चेतना लगातार विस्तृत होकर फैलती गयी, उनके भीतर का पुरुषार्थ, आशावादी रवैया तो था ही, ऊपर से उनके प्रगतिशील विचारधारा वाले माता-पिता, भाई, ससुर के अलावा बिन-दलित मधु चाचा, मुस्लिम शिक्षक भीखन खाँ, मकान मालिक भगवती भाई पटेल, शिक्षक मिस स्वोला, डॉ. जोहून आदि की महत्त्वपूर्ण भूमिका रही है।

आत्मकथाकार ने केवल अपने समाज की ही नहीं पर अपनी ख़ुद की मर्यादा को भी सहजतापूर्वक अंकित किया है। "मैं सामान्य मनुष्य हूँ, साधु या सन्त नहीं! और दूध का धुला हुआ भी नहीं हूँ।" संक्षेप में 'बजता जाये एकतारा' में लेखक ने पुराने चक्र से मुक्त होकर स्वाभिमानपूर्वक जीवन जीने का संघर्ष, 'मनुष्य' की तरह

जीने के तमाम अधिकार पाने का संघर्ष, इसके अलावा स्वतन्त्रता पूर्व एवं उसके बाद के ग़ैर-दलितों की मानसिकता एवं अन्त्यज समाज की सामाजिक-आर्थिक, सांस्कृतिक स्थिति का सरल भाषा में वर्णन किया है।

*'थोरनुं फूल' (थूहर का फूल) पी.के. वालेरा की आत्मकथा है। डॉ. वणकर ने इसे एक अनोखी आत्मकथा बताया है। आत्मकथाकार ने अपनी आत्मकथा का नाम 'थोरनुं फूल' रखने के पीछे की वजह इस प्रकार बताई है..."साहजिक रूप से थोर के फूल याद आ गये! मेरे वतन में, घर की सीमा (बाड़) एवं वन-वगड़े (सीम-खेतों) में उगे हुए-बोये हुए थोर के ऊपर काँटों से आच्छादित छोटे-छोटे कोमल कंकु समान थोर के पुष्प देखे थे, तब उसका अलग आकर्षण था! सुगन्धहीन उन फूलों की किसी भी जगह पूजा-अर्चन होती नहीं या उसका मूल्य भी नहीं है। वनों में या खेत-खलिहानों में या घर की सीमा (बाड़) पर उगे हुए-बोये हुए थोर के ऊपर ये फूल कुदरती रूप से ही वर्षा के आगमन के समय खिलते और कब गिर जाते उसका किसी को पता भी नहीं चलता था। मुझे वो फूलों की सारी सृष्टि में शूद्र वर्ग के 'दलित फूलों' के समान महसूस हुए, और मैं भी एक तरह एक 'दलित फूल' ही हूँ ना। पर मुझे इन फूलों ने जीवन के रंग-राग, सौहार्द एवं सौन्दर्य दिया है। मैं भी दलित फूल बनकर समाज को कुछ अर्पण कर सकूँ इस हेतु से 'थोरनुं फूल' लिखा है। जिस तरह थोर के फूल के अस्तित्व की महत्ता किसी ने न समझी उसी प्रकार दलितों के अस्तित्व को भी नज़रअन्दाज़ किया गया है। उस रूप में 'थोरनुं फूल' शीर्षक उचित है।*

इस आत्मकथा में से गुज़रते हुए लेखक को एवं उसके समाज को कई बार अपमानित होना पड़ा है। कुछ प्रसंग देखते हैं : दलितों को मन्दिर प्रवेश करने पर प्रतिबन्ध था। ग़ैरदलितों के कुएँ से दलितों को पानी भरने का अधिकार नहीं था। करुणता तो यह थी कि गाँव के तालाब में पशु नहाते पर दलित नहीं नहा सकते थे। गाँव के गरबे दलितों को दूर से ही देखने पड़ते थे। गाँव में दलित एवं ग़ैरदलितों की होली भी अलग-अलग जलाई जाती थी। दलित अपने आवास पर ढोल नहीं बजा सकते थे। नाई भी दलितों के बाल नहीं काटते थे। बाल काटते समय की आत्मकथाकार की मनोदशा देखिए : 'जब बाल कटवाता तब अभी ही कोई मेरी नाक, कान या गला काट देगा वैसे डर से मन में काँपता'। (पृ. 112) कारख़ाने में भी अस्पृश्यता खुले आम दिखती! आत्मकथाकार को स्कूल में आसानी से प्रवेश तो मिल गया, आत्मकथाकार होशियार होने से शिक्षकों के प्रिय विद्यार्थी के रूप में मान-सम्मान भी मिला, मोनिटर भी बनाया गया, पर फिर भी शिक्षकों को एक दलित विद्यार्थी ग़ैर-दलित विद्यार्थी की तुलना में पढ़ने में होशियार हो

वह सहन न हुआ! जैसे कि "इस पशा के सामने देखो—है भंगी, पर कितना होशियार है। कुछ तो नमूना लो इससे, सालो, कैसे ब्राह्मिन हुए हो। अब तो स्वराज आया हुआ है। पढ़ोगे नहीं तो मरोगे और इस पशा के समान हरिजन लोग आपके साहब बनेंगे तब उनके हाथ तले आपको काम करना पड़ेगा!" (पृ. 38)

सहपाठी मित्र भी अस्पृश्यता मानते। इस प्रकार एक ओर सामाजिक विषमता दूसरी ओर आर्थिक संकट के बावजूद माता-पिता की प्रेरणा से पढ़ सका। आत्मकथाकार ने उनके माता-पिता का नख-शिख चित्र निरूपित किया है।

दलितों की आर्थिक स्थिति कमज़ोर थी। अपनी ज़मीन न होने की वजह से वे पटेल, ठाकुर के खेत में मज़दूरी करने जाते या मिल-कारख़ाने में मज़दूरी करते। ज़्यादातर दलितों को मरे हुए जानवरों को खींचने का कार्य करना पड़ता। इस मामले में आत्मकथाकार ने बताया है कि 'मरे हुए जानवरों' को खींचने की यह प्रवृत्ति हिन्दू वर्ण-व्यवस्था की दलितों को दी गयी बड़ी गुलामी की देन है। दलित हिन्दुओं के लिए छुआछूत के देव को जीवन्त रखने की तथा अछूतों को हीन, पशु समान या पशु से हीन मानकर उनकी यह पहचान सदा ज़िन्दा रखकर उनके देह-दिमाग़ को सदा के लिए शूद्र एवं दासत्व की भावना को प्रज्वलित रखने की यह प्रथा समृद्ध रूप से हिन्दू धर्म एवं उसके उच्च वर्णों ने रचकर, हिन्दू संस्कृति के अन्तर्गत बना दी है। (पृ. 10)

'थोरनुं फूल' भाग-2 में कॉलेज काल के जीवन से लेकर नौकरी में जुड़ने तक के (1960 से 1968) अनुभवों का वर्णन किया गया है।

मरे हुए जानवरों को खींचने की, उसे फाड़ने की एवं उसका हिस्सा करने का वर्णन लेखक ने किया है। हाथरी का चित्रण करते हुए बताया है कि "हर हिस्से में अलग रूप लांभु डाला जाता। जिसकी डाली जिस बरतन में पड़े वह हिस्सा (मांस-हड्डी) आदि उसके हिस्से का हो जाता। वे उसे घर ले जाते, घर जाकर उसकी साफ़-सफ़ाई की जाती, हड्डी-मांस अलग किया जाता। उसके बाद उसे पकाया-बनाया जाता। इस मिष्ट-मांस को हमारे भाई-मित्र, ऋषियों की तरह कभी देशी महुए की मदिरा के साथ खाते, भूखे (मरनेवाले) जीवों के लिए यह नया शक्ति पाने का मार्ग था।" (पृ.15) आत्मकथाकार के हिस्से में जानवरों को खींचने के लिए जाने का अवसर नहीं आया पर मांस खाया है। मांस के बँटवारे के समय होते विवादों-तकरारों का भी आत्मकथाकार ने तटस्थतापूर्वक वर्णन किया है।

दलित समाज की कुछ नीति, परम्पराएँ भी थीं। जो दलित इस नीति-नियम का विखण्डन करते उन्हें जाति के मुखिया लोग 'जाति के बाहर' घोषित कर उनसे नाता तोड़ देते। आत्मकथा में दलितों के खाने-पीने का वर्णन भी हुआ है।

भैडका, राब, घेंस, छाछ एवं मृत जानवर का मांस आदि उनका प्रमुख भोजन था। वलूरो, कोकणी, गुल्ली, लांभु, हाथरी, राब, भोंथा, घेंस एवं तळबोली के द्वारा दलित परिवेश उभरा है।

लेखक अपनी आत्मकथा में कहीं आत्मश्लाघा में भी सर गये हैं। जैसे कि 'पाठशाला का गौरव मैं ही था।' मेरी विद्वत्ता ने मानो मुझे द्विज बना दिया है। 'पूर्ण सत्य' आत्मकथा की तरह 'थोरनुं फूल' आत्मकथा की भी मर्यादा संकलन की है। आत्मकथाकार अभाव एवं सामाजिक विषमताओं के बीच में भी पुरुषार्थ से पढ़-लिखकर क्लास वन अफ़सर बने यह घटना वाकई दलित युवाओं के लिए प्रेरणादायक है। दूसरी ओर आज़ादी के बाद भी गाँधी के राज्य में जाति भेद क़ायम था, यह पढ़कर कुछ पाठकों को बेचैनी भी होगी। स्वयं आत्मकथाकार प्रथम श्रेणी के अधिकारी थे। बाद में वे आई.ए.एस. भी बने। लेकिन उनका ब्राह्मण ड्राइवर उनके घर पर चाय नहीं पीता था।

ललित परमार की 'आत्मकथा' में आत्मकथाकार के जन्म, बचपन, शाला-कॉलेज जीवन के अनुभव, नौकरी के दौरान हुए अनुभव, नौकरी में से इस्तीफ़ा देकर ईडर में धारासभ्य एवं 1975 से 1987 में गुजरात के मन्त्रिमण्डल में नायब मन्त्री के रूप में किये हुए कार्यों का वर्णन किया गया है। तत्कालीन समय की गुजरात की राजकीय स्थिति की भी जानकारी प्राप्त होती है। लेखक के पिता द्वारा चाँदी के गहने बेचने की घटना एक अनपढ़ दलित पिता की उसके बच्चों को पढ़ाने की प्रबल इच्छा को व्यक्त करती है। इस आत्मकथा में दलितों की वेदना-संवेदना से ज़्यादा राजकारण सम्बन्धी जानकारियाँ वर्णित की गयी हैं।

उनकी आत्मकथा के कुछ अंशों को पढ़ना ज़रूरी है।

आत्मकथाकार ललित परमार ने अपनी रचना का प्रारम्भ शैशवकाल से ही किया है। सरल गद्य के कारण प्रसंग-निरूपण प्रभावशाली बन गया है। आत्मकथा के प्रथम परिच्छेद से ही बात असर करने लगती है—"मेरे गाँव के बीचों-बीच से एक छोटी-सी नदी निकलती है, इस रम्य गाँव का नाम है वीरपुर। गाँव के उत्तरी भाग पर बसे चमार मुहल्ले में मिट्टी के एक छोटे से कच्चे घर में मेरा जन्म हुआ था। पिताजी ने मेरा नाम लल्लु भाई रखा था।"

अभावग्रस्त बचपन और निम्न जाति में जन्म, दो चीज़ों ने लेखक के बचपन को ही दयनीय बनाना शुरू कर दिया था। इड़र शहर की हिम्मत बोर्डिंग हाउस में प्रविष्ट होते ही सवर्ण छात्रों ने हंगामा खड़ा कर दिया। लेखक लिखते हैं कि "यहाँ अपमानजनक परिस्थिति पैदा हो गयी। मुझे बोर्डिंग हाउस से भगा देने के प्रयत्न भी उन विद्यार्थियों की ओर से शुरू हो गये।"

स्कूली जीवन में जाति के नाम पर क़दम-क़दम पर होने वाले अपमानों का विस्तार से वर्णन करने के बजाय लेखक कहते हैं कि उनका व्यक्तित्व ही ऐसा था कि जो सवर्ण छात्र शुरू में उन्हें नफ़रत की दृष्टि से देखते थे, कुछ ही दिनों बाद उनके अभिन्न मित्र बन गये—"किन्तु मेरे व्यक्तिगत सम्पर्क में आते ही सहअध्यायी दोस्तों से ऐसी आत्मीयता हो गयी कि मैं खुद ही भूल गया कि मैं दलित विद्यार्थी हूँ। वे सब पढ़ने-लिखने और खेलने में मेरे साथ ही रहने लगे।"

लेकिन गर्मी की छुट्टियों में घर आये लेखक को होली के दिन ही सवर्णों के द्वारा की गयी अप्रिय हरकत का सामना करना पड़ता है—"गर्मी की छुट्टियों के दौरान मैं घर आया तब नदी के पट पर गाँव वालों के द्वारा जलाई गयी होली देखने मैं गया। बस, कुछ लोगों को यह बात पसन्द नहीं आयी। वे लोग मुझे मारने मेरे पीछे भागे मैं दौड़ता हुआ मुहल्ले में घुस गया। मैंने पुलिस में शिकायत की। गाँव वालों ने हमारा बहिष्कार किया।"

उक्त प्रसंग अत्यन्त दुखदायी होते हुए भी दलित एवं युवा वर्ग के लिए प्रेरक है।

डाह्याभाई र. दिनबन्धु ने अपने 75वें वर्ष के अमृत महोत्सव के प्रसंग के दौरान 2001 में 'जीवन संघर्ष : एक आदर्श क्रान्तिकथा' लिखी है। यहाँ आत्मकथाकार के पचहत्तर साल तक का जीवन संघर्ष वर्णित किया गया है। 'जीवन संघर्ष : एक आदर्श क्रान्तिकथा' को आत्मकथा के स्वरूप की दृष्टि से जाँचें तो काफ़ी मर्यादाएँ सामने आती हैं। वाक्य रचना भी क्लिष्ट है। घटना.का उचित संकलन हुआ नहीं है, फिर भी आत्मकथाकार के दलितों-पीड़ितों के उत्कर्ष के लिए किये गये कार्य ध्यान देने योग्य हैं। जैसे कि उनके वतन मेहसाणा में नवरात्रि होती पर दलितों को गरबे खेलने या गाने पर प्रतिबन्ध था, प्रसाद दिया जाता पर वह भी ऊपर हाथ करके छुए बिना। ऐसे भेदभाव को देखकर आत्मकथाकार दलितों के लिए 'श्री जय अम्बे कीर्तन मण्डल' की स्थापना कर प्रति वर्ष नवरात्रि का आयोजन करते। दलितों को मानवीय अधिकार के प्रति जाग्रत करने हेतु 'नवचेतन हरिजन प्रगति मण्डल' की स्थापना की थी! आत्मकथाकार के प्रयत्नों से दलितों को मेहसाणा में होटल प्रवेश एवं हेयरकटिंग सैलून में प्रवेश मिला था। इसके अलावा आवास के दलित बच्चों के लिए मुफ़्त में पाठ्य पुस्तक, आवास में खेल-कूद, सांस्कृतिक कार्यक्रम एवं दारुबन्धी जैसे कार्यक्रम करके दलितों के सर्वांगी विकास हेतु प्रयत्न किये जाते। गोलाणा हत्याकाण्ड में सवर्णों के द्वारा दलितों पर हो रहे अत्याचार के वक़्त भी वे सक्रिय रहे हैं। मिल-मज़दूर, दलित कर्मचारियों की समस्याओं के निवारण हेतु भी उन्होंने कई प्रयत्न किये हैं। आत्मकथाकार अहमदाबाद के कारख़ाने में डोफर प्रतिनिधि के रूप में चुने गये

जिसे वे अपने जीवन की पहली क्रान्ति मानते हैं। वे पहले मेहसाणा की नगरपालिका में क्लर्क थे। दलितों का नेतृत्व करने की वजह से उन्हें दफ़्तर के ऊपरी कर्मचारियों ने काफ़ी परेशान किया, पदोन्नति से भी वंचित रखे गये फिर भी आत्मकथाकार दलितों को न्याय दिलाने के लिए सतत संघर्षशील रहे थे, वह ध्यान देने योग्य है। इसके अलावा आत्मकथाकार ने अपने ही समाज के कुछ लोग पढ़-लिखकर कर्मचारी या राजकारणी बनने के पश्चात समाज के साथ नाता तोड़ देनेवालों की भी आलोचना की है। सरकारी कर्मचारियों एवं नेताओं के द्वारा अस्पृश्यता निवारण हेतु किये जाते नाटकों का भी पर्दाफ़ाश किया है। कहीं-कहीं आत्मकथाकार आत्मश्लाघा में भी चले गये हैं, जैसे कि 'मेरे में अभ्यास की लगन एवं तेजस्विता एवं चतुराई से सवर्ण शिक्षकों में से एक 'श्री धूलाभाई पटेल' कहते कि एक हरिजन बालक पढ़ने में कितना तेजस्वी है?' (पृ. 26) आत्मकथाकार शिक्षकों के प्रिय विद्यार्थी रहे हैं। पहले नम्बर से ही उत्तीर्ण होते, मोनिटर के रूप में भी रहे। विद्यार्थियों को गणित के सवाल ब्लैक बोर्ड पर हल कर के बताते! संक्षेप में इस आत्मकथा के माध्यम से 1927 से 2000 तक के अहमदाबाद एवं मेहसाणा में बसते दलितों की सामाजिक स्थिति की सामान्य जानकारी प्राप्त होती है। गुजराती दलित आत्मकथाओं के माध्यम से गुजरात की विविध दलित जातियों का सामाजिक-सांस्कृतिक दस्तावेज़ भी मिलता है।

गुजराती दलित साहित्य में डॉ. अभय परमार की आत्मकथा 'डेथ कांट स्टॉप मी' भी महत्त्वपूर्ण स्थान रखती है। अपनी आत्मकथा की भूमिका में वे लिखते हैं—ज़िन्दगी के आँगन में बेतरतीब बिखरे पड़े लम्हों को बटोरने में उनकी तपिश से कई बार उँगलियाँ झुलसी हैं तो कई बार यादों की जड़ों तक पहुँचने की जद्दोजहद ने हथेलियों को मिट्टी की सौंधी गन्ध से महका भी दिया है। मैंने वक़्त को मुट्ठी में बाँधकर धीरे-धीरे रेत की तरह सरकाने का उपक्रम किया है पर वक़्त तो आख़िर वक़्त ही है भला वह कहाँ रुकता है किसी के लिए! फिर भी हवा में बिखरते अल्फाज़ ज़्यादातर अपनी मर्ज़ी से तो कुछ-कुछ मेरे कहने पर रुके हैं पर अपनी-अपनी शर्त पर।

जो भी हो पर इन लम्हों की लुका-छुपी के खेल ने बातों-बातों में मुझसे ऐसी अन्दरूनी चीज़ें उगलवा ली हैं जो मेरे लिए अभिव्यक्ति के दायरे से कोसों दूर थीं। अपनी अनगिनत मर्यादाओं के साथ 'डेथ कांट स्टॉप मी' के रूप में मैं आपकी हथेलियों और उँगलियों से होता हुआ दिल तक पहुँचना चाहता हूँ और मुझे यक़ीन है मैं सफल भी रहूँगा क्योंकि जो बातें आपके सामने आयेंगी इसमें से थोड़ी-बहुत तो आपको अपनी भी लगेंगी।

प्रसिद्ध दलित साहित्यकार दया पवार अपने आत्मकथन 'बलुतं' में लिखते हैं, "एक दलित आत्मकथनकार की भूमिका उस पोतराज की तरह होती है जो पूरी ताक़त से अपने नंगे बदन पर कोड़े बरसाता है और उन कोड़ों की मार की पीड़ा ही उसकी आत्माभिव्यक्ति है इसमें ललित साहित्यानन्द ढूँढ़नेवाले को निराशा ही हाथ लग सकती है।" 'आत्म-कथन' लेखक को तनी डोर पर बिना किसी सहारे सन्तुलन बनाये निर्भीक होकर चलना होता है। एक क्षण की भी गफलत सारे किये कराये पर पानी फेर सकती है। कहा जाता है कि 'आत्म-कथन' साहित्य की सर्वाधिक आसान और मुश्किल होते हुए भी लचीली विधा है। 'आत्म-कथन' के लेखक को हर-हाल में जीवन यथार्थ के अधीन रहना होता है। जिस तरह नैसर्गिक ज़िन्दगी का पहले से सोचा-समझा कोई शिल्प नहीं हो सकता ठीक उसी तरह अप्रत्याशित परिस्थितियों से सीधी मुठभेड़ होती है जिसमें सीखे हुए दाँव-पेंच बराबर बेकार जा सकते हैं। यह ज़रूर है कि इस संघर्ष से रीते हाथ लेकर कोई नहीं लौटता।

मैं भी उन सभी साहित्यिक विचारकों के साथ अपनी सहमति जताना चाहूँगा जो कहते हैं कि 'आत्म-कथन' लिखने के लिए वैचारिक स्पष्टता-प्रतिबद्धता, प्रामाणिकता, निर्ममता और बेबाकपन की आवश्यकता होती है। यह विधा कई बार नंगी सच्चाई को प्रकट करने का साहस माँगती है।

जेठा भाभा ने एक बनिये के सहयोग से न सिर्फ़ गुजराती पढ़ना-लिखना सीख लिया था बल्कि अंग्रेज़ी का भी थोड़ा बहुत ज्ञान हासिल कर लिया था। गाँव में अकेले जेठा भाभा ही पढ़े-लिखे होने के कारण सारा गाँव उन्हें 'जेठो भण्यो' के नाम से पहचानता था। इस लायकात के चलते वह आज़ादी के बाद अमली बनी पंचायती राज्य व्यवस्था में मेम्बर भी बने। अपने स्वतन्त्र मिज़ाज और अन्याय के आगे न झुकने की आदत के चलते वह अपने पुश्तैनी गाँव वाँसडोल को छोड़कर बगल के बडोली गाँव में रहने चले गये थे। प्रामाणिकता शिक्षा और स्वच्छता का आग्रह जेठाभाभा की पहचान बन गये थे। जब मैं पाँचवीं या छठी क्लास में पढ़ता था तब हर रोज़ सुबह सात बजे उन्हें दूध पहुँचाने जाता था। शनि-रवि मैं वहाँ ही रुक जाता। जेठा भाभा मुझे बेहद प्यार करते थे। बस स्टैण्ड पर ही घर होने के कारण दिन भर असंख्य लोग आते-जाते रहते थे। उन्होंने आँगन में एक छोटी-सी कुँई बना के रखी थी जहाँ रस्सी और डोल (बालटी) भी रखी रहती थी। आने-जाने वाले सब लोग वहाँ पानी पीते थे। जेठा भाभा कबीर का वह दोहा अक्सर दोहराया करते थे—

*कबीर कहे कमाल को दो बातें सीख ले,*
*प्यासा को पानी और भूखे को अन्न दे।*

जब कोई जेठा भाभा से बच्चों और परिवार के बारे में पूछता तो वह मेरी ओर देखकर कहते—"देखो यह दिखने में काला ज़रूर है पर मन इसका साफ़ है। ज़रूर एक दिन कुछ करके दिखाएगा।" तब मुझे उनकी बातें इतनी महत्त्वपूर्ण नहीं लगती थीं पर जब आज मैं महाविद्यालय के प्रधानाचार्य के पद पर पहुँचा हूँ तो सोचता हूँ कि कितनी ताक़त होती है बुजुर्गों के आशीर्वचनों में। मुझे बचपन से ही हमारी सामाजिक व्यवस्था में गड़बड़ी की बू आनी शुरू हो गयी थी। मेरे गाँव से गुज़रने वाली सड़क ने गाँव को मानो दो हिस्सों में चीर कर रख दिया था। पूर्व की तरफ़ मनु रचित संविधान के अनुसार भारत के तथाकथित सवर्णों की बस्ती थी और पश्चिम की तरफ़ हमारी दलित बस्ती हुआ करती थी। गाँव में राजपूतों का दबदबा क़ायम था। माथे पर हमेशा केसरिया रंग वाली पगड़ी पहना करते थे वे। औरतें साड़ी इस प्रकार पहना करती थीं कि पूरा बदन ढँका रहे उँगली तक न दिखाई दे। राजपूतों के साथ-साथ उनके साथ रहने वाले रावल और ठाकरडा लोग भी हमें हेय दृष्टि से देखते थे। हालाँकि रहन-सहन और सम्पन्नता की दृष्टि से उनमें और हमारे में कोई अन्तर नहीं था। परन्तु जातिगत श्रेष्ठता का कीड़ा हमेशा उनके दिमाग़ में दौड़ता रहता। बस आती तो सवर्ण पैसेंजर ख़ास करके राजपूत तीन पैसेंजर की सीट में अकेला पैर पसारे बैठा रहता। अगर कोई दलित पैसेंजर डरी-डरी आवाज़ में बैठने के लिए कुछ जगह करने को कहता तो वह जगह देता तो था पर इस अन्दाज़ से मानो वह पृथ्वीपति है और अपने पुश्तैनी राज्य में से कोई गाँव किसी भिखारी को दान में दे रहा है।

कुछ हरामी सवर्ण लड़के, बस के दरवाज़े पर ही खड़े रहते और दलित महिलाएँ और छात्राओं के अंगों को स्पर्श करते परन्तु इनके ख़िलाफ़ बोलने की कोई हिम्मत ही नहीं करता था।

'वसुधैव कुटुम्बकम्' का ढोंग करनेवाली इस बदबूदार हिन्दू वर्ण व्यवस्था को आज भी कुछ पाखण्डी हिन्दू और उनके साधुसन्त आदर्श मान रहे हैं। नेता लोग सरे आम झूठ बोलते थे। वास्तविकता कुछ और थी स्कूलों में कुछ और ही पढ़ाया जा रहा था। अख़बारों में जो कुछ छपता था उससे घटनाएँ बिल्कुल अलग ही होती थीं। रेडियो पर बातें कुछ और होती थीं जबकि सुनने वालों की समस्याएँ अलग ही थीं। कविता-कहानी-नाटक-फ़िल्में सब कुछ उल्टा ही चल रहा था। मेरी समझ में यह नहीं आ रहा था कि "आख़िर यह माजरा है क्या?" कौन हैं ये लोग जो समाज के पहिये को उल्टा घुमाये जा रहे हैं और क्यों इतना

क्रूर षड्यन्त्र चलाया जा रहा है अपने ही दलित भाई-बहनों पर आख़िर क्यों इन्हें इन्सान के दायरे से बाहर गिना जा रहा है? साँझ ढलते ही कुछ राजपूत और अन्य सवर्ण लड़के किराना की दुकान पर अड्डा जमाये बैठ जाते। कुछ दलित महिलाएँ और लड़कियाँ खाने का ज़रूरी सामान लेने बेटे या छोटे भाई जिसे सुरक्षाकर्मी के रूप में साथ लातीं उसे वे राजपूत लड़के कभी-कभार चॉकलेट देते और प्रत्यक्ष या परोक्ष रूप से दलित लड़कियों या महिलाओं से छेड़खानी कर ही देते। उनके इस कार्य को सुचारु रूप से चलाने के लिए कुछ दलित चापलूस लड़के भी उनको मिल ही जाते थे। राजपूत के साथ सम्बन्ध होने का वह गौरव भी लेते साथ ही साथ उनसे भीख भी बटोर लेते।

दलित का विकास सामान्यतः सवर्णों से सहा नहीं जाता है यह बात अकेला मैं नहीं कहता भारत के किसी भी दलित बौद्धिक से पूछने पर 'हाँ' में ही उत्तर मिलेगा।

दलितों को अपना गुलाम मानने वाले सवर्ण जब हमारी बस्ती से गुज़रते तो उनकी आँखों में ख़ून सवार होता। पता नहीं "है प्रीत यहाँ की रीत सदा" जैसे गानों का तोते की तरह रटन करने वाले इन मनु के वंशजों का हमने क्या बिगाड़ा था? जब वो निकलते दलित रास्ते से हट जाते। कुछ क्रूर राजपूतों के साथ-साथ एक क़तार में उनके पिल्ले भी हुआ करते थे जो दोपहर को कन्धों पर बन्दूक़ें रखे हुए साथ-साथ एक क़तार में शिकार हेतु निकलते थे। क़रीब चार-पाँच शिकारी कन्धों पर बन्दूक़ रखे हुए पूरा रास्ता रोके हुए चलते थे यह उनका रोज़ाना का कार्यक्रम होता था। यों कहें तो एक प्रकार का शक्ति प्रदर्शन। वे लोग यह जताना चाहते थे कि 'अगर हम चाहें तो तीतर बटेर और ख़रगोश की तरह तुम सबको बन्दूक़ के धमाके से ख़त्म कर सकते हैं।'

प्राइमरी स्कूल में करुणा शंकर पुरोहित साहब थे। अपने नाम के अनुसार सद्‌गुण भी। करुणा की साक्षात् मूर्ति। खुद ब्राह्मण थे पर ग़रीब खेत-मज़दूर-दलितों के बच्चों को अपनी सन्तान जैसा मानते थे। बड़े ही प्रभावक चेहरे पर मोटे काँच वाली ऐनक। आवाज़ भी बेहद मीठी। हाज़िरी लेते समय हर बच्चे का नाम सलीके से लेते थे। नाम उच्चारण के बाद तनिक रुककर छात्र की तरफ़ प्यार भरी नज़रों से देखते थे। अगर कोई छात्र अगले दिन अनुपस्थित रहा हो तो उसकी अनुपस्थिति का कारण पूछते थे। मास्टर साहब का पढ़ाने का तरीक़ा भी नायाब था। आज क़रीब चालीस साल बाद भी उस शिक्षक का चेहरा नज़र से हटता नहीं है। परिणामस्वरूप वह मेरे गुजराती लघु उपन्यास 'अर्पिता' में शिक्षक मनसुखलाल पुरोहित नामक पात्र बनकर भी आ गये हैं।

स्कूल में होने वाली विभिन्न प्रवृत्तियों के सुचारु संचालन हेतु अलग-अलग टीम बनाई जाती। जैसे जवाहर टीम, गाँधी टीम, सुभाष टीम, सरदार टीम आदि। शाम को स्कूल छूटते समय प्रार्थना होती थी और इसमें दूसरे दिन प्रत्येक टीम को क्या करना है? इसकी पूर्व सूचना दी जाती। तब मैं अक्सर सोचा करता हमारे स्कूल में इतनी सारी टीम कार्यरत है पर अम्बेडकर टीम क्यों नहीं है? स्कूल में कोई बाबा साहेब के नाम का उच्चारण भी नहीं करता। महात्मा गाँधी, जवाहरलाल नेहरू, सुभाष चन्द्र बोस, शिवाजी और ऐसे दूसरे कई नेताओं की जीवन विषयक जानकारी छात्रों को दी जाती अम्बेडकर को छोड़कर। *मैं अक्सर सोचा करता हमारे यहाँ घरों में बाबा साहब अम्बेडकर के प्रदाय को लेकर इतनी सारी बातें होती हैं तो फिर स्कूल में बाबा साहब का ज़िक्र क्यों नहीं होता? स्कूल में प्रार्थना के दौरान क्विज़ कम्पीटीशन होता था जिसमें एक छात्र खड़ा होता था और दूसरे छात्रों के ज्ञान परीक्षण हेतु सवाल करता और छात्र उसका उत्तर देते। अगर उत्तर ग़लत हुआ तो सवाल पूछने वाला छात्र सही-सही उत्तर बताता। एक दिन छात्रों से सवाल पूछने की मेरी बारी आयी। मैंने सभी छात्रों से सवाल किया—"भारतीय संविधान के निर्माता कौन हैं?" किसी भी छात्र ने उत्तर देने हेतु हाथ ऊपर नहीं उठाया था। बीच में ही हरिलाल साहब बोल उठे थे—"अगर कोई शिक्षक भी उत्तर देना चाहे तो दे सकता है।" लेकिन किसी ने भी उत्तर नहीं दिया। तब मैंने कहा—"भारतीय संविधान के निर्माता डॉ. बाबा साहेब अम्बेडकर हैं।" मेरे इस उत्तर से उपस्थित शिक्षकों में भी खलबली पैदा हो गयी थी।*

स्वयं आत्मकथाकार के शब्दों में, मैं एक घटना का उल्लेख करना चाहूँगा। यह तब की बात है जब मेरी उम्र महज़ छह या सात साल की रही होगी। लोकसभा के चुनाव का मांहौल था। अपने-अपने पक्ष के प्रचार हेतु भिन्न-भिन्न नेता लोग आते थे किन्तु बस्ती में एक ही बात चल रही थी काँग्रेस और सिर्फ़ काँग्रेस। बूढ़े-बुजुर्ग ऐसी बातें फैला रहे थे कि "अगर काँग्रेस हारी तो हम मर गये समझो। हमारा जीना मुश्किल हो जायेगा।" इन बुजुर्गों की बातों का मेरे बाल-मानस पर बड़ा ही घातक असर पड़ता था। मैं न तो सह सकता था और न ही रह सकता था। रात-रात भर मुझे नींद नहीं आती। मैं भगवान से प्रार्थना करता हूँ भगवान काँग्रेस को जिता देना वरना हमारा क्या होगा? लोग हमें मार डालेंगे। मेरे माँ-बाप और परिवारजनों सहित सारी बस्ती की लाशें मुझे नज़र आतीं। मुझे दूर-दूर से मारो-काटो की आवाज़ें सुनाई देतीं। मेरी समझ में कुछ नहीं आता था, कहाँ जाऊँ, किसे बताऊँ अपनी समस्या? इसी चिन्ता में मैं कई दिनों तक बुख़ार से ग्रसित रहा। जब आज इस घटना को याद करता हूँ तो बहुत हँसी आती है पर साथ-ही-साथ मैं सतर्क भी हो जाता हूँ कि मेरे ऐसे कोई

विचार या दुराग्रह का मेरे बच्चों के बाल-मानस पर बुरा प्रभाव न पड़े। जब मेरा दस साल का बेटा मुझसे इन राजकीय पार्टियों के बारे में सवाल करता है तो मैं उसे समझाता हूँ कि "बेटे लोकतान्त्रिक शासन प्रणाली में हर पार्टी का अपना एक महत्त्व है और सभी पार्टियाँ देश और प्रजाहित के लिए कार्य करती हैं परन्तु हम स्वतन्त्र हैं इनमें से जो सबसे अच्छा लगे इसे हमें वोट देना चाहिए और मैं अपने विचार तुम पर थोपना नहीं चाहता। तुम भी जब वयस्क हो जाओ तो अपने पसन्द की पार्टी और व्यक्ति को वोट देना। पर वोट देना ज़रूर क्योंकि हमारे एक-एक वोट से ही तो लोकतन्त्र के क़िले की दीवारें पुख्ता होती हैं।"

*(आत्मकथाकार आदिवासी आर्ट्स एंड कॉमर्स कॉलेज, सन्तरामपुर गुजरात में प्राचार्य हैं।)*

## सन्दर्भ


1. डॉ. कान्ति मालसतर, 'दलित दिग्दर्शन' (गुजराती सन्दर्भ), गुजराती दलित साहित्य अकादमी, अहमदाबाद, प्रकम्प 7, कीर्ति धाम के पास, चाँदखेड़ा, 2015
2. 'हयाती', सं. मोहन परमार, हरीश मंगलम, मार्च, 1998
3. 'थोरनुं फूल', भाग-1, 2, 3, 4, पी.के. बालेरा, गुजरात दलित साहित्य अकादमी, अहमदाबाद।
4. 'पूर्ण सत्य', बी. केशरशिवम्, नवभारत साहित्य मन्दिर, अहमदाबाद, 2002
5. 'बजता जाये एकतारा'।
6. 'आत्मकथा' ललित परमार।
7. 'जीवन संघर्ष : एक आदर्श क्रान्तिकथा', डाह्यभाई र. दिनबन्धु, 2009
8. 95 फलियुं मणिलाल रानवेरिमा, गुजराती दलित साहित्य अकादमी, अहमदाबाद, 2015
9. 'डेथ कांट स्टॉप मी', ज्ञान प्रकाशन, कानपुर, 2017
10. अभय परमार, गुजराती दलित साहित्य में मेरी आत्मकथा, अपेक्षा, जुलाई-सितम्बर, 2003
11. डॉ. धीरज भाई वणकर, संवेदना और चिन्तन से जोड़ने वाली आत्मकथा, मन्तव्य, लखनऊ, अक्तूबर-नवम्बर, 2017

# सामाजिक क्रान्ति और सुखलाल कुशवाहा

*दलित आत्मकथाकारों का जुझारू सामाजिक कार्यकर्त्ताओं से सुखलाल कुशवाहा का जुड़ना इस बात का प्रतीक था कि दलित से इतर पिछड़े और ओबीसी के साथी भी राजनीति के साथ-साथ दलित साहित्य से जुड़ने लगे थे। ज़ाहिर है कि ऐसे तमाम साथियों ने ज्योतिराव फुले और बाबा साहेब डॉ. अम्बेडकर के विचारों को पढ़ा होगा। बाद में कांशीरामजी के आह्वान "जिनकी जितनी संख्या भारी उनकी उतनी ही हिस्सेदारी" से भी वे जुड़े होंगे। ऐसे साथियों में मध्य प्रदेश से सुखलाल कुशवाहा का नाम आगे की पंक्ति में आता है। उनकी आत्मकथा या जीवनी "सामाजिक क्रान्ति और सुखलाल कुशवाहा" के नाम से 2007 में प्रकाशित हुई। जिसे क़लमबद्ध किया अच्छेलाल ने। स्वयं उनके शब्दों में, "यह लेखन एक पवित्र उद्देश्य की पूर्ति के लिए सुखलाल कुशवाहा के जीवन का सफ़र है, जो दलितों/पिछड़ों और आदिवासियों के अधिकारों के लिए अन्तिम समय तक लड़ते रहे। यह पुस्तक उसी क्रान्तिकारी के जीवन का आईना है।"*

इस जीवनी को क़लमबद्ध करने वाले अच्छेलाल लिखते हैं, कैमूर पर्वत शृंखला की गोद में बाहर नदी के बीचों-बीच चारों तरफ़ अमराई से घिरे गाँव 'बजवाही' में 5 जनवरी, 1964 को सुखलाल कुशवाहा का जन्म एक किसान परिवार में हुआ, जो सतना ज़िले से पचास किलोमीटर पर स्थित है। उनके पिता का नाम शिवसेवक कुशवाहा और माता यशोदाबाई थी।

उनके आरम्भिक जीवन में एक घटना हुई, जिसका प्रभाव सुखलाल पर पड़े बिना नहीं रहा। 1977 में ग्राम पंचायत नौगवाँ के चुनाव में पवाईदार कालिका प्रसाद पाण्डेय के ख़िलाफ़ मझले भाई रामानुज चुनाव में खड़े हुए। गाँव में तनाव होना ही था। कारण था कि कछिया जाति के व्यक्ति ने ब्राह्मण के ख़िलाफ़ पर्चा क्यों भरा। गाँव के पूरे ब्राह्मण लामबद्ध हो गये। इसी बीच कैमोर में डकैती काण्ड हो गया। बस उन्हें अवसर मिल गया और रामानुज को डकैती के केस में फँसा दिया। पुलिस फोर्स ने तुरताफुरती में रामानुज को घर से गिरफ़्तार कर लिया।

बहुत हो-हल्ला हुआ। दलित-पिछड़े भी संगठित हुए। बाद में डकैती की घटना की प्रत्यक्षदर्शी महिला ने रामानुज को पहचानने से इनकार कर दिया। इस तरह रामानुज रिहा हो सके।

इस बीच सुखलाल अपनी पढ़ाई करते रहे। उन्होंने बी.ए. के बाद एल.एल.बी. किया। कालिज के दिनों में चुनाव भी लड़े। अब तक वे कांशीराम जी के बारे में जान और समझ चुके थे। तभी ग्राम पंचायत गोरा गाँव से उन्होंने चुनाव लड़ा। उन्हें क्या मालूम था कि इतिहास पुनः दोहराया जायेगा। उनके चुनाव लड़ने का सबसे अधिक विरोध गाँव के सरपंच शंकर पाण्डेय ने किया। अमरपाटन के एस.डी.ओ. के यहाँ सुखलाल के ख़िलाफ़ रिपोर्ट भी दर्ज कराई गयी। जिसमें कहा गया कि यह फ़र्ज़ी प्रत्याशी है। वे गोरा में रहते ही नहीं हैं। जबकि नौगवाँ ग्राम पंचायत से अपना नाम कटवाकर ग्राम पंचायत गोरा में जुड़वा दिया था। ख़ैर प्रदेश पंचायत चुनाव ही स्थगित हो गये।

असल में गोरा गाँव में उन्होंने सामाजिक आन्दोलन का अभियान भी शुरू कर दिया था जो सवर्णों को रास नहीं आ रहा था। तभी उसी गाँव में रामसुख गुप्ता की हत्या हो गयी। इस हत्या का दोष सुखलाल के सिर पर लगा दिया गया। झूठे गवाह बना दिये गये। और पुलिस की मिलीभगत से 1 जनवरी, 1991 को पुलिस द्वारा उन्हें रीवा जेल भेज दिया गया।

बाद के दौर में उनकी मेहनत और संघर्ष रंग लाता है। उन्हें जेल से छोड़ना पड़ता है। हालाँकि जेल में रहते हुए ही वे चुनावी पर्चा भरते हैं और अर्जुन सिंह जैसे दिग्गज को बहुजन समाज पार्टी के प्रत्याशी के रूप में हराते हैं।

# कुछ संस्मरण

*तेजसिंह जी ने अपेक्षा के जनवरी-मार्च, 2008 अंक में कुछ महिला लेखिकाओं तथा सामाजिक कार्यकर्ताओं के आत्मकथ्य प्रकाशित करने की हिम्मत जुटायी थी। बाद में रजनी तिलक ने भी अपनी पुस्तक में संस्मरण छापे थे। उनमें से कुछ का विवरण हम दे रहे हैं–प्रस्तुत हैं कुछ आत्मकथ्य का संक्षिप्त।*

जातीय दुर्भावना की शिकार हुई रमा पांचाल इन्दौर से हैं। सामाजिक कार्यकर्ता के साथ लेखिका और सम्पादक भी हैं। वे लिखती हैं कि 1952 की प्रथम चुनी हुई सरकार के विधायक प्रतिनिधियों ने अपनी विधानसभा के क़स्बों में प्राथमिक विद्यालयों के साथ ही रात्रिकालीन पाठशालाएँ प्रारम्भ कीं। ऐसी रात्रिकालीन पाठशालाओं में वंचित समुदाय के लोगों ने अक्षरज्ञान प्राप्त करके हिन्दी पढ़ना सीखा। उन्हीं लोगों ने अपनी सन्तानों को प्राथमिक पाठशालाओं में भेजा। मध्य भारत इन्दौर, उज्जैन क्षेत्र के निवासियों में से वंचित समुदाय की बुनकर जाति से हम दोनों भाई-बहिन समाज के प्रथम ऐसे विद्यार्थी थे जो विद्यालय में भर्ती किये गये। सन् 1947 में मेरे बड़े भाई राजाराम और 1949 में मुझे मेरी नानीजी के गाँव बेरागाढ़ के प्राथमिक विद्यालय में भर्ती किया गया। जिस समय भर्ती किया उस समय लड़कों का स्कूल मन्दिर में और लड़कियों का स्कूल मास्टर साहब के घर के एक कमरे में लगता था। गाँवों में तो छुआछूत वर्तमान समय से 100 गुना अधिक थी किन्तु कुछ लोगों के मन में सद्‌भावनाएँ अवश्य थीं।

वे आगे लिखती हैं कि प्राइमरी स्कूल से विश्वविद्यालय की शिक्षा तक आते-आते सोचती हूँ कि दुर्भावना का कोई समाधान अभी तक नहीं निकल पाया है। मैंने एल.एल.बी. करने का निश्चय किया इन सबके बीच में 38 वर्ष की उम्र तक लगातार पीएससी की परीक्षाएँ दीं। डिप्टी कलेक्टर तक के साक्षात्कार भी दिये किन्तु चयन नहीं हो पाया। यही कारण है कि प्रदेश में प्रथम और द्वितीय श्रेणी के कर्मचारी अधिकारियों का आरक्षण रिक्त पड़ा रहा। वे अपने परिवार का ही एक क़िस्सा बतलाती हैं। उनकी ननद ने कहा था,

अब ये तो ऑफ़िसर बन जायेगी अब किसको गिनेगी। हे भगवान इसको आगे मत बढ़ाओ। ऐसा कहते-कहते मुझसे सीधे-सीधे किसी-न-किसी बहाने से लड़ाई की गयी। यहाँ तक मुझे तनावग्रस्त रखा गया कि एल.एल.बी. की परीक्षा देते-देते भी मेरी आँखों से उत्तर पुस्तिका पर आँसू टपक रहे थे। ऐसे में प्रो. जैन ने पूछा कि क्या बात है।

तब मैंने उस बात को छुपा लिया। बाद में किसी ने कहा, यदि वह पास हो जायेगी तो मैं अपना हाथ कलम करवा दूँगा—जैसा चैलेंज देने लगे थे। दूसरे ने भी चैलेंज किया था। उन तक ख़बर भिजवाकर कहा था कि एक का तो हाथ कलम करने के लिए बोल दो और दूसरे की आधी मूँछ मुँडवाने के लिए कहो। आज वे दोनों इस संसार से उठ गये हैं। किन्तु ईर्ष्या और अन्य की जातिगत कलुषता की शिकार तो मैं जीवन में हुई।

## बसोर की शादी में मुन्नी बेड़िन और मैं

अपनी आपबीती के तहत रानी नाथ लिखती हैं कि जब महोबा बरात पहुँची तो पता चला। पचारा गाँव यहाँ से दस किलोमीटर दूर है। मास्टर तेजराम किसी ट्रैक्टर की तलाश में कहीं चले गये। बराती शराब के ठेके पर और महिलाएँ चाय की दुकान पर चाय के लिए आगे बढ़ीं। उनकी वेश-भूषा और बोली से उनकी पहचान हो चुकी थी। चाय वाले ने दूर से हुंडे में चाय डाली। उनके साथ यह व्यवहार मुझे भी झेलना पड़ा। महसूस करके भी मुझे शान्त रहना पड़ा। महोबा आल्हा-ऊदल की कर्मभूमि रहने से मेरे पति के. नाथ जी उनके इतिहास के अवशेषों को तलाशने लगे। बस अड्डे से कुछ दूरी पर राजा परिमल के कारिन्दा आल्हा की विशाल प्रतिमा नगर पालिका द्वारा लगाई थी। उसे देखकर कहा कि आल्हा भी बसोर जाति के थे लेकिन चन्दबरदाई ने ओछी जाति लिखकर इनकी शौर्यता को दलित-विमर्श से अलग कर दिया है। बाद में आल्हा-खण्डों के रचनाकारों ने इन्हें बनाफर राय कहा।

बाँस को फाड़कर इनके पिता दस्सराज और बच्छराज की उत्पत्ति लिखी है जब कि बंसफोर बाँस को फाड़कर टोकरियाँ बनाने वाली जाति के थे। राजा परिमल के सेनानायक थे। आल्हा-ऊदल और मलखान इन्हीं की सन्तानें थीं जिन्होंने राजा के लिए तमाम लड़ाइयाँ लड़ीं। यह बसोर उन्हीं के वंशज हैं जो भटक रहे हैं। चाय वाले ने इन्हें चाय दूर से ही दी। छुआछूत का दंश क्षोभ पैदा कर रहा था। तब तक किसी ने कहा—ट्रैक्टर आ गया है सब लोग बैठो।

ट्रैक्टर पचारा गाँव की ओर बढ़ चला था। अँधेरा हो जाने से गाँव नहीं दिखते थे। पहाड़ दिखते थे। फिर कुछ जुगुनुओं की तरह घरों से दिए की रोशनी दिखती थी। अँधेरा बढ़ रहा था। उस सुनसान में केवल बराती, मुन्नी बेड़िन, साज़िन्दे और मेरे पति भी थे। काफ़ी देर ट्रैक्टर के चलने पर एक बड़ा पहाड़ दिखा और फिर गाँव। बरात उसी पहाड़ के सहारे टिकाई गयी। गाँव के लोगों की भीड़ आ गयी थी। मुन्नी के आने से यह शोर उठा कि नाचने वाली भी आयी है। मुझे देखकर यह चर्चा हुई कि दो नाचने वाली बसारे की बारात में हैं। तब तक मुझे ज़्यादा आभास नहीं हुआ कि मैं भी मुन्नी के साथ जानी गयी हूँ।

*फिर सूखी पूड़ियाँ पंगत में परोसी गयीं। जिन्हें मैंने और मेरे पति ने नहीं खाया। कड़ी होने से दाँत से कट नहीं पा रही थीं। देर की पकी होने के कारण आलू की सब्ज़ी में बास आ रही थी। द्वारचार के समय मुन्नी नाचने के लिए तैयार होने लगी। साज़िन्दों ने ढोलक की थाप देकर गाँव वालों को सजग किया। देखते ही देखते पहाड़ों से उतरकर दूसरी छोर पर बसा गाँव और सामन्तों के नवयुवक राइफ़लों से लैस होकर आ गये और मुन्नी के स्तनों को नोचने लगे और फिर यह कहकर उसका निरादर किया कि इसके स्तन ढीले हैं। वह दूसरी रंडी कहाँ है?*

दूसरी नाचने वाली मैं थी। चारों ओर उन्होंने मेरी तलाश शुरू कर दी। मास्टर तेजराम ने मुझे एक घर में छिपा दिया और अन्दर-बाहर से ताला लगाकर बन्द करा दिया। यह मेरे लिए मुसीबत का सामना था जिससे लड़ने के लिए मेरे पास कोई अस्त्र नहीं था न क़ानून था और न समाज। क्योंकि वहाँ क़ानून उन्हीं के पास था और समाज भी। अछूत होने के कारण तिरस्कृत और बहिष्कृत समाज की मर्यादाएँ निर्मूल थीं। यदि मैं उनके हत्थे चढ़ती तो पता नहीं क्या से क्या हो जाता। क्योंकि मेरे पति (के. नाथ जी) भी बड़े क्रोधी स्वभाव के हैं। मेरा दाम्पत्य सुरक्षित भी नहीं।

उनके साथ एक नहीं लगभग पन्द्रह नवयुवक थे। कुछ चारपाइयों पर बैठे थे तो कुछ पहाड़ों की कन्दराओं में तलाश रहे थे। तेजराम उन्हें समझा रहे थे लेकिन वे मानने के लिए तैयार नहीं थे। मुन्नी ख़ामोश थी और नारी के साथ बेड़िन का दंश झेल रही थी। उसकी गोद में डेढ़ साल का बच्चा था। वह दूध पीने के लिए उसके आँचल में घुसता तो वे उसे हटाकर उसका स्तन किसी जानवर की थन की तरह पकड़कर देखते और मज़ा लेते। उसका दूध हाथ में आ जाने से उसकी धोती में पोंछ कर हट जाते।

धीरे-धीरे रात बढ़ चली थी। वे लोग चले गये थे और तेजराम से यह कहकर गये कि उसे ढूँढ़कर सवेरे नचाना। पूरी रात हम सब भयाक्रान्त थे उन पहाड़ों के नीचे बसे पचारा गाँव की दलित बस्ती में। बिना ताक़त की बस्ती, मूल्यहीन लोगों की जमात। बस ज़िन्दा थे भारतीय समाज की क्रूरता के आगे, बिना प्रतिकार और प्रतिवाद के। अछूत थे इसलिए वे सारे मानवमूल्य, निर्मूल्य थे। घुट-घुटकर जीते लोग। बेटी की शादी में जो जश्न था वह मातम की तरह। अँधेरे में बिना दिए के भाँवरें और मण्डप के नीचे बैठी सपनों को सजाये हीरा। हीरा उस लड़की का नाम था जिसको दुल्हन बनाकर तेजराम का बेटा रमेश लेने गया था। वह उदास था यही कह रहा था कि आंटी को नहीं लाना चाहिए था आंटी अर्थात मैं।

*फिर हुआ भोर! दिनचर्या रेंगने लगी थी। बसोरों का कुआँ अलग। कच्ची दीवार पर खपरैलों की छत। कुछ मिट्टी के घड़े। टूटी चारपाइयाँ और दुर्गन्ध से भरे बिस्तर। पहाड़ों की ओट से सूरज झाँकने लगा था। मैंने भी आँगन में खड़ी होकर भोर के सूरज को नमन किया। और लम्बी साँस के साथ एक-एक पल गिनने लगी कब बारात विदा होगी। बन्द कमरे में ऊबन होने लगी थी। वहीं राइफ़लधारी लोग दिखाई देते। फिर सामने दलित अस्मिता बिलखती। आक्रोश, यदि शहर में होते तब मैं बताती मुन्नी के स्तन टटोलने का मतलब। यहाँ मुझे छिपना पड़ा है, वहाँ तुम छिपे होते।*

*मुन्नी को नाचने वाली किसने बनाया। समाज या भूख ने। नहीं...मुन्नी को नाचने के लिए पहले समाज और बाद में पैतृक पेशे ने। मुन्नी बेड़िन है। उसके पैरों में जाति की बेड़ियाँ हैं। इसीलिए वह इस अपमान का प्रतिकार नहीं करती। मुन्नी का समाज है नाचने वाली बेड़िन के क़ैद में वह अकेली नहीं है। पूरा कुनबा है। पीढ़ी-दर-पीढ़ी वह इसी अपमान को सहने के लिए पैदा हुई है। उसमें यौवन नहीं था। वह साँझ की तरह धुँधलके की ओर जीवन की आशा में हिल-डुल रही थी। जब वे लोग उसका बदन नोचते तो वह उसका प्रतिकार करने के बजाय एक रूखी हँसी में मुस्करा भर देती।*

*कहाँ से लाती रूप! बिकते-बिकते वह निर्भाव हो चुकी थी। फिर बारात विदा और मेरे ऊपर सुरक्षा के लिए कुछ बारातियों का बोझ। कुछ दूर जाकर एक बार पहाड़ों को देखा। पचारा गाँव छिप चुका था और आवाज़ें चीख़ती सुनाई दे रही थीं अस्मिताओं की मानव मर्यादाओं की।...मुन्नी मेरे पास थी और मैं बहुत दूर भावनाओं की छोर में...। मुन्नी कब लड़ेगी इन लोगों से जो उसका तन नोच रहे थे।...*

## मेरे जीवन का बयान : सुजाता

*सुजाता एक ऐसी प्रतिबद्ध कार्यकर्ता का नाम है, जो फ़िल्म के पर्दे पर शख़्सियत बनते-बनते रह गयी। प्रयास बहुत किये, पर सफलता नहीं मिली। दलित समाज की ऐसी अनेक प्रतिभाएँ हैं, जिन्हें सफलता की सीढ़ियाँ चढ़ते-चढ़ते वापस लौटना पड़ा। दिल्ली और मुम्बई में कई मुलाक़ातें हुईं। प्रस्तुत है उनके जीवन की हलचल से एक अंश*—बचपन में 6 वर्ष की उम्र में मैंने पहला नाटक किया था। मेरी माँ कौशल्या बैसन्त्री समाज सेवी रही हैं और पिता उस समय सूचना एवं प्रसारण मन्त्रालय में कार्यरत थे। पहले मैंने कत्थक सीखा। पिता ने विरोध किया। दुखद आश्चर्य होता था कि एक तरफ़ वे जन कल्याण और स्त्री-शिक्षा पर कार्य करते थे दूसरी ओर अपने ही घर की छत के नीचे अपनी ही बेटी का विरोध करते थे। पुरुषवादी समाज का यह आरम्भ से ही विरोधाभास रहा है। वैसी परम्परा मेरे घर में भी थी। कई बार माँ को भी डाँट खानी पड़ती थी। रोज़-रोज़ की इस परेशानी से मुझे कत्थक डांस छोड़ना पड़ा। उसी दौरान भाई की मृत्यु हो गयी। बाद में एक और भाई की मृत्यु हो गयी। इसका मुझे बहुत दुख हुआ। इस तरह मेरी परवरिश ट्रबल्ड चाइल्ड के रूप में हुई। बाहर का परिवेश सुखद था और भीतर का दुखद। भोपाल के सेण्ट जोसेफ कान्वेंट में मेरे भाई के साथ जया भादुड़ी पढ़ती थी। जब हम स्कूल में थे, सत्यजित राय की फ़िल्म में जया ने काम किया था। हम लोग उन दिनों भोपाल में जया भादुड़ी के साथ घूमते थे। बातचीत होती थी। वे बचपन के दिन थे। अच्छा भी लगता था।

बाद में हम दिल्ली आये। आकाशवाणी में आर्टिस्ट के रूप में मैंने कार्य किया। तब मैं नवीं कक्षा में पढ़ती थी। दिल्ली में भी पिता को मेरी सांस्कृतिक गतिविधियाँ पसन्द नहीं थीं। मुझे पिता के इस तरह के व्यवहार से बहुत तकलीफ़ होती थी। कभी-कभी लगता था मैं आवारा हूँ। लोफर हूँ। सड़कों पर बेकार ही घूमती हूँ। मैं सोचती थी जब भाइयों को पिता स्वतन्त्रता देते थे तो लड़की होने के नाते मुझे क्यों नहीं?

माता-पिता परम्परावादी थे। बावजूद इसके अम्बेडकरवादी थे। घर में भाई और बहन के बीच डिफरेंस थे। मेरी ज़िन्दगी की कैसी बुनियाद थी, स्वतन्त्रता और समता के लिए मैंने विद्रोह किया। तो मुझे पिता के द्वारा मारा-पीटा गया। मैंने इंडियन इंस्टीट्यूट ऑफ़ जर्नलिज्म से एक वर्ष का डिप्लोमा किया। 1974 में मैं फ़िल्म इंस्टीट्यूट पूना में रही। अभिनय में दो वर्ष का डिप्लोमा वहाँ से लिया। उन दिनों दलित समाज की मैं एकमात्र लड़की थी। लेकिन मेरे पिताजी इसके

लिए भी तैयार नहीं थे। उन्होंने मुझे पत्र लिखा। मैं तुम्हें सपोर्ट नहीं करूँगा। बेहतर होगा नौकरी करो या शादी। बम्बई का जीवन बड़ा मुश्किल जीवन होता है। अन्ततः मैंने विवाह का निर्णय लिया। मैंने अन्तर्जातीय विवाह किया। मेरे पति सिक्ख राजपूत थे। यही मैंने बड़ी ग़लती की। मैं अपने परिवार में भी संघर्ष करती रही। 1976 में मैं दिल्ली आयी। 1977 में पहला मेरा बेटा हुआ। फिर 1979 में बम्बई चली गयी। बम्बई के फाइव स्टार होटल सेंटूर में शॉप के लिए एप्लाई किया। मेरे पति ने मुझे कन्विंस किया कि मैं दलित हूँ इसलिए मुझे आरक्षण मिल सकता है। 1979 में मुझे शॉप मिल गयी। बम्बई फिर से मेरा ठिकाना हो गया। मुझे तसल्ली हुई और सन्तुष्टि भी। लेकिन यह मेरा भ्रम था। पति को व्यापार को बढ़ाने के सिलसिले में अक्सर मैं ब्लैंक चेक देती थी। पावर ऑफ़ अटार्नी भी दे दी। 25 अक्टूबर, 1979 को मेरे बच्चे की मृत्यु हो गयी। अपने आपको सँभालने का प्रयास किया। 1980 में दूसरी बेटी का जन्म हुआ। मैं अक्सर बीमार रहती थी। पहली बार पता चला मेरे शरीर में ख़ून की कमी है। इलाज की ज़रूरत है। शारीरिक रूप से मैं अक्षम होती चली गयी। 1982 में दिल्ली के फाइव स्टार होटल में भी मुझे शॉप मिली। मैं दिल्ली गयी। बम्बई की ज़िम्मेदारी पति को दे दी।

मेरे जाने के बाद होटल सेंटूर में बम-ब्लास्ट हो गया। लेकिन मैं वहीं रही। दुकान चलाने में संघर्ष करती रही। 1978 में पति से तलाक़ हो गया। तब और भी मानसिक आघात लगा। 2000 में होटल बिक गया। भाजपा सरकार ने किसी को होटल दे दिया। यह सब जीवन में मेरे साथ होता रहा। मैं जूझती रही और अँधेरे में उजाले की तलाश करती रही। अन्ततः मुझे रास्ता मिला। मैंने विजडम ट्री फ़ाउंडेशन की स्थापना की। मधुबनी आर्ट पर काम किया। दलित महिलाओं की पेंटिंग्स आदि का संकलन किया। मेरी सबसे बड़ी परेशानी मेरी शारीरिक बीमारी थी। जेनेटिक ब्लड डिसऑर्डर था। जन्म से ही होमोग्लोबिन कम हो जाता है।

मेरी आरम्भ से ही साहित्यिक तथा सांस्कृतिक गतिविधियों में रुचि रही है। बहुत समय पहले दिल्ली के श्रीराम सेंटर में मैंने देवदासी नाटक किया। उसके बाद मुलाटो नाटक किया। बाबा साहेब डॉ. अम्बेडकर के जन्मदिवस पर भी मैं सांस्कृतिक गतिविधियाँ अपने साथियों के साथ करती रहती थी। हाउस ऑफ़ सोवियत कल्चर के कोलोबोरेशन से मैंने अन्य सांस्कृतिक कार्यक्रम भी किये। यह सब करते हुए मैंने यह महसूस किया कि दलित और आदिवासी समाज में प्रतिभाशाली कलाकारों की कमी नहीं है। ज़रूरत है उनकी तलाश।

और तलाश के बाद उन्हें सपोर्ट करना। यह सरकार का काम भी है और समाजसेवी संस्थाओं का भी।

मैं और बेटी। बेटी की उम्र 25 वर्ष। दोनों बम्बई में अकेले रहते हैं। मेरी बेटी को मेरे तलाकशुदा पति कभी-कभी मिलने आते हैं। वे स्वतन्त्र हैं, क्योंकि मैं अपनी बेटी की स्वतन्त्रता में बाधक नहीं बनना चाहती। जैसा मुझे बचपन में मेरे माता-पिता के द्वारा मिला। हालाँकि इन सबसे मुझे मानसिक परेशानी होती है। मैं अपनी आत्मकथा लिखने का प्रयास कर रही हूँ।

*('बयान', दलित अस्मिता विशेषांक, नयी दिल्ली, मार्च-अप्रैल, 2007 से साभार)*

## पग में घुँघरू, पथ में काँटे : किरण देवी भारती

*बहुमुखी प्रतिभा की धनी किरण देवी भारती प्रसिद्ध लोकरंगकर्मी, गायिका, सामाजिक कार्यकर्त्ता और लेखिका हैं। इन्होंने अपनी इस कला को बाँदा से शुरुआत कर अन्तरराष्ट्रीय स्तर पर अपनी पहचान बनाई है। लोकनाटकों की समझ विकसित करने में त्रिपुरारी शर्मा को सहयोग दिया है। उन्हें अनेक राष्ट्रीय पुरस्कारों से सम्मानित किया गया है। इलाहाबाद में जी.बी. पन्त सोशल इंस्टीट्यूट के द्वारा आयोजित कार्यक्रम में प्रथम मुलाक़ात। फिर रजनी तिलक एक बार उन्हें मेरे घर पर लेकर आयी। सवाल है कि इतना सब कुछ होने के बाद भी उनकी जगह कहाँ है?* —रजनी तिलक

हवा के कितने झोंके बवण्डर और तूफ़ान बन गये। ज़िन्दगी को कितना बदरंग कर गये। आज किस-किस पर लिखूँ? यही सोच-सोच दिल-दिमाग़ पर बेबसी सवार हो जाती है। फिर इन सबके बीच में सच-सच क्या कहूँ? सच्चाई के भीतर जो दर्द की परतें, उन्हें खोलूँ? इससे क्या होगा? ज़िन्दगी तो बहती चली जा रही है। कंकड़ीले-पथरीले रास्तों से ख़ुद रास्ता बनाते हुए।

हाँ, मैं बेड़िन हूँ। खानदानी नर्तकी-गायिका। प्राचीन भारत की नट-जाति की परम्परा में विकसित हुई है हमारी यह जाति। एक ज़माने में नाच-गाने का अधिकार मतलब एकाधिकार, हमारी जाति का ही था। ऐसा इसलिए भी कि कथित बड़े या ऊँचे घरों की औरतें सार्वजनिक रूप से नाच-गान कैसे कर सकती थीं? ऐसे में इस पेट भरने वाले धन्धे को हम लोग ही चलाती थीं।

औरत, वह भी नाच-गाने वाली, वर्ण व्यवस्था शूद्र में अन्तिम पायदान की ऊपर से ग़रीबी, दरिद्रता का कंटक आँचल में बाँधे खड़ी हो। ऐसे में, जिसने हमें पाया—उसने ही दबाया-कुचला। नाच-गाना तो धीरे-धीरे एक आड़ बन गया। सौ में निन्यानवे लोग तो नाच-गाना क्या हमारे रूप-यौवन और देह के दीवाने हो जाते थे।

उनकी हर कोशिश यही रहती कि किसी तरह हमारा शरीर पा जायें। उसके लिए तमाम चालें, पैंतरेबाज़ी और प्रलोभनों का दौर चलता है। बहुत पहले तो यह परम्परा थी कि, जो भी नाच-गाने का कार्यक्रम बुक करके ले जाता, उसको कमीशन के रूप में भी एक रात को शरीर देना पड़ा था। इस घिनौनी परम्परा का हमारी पीढ़ी की नर्तकियों ने विरोध किया, बावजूद इसके ज़ोर-ज़बरदस्ती, बलात्कार के क़िस्से निरन्तर जुड़ते ही रहते हैं। शादी-ब्याह या किसी उत्सव में नाच-गाना करने पहुँचे, तो लपक कर मर्द हमें लूटने को तैयार रहते। उस बीहड़ क्षेत्र में हम कर ही क्या सकती थीं। कितने गुण्डे बदमाशों, डकैतों, दबंगों का सामना करते-करते तन-मन टूटता गया और इस खानदानी कला के प्रति इज़्ज़त के बजाय नफ़रत बढ़ती गयी। पेट की मजबूरी क्या नहीं कराती?

13-14 साल की उम्र में अपने गाँव में हदियाँ ज़िला फतेहपुर से बाँदा अपनी बहनों के पास आयी। वे पहले से ही नाच-गान की महफ़िल सजाती रही थीं। मुझे यह माहौल 'रास नहीं आया'। ग़रीबी, परेशानी, बाप का निधन तथा सही संरक्षक के अभाव में कक्षा चार के बाद पढ़ाई भी छूट गयी। रखैल की परम्परा तो इधर पन्द्रह-बीस साल पहले समाप्त हुई है। यह 'रखैलपना' जीवन का अभिशाप रहा है। नाच-गाने से कितनी आमदनी होगी? ऐसे में एक ऐसा व्यक्ति चाहिए ही, जो कि घर का पूरा ख़र्चा चला सके। इसके लिए हम जैसी जवान को अगुवा बनना पड़ता था! 'रखैल' रखने वाला अपनी मौज मस्ती में डूबा रहता, एवज़ में आर्थिक व्यवस्था, वह भी टिकाऊ नहीं। एक समय बाद वह दबंग भी ख़ासकर ठाकुर, ब्राह्मण तथा विभिन्न समर्थ जाति के व्यक्ति दुत्कार देता। फिर जवानी का आलम जब शादी समाज में सम्भव ही नहीं तो कोई-न-कोई पुरुष तो स्त्री को चाहिए ही। ऐसे में हर तरफ़ झूठे, मक्कार, फ़रेबी, बदमाश हों तो उनमें से एक को चुनना मजबूरी रहती थी। एक दबंग को चुन लेने के बाद फिर दूसरे दबंगों से सुरक्षा-कवच मिल जाता था।

नाच-गाने में तरह-तरह की दिक़्क़तें और घर पर एक-से-एक दबंगों का जमावड़ा—ऐसे में मैं भी एक ठाकुर की 'रखैल' बनकर उसके गाँव में रही। साल भर में उसकी कलई खुल गयी। मेहनत भरी ज़िन्दगी बितायी, तब भी सम्मान नहीं मिला। फिर बाँदा आ गयी। नाच-गाना फिर शुरू किया। उस ठाकुर के अलावा मेरे पास कोई विकल्प नहीं था। सोचा यही था कि कहाँ-कहाँ भटकूँगी—किसी एक के साथ ज़िन्दगी कट जाये। एक के बाद एक पाँच बच्चे हुए। ठाकुर ने मेरे तथा बच्चों के लिए कुछ नहीं किया। उसके साथ ज़िन्दगी के अट्ठारह साल किसी तरह बिताये। न मकान, न ज़मीन-जायदाद, यहाँ तक कि बच्चों के पालन-पोषण,

पढ़ाई-लिखाई का भी कोई इन्तज़ाम नहीं। अकेली क्या-क्या करती। नाच-गाने की आमदनी में भी गिरावट आती गयी। ठाकुर निठल्ला कुछ करता धरता तो था नहीं और मार-पीटकर मेरी नाच की आमदनी भी छीन लेता था। दारू पीने की उसकी आदत बढ़ती गयी। उसी तरह मेरी बेइज़्ज़ती की रफ़्तार भी। ऐसे में सन् 94 के आस-पास जब मेरी पाँचवीं सन्तान हुई, तो संकल्प करके मैंने उसे सदैव के लिए त्याग दिया। कितना बर्दाश्त करती और? अब ऐसी हालत में रास्ता खोजना शुरू किया। बाँदा में 'नौटंकी कला केन्द्र' की ब्रांच चल रही थी। उसके समारोह में गयी। अपनी समस्या रखी। इस संस्था ने हमारी कला को देखा-परखा। सन् 1995 में संस्था का वार्षिक-समारोह बाँदा के डी.ए.वी. इंटर कॉलेज के मैदान में हुआ। इसमें तत्कालीन राज्य निर्वाचन आयुक्त, उत्तर प्रदेश के रामदास सोनकर मुख्य अतिथि के रूप में पधारे थे। मंच पर मुझे उन्होंने 'लोक कला रत्न' सम्मान से अलंकृत किया और हम नर्तकियों के कार्यक्रम की सराहना की। इससे मेरा मनोबल बढ़ा। फिर मैं इस संस्था के कार्यकलापों से जुड़ती चली गयी। पैसा, मान-सम्मान की जो धारा बनी, उससे मेरा जीवन बदलने लगा। मैंने गाँव का नाच-गाना बिल्कुल त्याग दिया। पूरी तरह से इस संस्था की हो गयी। लखनऊ में सन् 1997 में दिल्ली की राष्ट्रीय नाट्य विद्यालय की प्रोफ़ेसर त्रिपुरारी शर्मा से मुलाक़ात हुई। उन दिनों वे 'स्त्री समस्या' को लोक कला माध्यम से मंच पर लाने के प्रोजेक्ट से जुड़ी हुई थीं। नौटंकी के माध्यम से इस दिशा में कार्य की भूमिका बनी, तो 'बेड़िन नर्तकी' की आपबीती—दबंग पुलिस, न्यायालय आदि के उत्पीड़न की चर्चा हुई फिर बाँदा, फतेहपुर, चित्रकूट आदि क्षेत्रों में मेरे साथ त्रिपुरारी ने सर्वेक्षण किया और नौटंकी आलेख तैयार हुआ—'बेड़िन नर्तकी की बेड़ियाँ'। इसके जगह-जगह 25 प्रदर्शन हुए। हम लोगों की समस्या सार्वजनिक रूप से उजागर हुई। दस साल पहले से बाँदा की कचहरी में पुलिस द्वारा क़ायम जिस्मफ़रोशी का झूठा मुक़दमा हम आठ बेड़िनों पर चल रहा था। 'नौटंकी कला केन्द्र' के सार्थक प्रयत्नों तथा नौटंकी-प्रदर्शनों की हलचलों से हम लोग सम्मान सहित इस कथित आपराधिक मुक़द्दमे से मुक्त हुए। 'नौटंकी कला केन्द्र' के महानिदेशक जाने-माने लोककला विशेषज्ञ डॉ. कृष्णमोहन सक्सेना के निरन्तर सम्पर्क में रही। उनके सशक्त मार्गदर्शन से हमें जीने की राह मिली। एक कलाकार की हैसियत से उन्होंने मुझे सर्वत्र मान-सम्मान तथा उचित मानदेय दिलवाया। संस्था के संगठन, वृहद् कलाकारों की सेवा तथा तमाम काम उन्होंने सौंपे, जिसका मैंने निष्ठा के साथ संचालन किया। सन् 1994 में ही डॉ. सक्सेना की पत्नी दिवंगत हो गयी थीं। उनके एक बेटा तथा एक बेटी है। बेटे की नौकरी तथा दोनों की

शादी सम्बन्धी अपने दायित्व को पूरा करने के बाद उन्होंने पाँच बच्चों सहित मुझे पूरा संरक्षण दिया। बच्चों को पिता का प्यार दिया। डॉ. सक्सेना की माताजी, बहन तथा सभी परिवारजनों ने मेरा हौसला बढ़ाया। गत वर्ष मेरी बड़ी बेटी की शादी बेड़िया युवक से धूमधाम से करायी जिसमें अनेक जगहों से जाने-माने लोग पधारे। अब साल भर से दूसरी बेटी की भी शादी की तैयारी में जुटी हूँ। तीनों बेटे पढ़-लिख रहे हैं। बाँदा रेलवे स्टेशन के समीप शंकर नगर मोहल्ले में 12-13 साल पहले दो बिस्वा ज़मीन बहुत रियायती मूल्य पर ख़रीदी थी। 'नौटंकी कला केन्द्र' ने बुन्देलखण्ड इकाई का कार्यकाल तथा इस संस्था की सचिव के नाते मेरा आवास-स्थल निर्माण कराया। प्रदेश भर से जुड़े विद्वानों ने मदद की। संस्था के प्रतिनिधियों तथा बाँदा के कलाकारों ने मदद की। संस्था ने पूरी ईमानदारी से यह परिसर मेरे ही नाम रखा है। ऐसा इसलिए कि मेरी पूरी आस्था रहे और भविष्य में तीनों बेटियों को राहत मिले। मेरा जीवन सँवरा है—दिशा बदली है, लेकिन जातिसूचक जो 'लेबल' है, वह तो रहेगा ही। पर मैं लगातार अपनी जाति बिरादरी की बेबस औरतों की ज़िन्दगी में सुधार और बदलाव के लिए जूझती रहूँगी। यह मेरा संकल्प है। दुःखद यह है कि हमारे प्रति सरकारी व्यवस्थाओं में हर जगह संवेदनहीनता व्यर्थ है। इस समय ज़िन्दगी के पैंतालिसवें पायदान पर खड़ी हूँ। कितना क्या कर पाऊँगी, यह समय ही बतायेगा। साहित्यिक सहयोग भी बना रहा तो शायद कुछ बदले।

## असमानता के विरुद्ध संघर्ष : उपासना गौतम

असमानता के जिस दंश को मैंने अपने सामाजिक परिप्रेक्ष्य में देखा और झेला उससे उत्पन्न गहरी वेदनाओं ने मुझे लिखने के लिए प्रेरित किया। फिर चाहे वह स्त्री होने के तौर पर रही हो या फिर एक दलित होने के नाते। बहरहाल असमानताएँ मुझे हर पहलू से कचोटती रही हैं। मेरे अन्दर इस सामन्ती, पितृसत्तात्मक व्यवस्था की पोषक धार्मिक व्यवस्था के ख़िलाफ़ एक हूक उठती है। मेरी यही एक हूक विचारों का जामा पहनकर कविताओं तथा लेखों के रूप में प्रेषित हो रही है। अपने लेखन के बारे में एक बात स्पष्ट कर देना चाहती हूँ कि लिखना मेरे लिए ज़रूरी था इसलिए नहीं कि मात्र मैं अपना असन्तोष व्यक्त करना चाहती थी बल्कि इसलिए कि मैं लिखने के माध्यम से इस व्यवस्था पर चोट करना चाहती थी।

मेरी परवरिश शहर में हुई इसके बावजूद मुझे गाँव के जन-जीवन व उससे सम्बन्धित समस्याओं का पूर्व अनुभव है। इसका मुख्य कारण मुझे अपने पैतृक

गाँव (जो लखनऊ से 50 किलोमीटर आगे) 'अटेर' से ख़ास लगाव रहा है। मेरी ननिहाल, जो अलीगढ़ से 15 किलोमीटर दूर जलाली के पास गाँव नगरिया में थी अधिकतर आना-जाना लगा रहता है। निःसन्देह मेरे पैतृक गाँव व ननिहाल की पृष्ठभूमि में अन्तर है। क्षेत्रीय भाषाओं में भी काफ़ी अन्तर है। बचपन में मैं जब कभी अपने गाँव अटेर जाती थी तो वहाँ दलितों के कच्चे (मिट्टी के बने) घर मस्तिष्क में उथल-पुथल पैदा कर देते थे। वहाँ के जनजीवन को देखकर तरह-तरह के सवाल मुझे घेर लेते थे। आज मुझे उस बात की अर्थवत्ता समझ में आती है जब मेरे पूछने पर कि "पापा यहाँ सब कच्चे घरों में क्यों रहते हैं?" तो पापा एक गाइड की तरह मुझे समझाते हुए कहते थे कि "पापा भी कच्चे घर में ऐसे ही रहे हैं जैसे ये सब रहते हैं।" हालाँकि कुछेक दलितों के वहाँ आज पक्के ईंटों के बने मकान हैं लेकिन ये उन परिवारों के हैं जो पढ़-लिखकर नौकरी में पहुँचे हैं। यद्यपि आज भी अधिकांश मकान वहाँ कच्चे ही हैं। शुक्र है कि लोगों के पास अपनी ज़मीनें हैं। वरना जन-जीवन बदतर होता। खेती पर ही उनको सालभर की गुज़र-बसर के लिए निर्भर रहना पड़ता है। जिन कठिन परिस्थितियों में मेरे पिता पढ़-लिखकर नौकरी में पहुँचे उस संघर्ष से अवगत कराना वे कभी नहीं भूले।

*ख़ामोश ज़िन्दगी तुम्हें जीने नहीं देगी*
*इस दौर में जीना है तो कोहराम मचा दे।*

किसी शायर की लिखी ये पंक्तियाँ मुझे उस समय अत्यधिक प्रभावित कर गयीं जब मैं हाई स्कूल में थी। यही वह समय था जिसने मुझे सोचने पर विवश कर दिया और मुझे एक स्त्री होने के हर्जाने समझ में आये। मेरे संस्कारवान बनने पर परिवार में अधिक ज़ोर दिया जा रहा था। इन तथाकथित संस्कारों में मेरे उठने-बैठने, हँसने-बोलने से लेकर पहनने-ओढ़ने तक का प्रतिबन्ध निहित था। कुल मिलाकर मैं अपनी मर्ज़ी इन छोटी-छोटी बातों में नहीं चला सकती थी। सच कहूँ तो मेरे संस्कारवान बनने की चिन्ता मेरी माँ के रिश्तेदारों को अधिक थी। मुझे याद है जब मैंने हाई स्कूल पास कर लिया था तब एक दिन मेरी मौसी अपने बड़े बेटे के साथ घर पर आयी हुई थी। मेरे मौसेरे भाई ने मुझसे पूछा—"आगे जाकर क्या बनना चाहती हो?" इससे पहले कि कोई शब्द मेरे मुँह से निकल पाता मौसी मुँह बिचकाती हुई तपाक से बोली—"लड़की कितना भी पढ़-लिख जाये उसे सिर तो चूल्हे में ही खपाना पड़ता है...घर गृहस्थी तो फिर भी इसी को सँभालनी पड़ेगी, कौन-सा लड़का है...लड़की है, कुछ भी बन जाये तो मेरी बहन को कौन-सी कमाई खानी है। बड़ी-बड़ी अफ़सर लड़कियाँ मैंने देखी हैं सभी को पति से नीचे ही रहना पड़ता है।" मौसी के कहे शब्दों में एक

अजीब-सा ईर्ष्या भाव था, जिसने एक करारी चोट मेरी उन भावनाओं पर की थी, जो कुछ गुज़रने का नया-नया दम भर रही थीं। मेरे कोरे मस्तिष्क पटल पर उनकी ये बातें अंकित हो चुकी थीं। हालाँकि मेरी माँ ने उन्हें जवाब दिया था लेकिन उस जवाब में एक सौम्यता थी। लेकिन मेरे पिता ऐसी बातों का ज़ोरदार खण्डन करते थे। यही वजह थी कि पापा के सामने कभी ऐसी बातें करने की गुस्ताख़ी लोग नहीं करते थे। मगर कुछ नियम तो पापा ने भी अंकित किये थे शायद उनका अनुशासन था। जो खाका लोगों द्वारा खींचा रहा था वह निश्चित ही मेरे दमन के लिए था। रिश्तेदारों में ये चर्चा आम थी कि "ज़्यादा छूट देने से लड़कियाँ बिगड़ जाती हैं...हमारी लड़कियों को देखो, बोल भी नहीं सकतीं।" ये चीज़ें आस-पड़ोस के माहौल में मैंने देखीं। हालाँकि उनके घरों के कोरे चिट्ठे मुझे मालूम थे लेकिन इस बात में मुझे कोई दिलचस्पी नहीं। मगर ऐसी तमाम बातों ने मुझे मानसिक रूप से प्रताड़ित किया था। मुझे घुटन होने लगी, लगता था जैसे साँस लेना दुश्वार हो गयी हो। जब कभी अकेले में सोचती थी तो प्रश्नों की ज्वाला मेरे अन्दर भड़क उठती थी। क्यों मेरा कुछ भी करना मेरे चरित्र को प्रभावित करता है? अगर ये सभी प्रतिक्रियाएँ ईर्ष्या का परिणाम हैं तो मेरे लड़का होने पर भी ये ईर्ष्या इस रूप में व्यक्त होती? शायद नहीं, कभी नहीं क्यों कि लड़की से परिवार की इज़्ज़त होती। यही हमारे समाज की मानसिकता की उपज है। ऐसी स्थिति के चलते जिन मानसिक यातनाओं से मैं गुज़री, मुझे लगता है कि मेरा मानसिक सन्तुलन ही बिगड़ जाता, उन हृदयविदारक बातों से मेरी मानसिक शान्ति भंग हो चुकी थी। इस सबके चलते डायरी लिखकर मुझे काफ़ी राहत मिलती थी। अपनी डायरी में लिखा वो शेर मुझे आज भी पढ़ने में अच्छा लगता है जिसे मैंने बारहवीं कक्षा में लिखा था।

*मुझसे मेरी जब भी मुलाक़ात हुई*
*हमेशा ज़मीरे-ज़िन्दगी की बात हुई*
*मुझे इन्तज़ार रहा तमाम उम्र रोशनी का*
*क्यों तीरगी मिली मुझे जब भी उजाले की बात हुई।*

बारहवीं पास करने के बाद जब मैं वार्ष्णेय महाविद्यालय में प्रवेश लेने गयी तो प्रवेश लेना भी एक प्रकार की यातना बन गया। अंग्रेज़ी विषय में छप्पन प्रतिशत अंक होने के बावजूद कॉलेज बोर्ड को अंग्रेज़ी विषय देने पर आपत्ति थी जबकि प्रोस्पेक्ट्स में 40 प्रतिशत अंक पर साहित्यिक व व्याकरण दोनों प्रकार की अंग्रेज़ी देने का प्रावधान था। उनकी इस आपत्ति का कारण भी मुझे मालूम था। फार्म में मेरी अनुसूचित जाति व दस्तावेज़ों में लगा जाति प्रमाण-पत्र में लिखा

शब्द जाटव उनकी आपत्ति का मुख्य कारण था और यही तो होता है शिक्षा के स्तर पर हमारा दमन। दो दिनों तक वे लोग यही कहते रहे कि "इस विषय की जगह कोई दूसरा विषय भर दो, क्या करोगी दोनों अंग्रेज़ी पढ़कर, जो अंग्रेज़ी न मिले तो क्या तुम लोग पढ़ोगे नहीं?" मेरे राजी न होने पर वे डाँट-डपटकर मुझे निकाल देते। किसी का सहारा लेना भी मैंने उचित नहीं समझा, उसका कारण था मेरे पिता हमेशा यही कहते थे कि "कब तक दूसरों के सहारे रहोगे।"

अपना प्रवेश न होते देख मेरा ख़ून सूख रहा था, मगर कुछ-न-कुछ तो करना था। तीसरे दिन मैं फिर कॉलेज पहुँची। उस दिन प्रवेश की अन्तिम तिथि थी। जब मैं केबिन में घुसी तो वहाँ कुछ प्रोफ़ेसरों ने मेरी शक्ल देखी तो उन्हें लगा कि मैं विषय बदलकर प्रवेश लेने के लिए तैयार हो चुकी हूँ मगर उनकी सोच पर मैंने जल्दी ही पानी फेर दिया जब प्रोस्पेक्ट्स को मैंने उनकी मेज़ पर एक क्रोध भरी उत्तेजना के साथ फेंककर कहा—"पढ़िए इसमें क्या छपा है? मुझे अंग्रेज़ी विषय न देने का कारण जानना है और अगर नहीं बताना है तो सादा काग़ज़ पर लिखकर ही दे दीजिए उसके बाद जो मुझसे होगा वो हम करेंगे ही...।" जहाँ सभी प्रोफ़ेसर एक सुर में बोलते प्रतीत हो रहे थे वहीं दूसरी ओर मैं अपनी ज़िद पर थी। बाहर खड़े लोग भी सुनकर दंग थे। बहरहाल, मेरा लड़ना बेकार नहीं गया और मुझे प्रवेश अपने इच्छानुसार विषय के साथ मिल गया। लेकिन अब मेरी नज़रों में एक बात तो स्पष्ट थी कि हम लोगों के साथ आज भी जहाँ कहीं किसी भी स्तर पर अवसर मिलता है तो दमन होता ही है।

प्रवेश के तीन महीने बाद महाविद्यालय में छात्र संघ के चुनाव हुए। कुछ छात्र-छात्राओं का जत्था मेरे घर छात्र संघ चुनाव लड़ने के प्रस्ताव को लेकर आया। जीवन में पहली बार मैंने अपने परिवार की अस्वीकृति को दरकिनार करके अपनी स्वीकृति चुनाव लड़ने के प्रस्ताव में दे दी। यद्यपि मेरे परिवार को फार्म भरने के बाद साथ देना ही था। चुनाव में मैं प्रतिनिधि पद के लिए उम्मीदवार थी। मेरे विपक्ष में एक लड़का जो जाति से ठाकुर था, चुनाव लड़ रहा था। चुनाव प्रचार की प्रक्रिया के दौरान एक दिन जब मैं अपने सहयोगी छात्र-छात्राओं के साथ प्रचार करने जा रही थी, तो मेरे विपक्षी ने आवाज़ लगाई "वेदपाल इधर आ।" वेदपाल भइया, जो पन्द्रह-बीस लड़कों को लेकर खड़ा हुआ था, धमकाने के लहजे में बोला—क्यों बे वेदपाल, इस चमरिया के साथ क्या कर रहा है? तू तो नाई है जाके अपनी बाप की दुकान देख...ये चमरिया तो जीतेगी नहीं। वेदपाल भाई की प्रतिक्रिया ने उस समय झगड़े की स्थिति पैदा कर दी थी। जैसे-तैसे वहाँ झगड़ा शान्त कराया। उस समय एक दलित लड़की होना मुझे दोहरी मानसिक प्रताड़ना दे रहा था।

मगर इस बार ये प्रताड़ना चुनाव लड़ने के रूप में मैंने स्वयं चुनी थी। मेरी जीतने की इच्छा तब और दृढ़ हो जाती जब ऐसे अपमानजनक शब्द मेरे कानों को चीरकर पार होते थे। शहर में इस नाम से लोग अनजान नहीं थे।

उसी दौरान मैं कुछ ऐसे कम्युनिस्ट लोगों के सम्पर्क में आयी जो दलितों, पिछड़ों, मज़दूरों तथा स्त्री-मुक्ति की बात ज़ोरदार ढंग से करते थे, वहीं ये लोग अपने सामाजिक कार्य के लिए समर्पित भी थे। ये वास्तविक रूप से साम्यवादी थे। सामाजिक परिवर्तन की वैचारिक लड़ाई के लिए ईमानदारी इन लोगों में थी। इनकी बातों में मैंने एक व्यापक दलितहित को देखा था। और सबसे महत्त्वपूर्ण बात ये थी कि ये लोग स्त्रियों को एक इन्सान के रूप में देखना अधिक पसन्द करते थे। इन लोगों ने कुछ छात्र-छात्राओं को जोड़कर अलीगढ़ में एक छात्र संगठन की नींव रखी थी जो अपनी विचारधारा के लिए जाना जाता था। ये लोग अपनी बैठकों में मुझे बुलाते थे। एक वर्ष तक इन बैठकों में यदा-कदा सम्मिलित होने पर मैंने अधिक गम्भीरता से इनके विचारों को नहीं लिया, इसका एक कारण मेरी वैचारिक अपरिपक्वता भी थी। लेकिन वैचारिक सम्पर्क में रहने के कारण इनके द्वारा उपलब्ध जनवादी पत्रिकाओं को मैंने पढ़ना शुरू किया। इन पत्रिकाओं में लिखे लेख व कविताएँ जहाँ वैचारिक सूझ-बूझ की परिपक्व चेतना जाग्रत कर रहे थे वहीं दूसरी तरफ़ मेरे अन्दर छिपे विद्रोह ने एक नया स्वरूप धारण कर लिया था। इन पत्रिकाओं के माध्यम से देश की जर्जर व्यवस्था व महिलाओं की बदतर ज़िन्दगी को राष्ट्रीय स्तर पर देखा और समझा। बी.ए. के दूसरी साल में मैंने कई महत्त्वपूर्ण किताबों का अध्ययन किया—डॉ. अम्बेडकर की पुस्तक 'भारत में जातिवाद का उन्मूलन', मा. रामगोपाल आज़ाद का हिन्दी अनुवाद 'डॉ. बाबा साहेब अम्बेडकर के महत्त्वपूर्ण भाषण एवं लेख', भगवती शरण उपाध्याय की पुस्तक 'ख़ून के छींटे इतिहास के पन्नों पर', सतनाम का उपन्यास 'जंगलनामा', मुंशी प्रेमचन्द के उपन्यास 'गोदान', 'ग़बन', 'निर्मला', 'वरदान', शहीद भगतसिंह के जेल नोट्स 'मैं नास्तिक क्यों हूँ' और 'ड्रीम लैंड की भूमिका', 'क्रान्तिकारी कार्यक्रम का मसविदा', तसलीमा नसरीन का उपन्यास 'लज्जा', भिक्षु बोधिशील की पुस्तक 'मूल भारतवासी और आर्य'। इन किताबों ने मेरी सोच को एक विस्तार दिया तथा एक सशक्त सामाजिक वैचारिकता ने मेरे अन्दर जन्म लिया। वैसे कुछेक किताबों को मैंने पहले से ही पढ़ रखा था जैसे एल.आर. बाली की अम्बेडकर बनाम गाँधी, डॉ. अम्बेडकर की लिखी भगवान बुद्ध और उनका धम्म, चन्द्रिका प्रसाद जिज्ञासु की बाबा साहब का जीवन संघर्ष।

वैचारिक रूप से दृढ़ होने पर बी.ए. के तीसरे साल में मैंने बतौर जागरूक छात्र मंच की संयोजिका, एक महत्त्वपूर्ण पर्चा सांगठनिक रूप में समाज के बीच प्रेषित किया। इस पर्चे में बाबा साहेब डॉ. अम्बेडकर और भगतसिंह की विचारधारा का मेल था। यह पर्चा लोगों के बीच एक चर्चा का विषय बन गया। इस जागरूक छात्र मंच को लोग क्रान्तिकारी विचारधारा के लिए जानने लगे थे। एल.आई.ओ. वाले भी अब मेरे पीछे लग चुके थे। वैसे मीडिया से लेकर तमाम लोगों के लिए हमारा कोई भी कार्य फौरी नहीं होता था। इसकी मुख्य वजह ये थी कि इस मंच के माध्यम से कई महत्त्वपूर्ण विरोध प्रदर्शन व आन्दोलन की अगुवाई मैंने की थी। लेकिन एक कार्यक्रम का उल्लेख करना मैं ज़रूरी समझती हूँ। 28 फ़रवरी, 2006 को हमने कई महिलाओं को एकत्रित कर महिला उत्पीड़न के ख़िलाफ़ एक खुली संगोष्ठी की और रैली निकाली। इस संगोष्ठी में कथाकार नमिता सिंह भी सम्मिलित हुई थीं। अख़बार की कटिंग जिसमें इस कार्यक्रम की ख़बर छपी थी, मेरी फ़ाइल में अभी भी लगी हुई है। उस समय तक मेरी कोई कविता या लेख कॉलेज पत्रिका के अलावा किसी दूसरी उच्चस्तरीय पत्रिकाओं में नहीं छपा था। वैसे उसके कुछ महीनों बाद 'बयान' में मेरी कविता 'स्वीकार नहीं मुझे' छपकर आयी। जहाँ छात्र-छात्राओं के बीच मेरी छवि एक स्टूडेंट्स लीडर के तौर पर थी तो वहीं समाज के मँजे हुए लोगों के बीच एक सामाजिक कार्यकर्ता के रूप में थी। लोग अब मुझे अपनी वैचारिक दृढ़ता के लिए जानते थे। यद्यपि मुझे लिखने की प्रासंगिकता ने लिखने को आतुर कर दिया क्योंकि लिखने का महत्त्व मुझे इतिहास से मिला। मैं समझ चुकी थी कि यदि बाबा साहेब अम्बेडकर अगर न लिखते तो हम एक सशक्त व प्रगतिशील विचारधारा से वंचित रह जाते और यदि भगत सिंह अपने जेल नोट्स न लिखते तो निश्चित तौर पर उनकी वास्तविक आज़ादी के अर्थ को भी इस व्यवस्था के अभयदीप चट कर जाते। जहाँ तक मेरा मानना है जीवन की एक कठिन शुरुआत हो चुकी थी।

*(महात्मा गाँधी अन्तरराष्ट्रीय हिन्दी विश्वविद्यालय, वर्धा से शोध कार्य)*

## रमेश भंगी की बात

'पावर ऑफ़ अनटचेबिलिटी' के तहत लिखते हैं कि हमें अपनी अगली पीढ़ी को अपने दुखों का इतिहास बताकर जातीय दंश की पीड़ा के बारे में बताने की ज़रूरत नहीं पड़ती। पास-पड़ोस में, स्कूल-कॉलेज में कहीं-न-कहीं जातीय दंश की टीस का अनुभव उन्हें हो ही जाता है। अपने बच्चों द्वारा पूछे गये अपने अनुभवों का वर्णन करते हुए मैंने बताया कि—"सन् 1989-93 के दौरान केन्द्रीय

हिन्दी संस्थान की नयी दिल्ली, अरबिन्दो मार्ग शाखा में पोस्ट एम.ए. पाठ्यक्रमों के दौरान हमारे एक गुरुजी ने अपना भयंकर दुखड़ा रोते हुए बताया कि उन्हें महरौली के एक स्कूल में भंगियों के बच्चों को थप्पड़ मारने के लिए मजबूरन उन्हें छूना पड़ता है और फिर कई बार साबुन से हाथ धोने पड़ते हैं।" भंगियों के बच्चों को छूने की मजबूरी का भाव उस पोस्ट एम.ए. के शिक्षार्थियों को पढ़ाने वाले विद्वान के चेहरे और ज़ुबान से स्पष्ट झलक रहा था।

मेरा परास्नातकोत्तर अनुभव सुनने के बाद मेरे बच्चे, जो वर्ष 2004 में ग़ाज़ियाबाद के नन्दग्राम में एक लोकल पब्लिक स्कूल में विभिन्न कक्षाओं में पढ़ रहे थे, ने बताया—"पापा आप हमारा अनुभव सुनोगे तो उसका समतुल्य उदाहरण ढूँढ़ते रह जाओगे।" उन्होंने बताया कि उनके स्कूल की एक हिन्दी की मैडम को भी ऐसे ही भयानक अनुभव से गुज़रना पड़ा था। उनकी मैडम ने बताया—"एक दिन स्कूल के सफ़ाई कर्मचारी ने झाड़ू लगाते समय मुझसे पूछ लिया कि मैडमजी क्या टाइम हो गया है। मैं इतने धर्मसंकट में पड़ गयी कि इसे क्या जवाब दूँ। मैं सोच रही थी कि ऐसा जवाब दूँ कि यह समय पूछना ही भूल जाये, लेकिन मन मार कर रह गयी। बस उसी दिन से मैंने घड़ी बाँधना ही छोड़ दिया कि न रहेगा बाँस और न बजेगी बाँसुरी।"

हे जातिवाद तेरी जय हो। तुझसे बड़ा शक्तिशाली इस भारत में कौन हो सकता है जो समय पूछने मात्र से घड़ी बाँधना ही बन्द करवा देता है। उनके इस आत्मकथ्य को व्यंग्य भी कहा जा सकता है और भारतीय समाज की त्रासदी का ब्यौरा भी। रमेश भंगी जी चार विषयों में एम.ए. हैं। गृह मन्त्रालय, भारत सरकार के केन्द्रीय अनुवाद ब्यूरो में वरिष्ठ अनुवादक पद पर रहते हुए भी जातीय विषमता के शिकार रहे हैं।

## मेरा सृजनात्मक संघर्ष जारी है : पी. शिवकामी

मेरी माँ कभी स्कूल नहीं गयी थी। मेरे पिताजी केवल तीसरी क्लास तक पढ़े थे। जब मेरे पिताजी जवान थे तब वे सूअर का टॉयलेट इकट्ठा करते थे। उनके पास थोड़ी ज़मीन थी। मेरे दादाजी उसके ज़रिये ही हमारा पालन-पोषण करते थे। मेरे पिताजी बहुत अच्छे वक्ता थे। इसलिए वो कक्कन जी (गृहमन्त्री, कामराज कैबिनेट) के बहुत क़रीबी थे। वे विधानसभा में पाँच साल तक (1952-57) विधायक थे। जब मेरा जन्म हुआ तब उनका विधायक का कार्यकाल ख़त्म हो चुका था। हम तेरह भाई-बहन हैं। मैं पाँचवें नम्बर की लड़की हूँ। घर में इतने सदस्य होने के कारण मेरे पिताजी के लिए घर चलाना बहुत मुश्किल था,

फिर भी मेरे पिता हम सब भाई-बहनों की पढ़ाई के लिए बहुत प्रतिबद्ध थे। मैं हमेशा प्रथम आती थी। मैं खेल में अच्छी थी। दसवीं में मैंने स्कूल टॉप किया था। मैं सांस्कृतिक कार्यक्रमों में ख़ूब भाग लेती थी। स्कूलिंग के दौरान मेरी तमिल टीचर ज्योति मैरी ने मुझे लिखने के लिए बहुत प्रोत्साहित किया और मेरी पहली कहानी एक क्रिश्चियन मैगज़ीन 'वायस ऑफ़ साउथ' में तभी छप गयी थी, जब मैं स्कूल में थी। जब मैं कॉलेज में आयी तब मेरी एक और टीचर अमर ज्योति ने, मुझे लिखने के लिए बहुत प्रोत्साहित किया। मैं तमिल में बहुत अच्छी थी, अतः मुझे कॉलेज मैग़जीन में लिखने का मौक़ा मिला। मैं कहानी लेखन में प्रथम आयी। तमिल भाषा में राज्य का प्रथम पुरस्कार प्राप्त किया। जवाहरलाल नेहरू मेमोरियल सुन्दर बाल अवार्ड (मद्रास यूनिवर्सिटी) पुरस्कार जीता। मद्रास यूनिवर्सिटी ने स्टूडेंट्स के लिए एक महीने की क्रिएटिव राइटिंग का कोर्स कराया जिसे मैंने भी अटैंड किया। जब मेरी पहली कहानी छपी तो मुझे दो सौ पत्र प्राप्त हुए। कहानी का शीर्षक 'गड़रिया' था। कहानी छपने के बाद लोगों ने मुझसे कहा कि क्या तुम किसी गड़रिये के प्यार में पड़ गयी थीं, फिर तुमने कैसे समस्या हल की।

उसके बाद मैंने पढ़ना शुरू किया। मैंने कम्युनिस्ट साहित्य पढ़ा और दलित साहित्य भी पढ़ा। मेरे पिताजी ने मुझे प्रतियोगी परीक्षाओं में बैठने को कहा। तब मैं आई.ए.एस. में बैठी और सफल रही। मैंने सर्विस ज्वाइन की।

शादी हो गयी। शादी के बाद मैंने सोचा कि मैं क्या करूँ! कैरियर वूमेन बनूँ या लिखाई शुरू करूँ? तब मैंने लिखना शुरू किया। '...रीड ऑफ़ ग्रिप' मेरा सबसे पहला कहानी संग्रह आया, लेकिन लोगों ने उसका नोटिस नहीं लिया। 1986 में मैंने अपना पहला उपन्यास 'पडैया ना कडीदलु' (The grip of Change) अपने परिचय के बिना लिखा। तब पूरे साउथ में मार्क्सवादियों ने इसकी ख़ूब चर्चा की। तब मेरी पहचान बनी। मेरी दूसरी पुस्तक 'तमिल पुतगालिय' भी एक सम्मानित प्रकाशन से आयी। मेरा तीसरा उपन्यास आनन्ददायी आधुनिक उपन्यासों में महत्त्वपूर्ण स्थान रखता है। मेरी चौथी किताब में 'पडैया ना कडीदलु' का क्रिटीक है। दूसरा उपन्यास लिखा तो लेखकों ने कहा कि दलितों को अपनी भाषा में लिखना चाहिए। उनको इतनी रिफाइण्ड भाषा में नहीं लिखना चाहिए। दूसरा विचार यह था कि हमें जो भी लिखना है वह किसी के इशारों पर नाच कर न लिखें, यह बात इसलिए कही गयी क्योंकि यह उपन्यास फ़िक्शन में लिखा गया था। चौथी पढ़ी औरत संस्थाओं से प्रश्न पूछती है, यह बात लोगों को बहुत कष्टकारी लगी। उसके बाद मेरे चार उपन्यास आ चुके हैं। पहला और तीसरा उपन्यास इकट्ठा करके 'The Grip of Change' ओरियंट लांगमैन से छपा है।

चौथे उपन्यास 'कुक वेट्ट' (Cross Section) का पाँच भाषाओं में अनुवाद हो रहा है। मेरे चार लघु कहानी-संग्रह आ चुके हैं। मैं 1999-2003 तक साहित्य अकादेमी सलाहकार समिति की सदस्य रह चुकी हूँ और तमिल पत्रिका 'पुदियों कोडांगी' का सम्पादन किया। अभी मेरी लगातार कहानियाँ, लेख और साक्षात्कार आते रहते हैं। मैंने दलित नारीवाद, दलित भूमि अधिकार, जनजातीय भूमि अधिकार पर भी किताब लिखी हैं।

मेरे पहले उपन्यास में जाति-व्यवस्था मुझे परेशान करती है। उसमें प्रत्यक्ष रूप से बदबू है जो डिस्टर्ब करती है। सबसे पहले मैं समझना चाहती हूँ कि यह जाति कहाँ से आयी? कैसे इससे बचा जा सकता है। हमारे नेता इसे कैसे देखते हैं, हमारे लोग इससे कैसे परेशान हैं। इसी विषय को लेकर मैंने उपन्यास लिखा। यह पूरा उपन्यास मेरे पहले 17 साल (1986) के जीवन की प्रतिछाया है। इससे पहले मैंने डॉ. अम्बेडकर को नहीं पढ़ा था। दलित आन्दोलन तमिलनाडु में न के बराबर था। अम्बेडकरवादी संगठन बहुत कम थे, उनकी शाखाएँ दूर-दूर थीं जो मुझे छू भी नहीं पा रही थीं। जब मेरा पहला उपन्यास आया तो जाति पर चर्चा चली। वहाँ के दलितों ने दलितों के बारे में पढ़ा। सेल्वराज (प्रगतिशील लेखक) और पूर्माण आदि लेखकों ने दलित पात्रों को तो उपन्यास में रखा पर जाति पर चर्चा नहीं की। इन सबके बीच मैंने अपने उपन्यास में खुले तौर पर जाति पर चर्चा की। यह उपन्यास ख़ूब चर्चित हुआ। तब लोगों ने दलित साहित्य और दलित लेखकों के बारे में पढ़ना शुरू किया। मैंने महसूस किया कि लोग मुझे दलित लेखिका क्यों मान रहे हैं, जबकि मेरी भाषा, मेरे बिम्ब, प्रतीक, कहानी किसी भी सवर्ण लेखक से कम नहीं है। मैंने सोचना शुरू किया कि लोग मुझे पिन पॉइंट करके देख रहे हैं कि तुम दलित हो, यह सब प्रत्यक्ष था। क्योंकि मैं दलित हूँ इसलिए बहुत साम्प्रदायिक हूँ के साथ-साथ लोगों ने यह भी कहना शुरू किया कि ये रिज़र्वेशन से आयी हैं। किसी ने कहा कि हम इसका लेखन स्वीकार नहीं करेंगे, बेशक वह अच्छा लिखती हैं। यह सारी बातें मुझे पेरशान करने वाली थीं, यह मेरे लिए नया अनुभव था कि मैं एक दलित लेखिका हूँ।

एक प्रतियोगिता में जहाँ हम इनकम टैक्स की ट्रेनिंग ले रहे थे, मैं उस ग्रुप में एंटरटेनमेंट सेक्रेटरी थी। हम लोगों ने कुछ प्रतियोगिताएँ रखीं, जिसमें फ़्लावर अरेंज, रंगोली आदि जिसके जज सीनियर ऑफ़िसर थे। जजों द्वारा पुरस्कारों की घोषणा करने के पहले कुछ लोग रिजल्ट देखना चाहते थे। वे अपने नम्बर देखना चाहते थे जब मैंने मना किया तो एक प्रतिभागी बाहर जाकर बोली—'शेड्यूल्ड कास्ट बिच'। मैं थोड़ा-सा दुखी हुई। वह ब्राह्मण की बेटी थी पर उसकी कोई

इज़्ज़त नहीं करता था। यह सब सामान्य जीवन में तो चलता है पर जब कोई लेखन के क्षेत्र में कहता है तो मुझे दुख होता है। मैं किसी जाति से बिलोंग नहीं करना चाहती पर दुनिया कहती है कि तुम शेड्यूल्ड कास्ट हो। मैं अपनी पहचान स्वीकार करती हूँ। मैं इस अन्याय के ख़िलाफ़ लड़ाई लड़ूँगी।

मेरे दूसरे उपन्यास में गाँव की औरतों का वर्णन है। इसमें मैंने जाति का सवाल नहीं उठाया। इसमें मैंने दलित औरतों के जीवन, उनके संघर्ष, उनकी जिजीविषा को केन्द्र में रखा। इस उपन्यास की लोगों ने न केवल प्रशंसा की बल्कि यह कहा कि यह आम स्त्री पर लिखा गया महत्त्वपूर्ण उपन्यास है। इसके बाद मेरा लघु कहानी-संग्रह आया। आलोचना के प्रकाश में मैंने अपने पहले उपन्यास का विश्लेषण किया तो ग़ैर-दलित लेखकों ने इसकी बहुत प्रशंसा की, पर हमारे दलित लेखकों ने उस उपन्यास की ख़ूब कटु आलोचना की और यह कहा कि यह दलित लीडरशिप की आलोचना है, इन लोगों ने व्यवस्था के साथ समझौता कर लिया है पर हम नयी पीढ़ी के लोग समझौता नहीं करेंगे। उन्होंने मुझे कहा कि मुझे प्रगतिशील होना चाहिए, उन्होंने मुझ पर आरोप लगाया कि मैंने इस उपन्यास के विश्लेषण के द्वारा दलितों को लुक-डाऊन किया है। मैंने फिर अपने दोनों उपन्यास देखे। तब मैंने अपना तीसरा उपन्यास लिखा। मैंने अपना फिर आत्मविश्लेषण किया तब मैंने चौथा उपन्यास लिखा। दलित ग्रुप अब बोलने के लिए मुझे बुलाने लगे। इसके बाद मैंने दलित नारीवाद और दलित मूवमेंट पर लिखना और बोलना शुरू किया। मैंने नारीवाद में मातृत्व, वैवाहिक संस्थान, पवित्रता, यौन-शुचिता आदि पर लिखा और बोला। विवाहेतर, विवाह पूर्व सम्बन्ध आदि को अपने उपन्यास का विषय बनाया। मेरा मानना है कि औरतों की सैक्स-डिज़ायर पर कोई नहीं लिखता। लोग इस विषय पर लिखने पर सॉरी फील करते हैं। मैंने पति-पत्नी के वैवाहिक सम्बन्धों पर बातचीत की तो लोगों ने सवाल किया कि बच्चे कहाँ जायेंगे, उनका क्या होगा। तब मैंने मातृत्व आदि पर लिखा। मैंने सिंगल-वूमेन पर एक लम्बा उपन्यास लिखा जो कि 1999 में छपकर आया, तब उसका कोई रिव्यू नहीं आया। अब वह पाँच भागों में आ रहा है। मुझे आशा है कि तमाम अवरोधों के बावजूद लिखती रहूँगी।

फिर मेरी 90 के दशक में जब दलित आत्मकथाएँ लिखने से छपने की शुरुआत हुई, तब सवर्ण लेखकों और समीक्षकों के बीच खरास पैदा हुई थी। जो लगभग एक दशक तक चलती रही थी। इस बीच दलित और ग़ैर-दलित विचारकों में विमर्श अपने चरम पर था। इस दौरान एक अच्छी बात यह हुई कि विरोधी खेमे में दलित साहित्य पढ़ा और समझा गया। सवर्ण दृष्टि भी कुछ उदार हुई।

विश्वविद्यालयों में दलित साहित्य पर सम्मेलनों तथा गोष्ठियों के आयोजन भी हुए। सदियों से अलग-थलग पड़े लोग एक मंच पर आये। कहना न होगा कि असहमति से सहमति की धारा का विकास हुआ। दलितों के दुख-दर्दों के साथ उनकी जीवन परिस्थितियों को गम्भीरता से लिया गया। सवर्ण साहित्यिक दुनिया में सहानुभूति के स्रोत फूटे। ऐसे में राष्ट्रीय स्तर पर ही नहीं अन्तरराष्ट्रीय स्तर पर भी विमर्श में तेज़ी आयी। दलित साहित्य के साथ आत्मकथाओं के प्रकाशन में भी प्रतिस्पर्धा हुई।

आत्मकथा लेखन में दलित महिलाओं के आ जाने से आधी दुनिया में दस्तक हुई। जिस आधी दुनिया में सवर्ण महिलाएँ भी थीं और दलित महिलाएँ भी। उनमें से अधिकांश अपने-अपने घरों की देहरी तक ही सीमित थीं। नयी शताब्दी के दस्तक देने के बावजूद भी उनकी जीवन परिस्थितियों में बहुत अधिक परिवर्तन न हो सका था। अपवाद के रूप में भले ही उनकी संख्या पाँच से दस लाख तक बढ़ गयी थी, पर सामाजिक क्रान्ति का परचम फहराने वाली महिलाओं का पचास करोड़ की आबादी में अभी भी प्रतिशत बहुत कम था। जो सजग थीं, वे आगे बढ़ गयी थीं। शेष अभी भी अपने गाँव/बस्ती/शहरों में धार्मिक और सामाजिक विषमताओं का शिकार थीं। कहना न होगा कि वे अपने-अपने पिंजरों में क़ैद थीं। भले ही वे पिंजरे सोने के हों या चाँदी के, भले ही वे महलों में रहती हों या झोंपड़ियों में। ब्राह्मणवाद से लेकर पुरुष सत्ता का उनके लिए ट्रीटमेंट रूप में वे शिकार थीं। शिकारी उनके घरों में भी थे और सरकारी या प्राइवेट दफ़्तरों में भी। ऐसी तमाम महिलाओं की बेचैनी को सबब मिला दलित महिलाओं की आत्मकथाओं से। सच कहा जाये तो उन्होंने जीना सीखा, ज़िन्दगी के महत्त्व को समझा। विशेष रूप से दलित महिलाओं के लिए 'अक्षर' अस्त्र बना, जिसका प्रयोग अलग-अलग रूप में हुआ। दुष्परम्पराओं और कुरीतियों से मुक्ति मिली।

दलित आत्मकथाओं के सकारात्मक पक्ष के बारे में कहा जाये तो दलित महिलाओं ने सवर्ण महिलाओं को बल दिया। जीवन के जिन महत्त्वपूर्ण पक्षों को अधिकांश (भले ही वे कितनी भी प्रसिद्ध क्यों न हो गयी हों) सवर्ण महिलाओं ने अपनी रचनाओं में दर्ज नहीं किया था, उनके द्वारा दलित महिलाओं ने ज़ोरदार दस्तक दी। उन्होंने पुरुष की सत्ता को चुनौती दी। उत्पीड़न की घटनाएँ आत्मकथाओं में शिद्दत के साथ रेखांकित हुईं। कल तक दलित साहित्य से नाक-मुँह सिकोड़ने वाली सवर्ण महिलाएँ भी उनके नज़दीक आयीं। साझा मंच बने, आन्दोलन की रूपरेखा तैयार हुई और अपने-अपने परचम लेकर वे संघर्ष

पथ पर अग्रसर हुईं। तेलुगु कवयित्री स्वरूपा रानी की इस कविता से किसी महिला के भीतर के दर्द को समझा जा सकता है—

*अरे हाँ...अपनी ज़िन्दगी को मैंने जिया कब?*
*घर में पुरुषाहंकार एक गाल पर थप्पड़*
*मारता है तो*
*गली में वर्ण आधिपत्य*
*दूसरे गाल पर चोट करता है।*

कहना न होगा कि दलित महिला दोतरफ़ा उत्पीड़न का शिकार थी। इसलिए जब उसके हाथ में क़लम आयी तो उसने दोतरफ़ा ही उसका प्रयोग किया। दलित और ग़ैर-दलित महिला कवयित्रियों तथा कथाकारों के परस्पर मेलजोल तथा साहित्य में हिस्सेदारी से एक सीमा तक जातीय कड़वाहट दूर हुई और उसके स्थान पर सामंजस्य की भावना आयी। वहीं देखा गया कि दक्षिण में देवदासी परम्परा और उत्तर में बेड़िया/बाँछड़ा जाति की महिलाओं में नाच-गाने के माध्यम से यौन शोषण से भी मुक्ति मिली। कुल मिलाकर कहा जा सकता है कि दलित आत्मकथाओं ने उनके भीतर ऐसी खिड़की खोली, जिससे उन्हें अस्मिता का अहसास हुआ।

# हमने भी इतिहास बनाया

*दलित समाज के लेखकों/पत्रकारों/सामाजिक कार्यकर्त्ताओं/और राजनीतिज्ञों के द्वारा लिखित आत्मकथाएँ जब हम पढ़ रहे होते हैं तब (हमने भी इतिहास बनाया) पुस्तक को पढ़ना बहुत ज़रूरी हो जाता है। इसे कुछ मराठी महिलाओं के आत्मकथात्मक विवरण के रूप में देखा जाये या बाबा साहेब डॉ. अम्बेडकर के द्वारा आरम्भ किये गये समता और सम्मान के आन्दोलन से जुड़ी महिलाओं की सहभागिता के रूप में। इस पुस्तक से सामाजिक और सांस्कृतिक दस्तावेज़ उभर कर आता है। डॉ. अम्बेडकर और मराठी दलित महिलाओं के आन्दोलन को समझना हो तो इस महत्त्वपूर्ण पुस्तक को पढ़े बिना पाठकों/शोधार्थियों की समझ अधूरी ही रहेगी। ऐसा मैं कह सकता हूँ।*

'हमने भी इतिहास बनाया', मराठी में कहें तो 'आम्हीही इतिहास घड़वला' का सम्पादन उर्मिला पवार और मीनाक्षी मून ने किया था, जो 10 अक्टूबर, 1989 को स्त्री-उवाच 7-8 मंजिरी, मकरन्द सहनिवास माहिम, मुम्बई से प्रकाशित हुई थी।

उर्मिला पवार के बारे में लिखा जाये तो वे वरिष्ठ लेखिका और सामाजिक कार्यकर्त्री रही हैं। 'आयदान' आत्मकथा उन्होंने ही लिखी। मीनाक्षी मून वैतरिणी पत्रिका के सम्पादन के साथ समाज सेवा से भी जुड़ी रहीं। वसन्त मून की वे पत्नी थीं। वसन्त मून ने भी 'बस्ती' आत्मकथा लिखी। वैसे उनकी सबसे बड़ी पहचान और महत्त्वपूर्ण भूमिका के बारे में पाठकों को बताया जा सकता है कि इन्हीं के सहयोग से बाबा साहेब डॉ. आम्बेडकर सम्पूर्ण वाङ्मय प्रकाशित हो सका।

इस महत्त्वपूर्ण पुस्तक में 1927 का महाड़ सत्याग्रह और 1956 का धर्मान्तर, बाबा साहेब के आन्दोलन की ये दो महत्त्वपूर्ण ऐतिहासिक घटनाएँ दर्ज हैं, जिनके कारण पुरुषों के साथ महिलाएँ भी शामिल हुई थीं। आम्बेडकरी आन्दोलन पर लिखने वालों में विशेष रूप से खैरमोड़े/धनंजय कीर/गंगाधर पानतावणे/वसन्त

मून/डॉ. भालचन्द्र फड़के/डॉ. एलिनोर जेलिएट/शंकर राव खरात/झुंबरलाल कांबले/रामचन्द्र बनोदा/डॉ. डी.आर. जाटव आदि रहे हैं।

## सामाजिक पार्श्वभूमि

सामाजिक पार्श्वभूमि के तहत पुस्तक में 1920 से बाबा साहेब के द्वारा आरम्भ किये आन्दोलन पर विचार किया गया है। इस बहाने जाति आधार पर स्थलान्तर की समस्या पर भी लिखा गया है। स्थलान्तर का कारण वेश्यावृत्ति/ग़रीबी/अज्ञानता/ अन्धश्रद्धा बताया गया है। देवदासी पर भी टिप्पणी है। 1921 की जनगणना के आधार पर बम्बई में वेश्याओं का प्रतिशत जातिवार इस तरह था।

| क्रमांक | जाति | संख्या |
|---|---|---|
| 1. | हिन्दू | 2330 |
| 2. | महार व धेड | 712 |
| 3. | कलवातनी | 208 |
| 4. | वाणी | 105 |
| 5. | कोल्हाटी | 85 |
| 6. | माँग | 64 |
| 7. | कांचन | 5 |
| 8. | कोमाटी | 38 |
| 9. | भण्डारी | 31 |
| 10. | राजपूत | 30 |
| 11. | भावीण | 28 |
| 12. | मुस्लिम | 513 |
| 13. | ख्रिश्चन | 88 |
| 14. | ज्यू | 8 |
| 15. | बुद्धिस्ट | 50 |
| 16. | जापानी | 45 |
| 17. | चीनी | 5 |

इसके बाद मध्यप्रान्त में जातिवाद (1921) शिक्षित लोगों का ब्यौरा दिया गया है। इस सर्वे में माँग/महार/मेहतर/ढोर/और चमार जातियों को लिया गया है। जिनमें स्त्रियों का प्रतिशत बहुत ही कम है।

## धार्मिक स्थिति

दलितों की धार्मिक स्थिति के बारे में बारकरी/कबीर/महानुभाव रामानुज आदि ऐसे पन्थों का उल्लेख है, जिनमें दलित जातियों की श्रद्धा थी। इनके अलावा देवी-देवताओं की पूजा, हिन्दू तीर्थों की यात्रा, मृत्यु संस्कार, पिण्डदान, गणेशोत्सव तथा पोथी पुराण से भी दलित जुड़े थे, ऐसा बताया गया है। तीर्थ स्थानों में पंढरपुर/जेजुरी/महादेव डोंगर/मल्लमादेवी आदि का वर्णन है।

**मध्यप्रान्त मुम्बई प्रान्त**

| | स्त्रियाँ | विधवा | शे. प्रमाण | स्त्रियाँ | विधवा | शे. प्रमाण |
|---|---|---|---|---|---|---|
| ब्राह्मण | 212458 | 47596 | 22% | 61448 | 33823 | 55% |
| महार | 91220 | 88913 | 15% | 88312 | 41306 | 47% |
| चांभार | 448737 | 68960 | 15% | 18614 | 7782 | 42% |
| माँग | 39846 | 6171 | 15% | 23655 | 9302 | 39% |

**आम्हीडोतो कार्यकर्त्ता स्त्रियाँ)**

1. रमाबाई आम्बेडकर, मयत - (मुम्बई)
2. राधाबाई काम्बले मयत - (नागपुर)
3. जाईबाई चौधरी, प्रयत - (नागपुर)
4. तुलसाबाई बनसोडे, मयत - (नागपुर)
5. अंजनीबाई देशभ्रतार, मयत - (नागपुर)
6. सुलोचनाबाई डोंगरे, मयत - (नागपुर)
7. लक्ष्मीबाई नाईक, मयत - (अमरावती)
8. सीताबाई गायकवाड, मयत - (नासिक)
9. गीताबाई गायकवाड, मयत - (नासिक)
10. विरेन्द्राबाई तीर्थंकर - (नागपुर)
11. रतीबाई पुराणिक - (वर्धा)
12. गीताबाई पवार - (पुणे)
13. मीनाम्बल शिवराज - (मद्रास)
14. मुक्ता सर्वगौड - (चन्द्रपुर)
15. शान्ताबाई भालेराव - (मुम्बई)
16. शान्ताबाई दाणी - (नासिक)

17. सख़ूबाई मोहिते प्रयत - (मुम्बई)
18. कीर्तिबाई पाटील - (नागपुर)
19. इन्दिराबाई पाटील प्रयत - (नागपुर)
20. रमाबाई गायकवाड - (नासिक)
21. कौसल्या बैसन्त्री - (दिल्ली)
22. नलिनी लढके - (अमरावती)
23. विमल रोकडे - (मुम्बई)
24. पारबताबाई मेश्राम - (नागपुर)
25. मुक्ताबाई काम्बले - (मुम्बई)
26. दमयन्ती देशभ्रतार - (नागपुर)
27. लक्ष्मीबाई काकडे - (पुणे)
28. शान्ताबाई सरोदे - (नागपुर)
29. बेबीताई काम्बले - (फलटण, सातारा)
30. सीताबाई ठाकुर - (मुम्बई)
31. शशिकला डोंगरदिवे - (मुम्बई)
32. चन्द्रिका रामटेके - (नागपुर)
33. जयाबाई भालेराव - (मुम्बई)
34. गीताबाई भगत - (नागपुर)
35. चन्द्रभागा जाधव - (राजादू)
36. शुद्धमति बोंधाटे - (नागपुर)
37. सुमन बंदिसोडे - (मुम्बई)
38. विठाबाई पवार - (मुम्बई)
39. सोनुबाई लांजेवार - (नागपुर)
40. मीराताई बडकर - (मुम्बई)
41. सुधा रामटेके (नागपुर)
42. सरला मौर्या - (दिल्ली)
43. भिक्षुणी नन्दशीला खण्डारे - (अकोला)
44. भिक्षुणी चन्द्रशीला - (अकोला)

(विशेष–कहीं कुछ नामों में मयत शब्द आया है जिसका अर्थ, अब जो नहीं है।)

## सन्दर्भ


1. आम्बेडकर बाबा साहेब जातीसंस्थेचे उच्चाटन (अनु. वसन्त मून), पृ. 12
2. दातार छाया–मिमिओग्रामिक प्रबन्ध, 'ऑर्गेनाइजिंग वुमेन टोबॅको वर्क्स इननिपाणी'।
3. Census of India– 1921, Vol. IX Part Report by L.J. Sedjoi
4. Altekar, A. Of Women in the position of Hindu Civilisation, p. 58
5. तथैव : पृ. 59
6. माळी मा. गो.–सावित्रीबाई फुले समग्र वाङ्मय, सम्पादक के मनोगत, पृ. 11
7. बहिष्कृत भारत : 1929
8. बहिष्कृत भारत : जनवरी 1929, यावेळी सौ नाईक व चन्द्राबाई पटवर्धन यांनी भाषणे केली।

# दक्षिण भारत के समाजशास्त्रीय अध्ययन के लिए ज़रूरी किताब 'मैं हिन्दू क्यों नहीं हूँ?'

*कांचा इलैया का नाम आज अन्तरराष्ट्रीय स्तर पर है। उन्हें लगभग हर भाषा में पढ़ा जाता है। हिन्दी पाठकों से सबसे पहले उनका परिचय मुकेश मानस ने किताब के माध्यम से कराया था। हम उनके शुक्रगुज़ार हैं। वैसे 90 के दशक में मैं स्वयं उनसे उनके हैदराबाद के घर जाकर मिला था*

आदि शंकराचार्य से लेकर सर्वपल्ली राधाकृष्णन तक हिन्दुत्व के सभी व्याख्याकार ब्राह्मणवादी, रूढ़िवादी और जाति संस्कृति की नकारात्मकता के समर्थक रहे हैं। कांचा इलैया लिखते हैं, दक्षिण भारत के तेलंगाना क्षेत्र में स्थित एक छोटे से गाँव में पचास के दशक के शुरुआती दिनों में मेरा जन्म हुआ और मैं साठ के दशक में पला-बढ़ा। हमारा गाँव ऐतिहासिक 'तेलंगाना सशस्त्र संग्राम' के इलाक़े में था। इसलिए आसपास के इन गाँवों ने स्वतन्त्रता आन्दोलन की उथल-पुथल को झेला था। मैं आज़ाद भारत में पली-बढ़ी पीढ़ी का हिस्सा हूँ। शायद इसी कारण मेरे बचपन के अनुभव उन सांस्कृतिक अन्तर्द्वन्द्वों का बयान है जिनसे हम गुज़र रहे हैं। मेरे बचपन से लेकर वर्तमान समय तक ग्रामीण भारत में कोई ख़ास बदलाव नहीं हुआ है। अगर कोई बदलाव आया भी है तो वह बहुत सामान्य-सा बदलाव है। शहरी भारत तो ग्रामीण भारत का विस्तार भर ही है। ग्रामीण भारत और शहरी भारत में एक सांस्कृतिक निरन्तरता बनी रही है।

1990 के बाद 'हिन्दुत्व' नामक शब्द हमारे कानों में अचानक इस तरह से बजने लगा मानो जो कोई भी मुसलमान, ईसाई या सिख नहीं है वह हिन्दू है। मुझे बताया गया कि मेरे माता-पिता सगे-सम्बन्धी और जिस जाति में हम पले-बढ़े सबके सब हिन्दू हैं। इस बात ने मुझे बुरी तरह से चकरा दिया। जिस अख़बार को मैं पढ़ता हूँ और जिस टी.वी. को मैं देखता हूँ यह सारा का सारा शहरी मध्यवर्गीय सांस्कृतिक वातावरण मुझे सुबह और शाम अपमानित करता है

और मुझे यह घोषणा करने के लिए मजबूर करता रहता है कि मैं हिन्दू हूँ। वैसे मैं सामाजिक रूप से तिरस्कृत हूँ और मेरा परिवेश विकृत है। मैं एक कुरुमा (गड़रिया जाति) परिवार में पैदा हुआ हूँ। मैं नहीं जानता कि मैं उस हिन्दू संस्कृति से कैसे अपना सम्बन्ध बनाऊँ जो कई तरह की विज्ञापन एजेंसियों द्वारा फैलायी जा रही है।

ब्राह्मणवादी लेखकों ने 'शूद्र' का प्रयोग 'अपमानजनक' भाव से किया है। यह आत्मसम्मान और राजनीतिक दावे की भावना को व्यक्त नहीं करता है। चण्डाल, म्लेच्छ, राक्षस आदि को ब्राह्मणवादियों ने 'अपमानजनक' भाव में प्रयोग किया है। फुले ने भी इन्हें ऐसे ही इस्तेमाल किया है। इसलिए ये अस्वीकार्य हैं। अंग्रेज़ी का पारिभाषिक शब्द 'अस्पृश्य' भी स्वीकार्य नहीं है।

कई समाजशास्त्रियों ने 'अनुसूचित जातियों' से बाहर पड़ने वाली सभी जातियों का उल्लेख करने के लिए 'हिन्दू जातियाँ' शब्द का प्रयोग किया है। यह शब्दावली दूसरी पिछड़ी जातियों के लिए एक जंजाल है। दूसरी पिछड़ी जातियाँ अपने दैनिक जीवन में उच्च जातियों द्वारा अनुसूचित जातियों की तरह ही प्रताड़ित की जाती हैं। हालाँकि यह शब्दावली दूसरी पिछड़ी जातियों को 'हिन्दू' शब्द में शामिल करती हैं मगर उन्हें असमान मानकर ही। इसलिए मैं इस शब्दावली को ही ख़ारिज करता हूँ। जब अम्बेडकर ने इन जातियों के बारे में लिखना शुरू किया तब उस समय भारत की ब्रिटिश सरकार सभी कामगार जातियों का उल्लेख करने के लिए 'पददलित जातियाँ' शब्द का इस्तेमाल कर रही थी। एक लम्बे समय तक डॉ. अम्बेडकर भी सभी 'उत्पादक जातियों' का उल्लेख करने के लिए इसी शब्द का इस्तेमाल करते रहे। जब उपनिवेशी सरकार ने उन अस्पृश्य जातियों की एक अनुसूची बनाई जिनको आरक्षण दिया जाना था। तब अम्बेडकर 'तथाकथित अस्पृश्य' जातियों का उल्लेख करने के लिए 'अनुसूचित जातियाँ' शब्द का इस्तेमाल करने लगे। लेकिन अम्बेडकर किसी ऐसे व्यावहारिक धर्मनिरपेक्ष शब्द का निर्माण नहीं कर सके जो सभी दूसरी पिछड़ी जातियों को सामूहिक रूप से व्यक्त कर सके।

बाद में अनुसूचित जातियों का उल्लेख करने के लिए अम्बेडकर 'दलित' शब्द का इस्तेमाल करने की ओर बढ़े। इस शब्द की जड़ें मराठी भाषा में उपस्थित थीं। ऐसा लगता है कि इस धारणा को महाराष्ट्र के लोग व्यवहार में लाते थे और यह वहीं से उत्पन्न हुई है। सत्तर के दशक में महाराष्ट्र में 'दलित पैंथर आन्दोलन' का शुभारम्भ होने के बाद यह शब्द बहुत प्रचलित हो गया। लेकिन दलित शब्द भी केवल 'तथाकथित अस्पृश्य जातियों' का ही अर्थ देता है। आन्ध प्रदेश के

'दलित महासभा' जैसे संगठनों ने अनुसूचित जातियों, अनुसूचित जनजातियों और दूसरी पिछड़ी जातियों को व्यक्त करने के लिए 'दलित' शब्द के प्रयोग के प्रयास किये हैं। फिर भी प्रेस और जनता ने इस शब्द को ख़ुद व्यवहार में ज़्यादा नहीं अपनाया है।

'बहुजन' का सीधा अर्थ 'बहुसंख्यक आबादी' से है। इसी भाव में इस शब्द का इस्तेमाल पहले बुद्ध और बाद में फुले ने किया है। समस्या यह है कि यह शब्द भी 'बहुसंख्यक आबादी' की विशिष्टता को नहीं दर्शा पाता। इस समस्या के समाधान के लिए और अनुसूचित जातियों और दूसरी पिछड़ी जातियों का उल्लेख करने के लिए मैंने 'दलितबहुजन' शब्द का इस्तेमाल करने का निर्णय लिया।

मैं जन्म से हिन्दू नहीं हूँ। इस बात का एक सीधा-सा कारण ये है कि मेरे माता-पिता नहीं जानते थे कि वे हिन्दू हैं। इसका मतलब यह कतई नहीं है कि मैं एक मुसलमान, एक ईसाई, एक बौद्ध, एक सिख या एक पारसी के रूप में पैदा हुआ था। मेरे माता-पिता अनपढ़ थे। वे दक्षिण भारत के एक भीतरी गाँव में रहते थे। वे नहीं जानते थे कि किसी धर्म के साथ उनका किसी क़िस्म का कोई सम्बन्ध है। लोग किसी ख़ास धर्म के साथ अपना नाता तभी मानते हैं जब वे या तो उस धर्म के ईश्वर की उपासना करते हों उस धर्म के मन्दिरों में जाते हों या उस धर्म के रीति-रिवाज़ों और उत्सवों का हिस्सा बनते हों। मेरे माता-पिता की केवल एक ही पहचान थी। और वह पहचान थी उनकी जाति। वे कुरूम्पा थे। उनके तीज-त्यौहार अपने ही थे। उनके देवी-देवता भी ख़ास अपने ही थे। कभी-कभी तो ऐसा भी देखने में आया कि ये त्यौहार और देवी-देवता किसी ख़ास गाँव तक ही सीमित थे। उनके लिए धर्म के किन्हीं केन्द्रीय प्रतीकों का कोई अस्तित्व नहीं था। इसका मतलब यह नहीं है कि वे आदिवासी थे। मेरे पुरखों ने कमोबेश पाँच सौ साल पहले मैदानों में जीवन का शुभारम्भ किया था। वे एक ही गाँव की अर्थव्यवस्था से बँधे थे। प्रशासन उनसे जिस रूप में कर की माँग करता था वे उसी रूप में उसकी अदायगी करते रहे। जब तक वे गड़रिये का धन्धा करते रहे तब तक वे पुल्लरा के रूप में (भेड़ पालने के लिए कर) कर की अदायगी करते रहे। मेरे पैदा होने से कुछ साल पहले उन्होंने अपना पेशा बदल लिया था। वे भेड़पालन की जगह खेती-बाड़ी करने लगे। इसके साथ ही वे स्थानीय ज़मींदार को या तहसील कार्यालय को भूमि लगान देने लगे। मुझे अच्छी तरह याद है कि जब मैं छोटा था तब वे भेड़ पालन के लिए कर दिया

करते थे और साथ ही खेती-बाड़ी करने के लिए भी। धर्म-कर एक ऐसी चीज़ है जिसकी माँग सारे सामन्तवादी धर्म करते हैं लेकिन ऐसा कोई कर उन्होंने कभी नहीं दिया था। साथ ही वह कभी ऐसे मन्दिर में भी नहीं गये थे जहाँ वे सभी जातियों के ग्रामीणों से मिल पाते। दरअसल वहाँ कोई ऐसा मन्दिर था ही नहीं जहाँ सारे ग्रामवासी मिल सकें।

मेरे खेल के संगी-साथी मेरे दोस्त और मेरे नाते-रिश्तेदार सभी कुरूम्पा जाति के थे। कभी-कभी मेरी मित्रता के दायरे में गौड़ और कप्पू लड़के भी आ जाते थे। हम सभी दोस्त थे क्योंकि हम सभी पशु चराने वाले युवा समूह के सदस्य थे। हम मैदानों में जाते। वहाँ हम चिट्टागा (हमारी क्रिकेट), गोलीलु (एक खेल जो पत्थर की गोलियों से खेला जाता है) और डोंगाट (छुप्पम-छुपाई) जैसे खेल साथ-साथ खेलते थे। कभी-कभी मेरा कोई गौड़ दोस्त मेरे घर आता तो वह हमारे साथ थोड़ा-सा अलग बैठकर ही भोजन करता या जब कभी हम किसी कप्पू दोस्त के घर जाते तो उनके माता-पिता हमें खाना देते और थोड़ा-सा अलग करके बैठाते। भोजन करते वक़्त हमें एक-दूसरे को छूने की आज़ादी नहीं थी। बाद में हम एक साथ खेल सकते थे और नदियों और दरियाओं से एक साथ पानी पी सकते थे। अक्सर हम दोपहर का खाना चरागाह में ले आते थे। कभी-कभी हम एक-दूसरे का खाना छूने की कोशिश भी करते। लेकिन वहाँ भी वे नियम हमारा पीछा नहीं छोड़ते थे जो हमारे माता-पिता ने हमारे लिए तय कर रखे थे। हम एक-दूसरे की जातियों के लिए अपमानजनक शब्दों का इस्तेमाल करते और नतीजे के तौर पर अलग-अलग बैठकर खाना खाते। लेकिन कुछेक पलों के बाद हम मेल-जोल भी कर लेते।

## जातीय भाषा

जातिगत भाषा का अपना ही व्याकरण होता है। इसी से उसकी संरचना भी बनती है। यह एक लोचदार भाषा होती है और इसका प्रारूप उत्पादन-आधारित बोलचाल से बनता है। यह भाषा लिखित रूप की सहायता के बिना ही विकसित होती है। यह भाषा मानक ब्राह्मणवादी तेलुगु से अधिक दुनियादार होती है। भाषा के बारे में बच्चों के अनुभव की शुरुआत ऐसी चीज़ों के नाम रखने के साथ ही हो जाती है जो उनके आस-पास ही होती हैं जैसे पंछी, जानवर, पेड़, कीड़े-मकोड़े आदि। हरेक पेड़, हरेक कीड़े-मकोड़े, हरेक जीवित और निर्जीव चीज़ का नाम होता है। मानक ब्राह्मणवादी भाषा में इनमें से कइयों के लिए कोई नाम नहीं होता।

नये नाम बनाने के हमारे तरीक़े को ब्राह्मणवादी भाषा समझ नहीं पाती है। ये सभी किन्हीं लिखित शब्दों के ज़रिये सिखाये नहीं जाते हैं। ये शब्द व्यवहार में प्रयोग किये जाते हैं। बातचीत में बार-बार दुहराये जाने के कारण ये मौखिक रूप से सीख लिए जाते हैं।

## हमारे देवी-देवता और हमारी चेतना

दैवी और आध्यात्मिक नामक दूसरी दुनिया की चेतना की प्रकृति एक ऐसी चीज़ है जो हमें फिर हिन्दुओं से अलग करती है। हमारी जाति के बच्चों में जेजा (ईश्वर की धारणा) की शुरुआत चाँद से की जाती है। जैसे-जैसे बच्चे बड़े होते जाते हैं वे पोचम्मा, पोलीमेरम्मा, कट्टामाईसम्मा, कटामाराजु, पोटाराजु और देवी-देवताओं के बारे में जान जाते हैं। दलितबहुजनों के बीच किसी ख़ास स्थान पर बने या किसी ख़ास रूप में बने किसी मन्दिर के कोई मानी नहीं होते। देवी-देवता सभी रूपों और आकारों में सभी जगह रहते हैं। हर दलितबहुजन बच्चा बहुत जल्दी ही इन देवी-देवताओं के बारे में बहुत-सी बातें सीख जाता है। बच्चे उन जातीय सभाओं में हिस्सा लेते हैं जो बोनालु, चिन्ता, पोंका, पैडा, पीडुंगा जैसे उत्सवों के अवसर पर की जाती हैं। बहुत जल्दी ही हरेक दलितबहुजन बच्चा यह जान जाता है कि चेचक पोचम्मा के क्रोधित हो जाने से होती है। गाँव का तालाब पानी से भरेगा या नहीं भरेगा यह कट्टामाईसम्मा की कृपा पर निर्भर करता है। पोटाराजु के क्रोधित हो जाने के कारण फ़सलें चोरों द्वारा चुरा ली जाती हैं। कुरूम्पाओं के लिए भेड़ों और बकरियों की समृद्धि उस बीरप्पा के व्यवहार पर निर्भर करती है जो कि उनकी ख़ास जाति का ही देवता है।

## विद्यालयी शिक्षा

दलितबहुजन इतिहास में पहली पीढ़ी ने जब स्लेट और पेंसिल देखी तो यह सब उसके लिए जंगल से विद्यालय में छलाँग मारने जैसा था। वहाँ हमारे और हिन्दुओं के बीच में क्या समानता हो सकती थी? वहाँ भी ब्राह्मण-बनिया बच्चों की स्थिति ख़ास थी। उनके पास अच्छे कपड़े थे और उन्हें अच्छा भोजन मिलता था। भले ही सब बच्चे एक ही गाँव में पैदा हुए थे मगर उन्होंने एक भिन्न संस्कृति के साथ स्कूलों में प्रवेश किया था। खाने की हमारी आदतें एक जैसी नहीं थीं। दलितबहुजनों के लिए अच्छे भोजन का मतलब था मांस और मछली। हमारे लिए यही स्वादिष्ट था और हमें यही भाता था। ब्राह्मण और बनिया बच्चों को मांस-मछली के बारे में बातचीत करने से ही उल्टी महसूस होने लगती थी।

मडिणाओं और मुसलमानों के लिए 'बड़े का मांस' स्वादिष्ट था। हमारे लिए यह वर्जित था लेकिन हम ब्राह्मण और बनिया की तरह इस मांस से नफ़रत नहीं करते थे।

हिन्दू देवी-देवताओं की कहानियों में काम-क्रीड़ाओं के वर्णन भरे पड़े हैं। हिन्दू पुरुषों और स्त्रियों के बीच देवी-देवताओं के सम्बन्धों को लेकर ज़बरदस्त आख्यान मौजूद हैं। कृष्ण और राधा विरूदिनी और प्रावाक्या शंकर और पार्वती आम उदाहरण हैं। राधा और कृष्ण की कहानी सबसे ज़बरदस्त कहानी है। कृष्ण एक बेहद कामुक देवता है। सख़्त पाबन्दी रखने वाले ब्राह्मणवादी परिवार अपनी लड़कियों को कृष्ण की उपासना करने देते हैं। साथ ही वे लड़कियों को कृष्ण से प्रेम करने की अनुमति भी देते हैं। एक लड़की कृष्ण से प्रेम का आवाहन कर सकती है। कृष्ण को हर तरह की मुद्राओं और भंगिमाओं, रंगों और वस्त्रों में ढाला जाता है। अनेक हिन्दू पुस्तकें ऐसे आख्यानों से भरी पड़ी हैं। भगवत्‌गीता एक अपवाद है। वात्स्यायन की पुस्तक 'कामसूत्र' एक ऐसी ज़बरदस्त पुस्तक है जो स्त्री-पुरुष के सम्बन्ध के मामले में हिन्दू सोच को प्रभावित करती है। लेकिन ब्राह्मणवादी परिवारों में आनन्द के लिए जितनी जगह है और जिस माहौल में वे जीवन जीते हैं ऐसे माहौल में कामाभिव्यक्ति की चौंसठ मुद्राएँ सम्भव ही नहीं हो सकती हैं। इसलिए इस जीवन को दैवी जीवन बना दिया गया। यही कारण है कि वात्स्यायन की चौंसठ मुद्राओं को हिन्दू मन्दिरों की मूर्तियों में ज़ाहिर किया गया।

आरम्भ में दक्षिण भारत में दलितबहुजनों का शासन था। ब्राह्मणों ने सोचा कि दक्षिण भारत में अपने प्रभुत्व को फैलाने का यही सही वक़्त है। शम्बूक बाली और रावण आदि के साम्राज्य दलितबहुजन साम्राज्य थे। कुछ ब्राह्मण दावा करते हैं कि रावण भी एक ब्राह्मण था। यह सब बकवास है। रावण एक शक्तिशाली द्रविड़ दलितबहुजन शासक था। वह एक लड़ाकू शैव भी था। रावण ने शैववाद को ब्राह्मणवाद से अलग करने के प्रयास किये। उसने शैववाद के लिए एक अलग स्वायत्त जगह बनाने की कोशिश की जिसको अन्त में वासव ने किसी हद तक किया भी। उसने श्रीलंका को अपनी राजधानी बनाकर एक शक्तिशाली साम्राज्य की स्थापना की ताकि ब्राह्मणवादी आक्रमणों का मुक़ाबला किया जा सके। इस समय तक उत्तर भारत में ब्राह्मणों का प्रभुत्व पूरी तरह से स्थापित हो चुका था। इसी समय ब्राह्मणों ने दक्षिण भारत के दलितबहुजन साम्राज्य को पराजित करने का निश्चय किया ताकि वहाँ ब्राह्मणवाद की पकड़ बनाई जा सके।

हिन्दू देवताओं और देवियों की तुलना दलितबहुजन देवी-देवताओं के साथ कैसे की जाये? हिन्दू देवता मुख्य रूप से युद्ध नायक हैं। वे युद्ध नायक हैं उन युद्धों के जो दलितबहुजन के विरुद्ध लड़े गये। ये युद्ध शोषण और असमानता पर आधारित समाज की रचना करने के लिए लड़े गये। ऐसे समाज का ढाँचा जाति व्यवस्था की रचना करता है और उसे बनाये रखता है। हिन्दू मिथक शास्त्र पुरुष केन्द्रित मिथकशास्त्र है। यह मिथकशास्त्र औरतों को लैंगिक विशेषता वाली भूमिकाओं तक सीमित रखता है और उन्हें एक काम वस्तु ही मानता है।

ब्राह्मणवादी हिन्दू ये दावा करते हैं कि उनकी परम्परा की जड़ें अहिंसा में निहित हैं। लेकिन सच्चाई इसके एकदम उलट है। सारे हिन्दू देवता हिंसक युद्धों के प्रचारक थे। उनका धर्म जाति धर्म है और उनकी जीवन-शैली अमीर और शोषणकारी है। उत्पादन को उनका पहला शत्रु बनाया गया है। इन देवताओं तक केवल पुरोहित की मदद से ही पहुँचा जा सकता है। वे केवल संस्कृत ही समझते हैं। ये तथ्य इस बात की ओर इशारा करते हैं कि ये देवता लोगों से पूरी तरह से कटे हुए हैं।

'मैं हिन्दू क्यों नहीं हूँ?' में मैं कह चुका हूँ कि ब्राह्मण का विमर्श में विश्वास नहीं है। दूसरे ब्राह्मणों ने मन्दिर के नाम से जो आध्यात्मिक संस्था बनायी, वहाँ ईश्वर के सामने बराबरी का कोई विचार ही नहीं था।

## सन्दर्भ


1. प्रो. ए. अच्युतन, 'लोक नाट्य और दलित चेतना', 2019
2. कांचा इलैया, 'हिन्दुत्व मुक्त भारत', सेज, नयी दिल्ली, 2017
3. 'फुँकते क़दम : दलित आन्दोलन का एक अध्ययन', अनुवाद जी. जावेद रसूल (मूल अंग्रेज़ी में डी.आर. नागराज द्वारा लिखित 'दि फ़्लेमिंग फ़ीट : ए स्टडी ऑफ़ दलित मूवमेंट'—कर्नाटक के दलित आन्दोलन पर एक श्रेष्ठ अध्ययन के रूप में जानी जाती है)।
4. K. Veeramani, 'The History of the struggle for Social Justice is Tamilnadu', 1981.

# सन्तराम बी.ए. की आत्मकथा 'हमारा समाज'

जिन लोगों ने बाबा साहेब डॉ. अम्बेडकर की पुस्तक 'एनीहिलेशन ऑफ़ कास्ट' या 'जातिभेद का उच्छेद' पढ़ी होगी, उसमें जात-पात तोड़क मण्डल और उसके संचालक सन्तराम बी.ए. का नाम ज़रूर पढ़ा होगा। उस पुस्तक में बाबा साहेब के भाषण के अतिरिक्त सन्तराम जी तथा बाबा साहेब अम्बेडकर के कुछ पत्र भी शामिल किये गये हैं।

बाबा साहेब को जात-पात तोड़क मण्डल ने लाहौर (पंजाब) में 1936 में होने वाले अपने एक विशेष सम्मेलन में भाषण देने के लिए आमन्त्रित किया था और उनसे भाषण की एक कॉपी भी माँगी थी। जात-पात तोड़क मण्डल पंजाब के आर्य समाजियों की चलाई हुई एक संस्था थी, जो जाति व्यवस्था को मिटाने के लिए 1922 में स्थापित की गयी थी। बाबा साहेब के भाषण में दिये गये विचार आर्य समाज के कुछ नेताओं को पसन्द नहीं थे। वे चाहते थे कि उन्हें भाषण से निकाल दिया जाये, परन्तु बाबा साहेब को यह सुझाव मंजूर नहीं था। उन्होंने जात-पात तोड़क मण्डल के सम्मेलन में भाग लेने से इनकार कर दिया और वह भाषण किताब के रूप में छपवा दिया।

सन्तराम जी बाबा साहेब के केवल प्रशंसक ही नहीं थे, उनके अनुयायी भी थे। वे 'क्रान्ति' के सम्पादक थे साथ ही कई पत्र-पत्रिकाओं के भी सम्पादक रहे थे। उन्होंने 70-75 के क़रीब पुस्तकें लिखी थीं जिनमें उनकी प्रसिद्ध पुस्तक 'हमारा समाज' (1946) विशेष थी।

"गाँधी जी 1933-34 में लाहौर आये और लाजपत भवन में ठहरे। जात-पात तोड़क मण्डल का एक डेपुटेशन उनसे मिलने गया। उन्होंने बातचीत के लिए केवल पन्द्रह मिनट दिये।" उन दिनों गाँधी जी जात-पात में विश्वास रखते थे। उन्होंने अपनी गुजराती पुस्तक 'धर्म मन्थन' में भी जाति व्यवस्था का समर्थन किया था। सन्तराम उनसे मिले। उन्होंने लिखा, "मेरे (सन्तराम जी) प्रश्न करने

पर वह बोले कि जात-पात से एक बड़ा लाभ यह है कि व्यापार में होड़ बहुत कम हो जाती है। जो व्यापार पिता करता है, पुत्र चुपचाप वही काम करता है।"

*इस पर सन्तराम जी ने आपत्ति दिखाते हुए कहा, "यह ठीक है कि इस व्यवस्था में ब्राह्मण के लड़के को पठन-पाठन या मन्दिर में पूजा-पाठ का काम मिल जायेगा, क्षत्रिय का लड़का सेना में सिपाही या मेजर बन जायेगा। बनिया का लड़का भी दुकान या व्यापार करके धन कमा लेगा। परन्तु जिस भंगी के दादा, परदादा आठ आने मासिक मज़दूरी पर टट्टी उठाते रहे हैं और स्वयं टट्टी उठा रहा है, उसके पोते-पड़पोते भी वही काम करें, यह कहाँ का न्याय है? आप जाति के बनिए हैं, जाइए कहीं दुकान खोल लीजिए।"*

सन्तराम जी ने लिखा, "मेरी बात सुन कर वह खिलखिला कर हँस पड़े और बोले, 'मैं आपका ही काम कर रहा हूँ।' बहुत प्रत्यक्ष रूप से मैं यह बात नहीं कह सकता।"

## 'मेरे कुछ संस्मरण' सन्तराम बी.ए.

सन्तराम जी जात-पात के विरुद्ध सभा-सोसाइटियों में प्रचार भी करते रहे और लिखते भी रहे। निजी ज़िन्दगी में उन्होंने इन नियमों पर अमल भी किया। पहली बीवी के देहान्त के कुछ वर्ष बाद उन्होंने दूसरा विवाह किया। यह महिला श्रीमती सुन्दरबाई विधवा थीं और महाराष्ट्र की रहने वाली थीं। वह सन्तराम जी की जाति से सम्बन्ध नहीं रखती थीं। वह स्वयं पढ़ने-लिखने में रुचि रखती थीं और जात-पात की विरोधी थीं। सन्तराम जी की पुत्री गार्गी का विवाह भी पैतृक जाति से बाहर हुआ। उनके पति पंजाबी खत्री जाति से सम्बन्ध रखते हैं। आजकल वे दिल्ली में रहते हैं। जात-पात तोड़क मण्डल ने लाहौर में एक बड़ी कॉन्फ्रेंस करने का फ़ैसला किया और बाबा साहेब डॉ. अम्बेडकर को उस सम्मेलन में मुख्य अतिथि के रूप में बुलाया। बाबा साहेब अम्बेडकर इस सम्मेलन में भाग लेने के लिए राज़ी हो गये और इस अवसर पर दिये जाने वाले भाषण की तैयारी भी शुरू कर दी। जात-पात तोड़क मण्डल के कार्यकर्ताओं में अधिकतर आर्य समाजी थे। उनको डर था कि कहीं अम्बेडकर वेदों तथा उनके धर्म की आलोचना न करें। यह जानने के लिए कि वह अपने भाषण में क्या कहने वाले हैं, मण्डल ने अपने एक कार्यकर्त्ता हर भगवान जी को बम्बई भेजा। वह भाषण की एक कॉपी ले कर लाहौर वापस आया। कार्यकर्ताओं को भाषण में दिये गये कुछ विचार अच्छे नहीं लगे। इसलिए उन्होंने बाबा साहेब अम्बेडकर से निवेदन किया कि कुछ भागों को काट दिया जाये। बाबा साहेब का विश्वास था कि हिन्दू

धर्म में सुधार नहीं हो सकता। उन्होंने अपने इस भाषण में भी लिखा था कि बतौर हिन्दू यह उनका आख़िरी भाषण होगा।

बाबा साहेब ने उनके पत्र मिलने पर उन्हें सूचित किया कि वे अपने लिखित भाषण में कुछ भी बदलने को तैयार नहीं। दूसरे, वे इस सम्मेलन में भाग भी नहीं लेना चाहेंगे। मण्डल कोई बड़ा सम्मेलन तो नहीं कर पाया परन्तु सम्मेलन में उनकी तकरीर पढ़ी गयी।

उस सभा में भाग लेने वाले सभी लोग तथाकथित ऊँची जातियों के हिन्दू थे। केवल सन्तराम जी सम्पादक 'क्रान्ति' पिछड़ी जाति से सम्बन्ध रखते थे। वे कट्टर आर्य समाजी और हिन्दू धर्म के समर्थक थे। परन्तु वे बाबा साहेब अम्बेडकर के अनुयायी भी थे और बाबा साहेब भी सन्तराम जी की इज़्ज़त करते थे।

'क्रान्ति' में बाबा साहेब अम्बेडकर के अंग्रेज़ी में लिखे लेखों का अनुवाद छपता रहता था। जात-पात तोड़क मण्डल की कॉन्फ्रेंस 1936 में होनी थी परन्तु वह हो न सकी। परन्तु सन्तराम जी ने बाबा साहेब से सम्पर्क बनाये रखा।

सन्तराम जी ने गाँधी जी को एक पत्र लिखा और प्रार्थना की कि यह पत्र 'हरिजन' में छाप दिया जाये। इस पत्र में जात-पात जोड़क मण्डल की कॉन्फ्रेंस में बाबा साहेब अम्बेडकर को भाषण के लिए बुलाने का भी ज़िक्र था। गाँधी जी ने उस पत्र के कुछ भाग अपनी पत्रिका 'हरिजन' के 15 अगस्त, 1936 वाले अंक में छाप दिये और साथ ही वर्ण व्यवस्था तथा जाति व्यवस्था के बारे में अपने विचार भी व्यक्त किये।

सन्तराम जी ने अपने पत्र में लिखा था–

"हमने बाबा साहेब डॉ. अम्बेडकर को अपनी कॉन्फ्रेंस में अध्यक्षता करने के लिए इस कारण से नहीं आमन्त्रित किया था कि वे अछूत जाति से सम्बन्ध रखते थे क्योंकि हम एक अछूत हिन्दू या ग़ैर-अछूत हिन्दू में भेदभाव नहीं रखते।

इसके विपरीत हमने इसलिए उन्हें बुलाने का फ़ैसला किया था क्योंकि जात-पात की जानलेवा बीमारी के बारे में उनकी मान्यता वैसी ही है जैसी हमारी--अर्थात् उनका भी यही विश्वास है कि जाति व्यवस्था ही हिन्दुओं की कमजोरियों, तबाही और पिछड़ेपन का मूल कारण है।"

## सन्तराम जी भी जातीय घृणा के शिकार हुए

सन्तराम जी पंजाब में पैदा हुए थे। उनके जीवन पर लिखे एक लेख में एक हिन्दू लेखक ने लिखा है–

"वे पुरानी बसी, होशियारपुर ज़िला में पैदा हुए थे। (पुरानी बसी की हिन्दू जनता में अधिकतर कुम्हार जाति के लोग ही रहते हैं जिन पर कुम्हार का लेबल ही लगा है। मिट्टी के बर्तन आदि वे बनाते।) सन्तराम जी कुम्हार जाति से सम्बन्ध रखते थे परन्तु उनके पिता और परिवार के लोग कुम्हार का काम नहीं करते थे। उनके पिता व्यापार में लगे थे और लद्दाख, सीकिआंग के अन्तर्गत व्यापारी थे इसीलिए तीन-तीन, चार-चार वर्ष उधर ही ठहरे रहते थे। साम्यवादी रूस के प्रभुत्व से पूर्व आपके चार भाई भी मध्य एशिया में ही व्यापार करते थे।" (अखिल विनय एम.ए., पृ. 31)

कुम्हार लोग मिट्टी के बर्तन आदि बनाने का काम करते थे। आज भी कुछ लोग छोटे शहरों और गाँवों में अपनी रोज़ी कमाने के लिए यही काम करते हैं। मिट्टी के बर्तन बनाना किसी दृष्टि से भी गन्दा या नीचा काम नहीं। पीतल, ताँबे तथा काँसे के बर्तन बनाने वाले टमटा, ठठेरे, कसार आदि कहलाते हैं। सवर्ण जातियों के लोग उनको भी नीचा मानते हैं। बर्तन बनाना, चाहे वह मिट्टी के हों या पीतल, काँसे, ताँबे आदि किसी भी धातु के हों, किसी दृष्टि से भी गन्दा या नीचा काम नहीं कहा जा सकता, परन्तु हिन्दू धर्म के अनुयायी विशेषकर ब्राह्मण, क्षत्रिय आदि, ईमानदारी से अपनी रोज़ी कमाने वाले दस्तकारों को सदियों से 'नीचा' ही मानते आये हैं। इसी कारण लोहार, ठठेरे, टमटा, बढ़ई, जुलाहा आदि दस्तकारों को हिन्दू नीचा समझते थे और उनसे घृणा करते थे। सन्तराम जी भी इस घृणा के शिकार हुए।

हिन्दू राजनीतिक तथा सामाजिक संस्थाओं तथा आर्य समाज के प्रचारकों के प्रोपेगैंडा तथा दबाव के कारण कुम्हार जाति को उत्तरी भारत में अछूत (अनुसूचित) जातियों में शामिल नहीं किया गया था। परन्तु मध्य प्रदेश में 1981 की जनगणना से सामने आये कुम्हार जाति के 121 लोगों को अनुसूचित जाति में गिना गया। इसी प्रकार उत्तर प्रदेश में उनकी गिनती शिल्पकार कुम्हार के नाम से की गयी परन्तु कुछ हज़ार लोग ही इस जाति में गिनती के लिए सामने आये।

सन्तराम जी गाँव के स्कूल में पढ़ते थे। वहाँ के लोग उनकी जाति के बारे में जानते थे और वे इनसे घृणा करते थे। अछूत माने जाने वाले लोगों को स्कूल में पानी पीने के लिए अध्यापक से प्रार्थना करनी पड़ती थी और वह किसी सवर्ण जाति के लड़के को पानी पिलाने के लिए भेजता था जो ऊपर से पानी डालता था और अछूत माने जाने वाले लोग ओक से पानी पीते थे। सन्तराम जी जिस स्कूल में पढ़ते थे वहाँ अध्यापक भी उनके कुम्हार परिवार से सम्बन्ध होने के कारण घृणा करता था।

सन्तराम जी के एक मित्र और सहयोगी डॉ. कर्मचन्द्र थे। वे बहुत बड़ी-बड़ी डिग्रियाँ प्राप्त किये हुए थे। वे भी पंजाब के रहने वाले थे और नाई जाति में पैदा हुए थे। उनके स्कूल और कॉलेज के विद्यार्थी भी उनकी जाति के बारे में जानते थे। उनको नीचा दिखाने के लिए उनके क्लास में आने से पहले विद्यार्थी उनका मज़ाक़ उड़ाने के लिए ब्लैकबोर्ड पर यह शब्द लिख देते थे–

*'Barber is coming get ready for shave'.*

*'नाई आ रहा है हजामत के लिए तैयार हो जाओ।'*

उनके साथ अध्यापकों का व्यवहार भी अच्छा नहीं था। उन्होंने पंजाब छोड़ने का फ़ैसला कर लिया और मद्रास यूनिवर्सिटी में नौकरी पा ली। वे कुम्भकोनम आदि शहरों में कॉलेज में प्रिंसिपल रहे और यहीं से रिटायर होने के बाद बच्चामहल रोड बैंगलोर में एक मकान लेकर वहीं रहने लगे। दक्षिण में ही उन्होंने एक ब्राह्मण स्त्री से विवाह कर लिया था।

बीस वर्ष की आयु में जब वे गवर्नमेंट कॉलेज, लाहौर में पढ़ते थे उन्हें जाति व्यवस्था का...दुखदायक अनुभव हुआ। जब उनके साथ पढ़ने वाले विद्यार्थियों को पता चला कि सन्तराम जी का जन्म शूद्रों की दस्तकारी करने वाली जाति (कुम्हार) में हुआ था जो हिन्दुओं के चारों वर्णों में सबसे नीची मानी जाती थी तो उन्होंने कॉलेज के हॉस्टल में उनके साथ बैठ कर खाना खाने से इनकार कर दिया।

कॉलेज के प्रिंसिपल का झुकाव भी विद्यार्थियों की ओर था।

## बाबा साहेब डॉ. अम्बेडकर और सन्तराम जी

सन्तराम जी बाबा साहेब अम्बेडकर के बड़े प्रशंसक थे। बाबा साहेब भी उनके जाति व्यवस्था के विरुद्ध संघर्ष के कारण उनकी बहुत इज़्ज़त भी करते थे। वह सब 'क्रान्ति' उर्दू में छपता था। वह अपने क़िस्म की एक उम्दा मैगज़ीन थी। बाबा साहेब उर्दू नहीं पढ़ सकते थे परन्तु उन्होंने स्कूल में फ़ारसी पढ़ी थी, वे कुछ लेखों को या उनके कुछ हिस्सों को देख लेते थे कि किस प्रकार के विचार रखे गये हैं।

सन्तराम जी ने बाबा साहेब अम्बेडकर के बारे में एक लेख 1945 में 'संसार' नाम की एक पत्रिका में लिखकर भेजा। 'संसार' के सम्पादक ने उस लेख की एक कॉपी बाबा साहेब के पास भेजी। अपने पत्र में 'संसार' के सम्पादक ने यह लिखा, "जो कुछ इस लेख में आपके बारे में लिखा गया है, क्या आप उससे सहमत हैं?" ज़ाहिर है उसे यक़ीन नहीं आ रहा था। क्योंकि बाबा साहेब की स्वतन्त्र विचारधारा अछूतों के दृष्टिकोण तथा उनके हित में लिखने के कारण

आमतौर पर हिन्दू पत्रकार उनके विरुद्ध लिखते रहते थे। हो सकता है सन्तराम जी का लेख उनको अजीब-सा लग रहा हो। क्योंकि सन्तराम जी बाबा साहेब के बड़े प्रशंसक थे। दूसरा कारण यह भी हो सकता है कि बाबा साहेब अम्बेडकर, वायसराय की एग्जीक्यूटिव काउंसिल में लेबर मेम्बर थे।

सन्तराम जी उन्हें पत्र लिखते रहते थे, परन्तु समय के अभाव के कारण बाबा साहेब सभी पत्रों का उत्तर नहीं दे पाते थे। सन्तराम जी ने उनकी गिरती हुई सेहत के बारे में लिखा। अपने एक पत्र में सन्तराम जी ने एक दवा के बारे में बाबा साहेब को लिखा। बाबा साहेब ने उन्हें वह दवाई भेजने को लिखा। बाबा साहेब अपनी शारीरिक तकलीफ़ों से बहुत परेशान थे। वह न तो शराब, सिगरेट आदि पीते थे, न कोई बुरी आदत उनमें थी। वह सादा खाना खाते थे परन्तु शायद घण्टों तक लिखने-पढ़ने के काम में व्यस्त रहने और बैठे रहने के कारण उनका स्वास्थ्य ख़राब रहने लगा था।

सन्तराम जी 'क्रान्ति' के सम्पादक की हैसियत से बहुत कुछ लिखते थे, परन्तु उनका निशाना 'जात-पात' और 'जाति व्यवस्था' था। इसके अतिरिक्त भी उन्होंने 70 से ज़्यादा पुस्तकें लिखीं जिनमें अनुवाद, लेख आदि शामिल हैं। परन्तु 1945 में लिखी पुस्तक 'हमारा समाज' मौलिक रचना थी। वे उसे अपनी एक बहुत महत्त्वपूर्ण रचना समझते थे। उस पुस्तक की एक कॉपी उन्होंने बाबा साहेब अम्बेडकर को भेजी। वे इस पुस्तक के बारे में बाबा साहेब के विचार जानना चाहते थे। बाबा साहेब उस समय (1948) केन्द्रीय सरकार में क़ानून मन्त्री और संविधान बनाने वाली कमेटी के चेयरमैन भी थे। उन दिनों उन पर काम का बहुत बोझ और दबाव था। सन्तराम जी के बार-बार याद दिलाने के बावजूद वह 'हमारा समाज' पर अपने विचार लिख कर सन्तराम जी को न भेज सके। परन्तु उन्होंने एक पत्र में सन्तराम जी को लिखा–

"विधानसभा में इतना काम मेरे सिर पर है कि मुझे समय नहीं मिलता कि कुछ और सोच सकूँ। अब तो यह हालत हो गयी है कि मैंने पत्रों का उत्तर लिखना भी बन्द ही कर दिया है। पत्र का उत्तर न देने की शिकायत करने वाले आप अकेले व्यक्ति नहीं हैं।"

जात-पात तोड़क मण्डल स्थापित करने के बाद सन्तराम जी ने दो पत्रिकाएँ निकालना शुरू किया। हिन्दी में छपने वाली पत्रिका का नाम 'युगान्तर' रखा गया। यह पत्रिका 1932 में शुरू की गयी और ख़रीदार न मिलने के कारण कुछ महीने बाद बन्द करनी पड़ी।

जात-पात तोड़क मण्डल की स्थापना के बाद 'जात-पात तोड़क' नाम से एक मासिक पत्रिका (हिन्दी) निकाली जिसका नाम बदल कर 'क्रान्ति' रखा गया, परन्तु 'क्रान्ति' उर्दू में छापी जाने लगी। उर्दू में छपने वाली 'क्रान्ति' अपने क़िस्म की एक पत्रिका थी जिसमें जात-पात, छुआछूत और अन्धविश्वास के विरुद्ध प्रगतिशील लेखकों के लेख छपते रहते थे। 'क्रान्ति' पंजाब के बाहर भी अन्य सूबों में पढ़ी जाती थी।

'क्रान्ति' 32 लाहौर से 1947 तक छपती रही। 1947 में देश का बँटवारा हो गया। फ़साद दोनों देशों में होने लगे। पाकिस्तान में हिन्दुओं को मारा जाने लगा। भारत में कई स्थानों पर मुसलमानों को मारा जाने लगा। 'क्रान्ति' 1976 में बन्द करनी पड़ी। सन्तराम जी लाहौर छोड़कर भारत में अपने पुराने गाँव पुरानी बसी, होशियारपुर में आ गये। यहाँ आकर उन्हें कई मुश्किलों का मुक़ाबला करना पड़ा। वे बाबा साहेब अम्बेडकर से मिलने दिल्ली आये। यहाँ उनके रिश्तेदार, मित्र और प्रशंसक भी थे परन्तु उस समय दिल्ली शरणार्थियों का गढ़ था।

भारत में सन्तराम जी कुछ पत्र-पत्रिकाओं में उर्दू और हिन्दी में लेख लिखते रहे। आप जाति व्यवस्था के बारे में अपनी विचारधारा का प्रचार करने के लिए कुछ लेख आदि भी लिखते रहे। उन्होंने कई पैम्फलेट और छोटी-छोटी पुस्तकें लिखीं और छपवायीं। कुछ के नाम निम्नलिखित हैं–

1. जात-पात तोड़ दो
2. युग धर्म (1953)
3. हिन्दुओ सँभलो (1953)
4. हमारा निराकार शत्रु (1954)
5. हमारी यह जात-पात (1956)
6. वास्तविक उपाधि क्या? (1956)
7. 'कौन जात' (1957)
8. जात-पात समस्या और उसका समाधान (1957)
9. भारत का भविष्य (1954)
10. जात-पात के सम्बन्ध में कुछ कड़वे फ़ैसले/अनुभव (1958)
11. अन्तरजातीय विवाह ही क्यों? 1959

### भगवान दास और सन्तराम बी.ए.

मेरा जन्म 23 अप्रैल को जतोग छावनी शिमला में हुआ। मेरे पिता का नाम रामदित्ता (राम दत्ता) और माँ का खैरातन था। हम अपने पिता को अब्बा और

माँ को अम्मा कहकर बुलाते थे। माँ मुस्लिम धर्म को मानने वाले परिवार से थी और लखनऊ की रहने वाली थी। यहाँ हमने उन्हें रोज़ा-नमाज, मुस्लिम त्यौहार मनाते तो नहीं देखा परन्तु वह सूअर का मांस नहीं खाती थी। पिता और परिवार में सभी मांस खाना पसन्द करते थे। वह गाय का मांस, भेड़, बकरी, मुर्गा आदि का मांस पकाती थी। केवल मैं ही एक व्यक्ति था जिसे मांस खाना पसन्द नहीं था और मैं दाल, सब्ज़ी, दूध, चाय, दही से रोटी खा लेता था। गाय का मांस सस्ता मिलता था। मैं शिमला मार्किट से स्कूल से वापसी पर लाता था। तीन आने का सेर और बकरे का छह आने, आठ आने का सेर मिलता था। मेरे अब्बा को पढ़ने का बहुत शौक़ था और वे उर्दू, हिन्दी, पंजाबी की किताबें, रिसाले, पत्र-पत्रिकाएँ पढ़ते रहते थे। दूसरा शौक़ हिकमत और आयुर्वेद की किताबें पढ़ना, दवाइयाँ आदि भी बनाते रहते थे।

मुझे भी किताबें पढ़ने का बहुत शौक़ था। स्कूल और घर में जो किताबें मिल सकती थीं, वह पढ़ता था। जिन स्कूलों में मैं पढ़ा, वहाँ की लायब्रेरियों तथा शिमला की म्युनिसिपल लायब्रेरी में भी अच्छी किताबें और रिसाले मिल जाते थे। वह भी मैं पढ़ता था। कुछ पत्र-पत्रिकाएँ अपने साथ पढ़ने वाले मित्रों से भी पढ़ने के लिए ले लेता था।

मैं जतोग के प्राइमरी स्कूल से चौथी कक्षा पास करके बालूगंज में म्युनिसिपल कमेटी के लॉयर मिडल स्कूल में पाँचवीं कक्षा में दाख़िल हुआ। वहाँ हफ़्ते में दो दिन वर्जिश, मार्च आदि करवाई जाती थी। हमारे जतोग के स्कूल में पढ़ाई-लिखाई पर ज़ोर दिया जाता था। खेलकूद आदि पर कम। इसका कारण वर्षा तथा ठण्ड आदि थे। परन्तु बालूगंज के स्कूल में हफ़्ते में दो दिन एक मास्टर आते थे और ड्रिल क़रवाते थे। मुझसे पहले ही हफ़्ते में कुछ गलतियाँ हो गयीं इस पर ड्रिल मास्टर ने मुझे मारा। फिर पूछा, "कौन जात के हो?" मेरा जवाब सुन कर उन्हें बहुत दुःख हुआ। "पहले क्यों नहीं बताया, अब मुझे नहाना पड़ेगा।" मैंने घर आ कर अपने पिता को ड्रिल मास्टर द्वारा की गयी मारपीट और फिर छुआछूत के बारे में बताया। मेरे वालिद अगले दिन स्कूल के हेड मास्टर से इस व्यवहार की शिकायत करने गये। हेड मास्टर साहब ने, जिनका नाम दुर्गादास था—बड़े गौर से हमारी शिकायत सुनी और मुझे आइन्दा ड्रिल में न जाने को कहा। "तुम लायब्रेरी में बैठ कर रिसाले, पुस्तकें आदि पढ़ा करो।"

मैं इतवार के रोज़ गिरजा जाता था। हमारे पड़ोस में रहने वाले अंग्रेज़ मिशनरी परिवार स्वयं बुलाने आते थे। दोनों मियाँ-बीवी हमारे अच्छे मित्र थे।

मेरे एक आर्य समाजी मित्र एक दुकान में काम करते थे। वे आर्य समाज मन्दिर में जाते थे। कभी-कभी वे मुझे भी साथ ले जाते थे। वहाँ वेदमन्त्रों का आचरण, हवन आदि होते थे। कोई विद्वान, वेदों और आर्य समाज पर भाषण देता था। मैं एक सिख डॉक्टर के बच्चों को पढ़ाता था। वे बर्मा से आये थे। उनके कहने पर मैं गुरुद्वारे भी जाने लगा परन्तु एक घटना हुई जिसने मुझे चौंका दिया और फिर मैं कभी गुरुद्वारे नहीं गया। किसी गुरु का जन्मदिन मनाया जा रहा था। उस दिन 'लंगर' का इन्तज़ाम भी किया गया। सब लोग गुरुद्वारे की एक दीवार के साथ बैठकर खाना खाने लगे। मैं भी वहाँ बैठ कर प्रसाद आदि खाने लगा। वहाँ एक सुनार डॉ. जीवन सिंह कहने लगा, "तुसी तो चूहड़े, चमारां नू वी साडे नाल बिठा के खिलान लग पए।"

उसका इशारा मेरी तरफ़ था। मुझे मालूम नहीं था डॉ. जीवा सिंह ने उसे क्या जवाब दिया परन्तु मैं फ़ौरन उठ कर चला आया और फिर कभी बुलाने पर भी उस गुरुद्वारे में दाख़िल नहीं हुआ। एतराज़ करने वाला या शिकायत करने वाला सुनार था और सुनारों की गिनती 'शूद्रों' में होती है। जिस व्यक्ति से वह शिकायत कर रहे थे वह गुरुद्वारे की कमेटी में ऊँचे पद पर बैठे थे। परन्तु 'रामगढ़िया' जाति से सम्बन्ध रखते थे। आमतौर पर बढ़ई और लोहार अपनी जाति का नाम 'रामगढ़िया' बताते हैं। रामगढ़िया मिसल के लोग तरखान आहलूवालिया मिसल के अधिकतर लोग कलाल जाति तथा रमदासिया चमार जाति से सम्बन्ध रखते थे। सिख गुरुओं ने जाति व्यवस्था के विरुद्ध प्रचार तो किया परन्तु जाति व्यवस्था को ख़त्म करने के लिए कोई ठोस क़दम नहीं उठाये। नतीजे के तौर पर सिख समाज आज भी जातियों में बँटा हुआ है। यदि कोई व्यक्ति इस पर सन्देह करता है तो उसे दैनिक पत्रों के 'वर की तलाश' पर एक नज़र डालनी चाहिए। ये इश्तिहार समाज की एक तस्वीर पेश करते हैं।

अछूत जाति जो अछूतों में भी अछूत मानी जाती थी, में पैदा होने वाला मैं पहला व्यक्ति था जिसका लेख लाहौर से छपने वाली एक प्रसिद्ध पत्रिका 'क्रान्ति'-56 में 1943 में छपा था। और शिमला में रहने वाले अछूतों में मैं दूसरा व्यक्ति था जो केन्द्र के एक दफ़्तर में बतौर क्लर्क भरती हुआ था। 1942 में मैंने मैट्रिक पास किया। उस समय मेरी आयु 15 वर्ष की थी। कम उम्र होने के कारण मुझे सरकारी नौकरी नहीं मिल सकती थी। श्री लक्ष्मण सिंह मल्होत्रा वाल्मीकि जाति में जन्मे पहले व्यक्ति थे जो शिमला म्युनिसिपल कमेटी में क्लर्क नियुक्त हुए थे। वे पंजाबी भाषी थे। आर्य समाजी विचारधारा के थे। कई हिन्दू उनके अच्छे मित्र थे।

वह गाँधी जी और काँग्रेस के अनुयायी थे। परन्तु उन्होंने मुझे नौकरी दिलाने में मदद की थी। वर्ष 1943 मई के महीने में मेरे पिता की मृत्यु हो गयी और परिवार का पूरा बोझ मेरे कन्धों पर पड़ गया। एक महीने बाद घर में आग लग गयी और सब कुछ जल गया। आग पड़ोसी के घर से लगी थी। वे शिमला जाने से पहले चूल्हे पर गोश्त वग़ैरा रख कर घर में ताला लगाकर चले गये थे। शिमला में लॉयर बाज़ार में उनकी घड़ी साज की दुकान थी। जतोग में कोई आग बुझाने वाला फायर बिग्रेड नहीं था। शिमला के फायर ब्रिगेड ने आने से इनकार कर दिया। हम कैन्टोनमेंट के इलाक़े में नहीं आयेंगे। घर में टंकी में रखा पानी ख़त्म हो गया। आग बढ़ती गयी। पड़ोस के कुछ लोग मदद के लिए आये परन्तु पानी के बग़ैर आग कैसे बुझाते। मैं और एक साथी स्टेशन स्टाफ ऑफ़िसर कैप्टन वेस्ट एक अंग्रेज़ अफ़सर के पास गये और मदद माँगी। उसने बहुत हमदर्दी दिखाई। वहाँ के फ़ौजी जवानों को आदेश दिया—कुछ भी करो आग फैलने से रोको। फायर ब्रिगेड शिमला को अपना परिचय दिया और आदेश दिया। "वे जल्दी से वहाँ पहुँचें।" एक अंग्रेज़ अफ़सर के आदेश को टालना मुश्किल था। आग फैलने से रोकने के लिए दीवारें गिराई गयीं और अंग्रेज़ छावनी को पानी पहुँचाने वाला इंजन चलाया गया तब कोई आधे घण्टे के बाद पानी और फायर बिग्रेड पहुँचा और आग से दूसरे घरों को बचाने की कोशिश की गयी परन्तु हम पूरी तरह तबाह हो चुके थे।

मेरे पिता (हमारे परिवार में पिता को अब्बा कहते थे) ने मुझे धर्मों की पुस्तकें पढ़ने की शिक्षा दी। घर में गीता, रामायण, बाइबिल, जपजी साहब और कादियानियों की कुछ किताबें, रिसाले आदि आते रहते थे। मैं इतवार को गिरजा भी जाता था और गुरुद्वारे भी। सिखों का सत्संग या भजन कीर्तन सुबह होता था। चर्च में मैं सुबह की सर्विस में नहीं जाता था, दोपहर के बाद की मीटिंग में जाता था। एक अंग्रेज़ मिशनरी परिवार हमारे घर के नज़दीक एक मकान में रहता था। वे लन्दन के रहने वाले थे। उनका नाम सी.एफ. एंड्रयूज था। उनकी पत्नी का नाम इडिथ था। वह परिवार हमसे बहुत प्यार करता था। मैं दफ़्तर जाते हुए उनके घर होता हुआ जाता था। नाश्ते के बाद वह बाइबिल का एक पाठ पढ़ते थे। हम तीनों कुछ-कुछ आयतें पढ़ते थे और फिर वह मसीही तरीक़े से प्रार्थना करते थे जिसमें मैं भी शामिल होता था। उसके बाद मैं अपने दफ़्तर जाता था। इतवार को सुबह गुरुद्वारे जाता था। वे लोग अथ साहेब का पाठ करते थे। भजन आदि गाते थे। गुरु नानक जन्मदिन, गुरु तेगबहादुर का शहीदी दिन तथा गुरु गोविन्द सिंह जी का जन्मदिन बड़ी शान से मनाया जाता था।

हम लोग भी चन्दा देते थे, यद्यपि हम सिख नहीं थे। हम अछूतों का हिन्दू मन्दिरों में जाना या उनके कीर्तन तथा धार्मिक सभाओं में जाने का सवाल ही पैदा नहीं होता था। वह लोग अछूतों से घृणा करते थे। सन्तराम जी की उर्दू मैगज़ीन 'क्रान्ति' में मेरा पहला लेख छपा। मेरी आयु उस समय 15-16 वर्ष की थी। बहुत पत्र आये और मुझे हैरानी हुई। सन्तराम जी से मेरी मुलाक़ात तो पहली बार 1947 में हुई, परन्तु पत्र-व्यवहार होता रहा। किसी ने उनसे कह दिया कि मैं ईसाई धर्म अपनाने जा रहा हूँ। इस पर उन्होंने एक पत्र भेजा। जिसमें कई विषयों के बारे में लिखा था परन्तु धर्म परिवर्तन के बारे में उन्होंने जो नसीहत दी वह नीचे लिखी जा रही है।

*"मज़हब इन्सान की अपनी आत्मा और परमेश्वर के दरम्यान तअलुक का नाम है। यह आपकी जो जाति चीज़ है, इसका सोसायटी के साथ कोई तालुक नहीं। आप किसी भी तरीक़े से ईश्वर पूजा करें, इबादत करें मगर आपको हिन्दू समाज को छोड़ना नहीं चाहिए। इनमें बेशुमार नुक्स होते हुए कई ख़ूबियाँ हैं जो दुनिया के किसी दूसरे समाज में नहीं मिलतीं। आपको हिन्दी का अध्ययन भी ज़रूर करना चाहिए तब आप समझ सकेंगे कि जिसे आज मज़हब या धर्म कहा जाता है, वह सच्चे धर्म से कितनी मुख़्तलिफ़ चीज़ है। इस्लाम, ईसाइयत, सिख मत फिरके हैं। मगर धर्म एक आलमगीर चीज़ है। उसके बग़ैर दुनिया का निजाम क़ायम रह नहीं सकता। कभी आपसे मिलने पर इस मुआमले में मुकम्मल बातचीत हो सकती है। खानपान का धर्म से कोई सम्बन्ध नहीं है। छुआछूत और जात-पात अज्ञानी लोगों की बनाई हुई चीज़ें हैं।"*

सन्तराम जी से मेरी पहली मुलाक़ात दिल्ली में 1947 में हुई। उन्होंने 'क्रान्ति' दोबारा छापना शुरू किया परन्तु वह चल नहीं सका। जात-पात तोड़क मण्डल भी स्थापित किया परन्तु उसमें भी देश के बँटवारे के बाद लोगों ने कोई दिलचस्पी नहीं दिखाई।

## सन्दर्भ

1. भगवानदास, 'डॉ. अम्बेडकर और सन्तराम बी.ए.', सिद्धार्थ बुक्स, शाहदरा, 2018

# अम्बेडकरी होने का अर्थ

## एल.आर. बाली

*पंजाब से सम्बन्धित एल.आर. बाली दलित समाज के सम्भवतः पहले ऐसे लेखक/पत्रकार और सामाजिक कार्यकर्त्ता हैं, जिन्होंने देश के विभिन्न राज्यों/शहरों में ही नहीं बल्कि विदेश में भी जनसम्पर्क के लिए ख़ूब यात्राएँ की हैं। 2018 में उनकी आत्मकथा 'अम्बेडकरी होने का अर्थ' आयी है जिसके माध्यम से बहुत-से तथ्य उजागर होते हैं।*

लेखक के शब्दों में, डॉ. भीमराव अम्बेडकर क़ानून मन्त्री के पद से 28 अप्रैल, 1951 को त्यागपत्र देने के बाद दिल्ली की सिविल लाइंस के अलीपुर रोड के किराये के बँगला नम्बर 26 में रहने लगे थे। इसी बँगले में 30 सितम्बर, 1956 को 'शैड्यूल्ड कास्ट्स फेडरेशन' की कार्यकारिणी की अन्तिम बैठक बाबा साहेब की अध्यक्षता में हुई। मैं उस समय केन्द्र सरकार में नौकर था इसलिए मैं फेडरेशन की कार्यकारिणी का सदस्य नहीं था। मैं 'शैड्यूल्ड कास्ट्स फेडरेशन' की पंजाब शाखा के नये अध्यक्ष डॉ. भगत सिंह की जान-पहचान कराने के लिए 26 अलीपुर रोड पर मौजूद था। इस बैठक में दो बहुत ही महत्त्वपूर्ण फ़ैसले किये गये, जैसे :

'शैड्यूल्ड कास्ट्स फेडरेशन' को भंग करके उसके स्थान पर 'रिपब्लिकन पार्टी ऑफ़ इंडिया' नाम की एक नयी राजनीतिक पार्टी गठित की जाये।

अनेक पारित प्रस्तावों में एक प्रस्ताव यह भी था कि राजनीतिक रिज़र्वेशन (विधानसभाओं और लोकसभा में अनुसूचित जातियों व अनुसूचित जनजातियों के लिए आरक्षण) समाप्त किया जाये क्योंकि आरक्षित-स्थानों से चुने जाने वाले विधानसभा व लोकसभा सदस्य दलित वर्गों का सच्चाई व ईमानदारी से प्रतिनिधित्व करने की बजाय अपने मालिकों के ज़्यादा वफ़ादार सिद्ध हुए हैं।

बैठक लम्बी चली। बाबा साहेब थकान महसूस करने लगे। उनको बाहर बरामदे में बैठाया गया तो उनको गश सा आ गया। उनको भीतर ले जाकर ऑक्सीजन दिया गया। मैं उन द्वारा ख़ाली की गयी कुर्सी पर कई घण्टे बैठा रहा। सभी लोग चले गये। समय अनुकूल देख मैं अन्दर चला गया और बाबा साहब को वचन दिया कि मैं 'अम्बेडकर मिशन' के लिए आजीवन कार्य करूँगा।

6 दिसम्बर, 1956 को बाबा साहेब के महापरिनिर्वाण के दिन मैंने अपनी स्थायी सरकारी नौकरी से त्यागपत्र दे दिया। नियम के अनुसार एक महीने का नोटिस देने की बजाय मैंने एक महीने का वेतन जमा करवाया और इस तरह सरकारी नौकरी से फारिग हुआ और अम्बेडकर मिशन के कार्य में जुट गया।

वे लिखते हैं, मेरे बाबा की चार सन्तानें थीं : तीन बेटे और एक बेटी। उनके नाम हैं : (1) हरनाम दास (2) भगवान दास (3) गुरसरण दास और बेटी। तीनों भाई शिक्षित थे। उनमें गुरसरण दास यूनानी चिकित्सा पद्धति के 'हकीम हाजक' थे। वह अपने काम में बड़े माहिर थे। तीनों भाई ऊँचे क़द के गोरे और सुडौल शरीर के थे। मेरी दादी भी बड़े ऊँचे क़द की थी। वह कड़ुवे स्वभाव की थी। उसका व्यक्तित्व इतना प्रभावशाली था कि उसकी बहुएँ उससे सदा भयभीत रहती थीं। किन्तु वह उनकी सुरक्षक व संरक्षक भी थीं।

मेरे जन्म से पूर्व सारा परिवार एक ड्योढ़ी के भीतर बने मकानों में निवास करता था। बाद में यह ड्योढ़ी मरम्मत न होने के कारण शनैः-शनैः गिरती चली गयी। ड्योढ़ी के भीतर केवल हरनाम दास रह गये। शेष भाई दो अलग-अलग मकानों में रहने लगे। ड्योढ़ी में चौगान में एक छोटा चबूतरा बना था जिसमें एक अत्यन्त छोटा-सा कमरा था। उस कमरे में नाग पूजा होती थी और चिराग किया जाता था। परिवार को 'चेला-परिवार' कहते थे किन्तु बाबा ने वह सब पूजा छोड़ दी थी।

जिस मकान में मेरा जन्म हुआ उसके आगे-पीछे दो बड़े कमरे थे। रसोई अलग थी। उसमें पक्का जीना था। रसोई पर चौबारा था जिसमें बाबा रहा करते थे। एक दुकान सड़क के किनारे थी जिसमें गुरसरण दास 'डॉक्टरी' किया करते थे। शहर वाली दुकान में जूते बनाने की फैक्टरी थी जिसमें पाँच-सात कारीगर हर समय काम किया करते थे। मेरे पिता एक साधारण व्यक्ति नहीं थे। वह जूता-साझी में इतने अच्छे कारीगर थे कि उनका फुटबाल खेलने के लिए बनाया गया बूट महीनों तक पानी में पड़ा रहे तो भी उसका टो (अगला भाग) गलता नहीं था। वह लोहे के फर्मे (कलबूत) इस्तेमाल करते थे। ख़ुद लकड़ी के फर्मे बना लेते थे। सारा शहर क्या सारे ज़िले में उनकी जूते बनाने में कीर्ति थी।

दूर-दूर से जूता-साखी का काम सीखने युवक उनके पास आते थे। कितने ही युवकों को उन्होंने काम सिखाया।

दिन में काम रात को मनोरंजन—ऐसा वातावरण था। उन दिनों पिताजी तबला बजाने में बड़े कुशल थे। जालन्धर के नज़दीक गाँव बडिंग के एक टीचर तारा चन्द नवांशहर में नियुक्त थे। वह बड़े सुन्दर थे और ख़ूब नाचते थे। पिता तबला बजाते, तारा चन्द टीचर नाचते और नेत्रहीन करम चन्द जो सफ़ाई मज़दूर परिवार से थे हारमोनियम बजाते। करम चन्द का मनचाहा गाना था :

*या तै तां मेरा यार न मिलाया*
*मैं क्या जाणा तेरी वे खुदाई*

अर्थात् ऐ खुदा (ईश्वर)! तूने मेरा प्रियतम नहीं मिलाया मैं तेरी खुदाई यानी सर्वशक्तिमान होने की हैसियत को क्या मानूँ?

पिता मुसलमान रईसों के साथ नवांशहर से लगभग 15 किलोमीटर स्थित जंगल में शिकार खेलने जाते। जंगली सूअर फ़सलें तबाह कर देते थे। उनको मार उनका मांस घर लाते। हम ख़ूब खाते। हमारे चाचा गुरसरण दास गोमांस खाने के शौक़ीन थे। वह मुसलमानों के बूचड़खाने से बढ़िया गोमांस लाते, ख़ुद खाते हमें भी खिलाते। इस तरह हम मांस खाते समय गाय या सूअर के मांस में कोई भेद नहीं करते थे।

शिकार के लिए बढ़िया नस्ल के कुत्ते पालना ज़रूरी होता है। पिताजी को कुत्ते पालने, बढ़िया मुर्गे रखने का भी शौक़ था। रोज़ी-रोटी कमाने के साथ-साथ सभी शौक़ भी जारी रहते थे।

देश की स्वतन्त्रता से पूर्व छुआछूत का बहुत ज़ोर था। स्कूल में मेरे साथ डेस्क पर रंजीत सिंह नामक लड़का बैठता था। हम दोनों में परीक्षा में अव्वल आने का मुक़ाबला चलता रहता था। वह कभी-कभार मुझे अंग्रेज़ी में कॉबलर (Cobbler—यानी मोची) कह कर पुकारता था। पहले तो मुझे कॉबलर का अर्थ पता नहीं चला। बाद में किसी के शब्दकोश में से जब इस शब्द का अर्थ देखा तो रंजीत सिंह की घृणा-भावना का पता चला। फिर मैंने उसकी ख़बर ली। तब वह रुका।

स्कूल घर से कुछ दूर स्थित था। गर्मियों के दिनों में स्कूल के मार्ग में एक व्यक्ति पीने के पानी के प्याऊ पर बैठता था। वह जानता था कि हम एक अछूत बस्ती से सम्बन्धित हैं। जब मैं उससे पानी माँगता तो वह बाँस का बड़ा टुकड़ा निकालता और उसमें में पानी पिलाता।

हमारी बस्ती में से जब एक (ऊँची बिरादरी की) मुसलमान औरत खाना लेकर अपने खेतों के लिए रवाना होती तो वह परे हो परे हो का शोर मचाती जाती। एक बार मेरे बड़े भाई जगन्नाथ का हाथ उसके खाना भरे टोकरे को लग गया। बस फिर क्या था एक जघन्य अपराध हो गया। मेरे पिता को उसकी क़ीमत अदा करनी पड़ी।

मेरे ससुर का पाकिस्तान में चमड़ा-रंगाई का कारख़ाना था जिसमें उस समय 15 से 20 व्यक्ति कार्यरत रहते थे। मेरी ससुराल का सारा परिवार, मेरी पत्नी सभी जायदाद लुटवा कर हिन्दोस्तान रेलगाड़ी की छत के ऊपर सवार हो कर अमृतसर पहुँचे।

डॉ. अम्बेडकर ने घोषणा की थी कि 'अछूतों' को पाकिस्तान तुरन्त छोड़ देना चाहिए। वहाँ से उनके निकास के लिए उन्होंने पण्डित जवाहरलाल नेहरू से कह कर सेना को नियुक्त करवाया था। सेना की नियुक्ति के कारण ही हज़ारों की संख्या में 'अछूत' सुरक्षित पाकिस्तान से हिन्दोस्तान पहुँच पाये। मेरे ससुर मिलखी राम हकीमपुर जो पूर्वी पंजाब में स्थित है, के निवासी थे किन्तु व्यापार के सिलसिले में पाकिस्तान में रहते थे। मेरा अपना परिवार तो कंगाल हो ही चुका था मेरे ससुराल वाले भी बुरी तरह आर्थिक-तंगी बल्कि असहाय ग़रीबी की चपेट में आ गये।

जालन्धर ज़िला भर में दो ही कॉलेज थे : एक दयानन्द ऐंग्लो वर्नाकूलर (डॉ.ए.बी. कॉलेज) और दूसरा दोआबा कॉलेज। जब मेरे बड़े भाई जगन्नाथ ने उसमें प्रवेश लिया तो वह निर्माणाधीन ही था। भाई जालन्धर में दो रुपये मासिक किराये के मकान में रहते थे। कॉलेज में प्रवेश के बाद उनको मियादी-बुख़ार हो गया जिससे उनके बाल तक उड़ गये और वह बहुत कमज़ोर हो गये। जैसे-तैसे उन्होंने इंटरमीडिएट की परीक्षा पास की।

पिताजी की ऊँचे पदों पर आसीन बड़े अधिकारियों के साथ संगत थी। उन्होंने बड़े भाई जगन्नाथ की सिफ़ारिश कराई और वह 17 वर्ष की आयु ही में 28 जुलाई, 1943 को केन्द्रीय सरकार की नौकरी में क्लर्क नियुक्त हो गये।

बाली जी जवाँ मर्द थे। पर अनुशासित जीवन बिताते थे। वे लिखते हैं कि कुछ दिन उन्हें एक रिश्तेदार के साथ रहना पड़ा, जिनकी तभी शादी हुई थी। दिन में बाबू तो ऑफ़िस चले जाते, पीछे रह जाती उनकी नवब्याही पत्नी। जो इशारतन उन्हें अपने यौवन और सुन्दरता के बल पर दावत देती। वे ऐसे में परेशान रहते। (पृ. 27)

इस उलझन से निपटने के लिए मैंने कोयले के एक डिपो के मालिक से जान-पहचान की। उन दिनों खाना पकाने का साधन 'पत्थर का कोयला' ही सस्ता पड़ता था। सुबह ही घर से नाश्ता करके दो-तीन रोटी साथ लेकर निकल जाता यह कह कर कि काम ढूँढ़ने जा रहा हूँ और कोयले के डिपो पर पहुँच जाता।

डिपो मालिक को और क्या चाहिए था—एक युवक वह भी मुफ़्त में! मैं बाबू जी के आने तक डिपो ही पर दिन गुज़ारता। कभी कोयला तोलता तो कभी साइकिल पर कोयला ढोता। इस संकट में आशा की एक किरण फूटी।

एक दिन कोई सज्जन कोयला लेने आये। मैंने कोयला तोला। मालिक को पैसे दिये। फिर कोयला ख़रीददार पूछने लगा : "कोयला घर पहुँचा भी दोगे?" मैंने हाँ कहा और पता लिखवा साइकिल पर कोयला लाद पैदल ही उसके घर तक पहुँच गया जो नयी दिल्ली के लोधी रोड पर था। उस तक ऊँची सड़क पर से होकर जाना पड़ता था। मेरे मुँह पर सर्दी का मौसम होने के बावजूद पसीना टपक रहा था।

उस सज्जन ने मुझे बैठाया, पानी पिलाया और दम लेकर वापस जाने को कहा। दम में दम आया तो उसने वार्तालाप शुरू की : "कौन हो, कहाँ से आये हो, कहाँ रहते हो, शिक्षित हो तो कहाँ तक?" मैं अपनी दर्दभरी और दया-पात्र कहानी सुनाता गया। वह सज्जन बड़े ध्यान से सुनते गये। उन पर मेरे हालात का प्रभाव तो पड़ा ही उनको मेरी बातचीत बहुत अच्छी लगी क्योंकि उसमें एक साधारण युवक से कहीं ज़्यादा गम्भीरता थी, सुलझापन था। उस सज्जन ने मुझे अपना परिचय-कार्ड दिया। उस पर दर्ज था :

ठाकुरदास<br>प्रशासक, गवर्नमेंट प्रेस<br>मिंटो रोड, नयी दिल्ली

मैं अपने प्रमाणपत्र लेकर कई किलोमीटर की पैदल-यात्रा करके श्री ठाकुरदास के पास पहुँचा। उन्होंने मुझे राजकीय प्रेस में कॉपी होल्डर की नौकरी पर रख लिया। 8 दिसम्बर, 1948 से मेरी नौकरी शुरू हुई। इस तरह बेरोज़गारी का दौर समाप्त हुआ और जीवन का एक नया अध्याय शुरू हुआ।

*दिल्ली जो शहर था आलम[1] में इन्तख़ाब[2]*<br>*हम रहने वाले हैं उस उजड़े दियार[3] के।*

---

1. दुनिया, 2. चुना हुआ, 3. देश।

मीर के समय में दिल्ली उजड़ चुकी थी। जिस दिल्ली में मैंने विभाजन के बाद प्रवेश किया वह मेरे देखते-देखते निर्जीव हो गयी और उसके स्थान पर शोर-शराबा व अपराधी स्वभाव इतना फैला कि वह समस्याओं में घिर गयी—न स्वच्छ जलवायु, न सेहतमन्द वातावरण, न पीने का साफ़ पानी, न भरपूर बिजली! ज़ौक़ की दिल्ली तेज़ी से एक स्वार्थी, लालची और घिनौना महानगर बन गया जिसमें मेरे जैसे व्यक्ति का कुछ दिनों में दम घुटने लगता।

भोगल से मिंटो पुल जहाँ सरकारी प्रेस में मेरी कॉपी होल्डर की नौकरी थी, मैं पैदल ही जाता-आता, क्योंकि न तो मेरे पास इतने पैसे थे कि साइकिल ख़रीद पाता। जब साइकिल ही पास नहीं थी तो चलाना कैसे आता। भोगल से जामा मस्जिद के नज़दीक उर्दू बाज़ार में उर्दू-फ़ारसी भाषाओं की नयी-नयी पुस्तकें ख़रीदने के लिए भी पैदल ही जाया करता था। तब यातायात की कोई सुविधा नहीं थी।

नयी दिल्ली के भोगल में चर्च रोड पर मिस्त्री मंगत राम की बिल्डिंग का एक कमरा किराये पर लेकर मैं रहने लगा। अपनी पत्नी को भी पंजाब से वहीं ले आया। मंगत राम के कोई सन्तान नहीं थी। मिस्त्री जी और उनकी पत्नी हमें अपनी सन्तान जैसा स्नेह देने लगे।

1948 में भोगल के आस-पास का सारा इलाक़ा उजाड़ था। अब भोगल और जंगपुरा बहुत घनी आबादी वाला इलाक़ा हो गया है।

उस खुले मैदान में अब बड़े-बड़े आलीशान बँगले बन चुके हैं। मैदान का कुछ भाग जो दलित वर्गों के क़ब्ज़े में रहा भी, दो भागों में विभाजित हो गया। एक भाग में रविदास मन्दिर है तो दूसरे भाग में बुद्ध विहार। वह बुद्ध विहार दिल्ली में मेरी एक स्थायी यादगार है। जब भी मैं दिल्ली जाता हूँ तो भोगल और बुद्ध विहार को देखने की प्रबल इच्छा होती है और समय व साधन के रहते वहाँ प्रायः जाता भी हूँ।

अम्बेडकर मिशन की लगन तो मुझे चाचा हकीम गुरसरण दास के कारण लग चुकी थी क्योंकि वह सेठ किशन दास कलेर के सहयोगी थे। तब सेठ किशन दास का पंजाब और कलकत्ता में चमड़े का बड़ा कारोबार था और उस ज़माने में उनके पास 'बयूक' कार थी। वही बाबा साहेब अम्बेडकर के आन्दोलन के पंजाब में स्तम्भ थे। उन्हीं के प्रयास से बाबा साहेब 1951 में पंजाब के दौरे पर आये थे। सेठ किशन दास कलेर 1937 से 1946 तक पंजाब विधान परिषद् के सदस्य भी रहे जिसके अधिवेशन लाहौर, जो अब पाकिस्तान पश्चिमी पंजाब की राजधानी है, में होते थे।

मैंने अम्बेडकर मिशन के प्रचार व प्रसार के लिए ज़िला गुड़गाँव को चुना जो 1966 के बाद हरियाणा का भाग बन गया है। भोगल में पढ़ाना और गुड़गाँव ज़िले में प्रचार करना और जनता के बीच सम्पर्क साधना ऐसे ही चलती रही जीवन की गाड़ी। ठाकुरदास जी जो सरकारी प्रेस के मुख्य प्रशासक थे मुझे बहुत प्यार करते और मेरी सामाजिक गतिविधियों में न केवल मुझे उत्साहित करते बल्कि वह मुझे सहायता भी देते। सच तो यह है कि वह मेरे घनिष्ठ संरक्षक ही बन गये थे क्योंकि वह भी बहुत प्रगतिशील विचारों के थे।

भोगल से कार्यालय और कार्यालय से घर आते-जाते समय विशेषतः लौटते समय मैं बाबा साहब के निवास स्थान बँगला नम्बर 1, हार्डिंग ऐवन्यू जिसे अब तिलक रोड का नाम दिया गया है पर रुकता। वहाँ विराजमान वरिष्ठ साथी जो काम सौंपते करता और फिर घर लौटता। मैं तब साइकिल चलाना सीख चुका था और साइकिल पर ही घूमता फिरता।

सन्तराम बी.ए. से मेरा जो सम्पर्क दिल्ली में हुआ वह उनके देहान्त तक जारी रहा। मैं प्रायः उनको उनके गाँव में मिलने जाता। उनकी इकलौती पुत्री 'गार्गी' से भी सम्पर्क बना रहा। सन्तराम बी.ए. ने जो बाबा साहेब के बहुत बड़े प्रशंसक बल्कि एक सच्चे व निष्ठावान पैरोकार थे लाहौर (पाकिस्तान) से उजड़ कर दिल्ली आ गये थे। दिल्ली ही से उन्होंने उर्दू मासिक पत्रिका 'क्रान्ति' प्रकाशित करना शुरू किया। ज्ञान चन्द जाहिद एम.ए. उनके सहयोगी थे। हमने यत्न किये किन्तु न तो 'क्रान्ति' पत्रिका चली और न सन्तराम जी को दिल्ली की जलवायु और सामाजिक वातावरण उपयुक्त लगा। इसलिए 'क्रान्ति' बन्द करके वह अपने पैतृक गाँव 'पुरानी बसी' में रहने लगे।

बाली जी की 306 पृष्ठीय इस आत्मकथा से पंजाब में होनेवाले दलित आन्दोलन का पूरी तरह से पता चलता है। उन्होंने लगभग 30 वर्षों तक नियमित रूप से 'भीम' पत्रिका का सम्पादन किया। इसके अलावा 20 से भी अधिक पुस्तकें लिखीं। मार्क ज्यर्गसमेयर के मतानुसार एल.आर. बाली बहुमुखी प्रतिभा के व्यक्ति रहे हैं। बाली जी के द्वारा 60 के दशक में डॉ. अम्बेडकर के जन्मदिन पर सरकारी छुट्टी कराने के आन्दोलन को कौन भुला पायेगा, जो सफल भी हुआ था।

बाली जी को शायरी का बहुत शौक़ था। उनकी आत्मकथा में वह सब मिलता है। उनके अनुसार बाबा साहेब का देश-विदेश में इतना प्रचार-प्रसार हो रहा है कि वर्तमान काल का नाम ही 'अम्बेडकरी युग' पड़ गया है। डॉ. अम्बेडकर

की विचारधारा ही भारत को बहुपक्षीय उन्नति व प्रगति की ओर अग्रसारित कर सकती है :

*हयाते-नौ की अभी तक उमंग बाक़ी है,*
*सियाहियों से उजालों की जंग बाक़ी है।*

## सन्दर्भ


1. India The Critical Years, New Delhi, 1971
2. भीम पत्रिका, 15 मई, 1966
3. Mainstream, New Delhi, 14 April, 2006
4. Religious Rebels in the Panjab by Mark Juergensmeyr, University of California Press, Barkeley, U.S.A., 1982
5. नवजीवन, 26, कालक यानी अँधेरा, शोषण व अन्याय आदि।
6. Times of India, New Delhi, dated 19 Feb. 2003

# नाटककार चरणदास सिद्धू का जीवन संघर्ष

नाटककार चरणदास सिद्धू शब्द-चित्र—यही नाम है उनकी जीवनी का। जिसका सम्पादन किया है रवि तनेजा ने। पुस्तक की समर्पण पंक्तियाँ देखें—बहादुर ज्ञान कौर सिद्धू के लिए जिसने बुढ़ऊ संग पचास बरस साथ निभाया।

हाँ, जी! धन सम्पत्ति से उसका कतई लगाव नहीं। उसके घर में केवल ज़रूरी वस्तुएँ हैं। चालू युग की अमीरी या रुतबे की निशानी उसके घर के अन्दर एक भी नहीं है। एक मेज़, एक कुर्सी और बिस्तर, बस! उसको इतने की ही ज़रूरत है। और वह इतना ही इस्तेमाल करता है। उसके सोचने की दूसरी आदतें भी उसके सम्पत्तिहीन रहने के मुताबिक़ हैं। ऐशो-इशरत का सामान, जैसे कि बिजली का पंखा (वह पंखे को विलासिता समझता है) वह कहता है, बन्दे को कमज़ोर बनाते हैं। उसका विचार है : सिर्फ़ वही लोग रेडियो सुनते हैं जो अपने आप से दूर भागना चाहते हैं, क्योंकि वे जीवन का सामना नहीं कर सकते। वह फ़िल्म देखने के ख़िलाफ़ है। खेलों के मुक़ाबले भी नहीं। इस क़िस्म के शग़लों को वह 'स्व-इच्छित अस्थायी मौत' का नाम देता है। वह कहता है, मैं दूसरे महत्त्वपूर्ण कार्यों को तरजीह देता हूँ। वे कौन-से 'महत्त्वपूर्ण कार्य' हैं, जो वह करता है/घनिष्ठ यारों-दोस्तों संग गप्पें हाँकना, उनमें से एक है। किताबें पढ़ना दूसरा है। लिखना एक और है। बाक़ायदा सिग्रेटें फूँकते हुए, और कभी-कभार शराब पीते हुए, वह एक क्षण से दूसरे क्षण तक ज़िन्दगी जीकर सन्तुष्ट है। इसका मतलब यह नहीं कि वह फ़िल्में देखने बिल्कुल नहीं जाता। वह जाता है, मगर उसका मक़सद कुछ और होता है। वह सोचता है, वह कुछ चुने हुए दोस्तों की सोहबत में कुछ घण्टे बिता लेगा।

ज़िन्दगी जैसे भी आती है, वह उसको स्वीकार करता है। उसको ज़िन्दगी में कुछ ज़्यादा मिलने की तमन्ना नहीं। इसी वजह से, ज़िन्दगी ने उसे जो कुछ दिया है, उसको उसी से सन्तोष है। कामयाबी उसको अहंकारी नहीं बनाती, असफलता उसका दिल नहीं ढाहती। क्योंकि उसको लगता है : ज़िन्दगी होती

ही इस तरह की है! तुम्हें सही धक्के भी लगते हैं और ग़लत ठुड्डे भी लगते हैं। तुम्हें दोनों क़बूल करने चाहिए। किसी भी मनुष्य की ज़िन्दगी निरी धूप या निरी छाँव नहीं होती। उसका विश्वास है : हर इन्सान सुख प्राप्त कर सकता है, बशर्ते कि उसने पक्का निश्चय किया हुआ हो।

होशियारपुर ज़िला में एक बहुत ही प्रसिद्ध गाँव भाम है। यह गाँव चूसने वाले आमों का कभी गढ़ हुआ करता था। यहाँ आमों के बाग़ भी थे और आम कुओं पर और खेतों की मेंड़ों पर भी लगाये जाते थे। अब ये आमों के बाग़ नहीं हैं। सब बाग़ काटे गये हैं। क्योंकि पके आम यानी टपके के आम बहुत देर तक रह नहीं सकते। उधर ढोने-ले जाने के अच्छे साधन न होने के कारण, बाहर दूसरे शहरों को भेजे नहीं जा सकते थे। आँधियाँ आने से बहुत सारे कच्चे आम गिर जाया करते थे। इनको सही ढंग से बरतने की अभी जाँच नहीं आयी थी, जिस कारण बाग़ों वालों को बहुत घाटा पड़ जाता था।

भाम में आम तौर पर ग्यारह क़िस्म के आम हुआ करते थे। इन आमों के नाम हैं : गोला, जौड़ा छल्ली, छल्ली पतासा, सिप्पी, करेला, सिन्धूरी, खरबूजा, भादवाड़ी, अचारू, मुरजू तथा अंगूरी। इस गाँव में सुन्दर प्राकृतिक दृश्य हुआ करते थे। इस तरह यह बहुत रमणीक गाँव था। इस गाँव में रेलूराम सिद्धू का पुत्र मनीराम सिद्धू रहता था। मनीराम सिद्धू बहुत मेहनती था। ख़ुशदिल इन्सान था। सादगी उसका गहना था। किसी के काम आना उसकी भक्ति थी। उसको निठल्लापन, सुस्ती, कमज़ोरी, फ़ैशन-परस्ती से बहुत नफ़रत थी। वह हरफनमौला था। उसको स्वच्छ कर्म से प्यार था। वह कई धन्धों का माहिर था। वह खाट बुनने का उस्ताद था। बारातों के लिए हलवा और ज़रदा बनाने का माहिर था। आमों के बाग़ लगाना उसका उत्तम शौक़ था। वह कच्चे आमों की पाल डालने में प्रवीण था। वह अन्दर और बाहर से एक था और बढ़िया गवैया था।

मनीराम के घर आठ चैत्र मंगलवार यानी 22 मार्च, 1938 को सवेरे एक बालक ने उस वक़्त जन्म लिया जब वह कुएँ का पाट खोद रहा था। इस बालक का नाम चरणदास रखा गया। क्योंकि सिद्धू उस वक़्त जन्मा था जब कुएँ में पानी निकला था। चरणदास सिद्धू चार बहनों का अकेला भाई था। तीन बहनें उससे बड़ी थीं और एक छोटी थी। इकलौता पुत्र होने के नाते सिद्धू बहुत लाड़-प्यार से पाला गया।

चरणदास सिद्धू जन्म से ही बहुत चौकन्ना था। चौथी जमात से ही वह यह सतरें बड़े सिदक़ के साथ गाया करता था :

*बाप दादा की कमाई पर न इतराना कभी,*
*सब बड़ाई अपनी मेहनत की बदौलत चाहिए।*

अर्थ यह है कि आदमी को अपने माँ-बाप और अपने बुजुर्गों के बड़प्पन पर गर्व नहीं करना चाहिए, क्योंकि सारी प्रसिद्धि और बड़प्पन अपनी मेहनत से प्राप्त किये जा सकते हैं।

चरणदास सिद्धू ने खालसा हाई स्कूल, बड्डो से आठवीं पास करके, सरकारी कॉलेज होशियारपुर से बी.ए. ऑनर्स किया। इस तरह चरणदास सिद्धू होशियारपुर ज़िले के एक छोटे गाँव में जन्मा और हौले-हौले पढ़ाई की पौड़िया चढ़ता-चढ़ता दिल्ली पहुँच गया। दिल्ली यूनिवर्सिटी से वह फुलबाइट फैलोशिप लेकर, अमरीका के शहर मैडिसन, विस्कानसिन यूनिवर्सिटी में पढ़ने चला गया। इस यूनिवर्सिटी में बर्नार्ड शॉ के नाटकों पर 1970 में पीएच.डी. करने के उपरान्त, जब वह वतन को लौटा, तो रचनात्मक क्षेत्र में कुछ कर गुज़रने की तमन्ना उसके मन में थी, पर उसके पिता चाहते थे कि वह आई.ए.एस. करके बड़ा अफ़सर बने। पिता की इच्छा को पूरा करने के लिए, वह सिविल सर्विस के इम्तिहान में बैठा, तो पूरे भारत में सैकिंड आया! पर उसने आई.ए.एस. जॉइन नहीं की। और हंसराज कॉलेज में अंग्रेज़ी का लेक्चरर लग गया। सारी उम्र इसी कॉलेज में अंग्रेज़ी पढ़ाते हुए उसने रचना केवल और केवल माँ-बोली पंजाबी में की। इस दौरान उसको कॉलेज की प्रिंसिपलशिप, पंजाबी यूनिवर्सिटी में प्रोफ़ेसर और कई दूसरे ओहदों की पेशकश हुई पर रचनात्मक मन को दूसरा कुछ भी क़बूल नहीं था।

सिद्धू जब पढ़ाई पूरी करने के उपरान्त दिल्ली लौटा, तो दिल्ली में सप्रू हाउस के नाटकों का बोलबाला था। दोहरे अर्थों वाले इन नाटकों ने पंजाबी रंगमंच को बदनाम कर रखा था। सिद्धू ने इस मौक़े पर पंजाबी रंगमंच का मुँह-मोहरा सुधारने का बीड़ा उठाया।

सिद्धू ने अब तक 33 पूरे नाटक लिखे हैं और ये सभी-के-सभी बड़े नाटक हैं। सिद्धू मौलिक पंजाबी नाटकों का अलमबरदार है। पंजाबी अकादमी के थिएटर फेस्टिवल और थिएटर रेपर्टरी की मीटिंगों में वह हमेशा इस बात का मुद्दई रहता है कि मौलिक पंजाबी नाटक ही खेले जायें। यहाँ तक कि वह कहानी और नॉवेलों पर आधारित नाटक खेलने को भी तरजीह नहीं देता। वह कहता है : मौलिक नाटकों का मंचन करोगे, तो नये नाटककार पैदा होंगे।

सिद्धू ने लगभग हर वर्तमान ज्वलन्त मसले को अपने नाटकों का विषय बनाया है। 'बाबा बदलूँ!' जैसे नाटकों में वह नागपूजा जैसे सामाजिक भ्रमों को

नंगा करता है। यूनिवर्सिटी और कॉलेजों में चल रहे भ्रष्टाचार को बेनकाब करता हुआ उसका नाटक 'कल कॉलेज बन्द रहेगा' अपनी क़िस्म का अनोखा नाटक है। वह नाटक लिखने के बाद पहले रंगमंच पर लाता है। दो-तीन पेशकारियों के बाद उसमें सुधार करता है। और पूरी तसल्ली होने के उपरान्त ही उसको किताबी रूप देता है।

*भारत जैसे मुल्क में एक दलित परिवार में जन्म लेने का मतलब क्या होता है, यह सिद्धू को भली प्रकार पता है। अपने बचपन से लेकर आज तक, जब भी वह मजलूमों और दलितों पर जुल्म होता हुआ देखते हैं, उनका रोम-रोम इस भेदभाव के ख़िलाफ़ नफ़रत और विरोध से भर उठता है। इसी विरोध ने जब नाटकों का रूप अख़्तियार किया, तो सामने आया चरणदास सिद्धू का इन्क़लाबी रूप। और इस इन्क़लाबी नाटककार के नाटकों की अन्दरूनी प्रेरणा-शक्ति थी शहीद-ए-आजम भगत सिंह का जीवन और उसकी सोच।*

सिद्धू ने अपने हर नाटक में भगत सिंह जैसा चरित्र सिरजने की कोशिश की है। उनके दामाद और नाटकीय टोली के निर्देशक रवि तनेजा मुताबिक़ : "चाहे वह अपने हकों के लिए लड़ता हुआ आदिवासी 'सत्यदेव' हो, पूँजीपतियों से जूझता 'मस्त मेघोवालिया' हो, आमों के पालक खुशिये को वहमों-भ्रमों से निजात दिलाता हुआ क़ाबिल हो, या कट्टरपन्थियों से टक्कर लेता हुआ 'पण्डित कालू कुम्हार' हो। हर ड्रामे के अन्दर, मुझे लगा, डॉ. सिद्धू भगत सिंह को मंच पर खड़ा करने की कोशिश कर रहे हैं।"

सिद्धू ने न सिर्फ़ भगत सिंह की सोच को अपने नाटकों का आधार बनाया बल्कि इस महान शहीद के जीवन दर्शन को दर्शाते हुए तीन ड्रामों (नाटक तिक्कड़ी) का सृजन भी किया। इनमें से पहला नाटक 'भाग्यवान पोता' है जो भगत सिंह के बचपन और विद्यार्थी जीवन की तस्वीर पेश करता है। दूसरा नाटक इन्क़लाबी पुत्र' में भगत सिंह के सियासी विचार और क्रान्तिकारी दर्शन को तफसील से पेश किया गया है। जबकि तीसरा नाटक 'नास्तिक शहीद' उसकी ज़िन्दगी के आखिरी छह महीनों पर आधारित है। जिसमें वह मजहबी कट्टरता को, जात-पात के फ़र्क को, तर्क की तलवार से काट फेंकता है।

डॉ. सिद्धू अपने नाटकों में समाज के सबसे कमज़ोर, गिरे हुए, हारे हुए, वर्ग की मुश्किलें, उनके जीवन संघर्ष को, दर्दनाक ढंग से पेश करते हैं। और साथ ही उनको ग़रीबों का ख़ून चूसने वाले जालिम पूँजीपतियों, धर्म और जाति के नाम पर दंगे भड़काने वाले धर्म के ठेकेदारों के ख़िलाफ़ एकज़ुट होने का बुलावा देते हैं :

*उठो ग़रीबो, हो इकट्ठे*
*भिड़ जाओ साथ अमीरों के।*
*माँगे हक्क न कोई देता,*
*हक्क हैं सब शमशीरों के।*
*क़िस्मत अपनी आप बनाओ,*
*मालिक बन तदबीरों के।*
*दम्भियों, बाँधो सिर पर कफ़न*
*छोड़ो राह फकीरों के।*

(अर्थियों को तरसेगी)

डॉ. कुलदीप सिंह धीर लिखते हैं, ड्रामाबाज सिद्धू को मैं पहली बार लुधियाना के पंजाबी भवन में मिला था (1980)। उसने नाटक 'भजनो' खेला था। दबंग दुआबिन भजनी। अपनी जगह वह आप जीतती है। उसकी बोल-वाणी, जोड़-तोड़ और व्यवहार में ही नहीं, बाक़ी के पात्रों में भी फक्कड़पन था! देख-सुनकर दर्शक चौंके। बड़ा कुछ बोले वे नाटक के आधे बीच में भी और अन्त पर भी। उस दिन भी और दूसरे दिन भी। भजनो को सिद्धू ने जायज़ ठहराया। जब कोई भजनो के विरुद्ध बोलता, वह मोटी-मोटी गालियों से उसकी ऐसी-तैसी कर देता। जैसे बापू हो वह भजनो का! पता लगा कि दिल्ली से आया दुआबिया है, सिद्धू। अंग्रेज़ी की एम.ए. ही नहीं पीएच.डी. है। वह भी अमरीका की जानी-पहचानी यूनिवर्सिटी विसकानसिन से। पढ़ाता अंग्रेज़ी है, लिखता पंजाबी में है। बात करता है तो गालियों के फूल झड़ते हैं। कहने लगा, "छोड़ो जाई। गालियाँ तो घी की नालियाँ होती हैं। मुझे और मेरे बापू को गालियों में अभी तक दो ही बन्दे हरा सके हैं। एक गाँव औलख का जाट, और दूजा पाँवटा साहिब का...। क्या ग़लत है 'भजनो' में? मेरे साथ गाँव चलो। इस नाटक जैसा वार्तालाप घरों, गलियों में सुना दूँगा। मेरी क्लास में आओ, दिल्ली। मैं लड़कियों को सिलेबसों में लगे जो नाटक पढ़ाता हूँ उनके अन्दर की घटनाओं, शब्दावली, कार्य, पात्र, पात्रों का व्यवहार, के मुक़ाबले में 'भजनो' तो पासंग भी नहीं। मैं उसके तर्क के समानान्तर चला, तो वह और उसका परिवार जल्द ही मेरे साथ घुल-मिल गया। "धीर बाबू ये साले पचास साल तक मेरे नाटकों को नहीं समझ सकते। मैं इनके वास्ते नहीं लिख रहा।" उसने मोटी-सी गाली निकालकर कहा। "मुझे अश्लील बताते हैं। साले हिजड़े। मेरी बेटियाँ नाटकों को खेलती हैं। मेरी घरवाली ज्ञानो खेलती है। दिल्ली के कॉलेजों में अंग्रेज़ी, हिन्दी और साइंस पढ़ा रहे डॉक्टर खेलते हैं।" उसने मेरे आगे भड़ास निकाली।

कितनी देर तक वो बोलता रहा : "कौन बताये इनको कि ज़िन्दा इन्सान सारा कुछ करता है। वह इनकी निर्धारित समस्या को चारदीवारी में बन्द रहकर हल नहीं करता। उनके साथ टकराते हुए, ज़िन्दगी भी जीता है। नाटक में से ज़िन्दगी का क्या कुछ काटोगे? ज़िन्दगी में से क्या कुछ मनफी करके जिओगे धर्म ग्रन्थों में क्या है? मैंने उसी को अपनी जबान दी जिसकी जबान को काटा गया। धीर बाबू पण्डित कहते हैं : प्रसूति हति यौवन। और मैंने लिखा, "जनन पड़ी, रांड गयी।" मैं अश्लील हो गया!...मैंने अपने बाबा नानक से लिया नाटक। गंगा के किनारे, सूर्य से उलटी तरफ़ पानी फेंककर नानक ने ड्रामा किया।"...वह बोलता गया और मैं सुनता गया। बीच-बीच में कोई बात धकेल देता, और वह फिर शुरू हो जाता। अगले दो दिन, वो मेरे साथ और कपूर सिंह घुम्मण के साथ ख़ूब घुला-मिला रहा।

फिर यह दोस्ती दिल्ली, चण्डीगढ़, पटियाला और पंजाब के अलग-अलग शहरों में मुलाक़ातों के आश्रय से बढ़ती रही। चिट्ठियों के सहारे फूलती रही। वो ड्रामे लिखता रहा। छापता रहा। हर साल, छह महीने के बाद, वो अपनी नयी किताब मुझे भेजता रहा। यह जानते हुए भी कि मेरे लिए दिल्ली जाकर नाटक देखना आसान नहीं, वो कालेजिएट ड्रामा सोसाइटी द्वारा खेले जाने वाले नाटकों का कार्ड भेजता रहा है। हर बार, मैं उसका शब्द-चित्र लिखने की बात उसको कह छोड़ता। हर बार, वो कह छोड़ता : "चंगा। लगा रह।"

यह मुझे बाद में सिद्धू ने ही बताया कि मैं एक विशेष बीमारी का शिकार हूँ। वह है : फर्स्ट ड्राफ़्टाईइटिस! आलेख को शुरू करने, या उसका पहला कच्चा ड्राफ़्ट, रूपरेखा या खर्रा तैयार करने के लिए बहुत देर तक सोचना। यह बीमारी कई दिन, हफ़्ते तो क्या, कई वर्ष भी गला देती है। इस बीमारी के दौरान दूसरा सब कुछ चलता रहता है। बस, किसी ख़ास लिखित पर सूई अटक जाती है। और बस फिर, अटकी रहती है। सिद्धू के शब्द-चित्र के मसले पर इस बीमारी ने पिछले पच्चीस बरस मुझे घेरे रखा है। सिद्धू आप भी कभी-कभी इसका शिकार हो जाता है। उसने इसके साथ दृढ़ होकर लड़ाई लड़ी है। ज़िद करके, पूरे हठ सहित, कितने ही नाटकों के, पहले ड्राफ़्ट पूरे लिखे हैं। यह अलग बात है कि वो ये ड्राफ़्ट कई बार अलमारी में बन्द करके धर देता है। जैसे होशियारपुर वाले आधे पके आमों की पाल डाल देते हैं। आम पूरी तरह पक जाने पर ही पाल में से निकालते हैं। सिद्धू अपने पहले ड्राफ़्ट वाले नाटक की तो क्या, कई बार, वो उसके मूल विचार और तथ्यों की ही पाल डाल देता है। एक नहीं, कई-कई नाटकों की पाल डाल सकता है वो। फिर जैसे-जैसे ये नाटक उसके दिल व दिमाग़ में तैयार होते हैं, वो उनको सम्पूर्ण किये जाता है।

फर्स्ट ड्राफ़्टाईटिस का शिकार, जब भी मैं दिल्ली जाता, तो सिद्धू को ज़रूर मिलता। उसकी बातों में होशियारपुर के पके आमों का स्वाद है। वो पंजाब आता तो मुझे अपना प्रोग्राम लिख देता। हम कोशिश करके, मिलने का प्रोग्राम बना लेते। पटियाला शहर में सिद्धू के गाँव का डॉक्टर सोहन सिंह जसवाल भी है। मेरा मित्र, कैमिस्ट्री का प्राध्यापक। यूनिवर्सिटी कॉलेज होशियारपुर से जसवाल ने उन्हीं दिनों में एम.एस.सी. की थी जिन दिनों प्रधान मन्त्री मनमोहन सिंह इकोनामिक्स में एम.ए. कर रहे थे। जसवाल ने कुछ समय सिद्धू को स्कूल में पढ़ाया भी है। वह सिद्धू और उसके पड़ोसी शमशेर दोनों को बहुत जहीन कहकर याद करता है। जसवाल कॉलेजों में देर तक कैमिस्ट्री पढ़ाकर, अब यहाँ पटियाला में ही रह रहा है। सिद्धू हो या जसवाल, मुझे कोई भी मिले, कोई भी मुझसे बात करे, तो एक-दूसरे की सुख-शान्ति की पूछ-पड़ताल लाजमी करता है। उम्र के बढ़ने के बावजूद यह सिलसिला जारी है।

1982 के इर्द-गिर्द की बात है। मैं यू.जी.सी. की एक वर्कशाप के सिलसिले में एक हफ़्ते के लिए दिल्ली गया। मैंने टेलीफ़ोन किया सिद्धू को। कन्धे पर खादी का थैला। चमड़े की अँगूठे वाली चप्पल। अगले दिन वो हमारे दफ़्तर के आगे था। मुझे चाँदनी चौक ले गया। रस मलाई। गजरेला। चाय और फिर सड़कों की सैर। रात क़रीब दस बजे तक। मुझे सब्ज़ी मण्डी वाले अड्डे से बस चढ़ाकर वो पता नहीं कितने बजे रात को घर पहुँचा होगा। अगले दिन काम से फ़ारिग होकर, मैं उसके घर पहुँच गया। उसकी बेटी मिली। उसने बताया कि सिद्धू घर में नहीं। वो कॉलेज होस्टल के कमरा नम्बर 65 में मिलेगा। पूछते-पूछते हंसराज कॉलेज कैम्पस के होस्टल की ऊपर की मंज़िल पर वो कमरा मुझे मिल ही गया। बाहर से ताला नहीं था। मैंने शुक्र किया कि वो कमरे में ही है। गर्मी से मेरा बुरा हाल था। मैंने दरवाज़े पर दस्तक दी।

"कौन?...धीर"। मैंने उसके एक लफ़्ज़ी सवाल का एक लफ़्ज़ी जवाब दिया।

"धीर बाबू ठहर ज़रा। मैं चेंज कर लूँ।" अन्दर से फिर आवाज़ आयी।

"तू छोड़ चेंज को। मेरे साथ कोई नहीं।" मैं बोला।

"ठीक है।" ठक से, उसने दरवाज़ा खोल दिया। उसने कच्छा पहन रखा था। ऐनक लगाई थी और बुशर्ट के बटन खुले थे। मुझे 'भजनी' के एक दृश्य में कच्छे वाला पात्र याद आ गया। मेरी हँसी निकल गयी। कुर्सी से लुंगी उठाकर उसने बाँधी। बुशर्ट दूर रखकर, बनियान पहनकर बैठ गया। आस-पास लगे, स्केच पैनों से बनाये, पोस्टरों में कोड किये हुए नाटकों का हवाला बताने लगा। दोपहर ढलने पर, वो मुझे घर ले गया। वहाँ कुछ खाया-पिया और फिर श्रीराम सेंटर में नाटक दिखाने चल पड़ा।

बहुतेरा समझाया उसको डॉ. सरूप सिंह ने कि 'प्रिंसिपलशिप' तेरे पढ़ने-लिखने के रास्ते का रोड़ा नहीं बनने लगी। इस तरह की ताक़त के आश्रय से ग़ैर-लेखक भी, तिकड़मबाज़ी से, साहित्यिक जगत में स्थान बनाते हुए मैंने देखे हैं। तेरी तो, सुख से, पाँच बेटियाँ हैं। उनके ब्याह तेरे लिए आसान हो जायेंगे। पढ़ने-लिखने के लिए सुख-सुविधाएँ मिलेंगी। आर्थिक पक्ष से बेफ़िक्री हो जायेगी। ...लेकिन सिद्धू के लिए इस सारे कुछ का कोई अर्थ नहीं था। उसके ऊपर एक ही धुन सवार थी : नाटककार बनना है! शॉ, सोफ़ोक्लीज, शेक्सपीयर की तरह, अपनी माँ-बोली के इतिहास में अपनी विलक्षण और चिरंजीवी जगह बनानी है।

सोलह सालों में उसने अंग्रेज़ी की एक ही किताब लिखकर, एक लाख रुपये कमाये हैं। इन सोलह सालों के अन्दर, उसने पंजाबी में नाटक लिख-खेलकर, एक लाख रुपये गँवाये थे। फिर भी वो बज़िद था अपने निश्चित रास्ते पर चलने के लिए। एक दशक के बाद, उसको दोबारा देशबन्धु कॉलेज की प्रिंसिपली की पेशकश हुई। चौदह नाटक लिख-खेलकर, या यों कहो, कि दुनियादारी के पहलू से, अच्छी तरह झोंपड़ा तबाह करवा के भी, सिद्धू टस-से-मस नहीं हुआ। प्रिंसिपली को दोबारा लात मारकर, उसने पंजाबी नाटक और रंगमंच संग अपना इश्क़ जारी रखा।

प्रिंसिपली तो एक तरफ़ रही, वो चाहता तो सहज ही, दिल्ली यूनिवर्सिटी में बड़ी जल्दी प्रोफ़ेसर बन, विभाग का मुखी और पता नहीं और क्या कुछ, बन जाता। डॉ. सरूप सिंह सरीखा बन्दा उसकी लियाकत का कायल था। उसका शुभचिन्तक था। सिद्धू को हर कुर्सी अपने लेखन के सामने छोटी लगती थी। विद्यार्थियों को पढ़ाने का धन्धा उसने उसी वक़्त ही अपने लिए चुन लिया था जब उसने दिल्ली यूनिवर्सिटी से अंग्रेज़ी में एम.ए. किया था। दो हफ़्ते बाद ही वो पढ़ाने लग गया। माँ-बाप का अफ़सरी के लिए मोह, रिश्तेदारों और दूसरे लोगों के तानों और व्यंग्य वाक्यों के मद्देनज़र, सिद्धू ने देश में अफ़सरी का सबसे बड़ा इम्तिहान आई.ए.एस. पास करके, मुल्क भर में दसवीं पोजीशन जीती। इस अफ़सरी के सबसे बढ़िया कैडर में उसको इंडियन फारेन सर्विस (आई.एफ.एस.) मिली। मेडिकल हुआ तो नज़र कमज़ोर होने के कारण, बोर्ड ने रिजैक्ट कर दिया। उसने बताया कि उसकी एक आँख जन्म से कमज़ोर है। कभी पढ़ने-लिखने की मुश्किल नहीं हुई। इस नज़र के आश्रय से ही वो बी.ए., आनर्स में यूनिवर्सिटी में अव्वल रहा था। इसी के सहारे एम.ए. करके प्रोफ़ेसरी की।

# प्रथम दलित क्रिकेट खिलाड़ी : पी. बालू

*इतिहास में परिस्थितिवश भी कुछ लोग नायक बन जाते हैं तो कुछ खलनायक। सामाजिक कार्यकर्ताओं से राजनीतिज्ञों तक और लेखकों-पत्रकारों से खिलाड़ियों तक ऐसा ही होता आया है। आम आदमी कैसे ख़ास लोगों की पंक्ति में आ खड़ा होता है और कैसे ख़ास आदमी अपने अहं के कारण धूल में मिल जाता है, यह भाग्य या क़िस्मत का खेल नहीं है, बल्कि उस व्यक्ति विशेष के अपने संघर्ष और जीवन के उद्देश्य पर निर्भर करता है। कूटनीति या चतुराई सभी परिस्थितियों में काम नहीं आती। यदि काम आती है तो किसी उद्देश्य को पूरा करने हेतु प्रतिबद्धता और कौशल।*

*बाबा साहेब डॉ. अम्बेडकर को समय-समय पर जो विरोध झेलना पड़ा, विरोध करनेवालों में पी. बालू का नाम अग्रिम पंक्ति में आता है। इसलिए अधिकांश दलित बुद्धिजीवियों ने उन्हें खलनायकों की सूची में डालकर अपने अध्ययन और विश्लेषण की इतिश्री कर दी थी। इसलिए भी सुप्रसिद्ध क्रिकेट खिलाड़ी पालवंकर बालू (19 मार्च, 1876-4 जुलाई, 1955) का व्यक्तित्व अँधेरे में चला गया। उसके किसी भी पक्ष का अध्ययन करना अधिकांश अम्बेडकर अनुयायियों ने ज़रूरी नहीं समझा।*

ज़ाहिर-सी बात है कि आधुनिक भारतीय इतिहास में पी. बालू का नाम उस तरह से दर्ज नहीं हुआ है, जैसा कि होना चाहिए था। इतिहासकारों ने भी उनके जीवन-संघर्ष पर प्रकाश नहीं डाला। शायद इसलिए कि पी. बालू न तो पूरी तरह से राजनीतिज्ञ थे और न ही सोशल वर्कर। वे इनमें कुछ होते तो भी पूर्वग्रह के कारण सवर्ण इतिहासकारों के द्वारा दर्ज न होते। वे एक प्रसिद्ध क्रिकेट खिलाड़ी थे और गेंद फेंकने (बॉलिंग) में सिद्धहस्त भी। पर दलित आन्दोलन के दस्तावेज़ में यह बात कभी भी भुलाई नहीं जा सकती कि इसी दलित क्रिकेटर ने बम्बई में तत्कालीन हिन्दू टीम को पारसी तथा यूरोपियंस टीम के ख़िलाफ़ कई बार जिताया था।

दलित समाज के नाते पालवंकर बालू पश्चिम भारत के पहले खिलाड़ी थे, जिनका नाम उन दिनों देश में कम और विदेश में अधिक विख्यात हुआ था। शायद आज के बड़े क्रिकेट खिलाड़ी को भी यह तथ्य मालूम न होगा। अपने विद्यार्थी जीवन में डॉ. अम्बेडकर ने स्वयं प्रतिष्ठा के साथ उन्हें क्रिकेट बॉलर के रूप में जाना था। फिर दलित प्रवक्ता के रूप में उन्हीं डॉ. अम्बेडकर ने बालू का बम्बई के सिडनहम कॉलेज में एक सभा आयोजित कर सम्मान भी किया था। बाद में यानी 1927 से 1930 के बीच बाबा साहेब जब दलितों के बीच काफ़ी विख्यात हो गये थे, तब उन्होंने उनके बारे में, उनकी विशेषताओं के बारे में कई बार अपनी सभाओं में भाषण के दौरान बतलाया था। तत्कालीन सामाजिक परिस्थितियों के आस-पास के तथ्य हमें बतलाते हैं कि अम्बेडकर और पी. बालू के बीच अच्छे सम्बन्ध रहे थे। यह शुरुआती दिन थे, एक-दूसरे की वे इज़्ज़त करने थे, इनका परस्पर मिलना-जुलना भी होता था।

भारत के खेल जगत् में, विशेष रूप में क्रिकेट के इतिहास के आरम्भिक चरण में, पहले नस्लीय भेदभाव, फिर जाति आधारित छुआछूत के रेखांकित होने के विवरण मिलते हैं। जिन लोगों ने नस्लीय भेदभाव के ख़िलाफ़ संघर्ष किया और बम्बई के 'एसप्लेनेड परेड ग्राउण्ड' में भारतीय के रूप में क्रिकेट खेलने में सफलता हासिल की, लेकिन जब उनकी टीम (उन दिनों जिसे हिन्दू टीम कहा जाता था) में कोई दलित जाति का युवक जुड़ा तो किसी ने छुआछूत के ख़िलाफ़ शायद वैसा संघर्ष नहीं किया था, जैसा 1880 के आस-पास इंग्लैंड से 1851 में नये गवर्नर (लॉर्ड हेरिस) के आने तक हुआ।

क्रिकेट इतिहास का वह सुनहरा काल था। एम.वी. पावरी, एस.एफ. बार्नेस के साथ वीनू मार्कण्ड तथा बिशन सिंह बेदी ने बालू की प्रशंसा करते हुए उन्हें लेफ़्ट हैंड बॉलर कहा है। यह उस बालू क्रिकेट खिलाड़ी के लिए महत्त्वपूर्ण बात थी, जो हाशिए से उठकर आया था। जिसने अपना चयन अभाव के थपेड़ों में गुज़ारा था।

हमें यहाँ दो बातें समझनी चाहिए। पहली यह है कि भारत में क्रिकेट की तब शुरुआत थी। उन दिनों केवल अंग्रेज़ अधिकारी ही क्रिकेट खेलते थे या खेल देख सकते थे। ब्रिटिश साम्राज्य में तब 'डॉग्स ऐंड इंडियन आर नॉट एलाउड', ऐसी परम्परा या नियम था। बावजूद इन सबके, जिन्हें देखकर भारतीयों ने भी क्रिकेट खेलना चाहा, पर ब्रिटिश शासकों के द्वारा निषेध था। अन्ततः विशेष रूप से हिन्दुओं को क्रिकेट खेलने में सफलता प्राप्त हुई। क्रिकेट के इतिहास में

इसे नस्लीय आधार पर सफलता भी कहा जा सकता है। पर जातीय भेदभाव के सन्दर्भ में असफलता ही कहा जायेगा। आइए देखें, कैसे?

अक्तूबर 1881 यानी इंडियन नेशनल कांग्रेस के जन्म होने से चार वर्ष पूर्व भारतीय खिलाड़ियों ने नस्लीय भेदभाव पर एतराज़ उठाते हुए बॉम्बे के गवर्नर को याचिका दी, जिसमें देसी खिलाड़ियों को भी क्रिकेट के खेल में शामिल करने की बात की गयी थी।

इसी बहाने आइए क्रिकेट के इतिहास को भी जान लें। 11वीं शताब्दी में क्रिकेट ब्रिटिश सैनिकों के द्वारा भारत में आया। जब वे अपने बड़े-बड़े बँगलों तथा छावनियों के मैदानों में परस्पर क्रिकेट खेलते थे। कॉलोनियल टाउंस में एक रेजीमेंट से दूसरी रेजीमेंट के बीच क्रिकेट का खेल होता था। यूरोपियंस कम्युनिटी के समृद्ध और शिक्षित लोगों का यह खेल था। बाद में यानी 1830 में पारसी लड़कों ने भी यूरोपियंस खिलाड़ियों की देखादेखी क्रिकेट खेलना शुरू किया। 1848 में इन युवकों ने बम्बई में 'ओरियंटल क्रिकेट क्लब' स्थापित किया। बाद में हिन्दुओं ने भी इस प्रतिस्पर्धा में खेलना आरम्भ किया।

इस बारे में पहले ज्ञात हिन्दू क्रिकेटर रामचन्द्रविश्न नवलकर (1861) का ब्यौरा हमें मिलता है। जबकि बम्बई में पहला हिन्दू क्लब 1866 में खुला था। यह प्रभु जाति के द्वारा शुरू हुआ। 11वीं शताब्दी में देखें तो ये सभी हिन्दू क्लब जातियों के नाम पर शुरू हुए जैसे—गौड़ सारस्वत क्रिकेट क्लब, क्षत्रिय क्रिकेट क्लब, गुजराती यूनियन क्लब, मराठा क्रिकेट क्लब, तेलुगु यंग क्रिकेटर्स आदि।

बम्बई में मुसलिम क्रिकेट की शुरुआत लक्षमनी और तैयब परिवारों से मानी जाती है। 1883 में तैयबजी ने मुसलिम क्रिकेट को आर्थिक सहयोग भी दिया।

इतिहास का अजीबोग़रीब मोड़ देखें तो पावलंकर बालू का बचपन हमें बहुत कुछ बताता है तथा आज की पीढ़ी को सीखने के लिए प्रेरित भी करता है। गुंथर एडलर का अध्ययन तो हमें यही बतलाता है। यूरोप की साम्राज्यवादी महत्त्वाकांक्षा ने जहाँ-तहाँ भारत के लाखों बचपन को भी प्रभावित किया था। भारतीय बच्चे गुलामों के गुलाम के रूप में अपना बचपन व्यतीत कर रहे थे। ज्योतिराव फुले तथा जस्टिस रानाडे का परस्पर विमर्श भी हमें इन सबकी जानकारी देता है।

बालू का जन्म 1876 में धारवाड़ में हुआ था। उनके पिता चर्मकार थे। रोज़गार की तलाश में उनके पिता ने धारवाड़ से पुणे की ओर रुख किया। जहाँ उन्हें बन्दूक़ें साफ़ करने का काम मिल गया। बालू इस समय चार-पाँच वर्ष के तो थे ही। बालू के बचपन को नया परिवेश मिला। पुणे धारवाड़ से कहीं अधिक प्रगतिशील शहर था। वह मराठों का शहर था—धारवाड़ से कहीं अधिक सम्पन्न।

एक-दो बार बेटे को पिता ऑर्डनेंस डिपो भी ले गये। जहाँ बालू पिता को बन्दूक़ें तथा कारतूसों की सफ़ाई करते देखता। उसे अच्छा लगता। ये सब देख और महसूस कर उसकी जिज्ञासा में बढ़ोतरी भी होती। कभी-कभी उसके छोटे भाई भी उसके साथ जाते। उन्हें भी अच्छा लगता। पिता अपने बच्चों को पढ़ाना-लिखाना चाहते थे। लेकिन एक तो ग़रीबी, दूसरे नये शहर में रोज़गार की तलाश में आना। उनके बच्चों में कोई तीसरी कक्षा ही उत्तीर्ण कर सका तो कोई चौथी कक्षा। स्वयं बालू भी पाँचवीं कक्षा तक मुश्किल से पढ़ पाया था। यह अच्छी बात थी कि उन्हें रहने के लिए पुणे कंटोनमेंट एरिया में सरकारी मकान मिल गया था।

एक दिन बालू अपने पिता के साथ ऑर्डनेंस डिपो से बाहर आया ही था कि एक अंग्रेज़ अधिकारी ने बालू को देखकर पूछा, "यह तुम्हारा बच्चा है?"

उसके पिता ने हाथ जोड़ते हुए कहा, "जी हाँ, सरकार।"

उसी अंग्रेज़ ने फिर पूछा, "क्या करता है तुम्हारा बच्चा?"

"कुछ नहीं, सरकार। कभी-कभी मेरे साथ आ जाता है। बन्दूक़ें साफ़ करते हुए देखता है और फिर घर चला जाता है।"

सुनकर उसी अंग्रेज़ अधिकारी को पहले बुरा-सा लगा। फिर उन्होंने सवाल किया, "पढ़ता नहीं है यह?"

"ग़रीब आदमी हैं, सरकार। पढ़ाई कैसे कराएँ?"

जाते हुए उसी अधिकारी ने अपना पता देते हुए शाम को मिलने के लिए कहा। सचमुच उस अंग्रेज़ अधिकारी का मिलना और शाम को बुलाना बालू के जीवन में ऐतिहासिक परिवर्तन का दिन था। जैसे बिना माँगे ही बहुत-कुछ मिल गया हो! बालू के पिता को भी शाम होते-होते बेचैनी होने लगी थी। उसके भीतर अच्छे-बुरे विचार भी आने-जाने शुरू हो गये थे। गोरा अफ़सर है, कहीं नाराज तो नहीं हो गया उससे! पर उसे ख़ुशी भी हो रही थी कि उसे उन्होंने बुलाया।

शाम होते-होते काग़ज़ पर लिखा पता और नाम पढ़ लिया था। पिता तो अनपढ़ थे, पर बेटा तो पढ़ा-लिखा था। गोरे अफ़सर ने साफ़ शब्दों में लिखा था—मिस्टर जेम्स, पुणे जिमखाना। हालाँकि साथ में चलने के लिए बालू के भाइयों ने भी ज़िद की थी। लेकिन उनके पिता उसे अकेले ही ले गये थे।

वे जिमखाना समय पर पहुँच गये थे। बाहर मुख्य दरवाज़े पर खड़े सन्तरी से उनके पिता ने जेम्स साहब के बारे में पूछा। सन्तरी ने उन्हें आधा घण्टा वहीं ठहरने के लिए कहा। पिता-पुत्र दोनों दरवाज़े से थोड़ा हटकर एक पेड़ के

नीचे खड़े हो गये। उसी दरवाज़े से गोरे अफ़सर आते-जाते थे। दोनों की निगाहें आने-जानेवालों पर ही थीं, जैसे भूखे को रोटी मिलनी हो या प्यासे को पानी। पिता तथा पुत्र की बेचैनी बढ़ती जा रही थी। ठीक आधा घण्टे बाद सन्तरी भीतर गया और जेम्स साहब को सूचना दी। थोड़ी देर में सन्तरी आया और गेट के पास ही खड़े रहने को कहा। वे दोनों वहीं आ गये। जल्दी ही जेम्स साहब स्वयं दरवाज़े के पास आये और उन्हें देखकर सन्तरी को कुछ संकेत में कहा।

जल्दी ही वे चले गये। सन्तरी ने कल दोपहर सिर्फ़ उनके बेटे को जिमखाना में आने के लिए कहा। सुनकर वे असमंजस में अपने घर लौट गये। घर पर भाइयों ने भी पूछा। पर कोई जवाब हो तब तो पिता देते। साहब मिले ही नहीं और दूर से देखकर चले गये। पिता को निराशा हुई। फिर उन्होंने सोचा साहब लोग हैं, किसी ज़रूरी काम में व्यस्त होंगे।

अगले दिन सूरज उगने के साथ ही बालू के भीतर भी नयी इच्छा ने जन्म लिया। पिता बेटे को समय पर जिमखाना जाने की ताकीद कर ऑर्डनेंस फैक्टरी चले गये। उन्हें भी तो समय पर ऑफ़िस जाना था। दोपहर होते-होते फिर भाइयों ने साथ चलने की बात की। पर बालू ने अकेले ही जाने के लिए कहकर उन्हें मना कर दिया।

घर से जिमखाना लगभग एक मील दूर था। बालू अकेले ही पैदल चलकर दोपहर को वहाँ पहुँच गया। सन्तरी ने उसे देखकर भीतर आने के लिए कहा। उसे अच्छा लगा। सन्तरी ने जेम्स साहब किस जगह होंगे, यह समझा दिया था। अन्दर साफ़-सुथरा बड़ा मैदान देखा तो बालू को ख़ुशी हुई। मैदान में पहुँचने के साथ ही उसने जेम्स साहब को पहचान लिया था। नज़दीक आकर उसने नमस्ते की। जेम्स साहब ने उसका नाम पूछा तो बालू ने पावलंकर बालू बतलाया। फिर शिक्षा के बारे में पूछा। वह भी बालू ने बतलाया। जेम्स साहब अपने सहायक से शेष बातें बतलाने को कहकर सामने मैदान में बिछी कुर्सियों पर बैठे हुए गोरे अफ़सरों के बीच चले गये। उनका सहायक हिन्दुस्तानी ही था। उसने बतलाया कि कल से उसे जिमखाना आना होगा चार घण्टे के लिए। बॉल उठाकर देना, उसे साफ़ करना आदि-आदि काम करने होंगे। उसने यह भी बतलाया कि शाम होने पर घर जाना और वहीं से नाइट स्कूल में पढ़ाई करना। उन्होंने ताकीद की कि दोनों काम साथ-साथ चलेंगे, यानी दोपहर में साहब की सेवा में रहना और रात में पढ़ाई करना। साहब को काम के दौरान कोताही बरदाश्त नहीं है। थोड़ी देर ठहर गोरे साहब का वही हिन्दुस्तानी सहायक फिर बोला, "साहब की सेवा के लिए मेहनताने के रूप में एक रुपया महीना मिलेगा, साथ में चाय-नाश्ता अलग।

और दो जोड़ी सफ़ेद कपड़े, यानी अंडरवियर, बनियान, कैप, मोजे और जूते अलग, वह भी साहब की ओर से। बोलो मंजूर है?"

बालू का ख़ुशी से भरा स्वर उभरा, "मंजूर है। आपको भी धन्यवाद।"

सुनकर उन्हें अच्छा लगा।

उस समय एक रुपया बड़ी रकम होती थी। पूरे महीने में ग़रीब आदमी उसी एक रुपये में गुजारा करते थे। तब एक पैसे में एक दिन के लिए आटे से लेकर दाल, नमक, हल्दी, मिर्च सभी कुछ आ जाता था। रास्ते में बालू को चाँदी का गोल-गोल रुपया ही दिखाई दे रहा था। एक मील वापस पैदल चलकर बालू जैसे ही घर पहुँचा, उसके भाई घर पर ही मौजूद थे। पिताजी आज जल्दी आ गये थे। बालू ने अच्छी ख़बर सुनाई। सभी की ख़ुशी का कोई ठिकाना न था।

यही वह समय था, जब पावलंकर बालू का सितारा जगमगाने लगा था। वह समय ऐसा था, जब दलितों के साथ परम्परागत निर्मम व्यवहार होता था। वही समय बालू के लिए अच्छा साबित हुआ। खेल के मैदान में उनका प्रवेश हो गया। इसे अंग्रेज़ों की नीति कहा जाये या चतुरता या फिर उनकी समता और न्याय की भावना। कुछ भी कहा जा सकता है, लेकिन चर्मकार जाति के एक ग़रीब लड़के के सितारे बुलन्दी की ओर जाने लगे थे। अब बालू को अंग्रेज़ी क्रिकेट टीम में नौकरी मिल गयी थी। उसके प्रशिक्षण के दौरान उसकी प्रतिभा निखरने लगी थी। पाठकों को हम बतला दें कि आरम्भ में जिमखाना मैदान में बालक बालू को जो काम दिया गया था, वह था बॉल उठाकर लाना। फिर बॉल का रख-रखाव करना, उन्हें साफ़ करना। पुरानी बॉल कभी न मिलने पर नयी बॉल तुरन्त देना। गर्मियों की कड़ी धूप में भी बालू को यह सब करना पड़ता था। अन्ततः उसकी मेहनन रंग लायी। और उसकी पगार एक रुपये से बढ़कर तीन रुपये हो गयी।

इस समय बालू की उम्र मुश्किल से चौदह बरस की थी। घर में ख़ुशहाली आयी। परिवार को मदद मिली। पर बालू का उद्देश्य सिर्फ़ पैसा कमाना नहीं था। वह क्रिकेट में नाम भी कमाना चाहता था। खेल के मैदान में वह ख़ूब अभ्यास करता था। उसके द्वारा की गयी बॉलिंग चर्चा का विषय बन गयी थी। इस बात का प्रतिस्पर्धी पार्टी (हिन्दू क्रिकेटर टीम) दक्कन जिमखाना को पता लगने में देर नहीं हुई। उन्होंने पी. बालू से सम्पर्क किया। बालू ने अंग्रेज़ी या अंग्रेज़ों की टीम को छोड़कर हिन्दू टीम को ज्वाइन करने का निर्णय ले लिया। जो उनकी देशभक्ति की गवाह बनी।

असल में दक्कन जिमखाना के ब्राह्मण क्रिकेटर पुणे जिमखाना में ब्रिटिश क्रिकेट टीम को हराना चाहते थे। इसलिए उन्होंने भी बालू को अपनी टीम में शामिल करने में कोई गुरेज नहीं की। यह बालू की बॉलिंग का ही कमाल था कि वे बड़े-से-बड़े अंग्रेज़ क्रिकेटर को आउट कर देते थे। अन्ततः वही हुआ भी। यानी अंग्रेज़ी टीम हारती गयी और हिन्दू टीम जीतती गयी। दलित समाज के युवा खिलाड़ी बालू के लिए यह गर्व की बात थी। यहाँ विरोधाभास यह रहा कि उसकी प्रसिद्धि तो बढ़ती गयी पर उसके मान-सम्मान में उतनी बढ़ोतरी नहीं हुई। जिसका कारण हिन्दू समाज में व्याप्त जातिभेद था। कुछ खिलाड़ी भी उसमें विश्वास करते थे।

*खेल के मैदान में सब एक थे, लेकिन भोजन या जलपान की टेबल पर नहीं। खेल के नियम के तहत जब चाय आदि के लिए मध्यान्तर होता था तो बालू को तम्बू के बाहर खड़े होकर यह सब लेना होता था। यहाँ तक कि चाय भी उन्हें 'डिसपोजल कप' में दी जाती थी, जो बालू के लिए अपमानजनक और पीड़ादायक दोनों ही था। पर बालू का स्वर इस भेदभाव के ख़िलाफ़ कभी मुखर नहीं हुआ। उनके लिए राष्ट्रीय हित पहले था। दुःखद बात तो यह भी थी कि उनके अलावा अन्य किसी ने इस पर चर्चा नहीं की। जैसा चल रहा था, वैसे ही चलने दिया गया। बालू प्रतिभावान क्रिकेट खिलाड़ी था। उसे खेलते हुए भी कई वर्ष हो गये थे। वे बराबर हिन्दू टीम को जिता भी रहे थे, बावजूद इन सबके उन्हें कैप्टेन नहीं बनाया गया। हालाँकि कुछ उदार हिन्दुओं ने उन्हें कैप्टेन बनाने की सिफ़ारिश भी की। लेकिन कुछ विशेष सफलता नहीं मिल पायी। अख़बारों में भी छपा। लेकिन पी. बालू इन सब प्रतिकूल परिस्थितियों से जूझते हुए भी राष्ट्रीय हित में वैसे ही खेलते रहे।*

ऐसी उलझन भरी परिस्थितियों में भी एक बात सकारात्मक यह थी कि पावलंकर बालू और अधिक मेहनत कर हिन्दू टीम के क्रिकेट खिलाड़ियों के साथ खेलते रहे। यही नहीं उनके छोटे भाइयों में शिवराम, गनपत और विट्ठल ने भी क्रिकेट खेलना शुरू कर दिया। देखा जाये तो यह एक सुखद आश्चर्य ही था। बैंगलोर के समाजशास्त्री रामचन्द्र गुहा ने पी. बालू को डब्ल्यू. जी. ग्रेस के समानान्तर बतलाया है, जिन्होंने भारत में क्रिकेट का विकास किया था।

पी. बालू की मृत्यु 1955 में हो गयी। वे बाबा साहेब डॉ. अम्बेडकर से पहले पैदा हुए और उनसे पूर्व ही चले गये। यूँ बालू गाँधीवादी परम्परा के व्यक्ति थे। इसलिए कई बार वे अम्बेडकर के ख़िलाफ़ भी हुए थे। 1932 में पूना पैक्ट के दस्तावेज़ में हमें उनके हस्ताक्षर भी मिलते हैं। उन्होंने अम्बेडकर

के ख़िलाफ़ चुनाव भी लड़े। और नेशनल पार्लियामेंट (Constituent Assembly) तथा प्रॉविंशियल एसेंबली में जीतकर भी आये। कुछ भी हो, उन्हें क्रिकेट का इतिहास हमेशा याद रखेगा।

फ़रवरी 1906 में देखा गया कि दोनों भाइयों पी. बालू और शिवराम ने यूरोपियंस पर अपनी जीत लेते हुए एक कीर्तिमान स्थापित किया। एक भारतीय समाज-सुधारक ने इस निम्न जाति के क्रिकेटर के प्रति हिन्दू उदारवाद की संज्ञा देते हुए कहा, "प्राचीन अलगाव और जाति से अलग करनेवाले रिवाज़ों से मुक्तिदाता के रूप में राष्ट्र के लिए महत्त्व की बात है। विशेष रूप में नैतिक व्यवस्थित स्वतन्त्रता की दिशा में यह स्वैच्छिक परिवर्तन की भावना है, न कि रेलगाड़ी, विभिन्न जातियों के यात्रियों का एक साथ बैठने का आवश्यक परिवर्तन।" वे आगे लिखते हैं, "पुणे और बम्बई के हिन्दू खिलाड़ियों ने यह दिखला दिया है। जब राष्ट्रीय हित आवश्यक होता है तो सभी जातियों के खिलाड़ियों को समान अवसर देने चाहिए।"

## सन्दर्भ


1. रामचन्द्र गुहा, स्पीक ऐंड अदर ट्रस्ट इंडियन क्रिकेट्स कमिंग ऑफ़ आगरा, नयी दिल्ली, 1974
2. हिन्दू क्रिकेट, इंडियन सोशल रिफॉर्मर, 18 फ़रवरी, 1906, बॉम्बे क्राउन, 1 अक्तूबर, 1913
3. राष्ट्रीय सहारा में लगान के बहाने प्रकाशित मेरा आलेख।
4. महापुरुषों का बचपन, प्रभात प्रकाशन, नयी दिल्ली।
5. Thirty page biography of Palwankar Baloo, published in Pune in 1959 as part of a series of Marathi tracts with the running title 'Kahintari Narech Kara', or Do something districtive, priced at half-a-rupee.

# प्रथम दलित राष्ट्रपति : के.आर. नारायणन

*पूर्व राष्ट्रपति के.आर. नारायणन (27 अक्तूबर, 1920-9 नवम्बर, 2005) के व्यक्तित्व और कृतित्व का अध्ययन करना कोई विशेष बात नहीं है। लेकिन आनेवाली पीढ़ी के लिए उन दस्तावेज़ों को सुरक्षित रखना महत्त्वपूर्ण बात है, जिनमें ग़रीबी और सामाजिक दंश से पीड़ित एक व्यक्ति धूल से उठकर अर्श तक आ जाये। नयी शताब्दी का शोधार्थी यह भली-भाँति महसूस कर सकता है कि पुरानी शताब्दी में एक ऐसे दलित व्यक्ति का जीवन कितना मुश्किल रहा होगा, जब क़दम-क़दम पर उसके लिए बन्दिशें लगाई गयी हों। उन्हें प्रताड़ित किया गया हो। बावजूद इन सबके नारायणन जी ने देश का प्रथम पुरुष बन कर दिखलाया।*

उनके जीवन में हुई एक घटना का संक्षिप्त विवरण हम दे रहे हैं। त्रावणकोर विश्वविद्यालय से अंग्रेज़ी साहित्य में स्नातकोत्तर में सबसे अधिक अंक हासिल करने के कारण त्रावणकोर के तत्कालीन दीवान सी.पी. रामास्वामी अय्यर ने उन्हें नौकरी देने का आश्वासन दे डाला था, पर बाद में जब अय्यर को पता चला कि नारायणन दलित हैं तो उन्होंने नौकरी देने से मना कर दिया। बावजूद इसके सामाजिक दुराग्रहों का साहस से सामना करते हुए उन्होंने देश के कुछ प्रतिष्ठित व्यक्तियों में अपना स्थान बनाया।

नारायणन जी राष्ट्रपति बनने से पूर्व 1984 में ओट्टापलम चुनाव क्षेत्र से प्रत्याशी बने। जहाँ से चुनाव जीत गये फिर केन्द्रीय मन्त्री (साइंस ऐंड टेक्नोलॉजी मिनिस्टर) के रूप में कार्य किया था और उसके बाद वे उपराष्ट्रपति भी रहे। उन्हें 21 अगस्त, 1992 को उपराष्ट्रपति चुना गया और 17 जुलाई, 1997 को वे राष्ट्रपति पद पर पहुँचे।

डॉ. के.आर. नारायणन जी ने सबसे पहले अपनी उल्लेखनीय विजय के लिए सभी के प्रति आभार व्यक्त करते हुए कहा, "मेरे लिए यह सौभाग्य की बात है कि देश के प्रमुख राजनीतिक संगठनों के स्वैच्छिक मतैक्य और लोगों की सहज

सद्‌भावना के साथ मैं इतने अधिक मतों से जीता कि यह मेरे लिए एक वरदान है।" इस देश ने अपने सर्वोच्च पद के लिए एक ऐसे व्यक्ति को चुनकर, जो समाज के निम्न स्तर से उठा हो, यह दिखा दिया है कि आम आदमी की चिन्ताएँ अब हमारे राजनीतिक जीवन का केन्द्र-बिन्दु बन गयी हैं।

'भारतीय भाषा सम्मेलन' ने डॉ. के.आर. नारायणन को हिन्दी राष्ट्रभाषा में शपथ लेने के लिए हार्दिक बधाई दी। संस्था के अध्यक्ष डॉ. वेद प्रताप वैदिक ने 24 जुलाई, 1998 को प्रकाशित एक वक्तव्य में कहा, "दक्षिण भारतीय होने और हिन्दी में दक्ष न होने पर भी आपने हिन्दी में शपथ लेकर देशवासियों का दिल जीत लिया। अंग्रेज़ी में प्रवीण होने के बावजूद एक भारतीय भाषा में शपथ लेकर अपने देशवासियों को संकेत दिया है कि वह जनता के राष्ट्रपति हैं।"

बहुत कम लोगों को मालूम है कि के. आर. नारायणन आत्मकथा लिखना चाहते थे लेकिन उनकी यह इच्छा अन्त तक अधूरी ही रह गयी। दलित कवि और चिन्तक राजपाल सिंह राज ने उनके अधूरे रह गये कार्य को उनकी जीवनी लिख कर पूरा किया। हम उन्हें भी सलाम करते हैं। के.आर. नारायणन की शुरुआती शिक्षा का दौर काफ़ी मुश्किलों भरा रहा। ग़रीबी और सामाजिक उपेक्षा के बीच उन्होंने अपनी पढ़ाई शुरू की। कॉलेज की पढ़ाई के दौरान उनके छात्रावास में मुफ़्त रहने की व्यवस्था तो हो गयी, पर उनके पास खाने तक के लिए पैसे नहीं थे, जिसके कारण उन्होंने पढ़ाई छोड़ देने का मन बना लिया।

उनकी माता अम्मा रामन, बड़ी बहन के. गौरी, बड़े भाई नील कान्तन, वासु रामन, पिता श्री वैद्यन रामन और दादा-दादी के बड़े परिवार का दायित्व बड़ी कठिनाई से निभाती थीं। उनके पिताजी ने अपनी अति सीमित आय के कारण अपने किसी बेटे-बेटी को उचित शिक्षा द्वारा बड़ा आदमी बनाने की इच्छा छोड़ दी थी। जबकि उनकी माता, बड़े भाई और बड़ी बहन ने यह निश्चय किया कि चाहे जितनी भी हमें कठिनाइयों का सामना करना पड़े नारायणन की पढ़ाई नियमित रूप से चलती रहेगी। इसी उद्देश्य को सफल बनाने के लिए बालक नारायणन की चार वर्ष की आयु पूर्ण होने पर उनको उझावूर गाँव से साढ़े चार किलोमीटर दूर अन्य विद्यालयों से कूथाट्टकूलम के निकट प्राथमिक विद्यालय में प्रवेश दिलाया। बालक नारायणन को अन्य दलित बच्चों के साथ साढ़े चार किलोमीटर पैदल जाना पड़ता। यही नहीं, उन्हें भूख-प्यास की कठिन परिस्थितियों का सामना भी करना पड़ता। बड़े परिश्रम और बड़ी बहन के अपार सहयोग से कक्षा चार 'आवरलेडी लोर्डे' स्कूल से पास करने के पश्चात बालक नारायणन को अगली शिक्षा प्राप्त करने के लिए लगभग पन्द्रह किलोमीटर दूर

कूराविलेगेड़ में हाईस्कूल में प्रवेश दिलाया गया। बालक नारायणन के साथ पढ़नेवाले अनुसूचित जाति के अन्य बच्चे शिक्षा प्राप्ति की इच्छा मन में रखते हुए भी पन्द्रह किलोमीटर की दूरी का फ़ासला बाधा बनने के कारण अपनी शिक्षा पूरी नहीं कर सके। यह दूरी बालक नारायणन के लिए भी बाधा बनी और धन अभाव के कारण समय पर फ़ीस न देने पर पूरी कक्षा के समक्ष बेंच पर खड़ा करने के अपमान ने कठिनाइयाँ उत्पन्न कीं। फिर भी नारायणन ने 'गाँधी हरिजन सेवक संघ' से हाईस्कूल पास किया। इसे आस-पास के क्षेत्रों में उनकी सफलता ही कहा जा सकता था। उस समय हाईस्कूल करना ही बड़ी बात थी, लेकिन वे आगे पढ़ना चाहते थे। ग्यारहवीं कक्षा में प्रवेश पाने से लेकर कोट्टयम से इंटरमीडिएट पास करने के समय तक किशोर नारायणन को हर वर्ष योग्यता छात्रवृत्ति मिलती रही। अपनी इस दयनीय अवस्था के विषय में जब भी महामहिम राष्ट्रपति डॉ. के. आर. नारायणन स्मरण करते तो उनकी आँखें नम हो जातीं और कहते, "तब मुझे निर्लज्ज हो जाना पड़ता था, क्योंकि मैं जानता था कि इसके सिवा कोई चारा नहीं था।" धन्य हैं ऐसे मेधावी, प्रज्ञावान, निष्ठावान, उत्साही, दृढ़निश्चयी एवं अध्यवसायी किशोर छात्र, जिन्होंने अनेक व्यवधानों, अवरोधों और रुकावटों के होते हुए अपने लक्ष्य की प्राप्ति में अपार सफलता प्राप्त की।

कोचेरिल रामन नारायणन का जन्म ग्राम-उझुवूर, ज़िला कोट्टयम, केरल राज्य की पूर्व रियासत त्रावणकोर में 27 अक्तूबर, 1920 को पिता श्री रामन वैद्यन और माता अम्मा रामन के परिवार में हुआ। परिवार में सात बच्चों में उनका स्थान चौथा था। उनके दादा श्री केलन वैद्यन आयुर्वेदिक बाल रोग विशेषज्ञ थे। अपने पिता के समान, जो अपने गाँव और आस-पास के गाँवों के बीमार व्यक्तियों की चिकित्सा आयुर्वेदिक औषधियों से करते थे।

*के. आर. नारायणन सन् 1953 में नौकरी की खोज में दिल्ली आये। दिल्ली आने की इस घटना का ज़िक्र के.आर. नारायणन जी ने अमेरिका में भारतीय राजदूत के रूप में सेवा करते समय न्यूयॉर्क में एक कार्यक्रम में किया। जब 'भारतीय एसोसिएशन' द्वारा बाबा साहेब डॉ. अम्बेडकर के जन्मदिवस 14 अप्रैल, 1976 को आयोजित समारोह में उन्हें आमन्त्रित किया गया था। डॉ. के.आर. नारायणन जी ने बताया, "मुझे याद है कि सन् 1943 में जब डॉ. अम्बेडकर से मेरी भेंट हुई थी, तब वे वायसराय की कार्यकारी परिषद के सदस्य थे। त्रावणकोर विश्वविद्यालय से बी.ए. ऑनर्स (अंग्रेज़ी) की उपाधि लेने के बाद मैं नौकरी की तलाश में दिल्ली गया था। बाबा साहेब डॉ. अम्बेडकर जी के नाम*

*उनके परिचित एक व्यक्ति का पत्र मेरे पास था, जो त्रावणकोर में रहते थे। मैंने दिल्ली में एक सस्ते होटल में अपना सामान रखा और उस परिचय-पत्र को लेकर पृथ्वीराज रोड स्थित डॉ. अम्बेडकर से मिला। वे मुझे अपने घर रखना चाहते थे। हालाँकि मैं केरल से आया एक अजनबी था।"*

श्री के.एम. मुंशी द्वारा सम्पादित 'सोशल वेलफेयर' समाचार-पत्र में कार्य करते समय श्री के.आर. नारायणन ने जे.आर.डी. टाटा द्वारा प्रकाशित विज्ञापन में विदेश में 'लन्दन स्कूल ऑफ़ इकोनॉमिक्स' में अध्ययन करने के लिए 'टाटा छात्रवृत्ति' के आधार पर आवेदन किया। 'टाटा छात्रवृत्ति' के आधार पर अध्ययन करने के लिए उनका चयन होने पर लन्दन में नारायणन जी ने 'अर्थशास्त्र और विज्ञान' विषय लेकर अध्ययन आरम्भ किया। उनकी यह प्रथम विदेश-यात्रा थी। विदेश में सीमित साधनों में अध्ययन करना नारायणन के लिए बड़ी योग्यता एवं सूझ-बूझ और दूरदर्शिता का कार्य था। के.आर. नारायणन दिल्ली में बाबा साहेब डॉ. अम्बेडकर के सम्पर्क में सन् 1943 में आ चुके थे। वे बाबा साहेब डॉ. अम्बेडकर जी के विचारों और अध्ययन-शैली से अत्यधिक प्रभावित हुए। उन्हीं के बताये मार्ग पर चले जिस तरह बाबा साहेब डॉ. अम्बेडकर जी ने सन् 1920 से लेकर 1923 तक 'लन्दन स्कूल ऑफ़ इकोनॉमिक्स' में घोर अध्ययन अपने सीमित साधनों में किया, उसी प्रकार श्री के.आर. नारायणन ने भी सीमित साधनों में ही अध्ययन किया।

नारायणन जी का जीवन हम सभी के लिए एक मानक कीर्तिमान है। आर्थिक विपन्नताओं और अभावों से जूझते हुए एवं सामाजिक अन्याय और भेदभाव के आघातों को झेलते हुए उन्होंने अपने जीवन के कठिन सोपान साहस और संकल्प के साथ तय किये। जीवन के संघर्षों में वे हारे नहीं, थके नहीं, रुके नहीं। उनकी जीवन-यात्रा में शिक्षा और क्षमता का सम्बल उनका मार्ग प्रशस्त करता रहा। उनको जीवन में कई अग्निपरीक्षाएँ देने का अवसर मिला। उन्होंने उनको निखारा और सँवारा। सामाजिक अन्याय से अभिशप्त उस युग में बालक, किशोर और युवक कोचेरिल रामन नारायणन के अनुभव और उनकी उपलब्धियाँ केवल उनके जीवन के वृत्तान्त मात्र ही नहीं हैं बल्कि वे हमारे समाज और इतिहास के एक महत्त्वपूर्ण अध्याय की इबारत भी हैं। बचपन से लेकर अन्तिम समय तक वे कठिनाइयों से जूझते रहे। अटलबिहारी वाजपेयी जी के विचार में "सकारात्मक स्वभाव और कठिन परिस्थितियों से जूझनेवाले सशक्त व्यक्तित्व के रूप में वे नयी पीढ़ी को प्रेरित करते रहेंगे।"

## सन्दर्भ

1. डॉ. के.आर. नारायणन (जीवनी), सम्पादन : राजपाल सिंह राज, श्री नटराज प्रकाशन, दिल्ली, 2006
2. K.R. Narayanan (1920-2005) Journey of Citizen President, Hindustan Times, 10 November, 2005
3. The Illustrated Weekly of India, Bombay, 17 November, 1974
4. 'महापुरुषों का बचपन', सं. मोहनदास नैमिशराय, प्रभात प्रकाशन, नयी दिल्ली, 2018

# मराठी दलित आत्मवृत्तों के बहाने

विपरीत इसके जिन आत्मवृतों का चयन मैंने किया है उनके लेखक इसलिए सिंहावलोकन करते हैं, पीछे मुड़कर इसलिए देखते हैं कि सामने का रास्ता साफ़ और स्पष्ट दिखाई दे। ये चारों लेखक बूढ़े नहीं हैं। इनकी उम्र 24 से 40 तक की है। रूढ़ार्थ से आत्मकथा लिखने की इनकी उम्र नहीं है। फिर भी इन्होंने अपने-अपने वृत्तों के माध्यम से यह जानने का प्रयास किया है कि आख़िर हम कौन हैं, जिस रूप में आज हम समाज में जाने पहचाने जाते हैं उसका कारण क्या है? अपने वर्तमान स्वरूप और स्थान के सम्बन्ध में इनके मन में सवाल हैं और उनके उत्तर खोजने का वे प्रयत्न करते हैं। इनके आत्मवृत्तों में गत जीवन का आलेख नहीं है बल्कि वर्तमान जीवन के संघर्ष को वे अंकित करते हैं। वे चाहते हैं कि भविष्य के जीवन की प्रेरणाएँ वर्तमान जीवन से प्राप्त हों और वे सुस्पष्ट हों। आत्मवृत्त लेखन इनकी नज़रों में केवल साहित्य निर्मिति नहीं बल्कि एक सामाजिक आयामवाली ठोस कृति है, कार्य है।

पाठकों ने इन चारों को बहुत चाहा और सराहा है। 'बलुतं' का दूसरा संस्करण जल्दी प्रकाशित हुआ है, 'आठवणीचे पक्षी' का पहला संस्करण भी शीघ्रता से समाप्त हुआ, 'मुक्काम पोस्ट : देवाचे गोठणे' और 'उपरा' की खपत बहुत ही अच्छी रही है। इन रचनाओं पर कई चर्चाओं और संगोष्ठियों का आयोजन हुआ है, कई समीक्षात्मक लेख छपे हैं, इनके लेखक समस्त महाराष्ट्र में व्याख्यानों के लिए आमन्त्रित किये गये हैं। 'उपरा' और 'बलुतं' को फोर्ड संस्थान की अध्ययन की वृत्तियाँ भी प्राप्त हुई हैं। 'बलुतं' का 'अछूत' शीर्षक से हिन्दी अनुवाद भी प्रकाशित हुआ है और इस पर एक फ़िल्म भी बन गयी है। इस तरह तीन वर्षों की अल्पावधि में इन आत्मवृत्तों ने मराठी और जन जीवन को काफ़ी प्रभावित किया है। अपने प्रभावशाली कार्य से इतिहास के लिए ये चारों आत्मवृत्त अनिवार्य बन गये हैं।

श्रीमती हंसा वाडकर का आत्मचरित, अनिल अवचट के रिपोर्ताज (वृत्तलेख), अरुण साधु के 'मुम्बई दिनांक' तथा 'सिंहासन' नामक उपन्यास, अरुण लिमये का 'क्लोरोफार्म' आदि को प्राप्त प्रचण्ड लोकप्रियता इसी बात का संकेत देती है कि पाठकों को अब सैद्धान्तिक और विवेचनात्मक विश्लेषणात्मक ललित लेखन की चाह नहीं है बल्कि अब वे जीवन के असली चित्रण के आकांक्षी हैं। टाम वुल्फ, ट्रूमन कपोटी, नार्मन मेलर जैसे लेखकों की 'नवपत्रकारिता' की आवश्यकता अब मराठी साहित्य और मन को वांछित है। इस पाठक गण को संगठित करने का और उनकी वांछाओं, आकांक्षाओं की पूर्ति करने का प्रयास 'ग्रन्थावली' ने उपयुक्त पुस्तकों के प्रकाशन से किया है। संक्षेप में प्रतिपादन है कि ठोस सामाजिक कृति के रूप में दलित साहित्य का विकास, नवीन पाठकों का अस्तित्व तथा 'ग्रन्थावली' की स्थापना इन तीनों के वास्तविक समन्वय की परिणति है 'बलुतं' और 'उपरा' को प्राप्त अभूतपूर्व सफलता।

महाराष्ट्र के इन विभिन्न प्रदेशों में पिछड़ी जातियों की वर्तमान आर्थिक स्थिति, उनकी सामाजिक रूढ़ियाँ और रहन-सहन, उनके देवी-देवता, शिक्षा के बारे में उनका दृष्टिकोण, शिक्षा प्राप्ति में आने वाली अड़चनें, अपने-अपने समाज की जाति व्यवस्था और जातीय कट्टरता, स्त्रियों की स्थिति, विवाह पद्धति, मकानों और कपड़ों का वर्णन, राजनीति और उसके जीवनव्यापी प्रभाव, परम्परागत व्यवसाय और विशिष्ट कुशलता प्राप्त उद्योग इनका वर्णन सम्पूर्ण व्याप्ति और गहराई के साथ ये आत्मवृत्त जिस तरह करते हैं उसी तरह सामाजिक परिवर्तन के लिए ललकारती परम्पराओं को ध्वस्त करने की आकांक्षी युवा पीढ़ी का यथार्थ और तथ्यात्मक वर्णन भी ये आत्मवृत्त करते हैं।

बरसों से आधा पेट रहकर काटी ज़िन्दगी, बस तक के लिए पैसे का अभाव, परिणामतः मीलों की पदयात्रा, अस्वच्छता और दवाइयों के अभाव के कारण खुजली की बीमारी से पिण्ड नहीं छूट पाता था। यही था कुल मिलाकर जीवनयापन। चोरी के आरोप में श्री माने के माता-पिता को विवस्त्र कर उन्हें पूरे गाँव के लोगों ने पीटा था। ये सारे जलजले और भूकम्प जैसे जीवनानुभव पढ़ते समय मध्यवित्तीय वर्ग का पाठक भी भविष्य की नियति से शंकित होता है। उसके सुरक्षित जीवन की दीवारों में दरारें पड़ने का ही नहीं उनके ढह जाने का अनुभव वह करने लगता है।

इस तरह सम्पूर्ण निराशामय विपरीत और जानलेवा परिस्थितियों का सामना करते हुए माने, कोडविलकर, पवार और सोनकाम्बले ने अपनी-अपनी शिक्षा पूर्ण की और उपाधिकारी बने। उनके अपने समाजों में हो रहे परिवर्तनों का बेहतरीन

नमूना है उनके अनुभव। ये आत्मवृत्त उन स्थितिप्रिय जनों के लिए ठोस और अकाट्य उत्तर हैं जो मानते हैं कि स्वाधीनता के पैंतीस वर्षों के बावजूद हम वहीं के वहीं और 'जैसे थे' स्थिति में ही हैं। परिवर्तन प्रक्रिया की विशेषता है कि सामयिकता में जीने वालों को वह अपने महत्त्व से प्रभावित नहीं कर पाती है। जीवन प्रवाह में बहते जाने वालों का चरम लक्ष्य होता है जैसे-तैसे जान बचाने के लिए हाथ-पाँव पटककर तैरने का, पानी के ऊपर रहने का। प्रवाह की गति और गहराई, उसके मोड़ और भँवरों को नापने-जोखने का भाव वे नहीं रखते हैं; उनकी जिजीविषा उन्हें वह इजाज़त नहीं देती है। परन्तु ये आत्म-वृत्त इन परिवर्तनों को संकलित कर स्फटिक की तरह बना देते हैं जिससे परिवर्तन के सभी पहलुओं के दर्शन ये आत्मवृत्त ही कराते हैं। सामाजिक इतिहास के दस्तावेज़ के नाते इन आत्मवृत्तों का महत्त्व दुहरा है, इनके माध्यम से सामयिक समाज की स्थिति और गति दोनों के दर्शन होते हैं। श्री पवार के आत्मवृत्त से हम डॉ. बाबा साहेब अम्बेडकर के युगान्तकारी व्यक्तित्व के दर्शन करते हैं और अम्बेडकर के अनुयायियों की मानसिक संकुचितता से भी परिचित होते हैं। स्वार्थ और गुटबन्दी के कारण रिपब्लिकन राजनीति की उड़ी धज्जियों को भी हम देखते हैं।

'बलुतं' का रूपबन्ध अपने ढंग का है और इसीलिए विशेष उल्लेखनीय है। लेखक स्वयं अपने आप से वार्तालाप करता है। इस पुस्तक में कथोपकथन 'दगडू पवार' और 'दया पवार' के बीच चलता है।

'बलुतं' के हर प्रसंग के इसी कारण दो-दो आयाम उद्घाटित होते हैं। इस घटना को अपने समय के सन्दर्भ में देखने वाले दगडू की प्रतिक्रियाओं का एक आयाम तो वर्तमान परिप्रेक्ष्य में उसी घटना का अन्वय लगानेवाले दया की बोधात्मक प्रतिक्रियाओं का दूसरा आयाम हमारे सामने उभरता है। पाठक भी अनुभव करते और कराते समय की लिप्तता और तटस्थता का अनुभव उसी तरह कर पाता है जिस तरह स्वयं लेखक करता है। इसीलिए 'बलुतं' एकांगता, समरसता या उबाऊपन के दोष से मुक्त है।

यौन विषयक अनुभवों के प्रतिपादन में लेखक की समझदारी और संयम प्रशंसनीय है। हमउम्र बच्चों के साथ की गयी क्रीड़ा, जवान होना, सन्तानहीन विठाई की जाँघें दबाते समय मन में उठनेवाले विचार, दरवाज़े की सेंध में से देखा गया शिवा और उसकी रखैल का नग्न संभोग, अपनी चाची की खटिया के नीचे अपनी ही पत्नी के साथ प्रणय करने की विवशता, बानू के साथ किया गया 'काफलव', पहली पत्नी का अन्य पुरुष के प्रति लगाव और इसीलिए पत्नी का

त्याग आदि कई वैयक्तिक अनुभवों को पवार कहते हैं, परन्तु उन्होंने उसी संयम के साथ अन्य जनों के अनुभवों का भी वर्णन किया है। घोड़ी के साथ संभोग करनेवाला दामू, वह युवक जो कहता फिरे कि उसने और उसके बाप ने दोनों में साझी पत्नी बना ली है, हिस्टेरिक सीता, जिसकी गालियाँ सुनकर पुरुष भी शर्म से झुक जायें, ऐसी मंजुला और इस तरह और कितने ही व्यक्तियों की हक़ीक़त वे कहते हैं। सबसे महत्त्व की विशेषता यह है कि इन समस्त वर्णनों में कहीं भी और किंचित मात्रा में भी पाठकों की वासनाओं को विचलित करने का अथवा विकृतियों की ओर आकर्षित करने का उद्देश्य नहीं है। इन विकृतियों के कारणों को तलाशने की ओर वे पाठक को उन्मुख और उद्युक्त करते हैं। उनका कहना है, "कतिपय लोगों की भोली-भाली धारणा है कि जिस सामान्य या साधारण स्तर पर मनुष्य है उससे ज़रा अधिक ऊँचे स्तर पर अगर उसे चित्रित किया जाये तो क्रान्ति के लिए दिशा प्राप्त होगी। बलुतं में ऐसे अनेक चरित्र हैं कि जिनमें नायक-नायिका के गुण हैं। परन्तु मैं चाहता हूँ कि पाठक इसके कारणों को खोजें कि ऐसे उदात्तचरित्रों की छीछालेदर कौन करता है? क्यों करता है? उन चरित्रों का नायकत्व क्यों सड़-गल जाता है?" पवार बिना किसी संकोच तथा शौर्य के और बिना किसी तरह के अभिनिवेश के, बिना आतिशयोक्ति की रंजकता के इन सारी बातों का सरल, सीधा-सादा और इसीलिए प्रभावशाली वर्णन कर सके हैं कि उनका ध्यान मात्र इन अनुभवों की ओर ही नहीं है बल्कि इन सबके परे, इनकी सामाजिकता पर ही केन्द्रित है। इसीलिए सहज संगम होते हुए भी इन सामाजिक अनुभवों के नायक वे स्वयं नहीं बने हैं और न ही उन्होंने अपनी कायरताओं, कापुरुषताओं और कमज़ोरियों को छिपाया है।

दलित-राजनीति की धज्जियों को श्री पवार का संवेदनक्षम मन निर्ममता से उड़ते देखता है और मार्मिकता से अंकित करता है। कांग्रेस रिपब्लिकन की साँठ-गाँठ का परिणाम स्लो-पॉइजनिंग की तरह हुआ और दलित आन्दोलन समाप्ति के क़रीब हुआ। बाबा साहेब के अनुयायियों में कुछ स्वार्थी नेताओं ने दलित समाज को किस तरह खाई में ढकेला, इसका निर्भीक चित्र भी दया पवार ने अंकित किया।

# 'अपने-अपने पिंजरे' से 'जूठन' तक

## प्रो. अजय कुमार कृष्ण काम्बले

*मराठी दलित आत्मकथाओं में गाँव तो हैं और गाँव के साथ खेत/कुएँ/स्कूल/नदी/पहाड़ भी हैं, पर इतिहास ग़ायब है। न गाँव का, न बस्ती का और न जिस जाति में जन्म लिया उसका, जबकि हिन्दी दलित आत्मकथाओं में पूरी तरह से इतिहास आया है। न सिर्फ़ इतिहास बल्कि दलितों की सांस्कृतिक विरासत भी आयी है। कुछ आत्मकथाओं में ऐसे मेलों का भी विवरण है, जिनमें सहभागिता दलित-बहुजन समाज की होती थी।*

लेखक, पत्रकार मोहनदास नैमिशराय का जिस मेरठ शहर में बचपन बीता, जिसका महत्त्वपूर्ण इतिहास था। जिसने कई बड़े लोग दिये थे। शहर न बहुत बड़ा न छोटा था। पर दो हिस्सों में बँटा था—छावनी एवं शहर। छावनी में चमक-दमक एवं रौनक थी तो शहर में क़स्बाईपन। उसमें अधिकतर साइकिलों पर लोग तब चलते थे। सभी धर्मों के प्रार्थना-स्थल मौजूद थे सिवाय बौद्ध विहार के। हालाँकि बौद्ध विहार भी बनने शुरू हो गये थे। शहर का रंग-ढंग ही कुछ और था जो मुस्लिम संस्कृति से प्रभावित नये नवाब बसे थे। शाम होते ही रण्डियों के कोठों में काफ़ी रंगीन वातावरण बनता था। मेरठ की गलियों में हकीम विभिन्न दवाएँ बेचते थे। जिनका प्रभाव मन्त्रियों पर भी था। गलियों, बस्तियों में विभिन्न प्रकार की गन्ध फूटती थी जिसमें बिरयानी, गोश्त, जलेबी, कचौरी आदि प्रमुख थे। शहर में विभिन्न जातियों एवं धर्मों के लोग रहते थे इसीलिए उनकी बस्तियाँ भी उनकी जातियों से ही पहचानी जातीं। शहर के घण्टा घर एवं पानी की टंकी शानदार थे। उनका इतिहास भी था। इस शहर में लेखक ने बचपन में विभिन्न स्तर की औरतों को देखा था।

साहित्यकारों ने स्वतन्त्रता प्राप्ति के बाद सामान्य जनजीवन, दलित, पीड़ित, समाज की व्यथाओं एवं पीड़ाओं को उजागर किया है। इस मामले में उन्होंने

सामाजिक, आर्थिक, राजनीतिक एवं धार्मिक परिप्रेक्ष्य में मनुष्य को रखकर उसे साहित्य में विषय के रूप में उपस्थित किया है। एक दिन में कोई भी समाज उन्नति के पायदान पर पहुँच नहीं सकता, तो ऐसे समाज की उन्नति में जो बाधाएँ हैं, रुकावटें हैं, वे विकास के मार्ग को अवरुद्ध करके समस्याएँ उत्पन्न करती हैं। इस विकास की रफ़्तार में सबसे बड़ा रोड़ा तो यह समस्याएँ हैं जो मानव के विकास को रोकने का कार्य करती हैं। इन्हीं समस्याओं के कारण प्रवाहित ऐसी विकास की धारा की गति क्षीण हो जाती है।

आदिम काल से ही मनुष्य समस्याओं से लड़कर अपने अस्तित्व को बचाये हुए हैं दलित जीवन में भी ऐसी कई समस्याओं से निरन्तर उन्हें जूझना पड़ा है। 'अपने-अपने पिंजरे' में जातीयता की समस्या का चित्रण विस्तार के साथ मिलता है। जातीयता की समस्या 'अपने-अपने पिंजरे' में निम्न प्रकार से मिलती है—"हमारी बस्ती भी शहर की अन्य बस्तियों की तरह थी। बस्ती का नाम चमार गेट था फिर चमार दरवाज़ा हुआ। जिसे लोग चमार दरवज्जा ही अधिक कहते बोलते थे। बस्ती के सिरे पर एक बड़ा गेट था। पहले हमारी बस्ती शहर के भीतर एक कोने पर थी। शाम होते-होते दरवाज़े बन्द कर दिये जाते थे। इसी कारण बस्ती का नाम चमार गेट पड़ा।"

प्रस्तुत उद्धरण से इस बात पर प्रकाश पड़ता है कि बस्ती का नामकरण भी सवर्णों के द्वारा जाति के आधार पर किया जाता था।

"हमारी बस्ती के किनारे पर जहाँ सवर्णों की लक्ष्मण रेखा दलितों को अलग करती थी, बस्ती के बीच रेखा के उस पार एक मन्दिर था। मन्दिर सवर्णों का था।"

वहीं 'जूठन' में जातीयता की समस्या निम्न प्रकार से मिलती है—"अस्पृश्यता का ऐसा माहौल कि कुत्ते-बिल्ली, गाय-भैंस को छूना बुरा नहीं था लेकिन यदि चूहड़े का स्पर्श हो जाये तो पाप लग जाता था। सामाजिक स्तर पर इन्सानी दर्जा नहीं था। वे सिर्फ़ ज़रूरत की वस्तु थे। काम पूरा होते ही उपयोग ख़त्म। इस्तेमाल करो, दूर फेंको।"

स्वयं आत्मकथाकार नैमिशराय के शब्दों में, "हम पूजा भी करते थे और पीर पर जाकर चादर भी चढ़ाते थे। हमारे घर मीरा पुजता था और सूअर से हम परहेज भी करते थे। जबकि जूठन में बार-बार सूअर के मांस खाने का ज़िक्र हुआ है।" स्वयं नैमिशराय लिखते हैं, "माँ ने एक दिन बकरा काटा था। बकरे को काटकर उसका गर्म और गाढ़ा ख़ून नीम के पेड़ के पास कच्चे आँगन में दबा दिया था। फिर बकरे का गोश्त पकाया गया था। परिवार के सदस्यों ने खाया था और प्रसाद के रूप में अड़ोसी-पड़ोसियों को बाँटा जाता था।

दूसरी तरफ़ काली देवी का बकरा, परमेश्वरी देवी का बकरा भी हमारी जात में चढ़ाया जाता था। देवी-देवता पीर, मीरा आदि के नाम पर दलित बकरा, आदि पकाकर खाते थे। ऐसा न करने से देवता क्रोधित हो जायेंगे ऐसी अन्धविश्वास की परम्परा के कारण बस्ती वाले पालन करते थे।"

"मैं जिस बस्ती में रहता था उसमें पीरों की भरमार थी। बस्ती के अन्दर भी पीर तथा बस्ती के बाहर भी पीर। जिस गली में हम रहते थे वहाँ भी एक पीर था। जबसे मैंने होश सँभाला तभी से उस आले में घी का दीपक जलते देखता रहा था। गली के बाहर के लोग (वैसे औरतें अधिक आती थीं) भी अक्सर चीनी के बताशे और जलता हुआ दीपक लेकर आते थे।"

पीर आदि देवताओं के लिए बस्ती में दलित औरतों के मन में ढेर सारे अन्धविश्वास प्रचलित थे।

औरतों की पिटाई तो आम बात थी। हर बात में उन्हें माँ-बाप टोकते तथा डाँटते थे। इस प्रकार नारी जीवन की व्यथा को नैमिशराय जी ने उजागर किया है।

शहर में अक्सर साम्प्रदायिक दंगे होते रहते थे। इस तरह के दंगों में महिलाओं का जीवन अधिक बर्बाद होता। उनकी अस्मिता रौंद दी जाती। भावनाओं को टुकड़े-टुकड़े कर दिया जाता। फिर उन्हें कतरा-कतरा जीवन जीने को अभिशप्त होना पड़ता।

शहरी या देहाती औरतों की समस्या हर युग में बरकरार है। पुरुषों के वर्चस्ववाले समाज में उनकी मुश्किलों की कमी नहीं है यह स्पष्ट है। 'जूठन' में ओमप्रकाश वाल्मीकि ने नारी जीवन की समस्या का चित्रण निम्न प्रकार से किया है–

"माँ जब रोती थी तो एक सुर में शिकवे-शिकायत बाहर आने लगते थे, जिसे सुनकर आस-पड़ोस की औरतें, माँ के इर्द-गिर्द इकट्ठा हो जाती थीं। वे जितना माँ को समझाने का यत्न करतीं, माँ उतने ही ज़ोर से रोती थी।"

'अपने-अपने पिंजरे भाग-2' में मोहनदास नैमिशराय ने निम्न प्रकार से यौन शोषण की समस्या को उजागर किया है–

"गाँवों में तो दलित समाज की महिलाओं पर ख़ूब जुल्म और अत्याचार होता था। उसमें घासवालियों पर ख़ूब कहर ढाया जाता था। शहर में भी उत्पीड़न होता था। अन्य दलित बस्तियों की तरह हमारी बस्ती से भी ढेर सारी औरतें जंगल जाती थीं। उनके शरीर को नोचने के लिए गिद्ध तैयार बैठे रहते थे। उनमें से कुछ बच जाती थीं तथा कुछ अपनी इज़्ज़त गँवाये बिना भाग आती थीं। मजबूरीवश या कैसे भी जिसने एक बार अपना शरीर उन गिद्धों को दे दिया फिर लम्बे समय तक उन्हीं महिलाओं को अपना शरीर नुचवाना पड़ता था।"

खेतों में काम के बहाने औरतों का यौन शोषण किया जाता था। एक बार मजबूरीवश जिस्म को सौंपने के बाद अत्याचार का सिलसिला बढ़ता जाता है। कुछ को तो रास्ते में ही नीम हकीम पकड़ लेते थे और उल्टे-सीधे तरीक़े से झाड़-फूँक करते थे। इस तरह के मामलों में महिलाओं के यौन शोषण का ख़तरा अधिक होता था। झाड़-फूँक द्वारा किसी महिला को भूत के चंगुल से मुक्त कराने के लिए उचित और अनुचित टोटके भी किये जाते थे। महिलाओं का यौन शोषण का ख़तरा हमेशा रहता था। दलित औरतों को पाने के लिए अनेक उपाय अपनाये जाते थे।

यौन शोषण महिलाएँ अथवा बच्चों का होता ही था। यही चित्रण मिलता है। इस प्रकार 'अपने-अपने पिंजरे भाग-2' में यौन शोषण की समस्या का चित्रण मिलता है।

ओमप्रकाश वाल्मीकि की आत्मकथा 'जूठन' में यौन शोषण की समस्या का निम्न प्रकार से चित्रण मिलता है–

"आज उस स्त्री के बारे में सोचता हूँ तो जी मिचलाने लगता है। किस मजबूरी में आयी होगी इनके पास? शौक़ के लिए या ख़ुशी में? दो-दो पुरुषों को समर्पित हो जाना किसी स्त्री का, आज भी मेरा मन मानने को तैयार नहीं हैं।" दो पुरुषों की हवस का शिकार बनी हुई औरत का बारी-बारी से दो-दो पुरुष यौन शोषण कर रहे थे यही स्पष्ट होता है।

"मुज़फ़्फ़रनगर की घटना मेरे मन में हमेशा सवाल बनकर खड़ी रही। बारह-तेरह वर्ष की उम्र का यह अनुभव मेरे लिए पीड़ादायक रहा है। क्षणभर के लिए देखी उस स्त्री की छवि बार-बार आँखों के सामने आ जाती है जिसे दो भेड़िये रातभर झिंझोड़ते रहे। सुबह तक उसमें कुछ बचा भी था या नहीं, यह मेरे लिए हमेशा सवाल ही रहा।"

## अन्याय के प्रति चेतना

प्राचीन काल से ही दलितों पर किसी-न-किसी परम्परा को लेकर अन्याय हो रहा है। पूँजीपति, धनिक एवं ज़मीनदार वर्ग ने सामन्ती मानसिकता के कारण दलितों पर जुल्म किया, तथा उन पर अनेक अत्याचार किये। दलितों को अपनी निजी सम्पत्ति मानकर दलितों का शोषण किया है। जो न्याय नहीं है वह अन्याय है, जो न्याय के विरोधी हैं उसे अन्याय कहते हैं। दलितों के साथ न्याय सम्मत व्यवहार नहीं हो रहा था। उन्हें अधिकतर रौंदने एवं कुचलने का ही प्रयास सवर्ण वर्चस्ववादी वर्ग करता था। विभिन्न प्रकार के अन्याय उन पर किये जाते थे।

ताकि दलितों में अपने हकों एवं अधिकारों के प्रति जागृति न हो। स्वार्थ में डूबकर पूँजीपति, सामन्त आदि दलितों पर जुल्म ढा रहे थे। ऐसे अन्याय के ख़िलाफ़ संघटित होकर दलित समाज आन्दोलन छेड़ रहा था। यही आन्दोलन अन्याय के प्रति चेतना है।

ओमप्रकाश वाल्मीकि का कहना है, "हज़ारों वर्षों की प्रताड़ना, शोषण, द्वेष, वैमनस्य और भेदभाव से दबा दलित अपनी अस्मिता की खोज के लिए जागरूक दिखायी पड़ता है।"

नैमिशराय जी के 'अपने-अपने पिंजरे भाग-1' में अन्याय के प्रति चेतना को उजागर किया है—

"थू, तुम्हारा मन्दिर और तुम्हारा प्रसाद...। कहकर मैं चला आया था। उस दिन के बाद मैं मन्दिर नहीं गया था। मन्दिर मुझसे मीलों दूर हो गया था जैसे। मन्दिर के भीतर रखे पत्थर के देवताओं के प्रति नफ़रत-सी हो गयी थी।"

पुजारी के हाथ से एक दलित बच्चे के स्पर्श होने के बाद जब धर्मभ्रष्ट करने की बात उसने कही थी उस समय लेखक ने इस अन्याय के प्रति चेतना का परिचय दिया था। इन्हीं बातों के परिणामस्वरूप वे देवताओं के प्रति नफ़रत करने लगे थे। एक दिन उन्होंने अपने ही ऑफ़िस से पानी का घड़ा उठाकर फोड़ दिया था। कारण, उन्हें पानी पिलाने से रोका गया था। पूरे मेरठ में बदलाव की हवा ज़ोरों पर थी जिसमें हमारी बस्ती के लोग सबसे आगे थे।

अपने पर होनेवाले अन्याय-अत्याचारों के प्रति कितने दलित सचेत हुए थे यही बातें यहाँ स्पष्ट हुई हैं।

"शाम होते-होते हमारी बस्ती के डॉ. अम्बेडकर भवन में जैसे ही मोमबत्ती जलाई जाती, हम सब वहाँ चले जाते। अधिकांश दिनों बसन्ता नाम का व्यक्ति मोमबत्ती का पैकेट लेकर आता था। तब बौद्ध धर्म के बारे में पता चला था। बसन्ता के साथ हम बच्चे बुद्धम् शरणम् गच्छामि कहने लगे थे। शाम होने पर सामूहिक स्वर में यही गाते थे। धीरे-धीरे हमारे बीच धार्मिक तथा सांस्कृतिक परिवर्तन हो रहे थे।" दलितों में परम्परागत हिन्दू देवी-देवताओं की पूजा करने की रूढ़ियाँ सदियों से प्रचलित थीं जिसका पालन सभी दलित करते थे पर धीरे-धीरे इनमें परिवर्तन होकर हिन्दू रूढ़ियों और दुष्परम्पराओं को नकार कर बौद्ध धर्म का पालन कर रहे थे। इस प्रकार दलितों में रूढ़ियाँ और कुरीतियों के विरुद्ध चेतना दिखायी देती है। 'अपने-अपने पिंजरे भाग-1' में रूढ़ियों, परम्पराओं के विरुद्ध चेतना का मोहनदास नैमिशराय ने निम्न रूप में प्रकाश डाला है—"डॉ. बाबा साहेब अम्बेडकर के समानान्तर ही 1942 में कानपुर के स्वामी अछूतानन्द

हरिहर जी ने 'आदि हिन्दू धर्म' नाम से आन्दोलन भी चलाया। जिसका कुछ असर अवश्य हुआ था। पहले गाँवों में दलित मरे हुए पशु उठाते थे, स्त्रियाँ सवर्ण परिवारों में जाकर बच्चों की नाल काटती थीं। आज़ादी के पहले अधिकांश स्थानों पर यह सब हुआ था।"

'जूठन' में ओमप्रकाश वाल्मीकि ने रूढ़ियों तथा दुष्परम्पराओं के विरुद्ध चेतना का चित्रण निम्न प्रकार से किया है–

"पिता जी ने मेरी ओर ऐसे घूरा जैसे मुझे पहली बार देख रहे हों। उन्हें चुपचाप देखकर मेरे मन की उथल-पुथल बाहर आने लगी, 'अपनी ही शादी में दूल्हा घर-घर घूमे... बुरी बात है... बड़ी जात वालों के दूल्हे तो ऐसे कहीं नहीं जाते, ये दुल्हन बरला जाकर ऐसे ही घर-घर जायेगी सलाम करने।"

लम्बे समय तक वाल्मीकि जातियों में यह परम्परा रही है।

## गुलामी के प्रति चेतना

हज़ारों वर्षों से दलितों को सम्पत्ति, सत्ता एवं प्रतिष्ठा से वंचित रखा गया है। इन बातों के ख़िलाफ़ दलित विद्रोह न करें इसीलिए बताया गया कि यह व्यवस्था ईश्वरनिर्मित है अतः इसका पालन होना चाहिए। दलितों की पीढ़ियाँ इस अन्याय को सहती जा रही थीं। डॉ. अम्बेडकर के विचारों से प्रेरणा पाकर दलितों को अपनी गुलामी का अहसास होने लगा है।

## सन्दर्भ


1. हंस, सं. राजेन्द्र यादव, पृ. 79
2. अपने-अपने पिंजरे।
3. जूठन।
4. प्रो. अजय कुमार कृष्ण काम्बले, 'दलित आत्मकथाओं में दलित चेतना', श्री नटराज प्रकाशन, ए-507/12, साउथ गाभड़ी एक्सटेंशन, दिल्ली-110053

# पार्थ पोलके की 'पोतराज'

*हिन्दू धर्म, उसकी व्यवस्था, उसकी सड़ी-गली प्रथाओं को लानत भेजने वाले तथा बौद्ध धर्म स्वीकार करने वाले समाज में से अधिकांश पोतराज बने रहे। कैसी विवशता थी? मूल मराठी भाषा में 'आभरान' नाम से लिखित आत्मकथा फिर 'पोतराज' के रूप में यह हिन्दी अनुवाद पाठकों को निश्चित रूप से एक नवीन सामाजिक दृष्टि प्रदान करेगा।*

मेरा बाप पोतराज था। पोतराज कमर में रंगबिरंगे खण्डों के चीथड़े तथा कपड़े पहनते हैं। पोतराज की उस पोशाक को आभरान कहते हैं। आभरान मुझे यहाँ की व्यवस्था द्वारा पोतराज को दिये गये राजवस्त्र लगते हैं। हाँ, ऐसे राजवस्त्र जो ज़िन्दगी को चीथड़े-चीथड़े कर डालते हैं। आभरान पहनकर अपने बदन को कोड़ों से फटकारता हुआ मेरा बाप—आबा—हमारे लिए घर-घर भीख माँगता रहा। सारी ज़िन्दगी उसने पोतराज के रूप में खटते-घसीटते बिताई। आख़िर उसी में वह मरा। मरना सबको है; लेकिन यहाँ की व्यवस्था ने न जाने कितने लोगों को बिना सहमते-संकोचते, बड़े आराम से बलि चढ़ाया है। मेरे आबा उन्हीं में से एक हैं।

पोतराज के जिस आभरान को उतारना आबा के लिए सम्भव नहीं हुआ, मैंने उसे उतारा। उसकी होली जलाते हुए भी मेरा मन भीतर-ही-भीतर आदा और बाई की यादों से बेचैन रहा।

गाँव के बाहर बहिष्कृत जीवन जीनेवालों में से कई लोगों ने अपनी व्यथा-वेदना लिखी है। कुछ लोगों को गाँव के बाहर भी कोई ठिकाना नसीब नहीं हुआ। उन्हें तूफ़ान, बारिश, अत्याचार, ग़रीबी, भूख से सामना करते हुए केवल पेट के लिए अपने पैरों के चक्के बनाने पड़े हैं। वे गाँव-गाँव भटकते रहे हैं? ऐसे लोगों में से भी कुछ लोगों ने अपना दुख-दर्द लिखा है? इस प्रकार यहाँ की व्यवस्था की परतें एक के बाद एक उघड़ती जा रही हैं? यहाँ की इन्सानियत का असली रूप सामने आने लगा है?

इससे एक बात अवश्य हुई है कि आदमी को समझने में सहायक हल्की ही सही एक बयार आयी है? 'पोतराज' की वजह से यह हल्की बयार तूफ़ान में भले ही परिवर्तित न हो? इच्छा यही है कि वह अपनी सत्ता बनाये रखे? यों मेरे अनुभव जैसी अन्यों के अनुभव की कई परतें अभी खुलनी हैं। उनका खुलना ज़रूरी है। जब वे सबकी सब खुलेंगी, यह उनका बयान बड़े झोंके में और झोंका भयंकर तूफ़ान में बदलेगा? भयंकर तूफ़ान से यहाँ की जानलेवा व्यवस्था पूर्णतः बदल जायेगी? नये समाज की निर्मिति होगी?

मैं उपेक्षा तथा ग़रीबी की लपटों की आँच सहनेवाले अनेकों में से एक हूँ? व्यवस्था द्वारा दी गयी वेदना का साक्षी हूँ? भुक्तभोगी हूँ? ये वेदनाएँ मुझ जैसे अनेकों की अनेक पीढ़ियों को घुमाती रही हैं। मैं दुखों और वेदना को कुरेदते हुए जीना नहीं चाहता; लेकिन एक प्रश्न अवश्य पूछना चाहता हूँ कि यह सारा दुख-दर्द हमें ही क्यों भोगना पड़ता है।

दिमाग़ को तकलीफ़ दिये बिना सीधे-सीधे जो-जो याद आता गया, 'पोतराज' में लिखता चला गया? शायद इसीलिए मेरे इस लेखन में अनुशासन नहीं मिलेगा; लेकिन बीते हुए उन जानलेवा दिनों की कथा शब्दों में प्रस्तुत करते हुए मैं फिर एक बार उन्हीं पुरानी वेदनाओं को महसूसता गया हूँ। बेचैन होता गया हूँ। 'पोतराज' में आयी हुई व्यथा-वेदना अकेले मेरी नहीं है? सही तो यह है कि इसमें मुझसे कई लोगों की ज़िन्दगी आयी है। यह ज़िन्दगी उन महादू, पूड़ी और उनके बाल-बच्चों की भी है जिन्हें यहाँ की व्यवस्था में ओढ़ने के लिए आसमान और बिछाने के लिए धरती के सिवा कुछ दिया नहीं। यह कथा पीठ और पेट को धूप में तपाते हुए जीनेवाले वैदिनियों की भी है। चन्द्रा जैसी, गाँवों में रहनेवाली उन कई महिलाओं की भी यह कथा है जो पति और सास द्वारा दी जानेवाली यन्त्रणाओं से मुक्ति पाने के लिए गाँव-सिवान के किसी कुएँ या बावड़ी में कूद कर अपने को ही मिटा डालती हैं। इस प्रकार, असंख्य-जन मिटते गये हैं, व्यवस्था लगभग वैसी ही बनी रही है।

इस सीधे बहने वाले जीवन-प्रवाह में अन्यों की भाँति मैं भी बहता रहा। जब अलग प्रकार की चेतना जगी तो प्रवाह के विरुद्ध दो हाथ मारकर तैरने का प्रयत्न भी करता गया। कभी-कभी थका; पर हटा नहीं।

मैंने आबा को पोतराजी के सम्बन्ध में कभी ची-चुपड़ नहीं किया। बहुत दिनों के बाद मेरी समझ में आया कि पोतराजी की प्रथा बुरी है। फिर भी डाँट-फटकार कर मैं उन्हें कभी यह नहीं कह पाया कि आप इसे फेंक दीजिए। कभी कहा भी तो उनके उत्तर ने मुझे मूक बना दिया। आबा दर-दर घूमकर रूखा-सूखा माँगकर लाते थे।

रूखा-सूखा खाकर बिताये हुए वे दिन तथा रात में ज़मीन पर लेटनेवाले, थके-माँदे आया की टूटती हुई हड्डियाँ आज भी मुझसे भूली नहीं जातीं। मेरे प्रश्न का इससे बढ़कर और क्या उत्तर था?

यह लगे हाथ पोतराज के सम्बन्ध में बताना चाहूँगा। कुछ लोग जानते होंगे; पर ज़्यादा सम्भावनाएँ यही हैं कि कई लोग इसके बारे में जानते नहीं होंगे। पचहत्तर प्रतिशत लोग नहीं जानते। मरीमाता के भक्त पोतराज कहलाते हैं; पर यह प्रथा कैसे शुरू हुई? पोतराजी हमारे समाज में चली आ रही अनेक अन्धश्रद्धाओं की देन है। यह केवल समाज के निचले स्तर पर, विशेषकर महारों या मातंगों में ही देखी जाती है। जिस घर में देवी मरीमाता का कोप होता, महार या मातंग के उस घर में देवी के नाम पर आदमी को चढ़ाया जाता। लोग सोचते कि इससे देवी का कोप चला जाता है। घर की बीमारी-ग़रीबी कम होकर बरकत आती है। फिर ऐसे घरों में वंश परम्परा से यह रिवाज़ चलता ही रहता? कड़क लक्ष्मीवाले भी इसी प्रकार के भक्त हैं। ऐसे परिवार में मेरा जन्म हुआ? मैं पोतराज बाप की आख़िरी सन्तान?

हमारे परिवार में शिक्षा न के बराबर थी; पर भैया के पीछे-पीछे मैं भी स्कूल चला गया। आबा, बाई बार-बार कहा करते थे—स्कूल जाने पर आदमी बड़ा बन जाता है? जब तक आदमी नहीं बना था, मैं स्कूल से भाग जाता था? आबा और बाई के आतंक से ज़बर्दस्ती पढ़ाई करता रहा? आबा उस समय मुझे स्कूल में दाख़िल न करते और बाई हम दोनों भाइयों की शिक्षा के लिए देह टूटने तक कष्ट न उठाती तो...

...तो आज मैं भी आबा की तरह बदन पर आभरान के चीथड़े लपेटकर अपने बदन पर कोड़े बरसाता रहता? घर-घर से माँगकर लाये बासे टुकड़ों पर जीता। और ...। और बाल-बच्चों को आभरान के चीथड़े विरासत में छोड़कर मर गया होता!! इसीलिए यह कहना ग़लत नहीं होगा कि मैंने स्वयं ही अनुभव किया—'शिक्षण की ताक़त बहुत बड़ी होती है।'

एक बात ज़रूर सही है कि माँ-बाप के जीने का अर्थ मेरी समझ में नहीं आता था? यह समझना भी मेरे लिए कठिन था कि आभरान पहनकर बाप क्यों भीख माँगता है? उस भीख माँगने का मुझे बुरा भी नहीं लगता था? आख़िर बुरा लगे भी क्यों? भीख माँगने का अर्थ ही समझ में नहीं आता था? मेरी माँ दूसरे के घर-द्वार में दिन-रात क्यों खटती है? कुछ भी समझ में नहीं आता था; फिर बुरा लगने की बात क्यों कर उठेगी?

आज, जब कि जीवन के इस मोड़ पर आकर यहाँ की व्यवस्था का चित्र स्पष्ट होता जा रहा है? इन सबके जीने के सम्बन्ध में मन में चिढ़ पैदा हो रही है?

इस चिढ़ की भी कई पर्तें हैं। इन पर्तों से कई देखे हुए लोग लटके हैं। वे नागफनी की किरिच की भाँति चुभने लगते हैं। शान्ति इन्हीं में से एक। उसके बारे में लिखा है; लेकिन कई लोगों के बारे में, इच्छा होते हुए भी विशिष्ट भय के कारण लिख नहीं पाया। वे भीतर-ही-भीतर चुभने लगते हैं।

आषाढ़ बीतकर सावन लग चुका था। मामा ने माँगने के लिए जाना बन्द किया था। यों सावन में मामा माँगने के लिए नहीं जाते थे। घर में खाना मिलने की मुसीबत थी। हम दो भाई बुख़ार से हैरान पड़े थे। बारिश की वजह से मड़ैया की ज़मीन चारों ओर सील गयी थी। हम दोनों वहीं, एक फटे टाट पर पड़े थे। मामा और बाय (लेखक की माँ) खेत-सिवान में रहे-सहे भुट्टे ढूँढ़ने गये थे। आषाढ़-सावन में पेट पालने का यही आधार था। हम दोनों मामा और बाय की बाट देख रहे थे। 'दोपहर के समै दवा ले लेना' मामा ताकीद देकर गये थे। घोर कड़वी दवा पी नहीं जाती थी। भैया ने सोचा—मामा गुस्सा करेंगे; बेहतर है कि दवा फेंक दी जाये। उसने दोनों की दवा फेंक दी। भैया टोकरी में रोटी ढूँढ़ रहा था। यकायक सरकण्डे की टटिया में कुछ कुलबुलाया। भैया बोला—"पार्त टटिया में कुछ कुलबुला रहा है, ज़रा देख तो।" मैंने कथरी हटाई; ध्यान से देखने लगा—मेढकी निगले हुए साँप-जैसा कुछ लग रहा था। भैया से कहा—"साँप-वाप तो नहीं? ज़रा देख तो सही।" यह कहना था कि साँप ने अपना लम्बा-सा मुँह बाहर निकाला।

हम दोनों रोते-चीख़ते बेतहाशा भागे। बाहर रिमझिम बारिश हो रही थी। हम दुविधा में थे—क्या करें, क्या न करें? लोग जमा हुए थे, पर कुछ कर नहीं रहे वे सिर्फ़ देख रहे थे। मकई के सरकण्डे के मुट्ठे खड़े कर टटिया बनाई गयी थी। उसमें से साँप दिख नहीं रहा था। इतने में ध्यान गया—दोंड के सार और हमारी मड़ैया के बीच वाली साझी दीवार पर भारी-भरकम साँप पसरा पड़ा था। हम दोनों की आँखें मामा और बाय की ओर लगी थीं। दिन डूबते समय दोनों आये। मड़ैया के बाहर भीड़ देख दोनों के कान खड़े हुए।

आते ही मामा ने पूछा—"क्यों बेटे, क्या बात है?"

भैया बोला—"घर में साँप घुसा है, भोत बड़ा है।"

भुट्टों की गठरी बाय के हवाले कर मामा देहरी की तरफ़ गये। देहरी में से गूरतियाँ निकालकर उन्होंने परात में खँगालीं। परात का पानी सरकण्डे की टटियाँ पर चारों तरफ़ फेंका। "नातसाब की जै" कहकर वे अन्दर गये। घर में चारों ओर पानी छिड़ककर हमसे कहने लगे—"चलो, घर में चलो।"

हम अन्दर गये। सब साथ में थे; फिर भी दिल धुकऽ धुकऽऽ कर रहा था। बाप ने चूल्हा जलाया। जस्ते के भगौने में भुट्टे उबालने के लिए चढ़ा दिये गये। तब तक मामा कुछ हड्डियाँ ढूँढ़ लाये छप्पर बारिश में टपऽ टपऽऽ टपक रहा था। मामा जगह-जगह पर रखे गये बासनों को रीता कर दोबारा रख रहे थे। बाय कह रही थी—"भुट्टे उबल गये हैं, खाते क्यों नहीं?" कैसे खाता? मेरा तो ध्यान ही नहीं था। ज़रा कुलबुलाहट होते ही आँखें फाड़कर सरकण्डे की ओर देखने लगता। जैसे-तैसे, कडुवे मुँह से दो-चार गस्से निगल डाले। बाय ने टाट बिछा दिया; मामा हड्डियाँ ढूँढ़ लाये थे। बाय ने हड्डियाँ चूल्हे में डालीं। सोते-सोते बोली—"नातबाबा का नाम लो, डर नहीं लगेगा।"

माँ कासीमाता पतिबरता
नातसाब कुकणी मरीमाता
जै-जै, जै-जै

कहते हुए बाय मेरी बगल में लेट गयी।

हड्डियों की घिनौनी बास फैल गयी थी। मुझसे रहा नहीं गया। कहा—"बाय, यह हड्डियों की कैसी दुर्गन्ध फैली है? तुमने हड्डियाँ चूल्हे में क्यों डालीं?"

"इनकी बास से साँप-कीड़े भाग जाते हैं।" बाय बोली। मामा सिरहाने ही बैठे थे। हम दोंडबाड़ी में रहते थे। दोंडबाड़ी जेऊर की बाट पर, केमगाँव से कोस भर दूर थी। केमगाँव के सिवान में घाडगे, दोंड की कई बस्तियाँ बिखर-बिखर कर बसी हुई थीं। दौलू दोंड की बस्ती उधरवडसूनगाँव के रास्ते पर, अकेली ही खड़ी थी। मछिन्दर आबा जी की बस्ती ज़रा ढलान पर, कुछ दूर, शिवणे की बस्ती से हटकर अलग-थलग पड़ी थी। इतनी अलग-थलग कि उधर किसी की गरदन दबा दी जाये तो इधर भनक तक नहीं होगी। सुन्दरा दीदी और बाबू दोंड के घर एक-दूसरे से सटे हुए थे। अगल-बगल में बासदेव, नामदेव, नेनू घाडगे और महादू कोल्हे की बस्तियाँ थीं। हम सुन्दरा दोंडनी की बस्ती पर रहते थे। उनके सार से सटकर ही हमारी मड़ैया थी।

बाय माँ हर रोज़ सुन्दरा दोंडनी के सार को झाड़ती-बुहारती। गोबर-गन्दगी निकालती, सफ़ाई करती। बदले में वह रूखा-सूखा ले आती। मामा 'माँगने' जाते। मामा को बचपन से ही मरीमाता का भगत-पोतराज बनाया गया था। हमारे घर में मरीमाता के नाम पर घर-घर से दान-धरम मिलता। इसको 'माँगना' कहते थे। भैया का नाम भी नातबाबा था। बाय और मामा उसे 'बाबा' कहकर बुलाते। पीछे भैया ही मामा की 'गद्दी' चलायेगा। मामा उसको भी मरीमाता का भगत-पोतराज बनाएँगे। उसके सिर पर अभी से पोतराज की लट के रूप में चोटी रखी गयी थी।

भैया रोज़ गाँव की पाठशाला में जाता। मामा जब-जब 'माँगकर' आते मैं उनके आभरान में से झोली को अलग करता। झोली के खानों में हाथ डाल-डालकर कुछ टटोलने लगता। रोटी के खाने में से रोटी निकालकर मैं मामा के साथ सूखी रोटी खाता। माँगकर लाये गये अनाज को, कूड़ा-कंकड़ बीनकर साफ़-सूफ किया करता। मामा बची हुई ज्वार को एक बड़े मटके में रखते। मामा की झोली और आभरान मरीमाता देवी पर चोली के लिए चढ़ाये गये रंगबिरंगी खण्डों से बनते थे। आभरान चढ़ाने से पहले मामा अन्दर से पैजामा डालते। पैजामा भी कहीं से माँगकर लाया हुआ होता। नीचे टखने के पास पैजामे का मुँह डोरी से बाँध दिया जाता। इस भेष में मामा चित्र के सिपाही जैसे लगते। पैजामे के ऊपर, कमर में चोली के रंग-बिरंगे कपड़ों के खण्ड खोंसकर लटका दिये जाते।

हमारे इलाक़े में आषाढ़ के दिनों में देवी-देवताओं की जात्राएँ होतीं। जात्राओं के दिनों में मामा पैजामे पर लहँगा पहनते। लहँगा घोटकरनी का दिया हुआ था। एक लहँगा के बदले में घोटकरनी को पाँच-छह बोरे कण्डे देने पड़ते। कटनी-खलिहान के दिन चुक जाने पर हम कण्डे बीनते। बाय के साथ मैं सारा सिवान कण्डों के लिए छान मारता। पन्द्रह-बीस दिन में सात-आठ बोरे कण्डे जमा होते। घोटकरनी पाँच-छह बोरों के बदले में एक लहँगा देती। दूसरी कोई चीज़ उसके हाथ नहीं आती।

एक बार बाय बोली—"काकी, आप सिरिफ लहँगा देती हैं; एकाध पुरानी-धुरानी साड़ी ही देतीं।" यह सुनना था कि घोटकरनी झल्लायी। बोली—"अरी पबितरा, यह लहँगा ही बहुत हुआ।"

बस्ती के लोग कई बार मामा को अपना काम बताते। मामा न रात देखते, न दिन—सब का काम कर देते। पिसान लाना हो या सामान, मामा खाना बीच में छोड़कर चले जाते। एक बार की बात है—मामा दूर के गाँव से माँगकर लौटे थे। बाय कुएँ के काम पर गयी थी। वह दीया-बाती के समय लौटी। उसने दाल-रोटी बनाई और हम जीमने बैठे। इतने में सुन्दरा दीदी की बड़ी पतोहू मरीबा-मरीबा कहती हुई आयी और बोली—"गाँव की चक्की से पिसान लाना भूल गये; उतना लाकर दो।"

जल्दी-जल्दी गस्से निगलकर मामा गाँव में चक्की की ओर लपके। मील भर जाना और लौटना। बाय मामा की बाट जोहती रही। पहली मेल के समय मामा सुन्दरा दीदी का पिसान लेकर आये। मड़ैया के पास आते ही 'पबितरा, पबितरा' कहकर कराहने लगे। "यहाँ पैर में कुछ हो गया है; ज़रा ढिबरी लाना।"

बाय ने ढिबरी जलाई।

"ज़रा सुतली लेकर पैर को कस दो। मालूम नहीं कौन-सा साँप-कीड़ा छू गया। पैर में आग-सी लगी हुई है। अब क्या होगा, नातबाबा।"

बाय ने मामा का पैर कसकर बाँधा। खाने की चटनी दी। मामा बोले–"भोत तीखी है।" बाय ने मुझे नीम के पत्तों के लिए दौड़ाया। मैं सुन्दरा दीदी के आँगन से नीम की टहनी तोड़ लाया। तब तक सुन्दरा दीदी के मज़दूर, नारू चाचा–सब जमा हुए थे। बाय ने मामा को नीम के पत्ते खिलाये। मामा मुँह बिगाड़कर छी-छी कर रहे थे।

नारूचाचा को परतीत हुई–"साँप-कीड़ा हो नहीं सकता; बिच्छू ने काटा होगा।"

मामा की चीख़-कराह बन्द नहीं हो रही थी। दोनों हाथों से पैर को उठाते। फिर नीचे रख देते। तल्खी-सी हो रही थी। बार-बार 'मरीमाता, नातबाबा' की गुहार लगाये हुए थे। नारूचाचा पता नहीं क्या सोचकर टाल के पास गये। वहाँ टाल में छिपाई शराब की बोतल लेकर आये। उन्होंने मामा को ख़ूब शराब पिलाई। मानो मवेशियों की पूजा के दिन बैल को ख़ूब गुड़-पानी पिलाया जा रहा हो। घण्टे भर बाद देखा–मामा चित पड़े हैं; मानो जान ही चली गयी हो। महुए की शराब से मामा का बिच्छू उतर गया था।

बचपन में पाठशाला जाने को मेरा मन नहीं करता था। सुन्दरा दीदी के ढोर चराने में जी लगता था। भैया हर रोज़ गाँव की पाठशाला में जाता। मेरी बात निराली थी–पाठशाला का नाम लेते ही मैं गाली-गलौज करने लगता। गरमी की छुट्टियाँ ख़त्म होते ही मामा ने मेरा नाम दोंडबाड़ी की पाठशाला में दाख़िल किया। पहले ही दिन बाय ने मुझे आधी बाँह वाली पुरानी क़मीज़ दी। क़मीज़ सहुआइन के दलू की थी; माँगकर लायी गयी थी। मैंने वाशिंवेगाँव के अपने मामा का लँगोट पहना था। बाय घोटकरनी के साथ वासकरनी के घर में भी कण्डे दिया करती थी। वासकरनी बदले में अपने बेटों-बहुओं के पुराने कपड़े दिया करती थी।

मैं मामा के साथ पाठशाला में गया। दोंडबाड़ी की पाठशाला बस्तियों के बीचोबीच, भालवण गाँव के रास्ते पर थी। कमर तक ऊँची पत्थर की दीवारें। ऊपर दो पाखवाला छप्पर। जलनीम की बल्लियों पर पुआल का छाजन? पाठशाला नीचे, पूरब की ओर मुँह कर खड़ी थी?

वहाँ एक ही अध्यापक थे? हम उन्हें 'गुरुजी' कहते? सब बच्चों को एक ही गुरुजी पढ़ाते? पहली में पढ़नेवालों को गिनती लिखने या 'क ख ग' बोलने का काम दिया जाता था? दूसरी-तीसरी के बच्चों को इसी तरह छू-छा काम में

लगाकर मगन रखा जाता था? हाँ चौथी के बच्चों को गुरुजी लगातार पढ़ाते रहते थे? मैं पाठशाला में जाता और दूर एक कोने में बैठा रहता—गुरुजी का डर जो बना हुआ था? बच्चोंसे बातें करने में भी हिचकता था—पेशाब का बहाना कर बार-बार घर भाग जाता? गुरुजी सुबह की पाठशाला के बाद गाँव में चले जाते? वे दुपहरिया में लौटकर आते थे?

एक बार सुबह-सुबह ही पाठशाला में पुलिस का एक सिपाही आया। मेरी तो सिट्टी गुम हुई। रोते-चिल्लाते भागा। बाय की डाँट के डर से वहीं कपास के उजड़े बन में छिप गया। पाठशाला की छुट्टी होने पर घर गया। टोकरी से रोटी ली। ज़ल्दी-जल्दी निगलकर बाय के पास जाने के लिए निकला। आगे देखता क्या हूँ पुलिस का वह सिपाही हमारी मड़ैया की तरफ़ आ रहा है। उसे देखते ही सिर पर पाँव रखकर भागा। फिर वहीं, बनौटे में जाकर छिप गया।

पुलिस के भय से मैंने साँझ तक घर की ओर झाँका भी नहीं। ढोरों के लौटते वक़्त घर गया। देखा—मइया के सामने मामा और पुलिस बतिया रहे हैं!! मैं लुकते-छिपते झट से अन्दर घुसा। मज़दूरी से लौटते ही बाय से पूछा—"बाय, यह सिपाही इधर क्यों आया है भला?" बाय हँसी। बोली—"अपना रिश्तेदार है।"

सिपाही ने रात में हमारे यहाँ खाना खाया। सुबह वह चला गया। जाते समय वह मामा का पुराना साफ़ा ले गया। साफ़ा उसे अच्छा लगा था।

मैंने मामा से पूछा—"वह कौन था?"

मामा ने बताया—"रायरंद।" मैंने माथा ठोंक लिया।

पाठशाला में इस तरह चार-छह महीने बीत गये। मन नहीं लगता था। बिना बाँहों की क़मीज़ और लगोट—इस भेस में पाठशाला जाने में मुझे हिचक होती थी। पता नहीं, लँगोट की पट्टी कब इधर-उधर सरकेगी। पाठशाला में मन नहीं रमता था। झाँसा देकर बार-बार घर में रहता। बाय के साथ मज़दूरी पर जाना अच्छा लगता। मामा परेशान। डाँटते हुए कहते—"साला पढ़ेगा नहीं भीख माँगेगा, कमीना।" मामा की गालियाँ सुनकर बाय को बुरा लगता। मेरा पक्ष लेकर कहती—"अभी बूढ़ा तो नहीं हो गया जो इतनी जल्दी कर रहे हैं। यह ठोंक-पीट कर बैदराज बनाना ठीक नहीं। अभी पार्त की उमर ही कितनी है?"

बाय मज़दूरी पर गयी थी। निराई का काम था। मामा गाँव में माँगने गये थे। मैं पाठशाला में ग़ैरहाज़िर। बाय के साथ खेत में चला गया था। तीसरे पहर मामा निराईवाले खेत में आये। देखा—उनका मुँह उतरा हुआ है। हमारे पास आते ही रोने लगे। न बाय को कुछ सूझे, न मुझे। मामा रोते-रोते कह रहे थे—"बाबा नहीं रहे।"

बाय (बाई) भी सिर पीटकर रोने लगी। अगल-बगल की मज़दूरनियों को कुछ अलग ही लगा। मामा ने कहा—"पबितरा, अपना तो भगवान ही चला गया कुछ भी नहीं बचा।" बाबा साहेब आम्बीडकर हमें छोड़कर चले गये। मामा 'आम्बेडकर' को 'आम्बीडकर' बोलते थे।

बाय को लिखना-पढ़ना नहीं आता था। वह इतना ही जानती थी कि बाबासाब नाम का अपना कोई बड़ा आदमी है। दोनों सिर पीट रहे थे। मैं भी रोने लगा। तीनों देर तक रोते रहे। काम पर आयी हुई मराठा मज़दूरनियाँ आँखें फाड़कर देख रही थीं। उस दिन बाय ने तीसरे पहर ही काम बन्द किया। रात में उसने चूल्हा भी नहीं जलाया। उस दिन मामा की पोतराजवाली झोली भी खाली रही।

# जग बदल घासुनि घाव

## एडवोकेट एकनाथ आव्हाड

कई बार देश-विदेशों में गया। एक स्पष्ट उद्देश्य से जीवन की मुसाफ़िरी की। दक्षिण अफ्रीका के डरबन शहर में आयोजित युनाइटेड नेशन्स की परिषद् की याद आती है। वर्ष 2001, सयुंक्त राष्ट्रसंघ ने विश्व भर के वंशवाद के विरोध में परिषद् आयोजित की थी। इस परिषद् में भारत सरकार का पक्ष रखने के लिए सरकार के स्वतन्त्र प्रतिनिधि थे और देश के दलितों का पक्ष रखने के लिए दलित राजकीय पार्टी व संस्था-संगठनों के हम सब पच्चीस लोग वहाँ उपस्थित थे। इस परिषद् में भारत सरकार के प्रतिनिधियों ने रेत में मुँह छिपाये शुतुरमुर्ग़ की नक़ल की और हाथ में आया ऐतिहासिक अवसर गँवा दिया। भारत का संविधान एक दलित ने लिखा है और भारत में संविधान से जातिभेद नष्ट हुआ है। ऐसा उन्होंने संयुक्त राष्ट्रसंघ के तत्कालीन अध्यक्ष कोफी अनान को बताया। हज़ारों सालों से भारत के दलितों पर होने वाले अन्याय अत्याचार के बारे में भारत सरकार के प्रतिनिधि कम-से-कम खेद तो व्यक्त कर सकते थे। उनके विरोध में हम लोगों ने 'शेम शेम' चिल्लाकर सरकारी भूमिका का निषेध किया। हम लोगों ने कहा कि सरकारी प्रतिनिधियों का कहना बेकार की बकवास है। भारत में आज भी जातिभेद है। हमने माथे पर रिबिन बाँध लिया था। उस पर लिखा था 'Cast away caste' यानी जाति प्रथा को मनुष्य जाति से निर्वासित कीजिए। हमने ढोल बजाकर रैली निकाली। Down Down Casteism Up Up Humanism इन घोषणाओं की बुलन्द आवाज़ की गूँज से उस अन्तरराष्ट्रीय परिषद् का सभागृह हिल गया था।

आगे जिनेवा के अन्तरराष्ट्रीय मानवीय अधिकार संरक्षण सम्मेलन में भी मैंने इसी भूमिका को आग्रह से रखा। जहाँ अवसर मिला वहाँ पर दलितों के अधिकारों की माँग से उनकी वेदनाओं को मुखर किया। अन्याय के विरोध में आवाज़ उठायी।

मेरा यह सफ़र आज भी निरन्तर जारी है। वो फटा हुआ वर्तुल पीठ पर लेकर जानेवाला गड़रिया नज़र के सामने से दूर चला गया। मैं यहाँ एक सफल कहानी के सफ़र को नमूद करके थोड़ा शान्त हो गया। किन्तु संघर्ष चलता ही रहेगा.. लड़ाई चलती ही रहेगी इस बात का मुझे हमेशा अहसास है...।

एक पोतराज के घर में मेरा जन्म हुआ...अपने जीवन की कहानी आपको बताता हूँ...

'माँग' महाराष्ट्र के गाँवों में स्थित एक अस्पृश्य जाति है। इस जाति में मेरा जन्म हुआ। मेरे पिता का नाम दगडू। मेरे पिता पोतराज थे। दिन भर भीख माँगना रात में शराब पीकर ज़मीन पर सो जाना। यह मेरे पिता का जीवन था। पिताजी हलगी (बाजा) बजाते थे। हलगी के सुर ताल पर गीत गाते थे—आयी मेरी लकशमी आयी है उठते-बैठते...आयी है उठते-बैठते और गली-मुहल्ला भक्तों का पूछते पूछते...। पिताजी पैरों में बाँधी गयी पीतल की थाली झुनझुन बजाते थे। गर्दन को झटका देकर बालों को उड़ाते थे। फिर दरवाज़े पर एकाध महिला आती थी। सूप में से ज्वार या रोटी झोली में डालती थी। पिताजी उस महिला को आशीर्वाद देते थे—'जय लंकापति लक्ष्मी, एक का एक होने दे, पाँच का पचास होने दे, बेल मंज़िल तक पहुँचने दे, गोमाता गोधान से घर भरने दे...।'

पिताजी पोतराज होने से माँगकी नहीं करते थे। माँगकी हमारे बिरादरी में थी। माँगकी का अर्थ है गाँव में माँग जाति के लोगों द्वारा किया जाने वाला काम। बैलपोला (बैलों का एक उत्सव) के दिन लव्हाल (एक पौधा) का दीया बनाना। वह दीया पटेल लोंगों के घर के दरवाज़े के पास रखना। किसान बैलों के गर्दन को पहले मक्खन लगायेगा। बाद में माँग व्यक्ति द्वारा रखा गया लव्हाल का दीया बैलों के गर्दन पर मोरपीस की तरह घुमाना। फिर हल का जुआ रखना। आम के पेड़ के पत्ते का तोरण बनाना। सभी पटेल लोगों के घर के दरवाज़े पर माँग व्यक्ति का तोरण बाँधना। हनुमान मन्दिर में माँग व्यक्ति द्वारा लगाया गया तोरण पटेल का बैल सींग से तोड़ेगा। बाद में बैलों की शोभायात्रा निकलेगी। भाऊबीज के दिन माँगिन महिला को पटेल की आरती उतारने को जाना...आदि कई प्रकार के रिवाज़ थे। आम दिनों में पन्हाल का झाड़ू बनाना, गाय, बछड़ों और बैलों को बाँधने के लिए रस्सी डोरी बनाना यह माँग जाति का काम था। किन्तु मेरे पिताजी यह सब नहीं करते थे। पिताजी पोतराज होने से भीख माँगते थे।

भीख ही थी। भिक्षा कहिए या भीख, मिलती थी तो बासी रोटी के टुकड़े। सत्रह प्रकार का अनाज। पिताजी सुबह-सुबह ही आभरान पहनकर भीख माँगने जाते थे। आभरान यानी पोतराज की पोशाक। कमर पर विभिन्न रंग-बिरंगी

खण्डों के चिथड़े तथा कपड़े, ऊपर एक घुँघरू, पैरों में थाली, कन्धों पर कोड़ा, गले में चाँदी के टुकड़ों की अलग-अलग देवताओं की माला। एक बगल में हलगी दूसरी बगल में झोली। माथे पर मला हुआ हलदी-कुमकुम। ऐसा अबराहिन पोशाक किया हुआ पोतराज। पोतराज नंगे पैर से चार गाँव घूमेगा। पोतराज यानी मरिआई का दूत। पोतराज को मरिआई के नाम से भीख माँगना। किसी को कोई बीमारी हुई है तो उसका इलाज बताना। 'बाई तुम किसी दिन खेत को गयी थी। हनुमान मन्दिर के नीचे से जाते समय तुझे किसी देवता ने पकड़ा है। इस उपाय के लिए ऐसे कर तेरी बला टल जायेगी।' ऐसे एकाध महिला को कहकर रुपये लेना। कभी ज्वार या अनाज भी मिलता था। इतनी-सी कमाई पर मेरे माता-पिता का संसार चल रहा था। पोतराज का बड़ा लड़का पोतराज के नाम पर ही छोड़ना चाहिए यह माँग जाति में नियम था। उस नियम के आधार पर मेरे पिता मेरे बारे में कहते थे, 'यह लड़का भी पोतराज बनेगा।' किन्तु मेरी माँ को यह नहीं पटता था। मेरी माँ मेरे पिता से मेरे लिए झगड़ा करती थी। मेरी माँ का नाम भागूबाई था। मैं उसे 'बाय' के नाम से पुकारता था। बाय पिताजी को कहती थी, 'मेरा बेटा अच्छा कुशल माँग बनेगा। वह बिल्कुल भी पोतराज नहीं बनेगा।' मेरी बड़ी बहन (कलाबाई) और मेरी माँ दोनों की इच्छा थी कि मैं कुशल माँग बनना चाहिए। इसलिए मेरे सामने दो ही पर्याय थे। एक पोतराज बनना और दूसरा कुशल माँग बनना। मेरे परिवार की मेरे बारे में महत्त्वाकांक्षा इतनी ही मर्यादित थी।

टुकडेगाँव यह मेरा गाँव। इस गाँव का मूल नाम डूकरेगाव था। परन्तु मुस्लिम लोग (हुकर) सूअर को अशुभ मानते थे इसलिए उसका उच्चारण नहीं करते थे। मेरे गाँव में कुछ घर मुस्लिम समाज के होने से वे हुकरेगाँव के अलावा दुकडेगाँव कहते थे। फिर आगे उसका नाम टुकडेगाँव ऐसे हुआ। बीड ज़िले के माजलगाँव तालुका में यह गाँव आता है। उस समय रास्ते में कुप्या गाँव की पाटी लगती थी वहाँ से पैदल चार-पाँच किलोमीटर अन्दर आना पड़ता था। पूर्व से कुण्डलिका नदी और पश्चिम से कोरडी नदी आकर संगम होकर मिलती थीं।

*(अनुवाद : सोनटक्के साईंनाथ चन्द्रप्रकाश शोधार्थी, पीएच.डी. (हिन्दी), अंग्रेज़ी एवं विदेशी भाषा विश्वविद्यालय, हैदराबाद-500007, तेलंगाना)*

# मेरी हक़ीक़त के बहाने आत्मकथाकार की बात

बकौल भालचन्द्र मुणगेकर चौवालीस साल पूर्व की ये स्मृतियाँ बताते हुए मेरा मन सम्मिश्र भावों से भर आया है। मैं अपने वर्तमान या नज़दीक के भूतकाल की घटनाओं के बारे में लिखने की बजाय चौवालीस साल पूर्व की ज़िन्दगी के बारे में ही क्यों बता रहा हूँ?

मैंने सन् 1974 में रिज़र्व बैंक की नौकरी छोड़ दी और आधे से भी कम वेतन की कॉलेज के अध्यापक की नौकरी स्वीकार की। दूसरी जगह कुछ ज़्यादा वेतन मिलने की सम्भावना होने के बावजूद मैंने कृतज्ञता के भाव से डॉ. बाबा साहेब अम्बेडकर द्वारा स्थापित पीपल्स एजुकेशन सोसाइटी, वडाला के डॉ. बाबा साहेब अम्बेडकर कॉलेज में जाना पसन्द किया। वहीं सात साल अध्यापन करने के उपरान्त सन् 1981 में एक साल सिद्धार्थ कॉलेज में अध्यापन किया। 1982 में विश्वविद्यालय अनुदान आयोग द्वारा अध्यापक को मुहैया की जाने वाली तीन साल की फेलोशिप प्राप्त कर अर्थशास्त्र में पीएच.डी. करने मुम्बई विश्वविद्यालय के अर्थशास्त्र विभाग में आया। 1984 में कॉलेज से इस्तीफ़ा देकर विश्वविद्यालय में ही अध्यापक बन गया। इससे फेलोशिप भी बीच में ही छोड़नी पड़ी। सन् 1988 में पीएच.डी. पूरी होने पर 1989 में विश्वविद्यालय में कृषि अर्थशास्त्र का प्रपाठक और उसके पश्चात 1997 में 'औद्योगिक अर्थशास्त्र' का प्रोफ़ेसर बन गया।

आगे चलकर 1999 में भारत सरकार ने तीन साल के लिए मेरी कृषि मूल्य आयोग के सदस्य के रूप में नियुक्ति की और मैं दिल्ली आया। लेकिन छह मास के अन्दर ही मैं मुम्बई विश्वविद्यालय का कुलपति बन गया।

*लौकिक रूप में, 143 साल बाद मुम्बई विश्वविद्यालय का मैं पहला 'दलित' कुलपति बना। समाचार-पत्रों ने अग्रलेख लिखकर मुझे बधाई दी। औरंगाबाद और नागपुर से भव्य नागरी सम्मान हुए। पुणे विश्वविद्यालय तथा अन्य संगठनों ने सम्मान किया। मुम्बई में लगभग पचास संस्थाओं ने सामूहिक रूप से सम्मान किया।*

उन सभी का मैं कृतज्ञ हूँ। यथार्थ के तौर पर मेरा 'दलित' होना यह केवल इत्तफाक था। अहं तो कतई नहीं लेकिन स्वयं को अशिष्टता से भी दूर रखकर मैं एक बात विनम्रता से दर्ज करना चाहता हूँ कि इंटर की परीक्षा में सेकंड क्लास न मिलने से राजाबाई टावर के नीचे बैठकर फूट-फूटकर रोने वाला मैं, मुम्बई विश्वविद्यालय का कुलपति होने हेतु ही जन्मा था।

विश्वविद्यालय के कुलपति के रूप में मैंने पारदर्शक सक्षमता से, निष्पक्षता से, निःस्वार्थ भाव से तथा व्रत और चुनौती के रूप में काम किया। उसका मूल्यांकन मैं काल पर सौंप देता हूँ। फिर प्रधानमन्त्री डॉ. मनमोहन सिंह के आदेश पर एक साल शेष था तभी कुलपति पद से इस्तीफ़ा देकर मैं योजना आयोग का सदस्य बन गया। डॉ. मनमोहन सिंह ने मुझ पर जो विश्वास जताया, उसके लिए मैं हमेशा उनका कृतज्ञ रहूँगा। पिछले पैंतीस साल के सार्वजनिक जीवन में आर्थिक, सामाजिक, राजनीतिक, शैक्षिक, सांस्कृतिक जैसे सभी क्षेत्र एवं स्तर के व्यक्ति और संस्थाओं को मैंने नज़दीक से देखा, अनुभव किया। कुछ महत्त्वपूर्ण आन्दोलनों में शरीक हुआ। युवक क्रान्ति दल नामक प्रगतिशील युवा आन्दोलन में स्थापना से ही मैं सक्रिय था। मराठवाड़ा विश्वविद्यालय के डॉ. बाबा साहेब अम्बेडकर नामान्तर आन्दोलन में मैं आठ दिन औरंगाबाद के पास विसापुर जेल में रहा, जो मेरे लिए आत्मसम्मान की घटना थी।

उनका कहना है कि अस्पृश्यता और जाति निर्मूलन किये बग़ैर भारत का एक सुसंस्कृत, अखण्ड और समर्थ राष्ट्र के रूप में खड़ा होना असम्भव है।

वही बात स्त्रियों के प्रति मुझमें होने वाली असीम कृतज्ञता की है। गृहस्थी चलाने के लिए स्त्री जो कष्ट करती है, वे अवर्णनीय हैं। मैंने अपने बचपन में यह नज़दीक से देखा है। उदाहरणार्थ, खेती में खटना, बारह आने से लेकर एक रुपये तक जो मज़दूरी मिलेगी उसमें दिन भर मेहनत करना, एक-दो दिन में खेत में जाकर लकड़ी का बोझ तैयार कर दो-तीन मील दूर होने वाले सप्ताह के बाज़ार में बेचकर नमक-दाल लाना, घर के सभी काम करना, सबके खाना खाने के बाद अन्त में, जो बचा है, खाना और न बचे तो आधापेट या भूखा रहना, उसको लेकर शिकायत करने का विचार तक मन में न लाना, घर में कुछ न होने पर या अचानक कोई मेहमान आने पर शर्मिन्दा होकर 'उधार' माँगने पड़ोसियों की ओर जाना...।

मुम्बई में फ़ुटपाथ पर अनपढ़ स्त्रियों को प्याज, आलू, धनिया, खीरा और अन्य सब्ज़ियाँ बेचते समय देखें तो मन भर आता है। जो स्त्रियाँ सुबह मिल के भोंपू बजने पर अपने पति के डिब्बे गेट पर ले जाने में शर्म महसूस करती थीं

वही स्त्रियाँ मुम्बई की मिलें बन्द होने पर आज मजबूर बनकर भोईबाड़ा, शिवडी, लालबाग, चिंचपोकली और भायखला के पुल पर, फ़ुटपाथ पर और जहाँ कहीं लोगों की आवाजाही है वहाँ सब्ज़ी बेचते हुई दिखे तो दिल बेचैन होता है।

पढ़ी-लिखी और नौकरीपेशा स्त्रियों की बस, रेल और मस्टर के लिए दिन भर की दौड़-भूप में देखें तो उनकी आत्मनिर्भरता पर गर्व होता है।

'मी असा घडलो' (मैं ऐसे बना) : डॉ. भालचन्द्र मुणगेकर जी की प्रगति की कहानी अपनी ही जुबानी के बारे में शेखर के मतानुसार मराठी साहित्य में अर्थशास्त्री के रूप में अपनी पहचान बना चुके डॉ. भालचन्द्र मुणगेकर तथा डॉ. नरेन्द्र जाधव की जीवनी अधिक चर्चित हुई है। अर्थशास्त्री की जीवनी पढ़ने की जिज्ञासा की पूर्ति हेतु मैं योजना आयोग के सदस्य तथा मुम्बई विश्वविद्यालय के चांसलर रह चुके प्रसिद्ध अर्थशास्त्री डॉ. भालचन्द्र मुणगेकर जी की जीवनी 'मी असा घडलो', 'मैं इस तरह सफल बना' को उत्सुकतावश पढ़ गया।

हाल ही में साहित्य अकादमी ने डॉ. राम शेवालकर द्वारा सम्पादित मराठी में प्रकाशित जीवनियों का परिचय पढ़ा है। मराठी की आत्मकथाओं को समझने तथा उसका अध्ययन करने हेतु यह किताब बड़ी मददगार साबित होगी, ऐसी उम्मीद है। डॉ. अनिल सूर्या ने भी जीवनी पर व्यापक अध्ययन किया है और जिसे मराठी की प्रकाशन संस्था 'सुगावा' पुणे ने प्रकाशित किया है।

हिन्दी में मोहनदास नैमिशराय की 'अपने-अपने पिंजरे', ओमप्रकाश वाल्मीकि की जीवनी, सूरजपाल चौहान तथा कौशल्या बैसन्त्री की जीवनी विशेष उल्लेखनीय रही हैं।

बाबा साहेब डॉ. बी.आर. अम्बेडकर जी ने सामाजिक, आर्थिक, राजनीतिक विषमता को नष्ट करने हेतु लगातार प्रयास किया था। आपने 'एनिहिलेशन ऑफ़ कास्ट' लिखा था। 'प्राब्लेम ऑफ़ रूपी' लिखा था। इन किताबों से बाबा साहेब की सामाजिक, आर्थिक तथा राजनीतिक समस्या को सुलझाने की दृष्टि प्रगट होती है, तथा अध्ययनकर्त्ता को विषय को समझने में सहायता मिलती है। और इसी आशा से हम एक पाठक के रूप में किसी जीवनीकार की दृष्टि समझने की जिज्ञासा से जीवनी को पढ़ते हैं। लक्ष्मण माने की 'उपरा', लक्ष्मण गायकवाड की 'उचल्या' को, भीमराव गस्ती की 'बेरड' को, स्मृति शेष आत्माराम राठोर की 'तांडा' को, रामचन्द्र नलादे की 'दगडफण्डिया' को, अजित मिणेकर के 'फिरस्तु' को, रुस्तम अचलखांबजी की 'गावकी', दया पवार की 'अछूत', उर्मिला पवार, बेबीताई काम्बले, शंकरराव खरात, डॉ. शहारे, प्रो. इब्राहिम खान, मुक्ता सर्वगौड, शान्ताबाई दाणी, आदि की जीवनी को इसी उद्देश्य की पूर्ति हेतु मराठी की आम जनता ने पढ़ा और वे आत्मकथाएँ चर्चित हुईं।

बीसवीं शताब्दी के अन्तिम दशक में भारत में अर्थव्यवस्था में व्यापक बदलाव आया है जिसे मुक्त अर्थव्यवस्था कहा गया और जिसे आर्थिक सुधारवाद से महिमामण्डित किया गया। इस दौरान निजीकरण का क्षेत्र बहुत विकसित और प्रगत हुआ दिखाई देता है तो दूसरी ओर किसानों की आत्महत्याएँ अधिक चर्चित हुई हैं। क्या यह आर्थिक सुधार का परिणाम है, आदि अनेक सवाल उठाये जाने लगे हैं। पिछली शताब्दी के अन्तिम दशक में कृषि आधारित अर्थव्यवस्था डगमगाने लगी है, ऐसा अक्सर कहा जाता है। और अर्थव्यवस्था के इन सवालों को एक अर्थशास्त्री अपनी जीवनी में अवश्य ही उठाएगा और आम पाठक इससे लाभान्वित अवश्य हो ऐसी उम्मीदें लिए मैंने भी डॉ. भालचन्द्र मुणगेकर की जीवनी को पढ़ा। परन्तु मुझे निराशा ही हाथ लगी। क्योंकि डॉ. मुणगेकर की इस जीवनी में उनके जीवन के बचपन से शोध तक 18 वर्ष के जीवन काल का ही उल्लेख आ पाया है।

*डॉ. भालचन्द्र मुणगेकर की जीवनी 'मी असा घडलो' का प्रथम संस्करण सितम्बर 2008 में हुआ था और केवल एक वर्ष में ही इस किताब के चार संस्करण निकल चुके हैं। तात्पर्य यह कि व्यवसाय की दृष्टि से यह किताब सफल कही जा सकती है।*

*डॉ. मुणगेकर जी ने अपनी जीवनी की भूमिका में लिखा है कि वर्ष 1974 में मराठी के चर्चित कहानीकार स्मृतिशेष बाबूराव बागुल द्वारा सम्पादित 'आम्ही' (हम) पत्रिका में आपका लेख प्रकाशित हुआ था। आपने पाठकों को जानकारी दी थी। डॉ. अम्बेडकर विश्वविद्यालय आन्दोलन के दौरान आप आठ दिन विसापुर जेल में रहे। आपने भूमिका में महिलाओं के द्वारा परिवार को सुखी बनाने हेतु उनके योगदान और अथक परिश्रम की मुक्त कण्ठ से प्रशंसा की है।*

लेकिन जीवनी के मुख्य भाग में पाठक इसकी झलक पाने से वंचित रह जाते हैं। इसके विपरीत लेखक के कोंकण अंचल (मुम्बई से लेकर गोवा तट का समुद्री किनारे से सटा भूभाग) की लेखिका उर्मिला पवार की 'आयदान' जीवनी में महिलाओं के श्रम संघर्ष और जुझारूपन का दर्शन विस्तार से पाठकों को पढ़ने को मिलता है। परन्तु जैसा कि जीवनी लेखक भूमिका में लिखा है कि मैं कैसे बना? केन्द्र में लेखक के होने के कारण जीवनी को अधिक व्यापक और विस्तार देना सम्भव नहीं हो पाया होगा। डॉ. भालचन्द्र मुणगेकर का पहली कक्षा में भागोजी, पिता का नाम लक्ष्मण मुणगेकर के नाम से प्रवेश लिया गया था परन्तु भागोजी से वह भालचन्द्र कैसे बने यह ज़िक्र उनकी जीवनी में पाठकों को पढ़ने को नहीं मिल पाता। उसी तरह लेखक की भूमिका में मुम्बई की कपड़ा मिलों के

बन्द होने का ज़िक्र आता है इसमें वे मज़दूरों के तबाह होने का ज़िक्र करते हैं परन्तु इन मिलों का आर्थिक पक्ष वे पाठकों के सम्मुख विस्तार से नहीं रखते। इसका क्या कारण हो सकता है यह वे ही जानें।

असल में डॉ. भालचन्द्र मुणगेकर ग्यारहवीं कक्षा तक के अपने जीवन के संस्मरण पाठकों के समक्ष रखते हैं। इसीलिए अन्य बातों की और विश्लेषण की अपेक्षाएँ आत्मकथा लेखक से करना व्यर्थ होगा।

बकौल शेखर मेरी अपनी समझ है कि डॉ. भालचन्द्र मुणगेकर जी की 'मी असा घडलो' आत्मकथा को कम पन्नों में पूर्णता से लिखा जा सकता था। क्योंकि इसमें पाठकों के ज्ञान वर्धन, प्रेरणा तथा मार्गदर्शन के लिए विशेष सामग्री नहीं के बराबर है। डॉ. भालचन्द्र जी ने सात वर्ष की उम्र में पहली कक्षा में प्रवेश किया था। तथा आत्मकथाकार ने कक्षा आठवीं में रहते अंग्रेज़ी विषय पढ़ा था। आपकी अंग्रेज़ी में प्रवीणता हासिल करने में आपके अध्यापक चित्रे, ठाकुर तथा तर्खडकर की पुस्तक बड़ी सहायक रही हैं, इसका ज़िक्र इस जीवनी में मिलता है। आप सातवीं कक्षा तक महाराष्ट्र के कोंकण अंचल में पढ़े तथा आठवीं से ग्यारहवीं आपने मुम्बई में मामा तथा ताऊ जी के घर रहते हुए की आदि जानकारी मिलती है। 'मी असा घडलो' के लेखक की माताजी का देहान्त बचपन में ही हो गया था। तब आपके पिता ने आपकी परवरिश की। इसके पश्चात मुम्बई की पढ़ाई में आपके ताऊ-ताई और मामाजी के योगदान को डॉ. भालचन्द्र मुणगेकर जी ने स्पष्टता और कृतज्ञता से रेखांकित किया है। संक्षेप में यदि हम डॉ. भालचन्द्र मुणगेकर जी की जीवनी 'मी असा घडलो' का सार प्रबुद्ध पाठकों के समक्ष रखना चाहें तो यह कह सकते हैं कि डॉ. मुणगेकर जी ने कठोर परिश्रम से उच्च शिक्षा हासिल की और वे मुम्बई विश्वविद्यालय के कुलपति और बाद में योजना आयोग के सदस्य बने। इससे हमें यह शिक्षा मिलती है कि यदि आदमी कठिन परिश्रम करे तो उच्च से उच्च शिक्षा और पद हासिल कर सकता है। और यही सन्देश हमें डॉ. भालचन्द्र मुणगेकर जी की आत्मकथा दृढ़ता और स्पष्टता से देती है।

## सन्दर्भ

1. भालचन्द्र मुणगेकर, 'मेरी हक़ीक़त', राधाकृष्ण प्रकाशन, नयी दिल्ली, 2010
2. 'बयान', सितम्बर, 2009 में प्रकाशित शेखर का आलेख।

# आत्मकथा के बहाने डी.आर. जाटव की पीएच.डी. की कहानी

बाबा साहेब डॉ. अम्बेडकर की संघर्षकथा पढ़ने के शीघ्र पश्चात मैंने पीएच.डी. डिग्री के लिए काम करने का दृढ़-संकल्प कर लिया था। 1960 के मध्य में, मैं अपने आगरा कॉलेज के पूर्व प्रोफ़ेसर एवं विभागाध्यक्ष (दर्शनशास्त्र) डॉ. बी.जी. तिवारी से मिला। उन्होंने मुझे पोस्ट-ग्रेजुएट कक्षाओं में दर्शनशास्त्र पढ़ाया था। यद्यपि वह खुले दिमाग़ के व्यक्ति थे, पर उनमें भावानात्मक पक्ष कहीं अधिक था। जब मैंने अपनी पीएच.डी. करने की योजना से उन्हें अवगत कराया तो वह प्रसन्न हुए। मैंने कहा कि मुझे शोध करने के विषय में कोई जानकारी नहीं है। उन्होंने मुझे दो-तीन दिन बाद आने का संकेत दिया और कहा, 'दयारामजी, आपके समाज के अधिकांश नवयुवक सिविल सेवाओं जैसे आई.ए.एस. तथा आई.पी.एस. में ही आकांक्षा करते हैं और अपने समुदाय के लिए कोई सार्थक तथा उपयुक्त काम करने में रुचि नहीं रखते। तुम जाओ, मैं खोज कर एक महत्त्वपूर्ण विषय सुझाऊँगा जिससे न केवल तुम्हारा नाम होगा, अपितु तुम्हारा समाज भी उसकी प्रशंसा करेगा।'

मैं इन शब्दों में से कुछ भी नयी बात नहीं समझ पाया। मैं हाथरस वापस आ गया। आगरा में रहने की समस्या ने मुझे तनावग्रस्त करना प्रारम्भ कर दिया। वहाँ रहना न केवल ख़र्चीला, बल्कि मुझे अकेले ही भोजन आदि बनाने का प्रबन्ध भी करना पड़ता था।

कुछ दिनों के बाद मैं आगरा आया और डॉ. तिवारी से मिला। उन्होंने मुझे अपने महाविद्यालय निवास के बरामदे में इन्तज़ार करने को कहा। फिर वह अन्दर गये। वापस आकर कुछ सफ़ेद काग़ज़ के पन्ने मुझे थमा दिये। जब मैंने उन्हें पढ़ना प्रारम्भ किया तो आश्चर्यचकित रह गया। इनमें मैंने शोध का विषय देखा और यह पाया "डॉ. बी.आर. अम्बेडकर का समाज-दर्शन।" उन काग़ज़ों में विषय का उद्देश्य, महत्त्व और रूपरेखा (सिनाप्सेज) भी सम्मिलित थे।

यह शोध का एकदम नया विषय था। डॉ. अम्बेडकर का देहावसान 1956 में ही हुआ था। उन दिनों यह कल्पना करना बड़ा मुश्किल था कि डॉ. अम्बेडकर का भी कोई समाज-दर्शन हो सकता है। विषय की रूपरेखा बहुत अच्छी थी। निश्चय ही डॉ. तिवारी को बाबा साहेब के दर्शन और ग्रन्थों के बारे में सम्पूर्ण जानकारी थी। उन्होंने मुझे समझाया कि मैं इस काम को अवश्य पूरा करूँ, क्योंकि एक आई.ए.एस. बनने की अपेक्षा वह दायित्व कहीं अधिक सार्थक है।

# ‘राज सतसई’ आत्मकथा

*आत्मकथा और आत्मकथ्य साहित्य की एक महत्त्वपूर्ण विधा है। हिन्दी, मराठी के साथ अन्य भाषाओं में उपलब्ध आत्मकथाएँ गद्य में ही लिखी गयी हैं। परन्तु दिल्ली से डॉ. राज ने अपनी आत्मकथा ‘राज सतसई’ पद्य में लिखकर साहित्य में एक नया प्रयोग किया है। ‘राज सतसई’ दोहा छन्द में लिखी गयी एक महत्त्वपूर्ण साहित्यिक कृति है। राजपाल सिंह के सम्पर्क में जो भी कोई आया, वह उनका अपना हो जाता था। राज सतसई में अनगिनत साथियों के नामों का उल्लेख है; सिर्फ़ नामों का विवरण ही नहीं कुछ साथियों के व्यक्तित्व और कृतित्व के बारे में भी उन्होंने लिखा है। जो उनकी विशाल हृदयता का परिचायक है।*

बकौल रूपचन्द गौतम ‘राज सतसई’ में नयी बात उनकी जन्मतिथि के विषय में देखने को मिली। डॉ. राज ने अपनी जन्मतिथि दिवस ‘शिवरात्रि’ सन् 1936 लिखी है, जो उनकी वास्तविक जन्मतिथि है। परन्तु समस्त प्रमाण-पत्रों, पुस्तकों तथा सरकारी दस्तावेज़ों में उनकी जन्मतिथि 1 जुलाई सन् 1937 दी गयी है। सम्भवतः उनके जन्मदिवस पर शिवरात्रि पहली जुलाई को पड़ी है। जो भी हो डॉ. राज द्वारा स्वीकृत पहली जुलाई ही उनकी जन्मतिथि मानी जायेगी। इस ग्रन्थ के पठन से यह भी ज्ञात होता है कि उनके बचपन का नाम गिरिराज किशोर था, जिसे विद्यालय प्रवेश से पूर्व परिजनों के आग्रह पर बदलकर राजपाल कर दिया। सन् 1949 में राजपाल ने कक्षा 5 पास की।

डॉ. राज के पिता जगनलाल प्रारम्भ में राजमिस्त्री का काम करते थे। बाद में इसी भवन-निर्माण कला में ठेकेदारी करने लगे थे। अपने पिता के व्यवसाय को सार्थक मानकर अपने नाम के आगे ‘राज’ शब्द जोड़ा था। यह बात स्वयं डॉ. राज़ ने मुझे बताई थी। उनकी माता श्रीमती नत्थो सुशील गृहिणी थीं। ठेकेदार जगनलाल और नत्थो को कुल तीन ही सन्तानें हुईं। प्रथम एक बेटी जो दो साल तक ही जीवित रही। उसके पश्चात 1936 में बालक गिरिराज किशोर का जन्म हुआ, जिसे बाद में राजपाल के नाम से पुकारा जाने लगा।

डॉ. राज की एकमात्र बहन ललेश (श्रीमती लतोश सिंह) का जन्म अक्तूबर सन् 1951 में हुआ था। उस समय बाल विवाह का प्रचलन था। अतः लगभग 15 साल की आयु में ही जब वे जूनियर हाई स्कूल में पढ़ ही रहे थे तभी उनका विवाह लक्ष्मी देवी के साथ हो गया था, परन्तु गौना हाई स्कूल पास करने के पश्चात हुआ। विवाह के समय लक्ष्मी अनपढ़ थी। ससुर जगन लाल के आग्रह पर हाथरस निवासी लक्ष्मी के पिता मोहर सिंह ने बेटी को विवाह के उपरान्त विद्यालय में प्रवेश दिला दिया। गौने से पूर्व लक्ष्मी ने भी कक्षा पाँच पास कर ली थी। यह एक बड़ी उपलब्धि मानी गयी। डॉ. राज की एक दूसरी माँ श्रीमती मानकौर का भी उल्लेख मिलता है। मानकौर के 1952 में ललित नाम की एक कन्या जन्मी, जिसका तीन साल की होने पर निधन हो गया था। जब राज-लक्ष्मी का 1956 में गौना हुआ उस समय मानकौर की गोद में एक बालक था। माँ मानकौर और उनसे उत्पन्न पुत्र के विषय में इसके बाद उल्लेख इस पुस्तक में नहीं मिलता।

इसके अलावा उन्होंने वरिष्ठ दलित साहित्यकारों की जीवनी भी लिखी है। जिसमें लक्ष्मीनारायण सुधाकर, जयप्रकाश कर्दम, मोहनदास नैमिशराय, बिहारी लाल हरित आदि के साथ बहुत-से साथी हैं।

राजपाल सिंह राज की पहले पत्र लेखक मंच और फिर दलित लेखक संघ में महत्त्वपूर्ण भूमिका रही है।

# 'मेरा अतीत' आत्मकथा

राज वाल्मीकि की मानें तो डॉ. सन्तराम आर्य जी ने उम्र के ढलते वर्षों में अपनी आत्मकथा 'मेरा अतीत' लिखी। जिसके प्रकाशन में हिन्दी अकादमी दिल्ली ने आर्थिक सहयोग प्रदान किया है। यह आत्मकथा आम दलित आत्मकथाओं से अलग है क्योंकि इसमें उस तरह का दलित उत्पीड़न, अत्याचार, जातिगत भेदभाव केन्द्र में नहीं है।

आत्मकथा लिखना मुश्किल काम है। भय यह भी होता है कि आत्मकथा में उल्लिखित जीवित पात्र कहीं हंगामा न खड़ा कर दें। आत्मकथा लिखते समय आत्मकथाकार के सम्मुख एक प्रश्न अवश्य ही उठता होगा कि 'क्या छोड़ूँ क्या दर्ज करूँ?' कई बार लेखक से उल्लेखनीय जीवनांश भी छूट जाते होंगे।

सन्तराम आर्य जी अपनी बात को बहुत कलात्मक या आलंकारिक न बनाते हुए सीधे-सरल शब्दों में अपनी बात कहते हैं। उनकी ईमानदारी इस बात में भी झलकती है कि अपनी किशोरावस्था के मूर्खतापूर्ण निर्णयों का भी स्पष्ट उल्लेख करते हैं। (शेखचिल्ली और मैं, पृ. 30)

लेखक की माँ सरजो देवी का चरित्र भी काफ़ी प्रभावशाली रहा है। वे बहुत ही प्रैक्टिकल, मददगार और ममतामयी एवं दयाभाव से परिपूर्ण रही हैं। इसकी झलक सरजो रिवॉल्वर के साथ मर्दाना भेष में मिलती है। रमजानी नाम की मुस्लिम बुजुर्ग स्त्री के प्रति उनका व्यवहार बहुत ही मानवीय और हमदर्दी भरा रहा है। एक कथन द्रष्टव्य है–'या चक्की तू किसी और ने दे दे दादी। तू 10 रुपये ले जा और भी किसी चीज़ की ज़रूरत हो तो बता दे। पता नहीं फिर कदे मिलोगी या नहीं।" (पृ. 14) सरजो के चरित्र की एक झलक यह भी है कि सरजो अपने बेटे (लेखक) से कहती है कि–"भाई, तेरा कसूर नहीं सै, कदै मैं भी ऐसी ही थी। तू ठीक मेरे पे गया सै। मेरे संस्कार हैं तेरे में। क्यों सुनें हम किसी की गाली, झूठी बात, क्यूँ करें किसी की चापलूसी। ईंट का जवाब तो पत्थर से देना पड़ेगा फिर भी किसी ग़रीब को मत सताईओ। ग़रीब की हाय बहुत बुरी हो सै।" (पृ. 137)

आत्मकथा में लेखक का व्यावहारिक पक्ष हर जगह देखने को मिलता है। वह स्पष्ट कहता है कि–"जहाँ सच न चले वहाँ झूठ सही, जहाँ हक न मिले वहाँ लूट सही।" लेखक की युवा अवस्था के संघर्ष के दिनों में उनके मामा चौधरी माँगेराम का सहयोग सराहनीय रहा है। उनके कैरियर में मुम्बई के सेठ प्रो. रमेश जी ने भी काफ़ी सहयोग किया। लेखक ने जीवन में कभी भी दबंगों की दबंगई स्वीकार नहीं की और साम, दाम, दण्ड, भेद का यथायोग्य प्रयोग कर उन्हें मात दी है। यही कारण है कि लेखक के जीवन का बहुत-सा समय पुलिस-थानों एवं कोर्ट-कचहरी के चक्कर लगाने में बीता है। लेखक के जीवन में जहाँ एक ओर मतलबी लोग मिले वहीं कुछ शुभचिन्तक और हितैषी भी मिले। गुरु प्रभुदयाल भी उनके हितैषी मित्रों में से एक रहे हैं। उनके बारे में लेखक लिखते हैं कि–"अधिकतर जोखिम मेरे मित्र गुरु प्रभुदयाल जी ने उठाये।" आत्मकथा की कुछ पक्तियाँ क़ाबिले-ग़ौर हैं–"जब जब कोई कमज़ोर सच्चे दिल से अन्याय के विरुद्ध आवाज़ उठाता है तो जाने-अनजाने शक्ति आ ही जाती है।" (पृ. 118) "रिश्वत न लेने-देने से मेरे सात नम्बर कम कर दिये थे जो पूरे नहीं होने दिये। मेरी तो रुपये पैसे से किसी ने मदद नहीं की किन्तु मैंने उसे (पानीपत के एक लड़के को) साढ़े तीन हज़ार रुपये दिये। वह कम्पीटीशन जीत गया और तीन वर्ष के लिए विदेश चला गया। बाद में कभी पत्र तक न भेजा। सपने मेरे सपने, सच में सपने ही रह गये।" (पृ. 124) लेखक की अम्बापाली बिहार एम्पोरियम की नौकरी भी इसलिए चली गयी कि मैनेजर उमाकान्त झा उनके साथ अपमानजनक व्यवहार करना चाहता था। लेखक के शब्दों में 'इन्हें मेरी जाति का भान हो गया था।' (पृ. 131)

लेखक की पारिवारिक स्थिति को पढ़ते हुए सूर्यकान्त त्रिपाठी निराला की पक्तियाँ जहन में कौंध जाती हैं। 'दुख ही जीवन की कथा रही क्या कहूँ आज जो नहीं कही।' लेखक लिखते हैं–"मैं आज भी दुखी हूँ। बच्चों के अपने परिवार के बिछुड़ने को लेकर। माता-पिता, पत्नी चले गये। दो बहन विधवा हैं। तीनों बेटे अलग हो गये। बोलचाल तक बन्द है। मैं कुछ कर न सका। मेरे देखते-देखते क्या से क्या हो गया।" लेखक वाल्मीकि जाति के स्वाभिमान के प्रति सजग है। एक प्रसंग है–"उन्हीं में से एक लड़के ने नवाब सिंह द्वारा कहे गये अपशब्द दोहराते हुए कहा–बहुत पुरानी बात है जब वाल्मीकि मैला ढोते थे और उच्च वर्ग उन सबसे नफ़रत करते थे। आज भारत आज़ाद हो गया है। सभी आज़ाद हैं। वाल्मीकि भी पढ़-लिख गये हैं। फिर वे अफ़सर क्यों नहीं बन सकते। क्या वे सदा मैला ही ढोते रहेंगे।" इस पर नवाब ने मेरे सामने ही उत्तर दिया–

"ख़ून तो वही रहेगा न! जाति भी वही वाल्मीकि ही रहेगी। ये तो नहीं बदल सकते न! वैसे चाहे ये अपने आपको ब्राह्मण मानने लगें। उससे कुछ थोड़े ही मिल जायेगा। गधे को गंगाजी में नहलाने से वो गऊ नहीं बन जायेगा। रहेगा तो गधा का गधा ही!!" लेखक को जाति का यह अपमान बर्दाश्त नहीं होता और वह नवाब की पिटाई करवा देता है।

लेखक को गृहस्थ ज़िन्दगी से भी सीख मिलती है। एक जगह वे लिखते हैं—"इस हादसे ने मुझे गृहस्थी के लिए एक अच्छी सीख दी है कि पत्नी हर दुख सहन कर सकती है, झोंपड़ी में भूखी रह सकती है। किन्तु किसी परायी औरत को पति के पास सहन नहीं कर सकती।" (पृ. 208) या "उस दिन मुझे एक और नयी बात समझ आयी कि किसी की चिकनी-चुपड़ी बातों में नहीं आना चाहिए।" (पृ. 258)। लेखक ने आत्मकथा में बीच-बीच में अपनी कविताओं का सटीक उपयोग किया है। इस पुस्तक में दिल्ली के दक्षिणपुरी विस्तार की जानकारी दी गयी है कि यह कॉलोनी कैसे बसी और बनी?

लेखक का पुलिस से भी जीवन में बार-बार पाला पड़ता रहता है। लेखक लिखते हैं—"54 साल की उम्र तक पुलिस के साथ मेरी कभी नहीं बनी। मुझे लगता रहा है कि उनकी हर बात में कोई फरेब है। मुलजिम को घर से उठाना और रेलवे स्टेशन पर गिरफ़्तारी दिखाना। घर से उठाना और अँधेरी रात में पार्क के एक कोने में डकैती का प्लान बनाते दिखाना।" (पृ. 259)। लेखक के जीवन में ऐसी भी घटनाएँ हुईं जिसे कहावत में कहा जाये तो—'हवन करते हाथ जले।' लेखक के पास रज्जो नाम की एक महिला आती है जिसके पति की किसी से मारपीट हो जाती है। वह पुलिस के डर से भाग जाता है। पुलिस चौकी इंचार्ज किरोड़ीमल रज्जो को थाने में बुलाकर रोज़ रात को बलात्कार करता है। वह कहता है या तो अपने आदमी को पेश कर दे वरना जब तक तेरा आदमी नहीं आता तू रोज़ रात को मेरे पास आ जाया कर। इस मामले में रज्जो लेखक की मदद माँगती है। लेखक पुलिस के ख़िलाफ़ कार्यवाही करता है। पर रज्जो पुलिसवालों द्वारा रुपये दिये जाने पर बदल जाती है। परिणामस्वरूप लेखक और उसके तीन मित्रों पर मुक़दमा चलता है। लेखक के शब्दों में—"उस दिन से 25 नवम्बर शनिवार 2006 तक 15 वर्ष बीत गये मुक़दमा चलते। 10-4-2007 को कोर्ट पटियाला हाउस कमरा नं. 30 से तीन-तीन हज़ार रुपये हम चारों पर जुर्माना हुआ। आप ही बताइए कैसे कोई डूबते को बचाये। अबला को सबला बनाये। महिला को शक्ति की ओर ले जाये, वर्दी वाले गुण्डे को सज़ा दिलाये,

जब न्यायकर्ता सब जानकर भी चुप हो जाये, जहाँ गवाही की कोई अहमियत न हो। वहाँ गवाह तलब कराये, ऐसा होता है इसका न्याय।" (पृ. 263)

पत्नी के निधन पर लेखक पत्नी की अहमियत स्वीकार करता है और उसे सच्ची देवी कहता है। वह लिखता है– *"तुम जितनी सरल थीं/मैं जटिल था उतना/तनातनी रही दोनों में/ना मधुर बनी मेरी भाषा/तुम गयीं प्रिय मैं रहा अकेला/रह गयी मेरी जिज्ञासा/तुम चाहो तो मुझे भी बुला लो/मेरी भी है अभिलाषा।"* (पृ.. 272)

लेखक पाखण्डों, अन्धविश्वासों और ढकोसलों का विरोधी रहा है। उज्जैन में लेखक को भारतीय दलित साहित्य अकादमी द्वारा वार्षिक सम्मेलन में 2001 में बुलाया जाता है। वहाँ मन्दिरों में शिवलिंग पर ढेर सारा दूध चढ़ाया जाना लेखक को बहुत अखरता है। और वह मंच से इसका विरोध करता है। लेखक युवाओं और उनके माता-पिताओं को रोज़गार आदि के लिए प्रेरित करता है।

कुछ सूत्र वाक्य भी आत्मकथा में मिल जाते हैं यथा–"दिमाग़ और जीने की ऊर्जा संकट ही पैदा करते हैं।" (पृ. 366) "जो मिल रहा है उसमें सन्तोष भाव रखो। यदि अधिक कमाना है तो धोखे, छल, कपट से नहीं परिश्रम और बुद्धि के बल पर कमाओ।" (पृ. 268) "बच्चों के विकास, लालन-पालन के साथ-साथ स्वयं का विकास भी जीवित रहने के लिए अति आवश्यक है।" (पृ. 375) "ससुर के यहाँ जवांई, बहन के यहाँ भाई की स्थिति कुत्ते जैसी होती है, स्वयं के जीवित रहते हुए अपनी प्रॉपर्टी किसी दूसरे के नाम कर देना मूर्खता है।" (पृ. 375)। लेखक के पिता-पुत्र सम्बन्ध काफ़ी कटे रहे हैं।

## सन्दर्भ


1. 'दलित साहित्य के स्तम्भ', श्रीनटराज प्रकाशन, दिल्ली।
2. 'बयान', सितम्बर, 2012

# बेचैन की बेचैन करने वाली आत्मकथा

*श्यौराज सिंह बेचैन की आत्मकथा 'मेरा बचपन मेरे कन्धों पर' उस दौर में आयी जब उनकी जवानी उनके कन्धों पर ही नहीं सिर पर भी सवार हो चुकी थी। कहना न होगा कि बचपन पीछे छूट गया था और देश की राजधानी में रहते हुए उनके जीवन से वे सारे बदरंग दूर हो गये थे, जिनके बीच उन्होंने ग़रीबी की मार सहते हुए संघर्ष कर मंज़िल प्राप्त की थी। 440 पृष्ठों की आत्मकथा को पढ़ते हुए पाठक को यह बात बख़ूबी समझ आ जाती है कि आत्मकथाकार ने अपने नाम के साथ 'बेचैन' क्यों रखा। यह आत्मकथा लगभग दस अध्यायों में सिलसिलेवार आगे बढ़ती है। और जहाँ पाठकों को प्रभावित करती है वहीं शोधार्थियों को शोध करने के लिए मजबूर करती है। साथ ही समाजशास्त्रियों को चुनौती भी देती है कि समाज में अभी भी जातिवाद के कीड़े रेंग रहे हैं न सिर्फ़ गाँवों में/बस्तियों में/बल्कि कालिजों और विश्वविद्यालयों में भी। ऐसा क्यों?*

'मेरा बचपन मेरे कन्धों पर' आत्मकथा के पहले अध्याय के वक़्त गुज़र गया माली के तहत स्वयं आत्मकथाकार के शब्दों में तब मेरी उम्र क़रीब पाँच-छह साल की रही होगी। मेरी सबसे बड़ी बुआ 'कलावती' डिबाई के पास भीमपुर में, उससे छोटी 'मानों' अतरौली के पास पाली मुकीमपुर में और सबसे छोटी बुआ 'छोटी' नरौरा के पास धुर्रा, प्रेमनगर में ब्याही गयी थीं। छोटी बुआ के सगे देवर गंगावासी से डोरीलाल के बड़े भाई गंगासाय की इकलौती बेटी 'भानती' की शादी हो चुकी थी। छोटी बुआ और 'भानती' गाँव के रिश्ते से बुआ-भतीजी और ससुराल के रिश्ते से देवरानी-जेठानी लगती थीं। डोरी ताऊ के घर में चन्दौसी की 'स्यामनियाँ' उर्फ़ 'भूरी' थी। ताई और अम्माँ सहित ये तीनों एक ही मुहल्ले की थीं।

दोनों फूफा लगभग तीस साल पहले मुर्दा मवेशी उठाने, चर्म-शोधन करने और चर्बी बेचने का मामूली व्यवसाय किया करते थे। गंगावासी आज इक्कीसवीं सदी में भी वही काम कर रहे हैं और उसी कच्चे मकान में रह रहे है जहाँ मेरे पिता

ने जीवन की अन्तिम साँसें ली थीं। तब फूफा बन्धुओं के परिवारों की जीविका रंगाई-फरहाई की आय पर निर्भर थी। उनकी स्थिति आज भी वैसी ही है बदला कुछ भी नहीं है। गाँव के भीतर इनका एक छोटा-सा झोंपड़ीनुमा कच्ची मिट्टी से बना पुश्तैनी घर हुआ करता था। आस-पास जाटों के पक्के मकान, लम्बे-चौड़े दालान और बड़े-बड़े घेर थे। फूफा बन्धु जब मवेशी की खाल उतार कर गाँव में लाते थे तो पूरी तरह छुपा कर ही लाते थे इसलिए कि गाँव में खाल ले जाने पर हिन्दुओं को एतराज़ होता था। उनके बीच इसकी बदबू न फैले, इसके लिए खालों पर नमक छिड़क कर उसकी बदबू मार दी जाती थी। इतनी सावधानी के बाद भी उसे गाँव के बाहर ही रखना पड़ता था। बाद में जब मैं छात्र बन कर वहाँ रहा था, तब गंगावासी का यह अस्पृश्यता वाला काम मेरे भी काम आया। मैंने भी उनकी सक्रिय मदद की थी। मैंने अपने पेट और पढ़ाई के ख़र्चे के लिए यह मजूरी की थी।

जिन चमारों ने मवेशी उठाने का काम-धन्धा छोड़ दिया था, वे स्वयं को ऊँचे दर्जे का मानने लगे थे, जबकि माली हालत उनकी भी ख़राब थी। जाट-बामनों में यह काम नहीं होता था। दलित व्यवसाय बदल कर नयी सम्भावनाएँ तलाशने के पक्ष में थे। सवर्णों को दलितों के कार्यों का न अनुभव था, न ज़रूरत, बल्कि इसका आभास तक उन्हें अपमानजनक लगता था। उनके दैनिक स्वच्छ वातावरण में यह असुविधाजनक था। जहाँ तक मेरी जानकारी है, मुर्दा मवेशी उठाने पर चमारों की और मैला ढोने पर भंगियों की अविकल्प विवशता थी। उसके उलट गुणकारी शिक्षा, मीडिया, कला और संस्कृति पर ब्राह्मणों का और व्यापार पर वैश्यों का वर्चस्व था जो अभी भी है। इस कारण पशुओं की खालें जमा करने और उन्हें पकाने के लिए दोनों भाइयों व उनके पिता ने गाँव से बाहर दूर जंगल में जहाँ दूर तक किसी का कोई मकान नहीं था, एक कुइया (छोटा कुआँ) खोद ली गयी थी और रात में रहने के लिए वहीं एक कच्चा कुठरियानुमा घर भी बना लिया था। नव दम्पति गंगावासी और भानती इसी घर में रहने लगे थे। तब तक उनके बीच कोई बच्चा नहीं आया था। बबूल से छाल उतार कर सुखाना, फिर हाथ-गँड़ासा से बारीक़-बारीक़ कस्सा काट कर उसे मूँज से सिली गयी खाल में भरा जाता था। उसमें स्वच्छ जल, कस्सा, कलई आदि भरकर उसे पकाया यानी शोधन प्रक्रिया से गुज़ारा जाता था। उसके बाद ही चमड़ा सार्वजनिक उपयोग के लायक बना दिया जाता था।

बकौल अमित सेन गुप्ता ज़िन्दगी की मोहर के तौर पर यह किताब वैसी ही है जैसा एक अछूत का स्पर्श, और उससे भी कुछ ख़ुद ज़्यादा। शोषण और धिक्कार के सामाजिक यथार्थ की सैरबीन के आरपार यह जाति व्यवस्था की

झूठी योग्यता परखती है और छद्म मैरिट तन्त्र को चुनौती देती हुई महान मेधा के साथ दुनिया में दाख़िल होती है, वह विनीत और संकोची है, लगभग नश्वर, विस्मय और जादू से भरे हुए एक नन्हे से बच्चे की नाज़ुक आँखें हैं, जो अपने और अपने परिवार के लिए रोज़ी कमाने की कोशिश कर रहा है जबकि इस उम्र में उसे खेलकूद के मैदान में या स्कूल में होना चाहिए था। 'बेचैन' यथा नाम तथा गुण, सदा के बेचैन हैं जैसा कि हिन्दी में इस मुहावरे का मतलब होता है, लेकिन उनकी इस अद्भुत 'आत्म-पहचान' में एक आत्मविश्वास और निरुद्विग्नता जो सिर्फ़ महान साहित्य ही बारीक़ी और संवेदना से अनुभूत और अभिव्यक्त कर सकता है। आप उनके संघर्ष का इतिहास रोज़मर्रा की ज़िन्दगी के पारदर्शी प्रसंगों और यथास्थिति में जीने की इच्छा को नकारने की चेतना के माध्यम से दुनिया के अभागों के पूर्व निश्चित साँचों को नकारते हुए बिना गुलामना अपराध भाव या मानसिक दासता भाव के बिना यथार्थ को देखता है और स्वीकार करता है।

यह एक क़िस्म की मुक्ति भी है—यह मानसिक और संवेदनात्मक बेड़ियों को छेड़ना, पिछड़ेपन की अपनी स्मृतियों के साथ सामाजिक और राजनीतिक इतिहास का विखण्डन और यह मुक्ति की आध्यात्मिकता को, दलित चमड़ी के, स्पर्श तक ले जाती है और काली आँखों की काली विडम्बनाओं के नीम-अँधेरे अन्तरंग गलियारों में दाख़िल होती है, हाथ की लकीरों में जो उसकी नियति को नहीं गढ़तीं, क्योंकि वह अपनी दुनिया की तामीर भी कर रहा है और अपने साथ दलितों की, दलित दुनिया की भी तामीर कर रहा है एक नितान्त विषम, फूहड़, अमानवीय और विवेकहीन समाज में।

इन अर्थों में यह किताब आपको एक नहीं, कई मार्मिक अन्तःकथाएँ कहती है—छुआछूत की कथा, उत्पीड़न को उलटने की द्वन्द्वात्मकता की कथा और अपने शब्दों से एक आदर्श संसार की तलाश की यथार्थ कथाएँ, अपने कठिन लेकिन जीवट-भरे बचपन की धूप और झुटपुटों से रचे-बसे हाथों से लिखे गये अपने शब्दों में। बचपन से वयस्कता तक, बच्चे से पुरुष बनने तक, यह एक दुर्लभ महाकाव्यात्मक साहित्य है क्योंकि प्रेम, गरिमा और मुक्ति की तरह इसका हर शब्द एक सपना है, हर शब्द अनमोल है। मुक्ति भूख से, मुक्ति छुआछूत से, वर्ण व्यवस्था पर आधारित समाज के उत्पीड़न और अमानवीयता भरे भयावह कर्मकाण्ड से।

स्वयं आत्मकथाकार के शब्दों में, मैं द्वितीय श्रेणी में पास हुआ था। नतीजा देखकर मेरी ख़ुशी का ठिकाना न था। परन्तु आगे की पढ़ाई कैसे होगी? इसकी व्यवस्था मुझे करनी थी। सबसे पहले मैंने गाँव वालों का क़र्ज़ उतारना ज़रूरी समझा। मास्साब का काम भी उस वर्ष दुगुने उत्साह के साथ ख़ूब किया।

उन्हीं की सलाह और सहयोग से मैं हाईस्कूल कर पाया। इस कृतज्ञता के भार को महसूस करता था। जाने-अनजाने मुझे अपवाद छोड़ कर रक्त के कई रिश्तों ने बराबर कष्ट पहुँचाया। किन्तु दिल और मनुष्यता के रिश्ते ने मुझे सहयोगी समझा। मेरी नीयत और इच्छा-शक्ति डगमगाई नहीं। इसके लिए मेरे साथ जिनका भी हाथ-साथ रहा हो, उनका मैं आभारी हूँ।

गाँव में जिस गली से गुज़रता, मास्टर लेखपाल और वरिष्ठ-कनिष्ठ छात्र नतीजा पूछते। मुझसे ज़्यादा बधाइयाँ मास्टर प्रेमपाल सिंह यादव को दी जा रही थीं। वे कह रहे थे—मेरा संकल्प पूरा हुआ, अब आगे पढ़े-न-पढ़े श्यौराज। एक स्मरणीय शिक्षक ने अनजाने अच्छी बुनियाद रख दी थी। उस अन्धे गंगी चमार का नाती पास हो गया था, जिसकी अब तक की सभी पीढ़ियों में कभी कोई साक्षर तक नहीं हुआ। हर जाति में यह बात गयी। यूँ भी मेरा और प्रेमपाल सिंह का सम्पर्क दायरा बहुत बड़ा था। हम घर-घर जाया करते थे, आर्य समाजी प्रचार के दिनों से ही। जो भी हो अब गंगी के नाती की यात्रा का दूसरा चरण शुरू होगा। उसे ऊँची पढ़ाई करना है। साहित्य के क्षेत्र में देश की सेवा करनी है। किसानों, कम्युनिस्टों, दलितों और छात्रों के बीच जाना है। आख़िर गंगी चमार का नाती दसवीं पास हो ही गया। पहले हो गया तो अब उसे पढ़ने-बढ़ने के रास्ते खोजने हैं, देखें आगे क्या करता है, उसे अपना प्रयाण गीत गाना है। यहाँ तक की आत्मकथा में मैंने केवल हाईस्कूल पास करने तक की यात्रा में आपको अपने साथ लिया है। अब मुझे आपको बताना है कि मैंने आगे की पढ़ाई, अस्तित्व की रक्षा और उत्थान की लड़ाई कैसे लड़ी है। सांस्कृतिक मोर्चे और अपने वैवाहिक जीवन में मैंने क्या-क्या तर्क-संगत वैज्ञानिक और नया सोचा और किया है, इस पर लिखूँगा। शिक्षा, साहित्य और मीडिया में भी मैंने क्या स्थान पा लिया है। स्वस्थ रहा तो अगली बातें जल्दी होंगी तब तक के लिए अपनी शायराना शक्ल में इस गीत के साथ मैं आपकी खिदमत में अगली मुलाक़ात की उम्मीद के साथ विदा चाहता हूँ।

*यूँ सफ़र-भर याद हैं—गुज़रे मुकामातों के लोग*<br>
*मेरी मज़बूती तो हैं, कमज़ोर हालातों के लोग।*<br>
*दोस्त-दुश्मन-ग़ैर-अपने, पास से देखे सभी*<br>
*हैं तो ये इंसां ही आख़िर—सब धरम-जातों के लोग।*<br>
*मैं कई सदियों से—यूँ ख़ामोश था सन्तप्त था*<br>
*मेरी जानिब से बहुत बोले हैं बे-बातों के लोग।*<br>
*बात मंज़िल की—तो करने का कोई मतलब नहीं।*

*ये तजुर्बाते सफ़र लें—मुझसे जो चाहते हैं लोग।*
*यह मेरा बचपन करोड़ों बेसहारों का वजूद*
*है उन्हीं के हाथ में—जीवन जो दे पाते हैं लोग।*
*बच गयीं साँसें तो ले आया मैं इस अंजाम तक—*
*कल मिलूँगा मुझसे मिल लेना बहुत चाहते हैं लोग।।*

प्रो. कालीचरण स्नेही के शब्दों में कहा जाये तो यह आत्मकथा दुनिया के संघर्षरत बच्चों के लिए प्रेरणा का प्रकाश है। क्या-क्या काम करता हुआ नदरोली गाँव का एक अछूत और अनाथ बालक आज के दिन दिल्ली विश्वविद्यालय के प्रोफ़ेसर पद तक पहुँच जाता है। यह चमत्कार जैसा नहीं है तो क्या है?

# उर्मिला पवार की आयदान

डॉ. गिरीश काशिद लिखते हैं, बचपन, कुमारावस्था, युवावस्था और विवाहेतर जीवन 'आयदान' के अनुभव के प्रधान बिन्दु हैं। पूर्वार्ध में प्रथम तीन अवस्थाओं के साथ ही तत्कालीन दलित जीवन-लोक़ज़ीवन मूर्त हुआ है। इसमें पिताजी की ज्ञानपिपासु वृत्ति, सेवाभाव, शिक्षा के प्रति आस्था, उनका अध्यापन, सामाजिक सरोकार, बच्चों को पढ़ाने की ललक, बीमारी के कारण उनकी असमय मृत्यु और माँ के सिर पर आया दायित्व आदि सन्दर्भ मुखर हुए हैं। साथ ही बचपन के खट्टे-मीठे अनुभव, खेलकूद, पाठशाला के प्रति अनास्था, घर की ग़रीबी, बालमनोविज्ञान आदि का भी सोदाहरण रेखांकन मिलता है। हाईस्कूल प्रवेश के साथ ही उनके जीवन में परिवर्तन की आहट पायी जाती है। दलित होने के कारण उनके द्वारा स्पर्श की हुई बिरयानी का अस्वीकार करने वाली मुस्लिम महिला, पाठशाला में की जानेवाली उपेक्षा उनके बालमानस में गहरी पैठ जाती है। दो जून की रोटी की चिन्ता अक्सर उन्हें सताती है। ऊपर से पति की मृत्यु माँ को पूरी तरह झकझोर देती है। बावजूद वह जीवट नारी आपत्तियों का मुक़ाबला करती है। घर की दशा का वर्णन करते हुए लेखिका लिखती है, "हमारी माँ ने कतरब्योत की न्यूनतम सीमा पार की थी। यह सब मानो पहले ही बन्दर ने शराब पी, उस पर बिच्छू ने काँटा, ऊपर से भूतबाधा हुई।" (पृ. 78) इसी कारण बचपन में उर्मिला पवार और उनके भाई-बहनों को दरिद्रता का असह्य सामना करना पड़ता है।

हाईस्कूल प्रवेश के साथ नारी होने के नाते लेखिका स्वाभाविक रूप में अपने भावलोक में हुए परिवर्तन को क़बूल करती है। इसी समय उनका हरिश्चन्द्र के साथ परिचय होता है। मुलाक़ातें बढ़ती हैं और दोनों में प्यार पनपता है। घर का इस प्रेम विरोध होने के बावजूद वह अपना यह पहला और अन्तिम प्यार अन्त तक निभाती है। घरवालों के कुछ विरोध के बावजूद दोनों का विवाह सम्पन्न होता है और उनके जीवन को दूसरा मोड़ मिलता है। विवाह को लेकर घरवालों की उदासीनता उन्हें कचोटती है लेकिन वह ख़ामोश बनकर सहती है।

विवाह के समय की मानसिकता, पति की भूमिका, लॉज में सम्पन्न सुहागरात व स्त्री-पुरुष सम्बन्धों का अज्ञान आदि का वह बेबाक वर्णन करती है। ससुराल के लोगों के आत्मीय व्यवहार से उसे ससुराल तब मायके-सा भाता है। घर की सम्पन्नता, सासू माँ का प्यार, परस्पर स्नेह, संयुक्त परिवार, मालवणी भाषा और लोगों की मानसिकता से वह अत्यधिक प्रभावित होती है। इसी कारण ससुराल भिरवण्डे गाँव में बिताये चन्द दिन उनके मानसपटल पर क़ायम बने रहते हैं।

लेखिका पति हरिश्चन्द्र के साथ भिरवण्डे, चिपळूण रत्नागिरी में धर्मपत्नी के नाते दाम्पत्य जीवन का सफल निर्वाह करती है। जाति भेद के कटु अनुभव और विषमता के कारण पति हरिश्चन्द्र के मन में मुम्बई के प्रति ललक बढ़ती है। इसी कारण पति-पत्नी मुम्बई को चल देत्ते हैं। अर्थात् यहाँ भी संघर्ष उनका साथ नहीं छोड़ता। संघर्ष के साथ जीवन भी गतिमान बनता है। आवास की असुविधा के कारण कुछ दिन बहन के पास गुज़ारने पड़ते हैं। जैसे-तैसे घर का जुगाड़ बिठाते हैं तो ऑफ़िस का सहकर्मी ही ठगा देता है। इस समय गुनाह न होने पर भी निम्न जाति को लेकर प्रताड़ना सहनी पड़ती है। वह नौकरी के साथ गृहस्थी भी सँभालती है। सहकर्मियों की उपेक्षा, नारियों की संकुचित मानसिकता, नारी-मुक्ति को लेकर पुरुषों की दोगली मानसिकता, स्वयं का दलितत्व छिपाने वाला शिक्षित दलित वर्ग, नवबौद्धों की भूमिका जैसे सन्दर्भ उन्हें उद्वेलित ही नहीं करते अपितु क्रियात्मक पहल के लिए प्रवृत्त करते हैं। इन्हीं क्रियाकलापों से 'संवादिनी दलित स्त्री साहित्य मंच' की निर्मिति होती है। वह निजी और सामूहिक स्तर पर दलित नारी के प्रश्न और समस्याओं के प्रति प्रतिबद्ध हो जाती है।

समग्रतः 'आयदान' की अनुभूति का विज़न व्यापक है। इसमें गाँव और शहर का जीवन और उसमें स्थित असंगतियों का व्यापक अंकन हुआ है। मूलतः यह प्रबल अनुभूतियों की स्वाभाविक और प्रामाणिक बुनावट है। अर्थात् इसमें न कृत्रिमता है न चकाचौंध। इसी कारण यह अनुभव जगत हृदय को स्पर्श करता है। इसमें जो है वह चिन्तनीय है। फिर जो नहीं है उसे ढूँढ़ने की आवश्यकता क्यों? उत्तरार्ध संक्षेप में अंकित हुआ है लेकिन उसमें मुम्बई के जीवन की गतिमानता है। मूलतः इसका केन्द्र गाँव है और नगर परिधि। गाँव हृदय है तो शहर मस्तिष्क। जन्म गाँव फणसात्ले, ससुराल भिरवण्डे रत्नागिरी के जीवन द्वारा गाँव का अंकन हुआ है।

उर्मिला का जन्म सन् 1945 का। अर्थात् उनका बचपन स्वातन्त्र्योत्तर काल में बीता। तत्कालीन ग्राम-जीवन में प्रचलित जातीय विषमता को भारतवर्ष के इतिहास का काला अध्याय मानना होगा। उसमें भी कोंकण में स्थित दलित और सवर्णों के बीच में भेद की चमरसीमा। इसी परिवेश में लेखिका का बचपन और

युवावस्था विकसित होती है। एक दलित लड़की होने के कारण हिस्से में कटु अनुभव ही अधिक। लेकिन इन्हीं उपेक्षाओं से वह ऊर्जा ग्रहण करती है। भाग्य या नसीब को दोष न देकर अविराम यात्रा करती है। विवाह के पश्चात गृहस्थी और नौकरी की ज़िम्मेदारी निभाते हुए अपनी अधूरी शिक्षा पूरी करती है। उनके बी.ए. पास करने पर पति को भी ख़ुशी होती है लेकिन एम.ए. प्रवेश के साथ पुरुष अहं को ठेस लगती है। यहीं से पति-पत्नी में संघर्ष आरम्भ होता है। मन के विरुद्ध होने वाली घटना से पति हरिश्चन्द्र का गुस्सा और मद्यपान समान रूप में बढ़ता रहता है। उसकी दोगली मानसिकता के बारे में लेखिका लिखती है—"मिस्टर पवार मेरे साथ दो तरह का व्यवहार करते थे। एक ओर अपनी पत्नी लिखती है। भाषण देती है इसका गर्व तो दूसरी ओर मेरे लिखने का, भाषण देने का उन्हें गुस्सा आता था।" (पृ. 208) लेखिका अन्दर से अस्वस्थ होती है लेकिन चुपचाप सह लेती है। आगे चलकर यह संघर्ष चरमसीमा पर पहुँचता है। बावजूद गाँव के सरोकारों में पत्नी सामंजस्य बनाये रखती है और अन्त तक सम्बन्ध निभाती है। इस स्थिति में नगरीय परिवेश और शहरों में पली नारी कौन-सी भूमिका अपना लेती, यह कहा नहीं जा सकता। अपने निजी जीवन में दुःखी होते हुए भी वह सामाजिक विसंगतियों को दूर करने हेतु दौड़-धूप करती रहती है। 'मैत्रिण' ग्रुप में सम्मिलित होने पर उनका सामाजिक सरोकार प्रगल्भ ही नहीं बनता बल्कि उसका विस्तार भी होता है। इसी से उनकी नारी अस्मिता सम्बन्धी मौलिक दृष्टि विकसित होती है।

लेखन और भाषण के साथ ही वह आन्दोलन में कूद पड़ती है। संघटना के लिए राशि जमा करते समय अनेक कटु अनुभव भुगतने पड़ते हैं। नारी होने के कारण लोगों की कामुक नज़रों का मुक़ाबता करना पड़ता है। इसी से उन्हें दलित शिक्षित वर्ग के साथ होने वाला अस्मिता का अन्याय, स्त्री-पुरुषों की दोगली भूमिका, नारी संघटन सम्बन्धी पुरुषों की मानसिकता आदि का वास्तव समझ में आता है। बावजूद वह नारी आन्दोलन में अविराम कार्य करती है। आम्बेडकरी आन्दोलन, दलित साहित्य, नारी आन्दोलन आदि का बारीक़ी से अभ्यास करती है। झोंपड़पट्टियों का नरक-सा जीवन उन्हें अस्वस्थ कर देता है। वह इस जीवन को सैलानी दृष्टि से न देखकर नज़दीक से अनुभव करती है। अर्थात् दलित नारी के प्रश्नों को 'आर्यन' पर लाने की उनकी भूमिका केवल किताबी नहीं है। दलित आन्दोलन में नारी की भूमिका की हुई उपेक्षा उन्हें कचोटती है तो समकालीन दलित नारी की समस्याएँ अस्वस्थ कर देती हैं। इसी में से दलित नारी के लिए स्वतन्त्र मंच स्थापित करने की कल्पना आकार लेती है।

सामाजिक कार्य में स्वयं को समर्पित करने वाली लेखिका के निजी जीवन में मात्र निरन्तर दरारें बढ़ती रहती हैं। उन्हें निरन्तर वेदना और संघर्ष का मुक़ाबला करना पड़ता है। भाई और माँ की मृत्यु से वह आहत होती है। उससे उबरने से पहले ही मेडिकल में पढ़ने वाला लड़का मन्दार दुर्घटना का शिकार होता है। इससे उबरने हेतु वह लेखन करती रहती है। मन्दार की मृत्यु के पश्चात के लेखन सम्बन्धी वह कहती है–"पहले लिखने हेतु नींद नहीं ले पाती थी और अब नींद नहीं आती इसलिए लिखती हूँ।" (पृ. 253) मन्दार की कमी की पूर्ति हेतु वह अपनी लड़कियाँ मालविका और मानिनी को उच्चशिक्षित करने की कोशिश करती है। मालविका का विवाह नयी आपत्ति लेकर आता है। मालविका का उदय से विवाह तय होता है और अचानक रवि मालविका के प्रति होने वाला प्रेम ज़ाहिर कर देता है। आत्मसम्मान और सामाजिक उपेक्षा को लेकर पति अस्वस्थ होते हैं। इस समय लेखिका माँ और नारी होने के नाते समाज का विचार न कर मालविका से विचार-विमर्श कर उसका रवि के साथ विवाह कर देती है। इससे पति का मद्यपान सीमारेखा पार करता है और डॉक्टर उनकी मौत समीप आने की घण्टी बजा देते हैं। पति की मृत्यु रही-सही ख़ुशी लूट लेती है। असह्य वेदना के बावजूद वह विषपायी बनकर कार्यरत रहती है। इसी कारण यह स्वीकारना पड़ता है कि 'आयदान' सामान्य नारी की असामान्य ज़िन्दगी है।

'आयदान' में दलित जीवन के साथ ही लोक़ज़ीवन का भी अनूठा चित्रण मौजूद है। अपने जन्म गाँव का लेखिका मूर्त रूप प्रस्तुत करती है। खान-पान, आवास, उद्योग, लोकाचार, वेशभूषा, पर्व-त्यौहार, लोकनाट्य, लोककथा, लोकगीत, तमाशा, प्रकृति आदि को लेखिका गहराई से चित्रित करती है। ससुराल में चावल पीसते समय पाट पर की नक्काशी उनका ध्यान खींचती है। इस पर वे सोचती हैं, "यह चक्की का पाट प्रदर्शनी में दर्शनीय कलाकृति सा लगा। केवल पेट की चिन्ता में ऐसी कितनी ही कलाएँ प्रकट नहीं हो पायीं।" (पृ. 170) ऐसे कई सन्दर्भ से लोक जीवन के मूल्यवान सन्दर्भ लेखिका कुशलता से प्रस्तुत करती है।

आत्मकथन मूलतः सामान्य व्यक्ति का असामान्य कर्तृत्व होता है। इसमें व्यक्ति अमीर या उच्च कुल में उत्पन्न हो यह आवश्यक नहीं। आवश्यक है उसका अलग, संघर्षपूर्ण जीवन और पहाड़-सा कार्य। यह विधा मूलतः कल्पना से परहेज करती है। यहाँ रचनानुभूत जीवन की व्यथा ही कथा होती है। इसी कारण आत्मकथन में सत्यता, तटस्थता और विशेषता का स्थान महत्त्वपूर्ण है। इस कटौती पर उर्मिला पवार का जीवन और आत्मकथन खरा उतरता है। लेखिका ने तटस्थता का पूरा निर्वाह किया है। कुछ लोग इसे 'बोल्डनेस' भी कहेंगे न, यह यथार्थ है।

बचपन के अनुभव, मारपीट के कारण पिता के प्रति मन में उत्पन्न गाँठ, हाईस्कूल प्रवेश के साथ भावनात्मक परिवर्तन, मनुकाल के सम्बन्ध में ग़लतफ़हमी, हरिश्चन्द्र के साथ की मुलाक़ातें, घर से विरोध, बर्वे और रामनाथ का एकतरफ़ा प्रेम, नौकरी से पहले कुछ दिन का तमाखू का व्यसन, लीज में सम्पन्न सुहागरात आदि का इसमें नैतिकता का नकाब खींचकर चित्रण किया है।

'आयदान' का कला पक्ष भी अपनी अलग पहचान रखता है। चित्रात्मकता इस लेखन की उल्लेखनीय ख़ासियत है। इसमें प्रसंगों को मूर्त करने की कलात्मकता मिलती है। और यह कलात्मकता सतही न होकर संवेदनात्मक है। ठेठ गाँव की माटी से रिश्ता रखनेवाले इस लेखन में मौलिकता और सरसता का सफल संयोजन मिलता है। इसी कारण तत्कालीन जीवन मानस पटल पर छा जाता है। मूलतः लेखिका का अनुभव अत्यन्त व्यापक है। स्वाभाविकता और सरसता के कारण इसमें अनोखी पठनीयता और कौतूहल मिलता है। इसकी आत्मकथनात्मक शैली केवल कथन ही नहीं करती, संवाद भी करती है। लोकभाषा के प्रयोग से इसकी शैली को नये 'डायमेंशन' मिले हैं। लेखिका कोंकणी लोकभाषा को अत्यन्त गहराई से प्रयुक्त करती है। अर्थात् 'आयदान' की भाषा में आद्योपान्त सरसता मिलती है। फिर भी पूर्वार्ध में यह भाषा अत्यधिक निखरी है तो उत्तरार्ध में मुम्बई के परिवेश के कारण वह कुछ तिरोहित हुई है। इसी कारण उत्तरार्ध की तुलना में पूर्वार्ध सरस बन गया है, जिसका श्रेय आंचलिक भाषा को ही देना होगा। दूसरे, उत्तरार्ध की शैली में मुम्बई के गतिशील जीवन को पकड़ने की कोशिश भी सराहनीय माननी होगी। बच्चों की भाषा, सहेलियों की भाषा, नारियों की भाषा, कोड भाषा, शिक्षितों की भाषा, लोकभाषा, देहभाषा जैसे कई रूप इस भाषा में विद्यमान हैं। इस भाषा में कोंकण के लोकज़ीवन की सोंधी महक है। इस आंचलिक भाषा ने लोकज़ीवन और रचनानुभव का बेजोड़ संयोजन किया है। 'आयदान' द्वारा लोकभाषा के कई मौलिक शब्द सामने आये हैं जिसने मराठी भाषा को समृद्ध किया है।

# 'माझी मी' (मैं सम्पूर्णा) : दृढ़निश्चयी सम्पूर्णा की जीवनी

बकौल शेखर मराठी में उर्मिला पवार की 'आयदान', शान्ताबाई काम्बले का 'जीवनस्थी चितरकथा', बेबी काम्बले की 'जीन आमुच' के साथ डॉ. कुमुद पावड़े, शान्ताबाई दाणी, मुक्ता सर्वगौड आदि महिलाओं द्वारा लिखी आत्मकथाएँ प्रभावशाली रही हैं। उसी क्रम में प्रो. यशोधरा गायकवाड़ की 'माझी मी' आत्मकथा एक महिला द्वारा अपनी निजी हिम्मत और दृढ़ इच्छाशक्ति के बल पर उच्च शिक्षा हासिल करने तथा अपने बच्चों को उच्च शिक्षा देकर संस्कारित कर भारतीय समाज के सामने अनूठा यथार्थ प्रस्तुत करती है। जीवनी 'माझी मी' में अपनी माँ को शिक्षा सम्बन्धी श्रेय देकर कहती हैं कि, "हम दोनों बहनें गाँव की पाठशाला में पढ़ने जाते थे। मेरी माँ हमें रोज़ बिना नागा स्कूल भेजती थी और परिचितों से कहती थी कि मैं अपनी दोनों बच्चियों को पढ़ाऊँगी। दुनिया में प्रगति हो रही है। बाबा साहेब कहते हैं कि बच्चों को अवश्य पढ़ायें। मेरा लड़का पढ़कर नौकरी करेगा। उसकी पत्नी सुख से रहेगी। किन्तु मैंने लड़कियों को नहीं पढ़ाया तो उन्हें गोबर के उपले बनाना पड़ेगा, जो मुझे मंजूर नहीं।' पहली कक्षा में ही प्रो. यशोधरा गायकवाड़ का गणित बहुत अच्छा था। वह क्लास में प्रथम आती थी। भोजनावकाश में यशोधरा पहाड़े का पाठ किया करती थी। दोपहर के समय उनके अध्यापक लेटे हुए सुना रहे थे। उन्हें मेरी पहाड़ा बोलती हुई आवाज़ सुनाई दी। उन्होंने मुझे पास बुलाया और पूछा कि 'तुम दूसरी कक्षा की छात्रा होते हुए भी ये पहाड़े कैसे याद हैं, तुम्हें किसने पढ़ाया यह सब?' इस प्रश्न के जवाब में 'माझी मी' जीवनी की लेखिका प्रो. यशोधरा गायकवाड़ ने अध्यापक से कहा कि उसे उसके पिताजी हर दिन पढ़ाया करते हैं। यह जानकर अध्यापक को ख़ुशी हुई और वे कहने लगे कि बच्ची होशियार है।

प्रो. यशोधरा गायकवाड़ अपनी जीवनी में निर्भीक होकर पाठकों को बताना चाहती हैं कि वे जीवन में अध्यापिका बनें और इस प्रतिज्ञा को दृढ़ निश्चयी होकर उन्होंने साकार किया है।

'माझी मी' जीवनी में प्रो. यशोधरा गायकवाड़ ने दलित जातियों के अतीत का पीड़ादायी जीवन को विस्तार से पाठकों के सामने रखा है और कहा है कि मेरे माता-पिता के जीवन-काल में हम दलितों को गाँव में सरपंच, पुलिस पटेल, ग्रामसेवक के लिए सभी काम करने होते थे। हमें एक गाँव से दूसरे गाँव सूचना भी देने जाना होता था, चाहे हम बीमार ही क्यों न हों। प्रो. यशोधरा गायकवाड़ कहती हैं कि दलितों को मैंने बचपन में बँधुआ मज़दूर के रूप में गाँव में काम करते हुए देखा है और उनकी पीड़ा, वेदना तथा भुखमरी को समझा है।

'मेरे बचपन में दलित महिलाओं और पुरुषों को भी गाँव में जूता-चप्पल पहनने की अलिखित मनाही थी'(पृ. 52) और उन्हें सिर झुकाकर गाँव के रास्तों से गुज़रना होता था (पृ. 55)। इसी तरह दलितों की जागृति को रेखांकित कर प्रो. यशोधरा गायकवाड़ कहती हैं कि बाबा साहेब डॉ. बी.आर. अम्बेडकर गाँव-क़स्बों में सभाएँ कर दलितों को जाग्रत करने में लगे थे कि अपने बाल-बच्चों को ख़ूब पढ़ाओ, उन्हें शिक्षित बनाओ। इस बात का सार्थक प्रयास हुआ। बाबा साहेब के आदेश से दलित समाज ने बेगारी करना छोड़ दिया। वे शहरों में आकर मज़दूरी करने लगे। (पृ. 54)

लेखिका ने अम्बेडकरवादी आन्दोलन में दलित चेतना को सँवारने में जलसा, तमाशा, नाटककारों की महती भूमिका को भी अपनी आत्मकथा में रेखांकित कर उसके युगप्रवर्तक महत्त्व को पाठकों के समक्ष निर्भीकता से रखकर उनकी जागृति का भरसक प्रयास किया है। (पृ. 55)

यशोधरा गायकवाड़ जी की जीवनी 'माझी मी' को अध्ययन की दृष्टि से तीन हिस्सों में बाँटा जा सकता है। एक, लेखिका का बचपन, दो, लेखिका का अध्यापिका के रूप में जीवन संघर्ष, बच्चों की परवरिश में संघर्षरत जीवन, दाम्पत्य जीवन की कटुता भरा अनुभव, पति का बेरोज़गार होना तथा अपनी ज़िम्मेदारी के प्रति लापरवाह होना, और अन्तिम भाग में लेखिका का ख़ुशहाली भरा जीवन तथा बच्चों का होनहार होना। यशोधरा गायकवाड़ ने ठाणे ज़िले के अपने गाँव से निकलकर बम्बई के स्कूल में अध्यापन कार्य किया है। उन संघर्ष भरे दिनों की यादें भी अपनी जीवनी में दर्ज की हैं। लेखिका की बड़ी बहन का नाम शान्ता था। उसे कक्षा चौथी के बाद पढ़ाया नहीं गया, इसी बात से शायद रूठकर उसने कुएँ में कूदकर भरी दोपहरी में आत्महत्या कर ली।

इस बात को रेखांकित कर यशोधरा महिला शिक्षा की अनिवार्यता को पाठकों के सामने गम्भीरता से रखती हैं। (पृ. 60 से 62) यशोधरा गायकवाड़ के पति आरम्भ में आर.पी.आई. के कार्यकर्ता थे। आर.डी. भण्डारे के कांग्रेस में जाने के साथ वे भी कांग्रेस के कार्यकर्ता बने और 1978 में वह कांग्रेस के विघटन के पश्चात इन्दिरा कांग्रेस के कार्यकर्ता बने तथा जब इन्दिरा गाँधी को जेल भेजा गया उसका विरोध करने पर उन्हें आठ दिन के लिए जेल की सज़ा भुगतनी पड़ी। इन सब बातों की जानकारी यशोधरा जी अपनी जीवनी में रेखांकित करती हैं। वे समर्पित कार्यकर्ता की खस्ता हालत और उसकी वेदना को व्यक्त भी करती हैं। यशोधरा गायकवाड़ के पति मा. गायकवाड़ ने 'उपरान्त' नामक पाक्षिक पत्रिका भी 14 अप्रैल, 1963 से प्रकाशित की थी। उसका ज़िक्र भी लेखिका अपनी जीवनी में प्रमुखता से करती हैं। उसी तरह रिपब्लिकन पार्टी में रहते हुए गायकवाड़ भूमिहीनों का सत्याग्रह कर सात दिनों तक जेल में रहे, इसको भी उन्होंने रेखांकित किया है।

यशोधरा गायकवाड़ का बड़ा बेटा जयन्त गायकवाड़ जीवनी लिखते समय सोलापुर महानगरपालिका में आयुक्त थे। दूसरा बेटा एमबीबीएस है। दो बेटियाँ हैं। एक बेटी मुम्बई विश्वविद्यालय के कालेज में पढ़ाती है। लेखिका यशोधरा गायकवाड़ की इच्छा है कि वे बच्चों के लिए पाठशाला शुरू करें, किन्तु यह कार्य अब तक सम्भव नहीं हो पा रहा, इसका उन्हें खेद है। लेखिका ने सातवीं कक्षा पास कर अध्यापिका बनने के उपरान्त उच्च शिक्षा हासिल की और बुलन्दी को छूने का प्रयास किया, वह सराहनीय है। यशोधरा गायकवाड़ की जीवनी 'माझी मी' पढ़कर निश्चित रूप से कहा जा सकता है कि शिक्षा ही वह मार्ग है जिसके द्वारा दलित समाज की उन्नति सम्भव है।

# हीरा पवार : सांगाइची गोस्ट मणिज

ऐसा बहुत ही कम हुआ है कि अगर पति ने आत्मकथा लिखी हो तो पत्नी भी लिखे। पर दलित साहित्य की दुनिया में यह सम्भव हुआ है। दया पवार की आत्मकथा जब 'अछूत' छप कर आयी तब वे विवाहित थे। उनकी पत्नी ने भी बाद में विचार किया कि उन्हें भी अपनी आत्मकथा लिखनी चाहिए। क्योंकि घर में साहित्यिक वातावरण था। दया पवार के जान-पहचान वाले लेखक तथा सामाजिक कार्यकर्त्ता घर भी आते थे। दलित साहित्य पर विमर्श होता था। बातचीत होती थी। यह सब देख/सुन और महसूस कर उनके भीतर भी स्वयं अपनी आत्मकथा लिखने की इच्छा जगी। और उन्होंने मेहनत की। एक तरह से कहा जाये तो यह चुनौती भी थी जिसे उन्होंने स्वीकार किया और अन्ततः आत्मकथाकार के रूप में हीरा पवार प्रसिद्ध हुईं। हिन्दी में कहें तो उनकी आत्मकथा का नाम 'कहने की बात' था। जो 2012 में मुम्बई से प्रकाशित हुई। कहना न होगा कि 2012 तक महाराष्ट्र में मराठी दलित महिलाओं की एक सौ के लगभग आत्मकथाएँ प्रकाशित हो गयी थीं, जिनमें से कुछ को उन्होंने पढ़ा भी था।

उनकी बेटी प्रज्ञा पवार लिखती हैं कि विवाह से पूर्व माँ अनाथ आश्रम में पली। खाने को रूखा-सूखा, जैसा आश्रम में होता मिलता था, पाँव में चप्पल नहीं, शरीर पर ठीक-ठाक कपड़े नहीं। ऐसा बचपन बीता मेरी माँ का। कन्नड़ मातृभाषा थी माँ की। महाराष्ट्र-कर्नाटक सीमा पर खानापुर स्थान में निवास। 6 माह की थी तब मेरी माँ की माँ गुज़र गयी, जो माँ पर आघात ही था।

शादी के बाद वे मुम्बई आयीं। पुनः पढ़ाई की। मेहनत कर अध्यापिका बनीं। बाद में प्रधानाचार्य पद से रिटायर हुईं। बाबा साहेब डॉ. अम्बेडकर को पढ़ा और अच्छी तरह से समझा भी। बाबा से (पिता) शादी होने से लेकर बाद तक महाराष्ट्र में चल रहे आन्दोलन में भी शामिल रहीं। आन्दोलन के बदलते स्वरूप को भी समझा।

प्रज्ञा पवार की मानें तो उनकी माँ दया पवार जी की दूसरी पत्नी थी। जीवन में बहुत परेशानी और वेदना हुई। पहली पत्नी के द्वारा बहुत मानसिक तनाव माँ को होता था। गाँव में ज़मीन मालिकाना हक के लिए कोर्ट केस हुए। उसमें भी समय लगा। पैसा यक़ीन हुआ। मानसिक परेशानी अलग से हुई। यह सब इसलिए हुआ कि पहली पत्नी ने मालिकाना हक के लिए कोर्ट में अर्ज़ी लगाई थी। बार-बार कोर्ट-कचहरी जाना पड़ता था। बड़ी मुश्किल से उस परेशानी से छुटकारा मिला। 80 के दशक में स्वयं लेखक कई बार मुम्बई स्थित उनके घर (गोरेगाँव) दया पवार जी से मिलने जाते थे।

*(मुम्बई में दया पवार की बेटी प्रज्ञा पवार के निवास पर बातचीत के आधार पर)*

# छोरा कोल्हाटी का

*डॉ. किशोर शान्ताबाई काले द्वारा लिखित 'कोल्हाटमायं पोर' मराठी आत्मकथा का हिन्दी अनुवाद है 'छोरा कोल्हाटी का'। जिसका अनुवाद अरुन्धति देवस्थले ने किया है। प्रो. रामदास नारायण तोंडे के अनुसार कोल्हाटी समाज की स्त्रियों की यह वास्तविक कहानी है। सुमित्रा अग्रवाल लिखती हैं, 'छोरा कोल्हाटी का' समाज के सबसे निचले पायदान पर खड़े दलित वर्ग के एक युवक की आत्मकथा है जो अपनी लगन से अपनी जन्म-प्रदत्त नियति के अक्षरों को मिटा कर अपनी नियति का लेखा अपने हाथों लिखता है—यह अलग बात है कि पाटी की पिछली लिपि को मिटाने के लिए उसे पानी की आवश्यकता ही नहीं पड़ी। आँखों से बहे आँसुओं ने उस लिपि को पोंछ डाला और उस भीगी पाटी पर जो नयी लिपि उकेरी उसमें किशोर की अदम्य जिजीविषा की कथा उकेरी हुई थी। पर इसी के साथ नेपथ्य में उसकी माँ की करुण-कथा भी अंकित थी, जो बनना चाहती थी मास्टरनी और बन गयी नाचनेवाली। 'छोरा कोल्हाटी का' कहानी है समाज द्वारा नकारे गये, माँ-बाप के प्रेम से वंचित, ग़रीबी से लाचार कोल्हाटी समाज की एक नाचनेवाली के एक ऐसे बच्चे की जो डॉक्टर बन चुका है पर जन्म के साथ ही समाज ने 'नाजायज़ सन्तान' का ठप्पा उस पर लगा दिया।*

किशोर की आत्मकथा के इन बिखरे पन्नों में किशोर के साथ-साथ उसकी माँ की यातना-कथा भी समाई हुई है। नाचनेवाली ख़ुद शमा की तरह जलती है और औरों को प्रकाश देती है। समाज का एक वर्ग उसके नाच-गाने का आनन्द लेता है, ऊपर से यही समाज उसे 'वेश्या' कहकर बुलाता है और फिर उसकी सन्तान पर यही ठप्पा लगाकर उसके जीवन की राह में काँटे बिछा देता है। इस समाज की स्त्री जवानी में अपने सारे परिवार की देखभाल करती है लेकिन उसके बुढ़ापे का सहारा कोई नहीं होता। बुढ़ापे में उसे घर से निकाल सड़क पर छोड़ दिया जाता है, यह नाचने वाली स्त्री आंचलिक लोककला को जीवित रखती है।

लेकिन उसके बुढ़ापे के प्रति सरकार को कोई चिन्ता नहीं होती। केवल कहने के लिए वह लोककला की संरक्षक है पर उसकी करनी इससे ज़रा भी मेल नहीं खाती।

महाराष्ट्र का कोल्हाटी समाज, जिसकी स्त्रियाँ नाच-गाने के पेशे से जुड़ी होने के कारण शादी नहीं कर सकतीं, जिनका पति बच्चा होने के बाद उन्हें छोड़कर चला जाता है। फिर एक नया पति आता है और पतियों के लिए उनकी सार्वजनिक नीलामी होती है। माँ के जीवन की इस त्रासदी की छाया बच्चों के जीवन पर भी पड़ती है। बच्चों की शिक्षा की मानसिकता इस समाज में विरल ही होती है। ऐसे ही विसंगत परिवेश में पला एक बच्चा न केवल पढ़ता है बल्कि कठिन संघर्ष के बाद डॉक्टर भी बनता है। उसी डॉक्टर ने अपने जीवनानुभव अभिव्यक्त किये हैं। उसके पिता कांग्रेस के विधायक थे, उन्होंने किशोर की माँ शान्ताबाई के साथ चीरा की रस्म की थी/फिर वे उसकी माँ को छोड़कर चले गये और कभी वापस नहीं आये, किशोर के जन्म के बाद उसकी माँ ने फिर नाचना शुरू कर दिया और इसी क्रम में किशोर की माँ की भेंट नाना से होती है, किशोर की माँ शान्ताबाई ने अपने जीवन का केन्द्र नाना को माना और आजीवन वह उनकी आदर्श पत्नी बनकर रही।

'छोरा कोल्हाटी का' में लेखक के स्मृति-पटल पर बचपन से लेकर डॉक्टर बनने तक की जीवन-यात्रा के अनेक प्रसंग उभरे हैं। अनेक सहयात्री इस यात्रा में उनके साथ हो लेते हैं और अपनी बात कह किनारे हो जाते हैं। घटनाओं और पात्रों का एक प्रवाह हमारी आँखों के सामने से गुज़र जाता है, कथा की कड़ियाँ बुनती चली जाती हैं। घटना चित्र इस संसार में हमारी दृष्टि के सम्मुख टिके रह जाते हैं। आत्मकथा के दो पात्र—गर्भनाल द्वारा एक-दूसरे से जुड़े किशोर और उसकी माँ शान्ताबाई जिनके रिश्ते का सारा दुःख, सारा सुख, सारी आशा-हताशा इस आत्मकथा के पन्ने भिगोती चलती है जो अन्ततः विराम पाती है किशोर के डॉक्टर बनने में। अपनी कथा कहते-कहते लेखक समाज की अविश्वसनीय विसंगतियों को भी अपनी बेबाक टिप्पणियों द्वारा उजागर करता चलता है—"नौ गज की साड़ी पहनकर, पूरे बदन को ढँककर, रात-भर नाचने पर भी उन्हें दो सौ रुपये तक नसीब नहीं होते और न ही नाचने की कोई इज़्ज़त होती है, लेकिन फ़िल्मों में पूरी देह का प्रदर्शन कर लाखों रुपये कमाये जाते हैं और उसे 'कला' या 'फ़ैशन' का नाम दिया जाता है, वेश्या का मतलब है रुपये-पैसों के लिए हर रोज़ कई लोगों के साथ शारीरिक सम्बन्ध रखने वाली स्त्री। लेकिन कोल्हाटी समाज की स्त्रियाँ, अगर उन्हें रखकर देखभाल करने वाला कोई मिल जाये तो वे उसके साथ बड़ी वफ़ादारी से रिश्ता निभाती हैं, शायद ऐसी निष्ठा विधिवत्

ब्याही गयी पत्नी में भी न हो। और ऐसी नाचने वाली को आप 'वेश्या' कहते हैं वह वेश्या नहीं होती, हाँ आपकी नज़र में वेश्या होती है।''

डॉक्टर बनने तक की अपनी जीवन-यात्रा में किशोर को अनेक प्रकार के अनुभव हुए। अनेक बार वह पस्त हुआ, हताश हुआ। बिन माँ के बच्चे की तरह उसका अनाथवत् पालन हुआ, अनेक तरह से अपमान हुआ। पर उसकी अदम्य जिजीविषा उसे हमेशा उठकर चलने का हौसला देती रही। किशोर के जीवन में दलित समाज का बिम्ब उभर आया है और किशोर के जीवन का उतना ही वस्तुनिष्ठ प्रतिबिम्ब इस आत्मकथा में अंकित है। इस अर्थ में यह आत्मकथा उस वर्ग के समाज जीवन की खिड़की भी है जिसमें से झाँक कर पाठक उस जीवन को जान पाता है—समझ पाता है।

यहाँ किशोर एक जीवट चरित्र के रूप में उभरता है जिसने हिन्दू समाज की विषमता और आर्थिक परेशानियों को झेलते हुए 1994 में एम.बी.बी.एस. किया।

इस प्रकार 'छोरा कोल्हाटी का' आत्मकथा में किशोर शान्ताबाई काले ने अपने बचपन से लेकर डॉक्टर बनने तक के अपने निजी सामाजिक अनुभवों को अभिव्यक्ति दी है। अनेक बार वह हताश हुआ लेकिन समझौते के स्थान पर वह संघर्ष की राह पर आगे बढ़ता गया। माँ के होते हुए बिन माँ के बच्चे की तरह अनाथवत् उसका पालन-पोषण हुआ। कई बार आत्महत्या करने की सोची। खटमल मारने की दवा भी पी ली। लेकिन संघर्षों को पार करते हुए 1994 में डॉक्टर बन गया।

## सन्दर्भ

1. 'बयान', जुलाई, 2001
2. डॉ. अनिल कुमार, सम्मानित मानवीय जीवन की माँग करती दलित आत्मकथा 'छोरा कोल्हाटी का' दलित अस्मिता, अप्रैल-सितम्बर, 2015
3. 'छोरा कोल्हाटी का' किशोर शान्ताबाई काले, राधाकृष्ण प्रकाशन, नयी दिल्ली, 1999
4. 'आजकल', जनवरी, 2009 'साहित्य में दलित चेतना का विस्फोट'—सुनीता।

# भूले-बिसरे दिन

कमलकान्त प्रसाद के शब्दों में कहें तो आत्मकथा लिखना सबके बस की बात नहीं होती है। आत्मकथा लिखने वाला व्यक्ति के जीवन की विशिष्टताओं, सुख-दुःख आदि से परिचित होकर एक नये जीवनानुभव में तैरता है, या फिर इस बहाने अपने जीवन को उलट-पुलट करता है।

'भूले-बिसरे दिन' अरुण खोरे की आत्मकथा है। श्री खोरे की इस आत्मकथात्मक पुस्तक का हिन्दी अनुवाद दामोदर खड़से ने किया है। खड़से हिन्दी कहानी के चर्चित कथाकारों में से एक हैं। दरअसल, अरुण खोरे की यह आत्मकथा उस रिमांड होम की सख़्त दीवारों के पीछे लाखों बच्चों की मार्मिक वेदना को स्पर्श करती है, जिसमें स्वयं आत्मकथाकार ने अपने बचपन के नौ वर्ष उन्हीं वेदनाओं और यातनाओं में गुज़ारे हैं।

'भूले-बिसरे दिन' आत्मकथा विशेषकर अत्यन्त ग़रीब, बेसहारा, अनाथ बच्चों के कारुणिक जीवन पर रोशनी डालती और समाज के लोगों का ध्यान उनकी ओर आकृष्ट करती है। अरुण खोरे ने अपनी इस आत्मकथा के ज़रिये उन कारणों को ढूँढ़ने का भरसक प्रयास किया है कि बच्चे रिमांड होम की सख़्त दीवारों के अन्दर क्यों क़ैद होते हैं? इन दीवारों के पीछे वे अपना उज्ज्वल भविष्य क्यों नहीं देख पाते हैं? किन कारणों से उनका हँसता-खेलता और फलता-फूलता संसार बिखर जाता है?

अरुण खोरे ने 'इस आत्मकथा के निमित्त...' के ज़रिये उन कारणों एवं व्यवहार को स्पष्ट करने का प्रयत्न किया है जिनके कारण बच्चे रिमांड होम और अनाथाश्रम में लाये जाते हैं, देखें, "पिछले कुछ वर्षों में भारत में इस सदर्भ में जो अध्ययन किया गया और जो निष्कर्ष सामने आये, उससे स्पष्ट होता है कि भारत में रिमांड होम और अनाथाश्रम में आने वाले अस्सी प्रतिशत बच्चे पालकों की पारिवारिक समस्याओं के कारण आते हैं। सौतेली माँ का छल, माँ या पिता में से किसी एक का ही पालक के रूप में रहना, बहुत ग़रीबी, रोटी का यक्ष प्रश्न

जैसे अनेक कारणों से बच्चे ऐसी संस्थाओं में आते हैं। पुलिस केस से आने वाले सभी बच्चे 'बाल अपराधी' नहीं होते। कई बार ग़रीबी से तंग आकर माँ-बाप डाँट-डपटकर छह-सात वर्ष के अपने बच्चों को जबरन भीख माँगने भेजते हैं, पैसों के लिए घर से निकालते है, तब ऐसे में इन बच्चों को रिमांड होम में लाने का काम पुलिस को करना होता है। और यहीं से उसके दुर्दिनों की शुरुआत होती है।" (पृ. VII)

अरुण खोरे की 'भूले-बिसरे दिन' आत्मकथा कुल तेरह खण्डों में बँटी हुई है। सभी खण्डों में संयोग-वियोग का सुन्दर समन्वय दर्शाया गया है। वात्सल्य रस से पुस्तक ओत-प्रोत है। 'भूले-बिसरे दिन' के दूसरे खण्ड में अपने जीवन के एक कड़वे सच का बयान करते हुए खोरे ने लिखा है कि नानापेठ में चौक के एक होटल में जहाँ वह गुलगुले खाने जाता था, के सामने दो-तीन मकानों की मित्र-मण्डली के पास जाना-आना होने के कारण जान-पहचान हो गयी और एक दिन वे उसे अपने घर ले गये। उस दिन अपने साथ हुए भयंकर मज़ाक़ को याद करते हुए लेखक लिखता है—"जब मैं वहाँ घर पहुँचा, तो दो-चार लड़के पहले से आये हुए थे। उस लड़के ने चड्ढी ऊपर की। इससे पहले मुझे 'आ' मुँह खोलने के लिए कहा गया था। मैं 'आ' किया और उस लड़के ने तुरन्त पेशाब कर दी। सब हँसने लगे। मैंने तत्काल उल्टी कर दी और चिल्लाते हुए बाहर जाने लगा, तभी सब ने डाँटकर मुझे ज़बर्दस्ती रोक लिया। पानी से मुँह धोने के लिए कहा, बाद में मुझे जाने दिया।" (पृ 19)

अरुण खोरे ने इस खण्ड में अपने मात्र छह वर्ष की उम्र के और अपने छोटे भाई रमेश के चार वर्ष की बिल्कुल मासूम उम्र के उस मार्मिक क्षण को दर्शाने का प्रयास किया, जब किसी बच्चे के सामने उसकी माँ की अर्थी उठती और परिवार के लोग दहाड़ें मार-मारकर विलाप करते हैं। देखें, "माँ के शव के पास नानी दहाड़ मारकर रो रही थी। मैं और रमेश नानी से लिपट कर माँ के पास बैठे थे। नानी हमारा नाम लेकर माँ को सतत पुकारती। परन्तु माँ शान्त थी और हम वह सब अवाक् होकर देख रहे थे।"

आत्मकथाकार की माता ताराबाई के निधन के बाद बाल्यकाल से ही शुरू हो जाती है उनकी काँटों भरी ज़िन्दगी। उनके पिता बबनराव के सामने अनगिनत सवाल खड़े हो जाते हैं कि अब बच्चों की देखभाल कौन करेगा? नौकरी की स्थिति ऐसी है। बच्चें छोटे हैं। अब भी यदि ध्यान न दिया गया तो आगे क्या होगा/पत्नी के बिना इस गृहस्थी का शिव-धनुष मैं उठा पाऊँगा/वह भी रिश्तेदारों

का सहयोग-उपकार लिए बिना। सुबह-शाम जिस पांडुरंग की वे पूजा किया करते, सच तो यह था कि उसके पास भी इन प्रश्नों के उत्तर कहाँ थे? (पृ. 21)

नाते-रिश्तेदारों की असली पहचान दुःख एवं संकट की घड़ी में ही होती है। ताराबाई की मृत्यु के बाद बबनराव ने अपने दोनों बच्चों को अपने सगे-रिश्तेदारों के यहाँ रखा, जहाँ उन मासूम बच्चों को मार-पीट एवं भद्दी-भद्दी गालियाँ खानी पड़तीं, खाने को बासी रोटी या फिर उन्हें भूखे रह जाना पड़ता था, अपने इसी कड़वे जीवनानुभव को व्यक्त करते हुए आत्मकथाकार अपने बुरे दिनों की याद करता है कि कैसे दादी हमें बासी रोटियाँ, दूध या बचा हुआ साग खाने के लिए देती। हमारे लिए यह सब देते हुए उसके मन में भयंकर गुस्सा होता। उठा-पटक करके वह अपना गुस्सा ज़ाहिर भी करती। परन्तु इस समय यदि रमेश रोता तो वह बेलन फेंक उसे मारती, ऐसे में रमेश का रोना और बढ़ जाता। छोटा होने के कारण रमेश को बाबूजी की याद निरन्तर आती। बाबूजी जब आते तब रमेश उन्हें बिल्कुल न छोड़ता। यह दादी ऐसा बर्ताव क्यों करती है, यह रहस्य मुझे बहुत बाद में मालूम हुआ। यह मेरे बाबूजी की सगी नहीं, सौतेली माँ थी। (पृ. 23)

अरुण खोरे ने एक अनाथ हिन्दू महिलाश्रम नारायण पेठ में चोट खाये अपने पलों का अनुभव कराते हुए लिखा है–"मेरे और रमेश के हिस्से ऐसी ही दुष्ट दीदी (सास) मिली। बहुत चिड़चिड़ी, हमेशा गुस्सैल। मुझे लगता है, उसके अपने परिवार में या समाज से उसे काफ़ी बुरे अनुभव मिले होंगे, शायद इसी कारण वह हमेशा गुस्से में रहती होगी। हमारी ग़लती हमेशा बहुत अधिक न होती, पर वह हम पर सतत नाराज़ होती।" (पृ. 24)

अपने बीते हुए बुरे दिनों की याद करते हुए आत्मकथाकार उस अहसास को अपने जेहन में उभारता है, जब उसकी दादी बासी रोटियाँ देते हुए झगड़ती थी। ऐसी स्थिति में जब दावत या नेवता कहीं से मिलता है, तो मासूम मन पुलकित हो उठता है कि इस आश्रम में एक दीदी की शादी में मीठे भोजन की दावत थी। पर आश्रम उत्सव के रूप में बदल गया था और दुल्हन बनी दीदी अपने आप पर ख़ूब ख़ुश थी। (पृ. 25-26)

कोई भी बच्चा जब अपने माँ-बाप से बिछुड़ता है, तब उसके मन की वेदना और भावनाएँ किस क़दर विचलित हो उठती हैं, इसका अहसास आत्मकथाकार कराते हुए लिखता है, "मैं बुरी तरह घबरा गया था। एक चारदीवारी से घिरे परिसर में छोड़ने के लिए बाबूजी आये थे। मैं उन्हें न छोड़ता और मुझे एक फ़ीट अन्तर के पार बन्द दुनिया में कैसे छोड़ा जाये, इस दुविधा में बाबूजी फँस गये थे। हम दोनों एक-दूसरे के सवाल बनकर वहाँ खड़े थे।"

"पुणे के रिमांड होम के एक मास्टर वहाँ आये और उन्होंने देखते-देखते समस्या सुलझा दी। मैंने बाबूजी को भींच लिया था। उस मास्टर ने एक झटके में मुझे खींचा और फट से दरवाज़ा बन्द कर लिया।"

रिमांड होम के अपने पहले दिन के अनुभव को व्यक्त करते हुए आत्मकथाकार लिखता है—"मुझे एक दल मिला। रिमांड होम में नये भर्ती होने वाले लड़कों को उम्र के अनुसार ध्यान दिया जाता। उसी के अनुसार भोजन की मात्रा तय होती। मुझे सबसे छोटा 'तोता-कोयल' दल मिला।" (पृ. 28)

रिमांड होम में सज़ा देने का ढंग और नियम-कायदे इतने भयानक थे कि आत्मकथाकार के मन-मस्तिष्क में इतना भय भर चुके थे कि वे मन का डर व्यक्त करते हुए पृष्ठ-दर-पृष्ठ आगे बढ़ते हैं। रिमांड होम में बच्चों के पालक जब अपने नन्हें-मुन्हों से मिलने आते थे, इस स्थिति का बच्चों पर क्या प्रभाव पड़ता था, उसके सन्दर्भ में लिखते हैं—"बच्चों के लिए पालक से मुलाक़ात का यह दिन अत्यन्त हृदय दहलाने वाला होता। पालक फल काटकर बच्चों को खाने के लिए देते। कोई छोटा बच्चा माँ को देखकर रोने की शुरुआत करता। उसे समझाते-समझाते बेचारी अपने दुर्भाग्य की यादों से स्वयं भी रोने लगती।... साढ़े पाँच के आस-पास मुलाक़ात जल्दी ख़त्म करने की सूचना देने मास्टर वहाँ आते और फिर, हमारे दिल की धड़कन बढ़ जाती।" (पृ. 42)

छह साल का समय कोई कम नहीं होता। आत्मकथाकार ने अपने इस लम्बी अवधि के उबाऊ घटनाक्रम में लिखते हुए कहा है, देखें—"अब हम रिमांड होम से घर आ गये। स्वतन्त्र हुए, यह भावना मन को आनन्दित करने वाली थी। परन्तु यह ख़ुशी चिरस्थायी नहीं है, यह दूसरे ही दिन स्पष्ट हो गया।" "उन दिनों हमारा अपना किराये का भी मकान नहीं था। बाबूजी एक धनवान व्यक्ति के बँगले के 'आउट-हाउस' में उनकी कृपा से रह रहे थे।"

लम्बी बन्दिश के बाद जब वे स्वतन्त्र रूप से जीने के लिए बाहर आये, तब का अपना अनुभव व्यक्त करते हुए आत्मकथाकार लिखता है कि पुणे में स्वतन्त्र रूप से जीने का अवसर मुझे रिमांड होम से बाहर आने के कारण मिला। इसका मुझे बहुत लाभ मिला। जीवन की कई समस्याओं से इन दिनों जूझना पड़ा, परन्तु नये मार्गों और दिशा का परिचय भी हुआ।

इस तरह लेखक को रिमांड होम के अनुशासन की मजबूरी और खुली हवा, खुला आँगन और मुक्त दुनिया के आनन्द का अन्तर मालूम हुआ। वह बाहरी समाज के सुख-दुख, कई समस्याएँ, परिसर की बढ़ती व्यापकता को पहली बार क़रीब से देख रहा था।

अपने कॉलेज जीवन के सम्बन्ध में अपने अनुभव व्यक्त करते हुए आत्मकथाकार लिखता है कि मेरे लिए, रोज़ कॉलेज जाना एक संकट होता। सुबह प्रातःक्रिया निपटाने वालों की भीड़ होती। इसलिए सुबह का नाश्ता समय काटने के लिए होता। किराना दुकान से छह-आठ टोस्ट और चाय के दो कप नाश्ता के रूप में लेकर कॉलेज जाता।

ठीक इसी तरह अपने पत्रकारिता जीवन के संघर्ष को व्यक्त करते हुए आत्मकथाकार लिखता है कि जब मैंने 'सकाल' के तत्काल सम्पादक मुणगेकर को एक पत्र भेजकर पार्टटाइम नौकरी देने का अनुरोध किया। अपने व्याख्यान के लिए वे आये और बाद में उन्होंने छोटे-मोटे प्रश्नों की झड़ी लगाकर कहा—"फ़िलहाल नौकरी देना सम्भव नहीं है। परन्तु नियमित लेखन कर कुछ पैसे मिल सकते हैं। इसके लिए 'रविवार सकाल' के सम्पादक रामड़े से मिलिए।" (पृ. 132)

पत्रकारिता के दौरान दिल्ली में राष्ट्रपति संजीव रेड्डी से राष्ट्रपति भवन के मुग़ल गार्डन में हुई मुलाक़ात प्रधानमन्त्री मोरारजी देसाई, सूचना मन्त्री लालकृष्ण आडवाणी, गृह राज्य मन्त्री सोनूसिंह पाटील—इन वरिष्ठ नेताओं से हुई बातचीत लेखक को एक लम्बे समय तक याद रही। इसी प्रक्रिया में उसे प्रेस इंस्टीट्यूट ऑफ़ इंडिया, मास कम्यूनिकेशन इंस्टीट्यूट, डीएवीपी संसद का भव्य ग्रन्थालय, संसद के दोनों सभागृह, सेंट्रल हॉल, पीटीआई का कार्यालय आदि इन प्रसार माध्यमों की दृष्टि से महत्त्वपूर्ण संस्थाएँ देखने को मिलीं।

पत्रकारिता के क्षेत्र में काम करने के अपने अनुभव को व्यक्त करते हुए आत्मकथाकार लिखता है—"उप-सम्पादक के रूप में लगभग दस वर्ष कार्य करने के बाद मैं वहाँ से प्रगति का नया मार्ग खोजने के लिए बाहर आया। मुम्बई के 'दैनिक लोकसत्ता' का पुणे संस्करण प्रकाशित होने की बात चल रही थी। आज पुणे के 'लोकसत्ता' के मुख्य संवाददाता के रूप में मैं काम कर रहा हूँ।" (पृ. 136)

'भूले-बिसरे दिन' में जीवन की विविधता नहीं है क्योंकि सम्पूर्ण आत्मकथा में शुरू से लगभग अन्त तक रिमांड होम का ही वृत्तान्त लिखा गया है। इससे बेहतर होता कि आत्मकथा में आत्मकथाकार अपने व्यक्तिगत जीवन-मूल्यों, दुख-दर्द और अभावों को अधिक स्थान देते, जो नहीं हुआ। इसका एक कारण जहाँ तक मैं समझता हूँ कि अरुण खोरे का पत्रकार होना है, अगर वे साहित्यकार होते तो इस 'भूले-बिसरे दिन' में और अधिक करुणा, अभाव, लाचारी और संघर्षमय जीवन की झलक मिलती। फिर भी उनका प्रयास काफ़ी सराहनीय है।

हालाँकि यह आत्मकथा मराठी का हिन्दी अनुवाद है, फिर भी हिन्दी भाषा में जो कसक और धाराप्रवाह सहजता होती है, उसमें कुछ हद तक कभी नज़र आती है। उन्होंने एक नये विमर्श को भारतीय समाज के सामने संजीदा ढंग से प्रस्तुत किया है।

मास्टर साहब मूलचन्द अनुसूचित जाति के ही थे। यह मुझे उनकी सेवानिवृत्ति के बाद पता लगा था जब अजाक्स की प्रदेश महिला अध्यक्ष होने के कारण उनका पुत्र मुझसे मदद लेने आया। वे पाँचवीं तक और उनकी पत्नी चौथी तक पढ़ी थी। पति-पत्नी दोनों स्कूल चलाते थे। उनकी तनख़्वाह एक वर्ष की 10 रुपये थी और सरकारी योजना के अनुसार यदि अनुसूचित जाति के बच्चों को स्कूल में भर्ती करके पढ़ाया तो 5 रुपये का पुरस्कार उन्हें और छात्रों को 5 रुपये की छात्रवृत्ति मिलती थी। गाँव में अनुसूचित जाति के बच्चों को पढ़ने देने के लिए गाँव के सवर्ण तैयार नहीं थे। किन्तु मास्टर साहब ने उन्हें समझाया कि गाँधीजी का हुकुम है कि इन बच्चों को पढ़ाना पड़ेगा वरना तुम्हारे गाँव में जो नया स्कूल बनाने का आदेश आया है, वह निरस्त हो जायेगा। ऐसी स्थिति में तुम्हारे बच्चे कहाँ पढ़ने जायेंगे? इसलिए ऐसा करते हैं कि इन बच्चों को भर्ती तो कर लें फिर उनको कहाँ बैठाकर पढ़ाना है और पढ़ाना भी है कि नहीं, इस बात को तय कर लेंगे। गाँव का हीरा कलोता पटेल थोड़ा समझदार था। उसने कहा, "भगतजी की छोरा-छोरी को भर्ती करो और कोई की बात मत कर।" भगतजी अर्थात मेरे पिताजी जिन्हें कबीरपन्थी होने के कारण भगतजी कहा जाता था। मास्टर साहब की चालबाज़ी काम आ गयी। हमारे नाम लिख लिए गये। घर से ख़ाली हाथ स्कूल जाना पड़ता था। वहाँ लकड़ी की तख्ती और खड़ू (चूने से बने गोले) लिखने के लिए मिलते थे। मेरी तख्ती और खड़ू सवर्ण बच्चों की तख्ती और खड़ू से दूर रखा मिलता था। मुझे कमरे के बाहर बैठाया जाता था और पढ़ाई से ध्यान हटते ही खड़ू फेंककर या लकड़ी के छोटे-छोटे टुकड़े फेंककर मारा जाता था। बड़ा नफ़रत-भरा व्यवहार होता था मेरे साथ।

एक बार मैं दरवाज़े के बाहर बैठी थी कि उसी समय मास्टर साहब की बड़ी बेटी बसन्ती पानी की मटकी लेकर आयी। वह उस दरवाज़े को छू गयी जिससे टिककर मैं बैठी थी। फिर क्या था उसने मेरे नाम पर उस मटकी को पटक दिया और कहा कि इस छोरी ने दरवाज़ा छू लिया इसलिए मेरी मटकी अबड़ा गयी (छूती हो गयी) इसलिए इसके बाप से मटकी के पैसे ले लेना। मास्टरनी बाई ने टेबल पर रखे लकड़ी के टुकड़े को फेंककर मुझे मारा। मैं रोती हुई घर भाग

गयी और भाई से कहा कि दादा आज मुझे बाईजी ने मारा। मैंने बसन्ती बेन की मटकी को हाथ थोड़ी लगाया था। फिर भी वो नयी मटकी के लिए पैसे की माँग करने आयेंगे। उनको पैसे मत देना पिताजी को समझा देना मैं अब स्कूल में पढ़ने भी नहीं जाऊँगी। मास्टर साहब तक बात पहुँची। वे मेरे खेत पर पहुँचे। मेरे माता-पिता को समझाया कि बसन्ती की बात पर ध्यान मत देना, भगतजी लड़की को पढ़ने अवश्य भेजना। मेरे माता-पिता ने आदत के अनुसार खेत में से मेथी, टमाटर, गाजर, मूली, शकरकन्द रतालू, जामफल, पपीता आदि बहुत सारी वस्तुएँ मास्टर साहब के झोले में भर दीं। उन्होंने मुझसे कहा, देख अपन ने मटकी की क़ीमत दे दी है। तू कल से स्कूल जाना कोई तुझे नहीं मारेगा। लेकिन मैं नहीं गयी। तीसरे दिन मेरा भाई मुझे स्कूल छोड़ने गया और सीधा जाकर मास्टर साहब की कुर्सी पर बैठ गया। बाई जी अपने कमरे से निकली और उसको डाँटने लगी कि तू मेरी कुर्सी को अपवित्र क्यों कर रहा है। भाई ने उत्तर दिया कि बाईजी ये पवित्र-अपवित्र छोड़ो देश आज़ाद हो गया है। मैं एक पालक की हैसियत से कुर्सी पर बैठा हूँ इसमें अपवित्रता की क्या बात हो गयी है। सरस्वती बाई (मास्टरनी बाई) ने पड़ोस में ही रहने वाले हीरा कलोता पटेल को आवाज़ देकर बुला लिया और हम दोनों भाई-बहिन की शिकायत कर दी। हीरा ने भाई को डाँटा इतने में ही मास्टर साहब आ गये उन्होंने झगड़े को शान्त किया। हीरा कलोता और बाईजी को समझाकर कहा कि मटकी के पैसे के बदले में ही ये सारी वस्तुएँ भगतजी के खेत से लाया हूँ। झगड़ा ख़त्म करो और इस छोरे को भी माफ़ करो।

उस समय तक मेरा भाई देवास के स्कूल में नवीं कक्षा में पढ़ने चला गया था इसलिए आज़ादी के जो चर्चे वह वहाँ सुनता था, उन्हें गाँव में आकर बताता था। अब छुआछूत नहीं होगी। हमको पुराने सारे बन्धन तोड़ देने चाहिए। मोहल्ले के लोग भी उसकी बात सुनते थे किन्तु किसी की हिम्मत विरोध करने की नहीं होती थी। इसलिए राधी मामी ने कहा कि अच्छा तू कुण्डी कुआँ के थाले से पानी भरकर बता दे तब जानें। दूसरे दिन उसने मुझे कहा कि चल छोटी मटकी उठा आज अपन दोनों भाई-बहिन कुण्डी के थाले से ख़ुद पानी खींचेंगे।

मुझे बहुत डर लग रहा था क्योंकि कुण्डी के सामने ही मेरी पाठशाला थी। मैंने मना किया किन्तु उसने मुझे मारने की धौंस दी इसलिए मैं मटकी उठाकर उसके पीछ-पीछे चल दी। कुण्डी के थाले पर चढ़कर उसने दो ही मटकी पानी खींचा था कि मास्टर साहब की बड़ी बेटी बसन्ती बेन कक्षा के कमरे से बाहर आयी और ज़ोर-ज़ोर से चिल्लाई कि भगतजी के छोरे-छोरी ने कुण्डी अबड़ा दी।

दौड़ो-दौड़ो। फिर क्या था सभी ऊँची जाति के लोग अपने-अपने घरों से बाहर आ गये। कुछ लोग हमको मारने भी दौड़े किन्तु हम दोनों भाई-बहिन मटकी वहीं छोड़कर भागते हुए अपने घरों में आकर छुप गये। मेरा स्कूल जाने का समय भी हो गया था किन्तु मैं डर के मारे उस दिन स्कूल नहीं गयी।

गाँव के लोगों की पंचायत बैठाई गयी और निर्णय मेरे पिताजी को सुनाया गया कि तुम अपने छोरे को गाँव में नहीं आने दोगे। पिताजी ने घर आकर अच्छी डँटाई की थी भाई की, और दूसरे दिन उसके साथ ही जाकर नयी आबादी देवास में कमरा किराये से लेकर दे दिया। उसे कहा गया कि तू अपनी पढ़ाई छोड़कर बिना मेरे बुलाये गाँव में नहीं आयेगा। दो महीने तक गाँव में कोई हलचल नहीं हुई हाँ कुण्डी का पानी निकालकर उसमें गो-मूत्र और गंगाजल डालकर पवित्र अवश्य कर लिया गया था। मुझे भी मास्टर साहब समझा-बुझाकर स्कूल में ले गये। किन्तु उसी वर्ष 1954 के मार्च माह में होली की छुट्टी पड़ते ही मेरा भाई गाँव में आ गया। उसने रात को अपनी जातीय चौपाल पर बैठकर मोहल्ले के सभी लोगों को बताया कि मालूम है सब तरह की आज़ादी है हम लोगों को। हम चाँदी के गहने भी पहन सकते हैं। रामा मामा ने कहा कि बेकार की बातें मत कर। कोई न कोई मारेगा तुझे। तू शहर की बातें शहर में ही चला यहाँ मत बताये ऐसी बातें। उसने कहा मामा देखो मैं कल अपनी बहिन को गहने पहनाऊँगा। उसने दूसरे दिन होली पर मुझे मेरी माँ और नानी के सभी गहने पहनाये और बोला कि तू अब बहुत अच्छी दिखती है। चल साइकिल पर बैठकर चलें। मैं दौड़कर उसकी साइकिल पर बैठ गयी। और वह साइकिल गाँव के बाहर ले जाने की बजाय ठाकुर साहब की जिरात (बैठक व्यवस्था) के सामने से दो-तीन बार निकालकर ले गया। दूसरी नहीं लेकिन तीसरी बार में ठाकुर साहब के छोटे साले ने उसकी साइकिल पकड़कर उसे दो झापड़ लगा दिये और अनेक प्रकार की अपमानजनक गालियाँ बकीं। इतने में वहाँ गोपाल मामा आ गये, उन्होंने ठाकुर साहब से हाथ जोड़कर माफ़ी माँगी। आगे से यह लड़का जिरात के सामने नहीं आयेगा ऐसा वचन देकर हमें छुड़वाया था। सारे गाँव में हंगामा हो गया। मोहल्ले वाले भी हम दोनों भाई-बहिन पर हँसने लगे। तब मेरा भाई बोला हिम्मत तो मैंने ही की न, जिरात के सामने जाने की, तुम तो सभी डरपोक हो, ऊपर से हमारी हँसी उड़ा रहे हो, शरम करो।

उस घटना के बाद जिरात वालों ने तकेसिंह और उदय सिंह ठाकुर के कहे अनुसार निर्णय लिया कि इस परिवार को यहाँ से भगाना चाहिए या इस लड़के को मरवा डाला जाये। दूसरी बात मानी गयी क्योंकि गाँव में आधुनिक खाद बीज

से सब्ज़ी-भाजी उगाने (पैदा करने) वाला मात्र मेरा ही परिवार था। आस-पास के गाँवों तक हमारी सब्ज़ी-भाजी फल आदि जाते थे। मेरे भाई को सिंगावदे के खाल में मरवा डालने के लिए जिस हत्यारे को ठेका दिया गया था जो मेरे पिताजी का परम अनुयायी था क्योंकि एक गाय को मार डालने के कारण उसे गाँव में आने की मनाही थी। इसलिए वह रात को मेरे पिताजी के साथ कबीर साहब के भजन सुनने जाता था और वापस लौटकर दिन में मेरे खेत के मेंड़ पर सोया रहता था। उसने ही मेरे पिताजी को जिरातवालों की योजना बताकर कहा कि राजाराम (मेरा भाई) को अब गाँव में आने मत देना नहीं तो मैं मजबूर हूँ। तब मेरे पिताजी ने मुझे और मेरी माँ को भी देवास भेज दिया और स्वयं खाने-पीने का सामान और लकड़ी की भारी आदि रात को ला-लाकर वहाँ रखने की प्रक्रिया चालू की। तब तक मैंने भी छठी में प्रवेश ले लिया था। यहाँ के भोजराज पवार महाराज के बगीचों में नौकरी करना प्रारम्भ कर दिया था। वहीं हम लोगों को एक क्वार्टर मिल गया था। जब मैंने आठवीं पास कर ली तो सरकार की ओर से प्रस्ताव आया कि मुझे लड़कियों को अनिवार्यतः 25 रुपये महीने में पढ़ाना पड़ेगा क्योंकि मैं सरकारी वजीफ़े से पढ़ी थी। मेरी शादी हो गयी थी इसलिए ससुराल में ही नौकरी भी दे दी गयी थी किन्तु मैंने इस शर्त पर नौकरी मंजूर कर ली कि मुझे पढ़ने से रोका नहीं जायेगा। इस कारण मैं सबेरे स्कूल में पढ़ाती थी और दिन में कॉलेज में पढ़ती थी। यह सिलसिला मेरे द्वारा एम.ए. हिन्दी, संस्कृत, समाजशास्त्र, इतिहास तक जारी रखा गया बीच में जितने भी व्यवधान और बाधाएँ खड़ी की गयीं उन सबसे मैंने पूरे आत्मविश्वास और अपने जुझारूपन से दलीलें दे-देकर पार पाया।

# दया पवार एक प्रतिभाशाली लेखक

मराठी के आधुनिक साहित्यकारों में दया पवार का स्थान काफ़ी ऊँचा है। 'बलुतं' के बहाने वे विश्व भर में जाने गये। पु.ल. देशपाण्डे ने 'बलुतं' के बारे में लिखा है–'इस पुस्तक को पढ़ने के बाद, आँखों पर से पर्दा हटता है। भयानक सच सामने आता है, एक नया साक्षात्कार होता है। इन्सानियत के और क़रीब हम आते हैं।'

दया पवार का जन्म 15 सितम्बर, 1935 को हुआ था। वे पश्चिम रेलवे में कार्यरत थे। 1990 में जब वे सीनियर ऑडिटर के पद पर कार्यरत थे तब उन्होंने स्वेच्छा सेवानिवृत्ति ली। उनकी प्रकाशित पुस्तकों में कोंडवाड़ा कविता संग्रह, बलुतं आत्मकथा, विटाळ कथा संग्रह, चावड़ी लेख संग्रह, बलुतं–एक वादल (पत्र संग्रह और समीक्षा), काम्प्या यशवन्त ढाले यांची डायरी सम्पादन, धम्मपद और पासंग (स्तम्भ लेखन) का समावेश है। उन्होंने फ़िल्म्स डिवीजन द्वारा निर्मित फ़िल्म डॉ. आम्बेडकर फ़िल्म का पटकथा लेखन भी किया था। उनके कविता संग्रह कोंडवाड़ा को 1975 में तथा बलुतं को 1977 में महाराष्ट्र शासन का पुरस्कार प्राप्त हुआ था। अमेरिका के फोर्ड फ़ाउंडेशन ने उन्हें 1988 में फेलोशिप प्रदान की थी। हालाँकि उनकी आत्मकथा बलुतं को काल्पनिक कहा गया, पर उनका कहना था कि यदि ऐसा है तो यह केवल संयोग है।

*'ग्रन्थाली' प्रकाशन ने जब बलुतं को प्रकाशित किया तब जैसे भूकम्प आ गया था। 'दगडु मारुती पवार' के जीवन में आये दुखों को इसमें बयाँ किया गया था। इसे जिस शैली में लिखा गया है वह निश्चित रूप से भिन्न है। तत्वज्ञान की सतह पर जीने वाले और प्रत्यक्ष जीवन का दाहक अनुभव लेने वालों में बड़ी खाई होती है। केवल जीवित रहे इसलिए नाम 'दगडू' रखा गया। दगडू यानी पत्थर। उन्होंने अपनी ज़िन्दगी की सच्चाइयों को उडेलकर रख दिया है।*

इसी किताब के बहाने वे 1972 में कोलम्बो में आयोजित वर्ल्ड बुद्धिस्ट कॉन्फ्रेन्स में भाग ले सके। 1984 में फ्रैंक्फर्ट जर्मनी में आयोजित 'वर्ल्ड बुक फेअर' में उन्होंने हिस्सा लिया। वहाँ दलित साहित्य पर शोध-पत्र पढ़ा।

बलुतं पर एन.एफ.डी.सी. ने 'अत्याचार' शीर्षक से फ़िल्म का निर्माण किया था। उसकी पटकथा को प्रथम पुरस्कार मिला। 1990 में उन्हें 'पद्मश्री' से सम्मानित किया गया। 1994 में साहित्य अकादेमी द्वारा दिल्ली में आयोजित 'लेखक भट' कार्यक्रम में उन्हें आमन्त्रित किया गया। बलुतं का हिन्दी में 'अछूत' शीर्षक से 1981 में अनुवाद प्रकाशित हुआ। जर्मनी भाषा में 1988 में, फ्रेंच में 1990 में और 1992 में इटालियन भाषा में बलुतं का अनुवाद प्रकाशित हुआ।

वे महाराष्ट्र राज्य साहित्य संस्कृति मण्डल तथा पुणे स्थित महाराष्ट्र राज्य पाठ्य पुस्तक मण्डल के सदस्य रहे। मुम्बई स्थित एस.एन.डी.टी. विद्यापीठ के वे सिनेट सदस्य थे। उन्होंने उदयपुर स्थित पश्चिम विभागीय सांस्कृतिक केन्द्र के सदस्य के रूप में कार्य किया। डॉ. बाबा साहेब आम्बेडकर चरित्र साधने प्रकाशन समिति के सदस्य के रूप में उनका कार्य काफ़ी अच्छा रहा। वे महाराष्ट्र राज्य रंगभूमि के निर्णायक मण्डल के भी अध्यक्ष रहे। परिवर्तन साहित्य महामण्डल के अध्यक्ष के रूप में भी उनका कार्यकाल चर्चित रहा। अपने लेखकीय जीवन में उन्होंने श्रीलंका, न्यूयॉर्क, जर्मनी, पेरिस और लन्दन की यात्रा की।

दया पवार ने लेखन को एक नयी दिशा दी। 'दगडू' व्यक्तिगत जीवन के दुखों को भुलाकर समाज के आन्दोलन में उतरता है। 'जाति' की एक भयानक तस्वीर लेखन में उतारी है। दलित आन्दोलन के अन्दर जो विषमता है उस ओर भी लेखक ने ध्यान आकर्षित किया है। यह जीवन की वास्तविकता है। समता के नाम पर जो शोषण और भी भयानक होता है। व्यक्तिगत जीवन को महत्त्व न देना ही समाज के क़रीब जाने का पहला कारण है। भयानक सच्चाई सामने आती है। शहर का दलित और गाँव का दलित क्यों गले नहीं मिल पाते यह महत्त्वपूर्ण है। इसी प्रश्न का उत्तर खोजने की आवश्यकता है।

# ज्ञान की सामाजिक उपयोगिता और 'मुर्दहिया'

## मणीन्द्र नाथ ठाकुर

समाजशास्त्र का स्वरूप विद्वानों के बीच बहस का मुद्दा बना हुआ है। पिछले कुछ वर्षों में अनेक विद्वानों ने खुले तौर पर यह पूछना शुरू कर दिया है कि क्या जिस तरह के समाजशास्त्र का हम अध्ययन-अध्यापन कर रहे हैं उस पर पुनः विचार की ज़रूरत नहीं है? यूनेस्को के निर्देश पर अन्तरराष्ट्रीय समाजशास्त्र कौंसिल ने दुनिया भर में समाजशास्त्र के अध्ययन-अध्यापन और शोध की स्थिति पर एक रिपोर्ट तैयार की है। इसके अनुसार 'एक तरफ़ तो इस विषय का बहुत विस्तार हुआ है; छात्रों, शोधकर्ताओं, शिक्षकों की संख्या में बहुत बढ़ोतरी हुई है; लेकिन यह तय नहीं हो पा रहा है कि समाजशास्त्र सामाजिक परिवर्तन की दिशा को समझ पाता है या नहीं। ऐसे में ज्ञान की सामाजिक उपयोगिता पर सवाल उठाये जा रहे हैं।' समाजशास्त्र के दार्शनिक आधार पर इसके पहले भी सवाल उठाये गये हैं। इमानुएल वालर्स्टीन ने समाजशास्त्र के स्वरूप पर विमर्श करने के लिए बने गुल्वेकियन कमीशन की अपनी रपट में साफ़ तौर पर माना है कि इक्कीसवीं सदी में समाजशास्त्र को अपने दार्शनिक आधार की खोज फिर से करनी होगी। न्यूटन द्वारा की गयी भौतिकी-मीमांसा पर आधारित विज्ञान के दर्शन ने जिस वस्तुपरक समाजशास्त्र की परिकल्पना की है उसके दिन अब बीत गये। नये समाजशास्त्र को अपने स्रोतों, उपागमों और विषय वस्तुओं के बारे में ज़्यादा खुला होना होगा।

पिछले कुछ वर्षों से भारतीय समाज-वैज्ञानिक भी इस मसले को, अलग दृष्टिकोण से ही सही, उठाने लगे हैं। इस सन्दर्भ में चार बड़े सवाल खड़े किये गये हैं : (अ) क्या समाजशास्त्र का ज्ञान समाज में प्रभावकारी है? (ख) क्या समाजशास्त्र समतावादी है? (ग) क्या समाजशास्त्र के लिए अनुभवजन्य ज्ञान और आत्मज्ञान का कोई महत्त्व है? (घ) क्या भारतीय समाज की विशेषताओं

और अनुभवों को आधार बनाकर समाजशास्त्र के स्वरूप में कुछ आमूल परिवर्तन की आवश्यकता है? इस लेख का उद्देश्य इन चार प्रश्नों पर चल रही बहस को समझना है।

मेरा आग्रह है कि इस बहस को समझने के लिए तुलसीराम की आत्मकथा 'मुर्दहिया' एक उपयोगी माध्यम हो सकती है? इसलिए इस लेख में मैं मुर्दहिया को एक हस्तक्षेप के रूप में ग्रहण करता हुआ इस बहस को आगे बढ़ाने का प्रयास करूँगा। मुर्दहिया ने हमारे लिए दो अहम सवाल खड़े किये हैं। एक तो लेखक पेशे से समाज-विज्ञानी हैं, लेकिन अपने अनुभवजन्य ज्ञान को उन्होंने एक समाज-वैज्ञानिक ग्रन्थ की रचना के लिए उपयोग में लाने के बदले आत्मकथा के रूप में क्यों प्रस्तुत किया? दूसरा, अपने विषय का अध्ययन-अध्यापन अंग्रेज़ी माध्यम में करने के बावजूद उन्होंने हिन्दी में लिखने के बारे में क्यों सोचा? इसी सन्दर्भ में मैं यह भी समझना चाहूँगा कि आत्मकथाओं का समाज-वैज्ञानिक महत्त्व क्या हो सकता है और किस हद तक समाज-वैज्ञानिक उसे सामाजिक तथ्यों के स्रोत और सामाजिक ज्ञान की अभिव्यक्ति के माध्यम के रूप में देख सकते हैं। ख़ासतौर से इस पुस्तक के बारे में कहा जाता है कि यह पुस्तक सामाजिक ढाँचे में अन्तर्निहित हिंसा को सामने लाने का काम बिना किसी कड़वाहट और आक्रोश के करती है।

प्रक्रिया को विचारों के स्तर पर पिछली और वर्तमान पीढ़ियों के चिन्तकों, क्रान्तिकारियों, साहित्यकारों के साथ तो चलना ही होगा, लेकिन साथ ही वर्तमान जनान्दोलनों के साथ भी चलना होगा। उनके संघर्षों के अनुभवों की पूँजी समेट कर ही समाजशास्त्र का एक सही स्वरूप विकसित हो सकता है। समाजशास्त्र में चल रहे विवादों पर विमर्श का यही सूत्र होना चाहिए। इस सूत्र को यदि हम ठीक से पकड़ लें तो पूर्व-पक्ष की सीमाओं और इन मुद्दों पर नवीन दृष्टिकोण की सम्भावना की तलाश की जा सकती है?

यद्यपि स्वतन्त्रता संग्राम के दौरान गाँधी, रवीन्द्रनाथ ठाकुर एवं आम्बेडकर जैसे कई भारतीय चिन्तकों ने पश्चिम की इस ज्ञान-मीमांसा की सीमाओं को समझा और उसकी भरपूर आलोचना भी की। उन्होंने मनुष्य, समाज और प्रकृति की वैकल्पिक समझ को सामाजिक परिवर्तन के संघर्ष का आधार बनाया। स्वतन्त्रता के बाद के विश्वविद्यालयों में इनके विचारों का अध्ययन तो ज़रूर किया गया उनका विस्तार नहीं हुआ। आधुनिक विज्ञान की ज्ञान-मीमांसा से प्रभावित समाजशास्त्र का अध्ययन-अध्यापन आधुनिक विश्वविद्यालयों में फलने-फूलने लगा। कई भारतीय समाज-वैज्ञानिक इन सीमाओं को स्वीकारते भी हैं और भारतीय ज्ञान-परम्परा

के आधार पर अपनी समझ बनाने की बात तो करते हैं, लेकिन इस दिशा में ज़्यादा कुछ होना सम्भव नहीं लगता है। इस विषय पर हम आगे बात करेंगे कि आधुनिक भौतिकी की मीमांसा पर आधारित समाजशास्त्र में आत्मकथाओं का क्या महत्त्व हो सकता है और इस सन्दर्भ में इसकी क्या सीमाएँ हैं।

## समाजशास्त्र और समता के लिए संघर्ष

यदि समाजशास्त्र का उद्देश्य वर्तमान समाज की आलोचना और शोषण विहीन समाज की कल्पना को साकार करना है, ख़ास कर जो लोग ऐसा मानते हैं, उनके लिए यह महत्त्वपूर्ण प्रश्न है कि क्या समाजशास्त्र का अपना स्वरूप समतावादी है? क्या समाजशास्त्र भी जाति, धर्म और वर्ग के दृष्टिकोणों से प्रभावित है? क्या सार्वभौमिक ज्ञान होने का उसका दावा मान्य है? क्या उनके बीच एक तरह का श्रम-विभाजन नहीं चल रहा है, जिसमें दलित तो केवल तथ्यपरक काम कर सकते हैं और सिद्धान्तीकरण का काम तथाकथित कुलीन बुद्धिजीवियों के ज़िम्मे ही रहेगा? इस तरह के बहुत से प्रश्न हाल के दिनों में उठाये जाने लगे हैं। यहाँ हम यह देखने का प्रयास करेंगे कि इस बहस में मुर्दहिया किस तरह का हस्तक्षेप है।

गोपाल गुरु ने अपने लेख में इस सवाल को उठाया है और उनका मानना है कि समाजशास्त्र में श्रम-विभाजन बहुत स्पष्ट है। ऐसा माना जाता है कि सिद्धान्तीकरण करने के लिए विशिष्ट क्षमता की ज़रूरत है इसलिए कुछ ख़ास तरह से प्रशिक्षित बुद्धिजीवी ही यह काम ठीक से कर सकते हैं। आम समाज-वैज्ञानिकों के पास तो ज़मीनी हक़ीक़त के बारे में तथ्यपरक शोध करने की क्षमता मात्र है। गोपाल गुरु के अनुसार इस विभाजन का एक जातिगत आधार भी है। गुरु के इस मत से समाजशास्त्र का पूर्व-पक्ष सहमत नहीं भी हो सकता है। उसका तर्क होगा कि सिद्धान्तीकरण निश्चित रूप से एक जटिल बौद्धिक काम है जिसके लिए विशिष्ट क्षमता की ज़रूरत पड़ना स्वाभाविक है। लेकिन इसमें किसी तरह की असमानता देखना ठीक नहीं है। यदि किसी जाति विशेष का इसमें वर्चस्व बना हुआ है तो यह महज संयोग की बात ही हो सकती है। गुरु इस असमानता की प्रक्रिया को समझने का प्रयास करते हुए बताते हैं कि न केवल वस्तुपरक काम करने वाले शोधकर्ताओं को समाजशास्त्र में शूद्र का दर्जा दिया जाता है, बल्कि दलितों को वस्तुपरक काम करने की सलाह भी दी जाती है। सिद्धान्तीकरण करने वाले दलित बुद्धिजीवियों को पीयर ग्रुप के शत्रुतापूर्ण व्यवहार का सामना करना पड़ता है। उदाहरण के लिए कई बार दलित बुद्धिजीवियों द्वारा सेमिनारों में उठाये

गये सैद्धान्तिक विषयों को गम्भीरता से नहीं लिया जाता है और अपमानजनक ढंग से उनके भाषाई दोषों का मज़ाक़ उड़ाया जाता है।

गुरु की इस बात से सहमत होना मुश्किल नहीं है कि समाजशास्त्र भले ही समानता का राग अलापता रहे, उसके अन्दर के सम्बन्ध असमानता पर आधारित हैं। इस असमानता का आधार केवल जाति न होकर वर्ग और भाषा भी है। समाजशास्त्र के ज्ञान-सृजन की व्यवस्था हमारे देश में पश्चिमी ज्ञान-परम्परा पर कुछ इस तरह आधारित है कि इसमें अंग्रेज़ी न बोलने वाले, दलित और निम्न वर्गीय बुद्धिजीवी हमेशा ही हाशिये पर रहेंगे। यह अलग बात है कि जाति, भाषा और वर्ग कई बार एक साथ ही मिले होते हैं।

तुलसीराम का मुर्दहिया गुरु के इस विचार का प्रमाण है कि समानता और प्रताड़ना की जिन संस्थाओं और संरचनाओं की सूक्ष्म और स्थूल प्रक्रियाओं के बारे में हाशिये का विचारक लिखना चाहता है, समाज-वैज्ञानिक जगत में उसकी बहुत मान्यता नहीं है। एक चिन्तक को अपने भोगे हुए यथार्थ तक सीमित कर दिया जाता है। जैसे हाशिये के लोगों के दृष्टि-बिन्दु से सार्वभौमिक सिद्धान्तीकरण निकलने की सम्भावना ही न हो। सम्भव है कि मुख्य धारा के समाज-वैज्ञानिक मुर्दहिया को केवल आत्मकथा कह कर टाल दें, लेकिन समाज का जिस गहराई से इसमें विश्लेषण मिल सकता है, वह अन्यत्र दुर्लभ है। मुर्दहिया समाजशास्त्र की भाषाई असमानता पर वक्तव्य है। हालाँकि पश्चिमी समाजशास्त्र साहित्य को भी समाज-वैज्ञानिक विश्लेषण में बख़ूबी शामिल करता है। उत्तर-औपनिवेशिक देशों को छोड़कर शायद ही दुनिया के किसी और हिस्से में ऐसा होता हो कि अपनी भाषा में लिखना और बोलना अपमान का कारण हो और उस भाषा में रचा गया समाजशास्त्र भी साहित्य की श्रेणी में आ जाता हो।

इस बहस के सन्दर्भ में मुर्दहिया द्वारा उठाये गये सवालों को देखने का प्रयास करें। इस आत्मकथा की पहली ख़ासियत तो यह है कि यह एक निजी अनुभवों के माध्यम से पूरे दलित समाज की कहानी है। एक तरह से एथनोग्राफिक उपागम से दलित समाज का समाजशास्त्रीय अध्ययन है, जिसमें भोगे हुए यथार्थ का निरपेक्ष अध्ययन भी है और उससे उत्पन्न भावनाओं का उद्‌गार भी। समाजशास्त्र के पूर्व-पक्ष के उपागमों के माध्यम से दलित समाज के अन्दर चल रही प्रक्रियाओं की समझ बना पाना मुश्किल है। उदाहरण के लिए एक दलित बालक को अपनी पढ़ाई-लिखाई जारी रखने के लिए किस तरह की समस्या से गुज़रना होता है, या फिर एक दलित छात्र यदि विकलांग भी हो तो उसे समाज में किस तरह की समस्या का सामना करना पड़ सकता है। कुछ ऐसा ही तथ्य है एक ब्राह्मण

विधवा महिला को किस तरह की सामाजिक समस्या का सामना करना पड़ता था। जिन लोगों को देखना भी लोग अपशकुन मानते थे उनमें अपनी विकलांगता के कारण लेखक स्वयं और वह विधवा महिला शामिल है। इसी तरह दलित समाज का ऊँची जाति के लोगों के साथ किस तरह का सम्बन्ध बनता है इसके लम्बे इतिहास का जो लेखा-जोखा आत्मकथा के माध्यम से सम्भव हो पाया है वैसा किसी और समाजशास्त्रीय अध्ययन में हो पाना मुश्किल है। किसी ऊँची जाति की कन्या का लेखक के प्रति स्नेह और उसे गोद में उठाकर नदी पार करने की घटना के बाद उस कन्या का विवाह किया जाना और विदाई के समय उस लड़की का अपनी शिक्षा पूरी नहीं कर पाने को लेकर रोना, सब कुछ जाति और पितृसत्ता के सम्बन्धों की जटिलता को दर्शाता है। किसी समाजशास्त्रीय शोध में इस जटिलता को पकड़ पाना मुश्किल-सा लगता है।

दलित समाज के शोधार्थियों के लिए स्थूल शोषण या उससे उपजे अपमान को समझ पाना तो मुश्किल नहीं है लेकिन इस अपमान से जो दलित समाज में आन्तरिक हिंसा उत्पन्न होती है उसकी सूक्ष्मता को समझ पाना मुश्किल है। मुर्दहिया ने इस आयाम को जिस तरह से उजागर किया है, उसके सहारे दलित समाज में इस प्रक्रिया का मनोवैज्ञानिक अध्ययन सम्भव है। लगातार हाशिये पर बने रहने से और दमन की सामाजिक संरचनाओं के परिणामस्वरूप समाज संवेदनहीनता को आत्मसात कर लेता है। इसलिए बार-बार लेखक को उसकी आँख ख़राब होने के लिए उसका मज़ाक़ उड़ाया जाता है। पत्नी को पीटना, शिक्षा के प्रति डर, शोषण के सामाजिक सम्बन्धों से आगे की सोच का अभाव सब कुछ हाशिये पर होने का मनोविज्ञान भी हो सकता है।

इसी तरह दलित समाज के धार्मिक व्यवहार के बारे में अध्ययन करना हो तो आत्मकथा के ज़रिये इसे ज़्यादा गहराई से समझा जा सकता है।

समाजशास्त्र की इस बहस में मुर्दहिया के हस्तक्षेप पर गौर करें। मुर्दहिया वस्तुतः आत्मकथात्मक शैली में रचित समाजशास्त्रीय विश्लेषण माना जा सकता है। पश्चिमी समाजशास्त्र से परिकल्पनाओं को लेना इसकी मजबूरी नहीं है। बिना उन उपागमों और परिकल्पनाओं के भी पाठक समाज की समझ बना सकता है। भारतीय विश्वविद्यालयों में दलित समाज पर उपलब्ध ज्ञान की तुलना में मुर्दहिया की समझ ज़्यादा विश्लेषणात्मक भी है और पूर्णता लिए हुए भी है। समाजशास्त्र का पूर्व-पक्ष भले ही इस वस्तुपरकता और सार्वभौमिकता के आधार पर उपयुक्त न माने, यह तो मानना ही होगा कि आम आदमी भी इस पुस्तक को पढ़ कर दलित समाज के बारे में अपनी समझ बना सकता है। भले ही वे इसे आत्मकथा

और साहित्य मानें, पर इस बात से इनकार करना बहुत कठिन है कि यह एक उत्तम समाजशास्त्रीय रचना भी है। इसके अलावा यह मानने में मुश्किल नहीं होनी चाहिए कि भारत के साथ-साथ तृतीय विश्व के कई अन्य देशों में उपन्यास, कहानी, आत्मकथा और महाकाव्य समाज-वैज्ञानिक ज्ञान को सार्वजनीन करने के अनेक उपागमों में से एक हैं।

निष्कर्षतः ऐसा कहना अतिशयोक्ति नहीं होगा कि समाज को समझने, सामाजिक शक्ति सन्तुलन की आलोचना करने और व्यवस्था परिवर्तन की चेतना पैदा करने में मुर्दहिया एक हस्तक्षेप है। भारतीय समाज के पूर्व-पक्ष में आत्मकथा के समाजशास्त्रीय महत्त्व के प्रति जो सन्देह है उसकी नींव में पश्चिमी ज्ञानोदय की मीमांसा के प्रति मोह है। एक कारण शायद यह भी है कि ग़ैर-पश्चिमी देशों में आधुनिक विश्वविद्यालयों की स्थापना औपनिवेशिक काल में हुई और एक तरह से ये आधुनिक पश्चिमी ज्ञान-परम्परा को सार्वभौमिक बनाने के लिए उनके ही विस्तार हैं। इनका जनसम्पर्क कम है इसलिए हमारे सामाजिक अनुभवों और समाजशास्त्र में एक अन्तर्विरोध रह जाता है। इसीलिए बहुत से समाज-वैज्ञानिकों को साहित्य के माध्यम से अपने ज्ञान का सम्प्रेषण करना पड़ता है। बहुत से समाज-वैज्ञानिक यह तो मानते हैं कि भारतीय ज्ञान-परम्परा के साथ सम्यक सम्बन्ध बनाये बिना हमारी सही समझ बन नहीं सकती है, लेकिन अपने समाजशास्त्रीय लेखन में उसका उपयोग नहीं कर पाते हैं। इसका कारण शायद अपने पीयर सुप की असहमति है जिनमें पश्चिमी ज्ञान के प्रति अतिमोह है। इस कारण बहुत से भारतीय बुद्धिजीवी दोहरे व्यक्तित्व में जीते हैं। मुर्दहिया शायद इसी से निकलने का एक उपाय है जिसमें सत्य की समझ को यथावत रखा जा सका है और जिसमें सामाजिक परिवर्तन में महत्त्वपूर्ण भूमिका निभाने की क्षमता है।

## सन्दर्भ


1. इमानुएल वालर्स्टीन (1996), ओपिन द सोशल साइंसेज : रिपोर्ट ऑफ़ द गुलर्बेकियन कमीशन ऑन द रिस्ट्रक्चरिंग ऑफ़ सोशल साइंसेज स्टैनफर्ड युनिवर्सिटी प्रेस, स्टैनफर्ड।
2. ए. रघुरामराजू (2010), 'प्रॉब्लमेटाइजिंग लिव्ड दलित एक्सपीरिएंस', इकनॉमिक एंड पॉलिटिकल वीकली, खण्ड 45, अंक 39
3. क्लॉड अलवारिस (2011), 'ए क्रिटीक ऑफ़ युरोसेंट्रिक सोशल साइंसेज एंड द क्वेश्चन ऑफ़ आल्टर्नेटिव्ज', खण्ड 46, अंक 42
4. क्लॉड एके (2000), सोशल साइंस ऐज इम्पीरियलिज़्म : द थियरी ऑफ़ डिवेलपमेंट इबादान युनिवर्सिटी प्रेस इबादान।
5. गोपाल गुरु (2002), 'हाउ इगेलिटेरियन आर द सोशल साइंसेज इन इंडिया?', इकनॉमिक एंड पॉलिटिकल वीकली, खण्ड 37, अंक 50

6. जॉन कनिंघम (1992), द कैम्ब्रिज कम्पेनियन टु देकार्त, कैम्ब्रिज युनिवर्सिटी प्रेस कैम्ब्रिज।
7. डेविड हार्वी (2010), द क्राइसिस टुडे : मार्क्सिज़्म 2008, http:www.youtube. com/watch?v=YYQb0fhNfl, 25 मई को दोपहर बाद 3.30 को देखा गया।
8. तुलसीराम (2011), मुर्दहिया, राजकमल प्रकाशन, दिल्ली।
9. देकार्त मेडिटेशन VI:http://oregonstate.edu/instruct/phl302/descartes/meditations/Meditation6.htm, 9 जनवरी, 2013 को देखा गया।
10. 'नॉलेज डिवाइडूस : एक्जेक्यूटिव समरी' (2011), इंटरनेशनल जर्नल ऑफ़ सोशल साइंसेज, खण्ड 61, अंक 200-201
11. बर्ट्रेंड रसेल, लुई आई. ग्रीनपरसन, स्टीफन एण्डरसन (1999), रसेल ऑन रिलीजन : सिलेक्शन फ्रॉम द राइटिंग्ज ऑफ़ द बर्ट्रेंड रसेल, रौटलेज लन्दन।
12. बैरी ग्रोवर (1997), साइंटिफिक मैथड : ऐन हिस्टोरिकल एंड इंट्रोडक्शन, रौटलेज, लन्दन।
13. मनोरंजन मोहन्ती (1989), 'चेंजिंग टर्म्स ऑफ़ डिस्कोर्स : अ पोजर,' इकनॉमिक एंड पॉलिटिकल वीकली, खण्ड 24, अक 37
14. युरगन हैबरमास, जाक देरिदा और जियोवानी बोरादॅरी (2004), फिलॉसफ़ी इन अ टाइम ऑफ़ टेरर : डायलॉग विद युरगन हैबरमास एंड जाक देरिदा, युनिवर्सिटी ऑफ़ शिकागो प्रेस, शिकागो।
15. रंधीर सिंह (2006), क्राइसिस ऑफ़ सोसलिज़्म : नोट्स इन डिफेंस ऑफ़ अ कमिटमेंट, अजन्ता बुक्स इंटरनेशनल, दिल्ली।
16. राहुल सिंह (2011), 'मुर्दहिया : रेणु के गाँव में प्रेमचन्द की रिहाइश', नया ज्ञानोदय।
17. 'रिस्ट्रक्चरिंग द इंडियन कौंसिल ऑफ़ सोशल साइंस रिसर्च : अ रिपोर्ट ऑफ़ द फोर्थ रिव्यू कमेटी' (मार्च, 2000), आई.सी.एस.एस.आर., दिल्ली : 20-22
18. रॉय भास्कर (1998), पॉसिबिलिटी ऑफ़ नेचरिज़्म : अ क्रिटीक ऑफ़ द कंटेम्परेरी ह्यूमन साइंसेज रौटलेज, लन्दन। (2008), रियलिस्ट ऑफ फिलॉसफ़ी ऑफ साइंस, टेलर एंड फ्रांसिस, न्यूयॉर्क।
19. समीर अमीन (2012), युरोसेंट्रिज्म : मॉडर्निटी रिलीजन एंड डेमोक्रैसी : अ क्रिटीक ऑफ़ युरोसेंट्रिज्म एंड कल्चरिज्म आकार, दिल्ली।
20. सारा जोसेफ (1991), 'इंडीजीनियस सोशल साइंस प्रोजेक्ट : पॉलिटिकल इम्प्लीकेशंस', इकनॉमिक एंड पॉलिटिकल वीकली, खण्ड 26, अंक 15
21. स्टेसी सिंक्लेयर, कर्टिस डी. हार्डिन और ब्राइन एस. लोरी (2006), 'सेल्फ-स्टीरियोटाइपिंग इन द कांटेक्ट ऑफ़ मल्टीपिल सोशल आइडेंटिटीज', जर्नल ऑफ़ पर्सनैलिटी एंड सोशल साइकोलॅजी (अमेरिकन साइकोलॅजीकल एसोसिएशन), 90(4)।
22. सुन्दर सरुक्काई (2006), 'दलित एक्सपीरिएंस एंड द थियरी' इकनॉमिक एंड पॉलिटिकल वीकली, खण्ड 42, अंक 40
23. हजारी प्रसाद द्विवेदी (2005), अनामदास का पोथा, राजकमल प्रकाशन, दिल्ली: 209

*(यह आलेख प्रतिमान, सीएसडीएस, दिल्ली, जनवरी-जून, 2013 से लिया गया है।)*

*कमलानन्द झा लिखते हैं कि तुलसीराम की अद्‍भुत जिजीविषा और घोर यातनादायक किन्तु अथाह संघर्षपूर्ण जीवन की महागाथा का नाम है मुर्दहिया और मणिकर्णिका। उनकी आत्मकथा का दूसरा भाग मणिकर्णिका 2014 में प्रकाशित हुआ है। उक्त दोनों रचनाओं ने दलित आत्मकथा लेखन को एक नयी ज़मीन प्रदान की है। दलित लेखन के प्रतिशोधी तेवर के बरअक्स तुलसीराम ने इसे प्रतिरोध का स्वरूप दिया है। सामाजिक समरसता के लिए आवश्यक आन्तरिक राग और आपसी संवाद की प्रतिष्ठा तुलसीराम के दलित लेखन का वैशिष्ट्य है।*

## सबसे कठिन जाति अवमानना

'मणिकर्णिका' तुलसीराम के कायान्तरण की कथा है। इस कायान्तरण में सहायक हुई बनारस हिन्दू यूनिवर्सिटी की उच्च शिक्षा। पारम्परिक उच्च वर्णों की माँद में सत्तर के दशक में एक दलित के लिए उच्च शिक्षा प्राप्त करना किसी भीषण युद्ध से कम नहीं। ऐसे माहौल में एक दलित युवक की शिक्षा प्राप्त करने की युद्ध कथा है—मणिकर्णिका। यह अकारण नहीं कि कभी नाम बदलकर तो कभी जाति बदलकर तुलसीराम को मात्र दो साल में आठ निवास स्थान बदलने पड़े।

ग्रामीण व्यवस्था के तहत दलितों के साथ जो अन्याय हो रहा है तथा दलितों की मूल समस्याओं जैसे शिक्षा का अभाव, दलित स्त्रियों का उत्पीड़न आदि का मार्मिक चित्र खींचा है। उन्होंने एक यथार्थ घटना का ज़िक्र किया है जिसमें 27 अप्रैल, 1975 को गाजीपुर ज़िले के शेरपुर गाँव में भूमिहार ज़मींदारों ने दलित बस्ती को पूरी तरह जला दिया था। ये इस घटना से आहत होकर वहाँ पर एक लेखक के तौर पर गये। खँडहरों में तब्दील हो चुकी दलित बस्ती को देखा। इनके मित्र शहनवाज़ ने कहा, 'तू तो इन खँडहरों में आर्कियोलाजिस्ट बन जैसे कण पत्थर ढूँढ़ने लगा।' (मणिकर्णिका, पृ. 182)

इसके उत्तर में इन्होंने कहा, 'मैं कंकण पत्थर वाला तो नहीं लेकिन इन खँडहरों में सामन्ती जुल्म की कहानी ढूँढ़ने वाला आर्कियोलाजिस्ट ज़रूर हूँ।' (मणिकर्णिका, पृ. 171) शेरपुर घटना के शिकार एक दलित ने अपनी पीड़ा व्यक्त करते हुए कहा—'जमिदरवा धमकावत हैउवे, हम कहाँ जाई ये बाबू।' इस पंक्ति से अन्दाज़ा लगाया जा सकता है कि तथाकथित सवर्ण समाज दलित समाज को कितना डरा-धमका कर रखना चाहता है यहाँ तक कि दलित स्त्रियों को अपनी इज़्ज़त बचाने के लिए दूसरे गाँव जाना पड़ा। उस गाँव के दलितों की न तो आर्थिक स्थिति ठीक है और न ही शैक्षणिक जिसकी वजह से उन्हें पीढ़ी-दर-पीढ़ी गुलामी का जीवन व्यतीत करना पड़ता है। हम देखते हैं कि इस

प्रकार की अमानवीय घटनाएँ आये दिन घटित होती रहती हैं। मेरा सवाल है कि आख़िर कब तक इस ब्राह्मणवादी विचारधारा का अन्त होगा और ऐसी घटनाओं पर प्रतिबन्ध लगेगा, दोषियों को सज़ा कब मिलेगी? निर्दोष दलितों को उनका अधिकार कब तक मिलेगा तथा कब तक दलित स्त्रियों को अपनी इज़्ज़त बचाने के लिए दूसरे गाँव भागना पड़ेगा? भारत में चाहे वह शिक्षण संस्थान हो या देश की राजनीति हो यदि दलित अपने अधिकारों, अपनी अस्मिता की बात करें तो उन्हें जातिवादी माना जाता है इसके विपरीत यदि कोई ग़ैर-दलित दलित के अधिकारों की बात करे तो उन्हें प्रगतिवादी माना जाता है। इसी प्रश्न को ध्यान में रखकर डॉ. तुलसीराम लिखते हैं—'जब कोई उच्च जाति का व्यक्ति दलितों पर लिखता है या बोलता है तो वह समाज सुधारक कहलाता है किन्तु वही बात जब कोई दलित लिखता या बोलता है तो उसे जातिवादी मान लिया जाता है।' (मणिकर्णिका, पृ. 188) इस जातिवाद के शिकार तुलसीराम भी हुए। भारतीय कम्युनिस्ट पार्टी के प्रति पूर्ण समर्पित होकर अपने कर्तव्यों को निभाने के बावजूद भी इन्हें ब्राह्मणवादी प्रभाव से ग्रसित व्यवस्था ने कम्युनिस्ट पार्टी छोड़ने पर मजबूर कर दिया। परिणामस्वरूप इन्हें बनारस छोड़ दिल्ली आना पड़ा। 'उस समय सबसे ज़्यादा याद आ रही थी बनारस की तंग गलियों की, राम नाम सत्य है वाले नारे, मन्दिरों में बजने वाले घण्टे... तथा जलती हुई चिताओं वाली मणिकर्णिका। पूरा बनारस मेरी पलकों पर था गंगा आँखों में।' (मणिकर्णिका, पृ. 139)

तुलसीराम राहुल सांकृत्यायन की पुस्तक 'भागो नहीं दुनिया बदलो' से काफ़ी प्रभावित हुए और इस पुस्तक ने इनके विचारों को बल भी प्रदान किया। ये बुद्ध और मार्क्स से भी गहरे प्रभावित थे, जिसकी वजह से नास्तिक होने की बात को स्वीकार करते हुए कहते हैं, 'अन्ततोगत्वा राहुल के साथ-साथ बुद्ध ने मेरी नास्तिकता पर अमित ठप्पा लगा दिया। मेरे हृदय के सारे दरवाज़े ईश्वर तथा अन्धविश्वासों के लिए हमेशा के लिए बन्द हो गये। मैं पूर्णरूपेण नास्तिक हो गया। नास्तिकता ने मुझे हद से ज़्यादा मानवीय बना दिया।' (मणिकर्णिका, पृ. 199)

# अनुभव की दाहक आँच

## ब्रजेन्द्र त्रिपाठी

*"इस समाज-व्यवस्था की ओर जब मैं बारीक़ी से देखने लगता हूँ तो बेचैन हो जाता हूँ। यह महसूस करने लगता हूँ कि मेरे समाज पर सैकड़ों वर्षों से अन्याय होता है। उनके कल्याण हेतु योजनाएँ कार्यान्वित नहीं होती हैं और जो थोड़ी बहुत होती हैं, वे उन तक पहुँच ही नहीं पातीं। मनुष्य के रूप में जीने का उनका अधिकार ही इस व्यवस्था ने छीन लिया है। ये अधिकार अचानक किसी एक रात में मिलने वाले नहीं हैं। इसके लिए निरन्तर जागृति, संघर्ष और संगठन की ज़रूरत है। इसके साथ प्रस्थापित समाज को अन्तर्मुख होकर अपनी सोच की दिशा को बदल लेना भी ज़रूरी है।"*

उपर्युक्त उद्धरण मराठी लेखक लक्ष्मण गायकवाड़ की आत्मकथा 'उचल्या' के हिन्दी अनुवाद 'उठाईगीर' की भूमिका से है। मराठी में यह कृति अत्यन्त चर्चित रही और इसे पानघण्टी पुरस्कार, मुकादम पुरस्कार और समता पुरस्कार से सम्मानित किया गया। इसे साहित्य अकादेमी पुरस्कार से भी सम्मानित किया जा चुका है।

लक्ष्मण गायकवाड़ का जन्म 1956 में महाराष्ट्र के लातूर तहसील के धने नामक गाँव में एक उठाईगीर जाति में हुआ। एक ऐसा समाज जिसे पारम्परिक वर्ण-व्यवस्था और समाज-व्यवस्था द्वारा नकार दिया गया। ब्रिटिश सरकार द्वारा इस जाति को 'गुनहगार' घोषित कर दिया गया। लक्ष्मण कहते हैं कि 'सम्भवतः विश्व भर में हमारी एक मात्र जाति होगी जिसे जन्म से ही गुनहगार घोषित किया गया, जिनके माथे पर जन्म से ही 'अपराधी' की मुहर लगाई गयी है।'

अपनी इस आत्मकथा में लक्ष्मण ने उठाईगीरों की दरिद्रता, अभावग्रस्तता, उनकी भूख, उनकी विवशताओं का जीवन्त चित्रण किया है जो हिला देने वाला है, स्वयं उसमें से गुज़र कर आये हैं। वस्तुतः उनकी यह आत्मकथा एक समाज-वैज्ञानिक दस्तावेज़ है। समाज के सम्भ्रान्त वर्ग को यह कल्पना करना

भी कठिन होगा कि एक ऐसी अमानवीय परिस्थितियों और कष्टों में भी कोई समाज जीवन व्यतीत कर रहा होगा। लक्ष्मण ने अपने समाज की व्यथा-कथा को सबके सामने उजागर करने के लिए ही यह आत्मकथा लिखी है। इस आत्मकथा के माध्यम से उन्होंने अपने पूरे समाज की व्यथा को ही प्रस्तुत किया है ताकि समाज के प्रतिष्ठित जन, बुद्धिजीवी और मध्यवर्ग उनकी ओर एक नये ताज़े मन से देखें, विचार करें, साथ ही उनकी जाति के नवशिक्षित युवक अपने समाज के प्रति प्रतिबद्धता बनाये रखें।

लक्ष्मण गायकवाड़ ने इस पुस्तक की भूमिका में इसे एक कार्यकर्ता का मुक्त चिन्तन कहा है और चाहा है कि इसका साहित्यिक मूल्यांकन किये जाने की अपेक्षा, इसका समाजशास्त्रीय मूल्यांकन हो। यह ठीक भी है, क्योंकि इस कृति में जीवन जैसा अनगढ़ है, वैसे ही उसका अंकन किया गया है।

लक्ष्मण जिस जाति के हैं, उसे 'सन्तामुच्चर' कहा जाता है। 'तेलुगु' में 'सन्ता' शब्द का अर्थ है बाज़ार और 'मुच्चर' का अर्थ है चोरी करने वाला, उठाईगीर। 'सन्तामुच्चर' का अर्थ हुआ सप्ताह में लगनेवाले बाज़ार में चोरी करने वाला। महाराष्ट्र में इस जाति को अनेक नामों से जाना जाता है, यथा पाथरूट, टकारी भामटा, उचले, गीरनेवडार, कामाटी, घण्टीचोर, वड़ार आदि। अलग-अलग ज़िलों, अलग-अलग प्रखण्डों में अलग नाम से ये जाति जानी जाती है।

लक्ष्मण ने अपने बचपन के दिनों को याद करते हुए लिखा है कि उन दिनों उनके दादा 'लिंगप्पा' को पुलिस ने अपना मुखबिर बना लिया था और दादी तरसा बाई ही घर का ख़र्चा चलाती थी। वह मेलों में जाकर चोरी करती, छोटे बच्चों और स्त्रियों के गले के सोने के लॉकेट, सोने-चाँदी के हार वह उड़ा लाती और साहूकार के पास मिट्टी के मोल बेचकर घर का यक़ीन चलाती। पुलिस पिटाई के डर से दादा मुखबिर बन बैठा था जिसके कारण बिरादरी के कई लोगों को पुलिस पकड़कर ले गयी। सब बिरादरी की पंचायत बैठी और उसमें निर्णय हुआ कि लिंगप्पा के कारण धन्धा करना मुश्किल हो रहा है इसलिए उसे ख़त्म करना ज़रूरी है। एक रात झोंपड़ी में जात-पंचायत के लोगों ने घुसकर लिंगप्पा के मुँह में कपड़ा ठूँसकर कुल्हाड़ी से उसके टुकड़े कर लाश को जला दिया। मामले को पुलिस में नहीं जाने दिया गया और मामला रफा-दफा हो गया मानो उसकी स्वाभाविक मौत हुई हो।

उठाईगीरों की बिरादरी के लोग बिना पुलिस प्रमाणपत्र के गाँव के बाहर नहीं जा सकते थे। पुलिस-पटेल के प्रमाणपत्र के बाद ही वे किसी दूसरे गाँव में टिक सकते थे। उन लोगों की इच्छा होती कि वे चोरी छोड़कर मेहनत-मज़दूरी

का काम करें लेकिन 'उठाईगीर' कहकर उन्हें कोई काम ही नहीं देता था। खेतों में मज़दूरी भी नहीं तो भूखे मरने की स्थिति थी।

लक्ष्मण के घर की स्थिति कैसी थी, इसका वर्णन उन्हीं के शब्दों में, "हमारा घर बहुत ही छोटा था। उसमें सभी लोग चीलर की तरह भरे रहते। एक ही छप्पर के नीचे बकरियाँ भी बाँधी जातीं और आदमी-औरतें भी सोते। मैं और हरचन्दा बकरियों के पास सोते। जाड़े के दिनों में तो बहुत परेशानी होती। दोनों एक ही चादर में। हमारी इस एक चादर में कुत्ता भी घुस आता। बकरियाँ पास में बँधी रहतीं। रात में वे पेशाब करतीं। उनकी पेशाब ठीक मेरे नीचे फैलती। बकरियों की वह गरम पेशाब जाड़े की उस ठण्ड में सुखद लगती। जाड़े से परेशान मैं सोचता कि बकरियाँ लगातार गरम मूतती रहें ताकि ठण्ड तो न लगे।"

घर में हमेशा भोजन के लाले पड़े रहते। लक्ष्मण के नाना सायबू ताता भी साथ ही रहते। ताता मछली, खरगोश, हिरन, गीदड़, जंगली बिलाव, चूहे, केकड़े, कछुआ, नेवला आदि का शिकार करता और सभी इनका मांस खाते। उनकी जाति में चोरियाँ कैसे की जायें, इसे सिखलाने वाले होते जो बच्चों को अलग-अलग ढंग की चोरियों के लिए प्रशिक्षित करते। यह प्रशिक्षण पूरा होने के बाद उस लड़के को अपनी पहली छह माह की कमाई शिक्षक को देनी होती। लक्ष्मण के तीनों भाई उठाईगीरी का काम करते। कभी-कभी लक्ष्मण भी उनके साथ जाते और वे एक जगह बैठकर चोरी का माल सँभालते। लक्ष्मण के पिता बोलते समय तुतलाते और ठीक से चल नहीं पाते थे। इसलिए वह चोरियाँ करने नहीं जाते थे। गाँव के एक किसान ने अपने बाग की रखवाली के लिए उन्हें रख लिया था।

लक्ष्मण के पिता की इच्छा थी कि कम-से-कम उनका एक लड़का तो पढ़ने के लिए स्कूल जाय। इसलिए उन्हें गाँव के स्कूल में भरती किया गया। स्कूल में लड़के उनका अपमान करते—केकड़े खाने वाला कहकर चिढ़ाते। अभी लक्ष्मण तीन-चार दिन ही स्कूल गये होंगे कि बिरादरी के कई बच्चों को टट्टी और उलटियाँ शुरू हुईं। पड़ोसियों ने कहना शुरू किया कि यह बीमारी इसलिए आयी कि लक्ष्मण ने स्कूल जाना शुरू किया। बाद में एक ब्राह्मण शिक्षक ने इस बारे में पूछताछ की और कुछ लड़कों को भेजकर जबरन स्कूल बुलवाया। तब जाति पंचायत बुलाई गयी और यह निर्णय हुआ कि या तो लस्था (लक्ष्मण) गाँव छोड़े या पढ़ाई। बाद में कुलकर्णी गुरु जी के समझाने पर लोग माने।

अपनी आत्मकथा में लक्ष्मण 15 अगस्त के कार्यक्रम को याद करते हैं। जब उन्होंने पहली बार भाषण दिया। इसकी पूरे गाँव में चर्चा हुई। उन दिनों लक्ष्मण के घर की स्थिति बड़ी ख़राब थी—तीन-तीन चार-चार दिन चूल्हा नहीं जलता।

लक्ष्मण लिखते हैं—"आज भी याद नहीं है कि उन दिनों कभी-कभी एक समय भरपेट भोजन मिला हो। उन दिनों की स्थितियों का बड़ा करुण और हृदयद्रावक वर्णन लक्ष्मण ने किया है जिसे पढ़कर किसी भी संवेदनशील पाठक की आँखें नम हो जायेंगी। ऐसी व्यवस्था जिसमें व्यक्ति नारकीयजीवन जी रहा है, न खाने को रोटी, न रहने लायक जगह। क्या हमारे स्वतन्त्र भारत की कल्पना की थी। आज़ादी के बाद भी एक वर्ग ऐसा अभिशप्त जीवन बिताने को विवश है। बालक लक्ष्मण के मन में तमाम ऐसे प्रश्न उठते। अपनी आत्मकथा में उन्होंने लिखा है—"मराठी की पहली कक्षा में मैं तब था। इस पुस्तक का पहला पृष्ठ मैं खोलता। इस पर लिखा हुआ था, भारत मेरा देश है। सारे भारतीय मेरे बन्धु हैं। मुझे इस देश की परम्परा का अभिमान है, मुझे लगता कि अगर यह सब कुछ सही-सही है तो फिर हमें बिना अपराध के पीटा क्यों जाता है? माँ को पुलिस क्यों पीटती है? उसकी साड़ी पकड़कर यह क्यों कहती है कि, साड़ी निकाल चोरी की है। मुझे लगता कि अगर भारत मेरा देश है, तो फिर हमारे साथ ऐसा बर्ताव क्यों किया जाता है? मैं कहाँ चोरी करता हूँ। माँ कहाँ चोरी करती है। हमें चोर क्यों समझा जाता है। सभी भारतीय अगर भाई हैं तो फिर मेरे भाइयों को काम क्यों नहीं दिया जाता? हमें खेती के लिए ज़मीन क्यों नहीं दी जाती? रहने के लिए हमें अच्छा मकान क्यों नहीं मिलता अगर हम सब भाई हैं तो मेरे भाइयों को घर का ख़र्चा चलाने के लिए, पुलिस को रिश्वत देने के लिए चोरी क्यों करनी पड़ती है?"

उठाईगीरों की दुनिया में सब कुछ अलग और विचित्र है—सभ्य समाज के रीति-रिवाज़ों और कर्मकाण्डों से अलग उनके अपने कर्मकाण्ड हैं। शराब उनके जीवन का अंग है। वे उसे घर पर बनाते हैं। लक्ष्मण के पिता ही उन्हें शराब पिलाते और कहते कि यह तबीयत के लिए ठीक होता है। गाहे-बगाहे पुलिस घर पर आती, मारपीट करती, घर की औरतों को बेइज़्ज़त करती। इन प्रतिकूल परिस्थितियों में किसी तरह लक्ष्मण की पढ़ाई चल रही थी। चौथी परीक्षा उत्तीर्ण करने के बाद लक्ष्मण को पाँचवीं में दाख़िले के लिए सोलापुर भेजा गया। वहाँ सोन गाँव में नाम लिखाया। यहाँ रहने-खाने की व्यवस्था थी लेकिन खाने में दही रोटियाँ मिलती थीं। अपने दो साथियों के भाग जाने के कारण लक्ष्मण का भी मन यहाँ से उचट गया। बाद में एक दूसरे स्कूल में बड़ी मुश्किल से नाम लिखा गया। लेकिन जीवन अत्यन्त अभावों में—न पहनने को कपड़े, न भर पेट भोजन। ऐसी स्थिति में उनके मन में आता कि पता नहीं यह पिछले जन्म के किन पापों का फल है।

लक्ष्मण के मन में आता कि वह कुछ विशेष करे ताकि उसका नाम हो। वह 26 जनवरी और 15 अगस्त की भाषण प्रतियोगिताओं में भाग लेता और उनमें प्रथम आता। ऐसे में चारों तरफ़ उसकी चर्चा होती। मैट्रिक तक वह बराबर इन प्रतियोगिताओं में प्रथम आता। लेकिन अभावों का सिलसिला जारी था। लक्ष्मण बोर्डिंग छोड़कर लातूर आ गया और वहाँ छोटा-मोटा धन्धा करने लगा। वह अपने पिता और छोटे भाई हरदा की देखरेख करना चाहता था जिसे मिरगी की बीमारी थी और कोई काम पर न रखता था जिसके कारण उसे भीख माँगने पर मजबूर होना पड़ता। बड़े प्रयास के बाद लातूर की सूती मिल में लक्ष्मण की नौकरी लग गयी। रात में ड्यूटी करते और दिन में पढ़ाई। उन दिनों के अपने एक असफल प्रेम-प्रसंग का भी ज़िक्र किया है। बाद में लक्ष्मण का विवाह छबूबाई से हुआ। इस विवाह-प्रसंग में भी काफ़ी नाटक हुआ क्योंकि उसकी एक बुआ अपनी लड़की की शादी उसके साथ करना चाहती थी। इस विवाह का भी रोचक वर्णन आत्मकथा में हुआ है।

मिल में किस तरह सुपरवाइजर और दूसरे अधिकारी मज़दूरों पर अत्याचार करते और उन्हें कम वेतन देते तथा तनिक भी चूँ-चपड़ करने पर बुरी तरह पिटाई करते, इसका भी अत्यन्त मार्मिक वर्णन इस पुस्तक में है। मज़दूरों से अपना टिफिन छूट गया हो तो 15-15 दिन घर पर बिठा देते। लक्ष्मण ने धीरे-धीरे मज़दूरों को संगठित करना शुरू किया और फिर मज़दूर यूनियन बनाने के लिए मिल में हड़ताल शुरू की। आख़िरकार मिल के प्रबन्धकों को झुकना पड़ा और मज़दूरों की माँगें माननी पड़ीं।

इन सब विषम परिस्थितियों में चाहते हुए भी लक्ष्मण बराबर सोचा करते कि कैसे उनका समाज आगे बढ़े, उन्हें खाने को रोटी मिले, पहनने को कपड़ा मिले और रहने को घर मिले। उनकी एक रिश्तेदार ईटी ने खाने के लिए पैसे न होने के कारण अपनी डेढ़ वर्ष की बेटी को दो सौ रुपये में बेच दिया। इस घटना से लक्ष्मण विचलित हो लिखते हैं, "स्वतन्त्रता के 40 वर्षों के बाद भी हमारे लोगों को पेट भर खाना नहीं मिलता, हाथों को काम नहीं दिया जाता, तन के लिए कपड़ा नहीं मिलता, इस कारण ये लोग अपने बच्चों को बेचकर अपनी ज़रूरतें पूरी कर लेते हैं। अगर स्वाभिमान से जीना असम्भव हो रहा हो तो इस स्वतन्त्रता का उपयोग क्या है।"

स्वतन्त्रता प्राप्त हुए 56 वर्ष बीत गये हैं। अब भी देश के बहुत सारे क्षेत्रों में इस तरह की परिस्थितियाँ आम हैं। देश के विभिन्न हिस्सों से भुखमरी की ख़बरें आती रहती हैं। आज भी लड़कियों की ख़रीद-फरोख़्त जारी है। हर साल हज़ारों

की संख्या में युवतियाँ वेश्यालयों में ढकेल दी जाती हैं। लक्ष्मण गायकवाड़ की यह आत्मकथा उनकी अपनी बिरादरी की व्यथा-कथा के बहाने मानो पूरे देश की व्यथा-कथा कहती है। आये दिन तन्त्र-मन्त्र के क़िस्से, मनोकामना की पूर्ति के लिए नरबलि, अन्धविश्वास में डायन के नाम पर महिलाओं की हत्या, जगह-जगह तान्त्रिकों और बाबाओं की दुकानें, अख़बारों में उनके लुभावने विज्ञापन, ब्यूटी पार्लर और मसाज सेंटर के नाम पर वेश्यावृत्ति—ये सभी चीज़ें इस आत्मकथा को पढ़ते हुए चलचित्र की तरह हमारे मस्तिष्क में घूमने लगती हैं।

इस आत्मकथा की ख़ासियत यह है कि यह बग़ैर किसी अलंकृत भाषा-शैली के बड़ी ही सहज बोलचाल की भाषा में 'पाथरूट समाज' की जीवन-चर्या, उनके कष्टों, पीड़ाओं, उनके लोकाचारों को हमारे सामने रखती है। इस तरह का वर्णन वही व्यक्ति कर सकता है, जिसने इन सारे कष्टों, सारे अत्याचारों सहित समस्त दमन को सहा है, लेकिन जिसकी जिजीविषा निश्शेष नहीं हुई है जिसके विचार-चिन्तन की धार कुन्द नहीं हुई है। लक्ष्मण ने अपनी जाति के इन सारे कष्टों को लिपिबद्ध तो बाद में किया है, पहले सभाओं में लोगों के बीच अपने दग्ध अन्तर के ताप के साथ, अश्रुपूरित नेत्रों से बयान किया है। इन परिस्थितियों में जीते हुए, इनसे संघर्ष करते हुए ही वे सामाजिक कार्यकर्ता बने हैं, संगठनकर्ता बने हैं। जिन परिस्थितियों में उनका जीवन बीता, उनमें से होकर कैसे वे आज के लक्ष्मण गायकवाड़ बन पाये, इसे वह कृति बड़ी शिद्दत से रेखांकित करती है। यह कृति एक आत्मकथा से अधिक उनके 'पाथरूट समाज' का एक समाज-वैज्ञानिक दस्तावेज़ है, जिसमें इस समाज के लोगों का रहन-सहन, उनकी जीविका, उनके लोकाचार, उनके उत्सव, उनके जन्म एवं मृत्यु-संस्कार, उनके शादी-विवाह, उनके देवी-देवता, उनके आपसी रागद्वेष, चोरी और उठाईगिरी की उनकी पद्धतियाँ, पुलिस और दूसरे वर्गों द्वारा किये जाने वाले अत्याचार आदि का प्रामाणिक वर्णन है। जहाँ प्राण के लाले पड़े हों, वहाँ खाद्य-अखाद्य का विचार करना सम्भव ही नहीं है। शराब और मांस उनकी जीवन-पद्धति का अंग है। शिक्षा उनके लिए विलासिता है।

*मराठी से इस कृति का हिन्दी अनुवाद श्री सूर्यनारायण रणसुभे ने किया है। वैसे तो अनुवाद में प्रवाह है, लेकिन कहीं-कहीं अभिव्यक्तियों के लिए हिन्दी में उचित शब्द का उपयोग न होना खटकता है।*

*(ब्रजेश त्रिपाठी 'समकालीन भारतीय साहित्य' साहित्य अकादेमी, नयी दिल्ली के सम्पादक रहे हैं। उनका यह आलेख 'अपेक्षा' जुलाई-सितम्बर, 2003 से लिया गया है।)*

# पिंजरे की परिधि से बाहर का आत्मकथन

## दत्तात्रय मुरुमकर

*अभाव, दमन और अपमान इन तीनों में से कोई एक तत्त्व भी किसी व्यक्ति और समाज को संस्कारहीन बनाने के लिए काफ़ी है। दलितों को ऊपरी तीनों की मार सैकड़ों वर्षों तक सहनी पड़ी है। इसलिए खोये हुए सारे मूल्यों को पाने की चेतना ही दलित चेतना है, जो वरिष्ठ लेखक और पत्रकार मोहनदास नैमिशराय जी द्वारा लिखित 'अपने-अपने पिंजरे' में व्यक्त हुई है।*

इधर हिन्दी की कुछ आत्मकथाएँ पढ़ने को मिलीं। वैसे मराठी में दलित लेखकों द्वारा लिखी आत्मकथाएँ मैं पढ़ चुका था। मराठी के दलित आत्मवृत्तों में मुक्ति की छटपटाहट का चित्रण देखकर एक सवाल मेरे मन में भी अनायास उभरकर आया कि, क्या ऐसा महत्त्वपूर्ण लेखन हिन्दी में भी हुआ है? मैं ग्रन्थालय में जाकर ढूँढ़ने लगा। इसी दौरान मेरी मुलाक़ात डॉ. गणेशराज सोनालेजी से हुई, उन्होंने कुछ कृतियों को सामने रखा। उनमें से मैंने नैमिशराय कृत 'अपने-अपने पिंजरे' को पढ़कर पाया कि यह आत्मवृत्त दलित समाज को स्थापित करता है, जिसमें सवर्णों के प्रति आक्रोश एवं अपने समाज के प्रति करुणा देखने को मिलती है। मेरे मन में यह विचार आया कि क्यों न मैं इसी आत्मवृत्त को लेकर एम.फिल. के लिए शोधकार्य करूँ। इसलिए 'अपने-अपने पिंजरे : एक अध्ययन' शीर्षक के अन्तर्गत इसे देखने की कोशिश मैंने यहाँ की है।

चाहे हिन्दू हो या मुसलमान दलित समाज को दोनों से ही उपेक्षा, प्रताड़ना, यातना और अपमान को भोगना पड़ा। इस अपमान का शिकार दलित स्त्रियों को भी होना पड़ा। नैमिशराय ने अपने उन बेबाक अनुभवों को, अपनी पीड़ा को 'स्व' और 'समाज' के माध्यम से इस आत्मकथा में प्रकट किया है।

यह आत्मवृत्त हमें एक ऐसी दुनिया का परिचय कराता है, जो भारतीय समाज की विषम वर्ण-व्यवस्था का शिकार बन हाशिए की ज़िन्दगी जीता रहा,

उसकी ज़िन्दगी की अपनी ही एक दर्दनाक दास्तान है, जो अक्षरों की दुनिया में अभी-अभी प्रवेश कर चुका है। यह आत्मकथा मानवमुक्ति के लिए किया गया सांस्कृतिक कर्म जान पड़ती है।

प्रस्तुत आत्मकथा पर लेखन हुआ 1993 से 1994 के बीच। और प्रकाशन कार्य 1995 में सम्पन्न हुआ। काल और अवधि के दरम्यान साहित्य के क्षेत्र में कई आत्मकथन प्रकाशित हुए जिसमें कौशल्या बैसन्त्री का 'दोहरा अभिशाप' से लेकर 'जूठन', 'मेरा सफ़र मेरी मंज़िल' (1997), 'मेरा बचपन मेरे कन्धों पर', नयी धारा पत्रिका में सद्यः प्रकाशित तुलसीराम का आत्मकथन आदि ने दलित आत्मकथन साहित्य को समृद्ध किया है।

स्मृति में कई दिनों तक बनी रहने वाली घटनाएँ ही महत्त्वपूर्ण होती हैं जिससे 'आत्मकथा' अपना स्वरूप-विशेष रूप धारण करती है। लेखक की याददाश्त को हमेशा ताज़ा रखने वाले प्रसंग ही स्मृति-पटल पर उभरकर आते हैं जिससे आत्मकथा का निर्माण होता है। यह स्मृतियाँ ही आत्मकथा में महत्त्वपूर्ण भूमिका अदा करती हैं। पंजाबी साहित्य की प्रसिद्ध साहित्यकार अमृता प्रीतम 'रशीदी टिकट' में विगत जीवन की स्मृतियों की आवश्यकता मानते हुए आत्मकथा को, 'यथार्थ से यथार्थ तक पहुँचने की प्रक्रिया' बतलाती हैं। आत्मकथा निर्माण की पृष्ठभूमि और विश्लेषण से सत्य तक पहुँचने की प्रक्रिया को सच्चाई से ही पाया जा सकता है। आत्मकथा लिखना कठिन कार्य है, उसे कोई भी लिख नहीं सकता। आत्मकथा वही श्रेष्ठ होगी जिसमें सत्य का आविष्कार पूरी स्पष्टता और ईमानदारी तथा रोचकता के साथ किया गया हो। साथ ही उसमें आवश्यक संक्षिप्तता भी हो। अनावश्यक विस्तार से आत्मकथाकार को बचना चाहिए।

मराठी भाषा के दलित साहित्य में आत्मकथा प्रमुख केन्द्रीय विधा रही है। उसी प्रकार इस समय हिन्दी में भी आत्मकथन एक चर्चित विधा रही है जिसमें प्रमुख आत्मकथन है—मोहनदास नैमिशराय का 'अपने-अपने पिंजरे', ओमप्रकाश वाल्मीकि का 'जूठन', भगवानदास का 'मैं भंगी हूँ', कौशल्या बैसन्त्री का 'दोहरा अभिशाप' और डॉ. डी.आर. जाटव का 'मेरा सफ़र मेरी मंज़िल' इसका कारण ये है कि साहित्य में यही एक सशक्त विधा है जिसकी प्रकृति दलित अभिव्यक्ति के अधिक निकट है।

मोहनदास नैमिशराय हिन्दी दलित साहित्य के प्रमुख हस्ताक्षर हैं जिन्होंने हिन्दी दलित साहित्य में पहला आत्मकथाकार होने का गौरव हासिल किया है, 'गहन पीड़ा की अनुभूति को पचाकर अपने देश-समाज को एक दलित की आँखों से देखने का अवसर हिन्दी पाठक को दिया' यह उनका अपना अनुभव रहा है,

जिसे पढ़कर पाठकों का मन उद्वेलित होता है, और यह सोचने के लिए बाध्य करता है कि क्या ऐसा जीवन भी भोगा गया होगा? जिया गया होगा? यह आत्मकथा पाठकों के मन में उत्तेजना भर देती है, और विचार के लिए प्रवृत्त करती है। उनकी आत्मकथा में जहाँ उनके सामने एक सीमित परिवेश था, समाज और जाति जो उनकी प्रमुख पहचान बनकर आयी है। जहाँ स्वयं आगे बढ़कर वर्ण-व्यवस्था के षड्यन्त्र को ध्वस्त करने हेतु उसके विरुद्ध वे टक्कर लेते हैं। जिसके कारण उन्हें हाशिए की ज़िन्दगी जीने के लिए विवश होना पड़ा। नये मानवीय मूल्यों की स्थापना करने के वे अभिलाषी साहित्यकार हैं। उनके अनुभव समाज के कड़वे सच को उजागर करते हैं, सामाजिक विषम व्यवस्था को नंगा करते हैं। डॉ. महीप सिंह ने लिखा है, 'उन्होंने अपने जीवन की उन तल्ख और निर्मम सच्चाइयों को इसमें उकेरा है जिनमें मानवीय पीड़ा अपनी पूरी सघनता से व्यक्त हुई है।'

## सन्दर्भ

1. दत्तात्रय मुरुमकर, पिंजरे की परिधि से बाहर का आत्मकथन, नवभारत प्रकाशन, दिल्ली, 2012
2. विचार यात्रा में, डॉ. एन. सिंह, राहुल प्रकाशन, दिल्ली, 1998

# 'रंग कितने संग मेरे' : स्वाभिमान से जीने का एक दस्तावेज़

**डॉ. ब्रजेन्द्र गौतम**

आत्मकथा लेखन तलवार की धार पर चलने जैसा है, इस परिप्रेक्ष्य में दलित साहित्यकार उसी धार पर चलकर आत्मकथा का लेखन कर रहे हैं। लिखना कठिन है, बेबाक लिखना उससे भी कठिन है, फिर अपने ऊपर आप बीती लिखना और भी कठिन है। ऐसे में दलित साहित्यकार मोहनदास नैमिशराय की आत्मकथा *'अपने-अपने पिंजरे' का तीसरा भाग 'रंग कितने संग मेरे' शीर्षक से कई रंगों को संग लेकर पाठकों के मन में कई रंग घोल रहा है। परत-दर-परत जीवन की गठरी को खोलते हुए आत्मकथा का प्रथम खण्ड 1995 में तथा दूसरा खण्ड सन् 2000 में प्रकाशित हुआ और अब यह तीसरा खण्ड 2019 में आया जिसे वाणी प्रकाशन ने पूरी गर्मजोशी के साथ प्रकाशित किया है।* 302 पृष्ठों की इस आत्मकथा की अभिव्यक्ति में लगभग 60 पृष्ठ में मित्रों, सहयोगियों, पाठकों, प्रकाशकों और अपने-पराये तथा स्नेही एवं प्रेमियों के मार्मिक प्रसंग उलाहना व स्नेह से पूर्ण पत्रों का अपार सिलसिला है एवं जिससे नैमिशराय जी जीवन की साँस में सरगमें भरते जिजीविषा के साथ रचनाशील रहते हैं। अन्यथा जीवन-पथ अकेली राह का राही बनकर रह गया होता...। बाक़ी के पृष्ठों में नैमिशराय जी का जीवन है, जीवन की समस्याएँ, जीवन की कुहक है। फिर भी है जीवन की तारतम्यता जिससे वे तत्पर रहते हैं। मानसिक वेदना, अभाव, परिजन, पुत्र वियोग, पारिवारिक खट-पट, ऐसे में एक लेखक पिता का रिस-रिसकर टूटना और अपनी राह स्वयं बनाकर इस मुकाम तक पहुँचना शायद बिरले ही कर पाते हैं।

स्वयं नैमिशराय जी कहते भी हैं जो शिद्दत से महसूसने वाली बात है—"आत्मकथा लिखना अपनी ही भावनाओं को उद्वेलित करना है। अपने ही ज़ख़्मों को कुरेदने जैसा है। जीवन के खुरदरे यथार्थ से रू-ब-रू होना है।

ऐसे खुरदरे यथार्थ से जिसे हममें से अधिकांश याद करना नहीं चाहते। इसलिए कि हमारे अतीत में बेचैनी और अभावों का हिसाब-किताब होता है। हम पीड़ित और शोषित समाज से रहे हैं। उत्पीड़न सहते-सहते बचपन से जवान होते हैं। जैसे गाँव-क़स्बों से नगरों-महानगरों की तरफ़ आते हैं, हमें लगता है कि अब हम जवान हो गये हैं। हम घोटूनुमा गाँव से छुटकारा पाकर शहरों में आ गये हैं और जातिगत उत्पीड़न से बच जायेंगे। ऐसा बहुत से दलित साथियों का भी मानना रहा है, लेकिन जल्द ही उनका यह भ्रम टूट जाता है और वे आहत हो जाते हैं। उनके सपने टूट जाते हैं।" नैमिशराय जी का यह कथन संघर्ष पथ की सच्चाई है कि दलित समाज के लोग गाँव हो या शहर, हर परिवेश और परिस्थितियों में वे पीसे जाते हैं। गाँव में कुछ और उत्पीड़न है तो शहर में कुछ और! कहीं दैहिक है तो कहीं मानसिक! ऐसे में इनकी आत्मकथाओं में कहाँ से आयेगी परिवेश की प्रगल्भता! लोग चाहे जो कहें, जैसा है वैसा ही उतर कर आयेगा उनकी आत्मकथाओं में! सच तो वैसे भी कड़वा होता है। लोगों को बुरा भी लगता है। इस बात की परवाह नैमिशराय ने नहीं की। जैसा जीवन जिया, वैसा लिखा। जैसे जीवन में रंग आये। वैसे ही पाठकों को दिखाये।

'रंग कितने संग मेरे' के परिप्रेक्ष्य में नैमिशराय जी ने अपने जीवन के विविध आयामी अन्तर्वस्तु को परिपाक किया है। जीवन के इस परिपाक में पल-पल का हिसाब दिया है और दी है परिपाक की परिपालना जिसकी आँच में उनका जीवन पका है। जीवन के कितने रंग उनके संग रहे और कितने छूटे, इसका लेखा-जोखा बड़ा ही हृदयग्राही बन पड़ा है। बात औरों की भी है और अपनी भी। अन्याय को सहेजने में जो पल छिन जाता है वह वक़्त की रहनुमाई और अगुवाई दोनों का पारखी होता है, परन्तु बात जब अपनी हो और वह भी जीवन संगिनी की तो यहाँ स्थितप्रज्ञ होना ही सच है, सच्चाई है और समय की सार्थकता जिसे नैमिशराय जी बिना लाग-लपेट के व्यक्त कर देते हैं। यथा—सामाजिक कार्यकर्ताओं और आन्दोलनकारियों से लेखक बने ऐसे साथियों की संख्या बढ़ गयी है जो अपनी पत्नियों पर आश्रित हो जाते हैं। ऐसी पत्नियाँ जो नौकरी में होती हैं। ऐसे में जिस घर की छत के नीचे बारोज़गार पत्नी होती है, उसी छत के नीचे पति बेरोज़गार स्थिति में होता है। वह भले ही कितना प्रसिद्ध लेखक क्यों न हो जाये, कितना भी प्रतिभाशाली हो, अपने ही परिवार में वह बेकार का आदमी साबित होता है या रिश्तेदारों के द्वारा कर दिया जाता है। हालात से मजबूर अधिकांश लेखकों, पत्रकारों, समीक्षकों, चिन्तकों की लगभग ऐसी ही स्थिति होती है। यह दर्द नैमिशराय जी का है जिसे उन्होंने व्यक्त कर दिया, परन्तु ऐसी स्थिति अन्यों

की भी होती है लेकिन वे उसे पर्दे के पीछे कर देते हैं। नैमिशराय के दुख का पहाड़ उस समय भी रास्ता रोके खड़ा था जब अपने बेटे को दफ़नाने के पूर्व उनकी पत्नी ने उन्हें सूचित भी नहीं किया। वे लिखते हैं—दुख तो मुझे पहले से ही बहुत था, सबसे बड़ा दुख यही कि बेटे को दफ़नाने से पूर्व या दफ़नाते हुए मेरी पत्नी ने मेरा इन्तज़ार तक नहीं किया, जबकि मैं दिल्ली में ही था।

बहरहाल 'रंग कितने संग मेरे' से यह तो बात स्पष्ट हो जाती है कि नैमिशराय जी के जीवन के साथ कितने रंग रहे और कितने छूट गये। आत्मकथा के इस तीसरे पड़ाव पर उन्होंने जीवन के इन्द्रधनुषी रंगों के साथ आज़ाद भारत की मानवता को चिथड़े होते प्रसंगों के परिप्रेक्ष्य में गाँव, शहर और संसद तक की स्थितियों को दर्शा दिया है कि 21वीं शताब्दी में हम कहाँ आ गये हैं? यह चिन्तनीय है! यक़ीनन रंग कितने संग मेरे संस्मरणों का कोलाज है और पाठकों को जीवन के तमाम रंग भी दिखाता है। हालाँकि यहाँ दुख और वेदना का रंग ज़्यादा है, ज़िन्दगी की ख़ूबसूरती के रंग कम हैं। निःसन्देह सच को लिखना, जख़्मों को कुरेदने जैसा है। पाठकों के लिए आत्मकथा लिखने का आधार सच को बयान करना, उसे अभिव्यक्त करना इस आत्मकथा में भी बख़ूबी वर्णित है। जीवन संघर्ष के लगभग पचास बरसों का लेखा-जोखा उनकी आत्मकथाओं के तीन भागों में आया है। चौथे भाग में कौन-से रंग किस रूप में आयेंगे यह तो समय ही बतायेगा।

बकौल लीलाधर मण्डलोई 2019 में मोहनदास नैमिशराय की आत्मकथा का तीसरा भाग 'रंग कितने संग मेरे' नाम से आया। कहना न होगा कि शायद जीवन का कोई रंग बचा हो, जो उनकी इस आत्मकथा में न उभरा हो। पर सवाल है कि कितने रंगों के साथ कब-कब रहे, शोधार्थियों को कोशिश कर तलाश करना चाहिए।

## सन्दर्भ

1. डॉ. ब्रजेन्द्र गौतम की फेसबुक से वाणी प्रकाशन के दरियागंज स्थित कॉन्फ्रेंस रूम में लोकार्पण के अवसर पर लीलाधर मण्डलोई की बात।

# मराठी दलित आत्मकथा साहित्य में समाज चेतना

डॉ. सुधाकर शेंडगे

कहा जाता है कि भारत विश्व में सबसे बड़ा लोकतान्त्रिक देश है, पर यहाँ का तन्त्र लोक के हाथ में न होकर, षड्यन्त्र बनकर विशिष्ट लोगों के हाथों में है। वास्तव में भारत के दो रूप हैं—सार्वभौम भारत और दूसरा बहिष्कृत भारत। सार्वभौम भारत बहिष्कृत भारत का शोषण करता आया है क्योंकि एक के पास सत्ता, सम्पत्ति का वर्चस्व है तो दूसरे के पास अभाव ही अभाव है। हज़ारों वर्षो से एक समाज ने जो भोगा है, सहा है उसकी प्रतिक्रिया, उसकी अभिव्यक्ति, व्यवस्था के प्रति विद्रोह और नकार का स्वर ही दलित साहित्य है। 'दलित साहित्य' का बीजारोपण महाराष्ट्र में होता है, इसका श्रेय इस दिशा में महाराष्ट्र की मनोभूमि उर्वर बनाने वाले महात्मा फुले और प्रज्ञासूर्य बनकर बहिष्कृत भारत में चेतना भरने वाले डॉ. बाबा साहेब अम्बेडकर को जाता है।

दलित साहित्य एक वैचारिक आन्दोलन है, जिसके मूल स्रोत में प्रज्ञा, शील और करुणा की शिक्षा देने वाले तथागत गौतम बुद्ध, एक बूँद से ही ब्राह्मण एवं शूद्र की उत्पत्ति मानने वाले सन्त कबीर और सभी अनर्थों का कारण अविद्या मानने वाले महात्मा फुले के विचारों का समावेश है। जिसे डॉ. अम्बेडकर ने आत्मसात किया और शिक्षा, संगठन एवं संघर्ष का सन्देश देकर दलितों के सोये हुए आत्मसम्मान को जाग्रत किया। लोग सचेत हुए, शब्द को ही उन्होंने शस्त्र के रूप में अपनाया। व्यवस्था के प्रति अपना रोष व्यक्त हुआ। अभिव्यक्ति का माध्यम था स्वानुभव। दलित साहित्यिक अभिव्यक्ति के सारे ख़तरे उठाकर अपने को और समाज को अभिव्यक्त करने लगा। दलित साहित्य ने साहित्य के मानदण्ड ही बदल दिये। उनकी दृष्टि में "मनुष्य सर्वप्रथम मनुष्य है, यही सत्य है। मनुष्य की स्वतन्त्रता ही शिव है और मनुष्य की मनुष्यता ही सौन्दर्य है।"

दलित साहित्यिक स्वयं तो जाग्रत है ही, अपने अनुभवों के माध्यम से वह अपने समाज में चेतना भरना चाहता है, इसलिए कहा गया है कि, "वही दलित लेखक दलित साहित्य लिख सकता है, जिसमें दलित चेतना है।" आत्मकथा में 'स्व' की ही नहीं बल्कि सम्पूर्ण समाज की व्यथा-कथा होती है। ये अनुभव, उनकी विद्रोही भाषा इतनी जीवन्त है कि, पाठक भी व्यवस्था पर रोष प्रकट करता है। दलित लेखक अपने समाज में, आत्मसम्मान, आत्मविश्वास, मानवमुक्ति के बीज बोना चाहता है ताकि स्वातन्त्र्य, समता, बन्धुत्व और न्याय के फल मिलें।

अपनी आत्मकथा लेखन के पीछे मेरा समाज जागृति ही उद्देश्य मानते हुए डॉ. किशोर काले लिखते हैं—"यह पुस्तक लिखने के पीछे मेरा एकमात्र उद्देश्य यही है कि मेरा समाज जागे और उठे।" इसका अर्थ यह है कि दलित साहित्यिक केवल व्यवस्था का विरोध ही नहीं करता बल्कि समाज का मन भी बनाने का काम करता है। यही कारण है कि दलित साहित्यकार अपने साहित्य को ही जनचेतना का हथियार मानता है। उसी के शब्दों में "हज़ारों बरसों से यहाँ इन्सान को अछूत कहा गया है, उसे गाँव के बाहर रखा गया है। नदी के नीचे वाले हिस्से में उसने पानी पिया। स्कूल में उसके लिए अलग जगह है। इस अमानवीय व्यवस्था को हटाने के लिए विद्रोह करना ज़रूरी था जिसे हमने साहित्य के रूप में छोड़ा। यह ख़ाली साहित्य नहीं हमारा हथियार है। अपनी किताब को मैं ख़ाली किताब नहीं, इस सड़ी-गली व्यवस्था के विरोध में उठाया गया हथियार समझता हूँ।" इस हथियार के बलबूते पर ही एक व्यवस्था को तोड़कर दूसरी व्यवस्था निर्माण करना चाहता है। जिस अस्मिता का, सामाजिक विषमता का, अन्याय का, तीव्र यातनाओं का अहसास डॉ. अम्बेडकर ने उन्हें दिलाया है, उस अस्मिता की लड़ाई के लिए वे तैयार हैं। संविधान द्वारा डॉ. अम्बेडकर ने स्वातन्त्र्य, समता, बन्धुता और न्याय का जो अधिकार दिया है, उसे वे अपना क़ानूनन हक समझकर व्यवस्था से सवाल उठा रहे हैं। 'उचक्का' में लक्षण गायकवाड़ सवाल उठाते हैं—पुस्तक के पहले पृष्ठ पर लिखा होता—"भारत मेरा देश है। सारे भारतीय मेरे बन्धु हैं। मुझे इस देश की परम्परा पर अभिमान है। मुझे लगता है अगर यह सही है तो हमें बिना अपराध के क्यों पीटा जाता है? सभी भारतीय अगर भाई हैं तो फिर मेरे भाइयों को काम क्यों नहीं दिया जाता, रहने के लिए अच्छा मकान क्यों नहीं मिलता।"

दलित साहित्यिक शिक्षित होकर व्यवस्था के सारे षड्यन्त्र समझने लगा है। धीरे-धीरे वह समझने लगा है कि, यह कैसी व्यवस्था है जहाँ एक घोड़े पर बैठता है तो दूसरा घोड़े के साथ भागता है। एक भरपेट खाता है तो दूसरा उसके जूठन

की राह ताकता है। एक जानवर जहाँ पानी पीते हैं वहाँ दूसरा पानी तक नहीं पी सकता, एक महल में रहता है तो दूसरा झोंपड़ियों में रहता है। एक सम्मान का जीवन जीता है तो दूसरा जानवरों की तरह। एक ओर श्रेष्ठत्व की भावना तो दूसरी ओर निम्नस्थ की। व्यवस्था की इस दलदल से लेखक अपने समाज को बाहर निकालना चाहता है। वह साहित्य के माध्यम से व्यवस्था से विद्रोह ही नहीं करता, बल्कि व्यवस्था ही नकारता है। अक्करमाशी में शरणकुमार लिंबाले लिखतें है—"ईश्वर मनुष्य-मनुष्य में भेद करता है। एक को अमीर दूसरे को ग़रीब। मनुष्य-मनुष्य में द्वेष फैलाने वाला यह कैसा ईश्वर है? सभी ईश्वर के पुत्र हैं ना? फिर हम अस्पृश्य कैसे? हमें गाँव के बाहर खदेड़ने वाला ईश्वर, धर्म या देश हमें मान्य नहीं है।"

इस प्रकार मराठी दलित आत्मकथाएँ सामाजिक प्रतिबद्धता से ओत-प्रोत हैं। दलित लेखक के लिए प्रतिबद्धता महत्त्वपूर्ण होती है। उसकी प्रखरता जितनी तीव्र है, उसकी कलाकृति उतनी ही झकझोरने वाली होगी। दलित साहित्य का जन्म ही एक सामाजिक फलनिष्पत्ति के कारण हुआ है। व्यवस्था द्वारा लादे गये बन्धनों को तोड़कर स्वातन्त्र्य, समता एवं न्याय के मूल्य पर एक नया समाज निर्माण करना ही उसकी मूल स्फूर्ति है। यही स्फूर्ति, यही चेतना वह समाज में भरना चाहता है। इसलिए ना केवल पुरुषों को बल्कि अतिशूद्र जीवन जीनेवाली नारी को भी ऊँचे सपने देखने के लिए प्रेरित करता है—"बाबा साहेब कहते हैं—महारिन के मन में अपने बेटे के लिए कौन से सपने होते हैं? यही कि वह चपरासी हो या सिपाही पर ब्राह्मणी की इच्छा होती है उसका बेटा कलेक्टर बने। ऐसी इच्छा महार की माँ की क्यों नहीं होती?"

दलित साहित्य का मूल स्वर विद्रोह एवं नकार का है। दलित साहित्य में 'नकार' और विद्रोह दलितों की वेदना के गर्भ से पैदा हुआ है। दलित साहित्यिक व्यवस्था से विद्रोह करता है और परम्परा का विरोध करता है। मानवीय अधिकारों के लिए लड़ता है और अमानवीय विचार-व्यवस्था को नकारता है। डॉ. अम्बेडकर के विचारों को अपना अमूल्य धन मानकर संविधान द्वारा मिला अपना अधिकार माँगने लगता है। 'असीम है आसमाँ' में दामू की यह अधिकार वाणी देखिए—"अरे हमारी भी कोई इज़्ज़त है, इन्सान के नाते हमारा सम्मान होना चाहिए। मैं हर दरवाज़े पर जाकर पवनी की भीख कैसे माँग सकता हूँ? वे बड़े गर्व से कहते हैं। पवनी हमारा हक है। तुम्हारा हक मेरी जूती तुमने देखा, कैसे रोटी के टुकड़े फेंकते हैं दूर से? मुझे कुत्ते जैसा यह आहार नहीं चाहिए। मुझे एक इन्सान का अधिकार चाहिए।"

इस प्रकार जागृति के चित्र हरेक आत्मकथा में देखने को मिलते हैं। जहाँ यह जागृति पुरुष लेखकों में हुई है, वहीं वह महिला लेखिकाओं में भी देखी जा सकती है। नारियाँ अब पढ़-लिखकर अपने जीवनानुभवों को अभिव्यक्ति दे रही हैं। ये नारियाँ भी व्यवस्था के षड्यन्त्र को समझ रही हैं और प्रश्न उठा रही हैं। 'जीवन हमारा' की बेबी काम्बले का यह आक्रमण और विद्रोही स्वर देखिए—"काश एक बार और ये सटवी हमारे सामने आते या कहीं मिल जाते तो दोनों हाथों से झिंझोड़-झिंझोड़कर उनसे पूछते क्यों रे ब्रह्म, क्यों रे सटवी, सवर्णों से धर्म के नाम की रिश्वत लेकर हम लोगों की पीढ़ियाँ मिट्टी में मिला दीं। हम इसलिए इतनी पूजा-अनुष्ठान करके तुम्हें बुलाते हैं कि तुम सवर्णों के हक में खड़े होकर हमारे साथ अन्याय करो?"

सभी आत्मकथाओं में डॉ. बाबा साहेब अम्बेडकर और उनके विचारों के दर्शन होते हैं। प्रज्ञासूर्य ने ही दलितों के जीवन में क्रान्ति की लहर पैदा की है, उसे दलित लेखक कैसे भूल सकता है। शरणकुमार लिंबाले को वह पिता की तरह, बेबी काम्बले को 'सूर्य' की तरह और नरेन्द्र जाधव को वे आधुनिक 'कर्ण' की भाँति नज़र आते हैं। हरेक लेखक डॉ. अम्बेडकर को प्रेरणादायी व्यक्तित्व मानकर उनके चरणों पर नतमस्तक होता है। क्योंकि इस प्रज्ञासूर्य ने ही उनके जीवन के अन्धकार को मिटाया है इसलिए उनके बग़ैर न कोई आत्मकथा शुरू हो सकती है न समाप्त। 'दलित समाज को उनकी अस्मिता का, उनके मनुष्य होने का, सामाजिक विषमता में उनपर होने वाले अन्याय का, अस्पृश्य जीवन की यातनाओं का तीव्र अहसास मुख्यतः डॉ. बाबा साहेब के कारण ही आया है।' इसी अहसास की निष्पत्ति मराठी दलित आत्मकथाएँ हैं।

इस प्रकार हम देखते हैं कि दलित साहित्य का जन्म ही एक सामाजिक फलनिष्पत्ति के उद्देश्य से हुआ है। सामाजिक बन्धनों को तोड़कर समता एवं बन्धुता के मूल्य पर वह नया समाज का निर्माण करना चाहता है। दलित आत्मकथाकार बड़ी सरलता से अपने गुण-दोषों को, सामाजिक त्रासदी को, सामाजिक अन्तर्विरोधों को, सामाजिक विडम्बनाओं को प्रस्तुत ही नहीं करता बल्कि अपने समाज में चेतना भर देता है। अपने शब्दों का शस्त्र वह अपने समाज के हाथों में सौंपना चाहता है, ताकि सोया हुआ समाज शामिल हो, विचारों का सोना लूटा जाये और क्रान्ति की लहर पैदा होने के साथ-साथ भारतरत्न प्रज्ञासूर्य डॉ. भीमराव अम्बेडकर का सपना पूरा हो। इस दृष्टि से शरणकुमार लिंबाले, लक्ष्मण गायकवाड़, लक्ष्मण माने, दया पवार, बेबी काम्बले आदि की आत्मकथाएँ दलित साहित्य के मील का स्तम्भ मानी जानी चाहिए।

## सन्दर्भ


1. 'दलित साहित्य का सौन्दर्यशास्त्र', शरणकुमार लिंबाले, पृ. 33
2. वही, पृ. 144
3. 'छोरा कोल्हाटी का', किशोर शान्ताबाई काले, पृ. 7
4. 'दलित साहित्य का सौन्दर्यशास्त्र', शरणकुमार लिंबाले, पृ. 136
5. 'उचक्का', लक्ष्मण गायकवाड़, पृ. 48
6. 'अक्करमाशी', शरणकुमार लिंबाले, पृ. 108
7. 'अछूत', दया पवार, पृ. 54
8. 'असीम है आसमाँ', डॉ. नरेन्द्र जाधव, पृ. 1
9. 'जीवन हमारा', बेबी कॉबले, पृ. 73
10. 'मराठी आत्मकथापरक लेखन', उषा हस्तक, पृ. 137
11. 'मराठी दलित आत्मकथा साहित्य में समाज चेतना, 'बयान' (अप्रैल, 2010) में प्रकाशित डॉ. सुधाकर शेंडगे के आलेख से।

# दलित आत्मकथाकार की समस्याएँ, चुनौतियाँ और सीमाएँ

**डॉ. अभय परमार**

दलित साहित्य के प्रति समर्पित दलित बौद्धिक वर्ग यह मानता है और दलित आत्मकथाएँ पढ़ने से ऐसा लगता भी है कि हिन्दुत्व के मनुवाद ने अब स्थूल से सूक्ष्म रूप ले लिया है और वह पहले से ज़्यादा ज़हरीला हो गया है।

सूरजपाल चौहान की तरह 'जूठन' का लेखक ओमप्रकाश वाल्मीकि भी चौतरफ़े हमलों से लहूलुहान है। वाल्मीकि सरनेम से उन्हें अच्छी-खासी परेशानी का सामना करना पड़ा है। अपने समाज वाले जो अब भंगीपन से तंग आ चुके हैं और झूठ-मूठ ही सही किन्तु भंगीपन से ऊपर उठकर खुली हवा में जीना चाह रहे हैं।

बड़ी मुश्किल से अपने जीवन के सफ़र की एक-एक ईंट रखने वाले डी.आर. जाटव भी सवर्णों से परेशान रहे किन्तु उन्हें दुख इस बात का है कि दलित समाज के 'अपने लोग' भी वही काम करते हैं और इससे सवर्णों की इस दलित विरोधी प्रवृत्ति को और अधिक गति मिलती है। 'मेरा सफ़र मेरी मंज़िल' में आत्मकथाकार इस कटु सत्य को बेबाक अभिव्यक्त करते हैं।

आत्मकथाकार मोहनदास नैमिशराय इस आन्तरिक विभेदकारी जाति प्रथा से अधिक परेशान हुए जो दलितों को अलग-अलग टुकड़ों में बाँटे हुए है। डॉ. जाटव लिखते हैं कि राजनीतिज्ञ कोई भी हो वह अपना उल्लू सीधा करने में ही लगा रहेगा, भला दलित पॉलिटिशियन इसमें कैसे अपवाद हो सकते हैं।

अधिकांश दलित नेताओं को जाति की इन रेखाओं से कुछ लेना-देना नहीं है। सच यह भी है कि रेखाएँ रहेंगी तो उनकी राजनीति चलेगी, वरना फिर उन्हें कौन पूछेगा। इसलिए ऐसे नेता समाज से जाति भेद के ख़त्म होने की बात नहीं सोचते। इसके विपरीत वर्ण व्यवस्था के अनुसार वे रेखाएँ और

उभरें इस बारे में वे प्रयास करेंगे। जगह-जगह जाकर दलितों के बीच जाति भेद पर भाषण देंगे।

'झोंपड़ी से राजभवन' में माताप्रसाद दलित समाज की आन्तरिक पर्तों को खोलने में सफल हुए हैं किन्तु प्रत्यक्ष रूप से दलितों के द्वारा उनको मुश्किलों का सामना करना पड़ रहा हो इसका उल्लेख नहीं करते। हाँ, अपनी मँगनी के समय पड़ोसी द्वारा उनके अपाहिज होने की बात करके विडम्बना डालने की घटना ज़रूर ले आते हैं।

डॉ. रमाशंकर आर्य की 'घुटन' दलित बनाम दलित के पहलुओं को प्रभावक तरीके से उद्‌घाटित करने वाली आत्मकथा है। घुटन के बारे में पंक़ज़ चौधरी लिखते हैं–

"डॉ. रमाशंकर आर्य की इस पूरी आत्मकथा को पढ़ने के बाद दो-तीन बातें प्रमुखता से उभरती हैं और यही इस आत्मकथा को उन अनेकों दलित आत्मकथाओं से अलग और विशिष्ट बनाती है जिसका आत्मकथाकार चित्रण करने से सायास-अनायास बचते रहते हैं। ये दो-तीन बातें हैं–दलित भी कई जातियों-उपजातियों में बँटे हुए हैं और इसमें भी एक जाति दूसरी जाति से अपने को न केवल श्रेष्ठ और ऊँची समझती है बल्कि इसी आधार पर छूत और अछूत की भयंकर बीमारी भी पाले हुए है। दूसरी बात जो ध्यान खींचती है वह है पिछड़ी जाति का दलितों के प्रति सामाजिक व्यवहार। स्वयं दलित समुदाय के लेखक पासवान दुसाध जाति से हैं। दुसाध जाति भी कई उपजातियों में बँटी हुई है। दुसाध जाति की डाटी उपजाति जो पासवान में निकृष्टतम समझी जाती है।"

'तिरस्कृत' का लेखक कहता है कि समय बदला लेकिन ठाकुर नहीं बदला है। वे अपनी चाल से बाज नहीं आते। भंगी मुहल्ले में पक्का मकान बने यह ठाकुरों से बर्दाश्त नहीं होता और इसीलिए वे जाटवों को अपने घर बुलाता है और लेखक के घर के निर्माण को स्थगित करने का षड्‌यन्त्र रचता है किन्तु इस बार ठाकुर अपनी चाल में सफल नहीं हो पाता। वही चमार जो एक बार ठाकुर की कुटिल चाल का शिकार हो चुके थे सीधे लेखक के पिता के पास आकर ठाकुरों द्वारा निर्मित इस षड्‌यन्त्र की बात करते हैं और विश्वास भी दिलाते हैं कि आप घर बनाओ देखते हैं कौन माई का लाल तुम्हें रोकने के लिए आता है–प्रभु कल्लन, सुमरू, परसादी, लोटन और इतवारी सभी जाटव लठैत लेकर बनते घर के सामने खड़े थे। उन्होंने एक स्वर में मेरे पिता का नाम लेकर आवाज़ लगाई। पिता साथ में बनी कच्ची कुठरिया से निकलकर आये। मैं चन्दू डोकर के नीम

के तने का सहारा लिए खड़ा था। लटूरी गाँव के बसीठो के साथ-साथ अपने घर के पास रुक गया था जो हमारे घर से थोड़ी ही दूरी पर था–

"रोहन भैया तू बना मकान, हम देखते हैं तुझे कौन ससुरा रोकता है मकान बनाने के लिए।" प्रभु ने पिता के कन्धे पर हाथ रखते हुए कहा।

'सन्तप्त' शीर्षक से आयी सूरजपाल चौहान की आत्मकथा का दूसरा भाग सवर्ण बनाम दलित की संघर्ष कथा को आगे बढ़ाता है।

हिन्दू समाज और साहित्यकारों के प्रति व्यक्त की गयी डॉ. बाबा साहेब की शंकाएँ यहाँ सच होती हैं। 'वसुधैव कुटुम्बकम्' वाले शंकराचार्यों की ग्राम्य संरचना का एक नमूना जूठन में ओमप्रकाश देते हैं–

"जोहड़ी के किनारे पर चूहड़ों के मकान थे, जिनके पीछे गाँव भर की औरतें, जवान लड़कियों, बड़ी-बूढ़ी यहाँ तक कि नयी नवेली दुल्हनें भी इस डब्बो वाली के किनारे खुले में टही-फरागत के लिए बैठ जाती थीं। इस माहौल में यदि वर्ण व्यवस्था को आदर्श व्यवस्था कहने वालों को दो-चार दिन रहना पड़ जाये तो उनकी राय बदल जायेगी।"

"एक बार स्कूल में मास्टर साहब द्रोणाचार्य का पाठ पढ़ा रहे थे। मास्टर साहब ने लगभग रुआँसा होकर बताया था कि द्रोणाचार्य ने भूख से तड़पते अश्वत्थामा को आटा पानी में घोलकर पिलाया था, दूध की जगह। द्रोणाचार्य की ग़रीबी की दारुण कथा सुनकर पूरी कक्षा हाय-हाय कर उठी थी।

"मैंने खड़े होकर मास्टर साहब से एक सवाल पूछने की धृष्टता की थी। 'अश्वत्थामा को तो दूध की जगह आटे का घोल पिलाया गया और हमें चावल का माँड़।'

"मास्टर साहब चीख़ उठे थे, 'घोर कलयुग आ गया है...जो एक अछूत जबान ज़ोरी कर रहा है।'

"चूहड़े के, तू द्रोणाचार्य से अपनी बराबरी करे है...ले तेरे ऊपर मैं महाकाव्य लिखूँगा....." उससे मेरी पीठ पर सटाक-सटाक छड़ी से महाकाव्य रच दिया।

इस प्रकार असंख्य बार इन द्रोणाचार्यों ने लेखक की पिटाई की थी लेकिन एक प्रसंग द्रष्टव्य है जब ब्रजपाल सिंह त्यागी नाम के शिक्षक ओमप्रकाश और उनके मित्र भिक्खूराम को घर भेजते हैं गेहूँ लेने। ब्रजपाल के पिताजी जो पहले दोनों लड़कों का स्वागत करते हैं खाना भी खिलाते हैं लेकिन जब पता चलता है कि लेखक चूहड़ा जाति का है बुजुर्ग आपे से बाहर हो जाते हैं–

"बुजुर्ग ने चारपाई के नीचे पड़ी लाठी उठाकर तड़ से मार दी थी, भिक्खूराम की पीठ पर। हाथ तगड़ा था। भिक्खूराम बिलबिला गया था।"

ओमप्रकाश वाल्मीकि लिखते हैं कि सवर्णों की दलितों के प्रति घृणा बढ़ती ही रही है। समय-समय पर इसका स्वरूप अलग रहा है। जब दलित अपनी अस्मिता के लिए उठकर खड़ा होता है तो उस पर जातिवादी होने का आरोप लगा दिया जाता है यह आरोप लगाने वाले वे लोग होते हैं जो जातिवाद के कट्टर समर्थक हैं। यह एक चाल है परम्परावादियों और यथास्थिति बनाये रखने वालों की, जो दलितों के प्रति हमेशा शंकाग्रस्त होते हैं।

'मेरा सफ़र मेरी मंज़िल' के लेखक डी.आर. जाटव के बचपन के अनुभव अन्य आत्मकथाकारों से भिन्न हैं। लगभग सभी आत्मकथाकारों ने इस बात का उल्लेख किया है कि वे बचपन में ही सवर्णों द्वारा सताये गये हैं और क़दम-क़दम पर अपमानित किये गये हैं किन्तु जाटव का कहना है कि उनके पिताजी ने परम्परा से हटकर नया धन्धा स्वीकारा था इसीलिए उन्हें छुआछूत का सामना कम ही करना पड़ा था। उत्तर प्रदेश के अलीगढ़ में स्थित हाथरस शहर में एक अनाज के व्यापारी बनिया की दुकान पर अनाज ढोने का काम करते थे लेखक के पिताजी। किन्तु लेखक जैसे-जैसे जीवन का सफ़र आगे बढ़ाते हैं अन्य दलित व्यक्तियों की तरह उन्हें भी मनुवाद के पाशवी पंजों का अनुभव होने लगा था। लाख चाहने के बावजूद भी इसकी क्रूरता से बचना असम्भव था। उच्च अभ्यास के लिए आगरा कॉलेज में प्रवेश लेने वाले लेखक को सवर्ण छात्रों द्वारा जातिगत रूप से अपमानित होना पड़ता है। "आगरा कॉलेज का यह छात्रावास, जहाँ मैं और अन्य तीन-चार हमारी जाति के छात्र रहते थे, महात्मा गाँधी रोड पर राजा मण्डी के निकट अवस्थित था। जहाँ हमें मथुरा के चौबे छात्रों का सामना करना पड़ा। उन्होंने न केवल हमें अलग-थलग रखा, बल्कि वे हम से घृणा करते, अछूत नीच समझते थे। हम केवल पाँच छात्र थे जिनको उन्होंने छात्रावास के भोजनालय में खाना खाने के लिए सम्मिलित नहीं किया। हमें ढाबे में भोजन करना पड़ता, स्नानघरों तथा शौचालयों को हम कभी-कभी चौबे छात्रों के निवृत्त होने के बाद प्रयोग में ला पाते थे।

"मिलकर कॉलेज के प्राचार्य से शिकायत की, किन्तु उसने हमारी एक भी नहीं सुनी। उसने हमारी परेशानियों को न समझा न मिटाया। फलतः हम सब मिलकर विश्वविद्यालय के कुलपति से मिले जो कॉलेज के प्राचार्य से भी कठोर एवं निष्ठुर निकला। उल्टे उसने हमें डाँटा और कहा–

"तुम नीच जाति के छात्र पढ़ते नहीं और नेतागिरी करते हो। मैं कहता हूँ जाओ, फिर कभी इधर मत आना। उसने हमें अपने कमरे से बाहर जाने को कहा और हम अपना सा मुँह लेकर चले आये। वह न केवल निरंकुश,

बल्कि घमण्डी भी था। मुझे यह बहुत ही बुरा महसूस हुआ। हम करते भी क्या, केवल हिन्दू समाज की जाति व्यवस्था तथा छुआछूत को कोसकर रह गये।"

लेकिन आत्मकथाकार ऐसे ग़ैर-दलित बौद्धिकों का ज़िक्र करना भी नहीं भूलते जो हिन्दुत्व की तमाम संकीर्णताओं से ऊपर उठे हुए हैं। उनके जीवन का उद्देश्य अभावग्रस्त मनुष्य की मदद करना रहा होता है। उनके लिए व्यक्ति का मनुष्य होना ही काफ़ी होता है। डॉ. बी.जी. तिवारी एक ऐसे ही व्यक्ति हैं। सन् 1960 के दौरान जब लेखक उन्हें पीएच.डी. करने की योजना बताते हैं।

'अपने-अपने पिंजरे' का लेखक बचपन से ही पुरातन पन्थी ग्रामीण सवर्णों की संकुचित और वर्ण व्यवस्था आधारित विकृत मानसिकता को धुएँ में उड़ाता चलता है—"गाँव मुझे ख़ूब रास आता था, भले ही उसके भीतर और बाहर जातियों की रेखाएँ थीं। उन रेखाओं से मैं बँधता न था। उन्हें उलाँघ जाता था।"

बचपन से ही नास्तिक और हिन्दुत्व के ख़िलाफ़ मोर्चा खोलने में यह नास्तिकता लेखक को मदद रूप होती है। अपने बाल दोस्तों समेत ब्राह्मणवादी सवर्णों के गढ़ समान मन्दिर में सुराग करने लेखक पहुँच जाता है। उसके लिए यह घटना विजयोत्सव समान होती थी। वह शोर-शराबा करता था किन्तु थोड़ी ही देर में पुजारी और उसके चमचे आ पहुँचते थे—"अरे चौरसिया, ये किसके बच्चे हैं?" और चौरसिया झट से उत्तर देता—ससुरे चमारों के हैं।

"यब भरस्ट करके रख दिया है। इन्होंने।"

"हा भइया, अब इन्हें आज़ादी जो मिल गयी है। हमारे ज़माने में तो इतना खुलापन न था।"

इस बीच बालक मोहनदास आरती की थाली को छू लेता या प्रसाद दे रहे पुजारी के हाथ को। एक बार चमार बालक का स्पर्श ब्राह्मण पुजारी को हो जाय फिर तो पूछना ही क्या? "तू चमार का है न! सब कुछ भरस्ट कर दिया। कितनी बार कहा तुम ढोरों से प्रसाद दूर से लिया करो।"

किन्तु पुजारी के इन विधानों ने लेखक के बाल मानस में बगावत की ज्वाला भड़का दी थी। बालक मोहनदास ने उस पुजारी को तो दुत्कार ही दिया साथ ही उस पुजारी के पिट्ठू बने हुए भगवान को भी खरी-खोटी सुना दी—"थू तुम्हारा मन्दिर और तुम्हारा प्रसाद...।" कहकर मैं चला आया था। उस दिन के बाद मैं मन्दिर नहीं गया था। मन्दिर मुझसे मीलों दूर हो गया था जैसे मन्दिर के भीतर रखे पत्थर के देवताओं के प्रति नफ़रत सी हो गयी थी। शायद यहीं से मेरे भीतर कोई नास्तिक पुरुष आकर बैठ गया था।

गंगा के मेले में बालक मोहनदास अपने माँ-बाप और बिरादरी वालों के साथ जाने के लिए निकलता है। पूरे विश्व में गंगा को हिन्दुओं की माता और धर्म की श्वेत स्रोतस्विनी कहने वाले हिन्दू वहाँ भी दलितों के साथ भेदभाव बरतने से बाज नहीं आते।

गंगा यात्रा पर जाने वाले दलितों को वहाँ के चौबे और पण्डे दूर से ही पहचान लेते थे और उनके साथ तुच्छकार से पेश आते थे—"चायवाले ने अपने बर्तनों को हमें छूने नहीं दिया। हमारे पास जो गिलास थे, उन्हीं में हमने चाय पी।"

"गंगा के घाट पर हमारी जाति के तम्बू डेरे अलग लगे। एक छोटा-सा चमारबाड़ा वहाँ भी उभर आया था। हमसे अलग जाटों, बामनों, ठाकुरों के खेमे थे। मेले में आये हर यात्री को देर-सबेर पता चल ही जाता था कि उसकी जात के लोग किस दिशा में हैं। जातियों के इन खेमों में जैसे-जैसे लोग सिमट रहे थे, रेत पर तम्बू डेरों की क़तारों में बढ़ोतरी हो रही थी।"

नौकरी-पेशे के दौरान लेखक आत्मकथाकार को इन्हीं तकलीफ़ों का सामना करना होता है। स्कूल की नौकरी के दौरान का एक नज़ारा—

"हमारे मेरठ के स्थानीय कॉलिज के कार्यालय में जहानसिह नाम के व्यक्ति काम करते थे। वे उच्च शिक्षा प्राप्त थे पर यहीं क़लम घसीटते थे। एम.ए., एल.एल.बी., एल.एल.एम. होकर भी क्लर्क थे। शायद इसलिए कि दलित थे। ऑफ़िस में अक्सर उनका झगड़ा रहता था। सवर्ण कर्मचारी और अध्यापक उन्हें बाबू जगजीवन राम कहकर चिढ़ाते थे। बाबूजी की तरह ही उनका पक्का रंग था। पर वे ख़ूब बरसते थे। किसी से दबकर नहीं रहते थे। मेरे स्कूल में आने से उन्हें अच्छा लगा था। हम अब दो हो गये थे। लेकिन बहुमत तो सवर्णों का ही था।"

'झोंपड़ी से राजभवन' में माताप्रसाद सवर्णों के जुल्म का कुछ इस प्रकार उल्लेख करते हैं—"वैसे सवर्ण जन्मजात करेले जैसे कट्टर हुआ करते हैं साथ ही ज़मींदारी मिलने पर मानो नीम पर चढ़ गये हों। क़स्बों और गाँवों में भूमिहीन मज़दूरों जिसमें दलित अधिक थे इनको गाली देकर बात की जाती। इनके घरों की औरतें जब खेतों में काम करने जातीं तो उनके साथ अभद्रता की जाती। ऐसे लोगों में उत्तर प्रदेश के पूर्वी ज़िलों में चमार जाति मुख्य थी जो ज़मींदार किसान, सरकारी कर्मचारी और जातीय चौधरियों तथा ओझाओं के शोषण से दुखी थी।"

लछिमनराम नाम के दलित शिक्षक लेखक को पढ़ाते थे। दलित समाज के प्रति उनकी सहानुभूति थी किन्तु सवर्णों से यह सहा नहीं जाता था—"हमें वहाँ पढ़ते हुए दो ही हफ़्ते हुए थे कि एक दिन जब स्कूल के हेडमास्टर रविशंकर सिंह नहीं थे, पास के गाँव गोधपुर के तिवारी आये, उन्होंने मुंशी लछिमनराम से

कहा कि 'चमार' होकर तुमने हमारे ब्राह्मण लड़के को क्यों मारा? यह कहकर उन्होंने मुंशी जी के गाल पर झापड़ लगा दिया।"

हिन्दुत्व के पाशवी शिकंजे कितने क्रूर होते हैं इसका एक अन्य उदाहरण माताप्रसाद हमें देते हैं। सिर्फ़ किताबों में लिख देने से छुआछूत मिटती नहीं है। अपनी रचना के दलित नायक को आप विद्रोही बनाकर उसके पक्ष में खड़े हो सकते हैं क्योंकि यह बात किताब तक ही सीमित होती है पर वास्तव में दलित समस्या से रू-ब-रू होना बड़ी कठिन बात है।

गुजरात के प्रखर राजनीतिज्ञ और पूर्व मन्त्री और दलित नेता ललित परमार अपनी आत्मकथा में लिखते हैं कि—अगर सवर्ण हिन्दू दलितों के विकास में कोई मदद नहीं करते न करें किन्तु उनके विकास पथ में रोड़े डालना बन्द कर दें तो भी बहुत-सी बातें दलितों के लिए आसान हो जायेंगी। बालक माताप्रसाद के जीवन में घटी यह घटना ललित परमार की बात का समर्थन करती है—"एक दिन मैं अपने रास्ते से जा रहा था, वह रास्ता अरूवाँवा की दलित बस्ती से जाता था। उस बस्ती के आगे अपने खेत में एक ब्राह्मण काम कर रहा था। मुझे देखकर बिना किसी कारण के गाली देने लगा। मैं कुछ बोला नहीं। एकान्त था मैंने सोचा कि यदि कुछ बोलता हूँ तो यह मेरी पिटाई भी कर देगा। कोई यहाँ सुनने वाला भी नहीं। मैं चुपचाप चला गया। उस ब्राह्मण को लगा कि मैं ब्राह्मण होकर खेत में काम कर रहा हूँ और यह चमार होकर पढ़ने जा रहा है। इसी हीनता के कारण उसने मुझे गाली दी। बाद में मैं उक्त रास्ता छोड़कर सड़क से आने-जाने लगा।"

सूरजपाल चौहान की तरह ओमप्रकाश वाल्मीकि का परिवार भी सवर्ण हिन्दू समाज की बदौलत अन्धविश्वासों में डूबा हुआ था। भूत-प्रेत की छाया के प्रति पूरी बस्ती में अजीब माहौल था। पारिवारिक ताने-बाने का सूक्ष्म चित्रण 'जूठन' का लेखक करता है। परिवार में घटित चरित्र हनन की बातों को भी बेबाकी से कहने की हिम्मत ओमप्रकाश वाल्मीकि में है। विधवा चाची के किसी अन्य पुरुष के साथ अनैतिक सम्बन्धों की भनक पिताजी को आ गयी थी—

"पिताजी और बड़े भाई सुखबीर कहीं बाहर से लौटकर आये थे। उनमें कुछ खुसुर-पुसुर हो रही थी। अचानक पिताजी गुस्से में उबल पड़े। एक डण्डा पड़ा हुआ था, उसे उठाकर उन्होंने चाची की पीठ पर जड़ दिया। इस अचानक प्रहार से चाची दोहरी हो गयी थी—'मुझे बचा लो...' चिल्ला रही थी।"

पारिवारिक एकता को लेकर हमेशा चिन्तित रहने वाले पिताजी लेखक की पढ़ाई के लिए भी सतर्क नज़र आ रहे हैं। एक बार फौजी सिंह त्यागी नाम का व्यक्ति बालक आत्मकथाकार को ज़बरदस्ती बेगार के लिए ले जाता है।

इस घटना से लेखक के पिताजी गुस्सा हो जाते हैं—"घर लौटकर पिताजी को बताया तो वे आग-बबूला हो गये थे। वे मुझे कोई भी काम नहीं करने देते थे बस पढ़ाई करो और पढ़-लिखकर अपनी जाति सुधारो। उन्हें पता नहीं था, पढ़-लिखकर जातियाँ नहीं सुधरतीं। वे सुधरती हैं जन्म से।"

चन्दा आत्मकथाकार ओमप्रकाश वाल्मीकि की पत्नी है। उनके संसार रूपी रथ को आगे बढ़ाने में चन्दा बढ़-चढ़ कर सहयोग देती हैं यहाँ तक कि मेघदूत नाम की नाट्य संस्था जो लेखक संचालित कर रहे हैं उसमें वह अभिनय भी करती है। Behind every success there is a woman. ओमप्रकाश वाल्मीकि के लिए शत-प्रतिशत सही साबित होता है।

'मेरा सफ़र मेरी मंज़िल' के लेखक डी. आर. जाटव का पारिवारिक घोंसला भी बचपन में ही बिखर चुका था। परिवार के सर संचालक पिता के देहान्त के कारण लेखक का जीवन उस नाव की तरह हो गया था जो पार तो उतरना चाहती है मगर खेवैया ही नहीं है। परिवार के भरण-पोषण के लिए सर्दी के समय घोर ठण्डे दिनों में, गर्मी की भयंकर लू के समय और बरसात के भीगे मौसम में भी काम करना पड़ता था।

पिता अचानक बीमार पड़ गये। वैसे उनका शरीर हृष्ट-पुष्ट था। किन्तु उनका गला अवरुद्ध हो गया और शान्तिपूर्वक किसी को टहल-चाकरी का अवसर दिये बिना इस संसार से उन्होंने नाता तोड़ लिया।

पिताजी की दिली तमन्ना थी कि बेटा पढ़े और आगे बढ़े। क्योंकि उनका जीवन धूल भरी सड़कों में गुज़रा था। वे नहीं चाहते थे कि बेटा भी उसी प्रकार अपना जीवन गुज़ारे।

अन्य आत्मकथाकारों की तरह डी.आर. जाटव भी बाल विवाह के बन्धन में बँध चुका था। किन्तु पढ़ने की सच्ची लगन के कारण वैवाहिक जीवन उनकी प्रगति में बाधक नहीं बना। प्राथमिक पढ़ाई से अपनी शिक्षा का सफ़र शुरू करने वाला आत्मकथाकार डॉ. लिट. की उच्चतम उपाधि भी ग्रहण कर लेता है। डी. आर. जाटव लिखते हैं कि जो लोग दलित समाज से आ रहे हैं उन्हें हमेशा चौकन्ना रहना चाहिए। कुछ लोग हैं घटनाओं को बनाते हैं, कुछ ऐसे हैं जो सामान्यतः घटनाओं को देखते रहते हैं और अधिकांश ऐसे लोग हैं जो उनके चारों ओर होने वाली घटनाओं से बेख़बर होते हैं।

सच्चे अम्बेडकरवादियों को अपनी-अपनी क्रान्तिकारी, किन्तु रचनात्मक भूमिकाएँ निभानी हैं जैसे मैं व्यक्तिगत अपनी सामर्थ्यानुसार रोगों एवं विपदाओं के मध्य भी थोड़ा बहुत निभाता आ रहा हूँ।

'अपने-अपने पिंजरे' के लेखक मोहनदास नैमिशराय आत्मकथा के शीर्षक के अनुसार अलग-अलग हिस्सों में बँटे समाज का वर्णन करते हैं। इसमें दलित और ग़ैर-दलित समाज भी समाहित है। मराठी आत्मकथाकार दया पवार ने अपने परिवार का ज़िक्र करते हुए 'अछूत' में लिखा है कि मेरा परिवार खेत में लगे मूँगफली के पौधे की तरह होता था जो ऊपर से ही बिखरा हुआ लगता था किन्तु अन्दर से एक-दूसरे से जुड़ता हुआ होता था। 'अपने-अपने पिंजरे' में मोहनदास नैमिशराय अपने परिवार के इस आन्तरिक जुड़ाव को हमारे सामने प्रस्तुत करते हैं—'मेरे जन्म के चन्द बरस बाद माँ नहीं रही थी। वह राख और मिट्टी में बदल गयी थी। उसका कतरा-कतरा जल गया था। आग में मिलकर वह मुझसे सारी दुनिया से अलग हो गयी थी। माँ की मृत्यु का अहसास मुझे उस समय कहाँ था? भला होता भी कैसे?'

माँ के अवसान के बाद ताऊ के पास रहकर ही आत्मकथाकार बड़ा होता है और ताऊ को बा कहकर पुकारता है। ताई उसके लिए माँ बन गयी थी। पिताजी ने दूसरी शादी कर ली थी। आत्मकथाकार का उदास मन उसे शहर की ओर खींच ले गया।

दलित आन्दोलन के साथ गहरे जुड़ाव के कारण आत्मकथाकार अपने परिवार में ही अजनबी होने लगा। पारिवारिक जीवन इतना तनावग्रस्त रहने लगा कि आख़िर में पत्नी मायके चली गयी और अपने पुत्र के निधन तक की ख़बर उसने नहीं पहुँचाई। मोहनदास अपनी आत्मकथा में उस प्रसंग को कुछ इस प्रकार ले आते हैं अगले दिन सुबह जैसे ही मैं नीचे आया गली में एक दो महिलाओं ने पूछा, "मोहनदास तुम्हें कुछ पता नहीं है।"

"क्या?" मैंने कहा।

"यही कि मनीष कल मर गया।" वे बोलीं।

"क्या?"

अकस्मात् इस ख़बर को सुनकर मुझे गहरा आघात लगा।

हज़ारों सवाल मेरे आस-पास गूँज रहे थे उनमें एक सवाल हथौड़े की तरह मुझ से ही पूछ रहा था, क्या तुम अपने बेटे की मौत के ज़िम्मेदार नहीं हो?

## सामाजिक चुनौतियाँ

मराठी दलित लेखक आत्मकथा को 'स्वकथन' कहते हैं। इनके लिए कथन शब्द महत्त्वपूर्ण है जिसका अंग्रेज़ी अर्थ है statement जबकि आत्मकथा में आया हुआ अर्थ statement का पर्याय न होकर फैंटसीपूर्ण लगता है। मराठी आत्मकथाकारों

का स्वकथन वाला अर्थ ही दलित आत्मकथाकार स्वीकारता है। 'तिरस्कृत' आत्मकथा की भूमिका में लेखक लिखता है—"यदि इस पुस्तक से भारतीय समाज के लोगों को जोड़ने वाले रस्से का कोई छोटा धागा भी बन सका तो मैं इसे सार्थक समझूँगा।"

दलित समाज की आन्तरिक विभेद रेखाएँ आत्मकथाकार को बहुत ही व्यथित करती हैं। इससे उभर पाना उनके लिए बहुत बड़ी चुनौती है—"इन्द्रेश नगर में ज़्यादातर सफ़ाई करने वाले भंगी और जूते बनाने, मरम्मत करने वाले जटिया रहते थे। भंगी अपने आपको वाल्मीकि कहलाना पसन्द करते थे और जाटव रहते भी थे अलग-अलग हिस्सों में।"

'मेरा सफ़र मेरी मंज़िल' के लेखक जाटव की सामाजिक स्थिति 'तिरस्कृत' और 'जूठन' के लेखकों से थोड़ी अलग है। श्री जाटव अपना सामाजिक विवरण देते हुए कहते हैं—"निस्संकोच ऐतिहासिक विवरण की दृष्टि से, मानव जाति के वृहद् इतिहास में मेरे पूर्वज नाचीज़ एवं नगण्य थे। वे हिन्दू समाज के उन अभाग्यशाली लोगों में से थे जिन्हें घृणित तिरस्कृत माना गया।"

जाटव आगे कहते हैं कि उन्हें विरासत में कोई भौतिक सम्पदा नहीं मिली थी। न कोई सहारा देने वाला था और न ज़मीन-जायदाद। हमारे पास अगर कोई ताक़त थी तो वह था हमारा आन्तरिक बल। 'अपने-अपने पिंजरे' के लेखक मोहनदास नैमिशराय भी शुरू से ही सामाजिक और पारिवारिक प्रताड़नाओं के शिकार हैं। डी.आर. जाटव ने बचपन में बाप को गँवाया था तो मोहनदास माँ को गँवा चुके हैं। माँ की अनुपस्थिति में ताई के पास उनकी परवरिश होती है।

"प्रशासनिक भाषा में दलितों को अनुसूचित जाति कहा जाता है। लेकिन इस बारे में मेरे सोचने का ढंग दूसरा है। मैं चमारों को गोल्ड और भंगियों को डायमण्ड कहता हूँ। सामान्य श्रेणियों के अधिकारियों और कर्मचारियों को इनके मुक़ाबले में काँसा और ताँबा कहा जाना चाहिए।"

डॉ. धर्मवीर की उपरोक्त बात को सूरजपाल चौहान ने गम्भीरता से लिया। वे कहते भी हैं, मेरा आत्मकथा लिखने का उद्देश्य भी यही है कि दलित समाज के लोग इसे पढ़ें और अपने इर्द-गिर्द बने हुए साज़िश को समझें।

*(डॉ. अभय परमार की पुस्तक 'हिन्दी दलित आत्मकथाएँ : एक अनुशीलन', ज्ञान प्रकाशन, कानपुर, 2011 से साभार)*

# रमणिका : जीवन एक सवाल अनेक

*रमणिका गुप्ता की आत्मकथा अन्य सभी आत्मकथाओं से हटकर एक ऐसी आत्मकथा है जिसमें सामाजिक, आर्थिक एवं राजनीतिक संघर्षों को दर्ज किया गया है। लेकिन रॉयल फेमिली से निकलकर दलित मज़दूर की बात करने वाली रमणिका के रंग महलों से लेकर रासलीलाओं के सच की भी क्या जाँच पड़ताल ज़रूरी है? लेखिका बिहार एवं झारखण्ड की पूर्व विधायक एवं विधान परिषद् की पूर्व सदस्या रह चुकी हैं। कई ग़ैर-सरकारी एवं स्वयंसेवी संस्थाओं से सम्बद्ध तथा सामाजिक, सांस्कृतिक व राजनीतिक कार्यक्रमों में उनकी सहभागिता रही है। आदिवासी और दलित महिलाओं के लिए उन्होंने ज़मीनी कार्य किया है। अनेकों काव्य-संग्रह, कहानी-संग्रह, उपन्यास तथा ज्वलन्त विषयों पर उनकी गद्य पुस्तकें थोक में प्रकाशित हो चुकी हैं। सन् 1985 से 'युद्धरत आम आदमी' (त्रैमासिक हिन्दी पत्रिका) का सम्पादन अन्तिम समय तक किया। रमणिका जी ने जवानी की उछल-कूद के बाद शेष जीवन मज़दूरों के लिए जो संघर्ष किया है वह किसी युद्ध से कम नहीं है। ऐसा समीक्षक कहते हैं। उनके कुछ प्रशंसक तो उन्हें दलितों, आदिवासियों का उद्धारक भी मानते रहे हैं। सच क्या है? उन्होंने जो लिखा वह या दूसरों ने कहा वह?*

आत्मकथा के प्रारम्भ में रमणिका जी ने 'औरत अगर ख़ुदसर हो' भूमिका के अन्तर्गत कहा है—"औरत अगर ख़ुदसर हो, पंजाबी भाषा में कहूँ 'आप हुदरी' तो उसकी मुखालफ़त लाजमी होती है और अगर कहीं राजनीति में हो और वह भी लता बनकर नहीं बल्कि पेड़ या खूँटा बनकर तो उसे हिला देने की तरकीबें, झकझोर देने के ढंग, उखाड़ फेंकने के प्रयास इन्तहा तक पहुँच जाते हैं।" रमणिका जी ने बहुत ही सहजता के साथ राजनीतिक क्षेत्र में पुरुष के वर्चस्व और उसके नज़रिये को रेखांकित किया है क्योंकि उनका मानना है कि राजनीति में कोई स्थायी दुश्मनी या मित्रता नहीं होती। पुरुष को जब यह विश्वास हो जाता है कि वह उस पर पूरी तरह आश्रित है और ख़ुद कोई निर्णय नहीं ले सकती

तो वह उससे डरता भी है और उसे सहता भी है परन्तु वही औरत ख़ुदमुख़्तार होकर उभरती है तब ऐसी, ख़ुद फ़ैसले लेने वाली औरत के सामने वह हीन भावना से ग्रस्त होकर उससे दबता ज़रूर है, परन्तु जलन के कारण शत्रुता भी पालने लगता है।

'आप हुदरी' आत्मकथा के *अतीत के साँप अध्याय के तहत* स्वयं रमणिका लिखती हैं, मुझे अतीत की कुछ ऐसी ही हरकतें घूम-फिर कर याद आ रही हैं, जिन्हें मैं भुलाने की कोशिश करती रही हूँ। मेरे सामने जब मैं छोटी बच्ची थी, बरनाले वाला रामू नौकर घूम गया और घूम गया नारनौल में बच्चों के साथ पापा-मम्मी का खेल। यौन सम्बन्धों से अनजान बच्चे बचपन में यौन-परक खेल कैसे सीख लेते हैं, यह मैं अब समझ पा रही हूँ।

बचपन में अक्सर पापा जी, बीबी जी मुझे रामू के पास छोड़कर पार्टियों में जाते थे। वह मुझे गोदी में उठाये घूमता था, मैं सटी रहती थी उससे। रामू चूमते हुए मुझे राजकुमारी के क़िस्से सुनाता। (पृ. 76)

बार-बार वह मुस्कराकर मुझे चूम लेता था। मैं कुछ समझ न पाती थी। रामू चोरी-चोरी मुझे उन पार्टियों में ले जाता, जहाँ बीबी जी-पापा जी जाते थे, नाच होता था और लोग शराब भी पीते थे। मेमों और साहबों के जोड़े भी आते थे। रामू वहाँ से मुझे ख़ूब खिला-पिला और नाच दिखा कर लाता। वह मुझे थपका कर अपने ही बिस्तर पर सुला देता था। कभी-कभी सारी रात मैं उसी के बिस्तर में रह जाती थी। सवेरे उठी तो मेरी सलवार नहीं थी। रामू ने बताया कि, "सलवार तो रात में ही राजकुमार ने उतार ली थी और सवेरे जाते वक़्त मुझे दे दी। अब मैं तुम्हें पहना देता हूँ।"

मुझे रात भर ऐसा लगता रहा था, जैसे कोई साँप मुझे लपेट रहा था। मैं साँप से डर भी रही थी, पर उसकी नरम देह मुझे अच्छी भी लग रही थी। मुझे यह भी अहसास हो रहा था।

मेरे प्रतिवाद का यही तरीक़ा रहा है। पहले झेल लेना, बाद में झुँझलाना, पछताना और आगे प्रतिरोध करना, आवृत्ति नहीं होने देना। सम्भवतः हर लड़की का यही तरीक़ा है।

पाठकों को समझना चाहिए। रमणिका यहाँ ग़लत बात दर्ज करती हैं–

"सम्भवतः हर लड़की का यही तरीक़ा है।"

रमणिका ने क्या अपनी तरह हर लड़की को 'सेक्सडॉल' समझा है। लड़कियाँ तो ऐसी भी होती हैं। नौकरों को अँगुली तक का स्पर्श नहीं करने देतीं और

ज़्यादा किसी ने बदतमीज़ी की तो थप्पड़ भी मारती हैं। पर रमणिका को चाहिए था सेक्स सुख, वह भी घर में ही। किसी को पता भी नहीं चले और...।

इसके बाद उनके जीवन में आया रशीद। स्वयं रमणिका स्वीकारती हैं, उसने मेरा वक्ष छुआ। अभी कुछ उभार न था। (पृ. 82)

*उन्हीं दिनों एक बार ऊपर बरसाती में ताऊ जी का वही मँझला बेटा अकेला ही था। मैं नीचे दादी के पास बैठी पढ़ रही थी। गणित का कोई सवाल समझ नहीं आ रहा था। मैं उससे (ताऊ के बेटे हरबंस) ऊपर बरसाती में पूछने चली गयी। वह बी.ए. में पढ़ता था। बैठकर मुझे बताने लगा। मैं समझने में मग्न थी कि एकाएक उसने मुझे चूमना शुरू कर दिया। मैं बेहद घबरा गयी। हतप्रभ रह गयी। पता नहीं क्यों मुझे चिल्लाना उचित नहीं लगा। छूटने की कोशिश की, पर कहाँ भाई और कहाँ मैं? भाई ने मुझमें प्रवेश करने की कोशिश की, पर नहीं कर पाया। और जो कुछ किया उससे मेरी सलवार ख़राब हो गयी थी। कहीं कुछ नया-नया भी था यह सब। कुछ अच्छा भी लगा होगा लेकिन ग़लत भी लग रहा था। चचेरे भाई ने ऐसा क्यों किया? भाई-बहन के रिश्ते का एक अलग आदर्श था मेरे मन में, जिसे तोड़ा था उसकी इस हरकत ने। यह बड़ा सवाल था जो मुझे प्रायः कचोटता रहता था। उसी दिन शायद यौन के प्रति जिज्ञासा भी तीव्र हुई थी। वर्जनाएँ जो यौन सम्बन्धों पर लगी थीं, ढहने लगी थीं या ढह गयी थीं। अंकुश ही मुचक गया था।* (पृ. 84)

## ग़लत का अहसास (1940-1941)

आत्मकथाकार के शब्दों में, सर्दी के दिनों में सवा नौ बजे तक बच्चे रज़ाई में घुसे रहते थे। दादी के इर्द-गिर्द सबकी खाट बिछी होती थी। पापा जी जिन दिनों छुट्टियों में आते, तो वे दादी की रज़ाई में घुसकर बैठ जाते और बच्चों से बातें करते और कोयटा के भूचाल और लड़ाई का हाल सुनाते। पापा जी के कोयटा जाने के बाद इधर आर्यसमाजी मास्टर पूरन चन्द ने हमारे घर में ही रहना शुरू कर दिया था। वह पापा जी का विश्वासी था। बीबी जी भी उसे बहुत मानती थीं। वह भी सवेरे-सवेरे बच्चों की रज़ाई में घुस कर बैठ जाता और कभी स्वामी दयानन्द की शिवरात्रि के चूहे वाली कहानी सुनाता तो कभी स्वामी दयानन्द को ब्राह्मण रसोइये द्वारा ज़हर देने की। कभी 'सत्यार्थ प्रकाश' पर चर्चा करता।

*वह सबकी रज़ाइयों में घुसा करता था। एक दिन वह मेरी रज़ाई में घुसा और मेरे गुप्तांगों को टटोलना शुरू कर दिया। एकाएक अपना हाथ बढ़ा कर मेरे वक्ष को छू लिया, जहाँ अब छोटे-छोटे दो उभार जन्म ले रहे थे। उसने उन्हें धीरे से मरोड़ा।*

*दर्द हुआ पर मेरे भीतर कुछ गुदगुदाया भी और कुछ ऐसा अहसास हुआ जैसे यह कोई राज़ की बात है। ग़लत है, पर राज़... कैसे बतायें? मुझे अपने बड़े होने का अहसास भी हुआ। मैं कुछ बोली नहीं, बस बिस्तर से निकल कर दादी के बिस्तर में घुस गयी। हर रोज़ यही होने लगा।* (पृ. 86)

एक दिन साँझ को मास्टर ने मेरे सूट को खूँटी पर लटकते देखा। वह मेरी सलवार उठाकर अपने कमरे में ले गया। अगले दिन जब वह बिस्तर में घुसा तो मुझे मालूम पड़ा कि मेरी सलवार नीचे से उधड़ी हुई थी। उसने धीरे-धीरे अपनी उँगलियों से मुझे छुआ। वह मुझे अपने लिंग के लिए तैयार कर रहा था। वह अब मुझे अपना पुरुष पकड़वा देता, आँखों के इशारे से उसे सहलाने के लिए कहता। मुझे लगता जैसे मेरे हाथों में साँप पकड़ा दिया है उसने। मैं हाथ पीछे खींचती तो वह फिर से मेरा हाथ खींच कर साँप के पास ले जाता। वह बातें भी करता रहता और रस भी लेता रहता। मैं दिन भर उससे नफ़रत करती, उसके साँप से डरती रहती, पर जब सवेरे-सवेरे वह बिस्तर में आकर बैठ जाता तो प्रतिकार न कर पाती—अब शायद मुझे भी यह सब अच्छा लगने लगा था। मुझे साँप अच्छा लगने लगा था या मैं ही आतंकित होकर उसे सहलाने लगती थी, मैं नहीं जानती। तब मैं लगभग ग्यारह-बारह वर्ष की थी। (पृ. 86)

समय की सीढ़ियों को उलाँघते हुए रमणिका की उम्र भी बढ़ने लगी थी। जितना महिलाओं की उम्र बढ़ती, वे सेक्स के मामले में समझदार होने लगती हैं। रमणिका के साथ भी ऐसा ही हुआ। वे स्वयं लिखती हैं—

"मर्दों के लिए भोग की सहूलियतें हासिल कराना, मानो उस सदी का सम्पूर्ण लक्ष्य था। उस भोगवाद में कौन सीढ़ी बन रहा है, कौन बैसाखी, इसकी किसी को भी चिन्ता न थी। पत्नी/माँ/बहन/हर कोई उपलब्ध थी।" यहाँ रमणिका का केवल दर्शन उभरता है, कोरा दर्शन। जबकि वह सम्भोग करने वाले अपने और बाहरी लोगों को स्वयं भी उपलब्ध होने लगी थीं। तुर्रा यह कि वह विद्रोह की बात भी करती थीं। वह महिलाओं के हकों के लिए लड़ती थीं। उनके भीतर आन्दोलन था।

हम स्कूल जाते। रास्ते में एक दर्ज़ी की दुकान पड़ती थी। लम्बा-चौड़ा काला, क्रूर चेहरे वाला, लुंगी पहने, गले में फीता डाले दर्ज़ी हमें आते देखकर दुकान से बाहर आ जाता और अपना लिंग निकाल कर हमें दिखाने लगता, गन्दे इशारे करता। कभी आँख मारता, कभी हाथ से बुलाता, कभी मुँह से सीसी करता, ज़ुबान निकालता। मैं और तोषी मिल कर उसकी शिकार करने की योजना बनातीं पर पता नहीं कैसा भय, कैसी शर्म, कैसी ग्लानि हमें रोक देती। हम रोज़ के हरकत

को ग्लानि से भर कर झेलतीं। कोई हमउम्र भाई होता तो बता भी...। तोषी का भाई था ही नहीं। मेरे भाई वहाँ न थे, वे लाहौर में कॉलेज में पढ़ रहे थे। कहीं बीबी जी स्कूल ही भेजना बन्द न कर दें, मुझे इसका भी डर था, इसलिए मैं किसी को बताने से डरती थी। बाल-सुलभ संकोच भी था।

हमारे मकान से सौ गज की दूरी पर अपने दोस्तों के साथ कमरा लेकर एक लड़का रहता था। वह साँवला, गठीले बदन, घुँघराले बाल, चमकती आँखें व गम्भीर आवाज़ वाला था, जो सुरीली भी थी। वह हर रोज़ दोस्तों के साथ... हमें ताकता था, कभी गुनगुनाता, कभी गाता हुआ निकल जाता था। तोषी और मैं रोज़ मेन गेट पर उसके जाने और आने के समय इन्तज़ार करते हुए खड़ी रहतीं। वह हमारे स्कूल जाने के पहले निकलता और हमारे लौटने के बहुत देर बाद साँझ को लौटता। घर में सवेरे दादी नाश्ते के लिए पुकारती रह जातीं, पर जब तक वह गुज़र न जाता, हम दोनों घर के अन्दर नहीं आतीं। साँझ को खेल के बहाने हम सड़क पर ही लाइन खींच कर कभी 'पीचो' खेलतीं, कभी बँटे खेलतीं, इसलिए लौटते समय उसे आसानी से देख सकती थीं। हम दोनों उसे देखतीं और फिर एक-दूसरे को देख कर मुस्करातीं। हम दोनों उस पर लट्टू थीं। हम आपस में प्रायः कहा करतीं कि हम दोनों ही उससे प्यार करती हैं।

## देह की भूख

मैं भी तेज़ी के साथ जवान हो रही थी। भाभी तो पूरे यौवन पर थीं। भाभी प्रायः बीबी जी और पापा जी की रतिक्रिया की बातें मुझे बतातीं, वे मुझमें एक उत्सुकता जगा देती थीं। भाभी मुझे खींचकर अपने बिस्तर पर घसीट लेतीं। मुझे चूमती-चाटती और अपनी देह की भूख मिटातीं। मैं कुछ बोल नहीं पाती थी, जो भाभी कहतीं, मैं करती जाती, पर मुझे उनका यह सब करना बिल्कुल भी अच्छा नहीं लगता था।

इस तरह पुरुष के साथ-साथ औरत के साथ सहवास का बीज भी मेरे मन में पड़ गया था। मन ही मन मैं संकल्प करती थी कि बड़ी होने पर मैं यह सब नहीं होने दूँगी। तभी से मैं एक ऐसे पति का सपना पालने लगी थी, जो मुझे भाभी के इस चूमने-चाटने से मुक्त करा देगा। ऐसे ही उस दर्ज़ी की घृणित हरकतों ने भी मुझमें पुरुषों से नफ़रत पैदा कर दी थी लेकिन बलराम को देखने पर या उसकी याद आने पर मेरे मन में इच्छा जागती कि वह मुझे चूमे और बाँहों में भर ले। (पृ. 123)

## चेहराविहीन हरकतों का सिलसिला (सन् 1944-1945)

चिट्ठी को ब्रेजियर में छुपा कर पिछले दरवाज़े से बाथरूम में घुस गयी, ताकि एकान्त में पढ़ सकूँ। बीबी जी और पापा जी को कोई अहसास नहीं हुआ लेकिन मास्टर ने मेरे चेहरे पर उड़ती हवाइयों को ताड़ लिया। पापा जी ने जब पूछा कि किसका ख़त है, तो मैंने कहा तोषी का। पापा जी ने सहज तरीक़े से इस बात को स्वीकार कर लिया। मैं जब बाथरूम गयी, तो मास्टर मेरे पीछे-पीछे आया और बँगले के पीछे जहाँ बाथरूम का दरवाज़ा खुलता था, पहुँचकर मुझे धमकाने लगा।

बोला, "पत्र मुझे दे दो, नहीं तो मैं तुम्हारी तलाशी करवा दूँगा।"

मेरी छोटी बहन दौड़ी-दौड़ी मेरी मदद के लिए बाथरूम के पिछले दरवाज़े से आकर मुझसे पत्र ले चुकी थी, ताकि वह पत्र छिपा दे या फाड़ दे। मास्टर अधिक चालाक निकला। उसने वह पत्र मेरी छोटी बहन उर्मिल से छीन लिया और पढ़ने लगा। वह बलराम का प्रेम-पत्र था। उसमें उसने अपना पता भी लिखा था और मुझसे मिलने की इच्छा भी ज़ाहिर की, वह रावलपिंडी के नज़दीक ही अपने गाँव आ चुका था। मैंने मास्टर से पत्र वापस देने के लिए बहुत चिरौरी की। उसने आश्वासन दिया कि, "ठीक है मैं पापा जी और बीबी जी को नहीं बताऊँगा।" उसने सचमुच वह पत्र उन्हें नहीं दिखाया लेकिन इसके बदले में...

रात को मास्टर मेरे ही कमरे में मुझे पढ़ाता था और लगभग रात के दस बजे तक पढ़ाई जारी रहा करती थी। पापा जी और बीबी जी का अलग कमरा था। उन्हें मास्टर पर इतना विश्वास था कि वे उसके देर रात तक मेरे कमरे में रहने पर एतराज़ नहीं करते थे। उस रात मास्टर ने उस पत्र को छिपाने की और पापा जी-बीबी जी को न बताने की फ़ीस मुझसे उगाही। छोटी बहन तो सो गयी लेकिन मास्टर सारी रात मेरे कच्चे शरीर से खिलवाड़ करता रहा। मुझे लगा मैं साँप की बाम्बी बन गयी हूँ। सब कुछ लिजलिजा, जैसे कोई छिपकली मेरे हाथ में पकड़ा दी गयी हो और छोड़ना चाह कर भी मैं उसे छोड़ नहीं पा रही होऊँ। फिर डर भी जाता रहा। उसके साँप का ज़हर एक नशे-सा मुझ पर चढ़ने लगा था। फिर मास्टर का चेहरा गौण होता गया और रह गया साँप। तबसे मैं बिना चेहरे वाली उस हरकत में इतना लिप्त हो गयी कि वह एक आदत बन गयी, जो छूटती न थी। बस एक हरकत, जिसका कोई चेहरा नहीं था। मेरी वह मजबूरी, मेरी आदत में बदल गयी। उस हरकत से मुझे नफ़रत थी, पर वह मेरी ज़रूरत बनती जा रही थी। (पृ. 139)

बलराम ने पत्र में लिखा था, "मैं तुमसे भी प्यार करता हूँ और तोषी से भी। मैं तुम दोनों से विवाह को तैयार हूँ।"

इसके बाद मास्टर से सम्भोग रिश्ते चलते रहे। अब हमीद भी जुड़ गया। हमीद की माँ वेश्या थी। पर वह धन्धा उसने बन्द करा दिया था। (पृ. 142)

फिर आया जितेन्द्र, बुआ का लड़का। रमणिका लिखती हैं, "मैं जवान हो चुकी थी। जितेन्द्र मुझे अच्छा लगता था।" (पृ. 150) मैं अब बलराम को भूल चुकी थी। हमीद की आँखें मुझे अच्छी लगती थीं...। (पृ. 151)

पहली प्रेम-यात्रा के तहत वे लिखती हैं, हमीद मुझे अच्छा लगता था। यह मैं आज 21वीं सदी में कहने की हिम्मत रखती हूँ कि मुझे उससे प्रेम था, लेकिन उस सदी में, मैं इस सत्य को कबूल नहीं कर सकती थी। हाँ तब व्यभिचार तो चल सकता था। और स्वयं नायिका उसी व्यभिचार के गटर में धँसती चली गयी थी।

## दूसरी प्रेम-यात्रा (1948)

30 जनवरी, 1948 को गाँधी जी को गोली मार देने की ख़बर आयी। दिल्ली आते हुए सहायक एम्प्लायमेंट ऑफ़िसर वेद प्रकाश गुप्ता से मुलाक़ात होती है। रमणिका का परिवार मूलतः गाँधीवादी था। तभी तो समाधि के आस-पास उभरती "वैष्णव जन तो तैणें कहिए जो पीर पराई जाने दे" के बीच स्वयं रमणिका गाँधी चिता की परिक्रमा कर माथा टेक रही थी। और उसी दौरान लेखिका ने क्या किया, यह भी पाठकों को जानना चाहिए।

दिल्ली लौटते हुए प्रकाश से समीपता बढ़ती है। वे स्वयं लिखती हैं–

"एक बार नज़र बचाकर प्रकाश ने मुझे चूम लिया। मेरी देह में एक लहर सी दौड़ गयी। जबकि मास्टर बस मेरी योनि भर का उपयोग करता था।" (पृ. 189) वैसे तो हमीद ने भी मुझे चूमा था। मुझे आलिंगनबद्ध भी किया था। (पृ. 190) पहली फ़रवरी की रात वे अम्बाला लौट आये थे। विवाह से पहले ही प्रकाश से मिलने-जुलने, एक-दूसरे को चूमने-चाटने का दौर शुरू हो गया था।

यहाँ रमणिका का प्रेम दोतरफ़ा था। एक तो प्रकाश (जिससे बाद में विवाह हुआ) से शारीरिक सम्बन्ध बनाने की लालसा, दूसरे आर्य समाजी मास्टर से हर रोज़ सम्भोगरत रहना। दोहरी ज़िन्दगी और दोहरा चरित्र।

बकौल नायिका, मैं मास्टर से झगड़ा करती थी, उसे मारती थी और वह मार खाकर भी हँसता रहता था। एक बार मैंने महात्मा गाँधी के दर्शन करने की ज़िद ठान ली थी तो बीबी जी ने उसी के साथ मुझे दिल्ली भेजा था। मैंने दिल्ली में उस रात उससे सम्भोग करने से यह कहकर इनकार कर दिया था कि यह महात्मा गाँधी का अपमान होगा, कि हम लोग इतने बड़े महात्मा के दर्शन करने आये हैं और इतना अनैतिक काम कर रहे हैं? मैंने कैसे-कैसे तर्क दिये थे मास्टर को।

स्वामी दयानन्द की सौगन्ध भी दी थी, पर वह नहीं माना था। रात में सोने के बाद कैसे धीरे-धीरे उसने मुझे और मेरी कामना को जगाया था। जगाया था मेरे भीतर के वहशी को। मैंने प्रतिकार में चिल्ला-चिल्ला कर उससे कहा था, 'क्यों तुमने उत्तेजित किया मुझे? क्यों? तुम क्यों नहीं छोड़ देते मुझे अकेला, अपनी ज़िन्दगी जीने के लिए। मैं तुमसे नफ़रत करती हूँ।' फिर मैंने दीवार से अपना माथा पटक कर ख़ुद को घायल कर लिया था। (पृ. 201)

मैं बार-बार उसे कोसती और वह हँसता जाता और इतना अपमान सहने के बाद भी मुझमें प्रवेश कर जाता। मैं सुन्न हो जाती। हिलना-डुलना भी बन्द, आँखें बन्द, हाथ-पाँव शिथिल, जैसे किसी ने हिप्नोटाइज कर दिया हो! सुख और घृणा का मिश्रण मुझे अवश कर देता।

जैसे मेरा परिवार आदर्शों, देश-प्रेम की भावनाओं, सामन्ती विकृतियों, आधुनिक प्रभावों, बुद्धिजीवियों और ग़ैर-बुद्धिजीवियों का मिश्रण था और एक संक्रमण काल से गुज़र रहा था, वैसे ही मेरा व्यक्तित्व भी उन प्रभावों के प्रति मोहभंग होने पर भी मोहग्रस्त-सा विकसित हो रहा था। सामन्तों की तरह ही दोहरा जीवन जीना मेरी नियति थी। दिन में एक हँसमुख, बेबाक, बहादुर, जीवट वाली मैं, रात को डरी-डरी, सहमी-सहमी, बेबस-बीमार, यौनाचार की मारी, एक वस्तु, सामन्ती व्यवस्था की विरासत भर बनकर रह गयी मैं।

रमणिका के भीतर शुरू से द्वन्द्व रहा। कभी बुरा भी लगता था और अच्छा भी। जैसा भी था, उसे स्वीकार भी कर लेती थी। वह दोहरी ज़िन्दगी को ख़त्म कर देना चाहती थी, लेकिन अन्त तक कर नहीं सकी। यहाँ तक कि पति के प्रति वफ़ादार नहीं रह सकी और दूसरे पुरुषों की देह से सुख लेती रही। संयोग का अलग दर्शन था आत्मकथाकार का वे लिखती हैं—

मैं नैतिकता और अनैतिकता की युद्धस्थली बन गयी थी। प्रकाश के साथ प्रेम विवाह होना जैसे-तैसे निश्चित हो गया। शादी की तैयारी चल रही थी। इसी बीच मिलिट्री का रिटायर्ड अफ़सर मुझे अकेले अपने फार्म पर ले गया और मैं चली गयी।

उसके बाद क्या हुआ? स्वयं उनके शब्दों में, कोई मुझे नंगा कर रहा था। फिर कुछ लिजलिजा-सा अहसास जाँघों में हुआ। मुझे लगा कि किसी के होंठ कुछ चाट रहे हैं। मैंने आँखें खोलीं। वह बूढ़ा मिलिट्री का अफ़सर मुझ पर झुका हुआ था। अक्षम था वह, इसलिए अपने होंठों और ज़बान का इस्तेमाल कर रहा था, तो कभी उँगलियों का। मैं झटके से उठ बैठी। "ये क्या कर रहे हैं अंकल। मुझे छोड़ दीजिए, घर जाने दीजिए!" मैं घबराकर बोली।

मैंने उसके छिपकली से लिंग को जिसे वह मेरे गालों और होंठों पर जबरन घिसे जा रहा था, अपना मुँह इधर-उधर ज़ोर से घुमा कर बाहर निकाल दिया, पर उसकी उँगलियाँ मुझमें कुछ झुरझुरी पैदा करने लगी थीं।

मैं उठ बैठी। पता नहीं मुझे उस वक़्त क्या हो गया था? सेक्स को पुरुष का अधिकार और पहल मानने वाली मैं, उस दिन स्वयं पुरुष बन बैठी और मैंने स्वयं प्रयास करना शुरू कर दिया। फिर एकाएक मैं निढाल हो गयी।

उसे मेरे पिता समान बनकर मेरी शादी में गवाह बनना है। वह एकाएक सेक्सी जिन्न की बजाय गम्भीर संरक्षक में बदल गया। (यह तुम्हारी शादी के लिए। अपने मंगेतर को कभी मत बताना कि आज क्या हुआ!)

उसने कार मँगवाई और खुद मुझे घर छोड़ आया।

मैंने उस घटना को, उस दिन को, अपनी यादों और सोच से एकदम बाहर कर दिया। ऐसा पहली बार था, जब मैंने उस दिन की घटनाओं के लिए खुद को अपराधी नहीं माना।

विवाह होने तक रमणिका के 8 से 10 ग़ैर-पुरुषों के साथ लगभग पचास-साठ बार शारीरिक सम्बन्ध बने जिन्हें स्वयं लेखिका ने अवैध नहीं माना और स्वीकार भी किया क्योंकि रमणिका के क्रान्तिकारी दर्शन में सेक्स ज़रूरी था। फिर वह चाहे भाई से मिले या पिता के दोस्त से, नौकर से, किसी दर्ज़ी से या फिर अन्य किसी से। विवाह के बाद भी यह क्रम चलता रहा। यानी नये साथियों के साथ उनका बिस्तर बनने को वह खुद-ब-खुद तैयार होती गयी। उसने कभी पति की परवाह नहीं की। ऐसे लोगों की गिनती करें तो विवाह के बाद सम्भोग सुख देने वालों की संख्या पन्द्रह को पार कर गयी। पन्द्रह को अगर 10 में गुणा करें तो 150 बार पति के अलावा सम्भोग कराया। हालाँकि स्वयं नायिका कहती थी कि मैंने कितनों से सम्भोग कराया मुझे स्वयं भी मालूम नहीं। संक्षेप में ब्यौरा इस तरह है—

प्रकाश दिल्ली विश्वविद्यालय का गोल्ड मेडलिस्ट था। शायर और अफ़सानानिगार भी था। इसके बावजूद उसका सपना बहुत छोटा और सीमित था। पर रमणिका के सपने छोटे न थे। दिन-ब-दिन उनमें विस्तार हो रहा था। आदर्श की बात करने वाली रमणिका की मंज़िल कुछ और ही थी। वह न तो एक पुरुष की बाँहों में रहना चाहती थी और चहारदीवारी में बँधने वाली भी नहीं थी।

इन्हीं सब भूलभुलैया में पेट में पहला बच्चा कुलमुलाने लगा था। बाद में बच्चा भी हो गया। पर वह बच्चा किसका था जायज़ या नाजायज़? चलो मान लेते हैं। बच्चा नाजायज़ नहीं होता। स्वयं रमणिका के दर्शन के अनुसार ग़रीबी

पर चर्चा करना मुझे समझ आता था, पर ग़रीबी में रहना मेरी समझ के बाहर था। शायद यहीं से रमणिका पर फिर से वासना का भूत सवार हुआ। सेक्स ही नहीं साथ में धन/दौलत/सुविधाओं के अम्बार भी। और एक पत्नी की वफ़ादारी ख़त्म होती गयी।

इस बीच प्रकाश का ट्रांसफर भुसावल हो गया था। रमणिका लिखती हैं, मैं एकाएक सातवें आसमान पर चढ़ बैठी और बलजीत को एकटक देखती रह गयी। पता नहीं कैसे दो एकटक मिलती नज़रें, एक प्रगाढ़ आलिंगन में बदल गयीं और फिर तो हर रोज़ मैं उससे मिलने जाने लगी। घर में सवाल उठा, "अब शो ख़त्म हो गया तो रोज़ जाने का मतलब?" कोई-न-कोई बहाना खोजकर मैं जाती रही, मुझे उससे मिले बिना चैन ही नहीं पड़ता था।

इस आसक्ति को हमने नाम दिया प्रेम। प्रेम के प्रदर्शन के लिए चाहिए देह। देह का मिलन शुरू हो गया!

प्रकाश के प्रति वफ़ादारी का संकल्प टूट चुका था और इस वादाख़िलाफ़ी को मैं यह कहकर जस्टीफाई करती थी, "मैं जितनी भी वफ़ादार रहूँ प्रकाश तो मुझ पर शक करेगा ही, फिर क्या ज़रूरत है इस निष्फल, बेमतलब वफ़ादारी की, जब वफ़ादार होने पर भी शक की नज़रों से ही देखा जाना है। फिर शक को ही सच होने दो! यानी ग़ैर-मर्दों से सम्भोग और सम्भोग। क्या हर्ज है?" उसका यह भी मानना था। (पृ. 261)

बाद में रमणिका भुसावल गयी। पर वहाँ न रह सकी। भुसावल में न मन चाहे रंग थे और न वैसा कुछ जैसा वह चाहती थी। परिणामस्वरूप वह पटियाला लौट आयी। इसी दौर में प्रकाश भुसावल से मुम्बई आ गया। मुम्बई भुसावल से बेहतर सपनों की नगरी थी। रमणिका पटियाला से मुम्बई आ गयी। वह स्वयं लिखती हैं–

"मुम्बई जाकर सबसे पहले मैंने पहला काम किया, कोलाबा के ब्यूटी पार्लर में जाकर बाल कटवाये और उन्हें घुँघराले बनवाया।" (पृ. 265)

स्वयं लेखिका के शब्दों में, "पापा जी का तबादला फरीदकोट हो गया था। मैंने बी.ए. की पढ़ाई पूरी करने का फ़ैसला किया और फरीदकोट लौट आयी। इस बीच आहूजा का भाई फरीदकोट आने लगा था। बाद में वह हमारे घर में ही रहने लगा। जितना प्यार उसने मुझे दिया, उतना प्यार आज तक वीरेन्द्र को छोड़कर कोई नहीं दे पाया।" पर यह प्यार सिर्फ़ शरीर का था। संयोग के आदान-प्रदान का था।

मैंने एक-दो बार उससे पूछा भी अगर मैं तलाक़ दे दूँ तो क्या वह मुझसे शादी करेगा? उसने साफ़ कहा था, "नहीं रम्मो! मैं तुमसे दोस्ती रख सकता हूँ। रोमांस कर सकता हूँ। शादी नहीं कर सकता।" (पृ. 271)

इसके बाद प्रो. वाजपेयी, मुझे पढ़ाने आते थे घर पर। मैं उनमें डूबने लगी और वे मुझमें। (पृ. 273) फिर राजा साहब का सान्निध्य...। बाद में रमेश। वासना से वशीभूत रम्मो के क़दम ठहर नहीं पा रहे थे। इंश्योरेंस एजेंट के रूप में जालन्धर के सेठ के बिस्तर बनना। पैसे की भूख बढ़ने लगी। अरोड़ा के साथ संजय। इस तरह सौदेबाज़ी का खेल चलने लगा था। प्रकाश से अब रिश्ता नाममात्र को रह गया था। रम्मो के पास सब कुछ तो था। एक ही मर्द (पति) से सेक्स पूर्ति हो सकती थी, पर यहाँ तो अनेक मर्द थे, जो धन-दौलत भी लुटाते थे। हालाँकि कभी-कभी द्वन्द्व भी उभरते थे–

"अवैध रिश्ते बढ़ते जा रहे थे। आज जब मैं उन प्रकरणों को याद करती हूँ तो मुझे ख़ुद अपने आप पर गुस्सा आता है। अपने शरीर का उपयोग मेरी यौन इच्छा से अधिक व्यापार था।" (पृ. 299) पर वासना की आँधी रमणिका को कहाँ ले जायेगी, वह स्वयं भी नहीं जानती थी। अमृतसर के व्यापारी, होटल के मैनेजर और न जाने कौन-कौन? इस बीच कभी गर्भ भी गिराया तो कभी अवैध बच्चा भी पैदा किया। स्थिति यह थी कि रम्मो न तो पति को छोड़ सकती थी और न पराये मर्दों से सम्भोग कराना। अगर हम उसके सम्भोग के क़िस्से देते रहेंगे तो वे कभी ख़त्म न होंगे। फिर हमारा उद्देश्य भी वैसा नहीं है। बस इतना कि उचित-अनुचित का भेद ख़त्म हो गया था।

कहना न होगा कि रमणिका ने अपने जिस्म को अपनी इस आत्मकथा में नुमाइश की तरह पेश किया है। क्या स्त्री-पुरुष के सम्बन्ध सिर्फ़ शारीरिक होते हैं? क्या बहन-भाई, मामा-भांजी, चाचा-भतीजी, बुआ आदि के बीच सिर्फ़ वासना होती है? उनकी आत्मकथा 'आप हुदरी' में न सम्बन्धों की पवित्रता मिलती है और न मिठास। लगता है जानबूझ कर भी नायिका ने ऐसे दृश्यों/भाषा का प्रयोग किया है। आख़िर क्या साबित करना चाहती थीं रमणिका। उनकी आत्मकथा का जो टाइटल है, उससे उलट पुस्तक में रास लीलाओं का वर्णन है।

वे लिखती हैं, "एक दिन मैं फरीदकोट में अफ़सरों के क्लब शाम को पापा जी के साथ चली गयी। तब क्लब में सनसनी फैल गयी। महाराजा तक मेरी चर्चा पहुँची। (पृ. 269) फिर एक दिन महाराजा (1952) का बुलावा आया। वहाँ पहुँचने पर महाराजा मुझे सन्तरों के बाग दिखाने हेलीकॉप्टर से ले गये। वापसी में महाराजा ने मेरा हाथ दबाते हुए कहा, जब मर्ज़ी हो चले आना।"

ऐसे और भी क़िस्से लिखे गये हैं। मसलन प्रकाश के प्रमोशन के काग़ज़ पर हस्ताक्षर करने से पहले मेरे जिस्म पर हस्ताक्षर किये। उच्च अधिकारी भी गुप्ता था। अब यह डील हुई तो नायिका की पूरी तरह रजामन्दी थी या शरीर में फिर से पराये मर्द से सम्भोग कराने की खुजली। रमणिका स्वयं लिखती हैं, जब तक वह रिटायर नहीं हुआ तब तक वह मेरा उपयोग करता रहा। और स्वयं रमणिका अपने शरीर का उपभोग कराती रहीं।

ऐसे ही मद्रास यात्रा के दौरान क्या हुआ, देखें, "मुम्बई से हमें प्रकाश के ट्रांसफर के कारण मद्रास जाना था। हमने प्रथम श्रेणी के तीन टिकट लिये थे। मैं, प्रकाश और बेटी। नीचे वाली बर्थ पर हरी आँखों वाला गोरा, इकहरे बदन का युवक। जल्दी ही मित्रता हो गयी। उसकी आँखें मेरे मन में उतर गयीं। रात में भोजन के बाद प्रकाश तथा शीबा भी ऊपर की सीट पर सो गये। तब वही युवक और मैं...।"

ज़रा विचार करें। साथ में पति और बेटी। और रमणिका ने यह भी नहीं सोचा। बस देह सुख में डूब गयी। ट्रेन में ही सम्भोगरत रही। और यात्रा के बाद मद्रास में भी नये साथियों के साथ रंगरलिया मनाती रही।

इसके बाद धनबाद आने पर रमणिका के भीतर राजनीतिक ख़्वाहिश पैदा होती है। लेकिन देह सुख की ज्वाला पीछा नहीं छोड़ती। पहले आन्दोलन फिर राजनीति में सत्ता तक पहुँचने की लालसा। बदले में पहले बिहार के मन्त्री फिर मुख्यमन्त्री और बाद में और न जाने कौन-कौन चोर दरवाज़े से कभी खुलेआम वे आये और रमणिका को रखैल के रूप में रखा। रमणिका भी खुश थी। बावजूद इसके आत्मकथा की नायिका लिखती है, "मैं अपने को द्रौपदी से कुछ आगे मानती थी, इसलिए मैंने युधिष्ठिर को दाँव लगाने का मौक़ा ही नहीं दिया। शतरंज की बाज़ी ही उलट दी। चौपड़ ही उठा दी, बिसात ही पलट दी थी मैंने।" (पृ. 403) कौन-सी बाजी उलट दी, कौन-सी बिसात पलट दी, इसका ब्यौरा आत्मकथा में नहीं मिलता। सिर्फ़ सत्ता के दलालों के साथ वासना की कीचड़ में लथपथ होती गयी।

रमणिका नाम की नायिका को कितने लोग भोगते रहे। चूमते रहे। नंगा करते रहे। और नायिका भी नंगी होती गयी। भोला बाबू, वसन्त नारायण सिंह, यहाँ तक कि भोला बाबू का बॉडीगार्ड भी। सभी का हक था। किसी को भी इनकार नहीं कर सकी। सबका बिस्तर बनती गयी।

स्वयं नायिका के शब्द पढ़ें, *"मेरी अनवरत प्यास को कोई बिरला ही बुझा पाया था। मेरे सुलगने का सिलसिला जारी रहा। ख़ुद प्यासी रहकर, दूसरों की प्यास बुझाने की आदी हो चुकी थी मैं।"*

'आप हुदरी' का प्रकाशन 2016 में हुआ। जबकि 'हादसे' 2005 में छपी। कायदे से 'आप हुदरी' पहले आनी चाहिए थी और 'हादसे' बाद में। यहाँ लेखिका ने राजनीतिवश अपने जीवन की उल्टी तस्वीर दिखलाने की कोशिश की और उसे अपनी कलाकारी से मातृसत्ता से जोड़ दिया। क्योंकि उस दौर में पितृसत्ता के ख़िलाफ़ ज़बर्दस्त हवा चल रही थी। परिवेश में मुक्त और स्वच्छन्द सेक्स की हिमायती महिलाओं के नारों की गूँज थी। कहना न होगा कि ज़मीन उपजाऊ थी। असल में अधिकांश पाठकों ने रमणिका की आत्मकथा के दोनों भाग सतही रूप से पढ़े। मैं भी उन्हीं पाठकों में से एक था। लेकिन एक वर्ष पूर्व जब एक-एक पृष्ठ गम्भीरता से पढ़ा तो मुझे दुःखद आश्चर्य ही हुआ। क्योंकि 'आप हुदरी' आत्मकथा में ऐसे जीवन चित्र उभर कर आये हैं, जो ऐसे परिवार की कलंकित कथा को आगे बढ़ाते हैं, जिसमें अंग्रेज़परस्त और एय्याश पुरुषों का दबदबा रहा है। वहाँ महिलाएँ या तो रखैल रहीं या फिर बाँदी के रूप में। वे अगर पत्नी थीं तो सिर्फ़ ग़ुलाम। ऐसे ही भ्रष्ट और मानवाधिकारों के विरोधी शाही खानदान में जन्म लिया रमना राजकुमारी ने। जो बाद में सम्राज्ञी तो नहीं बन सकी, न ही आदर्श माँ। हाँ पत्नी बनने से पहले, पत्नी होते हुए और तलाक़शुदा औरत के बाद टुकड़ों में 'रखैल' और कालगर्ल जैसी ज़रूर बनती गयी। कभी किसी सेठ की तो कभी किसी अफ़सर की। रखैल होने को रमणिका ने विद्रोह कहा है। वह कहती भी है बार-बार, 'उसका स्वभाव विद्रोह का है, यह समझ के बाहर है।'

डॉ. धर्मवीर लिखते हैं, उन्होंने अपने लेख में बाबा साहेब डॉ. अम्बेडकर की विचारधारा के कई सूत्रों में से एक सूत्र यह खोजा है—"याद रखो, हम अपने संघर्ष में तब तक सफल नहीं हो सकते जब तक हमारी महिलाएँ उसमें भाग नहीं लेंगी।" वे पूछती हैं—"क्या उन (धर्मवीर) का कथन बाबा साहेब के इस सिद्धान्त को भी चुनौती नहीं कि किसी भी समाज के विकास का मापदण्ड उस समाज में स्त्री की स्थिति और अधिकारों के प्रावधानों से ही मापा जा सकता है।" इस बारे में धर्मवीर का मानना है, लेकिन मैं बहुत साफ़ शब्दों में कह रहा हूँ कि मैं रमणिका गुप्ता से ज़्यादा बाबा साहेब के इन विचारों की क़द्र करता हूँ। मैं रमणिका गुप्ता के इन शब्दों से पूरी तरह सहमत हूँ कि "बाबा साहेब ने स्त्रियों के हक के लिए ही नेहरू से मतभेद होने पर केबिनेट से त्यागपत्र दे दिया था।" बाबा साहेब का यह संघर्ष हमारी धरोहर है। इसे ही मैं आगे बढ़ा रहा हूँ। उनके इस त्यागपत्र से मुझे यह कहने का बल मिलता है कि हम दलित समाज के स्त्री और पुरुष इस हिन्दू क़ानून में शामिल नहीं हैं। इस्तीफ़ा दे कर बाबा साहेब हमें इस जंज़ीर से बाहर करके गये हैं।

यह निष्कर्ष रमणिका गुप्ता का है कि स्त्री को ले कर मैं बाबा साहेब के विचारों का विरोधी हूँ। उन्होंने बाकायदा लिखा है–"...उन्होंने (धर्मवीर ने) दलित समाज को दलित नारी पर क़ाबू पाने के लिए भी ललकारा है। यह तो डॉ. अम्बेडकर की विचारधारा पर ही प्रश्न लगाने जैसा प्रयास है।" वे मुझे मेरा तर्क बता रही हैं–"धर्मवीर के तर्कानुसार बाबा साहेब का समानता, आज़ादी और भाईचारे का सूत्र औरतों पर लागू नहीं होगा।" वे बड़ी मौज में लिख गयी हैं–"ये (धर्मवीर के आलेख में व्यक्त) उनकी अपनी सोच हो सकती है पर यह डॉ. अम्बेडकर द्वारा चलाये गये दलित चिन्तन की कतई सोच नहीं है।" वे अपना दुख व्यक्त करती हैं–..."उन (धर्मवीर) जैसे बुद्धिजीवी दलित नौकरशाह से ऐसे स्त्री विरोधी सिद्धान्तों के प्रतिपादन की अपेक्षा नहीं थी। उनके तथाकथित सिद्धान्त को डॉ. अम्बेडकर के दलित आन्दोलन का सूत्र या हिस्सा तो कतई नहीं माना जा सकता।"

यह एक रमणिका गुप्ता की बात नहीं है। कई दलित नारियाँ भी बाबा साहेब तो दूर मेरी सोच को भी समझने और उसका मूल्यांकन करने में असमर्थ हैं। मेरा कहना यह है कि बाबा साहेब को ग़लत न पढ़ा जाये और ग़लत बातों के लिए उनकी दुहाई न दी जाये। पुष्पा विवेक अपने लेख 'दलितों में दलित है स्त्री' में मेरे ख़िलाफ़ लिखती हैं–"बाबा साहेब के अनुसार एक पढ़ी-लिखी महिला परिवार, समाज और देश की उन्नति का आधार बनती है। जब आप जैसे पुरुषों ने मर्यादा, नैतिकता, यौन-शुचिता पर बेड़ियाँ डाल रखी हैं तो वह समाज कैसे उन्नति कर सकता है।" तभी कह रहा हूँ कृपया, बाबा साहेब को ऐसे न लपेटा जाये। *उन्होंने महिलाओं को पढ़ाने-लिखाने की बात कही थी लेकिन उन्हें अमर्यादित जीवन जीने के लिए कभी नहीं कहा। उन्होंने हमेशा नैतिकता को निभाने की बात कही है। क्या बाबा साहेब के आदर्श वाला नारी चिन्तन यौन-शुचिता पर न टिक कर यौन की बेईमानी पर टिकेगा? क्या अमर्यादा, अनैतिकता और यौन-भ्रष्टता के द्वारा समाज उन्नति करेगा?* कम-से-कम ऐसे समय महान चरित्र वाले बाबा साहेब का नाम तो न लिया जाये। बाबा साहेब ने किस जगह यौन-भ्रष्टता की वकालत की है? यदि दलित नारियाँ विवाह की मर्यादा, नैतिकता और यौन-निष्ठा को अपने लिए बेड़ियाँ मानेंगी तो फिर दलित समाज का उद्धार और विकास हो लिया! यह नारीवाद के नाम पर मेरे सामने क्या व्यभिचार की फ़िल्म फ़िल्मा दी है? क्या ऐसे चिन्तन से स्त्री की गरिमा बढ़ती है? क्या स्त्री को अपने सम्मान की तनिक भी चिन्ता है?

बात यह है कि लोगों के पास बाबा साहेब डॉ. अम्बेडकर का नाम रह गया है, उनके विचारों और संघर्ष से उनका रिश्ता कट गया है। पहले मैं मानता था कि ऐसा केवल पुरुपों के साथ है लेकिन अब पता चला है कि नारियों के साथ भी यही स्थिति है। पुरुषों के पास कोई धर्मधौरा बचा भी हो लेकिन इन कुछ महिला लेखिकाओं के पास उनके चरित्र का नामोनिशान नहीं है। बाबा साहेब पूजने की चीज़ नहीं हैं बल्कि उनसे कुछ सीखा जाना है। वे पुराण नहीं बनाये जाने हैं कि अपने मन की गन्दगियाँ उन पर लाद कर उनके नाम का सहारा लिया जाये। इन महिला लेखिकाओं के लेखन की वजह से मुझे यहाँ मौक़ा मिला है कि मैं बताऊँ कि विवाह और मोरल को ले कर बाबा साहेब के विचार इन औरतों के विचारों से कितने भिन्न और विरुद्ध हैं। यह मेरा फ़र्ज़ बनता है कि मैं बाबा साहेब के नाम का किसी के भी बेचरित्र चिन्तन के द्वारा दुरुपयोग न होने दूँ।

*बाबा साहेब डॉ. अम्बेडकर ने जुलाई, 1942 में अपने एक भाषण में यह महत्त्वपूर्ण बात कही थी कि किसी समुदाय का विकास इस बात से जाना जाता है कि उस समाज की औरतों ने कितना विकास किया है। उन्होंने 12 फ़रवरी, 1948 को अपनी होने वाली दूसरी पत्नी से अपने एक पत्र में लिखा था—"मैं स्त्रियों के उत्थान और उनकी मुक्ति का सबसे बड़ा नेता रहा हूँ। मुझे इस बात का फख्र है कि अपने समुदाय की स्त्रियों का स्तर ऊँचा उठाने के लिए मैंने भरसक काम किया है।" लेकिन उन्होंने काम किस रूप में किया था? उन्होंने स्त्रियों को क्या सिखाया था? उनके शब्द हैं—"दुराचार से दूर रहो।" उन्होंने दलित स्त्रियों को सलाह दी थी—"सबसे ज़रूरी बात यह है कि हर लड़की जो शादी करती है, अपने पति का साथ दे, अपने पति से मित्रता और बराबरी के रिश्ते क़ायम करे और उसकी दासी न बने। मुझे पक्का विश्वास है कि यदि तुम मेरी यह सलाह मानोगी तो तुम अपने लिए सम्मान और यश प्राप्त करोगी।"*

बाबा साहेब डॉ. अम्बेडकर ने नागपुर में 15 अक्टूबर, 1956 के अपने भाषण में कहा था—"आत्म-सम्मान भौतिक प्राप्तियों के मुक़ाबले में ज़्यादा महत्त्वपूर्ण है। हमारा संघर्ष इज़्ज़त और आत्म-सम्मान के लिए है, यह केवल आर्थिक प्राप्ति तक सीमित नहीं है।" उन्होंने दलित नारियों का उदाहरण देते हुए कहा था—"बम्बई में एक इलाक़ा वेश्याओं का है। देह-व्यापार में लगी ये औरतें सुबह 8 बजे जगती हैं और मोहल्ले के सस्ते ढाबों में काम करने वाले मुसलमान लड़कों को पुकारती हैं, 'सुलेमान, ओ सुलेमान।' वे ऊँचे स्वर में बोलती हैं, थोड़ा कीमा और रोटी लाओ।" बाबा साहेब बताना जारी रखते हैं—"वे औरतें रोज़ कीमा, रोटी और चाय लेती हैं। ठीक है, हमारी औरतों को खाने के लिए कीमा और रोटी नहीं मिलती।

यहाँ मौजूद औरतों में से अनेक को एक वक़्त का खाना मयस्सर नहीं होता। वे अपनी सादी रोटी और चटनी लेती हैं। वे भी धनवान बन सकती हैं और चाहे तो बदनामी और पाप का जीवन जी सकती हैं, लेकिन नहीं, वे अपने मान, अपनी गरिमा और अपने आत्म-सम्मान का ज़्यादा ध्यान रखती हैं। यह है जिसके लिए हम संघर्ष कर रहे हैं—इज़्ज़त और आत्म-सम्मान।"

क्या बाबा साहेब डॉ. अम्बेडकर से रमणिका ने कोई सबक सीखा, क्या रमणिका ने अपना चरित्र बचा कर रखा? जवाब दें।

विवाह से पहले शारदा कबीर ने नर्स के रूप में बाबा साहेब के साथ दिल्ली चलने का प्रस्ताव रखा था कि वे वहाँ उनके साथ एक महीने रहेंगी। इस पर बाबा साहेब ने 25 जनवरी, 1948 को उन्हें पत्र के द्वारा लिखा था—"मेरा पालन-पोषण कठोर नैतिकता और धार्मिकता के वातावरण में हुआ है। प्रस्ताव की बात कहाँ, मैं ऐसे विचार तक को अपने मन में नहीं आने दूँगा जो तुम्हारे साथ के ऐसे बेमेल साथ की वजह से लोगों को मेरे चरित्र पर उँगली उठाने का मौक़ा दे। मेरी पत्नी का निधन चौदह वर्ष पूर्व हुआ था, तब से मैं अविवाहित हूँ और मैंने अविवाहित रहने का संकल्प ले रखा है।" उन्होंने कहा था—"यदि ऐसी ज़रूरत पड़ती है तो फिर वह औरत मेरे लिए विधिपूर्वक विवाहित पत्नी ही हो सकती है, नर्स या मित्राणी नहीं।" उन्होंने लिखा था—"शायद आप निराश हो गयी होंगी जब मैंने आपकी सेवाओं को इस रूप में प्राप्त करने से इनकार किया था कि आप मेरे साथ नर्स के रूप में दिल्ली जायेंगी और वहाँ मेरे पास एक महीने ठहरेंगी। लेकिन मेरे सार्वजनिक जीवन की प्रतिष्ठा इस बात पर टिकी है, कि मैं चरित्रवान और निष्कलंक सदाचारों का व्यक्ति हूँ।" उन्होंने अपने पत्र में बताना जारी रखा था—"मेरे कहने का निचोड़ यह है कि यदि परिस्थितियों ने मुझे मजबूर किया कि मैं अविवाहित रहने के अपने संकल्प को तो... तब मैं घर में बिना दूसरी औरत के रहते नर्स या मित्राणी रखने के बजाय विवाह करूँगा।"

बाबा साहेब डॉ. अम्बेडकर ने 1 फ़रवरी, 1948 को अपनी होने वाली इस पत्नी को पत्र लिखते हुए लिखा था—"सदाचार के मामले में मैं सख़्त क़िस्म का आदमी हूँ। मैं सदाचार के नियमों की एक भी स्तुति बर्दाश्त नहीं कर सकता।" उन्होंने 25 जनवरी, 1948 के पत्र में बहुत स्पष्ट शब्दों में लिखा था—"स्त्री को ढूँढ़ने में मात्र बौद्धिक गुण की खोज नहीं की जाती और न ही मात्र सुन्दरता की। सदाचार का गुण ही 'सबसे बड़ी चीज़ है।'" ऐसे समय रमणिका गुप्ता कितनी अम्बेडकरवादी या डॉ. अम्बेडकर से कितनी प्रभावित हैं

जब वे अपने लेख 'दलित स्त्री का क़ब्ज़ाकरण' में लिखती हैं—"यौन-सम्बन्धों को ही चरित्र मानना तो विकृत पुरुष समाज की देन है।" ख़ैर, बाबा साहेब डॉ. अम्बेडकर ने 12 फ़रवरी, 1948 के पत्र में अपनी भावी पत्नी को विवाह पर अपने विचार प्रकट करते हुए लिखा था—"विवाह की नींव केवल प्रेम पर टिकी होती है जिसका मतलब किसी का हो जाना होता है। क्या आप इस भावना से प्रेरित हैं? इससे कम में कोई काम नहीं चलेगा। ...यदि आप में जुड़ने की ऐसी भावना नहीं है तो बेहतर होगा हम इस बारे में आगे बात न करें। मैं बिना पत्नी के रह सकता हूँ क्योंकि ऐसा मैं वर्षों से रह रहा हूँ। आप भी, अपने सामाजिक स्तर, शिक्षा व बुद्धि की वजह से मुझसे बेहतर साथी ढूँढ़ सकती हो।" अपने इसी पत्र में उन्होंने शारदा कबीर से पूछा था—"यदि शब्दों के कुछ अर्थ होते हैं और विवाह की कोई नींव होती है तो मैं आपके इन शब्दों का क्या अर्थ लगाऊँ—'मैं आपको स्वीकार करती हूँ।' आप मुझे किस रूप में स्वीकार करती हो?"

धर्मवीर के अनुसार "मैं रमणिका के बारे में अन्तिम बात यह कहना चाहता हूँ कि रमणिका गुप्ता अम्बेडकर को नहीं गाँधी को ज़्यादा मानती थीं। जैसे गाँधी के सम्बन्ध महिलाओं से रहे, ऐसे ही रमणिका के भी थे। जैसे गाँधी ने अवैध सम्बन्धों को स्वीकारा वैसे ही रमणिका ने भी।

बकौल कैलाश दहिया 'आप हुदरी' और इसके अय्यार इतिहास के हवाले के बहाने रमणिका गुप्ता ने 'हादसे' और 'आप हुदरी' नाम से अपनी आत्मकथाएँ लिखी हैं। उसमें उन्होंने लिखा है, "मैंने अपनी घोषित निजी आत्मकथा का नाम 'स्वेच्छाचारी' शब्द का पंजाबी पर्याय 'आप हुदरी' रखा चूँकि मेरी नज़र में केवल 'स्वतन्त्र' होना औरत की मुक्ति के सम्पूर्ण लक्ष्य को निर्दिष्ट नहीं करता। आन्दोलन का लक्ष्य केवल औरत का पुरुष वर्चस्व से मुक्त होना ही नहीं है। वह अपनी इच्छानुसार मुक्त आचरण करने का साहस रखती है।"

यहाँ कैलाश दहिया रमणिका गुप्ता की आत्मकथा के सन्दर्भ में कुछ दलित लेखकों पर भी सवाल उठाते हैं। वे पूछते हैं कि उन्हें क्या हो गया। वे निष्पक्ष समीक्षा क्यों नहीं लिख सके। आख़िर उन्हें रमणिका से कोई डर था या लालच। उनमें अजय नावरिया/हीरालाल राजस्थानी/प्रेम कुमार मणि/सूरज बड़त्या/अशोक दास/संजीव खुदशाह/बजरंग बिहारी तिवारी/अनिता भारती/हेमलता महीश्वर/रमेश भंगी/रजत रानी मीनू/श्यौराज सिंह बेचैन/विमल थोरात/कौशल पंवार आदि हैं। चलिए मान लिया, नहीं लिख सके, पर उनमें से कुछ तो आगे बढ़कर रमणिका गुप्ता को माई-बाप और हुजूर तक कहते/मानते रहे। उनकी मृत्यु पर कुछ ने

उन्हें अभिभावक भी मान लिया। जैसे वे बेसहारा हो गये थे। वे छाती पीट-पीट कर रो रहे थे। *(सन्तोष कुमार सदीनामा)*

रमेश भंगी ने लिखा है कि "रमणिका के साथ न केवल बैठकी रही बल्कि परिवार जैसी घनिष्ठता रही।" (मेरी वाल पर सवाल-जवाब में 2 अप्रैल, 2019) जारिणी के साथ परिवार जैसी घनिष्ठता का अर्थ किसी को बताने की ज़रूरत नहीं होनी चाहिए। ऐसा लगता है भंगी जी परिवार की सामान्य परिभाषा से ही अनजान हैं, तभी ये ऐसे बोल गये हैं। जारिणी परिवार के साथ बैठक में कैसी और क्या शिक्षा देगी? वह अपने जारकर्म का महिमामण्डन ही करेगी। रमणिका गुप्ता से भंगी जी ने क्या शिक्षा ली, इस बारे में इन्हें अपना संस्मरण अवश्य लिखना चाहिए। केवल इसकी पत्रिका में छपने की क़ीमत पर ऐसी बैठकी दलित साहित्य आन्दोलन के लिए आत्मघाती है।

कौशल पंवार उन्हें उनकी मृत्यु पर जयभीम लिखती हैं। बताइये बाबा साहेब के नाम से अभिवादन दिया जा रहा है।

वे आगे लिखते हैं कि रमणिका गुप्ता मार्क्सवादी भी कही जाती हैं। इसका सबूत है, उनके शव को सी.पी.एम. कार्यालय, 36, पण्डित रविशंकर शुक्ल लेन में रखा जाना। जहाँ प्रकाश करात और वन्दना करात ने उन्हें श्रद्धांजलि दी। रमणिका को कामरेड रमणिका गुप्ता भी कहा जाता था। इस प्रकरण से इस देश में साम्यवाद की असफलता का अध्ययन किया जा सकता है।

बताया जा सकता है कि रमणिका का साम्यवाद 'सेक्स की स्वच्छन्दता का साम्यवाद' रहा। इसने जिसे चाहा अपनी सेक्स की भूख का शिकार बनाया। ख़ुद रमणिका लिख चुकी हैं कि उन्हें अपने साथ सोनेवालों की संख्या तक याद नहीं है। ऐसे में मार्क्सवाद क्या दुनिया का कोई भी वाद पिटेगा। केवल द्विजवाद ही इसमें फलेगा-फूलेगा जिसके केन्द्र में है ही जारकर्म। दलितों, आदिवासियों और पिछड़ों को ख़बर रहनी चाहिए कि इनकी स्त्रियों को ही जारकर्म और बलात्कार का शिकार बनाया जाता है। जारिणी रमणिका बलात्कारी को सज़ा नहीं होने देतीं। दलितों और बाक़ियों को बेवकूफ़ बनाने के लिए रमणिका कहती फिरती थीं—"डी.एन.ए. टेस्ट में अगर सिद्ध भी हो जाये कि बच्चा पति का नहीं है, किसी और का है तो बच्चा अवैध कैसे हुआ? बच्चा तो बच्चा है। रिश्ता ग़लत या सही हो सकता है। बच्चे को अवैध कहना ग़लत ही नहीं बल्कि बच्चे पर अत्याचार है।" (देखें रमणिका गुप्ता जी से सविता रानी की बातचीत) वैसे केदार प्रसाद मीणा ने तो पहले से ही लिख दिया है कि आदिवासियों का सदियों से यह मानना रहा है।...कोई बच्चा नाजायज़ नहीं होता...। सम्बन्ध अवैध नहीं होता।

ऐसी स्थिति में फिर अवैध क्या? पुरुष-स्त्री स्वच्छन्द रूप से सम्भोग करे-कराये। समाज को दूषित करे। होने दो दूषित, परिवार में बच्चे अगर बिगड़ते हैं तो बिगड़ने दो। पुरुष ने जो-जो काम किये, अच्छे या बुरे, हम भी वह सब करेंगी। क्या रमणिका गुप्ता का अपनी इन दोनों आत्मकथाओं के पीछे यही सन्देश है? क्या उन्हें आगे भी याद किया जायेगा? क्यों नहीं कोलकाता से उर्मिला प्रसाद और दिल्ली से ममता कालिया ने छाती ठोंक कर लिखा है। लिखा ही नहीं उनके जैसी बनने की बात भी की है। (सदीनामा, पृ. 25)

## सन्दर्भ

1. युद्धरत आम आदमी।
2. 'सदीनामा' में प्रकाशित कैलाश दहिया का आलेख, 1 से 31 मई, 2019, कोलकाता।

# 'दलित आत्मकथाएँ : वेदना, विद्रोह और सांस्कृतिक रूपान्तरण' पुस्तक का लोकार्पण और परिचर्चा

अजमेर सिंह काजल की पुस्तक 'दलित आत्मकथाएँ : वेदना, विद्रोह और सांस्कृतिक रूपान्तरण' का लोकार्पण और परिचर्चा का आयोजन दिनांक 23 जनवरी, 2018 को जवाहरलाल नेहरू विश्वविद्यालय, नयी दिल्ली के भारतीय भाषा केन्द्र के संयोजन में सम्पन्न हुआ। प्रारम्भ में प्रो. काजल ने पुस्तक के महत्त्वपूर्ण बिन्दुओं की ओर इशारा करते हुए कहा कि दलित आत्मकथाएँ सिर्फ़ अपनी तकलीफ़ नहीं कहतीं, बल्कि वंशानुगत बीमारी बन चुकी वर्ण-जाति व्यवस्था का गम्भीर पाठ करती हैं। आत्मकथाओं में वेदना के ख़िलाफ़ जो विद्रोह है यह हिन्दू सांस्कृतिक ढाँचे की देन है और प्रस्तुत आलोचना ब्राह्मणवादी वर्चस्व की अमानवीयता पर बहस को आगे बढ़ाते हुए सांस्कृतिक ढाँचे की जकड़नों की समाप्ति चाहती है। इसके बाद मंचासीन समस्त विद्वत्‌जनों द्वारा पुस्तक का लोकार्पण किया गया।

कार्यक्रम के मुख्य अतिथि डॉ. जयप्रकाश कर्दम ने कहा कि दलित आत्मकथा मात्र व्यक्ति की आत्मकथा नहीं बल्कि अपने पूरे समाज की आत्मकथा होती है। इसमें शास्त्र और लोक की टकराहट दिखाई देती है। दलित आत्मकथाओं ने एक अलग आयाम दिया है जो एक शिकायतनामा और आरोप पत्र भी है। इससे बढ़कर ये वकालतनामा है क्योंकि वकालत तर्क पर आधारित होती है और ये आत्मकथाएँ भी तर्क के साथ उपस्थित हैं। हिन्दी के पहले दलित आत्मकथाकार मोहनदास नैमिशराय ने विशिष्ट अतिथि के रूप में अपने वक्तव्य में कहा कि जब दलित आत्मकथाकार कथा लिखता है तो वह सम्पूर्ण समाज की कथा को समेटता है। दलित आत्मकथाओं का ज़िक्र करते हुए उन्होंने कहा कि पुरुष आत्मकथाओं में स्त्री मौन दिखाई देती है और स्त्री आत्मकथाओं में पुरुष मौन दिखाई देता है।

बीज वक्तव्य देते हुए भारतीय भाषा केन्द्र, जेएनयू के प्रो. रामचन्द्र ने कहा कि आज ये आत्मकथाएँ दलित जीवन को ही नहीं, बल्कि समस्त भारत की

सामाजिक संस्कृति को भी व्याख्यायित करती हैं। इस पुस्तक की ख़ासियत यह है कि यह विभिन्न भाषाओं में लिखी गयी आत्मकथाओं का मूल्यांकन करते हुए दलित मुक्ति के सवालों को गहराई से चिह्नित करती है। दिल्ली विश्वविद्यालय की डॉ. रजनी सिसोदिया ने कहा कि पिछले तीस-चालीस सालों से दलित साहित्य में विभिन्न तरह की रचनाएँ तो काफ़ी आ रही हैं परन्तु आलोचनात्मक लेखन उतनी गम्भीरता से नहीं लिया जा रहा है। उस दिशा में यह पुस्तक बहुत महत्त्वपूर्ण है। भारतीय समाज में किस प्रकार स्त्री शोषण मौजूद रहा है इस पर भी इस पुस्तक में प्रकाश डाला गया है। ये आत्मकथाएँ राजनीतिक आन्दोलन के फैलाव की भी कथा कहती हैं अतः इन्हें राजनीतिक दस्तावेज़ के रूप में भी देखने की आवश्यकता है।

इग्नू के डॉ. प्रमोद कुमार ने कहा कि आत्मकथाओं से सम्बन्धित इस पुस्तक की महत्त्वपूर्ण बात यह है कि यह शिक्षा के महत्त्व को समझाती है। उन्होंने ऑस्ट्रेलियाई और भारतीय दलित लेखन की तुलना करते हुए बताया कि ये दोनों साहित्य एक अधिकार पाने की मुहिम हैं। भारतीय भाषा केन्द्र के डॉ. राजेश पासवान ने दलित आत्मकथाओं के विषय में कहा कि ये एक तरह से शिलालेख का काम करती हैं। अपनी विकट परिस्थितियों में भी आत्मकथाकार संघर्षों से जीवनयापन करता हुआ अपने अनुभवों को साझा करता है, अपनी व समाज की वेदना से सबको जोड़ता है। दिल्ली विश्वविद्यालय के डॉ. टेकचन्द ने सांस्कृतिक रूपान्तरण में जाति की अवधारणा पर प्रकाश डालते हुए बताया कि जाति भारतीय समाज की सबसे ठोस अवधारणा है। इसे समझे बिना भारतीय समाज की व्याख्या नहीं की जा सकती है। भारतीय भाषा केन्द्र के डॉ. मलखान सिंह ने कहा कि यह पुस्तक बहुचर्चित दलित आत्मकथाओं का सामूहिक विश्लेषण करने के साथ-साथ हमारी शिक्षा व्यवस्था की उपयोगिता पर भी ज़रूरी सवाल उठाती है। अध्यक्षीय वक्तव्य में भारतीय भाषा केन्द्र के अध्यक्ष प्रो. गोबिन्द प्रसाद ने कहा कि आत्मकथाओं के आने से दलित साहित्य ने साहित्य का विस्तार किया। इसने नायकत्व की बनी-बनाई छवि को तोड़ा। मुक्ति का सन्दर्भ जो मुख्यधारा के साहित्य में चला आ रहा था दलित साहित्य ने उसके सन्दर्भ को बदल दिया। डॉ. सफ़ी अयूब के स्वागत वक्तव्य के साथ यह कार्यक्रम शुरू हुआ और धन्यवाद ज्ञापन शिव कुमार रविदास ने किया जबकि संचालन मुन्नी भारती ने निभाया। कार्यक्रम में गम्भीरता से विचार-विमर्श हुआ।

*(अस्मितादर्श से साभार)*

# आत्मकथा और आत्मछलना के विभिन्न रूप

## राजेन्द्र यादव

*वरिष्ठ कथाकार राजेन्द्र यादव ने मुद्दों को साहित्य की बहस बना दिया! वे जब कुछ बोलते थे तब तो विवाद होता ही था, लेकिन जब नहीं बोलते तब न बोलने में अधिक विवादित होते थे। प्रस्तुत है राजेन्द्र जी के साथ कथाकार रूपसिंह चन्देल की विशेष रूप से दलित आत्मकथा पर केन्द्रित बातचीत :*

● आत्मकथा को आप स्वतन्त्र विधा मानते हैं या इसे किसी विधा के अन्तर्गत व्याख्यायित करना चाहेंगे।

—मुझे लगता है कि आत्मकथा स्वतन्त्र विधा है। क्योंकि उसके अपने नियम, अनुशासन और अपना रूपबन्ध है। मैं उसे दूसरी विधाओं से अलग रखता हूँ।

● कुछेक अपवादों को छोड़कर हिन्दी के बड़े रचनाकारों ने आत्मकथा नहीं लिखी इसका क्या कारण आप मानते हैं?

—इस पर मैंने बहुत विचार किया कि क्यों नहीं लिखीं। दरअसल, इसके पीछे एक ख़ास क़िस्म की छद्म विनम्रता के सूत्र हमारे धर्म और संस्कारों में बहुत गहरे हैं कि मनुष्य का जीवन कुछ नहीं है। यह जीवन एक भ्रम है, माया है। यह मानसिकता हमें अपने बारे में बोलने से रोकती है क्योंकि कहीं इसके पीछे अपने विशिष्ट होने का अहंकार झलकता है। यही कारण है कि लोगों ने रचना को सामने रखा है। कहा गया है कि बात बोलेगी हम नहीं। मुझे लगता है सामन्तवादी समाज में व्यक्ति चेतना को एक अपराध की तरह देखा गया है। "खुदी को कर बुलन्द इतना" का बोध सामन्ती ईश्वर के ख़िलाफ़ पैदा होने वाला विद्रोह है।

● कहीं यह तो नहीं कि लोग सच बोलने न बोलने के ख़तरे से घबराते रहे हों?

—हाँ, व्यक्तिगत सच बोलने से हम कतराते रहे हैं। समाज का सच तो हर लेखक ने बोला है। जहाँ सच न बोलने की सावधानी होती है वहाँ झूठी आत्मकथाएँ होती हैं। मुझे तो लगता है कि आत्मकथा मात्र से ही भारतीय मानस

को—हिन्दी मानस को विरक्ति है। वे अपने आन्तरिक सच को छुपाना चाहते हैं। हमारे यहाँ लेखक जो लिखता या बोलता है, जीवन उससे बिल्कुल अलग है। दोनों समान्तर चलते हैं। अक्सर लेखक भीतरी या निजी जीवन को सामने नहीं लाना चाहता, क्योंकि वह जीवन में बोले, लिखे और सोचे गये के विरोध में होता है। यह द्वन्द्वात्मकता ही इस मानसिकता के पीछे होती है। डॉ. नगेन्द्र की आत्मकथा 'अर्धकथानक' इस छद्म का सबसे बड़ा उदाहरण है। डॉ. नगेन्द्र की व्यक्तिगत नैतिकता छल-छद्म, जोड़-तोड़, कन्या-प्रेम को सब जानते हैं—वे अहंकारी व्यक्ति थे क्योंकि दिल्ली जैसे केन्द्र में प्राध्यापन के सर्वोच्च पद पर रहे, राजनेताओं के आगे-पीछे रहे और सत्ता का दुरुपयोग करते रहे—मगर आत्मकथा में लगता है जैसे नैतिकता की प्रतिमूर्ति हों।

● हिन्दी साहित्यकारों की अब तक प्रकाशित आत्मकथाओं में आप किसे श्रेष्ठ मानते हैं? श्रेष्ठता का मापदण्ड क्या है?

—यदि मैं पहली बात का ही विस्तार करूँ तो ये जो हिन्दू संस्कारों में पले हुए लोग हैं, उन्होंने आत्मकथा से अपने आपको बचाया है क्योंकि हिन्दी साहित्य में सबसे पहली आत्मकथा एक ग़ैर-हिन्दू यानी जैन ने लिखी थी। जिसका नाम था बनारसी दास जैन। अकबर का समकालीन था। उसने ब्रजभाषा के दोहों में अपनी आत्मकथा लिखी, नाम था 'अर्धकथानक'। यह बहुत प्रसिद्ध आत्मकथा है। डॉ. नगेन्द्र ने अपनी आत्मकथा का नाम तो वहाँ से उड़ा लिया, मगर साहस कहाँ से लाते। यह ऐसी आत्मस्वीकृति के भाव में लिखी गयी है कि ताज्जुब होता है कि क्या उस समय—यानी वह अकबर के ज़माने में लोग इतनी साफ़ बात बोल सकते थे। वह कहता है कि बचपन में वह एक बदमाश, शैतान और बिगड़ा हुआ लड़का था। बाप सुनार था। वह दुकान की चीज़ों को चुरा ले जाता था, जुआ खेलता था, रण्डीबाज़ी करता था, दोस्तों में पैसे उड़ाता था... ये ऐसी ही सब बातें थीं, जो भारतीय प्रायः नहीं लिखता। हाँ, सेण्ट आगस्तीन ने अपनी आत्मस्वीकृतियाँ (कन्फैशन्स) में यह सब लिखा है। ताज्जुब की बात है कि रूसो ने जब आत्मकथा को 'कन्फैशन्स' नाम दिया तो स्वीकार करने के साहस को ही केन्द्र बनाया। हिन्दू परम्परा से आये हुए लोग हैं, उन्होंने आत्मकथाएँ नहीं लिखीं। हाँ, कुछ आत्मकथात्मक संकेत अवश्य तुलसीदास या दूसरे लोगों में मिल जाते हैं। जीवनीनुमा थोड़ा कुछ हैं—जैसे 'छप्पन वैष्णवों की वार्ता' या 'राजतरंगिणी' में कुछ राजाओं की वंशावलियाँ आदि। उधर मुसलमानी परम्परा में प्रायः हर बादशाह ने ज़िन्दगीनामे लिखे हैं। हमारे यहाँ तो छत्रसाल और छत्रसाल की विरुदावलियाँ या रासो हैं। मैं कहूँगा जो पदार्थवादी दर्शनों की पृष्ठभूमि से आये हैं,

उन्होंने आत्मकथाएँ भी लिखीं और जीवनियाँ भी। अश्वघोष का 'बुद्धचरित' ही इस समय ध्यान में आ रहा है।

● अब तक हिन्दी में जो आत्मकथाएँ प्रकाशित हुई हैं उनमें से कौन-सी आत्मकथा आपको सर्वाधिक पसन्द आयी?

—उनमें सबसे अधिक चर्चा जिस आत्मकथा की होती है, वह है 'उग्र' की 'अपनी ख़बर'। वैसे बहुत दिलचस्पी से जो आत्मकथाएँ पढ़ी जाती हैं उनमें राहुल की है, जो बहुत विराट-विस्तार वाली आत्मकथा है या बच्चन की आत्मकथा। लोग अधिकतर जिस आत्मकथा का ज़िक्र करते हैं वह बच्चन की ही है। इधर मैत्रेयी पुष्पा की 'कस्तूरी कुण्डल बसे' मुझे अच्छी लगी।

● अन्य भारतीय भाषाओं में किस साहित्यकार की आत्मकथा ने आपको अधिक प्रभावित किया और क्यों?

—इस समय मुझे याद नहीं आ रहा। लेकिन पढ़ी बहुत हैं और मुझे आत्मकथा पढ़ना बहुत पसन्द है। महिलाओं और दलितों की अनेक आत्मकथाएँ अवश्य याद आ रही हैं।

● विश्व-साहित्य में किस भाषा के साहित्यकार की आत्मकथा को आप उत्कृष्ट मानते हैं उसने आपको कितना प्रभावित किया?

—विश्व साहित्य की बात करना ग़लत है। वैसे तीन-चार आत्मकथाएँ हैं, जिनसे मैं व्यक्तिगत रूप से बहुत प्रभावित रहा। एक जो विश्वप्रसिद्ध आत्मकथा है, वह है गोर्की की, दूसरी आत्मकथाएँ हैं चार्ली चैप्लिन और बर्ट्रेण्ड रसेल की। जिस एक अन्य आत्मकथा ने मुझे बहुत झकझोरा है, वह एक ऐसे व्यक्ति की आत्मकथा है जिस पर हत्या का आरोप था—हेनरी शेरर की 'पैपिलीन'। पहले लिलियन रॉथ की 'आई विल क्राई टुमारो' और पैपिलीन दोनों बहिष्कृत लोगों ने लिखी हैं। एक वेश्या है और दूसरा हत्यारा। बौद्धिक क़िस्म की आत्मकथाएँ भी हैं जैसे—सिमोन द बोउआ की है—सार्त्र की है।

● साहित्यकारों के अतिरिक्त अन्य कलाकारों-पत्रकारों आदि ने भी आत्मकथाएँ लिखी हैं। निश्चित ही आपने अनेक पढ़ी होंगी। साहित्यकारों और उन कलाकार की आत्मकथाओं में आपको क्या अन्तर दिखा?

—दूसरे क्षेत्र के जिन कलाकारों की आत्मकथाएँ हम पढ़ते हैं तो उनके संघर्ष का जो क्षेत्र है, जीवन का जो क्षेत्र है, हम उससे प्रायः परिचित नहीं होते। हमारे पास उनका परिचय सूचनात्मक स्तर पर है, हम उपलब्धियों का मूल्यांकन कर सकने की स्थिति में नहीं हैं। इधर यहाँ हम साहित्य और साहित्यकार दोनों के विषय में इतना अधिक जानते हैं इसलिए आत्मकथा लेखक के साहित्यिक वक्तव्य

और साहित्यिक उपलब्धियाँ दोनों हमारे दिमाग़ में होती हैं, उन्हीं के सन्दर्भ में उसकी जीवनी हमारे सामने खुलती है। दूसरे क्षेत्र के कलाकारों की आत्मकथा पढ़ते हुए एक दूरी महसूस होती है—वह एक ख़ास क़िस्म की रोचकता पैदा करती है। हम उसे ज़्यादा तटस्थता से पढ़ सकते हैं। साहित्यकार की आत्मकथा को कहीं अपने साथ लगाकर भी देखते हैं। उसे पढ़ना जीवन और साहित्य को समान्तर पढ़ना है।

● क्या यह सच है कि भारतीय भाषाओं में महिलाओं ने आत्मकथा लेखन में अधिक स्पष्टता और साहसिकता का परिचय दिया है?

—मैं यहाँ दोनों को मिलाना चाहता हूँ महिलाएँ और दलित भी—दोनों वंचित और प्रवंचित हैं। इधर दोनों की ही आत्मकथाएँ साथ-साथ आयी हैं। पहली बात तो यह कि हम मध्यवर्गीय जो लोग लिखते हैं, वह व्यक्ति की आत्मकथा होती है। एक ऐसे व्यक्ति की आत्मकथा जो सामान्य या असामान्य स्थितियों-अवरोधों के बीच संघर्ष करते हुए आगे बढ़कर हमारे पास तक आया है। आत्मकथा वही लिख सकेगा जो सफलता की विशेष सीढ़ी पर पहुँच चुका होगा। यानी तूफ़ानी लहरों से गुज़रकर किनारे पर आ लगा है। बीच में डूबा हुआ व्यक्ति लौटकर अपनी कहानी नहीं सुनाता। सारा संघर्ष सामाजिक, आर्थिक विषमताओं से, संस्कारों से, रूढ़ियों से, ग़रीबी-अमीरी से—इनसे संघर्ष करते हुए अपनी जिजीविषा-लगन की पूँजी लेकर ऊपर उठे हुए व्यक्ति की आत्मकथाएँ ही हम तक आयी हैं, जबकि दलितों और स्त्रियों की आत्मकथाएँ बिल्कुल अलग धरातल प्रस्तुत करती हैं। वे व्यक्ति की नहीं अस्मिता के लिए लड़ी गयी सामाजिक लड़ाइयाँ हैं। ये व्यक्ति माध्यम होने के बावजूद पूरे समाज की आत्मकथाएँ हैं। जब एक स्त्री आत्मकथा लिखती है तब वह बच्चन की तरह एक अकेले व्यक्ति की आत्मकथा नहीं होती, पूरे उस विशेष स्त्री-समाज की आत्मकथा होती है। उसके साथ सामाजिकता जुड़ी हुई है। व्यक्ति में जो समाज के विरुद्ध या अलग होने की चेतना है, वह चेतना यहाँ सम्पूर्ण जाति के सम्मान को लेकर है। एक पूरी जाति या पूरा स्त्री वर्ग है जिसका संघर्ष एक विशेष सामन्ती मर्दवादी व्यवस्था से है, यह गुमनामियत के अन्धकार से निकलकर अपनी पहचान बनाने का संघर्ष है। मैंने पिछले दिनों 'हंस' के सम्पादकीय में लिखा है कि यह एक व्यक्तिवाद और अस्मिताबोध का संघर्ष है। स्त्री की अस्मिता-दलित की अस्मिता को अपने पूरे स्त्रीत्व या दलितत्व को मनुष्य के रूप में पहचान दिलाने के लिए संघर्ष करना पड़ता है, सवर्ण मालिक या मर्दवादी मानसिकता के पूरे संस्कारों के विरुद्ध। ये दो संस्कारों-दो व्यवस्थाओं के द्वन्द्व की कहानियाँ होती हैं। जबकि व्यक्ति के संघर्ष में ऐसा नहीं है।

● इस दृष्टि से आप किस महिला साहित्यकार की आत्मकथा को बेहतर मानते हैं?

—यह कहना तो बहुत कठिन है। इधर महिलाओं ने बहुत अच्छी आत्मकथाएँ लिखी हैं। अभी पिछले दिनों अनुवाद होकर आयी है—ईसाडोरा डंकन की आत्मकथा, जिसकी बहुत चर्चा हुई। इसे मैंने सन् पचपन-छप्पन में पढ़ा था। तब शायद इस अर्थ में महत्त्वपूर्ण नहीं लगी थी जिसमें आज लगती है। सिमॉन द बोउआ की आत्मकथा की एक ज़माने में बहुत चर्चा हुआ करती थी। इसके आलावा शान्ता आप्टे, हंसा कडेकर, नटीविनोदिनी या बेबी काम्बले की आत्मकथाएँ बहुत प्रसिद्ध रही हैं। जैसे हैडी लेमार की 'मी एंड एक्सटैसी' यह भी बहुत ख़ूबसूरत आत्मकथा थी।

● 'मुड़-मुड़ के देखता हूँ' में आप कहते हैं कि 'आत्मकथा' वे लिखते हैं जो स्मृति के सहारे गुज़रे हुए को तरतीब दे सकते हैं। लम्बे समय तक अतीत में बने रहना उन्हें अच्छा लगता है।... लाख न कहने पर भी वहाँ तथ्यों को काट-छाँटकर अनुकूल बनाने की कोशिशें छिपाये नहीं छिपतीं... दूसरे शब्दों में इसे एक 'गढ़न्त' कह सकते हैं। इसलिए 'मुड़ मुड़ के देखता हूँ' में संगृहीत अंशों को आपने 'स्मृति-खण्ड' कहा है जिन्हें दूसरे शब्दों में आत्म-संस्मरण कहा जा सकता है। 'आत्मकथा' के विषय में आत्मकथाकारों ने भी यदि इसी प्रकार सोचा होता तो शायद ही सम्पूर्ण जीवन को उद्घाटित करने वाली आत्मकथाएँ लिखी गयी होतीं।

—आत्मकथा के नाम पर जो हम देखते हैं वह प्रायः एक दिनचर्या का विस्तार होता है। आज क्या हुआ-कल क्या हुआ... जबकि मूल आत्मकथा, इनके बीच सबसे संवेदनशील अनुभवों की शृंखला खण्ड-खण्ड में होती हैं। आत्मकथा एक द्वीप से दूसरे द्वीप तक की यात्रा है। जैसे एक बहुत महत्त्वपूर्ण क्षण या कोई महत्त्वपूर्ण घटना है—उसे आपने आत्मकथा में लिख दिया। या कोई महत्त्वपूर्ण अनुभव लिखा। बीच का हिस्सा भर्ती का हिस्सा होता है। क्योंकि वहाँ पात्र एक है, स्थितियाँ एक होती हैं—परिवेश एक होता है... आप उसी को निरन्तरता मान लेते हैं। मुझे लगा कि यदि बीच के हिस्सों को छोड़ भी दिया जाये, जिनका काम सिर्फ़ एक द्वीप से दूसरे द्वीप के बीच सेतु बनना है, तो कोई ख़ास फ़र्क़ नहीं पड़ने वाला। इस तरह पूरी आत्मकथा टुकड़ों-टुकड़ों में कही जा सकती है। यह आवश्यक नहीं है कि अनावश्यक चीज़ें जोड़कर उसका विस्तार किया ही जाये। 'उग्र' की आत्मकथा 'अपनी ख़बर' इसी तरह लिखी गयी है। ख़ुद गाँधी जी की आत्मकथा भी ऐसी ही है। मैंने जो कुछ समग्र आत्मकथाएँ पढ़ी हैं, वे निहायत

ही बोर और व्यर्थ की बातों से भरी हुई हैं। यदि नाम ही लेना हो तो रामदरश मिश्र की आत्मकथा को उदाहरण के लिए ले सकते हैं जिसमें दिनचर्या का इतना सतही और भोंडा वर्णन है कि उसे हर दिन का रोज़नामचा ही कहा जा सकता है। आत्मकथा में होती हैं—वे स्थितियाँ-घटनाएँ, जो आपको बनाती, बिगाड़ती या आपकी मानसिक बनावट में कुछ जोड़ती-घटाती हैं। सिर्फ़ यथार्थ वर्णन अख़बारी होता है। कथाकार अपने कथ्य या पात्र के लिए ज़रूरी घटनाओं और स्थितियों का चुनाव करता है, क्या यह चुनाव हमारी आत्मकथा में नहीं हो सकता?

● सत्तर के आसपास कुछ ऐसे लोग दिखाई देते हैं जो प्रकट में मार्क्सवाद का मुखौटा लगाये अपनी नक़दी क्रान्तिकारी कविताओं में अक्षरों के अंगारे उगल रहे थे जबकि छुपे तौर पर वे सत्ता के गलियारों में घूमते अपने लिए सुख-सुविधा जुटा रहे थे और अपनी सन्तानों को बरास्ते 'सोवियत संघ' अन्य देशों में जाने का मार्ग प्रशस्त कर रहे थे। प्रगतिशील आन्दोलन को ऐसे लोगों से कितनी क्षति हुई?

—मेरा सम्पर्क अधिकतर उन लोगों से रहा है जिन्होंने घर-बार त्यागे हैं। फ़ुटपाथों पर सोये हैं। मज़दूरों में काम किया है, ग़रीबों-अछूतों में ही जवानी बितायी है। लेकिन इसके साथ यह सही है कि उस समय उनका जुड़ाव सोवियत रूस से था और वे चूँकि यहाँ के समाज में एक प्रकार से अछूत थे, इसलिए कैसी भी सुविधाएँ उनको नहीं थीं। ये सुविधाएँ सिर्फ़ रूस से ही उनको मिल सकती थीं। शिक्षा, इलाज, जीविका के छोटे-मोटे साधन अनेक रूपों से मिलती भी थीं। उदाहरण के लिए जैसे नक्सलाइट हैं, यदि उनके बच्चे हैं—परिवार हैं, तो उन्हें कौन मदद देगा? बल्कि उन्हें पकड़ने या दूसरे दबाव डालने के लिए उनके बच्चों को लगभग बन्धक बना लिया जाता है। परिवार को परेशान किया जाता है। पुलिस एक ओर एनकांउटर में उन्हें मारती है तो दूसरी ओर उनके परिवारों की ज़िन्दगी हराम कर देती है। ऐसे में उन्हें अपनी सुविधा के लिए, अपने अस्तित्व की रक्षा के लिए किसी न किसी का सहारा तो लेना ही पड़ेगा। उन दिनों की स्थिति कुछ-कुछ वैसी ही थी। मैं नहीं मानता कि सोवियत रूस में पढ़ा हुआ बच्चा तब कहीं अच्छी जगह जा सकता था, न तब था न अब है। अमेरिका में शिक्षित युवा के लिए सैकड़ों दरवाज़े खुले थे। आज भी उसे कहीं भी कोई महत्त्वपूर्ण स्थान मिल जाता है बल्कि सारा दारोमदार ही अमेरिका-योरप की ओर है। रूस वाले को तो न नौकरी मिल सकती थी न बाहरी दुनिया में बहुत अवसर मिल सकते थे। सामाजिक परिवर्तन के आन्दोलन तो अब लगभग समाप्त ही हो गये हैं।

• आप उन मार्क्सवादियों के विषय में बतायें जो ग़रीबों-अछूतों के मध्य काम करते थे। मैं जहाँ तक समझता हूँ दलितों को यह शिकायत है कि मार्क्सवादियों ने उनकी घोर उपेक्षा की है। बी.टी. रणदिवे ने अपनी पुस्तक 'जाति और वर्ग' (1981) में इस बात को स्वीकार भी किया है। मुझे याद आ रहा है कि किसी बड़े मार्क्सवादी नेता ने भी कुछ दिनों पहले इसी प्रकार का वक्तव्य दिया था। आप क्या कहना चाहेंगे?

—पहली बात तो यह कि किताबी मार्क्सवादियों के यहाँ दलित या शूद्र शब्द नहीं हैं—शोषित और सर्वहारा है। उनका विश्वास था और मार्क्सवादी शास्त्र ने उन्हें बताया था कि सर्वहारा को श्रम-शोषण और आर्थिक दासता से मुक्त करने पर उसकी और परिणामतः सारे समाज की अन्य सारी समस्याएँ स्वयं हल हो जायेंगी। उन्होंने इस सर्वहारा को इसी तरह की राजनीति में प्रशिक्षित किया। वे यह भूल गये कि भारत में आर्थिक मुक्ति के साथ सामाजिक न्याय और अपमान से भी मुक्ति चाहिए—अछूत बनाकर बाहरी व्यक्ति होने के अभिशाप से मुक्ति चाहिए। पश्चिम में बिल्कुल निचले तबके से उठा स्तालिन या लिंकन देश का सर्वोच्च नेता बन सकता है, मगर चमार जगजीवनराम प्रधानमन्त्री नहीं बन सकता। मायावती और शिन्दे को मुख्यमन्त्री के रूप में स्वीकार करने में जिस तरह सवर्णों की नानी मर रही है, वह तुम देख ही रहे हो। वर्ग के साथ वर्ण, या वर्णव्यवस्था का विश्लेषण और पहचान न करने के कारण ही मार्क्सवाद भारतीय समाज को भीतर से कहीं भी नहीं बदल सका। मार्क्सवादी यह भूल गये कि सर्वहारा के पास भौतिक रूप से खोने के लिए जाति-धर्म के संस्कार भी थे। काम की जगहों, यानी मिलों-कारख़ानों में वे एकज़ुट थे, मगर घर-परिवारों में जात-पात में बँटे थे। यह तो पिछले दिनों, शायद दो-तीन वर्ष पहले ही केरल कान्फ्रेंस में उन्होंने पहली बार आधिकारिक रूप से स्वीकार किया कि वर्ण भारतीय समाज की वर्ग से पहले की सच्चाई है।

• पुनः अपने मूल मुद्दे पर लौटता हूँ। आत्मकथाओं के अधिकांश लेखक स्वयं को 'हीरो' बनाये रखने के भाव से आत्मकथाएँ लिखते हैं? क्या आप भी मानते हैं?

—मैंने पहले कहा न, कि केन्द्रीय व्यक्ति तो वह होता ही है, अगर ऐसा न हो तो फिर आत्मकथा किसकी होगी। वह अपनी दृष्टि से ही सभी कुछ देखता है। मेरा महत्त्व दूसरों की ज़िन्दगी में क्या है, की बजाय मेरी ज़िन्दगी में दूसरों का महत्त्व क्या है, इसका अनुसन्धान आत्मकथा का बहुत महत्त्वपूर्ण हिस्सा है। दूसरों ने कहाँ बनाया, बिगाड़ा या सहारा दिया या ज़िन्दगी में कुछ जोड़ा-घटाया।

केन्द्रीय हो जाने की मानसिकता को कहीं अपने को सही ठहराने की वकालत भी कह सकते हैं। चेखव इसलिए आत्मकथाओं से घृणा करता है क्योंकि उनमें बचपन से ही अपनी महानता के सूत्र तलाश करने की प्रवृत्ति होती है।

● अपने भोगे यथार्थ को आत्मकथाओं में ईमानदारी से उतारने का दावा करने वाले दलित लेखकों में भी क्या यह 'हीरो' वाला भाव नहीं है?

—इसे मैंने एक सम्पादकीय में व्यक्तित्व और अस्मिताबोध के रूप में अलगाया है। ग़ैर-दलित अपनी आत्मकथा में अपने व्यक्तित्व के बनने, निखरने की बात करता है, दलित की कोशिश अभी अपने साथ-साथ समुदाय की पहचान भी है। लेकिन दलित लेखक जिन अपमानजनक स्थितियों में रहा है, उनको स्वीकार करने के लिए एक बहुत बड़े साहस की ज़रूरत है जो सवर्ण लेखक नहीं कर सकता। जिस सामाजिक और जन्मगत अपमान से उसे गुज़रना होता है वह इसकी मुख्य थीम है। जबकि सवर्ण लेखक की मुख्य थीम सम्मान अर्जित करना है—कि हम अपनी विशिष्टता के कारण अधिक-से-अधिक अपने वर्ग में, ख़ासकर उच्च वर्ग में सम्मानित और प्रतिष्ठित हों। दलित का मुख्य काम यह है कि हमें कहाँ-कहाँ पर अपमानित, वंचित और दलित किया गया और इसके ज़िम्मेदार क़ौन थे। इस तरह सवर्ण का समाज अमूर्त होता है, दलित का ठोस और साकार जो इसका दमनकर्ता है। फ़र्क़ सम्मान और अपमान का है।

● हिन्दी में दलित रचनाकारों द्वारा आत्मकथाएँ लिखने की प्रवृत्ति पिछले तीन-चार वर्षों में तेज़ी से बढ़ी है इसे आप किस रूप में देखते हैं?

—जिन स्थितियों से दलित लेखक गुज़रते हैं, उनके पास सबसे पहली कहानी अपनी यातनाओं की ही होती है। उन यातनाओं की कहानी जिसमें पूरा एक वर्ग, पूरी एक संस्कृति, पूरा एक वातावरण शामिल है। सवर्ण की कहानी में अपना ही समाज व्यक्ति के ख़िलाफ़ होता है, उधर दलित में सवर्ण समाज उसके ख़िलाफ़ है। इसलिए वह समाज का प्रतिनिधि होकर आता है। उनमें जो संघर्ष का माद्दा और ऊर्जा है, वह व्यक्तिगत अपमान से ज़्यादा या व्यक्तिगत के साथ-साथ एक सामाजिक अपमान से आयी हुई चीज़ है। इसलिए अपनी से अधिक वे समुदाय की कहानी लिखते हैं, अपने-अपने सम्पूर्ण समाज की कहानी।

● लेकिन यह जो प्रवृत्ति बढ़ी है...।

—जैसे-जैसे इन वर्गों में चेतना आयेगी, ये वर्ग महत्त्वपूर्ण होंगे। समाज, साहित्य, राजनीति में सत्ता प्राप्त करेंगे, वैसे-वैसे इनकी जीवनियाँ और आत्मकथाएँ आयेंगी।

● इसका मतलब यह कि दलितों की आत्मकथाएँ समाज केन्द्रित हैं और ग़ैर-दलितों की आत्मकथाएँ आत्मकेन्द्रित।

—कह सकते हैं। एक बात और... किसी भी वर्ग या समाज में सभी लोग तो मिलकर लिखेंगे नहीं। एक होता है जो सभी का प्रतिनिधित्व करता है। हो सकता है बाक़ी लोग न वैसा सोचते हों, न रहते हों, न शिक्षित हों, न उनकी स्थितियाँ वैसी हों, मगर वह उनको वाणी देता है। उनकी समग्र सामाजिक स्थिति को स्वर देने का काम करता है। उसकी आत्मकथा अपने समाज की कथा होने के कारण सामाजिक चेतना और अस्मिता-बोध जगाती है जबकि सवर्ण आत्मकथाओं में प्रायः ऐसा नहीं होता।

● लेखक को जीवन के किस पड़ाव में आकर आत्मकथा लिखनी चाहिए? अधिकांश दलित लेखक लेखन में परिपक्व और पर्याप्त साहित्य लिखने से पूर्व ही आत्मकथा लिख डालते हैं। ऐसा मराठी दलित लेखकों से प्रेरित होकर हो रहा है या कोई अन्य कारण आप देखते हैं।

—जब समाज में गतिरोध होता है तब दो चीज़ें साहित्य में ख़ासतौर से हमारी मदद करती हैं—एक है सामान्य जन-जीवन, जिसे लोक जीवन कहते हैं, वह उसे ऊर्जा देता है और दूसरा अपनी तरह के अनुभवों से गुज़रे हुए दूसरी भाषाओं का लेखन। जो व्यक्तिवादी आत्मकथाएँ हैं—सवर्णों की—ग़ैर-दलितों की आत्मकथाएँ—वे सफल व्यक्तियों की आत्मकथाएँ हैं। कहीं ऊँचाइओं पर पहुँचे हुए लोगों की आत्मकथाएँ हैं। इसलिए उनके लिए अनकही शर्त है कि एक ख़ास उम्र में आ जाइए, तब आत्मकथा लिखिए... अभी तो आप बीस-तीस साल के हैं... आपकी आत्मकथा में है क्या? जबकि दलित की यातना-कथा उसके जन्म से ही शुरू हो जाती है, स्त्री की तरह यह एक अजीब चीज़ लगती है कि सवर्णों की आत्मकथाएँ तब लिखी गयीं जब सफलता के एक बिन्दु पर वे पहुँचे, और दलित ने आत्मकथाएँ उस समय लिखीं जब वह चेतन हुआ और स्थितियों को समझने लगा यानी दलित होने का बोध ही उसकी आत्मकथा है। इस तरह से दलित की आत्मकथा अपने आप और अपनी स्थितियों को समझने की प्रक्रिया है जबकि सवर्णों की आत्मकथा अपनी सफलताओं और उपलब्धियों के आकलन की नुमायशें हैं। वह समाज को समझाने की बजाय उसे समझाता या सुधारता है।

● हिन्दी दलित लेखकों में ओमप्रकाश वाल्मीकि और मोहनदास नैमिशराय जैसे कुछ रचनाकारों ने ही प्रभावशाली कहानियाँ लिखी हैं? लेकिन अभी भी अच्छे उपन्यासों की प्रतीक्षा है? आत्मकथा लिखने की उतावली के बजाय लेखक उपन्यास की ओर ध्यान केन्द्रित क्यों नहीं कर पा रहे?

—यह आरोप दलितों पर बहुत लोगों द्वारा लगाया गया है। दलित के जीवन-संघर्ष में—उनके भीतर, उनके अनुभवों में जो ताप है, जो गहराई है या

जो इंटेंसिटी होती है वह वे अपनी आत्मकथाओं में निकाल चुके होते हैं। इसलिए उपन्यास लिखने के लिए कुछ बचता नहीं है। जबकि स्थिति को एक और तरह से भी देखा जाना चाहिए। उपन्यास लिखने के लिए एक ख़ास तरह की आब्जैक्टिविटी, तटस्थता और दूरी होनी चाहिए ताकि अपने अनुभवों को आप दूर खड़े होकर देख सकें। इस आब्जैक्टिविटी की उम्मीद आप दलित लेखक से नहीं कर सकते कि वह अपने आप को किसी दूसरे की निगाह से देखें। वह अपनी निगाह से दूसरों को देखता है। वहाँ वह देखता है कि उसका निर्माता और शत्रु सवर्ण और शक्तिशाली ग़ैर-दलित है। आपकी स्थिति के लिए उसके पास एक बना-बनाया खलनायक है जिसके सामने वह नायक बनने की सफल-असफल कोशिश कर रहा है। दलित का सारा लेखन सवर्णों के ख़िलाफ़ आरोप-पत्र जैसा है। मगर यहाँ एक अन्तर्विरोध भी है। हमें सुविधा या प्रशिक्षण है कि जब हम दूसरे की निगाह से ज़िन्दगी को देखने की बात करते हैं तो हमारा जैसा ही कोई दूसरा पाठक वर्ग होता है जो हमें देखता है, लेकिन दलित जब अपने को ऑब्जैक्टिफाई करता है तो सवर्णों के विरुद्ध देखता है। मैं जब एक सवर्ण की आत्मकथा पढ़ता हूँ तब फ़ैसले भी देता हूँ। उससे अपनी तुलना भी करता हूँ। जहाँ एक तुलना होती है वहाँ एक ख़ास ऊँचाई से फ़ैसले देने की मानसिकता भी अन्तर्निहित है। दलित और स्त्री लेखक के फ़ैसले हमारे पूरे समाज और इतिहास को लेकर होते हैं।

• अब तक हिन्दी में जिन दलित रचनाकारों की आत्मकथाएँ प्रकाशित हुई हैं उनमें आप किसे अच्छा मानते हैं? क्या वह मराठी की आत्मकथाओं के समकक्ष ठहरती है?

—यह बात कुछ ऐसी है... जैसी कि अन्ना कैरेनिना के शुरू में लिखी है कि 'ऑल द हैप्पी फेमिलीज़ आर लाइक...' 'सारे सुखी परिवार एक जैसे ही होते हैं।' दुखी परिवार अपने-अपने ढंग से दुखी होते हैं। वे एक जैसे दुखी नहीं होते। इस तरह से जो दलित आत्मकथाएँ हैं... वो चाहे मराठी की हों चाहे हिन्दी की हों... वे अपने-अपने ढंग से अपने जीवन और अपमान की ज़िन्दगी को परिभाषित करती हैं। वहाँ इस तरह से तुलना नहीं करनी चाहिए। मराठी के लोगों ने अपने समाज और इतिहास से संघर्ष करते हुए आत्मकथाएँ लिखी हैं।

• दलित रचनाकार, जो आत्मकथाएँ लिख रहे होंगे या लिखने की योजना बना रहे होंगे उनके लिए आप क्या परामर्श देना चाहेंगे।

—परामर्श देने वाला मैं कौन हूँ। लेकिन एक बात मैं ज़रूर कहना चाहूँगा कि उन्हें इस बात की चिन्ता नहीं करनी चाहिए कि वे सवर्ण समाज के सौन्दर्यशास्त्र

या उनकी कसौटियों पर हमेशा ही खरे उतरें। वे अपनी बात को ईमानदारी से कहें और इस बात की चिन्ता न करें कि हम लोग क्या सोचेंगे। मैं बिल्कुल नहीं चाहता कि जब कोई दलित लेखक आत्मकथा या कुछ भी लिखे तो वह इस बात की चिन्ता करे कि हमसे उसका अनुमोदन कराना है, नामवर जी, मैं या मैनेजर पाण्डेय उस पर कैसे रिएक्ट करेंगे। यहाँ एक बात पर ज़रूर विचार करना चाहिए—सवर्ण लेखक जब एक दलित रचना की आलोचना करता है तो वह कथ्य की बात करता है या भाषा और शैली की। मुझे लगता है उसकी आपत्ति कथ्य को लेकर तो है ही उस भाषा और तरीक़े पर भी है जिसमें आक्रामक तेवर से बात कही गयी है! हमने न उन्हें कभी अपनी बात कहने दी और न वह तरीक़ा सिखाया कि बात को प्रभावशाली ढंग से कैसे कहा जाये। दूसरे शब्दों में ज्ञान और भाषा दोनों से उन्हें वंचित रखा। आज जो वे हैं, ये सब उन्होंने स्वयं अपनी जीवन स्थितियों के सन्दर्भ में ही अर्जित किये हैं, इसलिए जैसे भी वे अपनी बात कह रहे हैं, उसे सुनना भी पड़ेगा और बर्दाश्त भी करना होगा। अगर ऐसा नहीं करेंगे तो वे कल हमें ही उठाकर एक तरफ़ कर देंगे।

• मैत्रेयी पुष्पा या एक-दो को छोड़कर हिन्दी में महिला रचनाकारों ने आत्मकथा की ओर ध्यान नहीं दिया। इसके पीछे आप क्या कारण देखते हैं?

—हिन्दी समाज में स्त्रियाँ बोलती कहाँ थीं? जो बोलती हैं वह वही बोलती हैं, जो हम चाहते हैं। जितनी हम अनुमति देते हैं, इतना बोलो। जहाँ कुछ अतिरिक्त बोलीं कि हमने डाँट दिया—ज़्यादा बक-बक करने की ज़रूरत नहीं है—अन्दर बैठो। हज़ारों सालों की हमारी मानसिकता है कि जितना हम सुनना चाहते हैं—जैसा सुनना चाहते हैं, वही वे बोलें। अब कुछ महिलाएँ सामने आयी हैं। मैं समझता हूँ कि कृष्णा अग्निहोत्री की आत्मकथा—'लगता नहीं है दिल मेरा' पहली बोल्ड आत्मकथा है। वह उस बात को कहती है जिसे सभ्य समाज स्त्री से नहीं सुनना चाहता। हाँ, छुपकर सुनना चाहता है। यह हमारी दमित मानसिकता ही है कि कमरे में ताक-झाँक करें। हम औरत को नंगा देखना चाहते हैं—एक विकृत क़िस्म की जिज्ञासा के रूप में उसे सुनना-पढ़ना चाहते हैं।

*(अपेक्षा, जुलाई-सितम्बर, 2003 से साभार)*

# बौद्ध धर्म और पेरियार ललई सिंह यादव

*कुछ शख़्सियत ऐसी होती हैं जो दूसरों के दुख-दर्दों को महसूस करती हैं। उन्हीं में से एक थे ललई सिंह, (जन्म : 1.1.1911, निर्वाण : 7.2.1993) जिन्होंने ऐसा कुछ किया कि इतिहास में ही दर्ज हो गये*—बकौल कमल कान्त सिंह, 1 जनवरी, 1911 को गाँव कठारा, झीझक पश्चिमी उत्तर प्रदेश के कानपुर जनपद में एक क्रान्तिधर्मी नवज्योति का जन्म ललई सिंह यादव के नाम से हुआ था। जिन्होंने शोषण, ग़रीबी, अन्याय तथा अपमान के विरुद्ध सशक्त आवाज़ उठाई और लोगों ने उनकी आवाज़ को सुना। वे कृषक परिवार से थे। उनके पिता का नाम मा. गज्जू सिंह यादव और माता का नाम मूलादेवी था। हिन्दी, उर्दू मिडिल पास करने के पश्चात दिनांक 21.04.33 को ग्वालियर पुलिस में कांस्टेबल के पद पर भर्ती हुए। कांग्रेसी विचारक होने के कारण सन् 1935 में बर्खास्त होकर अपील में बहाल हुए। सन् 1937 में ये हैड कांस्टेबल बने। नौकरी से समय बचाकर इन्होंने विभिन्न शिक्षाएँ प्राप्त कीं।

सन् 1931 में विवाह हुआ।

दिनांक 29.03.1934 को ग्वालियर स्टेट स्वतन्त्रता संग्राम के सिलसिले में पुलिस व आर्मी में हड़ताल कराने के आरोप में धारा 131 भारतीय दण्ड विधान (सैनिक विद्रोह) के अन्तर्गत साथियों सहित राज-बन्दी बने।

सन् 1946 में इन्होंने नान गजेटेड मुलाज़िमान पुलिस एंड आर्मी संघ ग्वालियर क़ायम की और उसके अध्यक्ष चुने गये। 'सोल्जर ऑफ़ दी वार' के तर्ज पर हिन्दी में 'सिपाही की तबाही' लिखी, जिसमें मुलाज़िमान को क्रान्ति के पथ पर विशेष अग्रसर किया।

ललई सिंह यादव ने अपने संघर्ष को वैचारिक पृष्ठभूमि प्रदान करने के लिए निम्नांकित पुस्तकों की रचना की थी।

(1) शोषितों पर धार्मिक डकैती, (2) शोषितों पर राजनीतिक डकैती, (3) अंगुलिमाल (नाटक) बौद्धकालीन, (4) वीर सन्त माया बलिदान नाटक,

(5) शम्बूक वध नाटक, (6) नागयज्ञ नाटक, (7) सच्ची रामायण की चाभी, (8) एकलव्य नाटक।

ललई सिंह यादव को यह पूरी तरह मालूम था कि भारत में वर्ण-व्यवस्था का जन्म और उसकी स्थापना ब्राह्मणों द्वारा की गयी थी। केवल ब्राह्मण जाति में जन्म लेने के कारण ज्ञान गुण और शील विहीन ब्राह्मण भी सर्वश्रेष्ठ हो जाता है और जब तक जीता है श्रेष्ठ ही रहता है। उलट उसके ज्ञान, गुण तथा शील सम्पन्न शूद्र श्रेष्ठ नहीं हो सकता है। यह वर्ण-व्यवस्था का धर्म था और अभी भी है।

इस व्यवस्था को स्थायी, श्रेष्ठ और उच्चतम बनाये रखने के लिए अनेक धार्मिक ग्रन्थों की रचना की गयी—जैसे (1) स्मृति ग्रन्थ जिनमें प्रमुख है, मनुस्मृति—लगभग 138 स्मृतियों की रचना की गयी है—केवल वर्ण-व्यवस्था के स्थायित्व के लिए। (2) सूत्र ग्रन्थ—इसमें प्रमुख सूत्र ग्रन्थ वादरायण का ब्रह्मसूत्र और इसका शंकर भाष्य था। (3) रघुवंश। (4) रामायण। (5) उत्तर रामचरितम्—महाभारत, इस महाभारत का एक अंश है। (6) गीता। (7) पुराणों की रचना भी वर्ण-व्यवस्था के ही लिए की गयी है।

इन धार्मिक ग्रन्थों में वर्ण-व्यवस्था के स्थायित्व के लिए अनिवार्य-धार्मिक प्रावधानों की रचना भी की गयी। जैसे—ब्रह्मसूत्र-शंकर भाष्य (1-3-38)।

ब्रह्मसूत्र-शंकर भाष्य में यह बाध्यकारी धार्मिक प्रावधान है कि शूद्र को शिक्षा, विद्या, सम्मान तथा सम्पत्ति का अधिकार नहीं है। यदि वह (शूद्र) इसको अपना अधिकार मानता है तो राजा का दायित्व है कि उसकी आँख फोड़ दी जाय, जीभ काट ली जाय, शरीर को चीर दिया जाय। कान में पारा भर दिया जाय। इन्हीं धार्मिक प्रावधानों के अनुसार श्रीराम ने शम्बूक की हत्या की थी। इस हत्या का समर्थन रामायण में वाल्मीकि ने, रघुवंश में कालिदास ने किया। उत्तर रामचरितम् में भवभूति ने किया था। एकलव्य के अँगूठा काटे जाने का भी यही कारण था।

21 जुलाई, 1967 में उन्होंने महास्थिवरचन्द्र मणि जी से बौद्ध दीक्षा ली थी।

ललई सिंह यादव ने अनेक ब्राह्मण ग्रन्थों का उदाहरण देकर, उन ग्रन्थों द्वारा घोषित अमानवीय प्रावधानों की सूक्ष्म चर्चा की है। पेरियार रामास्वामी द्वारा लिखित 'The Ramayan : A True Reading' का हिन्दी अनुवाद है, जिसे उत्तर भारत में ललई सिंह यादव ने प्रकाशित किया था। तब उत्तर भारत के मनुवादियों को झटका लगा था, परिणामस्वरूप उ.प्र. की तत्कालीन सरकार ने

पुस्तक ज़ब्त कर ली जिसके विरुद्ध ललई सिंह यादव ने इलाहाबाद हाईकोर्ट में मुक़दमा खड़ा कर दिया।

हाईकोर्ट ऑफ़ जूडीकेचर, इलाहाबाद ने उपरोक्त माननीय तीन जजों की स्पेशल फुल बेंच इस केस को सुनने के लिए बनाई। उन्हीं अपीलांट की ओर से योग्य एडवोकेट बनवारी लाल यादव और रिस्पांडेण्ट की ओर से गवर्नमेंट वकील की बहस दिनांक 3 मई व 10 मई, 1971 को दो दिन सुनी। दिनांक 14 मई, सन् 1971 को माननीय जस्टिस विलियम बूम ने सर्वसम्मति से निर्णय किया कि–

1. गवर्नमेंट ऑफ़ उत्तर प्रदेश द्वारा पुस्तक 'सम्मान के लिए धर्म परिवर्तन करें' के जब्त की आज्ञा निरस्त की जाती है।

2. ज़ब्त पुस्तकें अपीलांट ललई सिंह को वापिस दी जावें।

3. गवर्नमेंट ऑफ़ उत्तर प्रदेश की ओर से अपीलांट ललई सिंह को तीन सौ रुपये ख़र्चे के दिलाए जावें।

इस क़दर मुश्किलों के बीच पेरियार ललई सिंह यादव शोषित समाज में स्वाभिमान व सम्मान को जगाने तथा उनमें व्याप्त अज्ञान, अन्धविश्वास, जातिवाद तथा ब्राह्मणवादी प्रपंचों को ध्वस्त करने के उद्देश्य से संघर्ष करते रहे तथा जन-जागृति के साहित्य के प्रकाशन की धुन में, अपनी उनसठ बीघे सरसब्ज़ ज़मीन और अपने कटहल के बाग कौड़ियों के भाव बेचकर प्रकाशन के कार्य में आजीवन जुटे रहे।

वे एक समर्पित अम्बेडकरवादी थे। 29 सितम्बर, 1990 को आगरा के बौद्ध धर्म दीक्षा समारोह में कोरे अम्बेडकरवादियों को चेतावनी देते हुए उन्होंने कहा था, "आगरा वाले (तथाकथित अम्बेडकरवादी) अम्बेडकर को भी मानते हैं और कैला देवी को भी। उन्हें चाहिए कि वे एक को पूजें या मानें। दोनों को एक साथ मानकर मनुवाद को समाप्त नहीं किया जा सकता है।" 24 दिसम्बर, 1973 में पेरियार रामास्वामी की मृत्यु के बाद ललई सिंह उनकी श्रद्धांजलि सभा में गये थे, सभा में दिये गये उनके भाषण से वहाँ की जनता बहुत ख़ुश थी। इनके भाषण की समाप्ति पर नारे लगाये गये, अब हमारा अगला पेरियार–इस पर आवाज़ आयी, पेरियार ललई सिंह, पेरियार ललई सिंह। इस घटना के बाद उनके नाम के आगे पेरियार जोड़ दिया गया।

बुद्ध शरण हंस लिखते हैं, जब मैं बिहार राज्य के ज़िला चाईबासा में डिप्टी कलक्टर था तब 1978 के अप्रैल माह में बाबा साहेब की जयन्ती

के अवसर पर मैंने उन्हें आमन्त्रित किया था। उनके ओजस्वी भाषण से मैं प्रभावित हुआ था।

इन पंक्तियों का लेखक स्वयं उनसे मुलाक़ात करने के लिए उनके निवास झीझक 80 के दशक में गया था। वे उस समय अकेले थे और बीमार थे। एक टूटी-सी चारपाई पर लेटे थे। लेखक की आँखों में उनकी यह हालत देख कर आँसू आ गये थे।

## सन्दर्भ


1. 'अम्बेडकर इन इंडिया', लखनऊ, सितम्बर, 2018
2. भारतीय दलित आन्दोलन का इतिहास।

# मेरा गाँव और जीवन यात्रा

मेरठ से सहयोगी जी का जीवन-दर्शन के बारे में मानना है, प्रत्येक व्यक्ति के मन में अपने देश, प्रदेश और गाँव के प्रति प्रेम उत्पन्न होना सामान्य बात है। व्यक्ति कहीं भी रहे अपनी मातृभूमि के प्रति श्रद्धा रहेगी। भारतीय गाँव की माटी, रहन-सहन, सभ्यता और संस्कृति कभी भी नहीं भुलाई जा सकती। ऐसे ही एक व्यक्तित्व सीताराम सहयोगी जी हैं, जिन्हें अपने गाँव तथा अपने देश के प्रति जागे प्रेम ने कवि बना दिया। यह पुस्तक लेखक की जीवन कथा ही नहीं बल्कि अपने गाँव और राष्ट्र के प्रति उमड़ने वाले प्रेम की भावनात्मक रचना है। इस पुस्तक में लेखक ने अपने गाँव की दयनीय हालत का जितनी ख़ूबसूरती तथा सच्चाई के साथ वर्णन किया है उतने ही सुन्दर एवं सुस्पष्ट तरीक़े से उसके बदलते हुए स्वरूप को भी दर्शाया है। प्रस्तुत पुस्तक को लेखक ने दो भागों में विभाजित किया है। प्रथम भाग का नाम 'मेरा गाँव' तथा द्वितीय भाग का नाम 'मेरी जीवन यात्रा' है। इन दोनों ही खण्डों में लेखक ने अपने जीवन में गाँव से लेकर शहर तक जो कुछ भी देखा, सुना तथा अनुभव किया है उसी का बड़ी ईमानदारी के साथ स्पष्ट एवं यथार्थ रूप में वर्णन किया है। इसलिए इस पुस्तक को पढ़ने के बाद गाँव से सम्बन्ध रखने वाले प्रत्येक व्यक्ति की धुँधली यादें भी ताज़ी हो जाती हैं।

सीताराम सहयोगी के जीवन को दर्शाती यह आत्मकथा न सिर्फ़ गाँव में रहने वाले सामान्य जन जीवन का अध्ययन कराती है बल्कि उन सभी कठिनाइयों, हालातों तथा संघर्षों का भी अध्ययन कराने में उपयोगी है जिसे एक सामान्य व्यक्ति सफलता की ओर क़दम बढ़ाते हुए झेलता है। लेखक का जीवन संघर्ष निश्चित रूप से हृदय को छू लेने वाला है। सामाजिक स्थिति का वर्णन बहुत ही गम्भीरता से किया गया है। सामाजिक कुरीतियाँ, जातिवाद, ऊँच-नीच, छुआछूत तथा अन्धविश्वास से ग्रस्त समाज का सजीव चित्रण के साथ लेखक ने अपने धार्मिक अन्तर्द्वन्द्व को प्रस्तुत किया है तथा अपने सम्पूर्ण समाज को नयी चेतना,

उत्तम धर्म के मार्ग पर चलने का सन्देश भी दिया है। पुस्तक के अध्ययन से पता चलता है कि इस पुस्तक के लेखक का उद्देश्य अपने जीवन की कहानी ही नहीं है बल्कि अपने समाज को जाग्रत कर उन्हें कल्याणकारी जीवन मार्ग दिखाने का प्रयास है।

सहयोगी जी लेखक से ज़्यादा कवि हैं। इससे पहले उनकी दो रचनाएँ प्रकाशित हो चुकी हैं। 'चलो क्षितिज की ओर' (कविता संग्रह) तथा 'शहीद ऊधम सिंह' (काव्य खण्ड) जैसी दुर्लभ रचनाएँ सहयोगी जी की काव्य क्षमता का दर्शन कराती हैं।

इस पुस्तक का प्रथम भाग जितना हृदयस्पर्शी है द्वितीय भाग उतना ही रोचक एवं शिक्षाप्रद है। लेखक ने अपनी ग़रीबी को तनिक भी छिपाने का प्रयास नहीं किया बल्कि स्पष्ट शब्दों में कह डाला, साथ ही साथ यह भी सन्देश दे दिया कि यदि हौसले बुलन्द हों तो मंज़िल स्वयं चलकर पास आ जाती है। सहयोगी जी की स्मृति की भी दाद देनी पड़ेगी। उन्होंने बचपन की यादें तथा प्राइमरी स्कूल में पढ़ने वाले छात्र एवं छात्राओं तक के नाम लिख दिये हैं।

कुल मिलाकर यह आत्मकथा अत्यन्त रोचक एवं शिक्षाप्रद बन पड़ी है। गाँव से सम्बन्ध रखने वाले पाठकों को अधिक पसन्द आयेगी।

## सन्दर्भ

1. 'मेरा गाँव और जीवन यात्रा', सीताराम सहयोगी, मनीषा प्रकाशन, डी-5, इन्द्रापुरी, लोनी सिटी, गाज़ियाबाद।

# श्रीधर कसबेकर की 'माई मदर' आत्मकथा

*एडवोकेट श्रीधर कसबेकर मराठी दलित साहित्य की दुनिया में नया नाम है। वे सामाजिक कार्यकर्ता अधिक रहे और लेखक कम। लेकिन समाज को उन्होंने अच्छी तरह से पढ़ा है। आजकल वे पूना में रहते हैं। बचपन से जवानी तक यायावरी जीवन बिताया। ग़रीबी की मार झेली। और देरी से ही सही, पढ़-लिखकर उन्होंने दलित दुनिया में मिसाल क़ायम की। कुछ वर्ष पूर्व रतनलाल सोनाग्रा जी के साथ डॉ. सोहनपाल सुमनाक्षर जी द्वारा आयोजित दलित साहित्य सम्मेलन में वे दिल्ली आये। मुलाक़ात होने पर उन्होंने अपनी आत्मकथा भेंट की।*

अंग्रेज़ी भाषा में लिखी गयी आत्मकथा की शुरुआत लेखक ने अपने परिवार वंश को याद करते हुए की है। साहित्यिक भाषा में कहा जाये तो लेखक के भीतर अपनी जड़ों की ओर लौटने की ललक है। वह याद करता है अपनी माँ को, माँ की माँ को तथा अपने पिता के पिता को। वैसी यादें उसके लिए ताक़त भी बनती हैं। परिवार के जिन वरिष्ठ लोगों के आश्रय में पल कर लेखक ने अपने जीवन में प्रगति की है, उन्हें याद करना उसका फ़र्ज़ भी है। जिसे वह निभाता है।

सोलापुर ज़िला में करमाला ताल्लुका और करमाला में वीटा गाँव, इसी में रहते थे लेखक की माँ के माता-पिता। उनकी माँ की उम्र जब केवल नौ बरस थी, जब अकाल पड़ा था और जीवन दुश्वारियों से घिर गया था। सोलापुर में ही उनके दादा भी रहते थे। परिवार के सदस्यों के साथ बहुत कम उम्र में (लगभग दस बरस) पिता को भी अकाल प्रभावित क्षेत्र में दैनिक मज़दूर के रूप में कार्य करना पड़ा। अपने जन्म से पहले अपने पिता तथा माँ के इतिहास के बारे में वे बतलाते हैं। मज़दूरी करते-करते उनके पिता और माँ ने एक-दूसरे से विवाह करने का प्रस्ताव रखा था। बाद में विवाह हुआ भी। पर जल्दी ही वैवाहिक जीवन दुःखद बन गया।

वे लिखते हैं, मेरे पिता वाशी के साप्ताहिक बाज़ार में पशुओं के मेले में जाते थे। जहाँ वे बेचने के लिए बकरे ले जाते थे। एक दिन वहाँ उनकी तबीयत

बिगड़ गयी और घर वे जीवित नहीं लौटे। अस्पताल से आया उनका मृत शरीर। लेखक की उम्र उस समय बहुत छोटी थी। ऐसे में माँ को फिर मज़दूरी करनी पड़ी। वे बचपन को याद करते हुए बतलाते हैं कि भाखरी को तब पानी में डुबो कर निगलना पड़ता था। ग़रीबी के दिन थे। पर माँ का विश्वास बड़ा था।

हमारा घर, जिसे झोंपड़ी कहना ही ठीक होगा मिट्टी और पत्थर की दीवारों पर फूँस की छत। बहुत ही सीमित जगह, मैं बहन और माँ, तीन सदस्य मुश्किल से सो पाते थे। रात में जंगली जानवरों का भय अलग। जब वे आवाज़ करते, हमारी नींद उचट जाती। कभी-कभी घर के बिल्कुल सामने आ जाते। अँधेरे में उनकी चमकती आँखें देख कर मेरी घिग्घी बँध जाती। हालाँकि दिन में सब कुछ नार्मल हो जाता।

दस-बारह बरस होने पर उनकी पढ़ाई शुरू हुई। ग़रीबी की मार जो थी। बाल मज़दूरी करते रहे। एक-दो रिश्तेदारों ने मदद की। बार-बार विस्थापन का शिकार हुए। इस तरह से उनकी जीवन नैया आगे बढ़ी। तमाम तरह की मुश्किलों के बावजूद उन्होंने हिम्मत नहीं हारी। और अपनी मेहनत से न केवल अपने जीवन को सफल बनाया बल्कि उनके जीवन में भी सवेरा लाये, जो अँधेरे में भटक रहे थे। श्रीधर जी लम्बे समय से सामाजिक संस्था भी चलाते हैं। ग़रीबी में ही रहते हुए उन्होंने एल.एल.बी. भी की और एडवोकेट बने। उनकी आत्मकथा मूल रूप से अंग्रेज़ी में 2010 में प्रकाशित हुई।

## सन्दर्भ


1. 'My Mother, Adv. Shridhar Kasbekar, Vijayraj Publication, Pune, 2010.

# ससाई की आत्मकथा

'यादों के झरोखे', 'डॉ. गंगाधर पानतावणेः व्यक्तित्व और कृतित्व' तथा 'ससाई' सम्भवतः हिन्दी में मूल आत्मकथाएँ हैं। जापानी बौद्ध भिक्खू ससाई लिखते हैं, "ससाई किताब के माध्यम से मेरी आत्मकथा प्रकाशित होने की घटना को मैं अपने जीवन की एक महत्त्वपूर्ण घटना मानता हूँ। 1967 में भारत में आने के बाद से दलित समाज के लोग मुझे जानने लगे थे। मैं भी उनमें घुलमिल गया था। मुझे भी लगा कि भारत की मिट्टी ही मेरा प्राण है और तथागत का विशाल भारत तथा बाबा साहेब डॉ. अम्बेडकर का महान भारत मेरा अपना परिवार है।"

उनके अनुसार, "बोधगया महाबोधी महाविहार मुक्ति आन्दोलन में इस देश की जनता ने मेरे साथ कन्धे से कन्धा मिलाकर संघर्ष किया। जब मैंने हिन्दू पण्डों के महन्त के चंगुल से महाबोधी महाविहार को मुक्त करने का आन्दोलन शुरू किया तो उसमें बच्चों से लेकर बड़ों तक और पुरुषों से लेकर महिलाओं तक हर वर्ग और हर उम्र के लोगों ने कुर्बानी देने की प्रतिज्ञा की।"

जापान में बिताये गये बचपन के बारे में वे बताते हैं, "दो भिन्न धर्म परिवार में बसने के कारण मुझे काफ़ी दिक़्क़तों का सामना करना पड़ा। पिताजी चाहते थे कि मैं ईसाई धर्म की दीक्षा ग्रहण करके प्रभु यीशु का सन्देश लेकर पूरे जापान में भ्रमण करूँ। जबकि माताजी मुझे बौद्ध धर्म का उपासक बनाना चाहती थीं। मैं जिनके सम्पर्क में रहता, वे मुझे अपने धर्म के बारे में बताने की कोशिश करते थे। पिताजी यह कोशिश करते कि ईसाई धर्म कैसा श्रेष्ठ है। वे दावे के साथ कहते थे कि ईसाई धर्म के अलावा और श्रेष्ठ धर्म इस दुनिया में कोई हो ही नहीं सकता। पिताजी के पास जाने पर वे कहते थे—बेटा! तुम कहीं भटक न जाना। मैं तुम्हें ईसाई धर्म का सर्वश्रेष्ठ प्रचारक बनाऊँगा। तुम धर्मगुरु बनोगे। सारे विश्व में तुम्हारी बात मानी जायेगी। तुम मेरे ख़ानदान के चिराग हो। तुम मेरी बात को आगे बढ़ाना, तुम्हारा बड़ा नाम होगा।"

मेरी माँ बुद्ध के बारे में इसी तरह की बातें करती थी। पिताजी बाइबल पढ़ाने की कोशिश में कभी नहीं थकते थे वहीं माँ बुद्धसूत्र एवं धम्मपद पढ़ाने की कोशिश में कभी पीछे नहीं रहती थी। इसी कारण वैचारिक द्वन्द्व मेरे मन में बचपन से ही पैदा हुआ। गॉड और बुद्ध के बारे में मन में हमेशा द्वन्द्व जारी रहता था।

कौन सच्चा है, कौन ज़्यादा श्रेष्ठ है, भगवान यीशु या भगवान बुद्ध? बाइबल श्रेष्ठ या! कौन...कौन...कौन! मेरा मन इस द्वन्द्व में थक जाता था। मैं घर से दूर निकल जाता। दूर पहाड़ी में जाकर किसी पेड़ के नीचे बैठा रहता था। और सोचता रहता था कि इनमें श्रेष्ठ कौन है? मुझे किसकी बात माननी चाहिए? बाइबल श्रेष्ठ है या धम्मपद? बाइबल में लिखा है कि, सत्य एक ही है, मानवता ही सर्वश्रेष्ठ धर्म है। धम्मपद में भी यही बात लिखी है। जापान के बुद्ध धर्म में विभिन्न सम्प्रदाय हैं। उनमें तेंदाईशु, निचरिंशु, रींगोनशु, झेनशु जैसे बड़े-बड़े सम्प्रदाय हैं। सभी सम्प्रदाय एक ही बात कहते हैं कि अन्तिम सत्य एक है। धर्म भी एक ही है। सब मानव समान हैं। मैं सोचता था कि सभी धर्म अगर एक ही भाषा बोलते हैं, एक ही सन्देश देते हैं, तो उनके अलग-अलग नाम क्यों? सभी धर्म तो मानव के हित की बात करते हैं। फिर प्रभु यीशु और तथागत बुद्ध में टकराव क्यों? महापुरुषों ने तो हमेशा 'सर्वजन हित' की बात कही है। बुद्ध ने 'बहुजन हिताय, बहुजन सुखाय' की बात कही है। फिर इन सम्प्रदायों में आपसी झगड़े क्यों हैं? वे एक-दूसरे के धर्म को नीचा दिखाने की कोशिश क्यों करते हैं? वे, दुनिया को तो प्यार की भाषा पढ़ाते हैं, मगर आपस में नफ़रत के बीज क्यों बोते हैं? इस उलझन में पड़कर मैं बड़ा दुखी होता था।

मेरी गाड़ी एक स्टेशन पर रुकी। "नागपुर आ गया है!" किसी पैसेंजर ने कहा। मैं अपना सामान लेकर स्टेशन पर उतर गया। बहुत पुराने ज़माने में बनाया हुआ नागपुर का यह स्टेशन है। भीड़ में से रास्ता बनाते हुए मैं प्लेटफॉर्म से बाहर आया। भीड़-भाड़ के शोरगुल से दूर। स्टेशन के चारों ओर घने विशाल वृक्ष हैं। बाजू में छोटी-सी पहाड़ी है। जब मैं स्टेशन के बाहर आया तो मैंने देखा कि, ताँगे वालों की भीड़ लगी हुई थी। चाय-कॉफ़ी के दो-चार होटल थे। मैं खुली हवा में आया। मन प्रसन्न हुआ। यही था मेरे नागाओं की राजधानी नागपुर शहर। इस पावन धरती पर क़दम रखते ही मेरे मन में एक सुखद अनुभूति हुई। मन की आवाज़ ने कहा, "ससाई यही तेरी धरती है। तेरे जीवन की नयी सुबह इस शहर में होने वाली है।" मुझे देखकर रिक्शे-ताँगे वाले मेरे इर्द-गिर्द जमा हुए। उन्होंने जापानी भन्ते को कभी नहीं देखा था। किन्तु उन्हें पता था कि चीवर परिधान करनेवालों को भिक्खू कहा जाता है।

रिक्शावाले मुझसे पूछ रहे थे, "भन्ते, कहाँ जाना है?"

मुझे उनकी बातें सुनाई दे रही थीं किन्तु अर्थ नहीं समझ रहा था। और मैं जाता भी तो कहाँ? यहाँ मेरा कोई परिचित नहीं था।

मैं केवल तथागत का सूत्र लेकर यहाँ आया था। मैंने अपना डफ निकाला ...और लय में बजाते हुए सूत्र का पाठ करने लगा–

"नाम्-म्यों-हो-रें-गे-क्यो।"

इसके बाद भन्ते नागपुर में रहते हुए यहाँ के जनजीवन से जुड़ते हैं। महाराष्ट्र के पूर्व मन्त्री एडवोकेट सुलेखा कुंभारे लिखती हैं कि पूज्य भन्ते नागार्जुन सुरई ससाई के साथ काम करते हुए मुझे सहजता के साथ उत्साह भी प्राप्त हुआ। मैंने उनका जुझारूपन और उनकी संघर्षशीलता को बहुत क़रीब से देखा है। वहीं राहुल तेलंग और आनन्द रहाटे के अनुसार भन्ते जी की कहानी एक व्यक्ति के आत्मविश्वास की कहानी है। वे अल्पसंख्यक आयोग के सदस्य भी रहे। लेखक की उनसे नागपुर और नयी दिल्ली में अनेक बार मुलाक़ात हुई है।

# ‘टुकड़े-टुकड़े आईना’ : बुद्ध शरण हंस

‘टुकड़े-टुकड़े आईना’ (2013) भाग-1 में दो शब्द के तहत बुद्ध शरण हंस लिखते हैं, “मेरे जीवन में शुरू से अन्त तक जो भी मर्मस्पर्शी, भावोत्तेजक और मर्माहत करने वाली घटनाएँ घटी हैं, उन घटनाओं पर मैंने कथात्मक संस्मरण लिखने का अनोखा प्रयास किया है। ऐसी संस्मरण कथा मैंने कभी-कहीं किसी की पढ़ी नहीं है। इस कारण मैंने अपनी इस कथा को अनोखा प्रयास कहा है। इस पुस्तक में संकलित कथाएँ न सिलसिलेवार हैं और न एक-दूसरे से अनुस्यूत। इसी कारण मैंने इन संस्मरण कथाओं का शीर्षक रखा है—‘टुकड़े-टुकड़े आईना’। मेरे इस संस्मरण की सारी कथाएँ एक-दूसरे से बिल्कुल स्वतन्त्र हैं, किन्तु सारी कथाएँ मेरी ज़िन्दगी से जुड़ी हैं।”

मेरी ये जीवन कथाएँ समाज के दुख-दर्द, हर्ष-नाद से जुड़ी हैं। अपनी ग़रीबी और गन्दगी की नुमाइश करने के लिए मैंने ये कथाएँ नहीं गढ़ी हैं। अपना व्यक्तित्व और विकास का प्रदर्शन करने के लिए भी मैंने अपनी इन संस्मरण कथाओं को नहीं लिखा है। फिर अपनी आत्मकथा लिखने का उद्देश्य क्या है? मेरी इन संस्मरण कथाओं का उद्देश्य है—इनसान में सदाचार का निर्माण, भटके हुए समाज का पथ-प्रदर्शन, समाज में व्याप्त रूढ़ियों पर आम जन का ध्यान फोकस कर उसे मिटाने का आक्रोश पैदा करना।

जाति आधारित दंश किसी भी अन्य दंश से भयानक कष्टदायक होता है। ग़रीबी, जातिभेद, अशिक्षा, कुशिक्षा, अन्धविश्वासी शिक्षा और पाखण्ड के विरुद्ध किसी ब्राह्मणवादी साहित्यकार को कुछ कहने का दम नहीं है। क्योंकि ब्राह्मणवादी साहित्यकार ख़ुद मतिमूढ़ हैं, अन्धविश्वासी हैं, गोबर के ढेर हैं। जो थोड़े अपवादस्वरूप हैं, वे गोबर के ढेर पर भिनभिनाती मक्खियों की तरह हैं। मक्खियों के भिनभिनाने से गोबर के ढेर की बदबू दूर तो नहीं होती।

मेरी संस्मरण कथाओं का खाद-बीज है—“रस्सी ऐंठने पर ऐंठती है। मुर्दा शरीर जलने पर ऐंठता है। मगर शोषक जीवन भर ऐंठा ही जीता और मरता है।”

भारत भर के ग़रीब ऐंठे हुए शोषकों के दुष्चक्रों से परेशान हैं। अपने सम्पर्क के जन बेहूदों की ऐंठन से मैं परेशान हुआ, उन पर मैंने निश्चित रूप से फोकस डालकर 'टुकड़े-टुकड़े आईना' लिखा है।

विषय सूची के अनुसार इसमें 31 शीर्षक दिये गये हैं। पहला है ग्रामता (वर्ष 1950 की कथा) और अन्तिम है खण्ड-खण्ड झारखण्ड (वर्ष 2011 की कथा)। प्रथम भाग की इस आत्मकथा (संस्मरण कथा) में 1950 से 2011 तक की घटनाएँ/दुर्घटनाएँ दर्ज हैं। कुछ और शीर्षक अछूत के घर सत्यनारायण कथा, लिंगराज मन्दिर, काली घाट की काली, मुर्गा मन्दिर, पिछले दरवाज़े का सूर्य, भात नाच, ब्राह्मण के घर अण्डा, मेहतर के घर पण्डा, शिवलिंग-हिजड़ा लिंग-फुस्स आदि हैं।

पहले भाग का नाम उन्होंने उत्पीड़न खण्ड रखा है।

पिछले दरवाज़े का सूर्य (वर्ष 1971 की कथा) प्रकृति समतामूलक है। चाँदनी रात ग़रीब-अमीर, दुखी-सुखी सबके घरों में समान रूप से छितराती है। प्रकृति की फुहार सबको समान रूप से सराबोर करती है। सर्द की धूप सबके घरों में आकर सबको आनन्दित करती है। रंग-बिरंगे फूल सबको समान रूप से आनन्दित भी करते हैं और सुगन्ध भी देते हैं। मगर क्या कारण है कि विशाल प्रकृति में आनन्दपूर्वक रखकर जीवन जीते हैं।

मैं बिहार राज्य के दरभंगा ज़िला में सर्वे ऑफ़िसर बहाल होकर खेतों की पैमाइश करने में लगा था। सब डिपुटी कलेक्टर के रूप में यह मेरी पहली पदस्थापना थी। अनुभव कम था और ताव ज़्यादा था। बहुत सावधानी बरतने पर भी अनुभव हीनता ऑफ़िस में, काम में या लोगों के साथ बातों में प्रगट हो ही जाती। ऑफ़िसर अपने ताम-झाम से ही ऑफ़िसर दीखते हैं। तामझाम के साथ अगर ताप हो, तब क्या कहने। तामझाम मेरे पास नहीं था। ताव का मैं धनी था। यह ताव मैंने अपने व्यक्तित्व से पैदा किया था। गहरा अध्ययन, चिन्तन और इनसानियत के प्रति संवेदनशीलता मेरे ताव की आधारशिला थी। सरकारी काम से ही सामाजिक चेतना का काम करना मेरे ताप यानी जीवन की निशानी थी।

वर्ष 1971 में मैं दरभंगा ज़िले के रैयाम गाँव में सर्वे के काम में संलग्न था। जाड़े का दिन था। इस जाड़े के दिन में झोंपड़ी के बाहर जाड़े से ठिठुरती बकरियाँ और बच्चों को देखकर दिल सहम जाता है। दरभंगा के इस रैयाम गाँव के इलाक़े में किसी ग़रीब का मकान सही रूप से बना नहीं दीखता। खर-पात की बनी दीवारें, ऊपर से खर-पात का छप्पर। कमरे के नाम पर ओसारा। मुश्किल से किसी में दरवाज़ा। दरवाज़ा यानी खर-पात का ही बना हुआ दरवाज़ा। किसी झोंपड़ी में लोहा, लकड़ी का नामोनिशान नहीं। नाम मिथिलांचल।

सर्वे काम में जिस गाँव का सर्वे किया जाता है, उस गाँव का विलेज-नोट लिखना पड़ता था। मतलब गाँव के बसने, उसके नामकरण, उसकी विशेषता, उस गाँव की अच्छाई, बुराई, ज़रूरत, स्थिति आदि का विषयवार ब्यौरा देकर विलेज-नोट सविस्तार तैयार करना पड़ता था।

विलेज-नोट लिखना मेरा प्रिय विषय रहता था। भाषा विज्ञान का विद्यार्थी होने के कारण गाँव का इतिहास लिखने में मैं माहिर हो गया। ज़िला सर्वे पदाधिकारी बड़े चाव से मेरे द्वारा लिखित विलेज-नोट पढ़ा करते और मीटिंग में मेरे द्वारा लिखित विलेज-नोट की चर्चा कर अन्य पदाधिकारियों को भी मेहनत और सूझ-बूझ से विलेज-नोट लिखने की बात बताते। विलेज-नोट तैयार करने के उद्देश्य से मैं गाँव में घूमता, गाँव के टीलों को देखता, उसका इतिहास जानता, गाँव के मस्जिद, मन्दिर, मठ, श्मशान, अखाड़ा, सामूहिक कुआँ, तालाब, गाँव के बाहर के देवता, दरगाह, मजार, हाट, बाज़ार, मेला, नाच, लीला; जादू तमाशा को बड़े ग़ौर से देखता और इतिहास जानता। इसी क्रम में गाँव या टोले के सबसे वृद्ध महिला और पुरुष से मिलता, सबसे ज़्यादा पढ़े व्यक्ति से मिलता। उनसे बातें करता, नोट करता। मेरे इस सर्वे स्टाइल से गाँव के लोग बहुत चमत्कृत होते। मुझे देखने के लिए लोग गलियों में भीड़ लगा देते। पर्दानशीन बहुएँ अपने घरों की खिड़कियों और झोंपड़ियों से मुझे देखने के लिए हुलुक-हुलुक करतीं। तब मेरा हाकिमी ताव और भी बढ़ जाता।

"आपकी माँ से मिलना चाहता हूँ। मैं सर्वे आफ़िसर हूँ।" मैंने एक झोंपड़ी के पास खड़ी एक महिला से कहा।

"जी, साहब सर्वे ऑफ़िसर हैं। मैं सर्वे अमीन हूँ।" मेरे साथ गये स्टाफ ने भी कहा। वह मेरे साथ कार्यरत अमीन था। वह महिला कुछ बोली नहीं। बहुत विषादभरी नज़रों से उसने हमें देखा। उसका चेहरा देखकर मैं सहम गया। इतना उदास-हताश होकर उसने मुझे क्यों देखा, यह मेरी समझ में नहीं आया। कई मिनटों तक हम तीनों मौन-मूक खड़े रहे।

"साहब आपकी माँ से कुछ बातें जानना चाहते हैं, आपकी माँ इस गाँव-टोले की सबसे उमरदराज महिला हैं। सर्वे काम में गाँव का इतिहास लिखने में उमरदराज व्यक्ति से कुछ जानकर गाँव का इतिहास लिखा जाता है। दस-पाँच मिनट समय लगेगा, ज़्यादा नहीं। इसमें आपको कुछ घबड़ाने की ज़रूरत नहीं है।" मेरे साथ के अमीन ने उस महिला से पुनः कहा। इस दरम्यान कुछ बच्चे, कुछ बड़े उत्सुकतावश वहाँ जमा हो गये। हम दोनों ने साइकिल से अपने कैम्प में यहाँ तक की यात्रा की थी। तब साइकिल का ही युग था।

सर्वे का काम साइकिल से ही करना होता था। मेरी साइकिल नयी थी। बच्चे साइकिल की घण्टी मना करने पर भी टना-टन बजा रहे थे। अकस्मात झोंपड़ी के अन्दर से सिसकने की आवाज़ें आने लगीं। झोंपड़ी के अन्दर सिसकने की आवाज़ सुनकर मैं असमंजस में पड़ गया। महिला तो अभी अपनी झोंपड़ी के पास खड़ी थी। उदास ज़रूर थी। कुछ बोली नहीं। माँ से मिलाने की बात कहने पर वह घर के अन्दर गयी। रोने का कारण मैं कुछ अशुभ का अन्देश समझ परेशान हो गया।

"आप अन्दर जाकर उनसे पूछिए, रो क्यों रही हैं। कोई दिक़्क़त है तब साहब बाद में किसी दिन आकर उनकी माँ से पूछ, बतिया लेंगे।" अमीन ने एक महिला से कहा। महिला अन्दर गयी।

"ग़रीब परिवार है। अनाज के अभाव में दो शाम से इसके घर खाना नहीं बना है। इसी कारण रो रही है। बुढ़िया भूख से बेहोश जैसी हो गयी है। इसका मर्द किसी से उधार, क़र्ज़ माँगने गया है। आप लोगों के आने पर इसी कारण यह रोने लगी। ग़रीब आदमी रोने के अलावे और कर ही क्या सकता है?" वह महिला घर की स्थिति जानकर उदास मन से बोली।

सुनकर मेरे पैर के नीचे की ज़मीन खिसक गयी। मेरा मन शोकमग्न हो गया। मेरा हाकिमी ताव छूमन्तर हो गया। क्या देश है? क्या सरकार है? क्या व्यवस्था है? इस देश में हर किसी को अपने बलबूते जीना और मर जाना है। सरकार और व्यवस्था न तो किसी के जन्म पर ख़ुशगवार है और न किसी की मौत के लिए शर्मसार है। मेरी आँखों के आगे अँधेरा सा छा गया। मुझे लगा अब मैं नहीं, मेरा शव खड़ा है। पीड़ा से मेरा चेहरा स्याह हो गया।

"अमीन, अन्दर आओ।" कहकर मैं झोंपड़ी के अन्दर जा पहुँचा। वृद्धा शोकमग्न पड़ी थी। महिला अश्रुमुख काठ की मूर्ति सी बनी खड़ी थी। दो-चार बच्चे और बड़े लोग भी कौतूहलवश झोंपड़ी के अन्दर आ गये।

यह भुखमरी भारतीय समाज के लिए न नयी चीज़ है, न अनहोनी है। बेशुमार ग़रीबों को अपना मकान नहीं, अपनी ज़मीन नहीं, जायदाद नहीं, जीविका का कोई स्थायी साधन नहीं, मज़दूरी की गारंटी नहीं। इस स्थिति में गाहे-बगाहे ग़रीब परिवार को भुखमरी का शिकार तो होना ही पड़ेगा। दुख, लज्जा, लिहाज़ से मेरी स्थिति अकथनीय हो गयी।

"माँ उठो, मैं आपके भोजन के लिए कुछ व्यवस्था करता हूँ। मुझे अपना बेटा समझो।" मैंने वृद्धा की चचडी पर बैठकर उन्हें सान्त्वना दी। मैंने देखा उस झोंपड़ी में एक भी खाट नहीं, मचिया नहीं, पीढ़ा नहीं। झोंपड़ी के अन्दर बाँस

के चार खूँटे गाड़कर उसपर बाँस की ही पटरी बिछाकर दो जनों के सोने भर चौड़ाई की चचडी बनायी गयी थी। इसे छोटा मचान भी कहा जाता है। झोंपड़ी के अन्दर बर्तन के नाम पर अल्युमिनियम और लोहे के अतिरिक्त अन्य धातु का कोई बर्तन दिखाई नहीं पड़ा। किसी टीन कनस्तर में अन्न का कोई दाना होता, तब यह परिवार दो शाम से भूखा क्यों रहता?

जगत कामत की यह झोंपड़ी, कितनी विवशता की कहानी कह रही थी, वर्णन करना कठिन है। भारत के गाँव तो जातियों के आधार पर बने हैं। ये जाति टोले जाति-व्यवस्था की प्रयोगशाला है। ब्राह्मण टोला, कहार टोला, यादव टोला, कामत टोला, दुसाध और चमार टोला। हर टोले में अपनी जाति की बात, अपनी जाति की बैठक। ज़्यादा हुआ, तब दूसरी जाति की शिकायत। यही भारत की गाँव व्यवस्था है।

आज तक कोई ऐसा क्रान्तिकारी पैदा नहीं हुआ, जो गाँव के जाति टोला को भाग या सेक्टर में बाँटकर, बताकर जातीय टोला के दाग़ को ख़त्म कर सके। राजे, महाराजे, राजनीतिज्ञ, सेठ, साहूकार, पदाधिकारी, पहलवान सबके सब जातीय पंक में जनमे और जातीय दलदल में धँसकर मरे। जातीय टोले जैसे कल क़ायम थे, आज भी वैसे ही क़ायम हैं। इस जातीय टोला का नामकरण, उच्चारण बन्द करने की न पहल होती है, न मीटिंग, न कोई क़ानून बनता है। जैसे भारत माता गाँववासिनी है, वैसे ही भारत माता जातिवासिनी भी है।

उस वृद्धा ने मुझे कातर नज़रों से निहारा। उनकी आँखें या तो मुझे पहचानने की चेष्टा कर रही थीं, या मुझे जानने की चेष्टा कर रही थीं। उनकी असहाय मुद्रा से मेरा दिल भर गया। शोक और भाव मैं डूबा में साधारणीकरण की स्थिति में जा पहुँचा। मुझे मेरी माँ याद आ गयी। मेरे घर भी मेरे बचपन के समय अन्न के अभाव में भुखमरी होती थी। अन्न के अभाव में जिस दिन खाना नहीं बनता, मेरी दीदियाँ, भाभियाँ जहाँ-तहाँ घर में अन्दर बैठी उदास रहतीं। उपवास की स्थिति भाँपकर भूख लगने पर भी मैं कभी कुछ खाने को नहीं माँगता। उस दिन जानबूझकर भूखे पेट को दबाकर और अधिक पड़ा रहता। ताकि परिवार के लोग यह समझें, कि मुझे भूख नहीं लगी है। मेरी इस बनावटी मुद्रा से मेरे माता-पिता, भाई-बहन सभी परिचित थे। उन दिनों मैं तीसरे-चौथे वर्ग का विद्यार्थी था। इस भुखमरी में क़र्ज़ से आये चावल का भात बनता, तब सबसे पहले मुझे माँड-भात, नमक खाने को दिया जाता। किन्तु मैं झटपट नहीं खाता। मैं यह दिखलाने का प्रयास करता, कि उपवास के समय मुझे भूख लगती ही नहीं। इस बाल प्रयास को अनुभव कर मेरे परिवार के सदस्य मुझसे लिपटकर दुर्दिन पर सिसकते।

इन स्थितियों से गुज़रा हुआ मैं आज एक भूखी माँ के पास बैठकर अपना बचपन याद कर रहा था।

इस देश में ग़रीब के दिन ऐसे ही कटते हैं। ऐसे ग़रीब को भी लोग कम तौल कर मज़दूरी देते हैं। ऐसे ग़रीब के लिए बनते सरकारी मकान में हाकिम और कर्मचारी, पदाधिकारी बिना रिश्वत के कोई काम करते ही नहीं। लगता ही नहीं कि शासन, प्रशासन के लोगों के पास दिल है। रोते को रुलाना और मरते को मारना कोई भारतीयों से सीखे।

"अमीन, जाकर दुकान से इनके लिए जितनी जल्दी हो सके चावल लाकर दो।" मैंने अपने पास से बारह रुपये निकालकर अमीन को दिये। मेरे पास उस समय मात्र बारह रुपये थे। जैसा कि मुझे याद है उस समय एक रुपये किलो चावल का दाम था।

"मालकिन आयी हैं, मालकिन आयी हैं।" बाहर कुछ लोगों के जवान से ऐसा स्वर सुनकर मेरी नज़र झोंपड़ी के बाहर गयी। देखा एक उम्रदराज महिला झोंपड़ी के बाहर खड़ी है।

"कहाँ हैं साहब?" कहते हुए महिला झोंपड़ी के अन्दर आ गयी। उनके साथ दस-पाँच और लोग झोंपड़ी के अन्दर आ धँसे। छोटी-सी झोंपड़ी, अनेक लोग।

"जी, मैं सर्वे ऑफ़िसर। यह परिवार भूख से परेशान है।"

"जी, मुझे सबकुछ मालूम हो चुका है। पूरे गाँव में आपकी चर्चा हो रही है। तभी मैं दौड़ी-चली आयी। आपको देखने, आपसे मिलने के लिए मेरे मन में ललक पैदा हो गयी।" महिला ने कहा।

उस सम्भ्रान्त महिला की बात सुनकर मैं भौचक्का हो गया। "मैं कुछ समझा नहीं। मैंने ऐसा कौन-सा काम किया, कि गाँव में मेरी चर्चा हो रही है।" मैंने असमंजस में उस महिला से जानना चाहा।

"आज तक तो हाकिम लोग बड़े लोगों के दरवाज़े पर आया करते थे। वे उनकी चाय पीते, उनका खाना खाते और आम जनता की शिकवा शिकायत बड़े बाबू के दालान पर ही सुना करते थे। मगर आप निकले पिछले दरवाज़े का सूर्य। इन कामतों की बस्ती में कोई पदाधिकारी आज तक किसी काम से नहीं आये। मगर आप ग़रीब परिवार के यहाँ विराजमान हैं। इसी कारण आपका दर्शन करने मैं चली आयी। आप मेरी बातों को व्यंग्य नहीं समझें। मैं तहेदिल से आपका सम्मान करने यहाँ आयी हूँ।" महिला ने भाव, अलंकार से सराबोर अपना उद्‌गार व्यक्त किया। "पिछले दरवाज़े का सूर्य" —यह वाक्य मेरे अन्तर्मन को छू गया। भाव, भूषा, भाषा हर तरह से यह महिला मुझे विदुषी जान पड़ी।

"आपने हद से ज़्यादा मेरी प्रशंसा कर दी। सर्वे काम में गाँव भ्रमण करना पड़ता है। इसी कारण मैं आया। इस ग़रीब परिवार की परेशानी देखकर मैं थोड़ा ठिठक ज़रूर गया।" मैंने अपनी स्थिति स्पष्ट की।

"आप बहुत अनुशासन प्रिय पदाधिकारी हैं। हद दर्जे के ग़रीब परिवार से हैं और निर्भीकता तो आपके जेहन में नस-नस में समायी हुई है। इस मैथिली ब्राह्मण की बस्ती में कोई पदाधिकारी सम्पन्न मैथिल का दालान छोड़कर ग़रीब कामत की झोंपड़ी में घण्टों खड़ा रहकर उसके दुख में शामिल हो, यह अजूबा तो आप ही के व्यक्तित्व में है। मैं ख़ुद ज़मींदार परिवार की हूँ। ब्राह्मणी हूँ। ऐसा कभी नहीं देखा। किसी को नहीं देखा। इसीलिए मैंने आपको पिछले दरवाज़े का सूर्य कहा। मेरी बात आपको अच्छी लगी, धन्यवाद दीजिए। मगर कृपया बुरा नहीं मानें। मुझे क्रान्तिकारी व्यक्ति बहुत भाता है।" उस महिला ने अपनी भावनाएँ खुले दिल से व्यक्त कीं। मैं सरकारी काम का नवागन्तुक था। अनुभव के नाम पर ज़ीरो था। उस महिला की बात से मैं गद्‌गद् हो गया।

"दरवाज़े का सूर्य की सार्थकता तो आप में है। ज़मींदार परिवार की महिला होकर ग़रीब का हाल देखने आ गयीं। यह आपका बड़प्पन है।" मैंने उस महिला की भावपोशी की।

"यह तो मेरा गाँव है, घर है। आपको जानकर मेरे मन में यह टीस पैदा होने लगी है कि काश आपके जैसा होनहार, ग़रीब परिवार मेरा कोई पुत्र होता।" उस महिला ने अत्यन्त भावुक होकर अपनी बात कह डाली।

"आपकी भावना की मैं क़द्र करता हूँ। आप ज़मींदार परिवार की हैं, सुशिक्षित हैं, सम्पन्न हैं। गाँव को अपनी नेक नीयती से सन्मार्ग देने का प्रयास करती रहें, तब उत्तम। बड़े लोगों को उदार होना चाहिए। ग़रीब लोगों को समझदार होना चाहिए। ख़ास आदमी को चिन्तनशील होना चाहिए और आम आदमी को ग्रहणशील होना चाहिए। आप ब्राह्मण परिवार की सुशिक्षित महिला हैं। इस तरह की उत्तम सामाजिक चेतना आपको कहाँ से मिली? मेरे लिए आप आदर्श महिला हैं।" मैंने कहा।

"आपने ठीक कहा। अपने कुलक्षण से ब्राह्मण बदनाम हैं और सही बदनाम हैं। मुझे मार्क्स की पुस्तकें पढ़ने का मौक़ा मिला। इस मार्क्सवादी विचारधारा के कारण मेरी अपने पति से अनबन रहती है। पुत्रों ने पिता का साथ दिया। इसी कारण मैंने आहत होकर कहा कि मुझे भी आपके जैसा पुत्र होता, तब आज अपने पुत्र के साथ गाँव का कायापलट करती। पति और पुत्रों की अन्यमनस्कता के कारण मैं कुछ करने की स्थिति में नहीं। मगर आप तो सर्वे ऑफ़िसर हैं–

खेत, खलिहान नापना आपका काम है। आपको कैसे पता चला कि इस घर में लोग भूखे मरने की स्थिति में हैं? इस घर में आपका आना गाँव के धनी-मानी लोगों के लिए शर्म की बात हो गयी है। सम्पन्न लोग तो मुँह दिखाने लायक नहीं हैं। आपको सरकार वेतन देती है, जो आप इस तरह की हिम्मत करते हैं। मैं वर्षों मार्क्स को पढ़ी। आज मार्क्स को अपने गाँव की झोंपड़ी में देख रही हूँ।" उस सम्भ्रान्त महिला ने कहकर मेरे चेहरे पर अपनी खोजी नज़र गड़ा दी।

बात-बात में भावुक क्षणों में मैं साधारणीकरण की स्थिति में आ जाता हूँ। भावुक होने पर मेरी आँखें अश्रुमय हो जाती हैं। फिर आगे कुछ बोलना मेरे लिए मुश्किल हो जाता है।

"समाज के लोग किसी के अच्छे विचार और व्यवहार के भूखे होते हैं। विचार ही ग़रीब इनसान के लिए सबसे बड़ा सम्बल होता है। कोई किसी को रुपया-पैसा कब तक दे सकता है? सरकार से आज की तारीख़ में मुझे तीन सौ रुपये मासिक वेतन मिलता है। मैं किसी को इतनी कम राशि में क्या दे सकता हूँ? इनसान अपना सही व्यवहार हर किसी को देता रहे, यही सबसे बड़ी सम्पत्ति होगी।" मैंने कहा। इससे ज़्यादा मैं कह भी क्या सकता था।

"मात्र तीन सौ रुपये? इस गाँव में तीन सौ एकड़ ज़मीन रखनेवाले ज़मींदार ऐसे ग़रीब को तीन छटाँक चावल या आटा भी बिना मतलब के नहीं दे सकते। आपने इस ग़रीब को खाने के लिए चावल मँगवाने के लिए अपने अमीन को भेजा है। मुझे मालूम हुआ। तभी तो मैंने आपको पिछले दरवाज़े का सूर्य कहा। मैंने सही कहा।" महिला ने मेरे सम्मान को उत्तरोत्तर बढ़ाते हुए कहा। इसी समय साइकिल पर लादे अमीन चावल की बोरी ले आया। मात्र बारह किलो चावल की छोटी-सी बोरी। इस छोटी-सी चावल की बोरी को देखकर वृद्धा का चेहरा चमक गया। भूख से बचने की उसकी आस जग गयी। मगर इस छोटी-सी बोरी को देखकर मेरा सर शर्म से झुक गया। मैं परोपकार करने तो निकला नहीं था। यह परोपकार तो परिस्थिति ने पैदा कर दिया था। मैंने मन-ही-मन दुखविभोर होकर सोचा, इस बारह किलो चावल से इस दरिद्र परिवार का कौन-सा त्राण होगा? हफ़्ते भर के बाद तो इस परिवार की फिर यही स्थिति होगी। मज़दूरी मिलती नहीं, मिलती है, तब बहुत कम। कोई और आमदनी नहीं। अथाह संकट में डूबे ऐसे अनगिनत परिवार। किसी को कोई सहारा नहीं, कोई उपाय नहीं। इन ग़रीबों के दरवाज़े पर उगनेवाला कोई सूरज नहीं। इस तरह के ग़रीब, गाँव में किस तरह जीते हैं। सरकार आँकड़ों से देश के विकास का बखान करती है। देशवासी अन्न के बिना भूख से मरते हैं। देशवासी ग़रीब रखे गये हैं, बनाये गये हैं।

चन्द सेठ, साहूकार, उद्यमी, नेता, मन्त्री सम्पत्ति के बादशाह बने हुए हैं। सरकार को इन्हीं धन-शैतानों को बचाने की चिन्ता है।

"आप मेरे दरवाज़े पर चलकर एक कप चाय मेरे साथ पीना पसन्द करें। जगत अपनी कनियाँ (पत्नी) के साथ मेरे घर आ जाओ। बना हुआ रसोई ले आना, साथ-साथ महीने भर के खाने के लिए रसद भी।" कहती हुई महिला मुझे अपने साथ ले अपने महल की ओर चल पड़ी, साथ-साथ जगत और उसकी मेहरारू भी।

*उनकी आत्मकथा का दूसरा भाग भी 2013 में प्रकाशित हुआ। पहले भाग को उन्होंने 'उत्पीड़न खण्ड' तथा दूसरे भाग को 'संघर्ष खण्ड' नाम दिया था।*

*'टुकड़े-टुकड़े आईना' का तीसरा भाग 2015 में प्रकाशित हुआ। लेखक ने इसे 'प्रेरणा खण्ड' नाम दिया है। दो शब्द के तहत हंस जी लिखते हैं–*

हमारे क्रान्तिकारी मार्गदाताओं गौतम बुद्ध, महाकवि कबीर, रविदास, ज्योतिराव फुले, सावित्रीबाई फुले, गुरुनानक, नारायण गुरु, साहू जी, रामास्वामी नायकर, बाबा साहेब अम्बेडकर, रामस्वरूप वर्मा, ललई सिंह यादव, शहीद जगदेव प्रसाद, लोकनायक कर्पूरी ठाकुर आदि की सामाजिक परिवर्तन की प्रेरणा मेरी इन संस्मरण कथाओं में प्रेरणा का आधार है।

जो जागेगा सो पावेगा और जो पढ़ेगा सो बढ़ेगा हमारे बहुजन मार्गदाताओं की यह प्रेरणा रही है। जो जितना जागेगा, उतना पावेगा और जो जितना पढ़ेगा, उतना बढ़ेगा यह मार्गदर्शन था–बाबा साहेब अम्बेडकर का। हम सब ऋणी हैं बाबा साहेब अम्बेडकर के जिनकी छत्रछाया में देश के सारे ग़रीबों ने जीना सीखा। मेरी ज़िन्दगी के जो खट्टे-मीठे अनुभव हैं, उन्हें इन्हीं महानारियों और महापुरुषों के मार्गदर्शन पर तरासा गया है।

मेरे जीवन के संस्मरण दर्द, दुख और अपमान का मर्सिया नहीं हैं, बल्कि क्रान्तिकारी परिवर्तन का टार्च लाइट है। हमें सम्मान चाहिए, सम्पत्ति चाहिए, शान्ति चाहिए और सद्व्यवहार चाहिए। ये सब किसी की दया से नहीं, बल्कि अपने सद्व्यवहार, सामर्थ्य और समर्पण से चाहिए। इस खण्ड की कथाएँ यही प्रेरणा देती हैं। सत्यनारायण कथा के नाम पर हम बहुत दिनों तक मक्कारों से झूठ नारायण कथा सुनकर लुटते रहे। अब इन टुकड़े-टुकड़े आईना की सत्य कथा को सुनकर और दूसरों को सुनाकर सामर्थ्यवान बनें। यही इन कथाओं में प्रेरणा है।

30 शीर्षकों में उनकी यह संस्मरण कथा है। पृष्ठ 5 से नमो बुद्धाय से एकता (वर्ष 1954 की कथा) से शुरुआत की गयी है। अन्य शीर्षकों जैसे भूत के साथ रात भर, ईश्वर की मौत, मेहतर चना, कथा महला, यह ब्राह्मण बदनसीब,

श्मशान घाट के डोम, तू भी सरला बन, चार के आदि के बहाने प्रभावपूर्ण तरह से लिखा गया है।

इसके बाद उनकी आत्मकथा का चौथा भाग 2018 में छपा। जिसे उन्होंने 'सन्मार्ग खण्ड' नाम दिया। भूमिका में वे लिखते हैं–*चिराग जलाते चलो, रोशनी बढ़ती चलेगी, अँधेरे को ठहरने की जगह ही न होगी।*

# सोनुबा महार : एक समर्पित आम आदमी

इतिहास में दर्ज होना एक बात है और स्वयं इतिहास बन जाना दूसरी बात। कभी सोनुबा ने सोचा भी न होगा कि वह स्वयं इतिहास बन जायेगा। पर उसकी समर्पण भावना ही उसे इतिहास में दर्ज करा देती है। डॉ. अम्बेडकर के सच्चे अनुयायी सोनुबा की जीवनी जानने से पहले, इस देश की उस समय की परिस्थितियाँ समझ लेना ज़रूरी बनता है, क्योंकि सोनुबा का जीवन दुखों रूपी काँटों से बिंधा हुआ था। उसका एक-एक साँस बेगारी की मार झेला हुआ था। उस दौर में अछूतपन का ग़रीबी से तो चोली दामन का सा साथ रहा था इसके लिए इस देश की जाति-व्यवस्था पूर्ण रूप से ज़िम्मेवार थी।

यह बात सन् 1920 के आस-पास की है। उस समय तक भी भारत की जनता जातियों के खानों में बँटी हुई थी।

*बकौल सूरजमल सितम* ब्राह्मण वर्ग वर्ण क्रम में प्रथम और सबसे ऊँचे, सबके लिए आदरणीय। क्षत्रिय वर्ग अनुलोम क्रम में दूसरे पर अर्थात् ब्राह्मण से नीचे और वैश्यों, अछूतों और आदिवासियों के लिए आदरणीय। इसी क्रम में तीसरे थे वैश्य-व्यापारी। जो ब्राह्मण और क्षत्रिय से नीचे। गीता के अध्याय-श्लोक में वैश्यों को शूद्र व स्त्रियों के साथ निम्न योनि कहा गया है। शूद्र चौथे क्रम पर, ब्राह्मण, क्षत्रिय, वैश्य से नीचे। और किसी के लिए भी आदरणीय नहीं। मनुस्मृति के अनुसार अछूत वर्ग और आदिवासी लोग अनार्य थे। ब्राह्मण, क्षत्रिय, वैश्य वर्ग में गोत्र व्यवस्था है, किन्तु अछूतों और शूद्रों में केवल जातियाँ होती हैं। अछूत वर्ग में चमार, जाटव, माँग, मादिगा, धुसिया, चण्डाल, भंगी, मेहतर, चूहड़ा तथा महार, आदि जातियाँ सम्मिलित रही हैं और अकेली चमार जाति की ही 1156 उपजातियाँ हैं। जो भारत में प्रत्येक राज्य में फैली हुई हैं।

डॉ. सूरजमल सितम लिखते हैं कि डोम बिहार में अछूत हैं तथा चण्डाल बंगाल में अछूत हैं। बिहार, उत्तर प्रदेश में चमार अछूत हैं, उत्तरांचल में डोम अछूत हैं। कन्नड़ के होलेय अछूत हैं। ऐसी स्थिति महाराष्ट्र में महार तथा चमार आदि जातियों की रही है।

सोनुबा महार और उसकी पत्नी सुखवाई महाराष्ट्र के कुड़कुड़ी गाँव में रहते थे। बाबा साहेब में उनकी असीम श्रद्धा थी। एक दिन सोनुबा ने बाबा साहेब को देखा था। उसने झट से बाबा साहेब के चरण छूकर दोनों हाथों से, बाबा साहेब को नमन किया। सोनुबा बोला—बाबा! मैं सोनुबा हूँ! सोनुबा महार। मैंने आपका भाषण सुना है, तभी से आपका सच्चा भक्त बन गया हूँ। सुनकर डॉ. अम्बेडकर ने कहा—अच्छा। उस दिन बाबा साहेब कार से पूना जा रहे थे। रास्ते में पनवेल चौक पर एक ढाबे पर पानी के लिए उन्होंने ड्राइवर से कार रोकने के लिए कहा। ढाबे के मालिक ने पानी तो जल्दी में दे दिया, लेकिन जब उसने देखा तो उन्हें भला-बुरा कहा। असल में वह बाबा साहेब को पहचानता था। सोनुबा फिर बोला—बाबा इस ढाबे वाले ने आपका अपमान किया है। जवाब में बाबा साहेब बोले, सोनुबा ऐसे तो हमारे साथ होता ही रहता है। तभी सोनुबा ने कहा—नहीं बाबा साहेब मैं आपको ऐसे प्यासा नहीं जाने दूँगा। यहाँ से थोड़ी दूर पर मेरी झोंपड़ी हैं। मैं अभी पानी लेकर आता हूँ। डॉ. अम्बेडकर ने कहा—सुनो सोनुबा अब हमें देर हो रही है। बहुत ज़रूरी मीटिंग में जाना है। फिर कभी तुम्हारा पानी हम ज़रूर पिएँगे। सोनुबा बोला—नहीं बाबा साहेब यदि आप प्यासे गये, तो मुझे दुख होगा। भला आपको मैं प्यासा कैसे जाने दूँ? बाबा साहेब ने उसे समझाया, देखो सोनुबा, यदि हमें मीटिंग में देर हो गयी तो बहुत काम बिगड़ जायेगा, फिर आयेंगे। इतना कहकर डॉ. अम्बेडकर गाड़ी में बैठ गये। चालक ने दरवाज़ा बन्द किया और वह गाड़ी को चलाने लगा। जब तक गाड़ी दिखाई देती रही, भीगी आँखों से तब तक सोनुबा एकटक उन्हें निहारता रहा। थोड़ी देर में गाड़ी उसकी दृष्टि से ओझल हो गयी और वह अपनी जगह जाकर लकड़ी फाड़ने लगा। बाबा साहेब तो साधारण तरीक़े से कहकर चले गये थे, किन्तु सोनुबा अपने मसीहा को प्यासा जाने से बहुत ही परेशान हो रहा था और ढाबे के मालिक द्वारा किये गये अपमान से भी वह दुखी था। उसका मन लकड़ी फाड़ने में भी नहीं लग रहा था। जैसे-तैसे काम निपटा कर सोनुबा अपनी बस्ती में पहुँचा।

घर पहुँचकर सोनुबा ने सुखबाई को पुकारा। सज्जा। कहाँ है तू? इधर आ। सुखबाई।

सुखबाई यह कहते हुए झोंपड़ी से बाहर निकली। हाँ जी कहो! क्या कहना है?

सोनुबा बोला, “अरे सुखबाई आज मैं बहुत प्रसन्न हूँ।”

सुखबाई ने कहा, “अजी आज ऐसा क्या मिल गया है?”

सोनुबा, “अरे आज मैंने बाबा साहेब के निकट से दर्शन किये हैं।”

सुखबाई, “अच्छा जी।”

सोनुबा, "पास से दर्शन ही नहीं! सुखबाई मैंने उनसे बातें भी की हैं।"

सुखबाई, "सो कहाँ पर बातें कीं स्वामी?"

सोनुबा, "अरे और कहाँ? वहीं जहाँ मैं लकड़ी फाड़ता हूँ। सुखबाई मैं तो धन्य हो गया।"

सुखबाई, "सो कैसे मिलना हुआ जी?"

सोनुबा, "अरे सुखबाई बाबा साहेब पूना की बड़ी मीटिंग में जा रहे थे। वे पानी पीने के वास्ते ढाबे पर रुके। पर सुखबाई दुख की बात ये है कि ढाबे वाले ने उनका अपमान किया और पानी भी नहीं पीने दिया।"

सुखबाई, "वो क्यों जी?"

सोनुबा, "तुमने तो देखा है कि यहाँ के ऊँचे लोग हम महारों को नीचा मानते हैं। सो बाबा साहेब भी हमारे जाति के ही हैं।"

सुखबाई, "तो स्वामी। आप बाबा साहेब के लिए घर से पानी ले जाते। आपने उन्हें प्यासा क्यों जाने दिया?"

सोनुबा, "अरे हाँ! हाँ मैंने बाबा साहेब से कहा था, कि मैं अभी घर से पानी लेकर आता हूँ किन्तु बाबा साहेब ने मना कर दिया।"

सुखबाई, "सज्जा के बापू! उन्होंने मना क्यों कर दिया?"

सोनुबा, "सज्जा की बाई! वो कह रहे थे कि उनकी बहुत बड़ी मीटिंग है। जब तक मैं पानी लाऊँगा, उन्हें बहुत देर हो जायेगी। काम बिगड़ जायेगा।"

सुखबाई, "अच्छा जी।"

सोनुबा, "हाँ! आजकल वे हम अछूतों की लड़ाई लड़ रहे हैं। नहीं तो वे पानी ज़रूर पीकर जाते।"

सुखबाई, "हाँ स्वामी! सो तो ठीक है।"

सोनुबा, "और हाँ सुखबाई बाबा साहेब वायदा करके गये हैं कि फिर जब भी कभी आयेंगे, वे हमारा पानी ज़रूर पीकर जायेंगे।"

सुखबाई, "पर! स्वामी, ये कैसे पता चलेगा कि वे कब आ जायें?"

सोनुबा, "हाँ-हाँ सुखबाई। तू ठीक कह रही है।"

सुखबाई, "ऐसा ना हो फिर जिस दिन बाबा साहेब आयें और उस दिन भी उनके पास ज़्यादा समय ना हो, तो वे फिर प्यासे चले जायें।"

सोनुबा, "सुखबाई हाँ, ये भी बात सही है।"

सुखबाई, "स्वामी जी! मेरी मानो तो आप रोज़ सवेरे एक करूवा (छोटी मटकी) भरके ले जाया करना।"

सोनुबा, "हाँ ठीक है! सुखबाई। ऐसा ही करना पड़ेगा। वरना तो बाबा साहेब वाकई में प्यासे ही चले जाया करेंगे।"

इस प्रकार खाना खाकर वे सो गये। सुबह दिन निकला सुखबाई ने पानी की मटकी भरकर तैयार कर दी। सोनुबा, पानी की मटकी लेकर ढाबे पर पहुँच गया। उसने पानी का करूवा एक जगह रख दिया और अपने काम में जुट गया। वह लकड़ी फाड़ते हुए भी बीच-बीच में कभी सड़क पर निगाह घुमा लेता था। बाबा साहेब अब आयेंगे। अब आयेंगे। इसी सोच में उसका सारा दिन व्यतीत हो गया, किन्तु बाबा साहेब डॉ. अम्बेडकर नहीं आये। करूए का पानी बिखेरकर खाली करूआ लेकर सोनुबा सायं को अपने घर पहुँचा।

सुखबाई, "सज्जा के बापू! बाबा साहेब आये क्या?"

सोनुबा, "(उदास मन से) नहीं सुखबाई बाबा नहीं आये।"

सुखबाई, "कोई बात नहीं साजन! आज नहीं तो कल आयेंगे।"

सोनुबा, "हाँ-हाँ सुखबाई उम्मीद तो ऐसी ही है।"

इस प्रकार सोनुबा रोज़ सुबह पानी का करूआ भर ले जाता। दिन भर बाबा साहेब की राह देखता और साँझ के समय पर पानी को औंधाकर घर चला जाता। इसी क्रम में उसे छह माह निकल गये, किन्तु डॉ. अम्बेडकर नहीं आये। आते भी कैसे बाबा साहेब डॉ. अम्बेडकर तो साधारण रूप से ही आने की बात कह गये थे, किन्तु सोनुबा तो, उसे सच मान बैठा था। वह तो उन्हें भगवान समझने लगा था और स्वयं उनका भक्त बनकर उनके इन्तज़ार में रहता था। प्रतिदिन सुखबाई भी बाबा साहेब के आने की बात पूछती थी। सोनुबा रोज़ कहता था, सुखबाई मेरा मन कहता है, कि वे आयेंगे ज़रूर। एक दिन सुखबाई ने पूछा—स्वामी! तुम अपने ठिए से कहीं चले जाते तो नहीं। कभी बाबा साहेब, तुम्हारा ख़ाली ठिया देखकर लौट जाते हों। सोनुबा का उत्तर होता था नहीं सुखबाई नहीं। मैं क्षण भर को भी वहाँ से नहीं हटता। कभी-कभार लंगी (पेशाब) करने जाता हूँ तो निगाहें मेरी वहीं रहती थीं।

गाँव के लोगों में भी यह बात चर्चा का विषय बन गयी थी। वे रोज़ साँझ को उससे मज़ाक़ में पूछा करते थे। अरे सोनुबा आये क्या तेरे बाबा साहेब? पीया क्या तेरा पानी? सोनुबा उन्हें वही उत्तर देता था—आयेंगे बाबा ज़रूर आयेंगे। लोगों की इस चर्चा से उसमें बदलाव आया कि अब सोनुबा अपने ठिए पर ही न बैठा रहता था, बल्कि जब भी कोई कार ढाबे पर आकर रुकती, फ़ौरन उठकर वहाँ जाता, किन्तु गाड़ी में से किसी अन्य को उतरते देखकर स्वयं को ठगा-सा महसूस करता। इधर बाबा साहेब के न आने की चिन्ता उधर गाँव वालों के व्यंग्य उसे परेशान करते थे।

एक कहता, “आ गये तेरे बाबा साहेब, सोनुबा।”

दूसरा कहता, “अरे पागल हो गया है, ये।”

तीसरा, “अरे दीवाना है। ये दीवाना भी बाबा साहेब का।”

चौथा, “अरे सोनुबा! बिल्कुल ही अकल मारी गयी।”

पाँचवाँ, “अरे मूर्ख! कम-से-कम ये तो सोच लेता, कि कहाँ तू? कहाँ तेरे बाबा साहेब?”

पहला, “अरे सोनुबा। बाबा साहेब, बड़े लोग हैं। अमीर लोग हैं। तेरा उनका क्या मेल? कहाँ गंगुबा तेली और कहाँ राजा भोज?”

दूसरा, “सोनुबा तू उनके योग्य नहीं है। यार, प्यार और रिश्तेदारी बराबर वालों से ही निभती है।”

तीसरा, “हाँ-हाँ सीमुबा। ये ठीक ही कह रहा है, बड़े लोग छोटे आदमियों के घर नहीं आते।”

चौथा, “अरे सोनुबा! वे तुझे बहकाकर चले गये हैं और तू सच्ची मान बैठा।”

पाँचवाँ, “अरे सोनुबा तूने अपनी जान को ये कैसा रोग लगा लिया? जिसका कोई इलाज नहीं है।”

छठा, “सोनुबा! छोड़ दे, ये पागलपन। तू जितना है, उतना ही रह! अम्बर में छलाँग मत लगा।”

प्रतिदिन उसके पड़ोसी उसका मज़ाक़ उड़ाते थे, किन्तु सोनुबा रोज़ सुखबाई से पूछता, क्या तुझे भी विश्वास नहीं कि बाबा आयेंगे? इन बातों से सोनुबा थोड़ी देर परेशान तो रहता था, किन्तु उसकी आशा नहीं टूटती थी। उसे पक्की उम्मीद थी, बाबा साहेब के आने की। इसलिए वह अपने उस कार्य में मस्त रहता था और इस तल्लीनता से उसने चार वर्ष बिता दिये।

प्रत्येक कार के पास जाकर देखने की सोनुबा की इस बात की चर्चा, इस मार्ग पर आने-जाने वाले यात्रियों में होती थी। सोनुबा की इस भीम भक्ति की चर्चा मुम्बई तक भी पहुँच गयी। डॉ. अम्बेडकर के नज़दीकी कार्यकर्ता भी इस सोनुबा की स्वामी-भक्ति से परिचित थे। उन्होंने इसकी चर्चा डॉ. अम्बेडकर से कई बार की। बाबा साहेब के विश्वसनीय कार्यकर्ता ने उन्हें बताया कि पनमेल चौक पर कोई सोनुबा नाम का महार रोज़ ताज़ा पानी घर से लाता है और सारे दिन आने वाली प्रत्येक कार में आपको देखता है। प्रत्येक साँझ को सोनुबा उस पानी को बिखेर कर घर जाता है। सोनुबा आपका सच्चा भक्त है। डॉ. अम्बेडकर को बहुत देर के बाद ध्यान आया—हाँ-हाँ। कुछ वर्ष पहले की बात है उस चौक पर ढाबे वाले ने हमें नीच मानकर पानी नहीं दिया था।

तब सोनुबा नाम के एक लकड़हारे ने घर से पानी लाने के लिए कहा था, किन्तु हमने तो उससे वैसे ही कह दिया था कि, हम किसी दिन फिर तुम्हारा पानी अवश्य पीयेंगे। अच्छा भाई! वह उस बात को सच्ची समझ बैठा और रोज़ हमारे आने के इन्तज़ार में पानी लेकर बैठा रहता है। डॉ. अम्बेडकर ने अपने चालक को बुलाकर कहा—देखो ड्राइवर! अगले सप्ताह हमें उस पनमेल चौक से निकलना है! याद रखना। वहाँ गाड़ी रोककर चलना है। अबकी बार हम सोनुबा का पानी पीकर ही आगे चलेंगे। डॉ. अम्बेडकर ने अपनी दैनिक डायरी में यह बात नोट कर ली थी।

उधर रोज़ की भाँति सोनुबा करूआ भरकर लाता और प्रत्येक आने वाली गाड़ी के पास जाकर डॉ. अम्बेडकर को निहारता। उस दिन तेज़ आधी चलने लगी और उसके बाद तेज़ वर्षा होने लगी। ऐसी बरसात में भी, वह रुकने वाली प्रत्येक कार में बाबा साहेब को देखता था। तेज़ वर्षा में भीगने के कारण उसकी तबीयत ख़राब हो गयी। वह अपने आपको थका-सा अनुभव करने लगा।

दिन ढलने पर सोनुबा अपने घर पहुँचा और जाते ही चारपाई पर लेट गया। सुखबाई ने पूछा—कैसे लेट गये जी? सोनुबा से कोई उत्तर न मिलने से सुखबाई परेशान होने लगी और उसने पास आकर सोनुबा के माथे पर हाथ लगाकर देखा था, तो उसका माथा गर्म हो रहा था। सुखबाई ने फ़ौरन ही उसे खेस (सूती वस्त्र) ओढ़ाया। जल्दी से वह काढ़ा गर्म करके लायी और सोनुबा को पिलाया। उस रात सोनुबा ने भोजन भी नहीं खाया। उसे कुछ भी अच्छा नहीं लग रहा था, क्योंकि वह तेज़ ज्वर से पीड़ित था। रात अधिक बीतने पर वह कराहने लगा। सुखबाई ने उठकर पुनः उसे काढ़ा गर्म करके पिलाया। वह सोनुबा का मस्तक सहलाने लगी। कभी-कभी वह हाथों और टाँगों की मालिश भी कर रही थी। सुखबाई ने कहा—स्वामी आप बारिश में कहीं छुप नहीं सकते थे? सोनुबा ने कराहते हुए कहा—अरे! सुखबाई वर्षा में भी कार वहाँ आकर रुकती थीं। मुझे वहाँ देखने जाना पड़ता था। यदि किसी गाड़ी में बाबा भीम होते तो, वह प्यासे ही न चले जाते। अरे सज्जा की बाई (माँ) मैं बाबा को प्यासा नहीं जाने देना चाहता। सुखबाई बोली, मैं बाबा को प्यासा भेजने को कहाँ कह रही हूँ। मैं तो कह रही हूँ कि भक्ति अपनी जगह है, पर स्वास्थ्य को तो देख लेते। सुखबाई की सारी रात पति की सेवा करते बीत गयी। उसे पल भर को आँखें नहीं झँपीं। भोर होते-होते सोनुबा का ज्वर उतरने लगा।

दिन निकला। सोनुबा दिनचर्या से फारिग होकर चलने की तैयारी करने लगा। प्रातः 9 बजे उसने धोती-कुर्ता पहना और कन्धे पर गमछा डाल लिया।

उसने सुखबाई से कहा सज्जा की बाई दो रोटी बाँध दे। सुखबाई ने साजन को समझाया स्वामी! अभी तो बुख़ार ठीक से उतरा भी नहीं है। अभी आपके शरीर में कमज़ोरी काफ़ी है। मेरी मानो तो आज जाने की टाल कर दो। उसका इतना कहते ही, सोनुबा गुस्से से झल्लाकर बोला—तेरी मान लू और ढाबे पर जाने की टाल कर दूँ। यदि आज ही बाबा साहेब आ गये, तो फिर उस दिन की तरह वे प्यासे चले जायेंगे। इसलिए ज़रूर जाऊँगा, चाहे बुख़ार हो या न। अब से मुझे मना मत कर दीओ।

सोनुबा ने रोज़ की भाँति पानी का करूआ उठाया और बड़बड़ाता हुआ चल दिया। रास्ते में आते ही, उसे बिरादरी भाइयों ने रोक कर पूछा—भइया सोनुबा अब कैसी तबीयत है? सोनुबा ने कहा—भइया बुख़ार उतर गया है। दूसरा बोला—सोनुबा अभी तेरी तबीयत पूरी तरह ठीक नहीं है, फिर भी काम पर चल दिया? जब शरीर ठीक ना हो तो ऐसे काम का क्या करना? सोनुबा ने उत्तर दिया—भाई! बात काम की नहीं है, बाबा साहेब के लिए मेरा नित ढाबे पर जाना ज़रूरी है। तीसरा बोला—इतने दिन से तो तेरे बाबा साहेब आये नहीं, जो आज आयेंगे। सोनुबा बोला—और जो बाबा साहेब आज ही आ जायें, तो फिर वे मेरे न जाने से प्यासे नहीं लौट जायेंगे। पहले व्यक्ति ने फिर कहा—अरे! बाबा साहेब आयें तो आयें। जायें तो जायें। पहले अपना स्वास्थ्य तो देख। सोनुबा उन सबकी अनसुनी करके आगे को बढ़ गया।

जैसे-तैसे रास्ते में बैठ-बैठकर सोनुबा ढाबे तक पहुँचा। आज ढाबे तक पहुँचने में उसे रोज़ के हिसाब से दुगुना समय लगा। वह अपने ठिए पर जाकर बैठ गया। उस दिन उसने कोई काम नहीं किया, क्योंकि उसका शरीर इस क़ाबिल नहीं था। वह बैठा-बैठा सड़क को एकटक निहारता रहा। जैसे ही वहाँ कोई कार आकर रुकी, वह धीरे-धीरे उसके पास गया। कार का गेट खुलते ही, उसमें बाबा साहेब को न देखकर सोनुबा बहुत निराश हुआ। अब वह खिसियाना सा होकर अपने ठिए पर जा बैठा। इतने में ही ठण्डी-ठण्डी बयार बहने लगी। एक तो बुख़ार का शरीर दूसरे बाबा साहेब की चिन्ता में वह कमज़ोर हो गया था। ठण्डी हवा, उसके शरीर में तीर की भाँति लग रही थी। फिर भी सोनुबा ने ढाबे पर आने वाली प्रत्येक कार को देखा किन्तु उसे बाबा साहेब नहीं मिले। उसने अपने रुमाल में बँधी रोटियों को निकाला। रोटी उसे कतई अच्छी नहीं लग रही थीं। मन मार कर केवल एक रोटी वह खा सका। तभी एक कार और आकर रुकी। उसने नज़दीक जाकर देखा। उसमें भी बाबा साहेब नहीं थे। वह निराश हो चला। उसकी आँखों के सामने अँधेरा छाने लगा। वह वहीं गिर पड़ा।

गाँव के जानकार लोग बाद में उसे उठाकर घर ले गये। जहाँ थोड़ी देर में सोनुबा की मृत्यु हो गयी। अन्तिम समय तक उसके होंठों पर बाबा साहेब का नाम ही था।

*(डॉ. अम्बेडकर का सच्चा अनुयायी सोनुबा-महार पुस्तक से। यह पुस्तक सूरजमल सितम ने लिखी है।)*

## सन्दर्भ


1. मेरा गाँव और जीवन यात्रा।
2. बयान, दिसम्बर, 6 जनवरी, 2007
3. ससाई (जापान से भारत), सं. डॉ. विमल कीर्ति, नेशनल बहुजन पब्लिकेशन ट्रस्ट, नागपुर, 1996
4. 'टुकड़े-टुकड़े आईना' (भाग-1) 2013, (भाग-2) 2013, (भाग-3) 2015, सभी अम्बेडकर मिशन प्रकाशन, पटना से प्रकाशित।
5. 'टुकड़े-टुकड़े आईना' (भाग-4), बुद्ध शरण, आई.ए.एस. अम्बेडकर मिशन प्रकाशन, डॉ. अम्बेडकर मार्ग, चितकोहरा, पटना, 2018

# मैं एक कारसेवक था

*मेरे मन में आज भी यह सवाल उठता है कि जब मेहतर समाज के आदि पुरुष वाल्मीकि ऋषि के हाथ में रामायण रचने वाली क़लम थी तो आज तक उनके वंशजों के हाथ में झाड़ू और सिर पर कचरे की टोकरी क्यों है? पर संघी दुष्प्रचार के सामने कौन टिक सकता है। तमाम दलित जातियों को यह समझाने के प्रयास हो रहे हैं कि तुम्हारी इस दुर्दशा के लिए मुग़ल, यवन और पठान जैसे मुसलमान ज़िम्मेदार हैं क्योंकि उनके आने से पहले भारत में जाति तो थी मगर जातिगत भेदभाव नहीं था। सारे गन्दे काम मुस्लिम शासकों की देन है जिसकी वजह से समाज में दलितों का स्थान घृणित हो गया।*

*मतलब यह कि हिन्दू समाज की वर्ण व्यवस्था और जाति व्यवस्था उनके द्वारा विगत पाँच हज़ार साल से किया जा रहा शोषण और ग़ुलाम बना कर रखने की मनुवादी ब्राह्मणवादी अमानुषी व्यवस्था का दोष जातिवादी हिन्दुओं पर नहीं है। सभी दलितों को यह बता दिया गया है कि उनके पूर्वज बहुत ही महान क्षत्रिय योद्धा थे, वे जी भरकर लड़े जब हार गये तो मुग़लों ने उन्हें ग़ुलाम बना लिया। संघ के मुताबिक़ सारी जातीय प्रताड़ना का कारण विधर्मी मुस्लिम हैं न कि घोर जातिवादी सवर्ण हिन्दू! इनकी चालाकी देखिए—कैसे साफ़-साफ़ बरी हो गये।* —भँवर मेघवंशी

हिमांशु पंड्या लिखते हैं कि, जैसा कि नाम से ही आभास हो जाता है, लेखक बचपन में ही राष्ट्रीय स्वयंसेवक संघ के प्रभाव में आ गये थे उसी के असर में वे बाबरी मस्जिद ध्वंस के काले अध्याय का हिस्सा बनने भी गये थे। वो समय था और आज का समय है कि वे राज्य में मानवाधिकार के मुद्दों को उठाने वाली प्रमुख आवाज़ हैं और देश भर में उन्हें ध्यान से सुना जाता है। वे सफल प्रेरक तो हैं ही रोमांचकारी भी हैं।

यदि इस आत्मकथा को पढ़कर आपको ऐसी सच्चाइयाँ पता चलें जो आप नहीं जानते थे तो शर्तियाँ आप सवर्ण परिवार से आते हैं और एक सुरक्षित माहौल में

बड़े हुए हैं। ऐसे में आपके लिए ये आँखें खोल देने वाला अनुभव हो सकता है, इस उत्पीड़न, प्रताड़ना और आत्मग्लानि को महसूस करने की कोशिश कीजिए। यदि आपको इसे पढ़कर 'ऐसा ही मेरे साथ हुआ' लगे तो आप किसी वंचित अस्मिता के सदस्य हैं। तब आपके लिए ये आत्मकथा पढ़ना और भी ज़रूरी है।

दलित आत्मकथा में उत्पीड़न के चित्र मिलना एक सामान्य परिघटना है किन्तु यह चित्र किसी प्रकार की सहानुभूति अर्जित करने के लिए नहीं खींचा जाता। दरअसल अपने अपमान के बारे में लिख पाना बहुत साहस की बात होती है और लेखक वह तब लिख पाता है जब वह एक लम्बे आत्मसंघर्ष के बाद यह समझ पाता है कि यह वेदना उसकी वैयक्तिक वेदना नहीं है बल्कि इस अमानवीय जाति व्यवस्था का अभिशाप है। इस आत्मकथा में एक बेहद दारुण प्रसंग है जिसे हम भँवर मेघवंशी के संघ से मोहभंग का क्षण भी कह सकते हैं। यह प्रसंग लगभग रुला देने वाला है, इसकी वेदना भँवर को इतने समय तक मथती रही कि उन्होंने आत्महत्या का प्रयास तक किया। अचानक रोहित याद आ जाता है—रोहित वेमुला। रोहित ने ख़ुदकुशी की थी लेकिन वह ख़ुदकुशी नहीं थी वह सांस्थानिक हत्या थी। रोहित सांस्थानिक हत्या का शिकार हुआ और भँवर मेघवंशी सांगठनिक हत्या का शिकार होते-होते बचे। ऐसे अनेक रोहित हैं जो हर दिन तिल-तिल कर मरते हैं क्योंकि वे अपने अपमान को या तो विधि का विधान या स्वाभाविक सामाजिक मानदण्ड समझते रहते हैं। 'मैं एक कारसेवक था' वेदना से विद्रोह तक की यात्रा है। वह दुख के पीछे के जातिवादी षड्यन्त्र को दिखाकर असली शोषकों के चेहरे उजागर करती है। हमारी ब्राह्मणवादी व्यवस्था ने स्त्री के यौन उत्पीड़न के लिए 'इज़्ज़त लूटना' जैसे शब्द गढ़े और दलितों को सरेआम बेइज़्ज़त करने वालों को 'दबंग' की संज्ञा दी। हमारी भाषा प्रभुवर्ग के साथ खड़ी है। इसमें अपराधी को चिह्नित कर कठघरे में खड़ा कर सकने वाली चेतना का आगमन बहुत ज़रूरी है, यह आत्मकथा यही करती है और इसीलिए वंचित समाज के युवाओं को ये आत्मकथा पढ़ना और भी ज़रूरी है।

एक सवाल पर विचार और ज़रूरी है। क्या उक्त घटना न हुई होती तो भँवर मेघवंशी संघ में बने रहते? इतिहासकार ई.एच. कार ने लिखा है कि कोई भी घटना अचानक नहीं होती है। जब उसके लिए माकूल परिस्थितियाँ तैयार होती है तब ही वह होती हैं। हमें वह संयोग प्रतीत हो सकती है लेकिन होती नहीं है। यह आत्मकथा इसे समझने का सबसे बेहतरीन उदाहरण है। 'मैं एक कारसेवक था' भँवर मेघवंशी के धीरे-धीरे दलित चेतना को समझने और अंगीकार करने की गाथा है। यदि आप इसके प्रारम्भिक अंश पढ़ें तो आप ये पायेंगे कि

इसमें वे मुस्लिमों के बारे में वैसी ही भाषा लिख रहे हैं जैसा वे तब सोचते थे। ये उनकी ईमानदारी है कि वे तब के भँवर और फिर धीरे-धीरे बदलते भँवर को दिखाते हैं। हम भँवर को सवाल करते, सन्देह करते लेकिन फिर अन्याय को स्वाभाविक मानकर सन्तुष्ट होते भी देखते हैं। धीरे-धीरे सवाल बढ़ते जाते हैं और अन्याय को पहचानने की चेतना भी। यह घटना पहले नहीं घट सकती थी और एक बार लेखक में दलित चेतना आने के बाद इस घटना को होने से रोका नहीं जा सकता था। (पृ. 7)

दलित चेतना से आलोकित होने के बाद भँवर ने अतीत के बोझ से मुक्ति पा ली और इसलिए उनकी लड़ाई व्यक्तिगत प्रतिशोध मात्र नहीं रही। दलित चेतना का अर्थ जातिगत प्रतिशोध की अन्धी गली से बाहर आना भी है। मैं यहाँ इस आत्मकथा से एक वाक्य उद्धृत करने की इजाज़त चाहूँगा–'मैंने अपनी व्यक्तिगत पीड़ा और अपमान को निजी दुश्मनी बनाने के बजाय सामाजिक समानता, अस्मिता एवं गरिमा की सामूहिक लड़ाई बनाना तय किया और एक प्रतिज्ञा की कि मैं अब हर तरीक़े से संघ और संघ परिवार के समूहों तथा उनके दोगले विचारों की बोलकर, लिखकर और अपने क्रियाकलापों के ज़रिये मुखालफ़त करूँगा।'

इस वाक्य की दृढ़ता देखी आपने? भँवर मेघवंशी ऐसे ही हैं और इस दृढ़ निश्चय का कारण यह है कि देश के समक्ष आर.एस.एस. के ख़तरे को उनसे बेहतर कौन जान सकता है! उन्होंने अपनी ज़िन्दगी के कई बेशक़ीमतीं बरस पूरी निष्ठा के साथ इस संगठन को दिये हैं। यह इस आत्मकथा का एक और महत्त्व है कि यह राष्ट्रीय स्वयंसेवक संघ का एक इनसाइडर व्यू है फर्स्ट हैंड अकाउंट। वे बहुत-सी गुपचुप चर्चाओं को अपने विवरण से प्रामाणिकता प्रदान करते हैं। हमें पता चलता है कि व्हाट्सएप पर आने वाली बहुत-सी गन्दगी की गंगोत्री कहाँ है।

यही इस आत्मकथा की सबसे बड़ी विशेषता है। भँवर मेघवंशी का विद्रोह विचार की सान पर घिसकर तैयार हुआ है। उनकी कहानी हमें वेदना से विद्रोह और विद्रोह से विचार तक ले जाती है। इसके उत्तर भाग में ऐसे अनेक व्यक्तियों, आन्दोलनों और घटनाओं का उल्लेख है जो यह स्पष्ट करने के लिए काफ़ी है कि हिन्दू राष्ट्र में दलितों-आदिवासियों के लिए कोई जगह नहीं है। बेशक आत्मकथा लेख नहीं है। विश्लेषण उसके वेग को बाधित ही करेगा लेकिन चूँकि यह एक एक्टिविस्ट की लिखी हुई आत्मकथा है इसलिए एक के बाद एक दलित उत्पीड़न से लेकर साम्प्रदायिक दंगे जैसी घटनाएँ आती जाती हैं जिन्हें पढ़ते हुए आप यह समझ पाते हैं कि ग़ज़ब किसी शाखा में नहीं मूल जड़ में है, किसी पुर्जे में नहीं मदरबोर्ड में है। जब आप ये समझ जाते हैं तो आप ये समझ पाते हैं कि क्यों

'राक्षस' की गाली भँवर को तमगा लगती है और क्यों वे कह पाते हैं कि आपका स्वर्ग आपको मुबारक, हम तो ख़ुशी से नरक जाने वाली गाड़ी में सवार हैं!

## गालियाँ, पत्थर, हमला, भय और दुर्गन्ध

उन्होंने अपनी आत्मकथा के आरम्भिक पृष्ठों पर जो लिखा वही उनकी आपबीती की बेबाक टिप्पणी है—जिस दिन हमें जेल से रिहा किया गया हमारे नाम-पते लिखे गये। हाथों पर जेल की मुहर लगाई गयी और फिर छोड़ दिया गया। वैसे भी जेल में जेल जैसा कुछ था ही नहीं। अन्दर ही संघ की शाखा लगती थी ख़ूब बातें होतीं, साधु-सन्त अपना भजन-कीर्तन और प्रवचन करते रहते थे। जेल जैसी तो कोई बात थी ही नहीं। जेल प्रवास पूरा हुआ तो जो ट्रक हमें लाये थे वो ग़ायब थे। बस यूँ ही छोड़ दिये गये। शहर में अभी भी कर्फ़्यू जारी था। सो तय यह हुआ कि रेल की पटरियों पर होकर स्टेशन तक पहुँचा जाये। पटरी-पटरी हम आगरा कैंट की ओर चले। बलिदानी मानस थोड़ा थक चुका था। कारसेवा सफल नहीं रही थी। पता चला कि धर्मद्रोही मुस्लिमपरस्त मुलायम सिंह ने सरयू के पुल पर ही कारसेवकों पर गोलियाँ चलवा दीं। दर्जनों कारसेवक मौत का ग्रास बन गये। कइयों को गोली लगी तो कई सारे गोली लगने के डर से वेगवती सरयू के पानी में कूदकर काल-कवलित हो गये। बाबरी मस्जिद का ढाँचा तोड़ना तो दूर की बात पुलिस की सख़्ती के चलते परिन्दा भी वहाँ पर पर नहीं मार सका। वाकई मुलायम कारसेवकों के लिए 'मुल्ला-यम' साबित हुए।

असफलता, घनघोर निराशा तथा डर और अवसाद की स्थिति में हम किसी तरह रेंगते हुए से रेल पटरियों पर आगरा कैंट की ओर बढ़ रहे थे। अचानक सामने से तक़रीबन एक दर्जन लोग 'जय श्रीराम' के नारे लगाते हुए आते दिखाई दिये। हममें पुनः जोश का स्फुरण होने लगा। ओह, कहा! के बावजूद रामभक्त हमारे स्वागत को आ गये हैं! इससे बड़ी बात और क्या हो सकती है? बहुत अच्छा लगा। हमने अपने अन्दर उत्साह महसूस किया। हमारे क़दम ख़ुद-ब-ख़ुद उठने लगे।

पर यह क्या? इनके तो हाथों में पत्थर हैं! अब इनकी ज़बान से जय श्रीराम नहीं निकल रहा था। हमारी सात पुश्तों तक उनकी भद्दी गालियाँ पहुँच रही थी—'मादर... बहन यहाँ क्या... पकड़ने आये हो...मारो मादर को...' हम तो स्तब्ध रह गये। आँखों के आगे अँधेरा छाने लगा। आसपास की बस्ती की ओर मदद के लिए हमने कातर निगाहों से देखा। मगर सब तरफ़ इनकार ही इनकार के भाव थे। दरअसल इस रेल पटरी के चारों ओर सिर्फ़ मुस्लिम बस्ती ही थी।

सामने से आये इन मुस्लिम युवाओं से छोटा-सा संघर्ष हुआ। कुछ लोगों को चोटें आयीं, सामान भी गिरा, एक कारसेवक की उन्होंने पकड़कर जमकर पिटाई की। वह भारी शरीर था भाग नहीं पाया उनके हत्थे चढ़ गया। वे हमारे पीछे भी दौड़े, पत्थर फेंके हम आगे-आगे और वो पीछे-पीछे।

किसी तरह जान बचाने के लिए हमने रेलवे पुलिस थाने की शरण ली। जी.आर.पी. के थानेदार के श्रीमुख से भी हज़ारों गालियों की बौछार से हम नहाये। जिस पुलिस से मदद की उम्मीद थी वही लट्ठ लेकर मारने को पीछे दौड़ी। पीछे पत्थर बरसाते वे और आगे लाठियाँ लिए खड़े पुलिस के सिपाही, हे भगवान! अब कहाँ जायें हे राम जी! आप ही जान बचाओ अब हमारी...। एक क्षण तो लगा कि अब मौत ही हमारा अन्तिम मुकाम है। लेकिन जहाँ 'राम रक्षा मन्त्र' नहीं चल पाया वहाँ 'रेल रक्षा यन्त्र' ने काम किया। आगरा कैंट पर खड़ी एक मालगाड़ी के ख़ाली डिब्बों में घुसकर हमने दरवाज़े बन्द करके किसी तरह जान बचाई। गालियाँ देते मुस्लिम नौजवान और पुलिसकर्मी जब वापस चले गये तब हमारी रुकी हुई साँसें फिर से चलने लगीं। मालगाड़ी के डिब्बों से निकलकर हम वापस स्टेशन पर खड़े हुए। बाद में जयपुर की ओर जाने वाली किसी ट्रेन में हम सवार हुए। ट्रेन में भारी भीड़ थी। टॉयलेट के पास खड़े रहने भर की जगह मिली। टिकट भी ख़रीद नहीं पाये बेटिकट ही बैठ गये थे। भारी भीड़, भय और पाखाने की भयंकर दुर्गन्ध सब एकाकार हो गये थे। कारसेवा के दौरान शहीद होने की इच्छा अब तक शहीद हो चुकी थी। एक ही इच्छा थी कि जल्दी-से-जल्दी घर पहुँचा जाये। घर पर परिजनों के हाल बेहाल थे अयोध्या की ख़बरें सुन-सुनकर। चूँकि हम दोनों ही भाई इस कारसेवा का हिस्सा बनने चले गये थे। इसलिए माँ-बाप ने सोच लिया कि हम ज़रूर पुलिस की गोली के शिकार हो गये होंगे और इस तरह वे बेऔलाद...मगर न तो हमें रामजी के नाम पर मौत आयी और न ही वो निःसन्तान हुए। महज़ 15 दिनों में हम घर लौट आये ...सही-सलामत, एकदम ज़िन्दा सकुशल!

## आर.एस.एस. की शाखा में

इस हादसे से मैंने कोई सबक नहीं लिया, कारसेवा का जुनून भले ही उतर गया हो लेकिन देशभक्ति का ज्वर चढ़ा ही रहा। याद आता है मुझे यह मात्र 13 साल की उम्र में ही चढ़ गया था। जब मैं कक्षा 6 का विद्यार्थी था तभी मैं शाखा में भर्ती हो गया था। हुआ यह कि राजकीय माध्यमिक विद्यालय मोड़ का निंबाहेड़ा जहाँ मैं अध्ययनरत था वहाँ के भूगोल विषय के अध्यापक महोदय बंशीलाल सेन

ने हमारे गाँव के मैदान में हम बच्चों को खेल खिलाना शुरू किया। वो बहुत अच्छा गाते भी थे और व्यायाम भी करवाते थे। हमें बहुत अच्छा लगता था। शुरू में खेल फिर थोड़ा व्यायाम। एक-दो गीत और कुछ अच्छी-अच्छी बातें। कुछ-कुछ बातें समझ नहीं आती थीं कुछ बातें उलझन भी पैदा करती थीं। ख़ास तौर पर जब वो क्लास में भूगोल पढ़ाते हुए कहते थे कि– *'सूर्य आग का एक गोला है, जिसके पास कोई भी नहीं जा सकता है। अगर गया तो नष्ट हो जायेगा।' मगर वो खेल के वक़्त शाखा में सूर्य नमस्कार करवाते थे। इस दौरान 'ओउम् सूर्याय नमः रवये नमः ओउम् सवित्र सूर्य नारायणाय नमः' का मन्त्रोच्चार कराते थे और हनुमानजी द्वारा सूर्य को मुँह में निगल जाने की कहानी बताते हुए सगर्व कहते थे कि–ऐसे थे हमारे बजरंग बली जिन्होंने सूर्य भगवान को ही निगल लिया जिससे पूरे ब्रह्माण्ड पर अँधेरा छा गया था।* मैं इस बात से उलझन महसूस करने लगा। एक दिन हिम्मत करके पूछ लिया कि–'गुरुदेव सूर्य देवता है या आग का गोला?' उनका जवाब था–'भैया जी शाखा में सूर्य देवता है लेकिन विद्यालय में वह आग का गोला है।' मैं और अधिक भ्रमित हो गया। मैंने उनसे कहा कि–'फिर हनुमानजी ने कैसे उन्हें निगला?' उनका उत्तर था–'बजरंग बली तो अतिशय बलशाली थे सूर्य तो सिर्फ़ आग का एक गोला मात्र था। उन्होंने उसे न केवल मुँह में ले लिया बल्कि वो तो उसे चबाकर निगल ही जाना चाहते थे। सब लोकों पर छा गये अन्धकार के बाद देवताओं ने आकर प्रार्थना की तब कहीं जाकर हनुमान जी ने सूर्य को छोड़ा।'

इसके बाद मेरी आस्था हनुमानजी में अत्यधिक दृढ़ हो गयी। मुझे भूगोल विषय बकवास लगने लगा। अब मैं भूगोल के पीरियड में भी मन-ही-मन हनुमान चालीसा पढ़ता रहता था। मुझे मालूम था कि इस विषय में कोई दम नहीं है दमदार तो बजरंग बली ही है। वैसे भी गुरुजी ने एक दिन शाखा में कहा था कि संशय करने वाले लोग विनाश को प्राप्त हो जाते हैं (संशयात्मा विनश्यति)। मैंने सन्देह करना छोड़ दिया, श्रद्धा का नया दौर मेरी किशोरावस्था में ही प्रारम्भ हो गया। गुरुजी ने मुझे विज्ञान से भी विमुख कर डाला। अब मेरी आस्था धर्म कर्म में बढ़ने लगी। वैसे भी शाखा में बता ही दिया कि पूरे विश्व में हमारा धर्म ही सर्वश्रेष्ठ है, यह खेल, व्यायाम तथा थोड़ी-सी देर जो बातचीत होती थी रोज़ उसका नाम ही लिया जाता था और यह राष्ट्रीय स्वयंसेवक संघ की शाखा थी। यह आर.एस.एस. की हमारे गाँव में एक ब्रांच थी जो नयी-नयी खुली थी और हम बाल गोपाल उस शाखा के सदस्य थे। हमारे गाँव की शाखा में हम बच्चों की संख्या तक़रीबन 50 के आसपास थी। सभी जातियों के बच्चे इसमें आते थे।

उन जातियों के भी जो हम लोगों को नीचा समझते थे और सीधे मुँह बात भी नहीं करते थे। सब एक-दूसरे को 'जी' कहकर पुकारते थे। मैं भी भँवर से 'भँवर जी' हो गया था और भँवर जी भाई साहब होने की दिशा में तेज़ी से आगे बढ़ रहा था। शाखा में मैंने जल्द ही अप्रत्याशित सफलताएँ हासिल कीं मैं गणनायक से मुख्य शिक्षक बना और कार्यवाह बनकर शीघ्र ही ज़िला कार्यालय जा पहुँचा जहाँ पर मुझे ज़िला कार्यालय प्रमुख की ज़िम्मेदारी मिल गयी।

## पहले तो मैं संघी था, फिर बागी हो गया

मैंने शुरू में व्यक्तिगत बदले की भावना से काम शुरू किया जो बाद में व्यक्तिगत नहीं रहा। यह सही है कि प्रारम्भ में यह लड़ाई मांडल के जातिवादी संघियों द्वारा किये गये भेदभाव की मुखालफ़त करने की ही थी इसमें पूरा आर.एस.एस. दुश्मन नहीं था। संघ के वरिष्ठ लोगों तक भी जब मेरी सुनवाई नहीं हुई तो मेरा गुस्सा बढ़ने लगा जो कि पूरे संघ के ख़िलाफ़ बोलने के लिए मुझे प्रेरित करने लगा। यह मांडल के संघियों से शुरू हुई लड़ाई तमाम संघियों से संघर्ष के रूप में बदलने लगी। हालाँकि यह भी सही है कि मेरी कुछ असहमतियाँ तो सदैव से रहीं बहुत सारे सवाल भी मैं पूछता था जो संघ में कभी भी अच्छे नहीं माने जाते हैं मगर इन छोटे-छोटे सभी क्रोधों से बनी चिंगारी मांडल के संघियों के जातिवादी कृत्य से एक विस्फोट में बदल गयी। मुझे यह पक्का यक़ीन था कि मेरे साथ हुई घटना की बात जैसे ही ऊपर के अधिकारियों तक पहुँचेगी तो नीचे वालों को बहुत डाँट पड़ेगी और हो सकता है कि उन्हें संघ से ही बाहर कर दिया जायेगा कम-से-कम भयंकर डाँट-फटकार तो पड़ेगी ही। लेकिन ऐसा कुछ भी नहीं हुआ इससे मुझे लग गया कि यह जो बातें की जाती हैं और जो काम किये जाते हैं वो बिल्कुल अलग-अलग हैं। संघ के स्वयंसेवकों की कथनी और करनी में जो ज़मीन-आसमान का फ़र्क़ है वो सबसे नग्न स्वरूप में अब मेरे सामने था।

संघ में सुनवाई के लिए कोई प्रक्रिया नहीं है, नीचे से कोई बात ऊपर जाने का कोई सिस्टम है ही नहीं। ऊपर से आदेश आ सकते हैं मगर नीचे से कोई बात ऊपर पहुँच जाये यह लगभग असम्भव है। हर प्रचारक, हर अधिकारी और हरेक वरिष्ठ ज़िम्मेदार स्वयंसेवक अपनी बात के आगे या पीछे यह ज़रूर जोड़ देता कि ऐसा परमपूज्य सरसंघचालक जी कहते हैं। बात-बेबात वे सरसंघचालक के किसी उद्‌बोधन या बौद्धिक पर प्रभाव जमाते रहते हैं। कुल मिलाकर संघ प्रमुख की बात कहकर वे किसी भी आवाज़ को दबा सकते हैं। वैसे भी उन दिनों तक संघ के लोगों की संस्कृत मिश्रित कड़क हिन्दी का मेरे किशोर मन

पर बड़ा प्रभाव था। मैं उनकी बात से अक्सर कन्विंस हो जाया करता था मगर मेरे साथ हुए भेदभाव ने मुझे इस सांस्कृतिक हिन्दी के आतंक का सामना करने का साहस दिया और मैं हर बार की भाँति इस बार मानने को तैयार नहीं था।

मेरे सवालों से असहज संघ के पदाधिकारीगण मुझे ठीक स्वयंसेवक नहीं मानते थे। मेरे द्वारा संघ के लोगों पर जातिगत भेदभाव करने का आरोप लगाया जाने के बाद तो और भी स्थिति विकट हो गयी। वे मुझे बला समझने लगे और मेरे से बात करने से बचने लगे। मुझे साफ़ महसूस होने लगा कि वे जवाब नहीं देना चाहते हैं तो मैंने बातचीत के लिए नये तरीक़े और नये लोग खोज लिए। अब मेरा टारगेट संघ से जुड़े उसके दलित स्वयंसेवक थे, मैंने उन्हें अपनी कहानी बतानी शुरू की इसका परिणाम आश्चर्यजनक था। हरेक दलित स्वयंसेवक के पास जाति के दुखद अनुभव की कोई-न-कोई कहानी थी जो उन्होंने सुनाई तब मुझे पहली बार महसूस हुआ कि यह पीड़ा सिर्फ़ मेरी ही नहीं है बल्कि मेरे समुदाय के हर स्वयंसेवक की है। फ़र्क़ सिर्फ़ इतना सा था कि उन्होंने इसे चुपचाप स्वीकार लिया था और मैं बगावत करने का प्रयास कर रहा था।

संघ के इन वफ़ादार स्वयंसेवकों ने मुझसे सहानुभूति जताई और मुझे अपनी-अपनी कहानियाँ भी सुनाईं मगर साथ ही उन्होंने यह नसीहत भी दी कि मैं जो जगह-जगह यह बात कहता फिर रहा हूँ उससे कुछ भी होना जाना नहीं है। संघ बहुत बड़ा संगठन है, उससे लड़कर आगे नहीं बढ़ा जा सकता है, मिलकर ही आगे बढ़ना होगा। इस दौरान मैंने यह भी साफ़ तौर पर महसूस किया कि संघ के इन दलित स्वयंसेवकों में हिम्मत की बहुत कमी थी। वे किसी-न-किसी उच्च कही जाने वाली जाति से आने वाले भाईसाहब की मर्ज़ी या आग्रह से संघ में हैं इसलिए उनसे मेरे विद्रोह में सहयोगी बनने की आशा करना व्यर्थ था।

अब यह लड़ाई तो मेरे पूरे समुदाय की थी मगर लड़ना मुझे अकेले को ही था सो मैंने अकेले ही लड़ने की ठान ली। मैंने लिखकर, बोलकर, सम्पर्क कर, छापकर अपनी कहानी को आगे बढ़ाया हालाँकि उससे ज़्यादा कोई असर हुआ नहीं पर मुझे ज़रूर तसल्ली मिली कि मैं लड़ रहा हूँ। प्रतिक्रिया में मुझे ज़्यादातर तो नसीहतें मिली और कहीं-कहीं पर झिड़कियाँ और हिकारत भी। पर यह तय हो गया कि लड़ाई चालू रहेगी और मैं आर.एस.एस. में वापस कभी नहीं लौटूँगा।

निश्चित रूप में कहा जा सकता है कि आत्मकथाकार के भीतर उभरे द्वन्द्वों का यह एक ऐसा अन्धड़ है, जिनसे बाहर निकलने में अन्ततः एक दिन सफल होता है।

## भँवर मेघवंशी का परिचय

25 फ़रवरी, 1975 को राजस्थान के भीलवाड़ा ज़िले के मांडल इलाक़े के दलित परिवार में जन्म। कला, साहित्य की पढ़ाई की। छात्र राजनीति व शिक्षण से जुड़ाव रहा। पाठशाला छोड़कर पत्रकारिता का दामन थामा।

**पत्रकारिता**–'दैनिक प्रभावित' में समाचार सम्पादक के रूप में शुरुआत। एक जर्नलिस्ट एक्टिविस्ट के रूप में जनसरोकार के मुद्दों पर निरन्तर लेखन व सामाजिक सक्रियता। सन् 2000 से 2012 तक 'डायमंड इंडिया' नामक मासिक पत्रिका का सम्पादन एवं प्रकाशन।

**संगठनात्मक कार्य**–किशोरावस्था में आर.एस.एस. से जुड़ाव, पाँच साल बाद अलगाव। 13 वर्ष तक मज़दूर किसान शक्ति संगठन के साथ पूर्णकालिक कार्यकर्ता के रूप में काम किया। दलित, आदिवासी एवं घुमन्तू अधिकार अभियान राजस्थान (डगर) की स्थापना की, वर्तमान में पीपुल्स यूनियन फॉर सिविल लिबर्टीज़ के साथ जुड़ाव।

**मान सम्मान**–'बेस्ट सिटीजन जर्नलिस्ट अवार्ड', 'भीरुका चैरिटेबल ट्रस्ट अवार्ड', 'सामाजिक न्याय पुरस्कार', 'सरोजिनी नायडू अवार्ड' तथा हाल ही में पेरियार इंटरनेशनल व फ्रेंड्स फार एजूकेशन इंटरनेशनल द्वारा 'अन्तरराष्ट्रीय अम्बेडकर अवार्ड'।

**प्रकाशित पुस्तकें**–'हल्लाबोल', 'भीलों की पदचाप', 'फ़ासीवाद की आहटें', 'हक़ीक़त तो यह है', 'कब सहिष्णु थे आप', 'घर-घर अम्बेडकर', 'रामदेवपीर : एक पुनर्विचार', 'वाल्मीकि समाज : सभ्यता व संस्कृति', 'सामाजिक अंकेक्षण के उभरते पहलू'।

**सम्प्रति**–सम्पादक–शून्यकाल डॉटकॉम और वेब चैनल।

**सम्पर्क**–180, अम्बेडकर भवन, गाँव–सिरडियास, वाया–मोड़ का निम्बाहेड़ा, ज़िला–भीलवाड़ा (राजस्थान) 311026

## सन्दर्भ

1. मैं एक कारसेवक था, नवारुण प्रकाशन, ग़ाज़ियाबाद, 2019

# कमाल विठोबा नगराले का आत्मचरित्र : 'उधार आयुष्य नुडविताना'

व्यवसाय से अध्यापक रहे कमाल नगराले ने सेवानिवृत्त होने के बाद 70 वर्ष की आयु में मराठी भाषा में 'उधार आयुष्य नुडविताना' (उधार की ज़िन्दगी को रौंदते हुए) नाम से अपनी आत्मकथा 2014 में लिखी थी। स्वयं आत्मकथाकार ने अपनी ज़िन्दगी को उधार की ज़िन्दगी कहा है। नगराले जी यवतमाल ज़िला के यादुर्णा गाँव के निवासी रहे हैं और वे जाति से महार हैं।

ज़िला विठोबा नगराले और माँ सोनाबाई खेत मज़दूरी का कार्य किया करते थे। कपास के बीनने का कार्य करते हुए उन्हें प्रसव पीड़ा हुई और बाद में आम के पेड़ के नीचे बालक कमाल का जन्म हुआ।

कमाल नाम कबीर के बेटे का रहा है। कबीर का प्रभाव कमाल नगराले के पिता पर दिखाई देता है। कमाल नाम उनके मामा द्वारा तय किया/रखा गया, यह जानकारी लेखक अपनी आत्मकथा में दर्ज करते हैं।

गर्मी के दिनों में लेखक कमाल को प्यास लगती है। पानी न होने पर वह भरी धूप में अपने पिता के पसीने को पीकर अपनी प्यास बुझाता है।

पिताजी कमाल को मन्दिर में चढ़ावे के लिए अनाज देते हैं किन्तु कमाल की समझ यह है कि मन्दिर में अनाज देने से कोई फ़ायदा नहीं, यदि खेत में अनाज बीज के रूप में डालूँगा या बोऊँगा तो उसका फ़ायदा है। एक बीज से सौ दाने होंगे।

कमाल नगराले के पूर्व उत्तम काम्बले (पत्रकार) की आत्मकथा वाट नुडविताना (रास्ता रौंदते हुए जिसका हिन्दी अनुवाद अगनपथ) पहले प्रकाशित है। किन्तु कमाल 'उधार की ज़िन्दगी को रौंदते हुए' यह शीर्षक अपनी आत्मकथा को देते हैं।

लेखक मन्दिर में रखे हुए भोजन के पत्रक को उठाकर उसे मज़े से खाता था। यह भोजन अक्सर मृत व्यक्ति की याद में मन्दिर में चढ़ाया जाता था।

कमाल के स्कूल में पढ़ाई के दौरान उसके पिता विठोबा को अध्यापक को गुरुदक्षिणा या फीस के रूप में अनाज देना पड़ता था।

कमाल नगराले जी ने औरंगाबाद (महाराष्ट्र) के मिलिन्द कॉलेज में पढ़कर बी.एस.सी. किया और बाद में विज्ञान विषय के अध्यापक बने।

लेखक कमाल अपना आदर्श अमेरिका के लिंकन, रशिया के स्टॉफिन और डॉ. अम्बेडकर को मानते हैं।

# प्रो. नीलकान्त की आत्मकथा 'इरलं'

इरलं यानी हिन्दी में कहें तो सुरक्षा, इसका प्रथम संस्करण 29 मार्च, 2010 को प्रकाशित हुआ।

नीलकान्त के दादा शामा चव्हाण मूल रूप से नागपुर के पास के काटोल तहसील गाँव के थे। नरखेड से नागपुर की ओर आने वाली मालगाड़ी एक्सीडेंट से मृत्यु हो गयी। उनकी पत्नी मैनाबाई ने अपने बेटे चिरकुटराव चव्हाण की परवरिश की (चिरकुटराव आत्मकथा लेखक नीलकान्त चव्हाण के पिता)।

नीलकान्त चव्हाण के पिता चिरकुटराव चव्हाण की शादी सीता नामक कन्या से हुई।

नीलकान्त चव्हाण को बचपन में निलोबा, नीलकंठ, नीलकान्त नाम से पुकारा जाता था।

1955 में भगवान बुद्ध की मूर्ति नीलकान्त के गाँव में लगाई गयी। बौद्ध धम्मदीक्षा के एक वर्ष पूर्व ही गाँव में साहूकार के बाड़े में पहली कक्षा शुरू हुई। कक्षा में 18 लड़के और 7 लड़कियाँ थीं। पहली कक्षा में नीलकान्त का नम्बर आया।

लेखक के पिता को बेटे की शिक्षा से नफ़रत थी। वे चाहते थे कि बेटा खेती का काम करे दो पैसे कमाये। लेखक को पढ़ाई करते देखकर वे गुस्सा होते थे और चिल्लाकर कहते थे, बैलों की देखभाल कर, उन्हें खिला, गोबर उठा, बैलों के बाड़े की साफ़-सफाई करो। क्योंकि पढ़-लिखकर भी लेखक की नौकरी नहीं लगेगी, मज़दूरी ही करनी होगी। (पृ. 57)

लेखक कहते हैं कि क्लास में अध्यापक बेंत से पीटा करते थे और पीठ पर, बदन पर छड़ी से पिटाई किया करते थे। (पृ. 58)

लेखक के गाँव में दो घर मारवाड़ी जाति के थे। लेखक का गाँव मध्य प्रदेश की सीमा पर था। गाँव में मराठी भाषा बोली जाती थी।

मदारी का खेल देखते हुए लेखक के पिता ने लेखक को बेरहमी से पीटा था। पिता बेहद ग़ुस्से वाले थे। लेखक कहते हैं कि मेरे पिता आग का गोला और शोला थे।

चौथी पास के बाद पाँचवीं कक्षा में लेखक ने नागपुर से 60 किलोमीटर दूर काटोल में पढ़ाई की।

प्रो. यशवन्त मनोहर व लेखक काटोल में साथ पढ़ते थे।

औरंगाबाद में मिलिन्द कॉलेज में लेखक ने पढ़ाई की साथ में यशवन्त मनोहर भी थे।

1965 में प्रो. पानतावणे से मुलाक़ात हुई। लेखक की पहली कविता 1965 में प्रकाशित हुई। उन्होंने नाटक में भी अभिनय किया।

इस तरह लेखक ने अलग-अलग स्कूल कॉलेज से मेहनत कर बी.एड. तक की पढ़ाई की। बाद में अहमदनगर में अध्यापक की नौकरी की।

अपनी आत्मकथा लिखने के साथ लेखक ने कर्मवीर दादा साहब गायकवाड़ की मानस कन्या, रूपाताई साल्वे का जीवन-चरित्र भी लिखा है।

# प्रो. आशालता काम्बले का आत्मचरित्र : 'हमारी माँ'

प्रो. आशालता काम्बले मराठी साहित्य में एक मशहूर नाम है। उनकी कुल मिलाकर छह किताबें प्रकाशित हो गयी हैं। अख़बार और दिवाली अंकों में अक्सर लेखिका के लेख, कथाएँ प्रसिद्ध होते हैं। उनकी 'हमारी माँ' किताब अगस्त, 2011 को प्रकाशित हुई है।

उषा अंभोरे लिखती हैं, माँ शब्द के रिश्ते में सारा विश्व समाया हुआ है। ऐसा समझा जाता है। ऐसा ही अनुभव काम्बले की 'हमारी माँ' में महसूस होता है। बचपन में अपनी माँ का बड़ी बेसब्री से इन्तज़ार करती थी। जब माँ रोज़दारी के लिए खेत जाती थी तब लेखिका अपनी माँ के जल्दी घर लौटकर आने के लिए गीत गाती है। वह लोकगीत कोंकण की मारुवणी मराठी भाषा में है। वह गीत गाते-गाते लेखिका मेरे नज़र के सामने आती है। गीत के बोल हैं—"चिल्लाव, चिल्लाव रे मेंढक, शाम होने दे, शाम होने दे हमारी माँ जल्दी घर आने दे, जल्दी घर आने दे।" यह गीत बरसात के दिनों का लगता है। बरसात में मेंढक चिल्लाते हैं। कोंकण सौन्दर्य से भरा हुआ है।

माँ के आख़िरी दिनों में जब लेखिका अपने माँ से मिलने जाती है, तो माँ के बारे में अपनी बचपन की, यह सब यादें लेखिका के मन में उभर आती हैं। प्यार करनेवाली, ढाढस दिखाने वाली, मज़दूरी करके बच्चों को पालने वाली, कभी कठोर बनकर डाँटनेवाली, ताकि लाड़-प्यार में कहीं बच्चे बिगड़ न जायें। संसार का बोझा उठानेवाली, स्वाभिमानी माँ के स्वभाव विशेष याद करके लेखिका बेहद दुख से मन ही मन में रोने लगती। जब उनकी माँ चल बसी तब बहुत अकेलापन महसूस करती है।

लेखिका कहती है, मेरे माँ और बाप की शादी अन्ध श्रद्धा का उत्तम उदाहरण है। बात यह थी कि, लेखिका की माँ का मायका काफ़ी पैसे वाला था और उनके पिता के घर में बहुत ही ग़रीबी थी। हर रोज़ खाने के लाले पड़ते थे। पिताजी का जो गाँव था वहाँ के लोग अपने एक देवता को ख़ूब मानते थे।

उनका कहना था कि हमारे गाँव की रक्षा वही भगवान करता है। कड़ी से कड़ी विपत्ति आयी तो भगवान निपटा लेता है। विपत्ति से गाँव को मुक्त करता है। ऐसा पूरे गाँव का अन्धविश्वास भगवान पर था। लड़का ग़रीब होने के कारण लड़की के माँ, बाप राज़ी नहीं हो रहे थे। तब लड़के वालों ने भगवान का डर दिखाकर उनको राज़ी कर दिया। भगवान के डर के मारे उन्होंने अपनी लड़की की शादी, लेखिका के ग़रीब बाप के साथ कर दी। इसी तरह लेखिका की माँ 'चन्द्रा सावलाराम कासले' की 'भवानी शिवराम क़दम' बन गयी। यानी कि सावलाराम की बेटी, शिवराम की पत्नी बन गयी।

हमारी माँ बहुत कड़ी मेहनत करनेवाली थी। लेखिका ने अपनी माँ का गौरव हर पन्ने-पन्ने में किया है।

पिता की अच्छी-बुरी आदतों को स्वीकार कर कभी झगड़ा तो कभी प्यार से उन्हें समझाती थी। माँ ने कभी किसी के पास पिताजी की शिकायत नहीं की। बल्कि उनके स्वभाव की तारीफ़ की बड़ाई की। और अपनी गृहस्थी ग़रीब परिस्थिति में अच्छे से निभाई। हम सबको पढ़ाया, लिखाया, बहुत धीरज वाली थी हमारी माँ। ना कभी उछलकूद, ना कभी चिड़चिड़ापन शान्त रहकर संयमित रूप से ग़रीबी में आनेवाले तूफ़ान से टकरा देने वाली थी। वह अपने ग़रीब संसार में मग्न थी। आनेवाली कठिनाई से सहज भाव से सामना करती थी।

एक दिन माँ को टोकरियाँ लेकर अकेले एस.टी. जाना पड़ा जो हमारे गाँव से शुरू हुई थी। बस छूटने पर माँ पहुँच नहीं पायी। उसने आवाज़ देकर एस.टी. बस को रुकाया। अकेली होने के कारण बस के ऊपर टोकरियाँ न रख सकी। उसने बस के पीछे लगी सीढ़ी से टोकरियाँ बाँध दीं। ड्राइवर ने जल्दी की। माँ नीचे रह गयी। उसने ड्राइवर को आवाज़ दी। माँ की आवाज़ ड्राइवर तक पहुँची नहीं। माँ बस के पीछे दौड़ रही थी। लेकिन बस चली गयी मालवण डिपो में। माँ बस के पीछे-पीछे दौड़ते-दौड़ते मालवण डिपो में पहुँच गयी बेचारी। वहाँ काम्बले नामक भला आदमी डिपो मैनेजर था। उसने वह टोकरियाँ बस से उतारकर सुरक्षित जगह पर रखी थीं। यह सोचकर कि जिसकी है वह लेने के लिए आयेगा। पूछ-ताछ करके माँ डिपो मैनेजर के पास गयी। माँ ने उनको बताया मैं अकेली थी इसलिए मैं ऊपर चढ़कर नहीं जा सकी। तो मैंने टोकरियाँ सीढ़ी पर बाँधीं और मैं बस में बैठने में लिए गयी उसी समय ड्राइवर ने बस चला दी। मैं नीचे रह गयी। मैंने आवाज़ दी दौड़ कर भागी बस के पीछे। मैनेजर हमारी माँ की बहादुरी देखकर प्रभावित हुआ। उसकी वजह से माँ को टोकरियाँ मिलीं। माँ ने मैनेजर को धन्यवाद दिया। माँ ख़ुश हो गयी।

अगर यह टोकरियाँ गुम हो जातीं तो माँ को खाली आना था। टोकरियाँ बेचकर माँ खाने का सामान ख़रीदकर घर आती नहीं तो हम भूखे ही रह जाते।

माँ ने अपने घर के आसपास की खुली जगह पर हापूस आम के पेड़ लगाये थे। उसकी अच्छी नस्ल तैयार की थी। आज भी हमारा बड़ा भाई बड़े प्यार से हापूस आम खिलाता है। तो माँ की याद जाग उठती है, उजागर होती है। उस आम में माँ का प्यार महसूस होता है, और प्यार की मिठास का आस्वाद हम लोग लेते हैं।

हमारी माँ की यह किताब आशा जी की साहित्य कलाकृति का ख़ूबसूरत नज़राना है। कोंकण का निसर्ग और माँ की ममता किताब के पन्ने-पन्ने पर नज़र आती है। लेखिका पत्नी है, पिताजी के जाने के बाद हमारी माँ बहुत दुखी थी। लाख कोशिश की हम सब भाई-बहनों ने उन्हें ख़ुश रखने के लिए। लेकिन माँ के चेहरे पर कभी पहले जैसी ख़ुशी दिखाई नहीं दी। मन-ही-मन दुखी रहती थी। उन दोनों में गहरा प्यार था। भले ही परिवार सँभालने के वक़्त दोनों में झगड़े होते थे।

उनकी आत्मकथा पढ़ने वाला हर वाचक चाहता कि हमें लेखिका की माँ जैसी माँ मिले। इसी में इस किताब की सफलता है। लेखिका को बहुत सारी बधाई देती हूँ। लेखिका को जीवन में कामयाब होने की कामना करती हूँ। और वह अपनी साहित्यिक यात्रा में सफलता प्राप्त कर और हमेशा आगे बढ़े, यह सदिच्छा व्यक्त करती हूँ। (अनुवादक—ऊषा अंभोरे, मुम्बई)

### दाह : ल.सि. जाधव

कक्षा में मैं हमेशा पिछली बेंच पर बैठता था। किसी समारोह में पिछली पंक्ति में चुपचाप बैठकर कार्यक्रम देखना मुझे पसन्द था। रोशनी की जगमगाहट में मैं असहज हो उठता। प्राइमरी स्कूल से लेकर कॉलेज की पढ़ाई के दौरान मैं एक होनहार छात्र के रूप में जाना गया। बुद्धिमानी मुझमें थी लेकिन मैं उससे बेख़बर था। मैं अपने अन्दर के प्रतिभाशाली विद्यार्थी को भी कभी पहचान नहीं पाया। एक सकुचाहट से मैं पूरी तरह से घिर चुका था। विद्यार्थी दशा में शुरू से अन्त तक मैं अव्वल दर्जे का छात्र था। आख़िर-आख़िर में प्रमोटी अफ़सर के पद तक पहुँच गया, फिर भी देखते-देखते बुझते काम करने की अपनी छवि को मिटा न पाया। बैंक में कार्यरत था तब वरिष्ठ ए. जी. एम. के आते ही विनम्र सहमे क्लर्क की तरह उठकर खड़ा होने वाला अकेला अफ़सर मैं ही था। इसकी एक चुभन हमेशा मेरे मन को कौंचती रहती है। कुछ विशेष नहीं कर सकने की

कसक हमेशा मन को कुरेदती रही। मैं जीवन का शिकारी नहीं बन पाया, अपितु शिकार बनकर रह गया।

जीवन के इस सान्ध्य पड़ाव में मैं स्वयं को पराजित दृष्टि से देखता हूँ। खिन्न, अवसाद से भरा।

जीवन की शाम में इस संसार से विदा लेते समय रवीन्द्रनाथ टैगोर ने अपने आत्मीय सहृदयों से कहा था, 'इस जग से मैं अब विदा लेता हूँ। यह धरोहर यहीं छोड़े जा रहा हूँ। इस अन्तिम प्रस्थान के समय किसी तरह की आकुलता या दुख मेरे अन्दर नहीं है। हाँ, यह वास्तव है, यह संसार निस्सन्देह बहुत सुन्दर है।'

मेरा जन्म हुआ परतन्त्रता में। तारीख़ थी 16 जुलाई, 1945, अब तो मैं सत्तर के पार हो चुका हूँ। कैसे पर लगाकर उड़ गये सारे वर्ष। अब तो जीवन की उमंग ख़त्म हो चुकी है। पीछे मुड़कर देखता हूँ तो चारों ओर निराशा के बादल छाये दिखते हैं। जीवन में बहुत शानदार ऐसा कुछ न कर सका। अब बचे हैं जीवन के हताशा, लाचार, कमज़ोर वर्ष। सहारे ढूँढ़ते हुए। किसी झंझावात में पत्तों का ढेर उड़ जाये, इस तरह का भटकता जीवन। निरर्थक। इस लम्बे प्रदीर्घ समय की अवकाश अवधि में अपनी पहचान बनाता एक सादा दीपक भी मैं नहीं छोड़ पाया। सागर के असीम जल में किसी क्षुद्र बूँद के पलभर में विलीन होने जैसा जीवन बिताया। नगण्य जीवन। सिर्फ़ स्वयं के साथ अपने क़बीले को लेकर पेट की भूख मिटाने के लिए दर-ब-दर भटकता रहा। आख़िर तक राह दुर्गम ही रही। कठोर रूढ़ियों, परम्पराओं, और निर्मम व्यवस्था के कँटीले रास्ते पर झुलसते हुए दौड़ते रहना यही हाथ में था।

## सत्यवान सूर्यवंशी की जीवनी : 'अगा जे कल्पिले नाहीं' (अजी, जो सोचा ही न था)

सूर्यवंशी की अपनी आत्मकथा में अन्य जीवनी की भाँति शोषण, उत्पीड़न, आक्रोश, अत्याचार के दर्शन होते हैं। एक तरफ़ जाति श्रेष्ठता और दूसरी ओर जाति के नाम पर दुत्कार से पीड़ित व्यक्ति कैसे सम्मान के लिए धर्म परिवर्तन का रास्ता ढूँढ़ने के लिए बाध्य होता है, उसके दर्शन पाठकों को 'अजी, जो सोचा ही न था' में होते हैं। सूर्यवंशी जी की यह आत्मकथा अन्य आत्मकथा से कुछ अलग है। विशेष रूप से बौद्ध बने दलितों के आचरण पर उन्होंने निशाना साधा है। भीड़ में सांस्कृतिक और मूल्य परिवर्तन की गति धीमी होती है, यह बात निश्चित रूप से डॉ. अम्बेडकर भी जानते थे और इसलिए लगभग पचास लाख की आबादी के बौद्ध बनने के बाद भी उन सभी में तत्काल सांस्कृतिक मूल्य परिवर्तन उन्हें

असम्भव सा दिखाई दिया था जिसका विस्तार से विश्लेषण बौद्ध बनने के दूसरे दिन 15 अक्टूबर, 1956 को दीक्षा में बौद्ध जनता को दिये अपने सन्देश में स्पष्टता से रेखांकित किया था।

### बाबा साहेब गायकवाड़ की जीवनी : 'ईसाई महार'

गायकवाड़ जी ने धर्म परिवर्तन कर ईसाई बने दलितों की जीवन-शैली ईसाई धर्म और समाज में दलित ईसाइयों की स्थिति आदि की विस्तृत चर्चा अपनी इस आत्मकथा में की है और ईसाइयों में भी दलित ईसाइयों के अत्याचारों से तंग आकर वे फिर हिन्दू बने। जिसका स्वागत बाल ठाकरे ने किया था और अख़बारों ने इसे हेडलाइन बनाई थी। किन्तु हिन्दू धर्म में आने पर हिन्दू बने दलितों की स्थिति क्या होगी वही पूर्व निश्चित है। उन्हें दलित और उसी जाति का माना जायेगा जिससे वे और उनके पुरखे सम्बन्धित हैं, आदि विषयों की इस बहाने विस्तृत चर्चा महाराष्ट्र में हुई थी।

गायकवाड़ का दलित ईसाई के रूप में ईसाई धर्म में क्या स्थान रहा है, की विस्तृत जानकारी इस आत्मकथा के द्वारा पाठकों को देते हैं। जो पठनीय और विचारणीय है।

### प्रो. इब्राहिम खान आत्मकथा : 'मुस्लिम महार'

महाराष्ट्र के विदर्भ अंचल के इब्राहिम खान की 'मुस्लिम महार' आत्मकथा समाज में दलितों से मुस्लिम बने लोगों की दशा को निर्भीकता तथा स्पष्टता से रेखांकित करती है।

कठमुल्ला मुस्लिम लोग इब्राहिम खान तथा उनके पिता को हेय दृष्टि से देखते हैं। दूसरी ओर हिन्दुत्ववादी ताक़तें दलितों को लालच देकर मुस्लिम बनाया जा रहा है, का भी आरोप मढ़ते हैं और विदेशों के प्रेट्रो डॉलर के बूते मुसलमान बनाया जा रहा है का शोर मचाते हैं। किन्तु जब हम इब्राहिम खान का जीवन पढ़ते हैं तो सवर्णों को वहाँ यह सब दिखाई नहीं देता। अध्यापक की अस्थायी नौकरी छूटने के बाद जीवनयापन के लिए प्रो. इब्राहिम खान आटा चक्की पर मज़दूरी करते दिखाई देते हैं।

### प्रो. इसादास भड़के की जीवनी : 'बप्तिस्मा से धर्मान्तर तक का सफ़र'

प्रो. इसादास भड़के की जीवनी 'बप्तिस्मा से धर्मान्तर तक का सफ़र' कुछ अलग हटकर है। जहाँ अन्य दलित लेखकों की जीवनी में उनके धर्म परिवर्तन की वजह हिन्दू धर्म की विषमता को स्पष्टता से रेखांकित किया गया है वहीं बचपन से

ईसाई संस्कार में पले प्रो. इसादास भड़के ने अपनी जीवनी में ईसाई धर्म की सीमाओं को स्पष्टता से रेखांकित किया है।

प्रो. भड़के जी कहते हैं कि ईसाई धर्म में पकी बातों पर पूर्ण यक़ीन रखकर जीवनयापन उबाऊ होता है। वहाँ जिज्ञासा का और व्यक्ति का कोई मूल्य नहीं किन्तु विवेक गौण होता है। ईसाई धर्म की कुछ अतार्किक बातों पर कोई सवाल खड़े करें यह मंजूर नहीं। तात्पर्य यह कि 'अप्पदीप भव' के पूर्ण अभाव के चलते जीवनी लेखक उसे अस्वीकार करता है और व्यक्ति के विकास को पूर्ण अवसर प्रदान करने वाले बुद्ध दर्शन को स्वीकार करता, इस जीवनी में यह दिखाई देता है। प्रो. इसादास भड़के महाराष्ट्र के आदिवासी बहुल क्षेत्र चन्द्रपुर ज़िले के निवासी हैं।

## रामनगरकर की 'रामनगरी'

'रामनगरी' आत्मकथा की विशेषता यह है कि यह हास्य-विनोद की शैली में लिखी गयी है। हास्य-विनोद के सम्बन्ध में अपनी बात पाठकों के सामने रखते हुए मराठी दलित साहित्य के आरम्भ के आलोचक डॉ. (प्रो.) जाधव कहते हैं कि आधुनिक मराठी साहित्य में हास्य-विनोद को अपने व्यंग्य-परोक्ष के बाणों का सृजन करने का कार्य श्रीपाद कृष्ण कोल्हटकर ने भले ही किया हो। किन्तु उनके साहित्य में जाति विशेष की विसंगत परम्परा, बोलचाल की भाषा व्यवहार आदि से उपजे हास्य-व्यंग का चित्रण दिखाई नहीं देता। हास्य-विनोद का अकूत भण्डार सम्भ्रान्त साहित्य द्वारा उपेक्षित लोकसाहित्य की धारा में स्पष्टता से दिखाई देता है।

रामनगरकर की 'रामनगरी' आत्मकथा की विशेषता यह है कि इसमें व्यक्ति विशेष का स्वभाव गुण तथा किसी घटना प्रसंग को हास्य-व्यंग से प्रस्तुत करने में लेखक की महारत पाठकों का ध्यान अपनी ओर खींचती है।

'रामनगरी' नाई जाति के रामनगरकर जी की जीवनी है, इसमें जीवन के, घटना प्रसंगों का दस्तावेज़ है। मराठी साहित्य के भक्ति युग में 'सेनानाई' का ज़िक्र मिलता है। इस बड़े अन्तराल के पश्चात 'रामनगरी' के रूप में रामनगरकर की आत्मकथा मराठी में प्राप्त हुई है।

दलित साहित्य की ऐतिहासिक दृष्टि से यह विशेषता कही जा सकती है कि दलित साहित्य के द्वारा अनगिनत दलित उपेक्षित जाति से साहित्यकारों का उदय हुआ।

## 'मंगुडयार्च पाणी' (मंगलवेढ़ा का पानी)

मंगलवेढ़ा महाराष्ट्र के पंढरपुर के पास स्थित है तथा मंगलवेढ़ा में सन्त चोखामेला की समाधि है। समाधि गाँव के मध्य में है, ऐसा 'मंगुडयार्च पाणी' आत्मकथा के लेखक आनन्द गवली कहते हैं। लेखक आनन्द गवली के पिता मनाप्पा गवली मंगलवेढ़ा में मोची का काम करते हैं। वे पूर्व में सांगली में स्कूल मास्टर थे, किन्तु उनकी नौकरी चली गयी। जीवनयापन के लिए उन्हें यह कार्य करना पड़ा।

लेखक आनन्द गवली स्कूल के दिनों में बस स्टैंड पर जूता पॉलिश करने का कार्य करते थे। माँ दमे की मरीज़ थी, इसलिए घर में खाना बनाने की दिक़्क़त होती थी। जूता पॉलिश के पैसों से वे भोजन की व्यवस्था करते थे। आनन्द गवली पाँच भाई-बहन थे। बड़ी बहन जिसे वे अक्का कहते थे और बड़ा भाई जिसे वे आबा कहते थे तथा एक लेखक से छोटा भाई तथा एक छोटी बहन थी।

आत्मकथा में गिरज्या नामक पागल का उल्लेख आनन्द गवली प्रमुखता से करते हैं। भूख लगने पर यह गिरज्या लेखक के माँगने पर अपनी पोटली से फल उसे देता था।

जब लेखक आनन्द गवली पूना में न्यू इंडिया इंश्योरेंस कम्पनी में ब्रांच मैनेजर के पद पर कार्यरत थे तब वे लगभग बीस साल बाद अपने गाँव मंगलवेढ़ा अपने पत्नी और बच्चों के साथ कार से पहुँचे और पागल गिरजा से मिले। उसे क़ीमती धोती दी, उसे गरम पकौड़े खिलाये, उसे चार मीनार सिगरेट पिलाई।

स्वयं लेखक आनन्द गवली मिठाई, भुनी मूँगफली के दाने, चिवड़ा टोकरी में ले जाकर नेहरू मेमोरियल हॉल के गेट पर खड़े होकर बेचा करता था। वहाँ के मैनेजर ने एक दिन लेखक को सामान बेचते हुए देखकर कहा कि यहाँ मनाही है। लेखक को वहाँ से भगाने के लिए मैनेजर ने वॉचमैन को आवाज़ लगाई पर लेखक ने हाथ जोड़कर मैनेजर से कहा कि मैं अनाथ छात्र हूँ। शिक्षा के लिए पैसे जुटा रहा हूँ। लेखक की बात सुनकर मैनेजर के मन में लेखक के प्रति करुणा भाव जाग्रत हुआ और उन्होंने उसे अपने केबिन में बुलाकर सारी जानकारी हासिल की और कहा कि तू यहाँ काम करेगा क्या? लेखक ने हाभी भरी। लेखक नेहरू मेमोरियल हॉल की साफ़-सफ़ाई का कार्य करने लगा। लेखक हॉल में ही रात को सोया करता था। हॉल की कुर्सियाँ धोकर उन्हें सुखाने के लिए हॉल के पंखे लेखक गवली ने चालू किये थे। हॉल में एक महिला पधारी। मैनेजर से पूछताछ की।

दूसरे दिन मैनेजर ने कहा कि तुम्हें हॉल के मालिक के घर काम पर जाना होगा। अतुर संगतानी का पूना के सालिसबरी पार्क में स्थित बँगले में निवास था। हॉल में कल आ पहुँची स्त्री उन्हीं की पत्नी थी। उनका जगन नाम का नौकर घर छुट्टी पर जाने के कारण कुछ दिनों के लिए लेखक की ड्यूटी संगतानी के बँगले पर करनी थी।

हॉल का वॉचमैन गायकवाड़ लेखक को अपनी साइकिल पर बैठाकर बँगले पर ले गया था। लेखक को तुलसीराम के सहायक के रूप में घर का काम करना होता था। घर साफ़ करना, पोंछा लगाना, बर्तन धोना, भोजन परोसना आदि सभी काम करने होते थे। नौकर और घर के सदस्यों को सभी को एक सा भोजन दिया जाता था। यह बात लेखक अपनी आत्मकथा में रेखांकित करते हैं।

## धूप और छाँव : शान्ताबाई दाणी

दलित स्त्रियों की यातना, उनका संघर्ष और उनकी उपलब्धियाँ इतिहास में अपनी दस्तक देती रही हैं। उगते हुए सूरज की किरणों की तरह अपनी आभा बिखेर कर वे समाज को ऊर्जावान बनाती रही हैं। संघर्षशील दलित नायिकाएँ कीचड़ में कमल और धूसरित पगडण्डी के किनारे पड़े चमकते मोती की तरह बरबस अपनी ओर सबका ध्यान खींच लेती हैं।

बाबा साहेब डॉ. भीमराव अम्बेडकर के नेतृत्व में दलित आन्दोलन समानता के आन्दोलन का प्रतीक बना, अतः जात-पाँत और लैंगिक असमानता के विरुद्ध इसका मुखर आह्वान रहा है। दलित समाज तीन हज़ार साल से अधिक अपनी ग़ुलामी से मुक्ति की मशाल जलाये ब्राह्मणवाद को ललकारता रहा है। दलित स्त्रियाँ भी कन्धे से कन्धा मिलाकर इन संघर्षों को नेतृत्व दे रही थीं।

डॉ. अम्बेडकर के नेतृत्व में दलित आन्दोलन ने भूखी-प्यासी, ग़रीबी से त्रस्त दलित जनता में अपने अधिकारों के लिए लड़ने की जान फूँकी। मन्दिरों में घुसकर देवताओं के दर्शन का अधिकार, सार्वजनिक स्थलों पर आने-जाने और उन्हें इस्तेमाल करने के समान अधिकार को हासिल करने के लिए सड़क पर उतरकर लड़ने में दलित पुरुषों के साथ-साथ स्त्रियों ने भी सक्रिय भूमिका अदा की। 1942 में नागपुर में दलित महिलाओं का ऐतिहासिक अधिवेशन इसी बात की ओर इशारा करता है। अनेक अम्बेडकरवादी स्त्रियाँ गाँव-गाँव जाकर अम्बेडकर की आवाज़ अन्य स्त्रियों तक पहुँचा रही थीं। वे भाषण देने से लेकर स्कूल खोलने के अभियान में जुट गयी थीं। उनमें शान्ताबाई दाणी का नाम और उनके कार्य समाज में अपना विशेष स्थान रखते हैं।

महाराष्ट्र की राजनीति और रिपब्लिकन पार्टी ऑफ़ इंडिया के नेताओं की सूची ताई शान्ताबाई दाणी के नाम के बिना अधूरी है।

शान्ताबाई दाणी का जन्म महाराष्ट्र के नासिक ज़िले के खड़कली गाँव की एक झोंपड़ी में हुआ। महाराष्ट्र के प्रख्यात कविवर वि.वा.शिरवाडकर शान्ताबाई के सम्मान में कहते हैं, "महार जाति में जन्मी, उच्च शिक्षित कुशल नेतृत्व की क्षमता से ओत-प्रोत, युवावस्था में बाबासाहेब के भाषण और कार्यों से प्रेरित हो अपना समस्त जीवन विद्रोही दलित आन्दोलन को समर्पित करने वाली शान्ताबाई एकमात्र कार्यकर्ता थी। उसके हृदय में कभी न अस्त होने वाला सूर्य था जिसका प्रकाश आज तक चमक रहा है।"

शान्ताबाई का जन्म एक महार परिवार में हुआ था। पिता ने तकलीफ़ के बावजूद शान्ता को ख़ूब प्यार किया। वह उसे अपने पास बिठाकर पढ़ाते, अपने साथ-साथ लेकर घूमते। उनका दूध बेचने का धन्धा था। शान्ता की माँ की बड़ी इच्छा थी कि शान्ता पढ़े। उसने शान्ता को ख़ूब पढ़ा-लिखाकर पाँव पर खड़ा करने का संकल्प कर लिया था। चौथी कक्षा तक इनकी पढ़ाई गाँव में हुई, पाँचवीं के लिए इन्हें गाँव से दूर जाना पड़ा जहाँ इन्हें एक अध्यापक दाणी मिले जिन्होंने इनकी पढ़ाई-लिखाई और व्यक्तित्व विकास में बहुत सहयोग दिया। जागरूक माँ बच्ची की पढ़ाई के बारे में पूछने जाती। दाणी मास्टरजी ने पढ़ाई के प्रति उनकी जागरूकता और महत्त्वाकांक्षा को पहचान कर शान्ता को 7वीं कक्षा में पूना के सरकारी विद्यालय में दाख़िला दिया।

इस तरह वे घर से बाहर छात्रावास में रहकर 10वीं की पढ़ाई तक आ पहुँचीं। दसवीं के रिजल्ट से पूर्व ही इनकी माँ का देहान्त हो गया। अब शान्ता के जीवन ने एक नया मोड़ ले लिया। इन्होंने आगे की पढ़ाई जारी रखी। जब बी.ए. की छात्रा थीं तो इनकी मुलाक़ात दादासाहब गायकवाड़ से हुई। दादासाहब गायकवाड़ डॉ. भीमराव अम्बेडकर के साथ मिलकर छुआछूत के भेदभाव से त्रस्त दलित समाज में विद्रोह के स्वर भर रहे थे। उन्होंने शान्ता को इन सब बातों की जानकारी दी और बाबा साहेब डॉ. अम्बेडकर से उनका परिचय कराया। पढ़ी-लिखी दलित युवती दलित आन्दोलन की ज़िम्मेवारी अपने कन्धों पर उठाये इससे अच्छी बात और क्या हो सकती है।

एक बार कार्यकर्ताओं की बैठक में बाबा साहेब बोल रहे थे तो उनकी आवाज़ भर्रा गयी। स्वयं को सँभालते हुए उन्होंने कहा, "मुम्बई जैसे शहर के बन्धुओं की शिक्षा के लिए मैंने बहुत कुछ किया है परन्तु गाँव में रहने वाले अपने बन्धुओं और ख़ासतौर पर अपनी लड़कियों के लिए मैं कुछ न कर सका, इसका मुझे बेहद दुःख है।"

शान्ता इस सभा में उपस्थित थी। शायद डॉ. अम्बेडकर की भर्राई आवाज़ ने उन्हें जीवन भर ग्रामीण दलित भाई-बहनों के लिए काम करने का संकल्प लेने को प्रेरित किया। शान्ता ने ताउम्र शादी न करके मिशन का काम करने का संकल्प ले लिया। सार्वजनिक कामों के लिए शान्ता ने पढ़ाई बीच में छोड़ दी। एक कार्यकर्ता और महिला नेता के रूप में समाज से उन्हें काफ़ी सम्मान मिला। वे नासिक ज़िले की शेड्यूल्ड कास्ट फेडरेशन की अध्यक्ष मनोनीत कर दी गयीं। उनके ओजस्वी भाषण महिलाओं के लिए विशेष आकर्षण थे।

शान्ता ने महाराष्ट्र के गाँव-गाँव जाकर दलितों ख़ासकर दलित स्त्रियों को जगाने में अपना जीवन लगा दिया। अपनी सहेली उजागरे बाई की देखरेख में स्कूल खोला। सरकार से उनके कार्यों के लिए जब उन्हें दलित मित्र अवार्ड मिला तो अवार्ड की राशि को उन्होंने डॉ. अम्बेडकर शताब्दी के लिए दान कर दिया।

शान्ताबाई दाणी लिखती हैं, मेरा जन्म नासिक शहर के खडकली गाँव की एक झोंपड़ी में हुआ। पिताजी को पुत्र प्राप्ति की अपेक्षा थी पर जन्मी एक लड़की। सबसे ज़्यादा अस्वस्थ और बेचैन मेरे पिताजी हुए। मेरे जन्म से उनकी सारी आशाएँ नष्ट हो गयीं। और बार-बार उनके मुँह से निकलने लगा—"शान्ति हुई, शान्ति हुई....ठंडक हुई।"

मेरी माँ अनपढ़ थी। लेकिन उसकी तीव्र इच्छा थी कि उनकी बेटी को पढ़ना चाहिए। मुझे लगता है उस वक़्त महार समाज में इकलौती मेरी माँ ही ऐसी होगी जो लड़की को पढ़ाना चाहती थी। वह मेरे बारे में हमेशा सोचती थी कि लड़की पढ़-लिखकर बड़ी हो। माँ हमेशा कहा करती, "बेटी, ग़रीबों की शिक्षा ही आशा की एक किरण होती है। अपना जीवन बिताने के लिए शिक्षा का माध्यम ही काम आयेगा।" माँ का यह वाक्य ज़िन्दगी भर के लिए मेरे लिए एक सबक बन गया। शिक्षा पाना मेरे जीवन का एक अभिन्न उद्देश्य बन गया। माँ की उँगली पकड़ कर मैं पहले दिन स्कूल गयी।

एक बार की बात मुझे अभी भी याद है। मेरे स्कूल में इंस्पेक्शन था और मेरे पास ढंग के कपड़े नहीं थे। मैं माँ के पास जाकर रोने लगी। मुझे नये कपड़े चाहिए। माँ बेचारी कहाँ से लाये? मैं स्कूल जाती हूँ, लिखती हूँ, पढ़ती हूँ, इसलिए सब मुझे बहुत चाहते थे, प्यार करते थे। उसी प्यार ने मुझे ज़िद्दी बना दिया था। और मैं ज़िद्द करने लगी। तब माँ ने अपनी शादी की नौ गज की साड़ी में टाँके डालकर मुझे पोलका और लहँगा पहनाया। वही पहनकर मैं स्कूल गयी।

समाज में छुआछूत बहुत ज़्यादा थी। हम सब अपने-अपने समाजों में सिमटे रहते। एक बार जब मैं पाँचवीं कक्षा में पढ़ती थी। होली के त्यौहार पर मेरे पिताजी

के मराठा मित्र ने अपने घर पर हमें खाने की दावत दी थी। सब लोग घर में बैठकर खाना खाने लगे। आख़िर में हम बाप-बेटी को खाने के लिए जानवरों के दाला में परोसा गया। मेरे मन में विचार आया कि सब लोग घर में खा रहे और हम दोनों को क्यों मल-मूत्र और गन्दगी में बिठा दिया। मैं ने यह बात पिताजी से पूछी, "हमें ऐसी गन्दी जगह पर क्यों बिठाया गया?"

पिताजी का जवाब था—"हम अछूत हैं।"

"तो क्या हुआ?" मेरा प्रश्न। "हम भी आम आदमी जैसे हैं।" तब पिताजी ने चुपचाप खाने को कहा। मुझे बहुत बुरा लगा। मैं ठीक से खा न सकी और हम घर आ गये।

पूना के छात्रावास में मैं अकेली महार थी। मुझे कमरे के बाहर अहाते में जगह दी गयी। यहाँ भी छुआछूत ने मेरा पीछा नहीं छोड़ा।

दो साल बाद शिक्षा पूरी करके वापस लौट आयी। सबसे ज़्यादा ख़ुशी और गर्व मेरी माँ को हुआ, और दाणी मास्टर को भी। सबने मेरा सत्कार किया। उसके बाद मुझे तुरन्त नासिक बोर्ड में नौकरी मिली, विंचूर गाँव में। वहाँ नौकरी में लगभग एक साल निकाला।

जब एक साल में विंचूर गाँव में, जहाँ मैं शिक्षिका थी, जो घटना हुई आज भी उसकी याद आने पर शरीर के रोंगटे खड़े हो जाते हैं। हुआ यह कि एक दिन स्कूल की पिकनिक गयी थी। गाँव के बाहर पहाड़ी पर देवी का मन्दिर था। सब शिक्षकों के साथ मैं भी मन्दिर में चली गयी। बात-बात में मैं सिद्धि देवी की मूरत तक जा पहुँची।

जब मन्दिर के पुजारी को यह बात पता चली, तो मुझे बड़ी घबराहट हो गयी। जैसे कि ज़मीन फट गयी। कोलाहल मच गया, ज्वालामुखी जैसा विस्फोट हुआ। मानो आकाश फट गया हो। हवा की तेज़ी से यह बात कानोकान फैल गयी। विंचूर यानी कि नासिक के सरदार विंचूरकर का संस्थान। उस वक़्त के रिवाज़ के मुताबिक़ पूरा दरबार भरा था। उसमें मुझसे पूछा गया, "क्या तुम देवी के मन्दिर में गयी थीं?"

मैंने हाँ कहा।

"तेरी जात कौन सी?"

मैंने कहाँ "महार।"

"तुम लोगों के लिए मन्दिर प्रवेश वर्जित है। यह मालूम नहीं था?" मैंने उत्तर दिया, "स्कूल के सब शिक्षकों के साथ में चली गयी।" दरबारवालों ने मेरे ख़िलाफ़ कोई कार्यवाही नहीं की। चेतावनी या किसी भी प्रकार का कोई जुर्माना

नहीं किया। क्योंकि सरदार विंचूरकर सुधारवादी थे। माँ बीमार पड़ गयी। उसे दवाखाने में दाख़िल कराना पड़ा। यहीं एक डॉक्टर लोंढ़े काम करती थीं जिनसे मेरा परिचय हुआ।

उसी दौरान मेरी बदली नाँदगाँव को हो गयी। डॉ. लोंढ़े के कहने पर मैंने नौकरी से इस्तीफ़ा दे दिया। तब मेरे बड़े भाई अण्णा मुझ पर बहुत नाराज़ हुए थे। मैंने और मेरी माँ ने उन्हें समझाया तो मान गये।

आगे डॉ. लोंढ़े के साथ रहकर मेरी पढ़ाई चल रही थी। पढ़ाई, चिन्तन, मनन। विविध सामाजिक-राजनीतिक विषयों पर डॉ. लोंढ़े के साथ चर्चा हुआ करती थी। मेरे व्यक्तित्व का विकास चारों ओर से हो रहा था।

इतने में डॉ. लोंढ़े की बदली सौराष्ट्र में सुरेन्द्र नगर के लिए हो गयी। उनके साथ मैं भी बासदा गयी। मेरी पढ़ाई जारी थी। नियमित पढ़ाई का फ़ायदा यह हुआ कि मैट्रिक परीक्षा के मेरे पेपर्स अच्छे गये। परीक्षा केन्द्र बड़ोदा था। बड़ोदा से वापस बासदा आयी तो माँ का स्वास्थ्य बिगड़ने लगा।

ऐसे मेरा जीवन बीतता रहा। महार समाज में नासिक में मैं ही अकेली पढ़ी-लिखी लड़की थी। उसी समय दादा साहेब गायकवाड़ से मेरा परिचय हुआ। वे हमारे रिश्तेदार लगते थे। वह बाबा साहेब डॉ. अम्बेडकर के विद्रोही आन्दोलनों में काम करते थे।

सन् 1930 से 1935 के पाँच साल के दरम्यान बाबा साहेब का कालाराम मन्दिर प्रवेश के लिए आन्दोलन चल रहा था। इस सिलसिले में नियमित रूप से बाबा साहेब का पत्र व्यवहार जारी था। दादासाहब के ज़रिये मेरा भी उनके काम से परिचय हुआ। बाबा साहेब के सम्पादन में निकली हुई सभी पत्रिकाएँ मैं पढ़ने लगी। उनकी क़लम की रोशनी अन्तर्मन में पहुँच जाती थी। ओपनिंग सेरेमनी के लिए बाबा साहेब डॉ. अम्बेडकर को आमन्त्रित किया था। मेरा मन ख़ुशी से नाचने लगा। प्रत्यक्ष उन्हें देख सकूँगी यह सोच मैं रोमांचित हो उठी। उनके तेजस्वी, बुद्धिशाली, प्रभावशाली विचार सुनने को मिलेंगे, यह सोचकर मैं बड़ी आनन्दित हुई। मेरा मन उत्साह से भर उठा।

मुझे छात्रावास में मिलने के लिए डॉ. लोंढ़े अक्सर आती थीं। मेरी सहेली कुमारी एस. के. उजागरे की आवाज़ बड़ी सुरीली थी। उसने डॉ. बाबा साहेब अम्बेडकर के समारोह के शुरू में 'वन्देमातरम्' राष्ट्रगीत गाया। बाबा साहेब डॉ. अम्बेडकर ने युवावर्ग के मार्गदर्शन के लिए अच्छा भाषण दिया। उनका हर एक शब्द मेरे दिल को प्रभावित कर रहा था और दिलोदिमाग़ में छा गया। मैंने मन-ही-मन ठान लिया कि अपने बान्धवों के लिए मुझे काम करना है। शायद उसी वक़्त मैंने शादी न करने का फ़ैसला कर लिया। इस महान नेता से मुझे एक

नयी जीवन दृष्टि मिल गयी। शोषित-पीड़ित अपने भाई-बहनों के लिए, उनके दुख-दर्द को दूर करने के लिए मैंने अपना जीवन समर्पित कर दिया।

1946 से 1952 के कालखण्ड में बाबा साहेब के कार्यों से दलित जनता प्रभावित हुई थी। रात में सांस्कृतिक कार्यक्रम के ज़रिये जनजागरण करते थे। कभी सभा की जगह पर सभा के पहले जलसा होता था। उसमें साक्षरता, अस्पृश्यता निवारण, अन्धविश्वास निर्मूलन, देशभक्ति आदि अनेक विषयों को लेकर भाषणों के साथ मनोरंजन भी होता था।

सन् 1947 में नासिक में लड़कियों के लिए रमाबाई अम्बेडकर छात्रावास बनाया गया। उसका उद्घाटन ख़ुद बाबा साहेब डॉ. अम्बेडकर ने किया था। सन् 1932-33 में मनमाड़ में बाबा साहेब डॉ. अम्बेडकर विद्यार्थी आश्रम बनाया गया। मेरे मन में विचार आया क्यों नहीं हमारे अपने स्कूल हों।

2 मार्च, 1980 को कालाराम मन्दिर आन्दोलन के 50 साल पूरे हुए थे इसलिए इस दिन आन्दोलन की याद में स्वर्ण महोत्सव वर्ष मनाने का निश्चय किया। अनेक सदस्यों और कार्यकर्ताओं की उपस्थिति में 3 मार्च, 1980 को बड़ा जुलूस निकाला गया। 4 घण्टे तक जुलूस चलता रहा। कालाराम मन्दिर के पास जुलूस आते ही 'गाँवकरी' के सम्पादक पोतनीस और मन्दिर के पुजारी ने जुलूस का स्वागत किया। यदि ऐसा 1930 में होता तो कुछ अलग ही चित्र दिखता। बहरहाल, बाड़े में यह जुलूस बड़े बाड़ा में गया और वहाँ बाबा साहेब डॉ. अम्बेडकर की मूर्ति का उद्घाटन कवि कुसुमाग्रज के करकमलों से हुआ।

## अगनपथ

'अगनपथ' मराठी के प्रसिद्ध कथाकार, कवि, विचारक, पत्रकार उत्तम काम्बले की आत्मकथा है। मूल आत्मकथा 'वाट तुडवतांना' का मराठी से हिन्दी में 'अगनपथ' नाम से अनुवाद डॉ. संजय नवले ने किया है। आत्मकथाकार के छात्र-जीवन से लेकर वह आज जिस मंज़िल पर पहुँचा है उसके बुनावट की समग्रता से पहचान यह आत्मकथा करा देती है। स्थानीय अख़बार 'समाज' के संवाददाता से ख्यातप्राप्त 'सकाळ' जैसे अख़बार के मुख्य सम्पादक तक की उनकी यात्रा किसी को भी हैरत में डाल देने वाली है। यह आत्मकथाकार की लगन, मेहनत, समर्पण, अथक परिश्रम और उसकी संघर्षशीलता का परिचायक है। इसके पूर्व की दलित आत्मकथाओं से कई अर्थों में यह आत्मकथा भिन्न है। इसमें कहीं भी सवर्ण वर्ग के प्रति घृणा, द्वेष या आक्रोश प्रकट हुआ दिखाई नहीं देता। आत्मकथाकार दलित जीवन की यातनाओं, त्रासदियों को भोग चुका है।

इसलिए वह बर्बरता, हिंसक प्रवृत्ति और अमानवीयता को ख़त्म करके सामाजिक न्याय पर आधारित समाज रचना की माँग करता है।

'अगनपथ' पर अपना मन्तव्य देते हुए मालचन्द्र तिवाड़ी कहते हैं, "हिन्दी में अब तक प्रकाशित दलित आत्मकथाओं से उत्तम काम्बले की 'अगनपथ' इसलिए अलहदा है, क्योंकि अपने सघन सामाजिक सन्दर्भों के बावजूद यह एक मनुष्य की जिजीविषा, संघर्ष चेतना, जुझारूपन और आत्मबल का सशक्त दस्तावेज़ बन पड़ी है। अपनी विशेष सामाजिक परिस्थितियों के चलते अत्यन्त विषण्ण मन के साथ शून्य से शुरू हुई कथानायक की जीवन यात्रा जिस उत्कर्ष पर समाप्त होती है, वह केवल उसकी भौतिक सफलता मात्र का नहीं वरन् अपने संघर्षों की आँच में तपी उसकी मनुष्यता का भी स्वर्ण-शिखर हो जाती है।" आत्मकथा लेखन के बारे में कहा जाता है कि इसके लेखन के लिए बहुत साहस और ईमानदारी के निर्वाह की ज़रूरत होती है। जहाँ तक इस आत्मकथा का सवाल है आत्मकथाकार ने इसका निर्वाह किया है।

महाराष्ट्र से कर्नाटक और कर्नाटक से महाराष्ट्र। गाँव से शहर ऐसा उसका सफ़र रहा है। महाराष्ट्र और कर्नाटक के सीमावर्ती गाँव टाकळहवाड़ी में जन्मे और कर्नाटक के शिरगुप्पी गाँव में बचपन बिताये दलित परिवार के लेखक ने शिक्षा के लिए अपार कष्टों को भोगा, श्रम किये किन्तु शिक्षा का दामन कभी नहीं छोड़ा। अम्बेडकर के 'शिक्षित बनो, संगठित रहो और संघर्ष करो' इस विचारसूत्र को मूलमन्त्र मानकर अपना रास्ता अख़्तियार किया। पिछली सात पीढ़ियों से किसी ने स्कूल की सीढ़ियाँ तक नहीं चढ़ीं ऐसे परिवार में शिक्षा ग्रहण करनेवाला लेखक पहला शख़्स है। क़लम की दरिद्रता के घने अन्धकार से घिरे परिवार में लेखक का जन्म हुआ। आत्मकथाकार के पिता भारतीय सेना में सिपाही की हैसियत से सेवारत थे। अवकाश ग्रहण करने के बाद वे अपने गाँव लौटे लेकिन कभी परिवार की ज़िम्मेदारियों को गम्भीरता से निभाया नहीं। अनुवादक डॉ. संजय नवले का विचार है कि, "आत्मकथाकार को इस अगनपथ के पार पहुँचाने में सबसे बड़ा योगदान उनकी माँ का है। दलित समाज के लिए ग़रीबी के कारण उत्कर्ष के सारे रास्ते बन्द होते हैं। ऐसे कठिन समय में सही दिशा पकड़कर चलने के लिए कहनेवाली उनकी अनपढ़ माँ ही उनके लिए फ्रेंड और गाइड की भूमिका लेकर प्रस्तुत होती है। यही उनकी शक्ति, प्रेरणास्रोत और गुरु है। आत्मकथाकार में जो जुझारूपन है, उसके बीज उनकी माँ ने ही उनमें बोये थे।"

परिवार में कुल पाँच सदस्य और कमरा सिर्फ़ एक ही। इसलिए आत्मकथाकार और उसके पिता रात को सोने के लिए समाज मन्दिर में जाया करते।

वहाँ जाने पर कभी सुकून की नींद, कभी नसीब समस्या हो, नारी यौन-उत्पीड़न की समस्या हो इन तमाम बुराइयों के विरुद्ध वह अपनी क़लम चलाता है। अमानवीय देवदासी प्रथा के विरुद्ध चल रहे आन्दोलन में आत्मकथाकार ने देवदासी प्रथा पर रिपोर्ताज लिखा। महाराष्ट्र में उस रिपोर्ताज का ख़ूब स्वागत हुआ। देवदासी का प्रश्न फिर से चर्चा में आ गया। कर्नाटक सरकार ने नग्न-पूजा पर पाबन्दी लगा दी।

पारिवारिक जीवन में संकटों का जमघट लगा रहा लेकिन उन संकटों से कभी आत्मकथाकार विचलित नहीं हुआ। बड़े साहस से मुक़ाबला करते हुए वह इन स्थितियों से ख़ुद को सँवारते चला। 'सकाळ' में आने के बाद आत्मकथाकार के ओहदे की तरक्की का आलेख उच्च से उच्चतर होता गया। संवाददाता से उपसम्पादक, उपसम्पादक से वरिष्ठ उपसम्पादक, वरिष्ठ उपसम्पादक से समाचार सम्पादक, समाचार सम्पादक से कार्यकारी सम्पादक, कार्यकारी सम्पादक से सम्पादक। उसका मानना है कि यह लक्ष्य अगर प्राप्त करना है तो हरेक को उसके अनुसार अपने आपको ढालना पड़ेगा। अपनी सोच उस प्रकार बनानी पड़ेगी तभी कहीं जाकर व्यक्तिगत प्रयास सामाजिक प्रयासों में बदलेंगे। इसीलिए आत्मकथाकार कहता है, "हर किसी को अपना रास्ता ख़ुद बनाना पड़ता है। मैं भी अपना रास्ता बना रहा हूँ...मेरा रास्ता अगनपथ है। मेरा रास्ता समतल नहीं है। इसमें अनेक चढ़ाइयाँ हैं, ये रास्ता कंकड़ों से भरा है। मैं रास्तों पर चल रहा हूँ...मेरे रास्ते पर...मेरे अपने परिश्रम से तैयार होनेवाला यह मेरा अपना रास्ता है। ठोकर लगने पर रक्त से चमक उठनेवाला मेरा रास्ता है। जीवन में जितनी ठोकरें मुझे लगीं वे सब-की-सब मेरे रास्ते के मील के पत्थर हैं—क्या नहीं है मेरे पास? अब मैं अकेला नहीं हूँ कभी मुझे लगता है, मैं अकेला हूँ, परन्तु दूसरे ही क्षण लगता है कि मेरा रूपान्तरण समूह में हो गया है।"

निश्चित ही प्रस्तुत आत्मकथा दलित आत्मकथाओं में एक अपनी अलग पहचान बना चुकी है। यह पहचान कई अर्थों में है। एक तो यह दलित व्यक्ति की आत्मकथा है दूसरा इस आत्मकथा में हाशिए के दलित समाज की वेदनाओं का अंकन हुआ है। साथ ही मीडिया जगत के पत्रकार के संघर्षशील जीवन का दस्तावेज़ बन पड़ी है।

## सन्दर्भ

1. अगनपथ, उत्तम काम्बळे (हिन्दी अनुवाद : डॉ. संजय नवले), वाग्देवी प्रकाशन, बीकानेर, प्रथम संस्करण, 2009

3. रात्र दिन आम्हा भाव सरिता प्रकाशन, नासिक (महाराष्ट्र) 1990

**'तत्ता पानी' : जे.आर. हरनोटिया**

दिल्ली के साथी तो बिहारी लाल हरित जी, राजपाल सिंह राज और सुधाकर जी से परिचित हैं। वे अवश्य ही जसराम हरनोटिया जी को जानते होंगे। हरनोटिया जी काफ़ी समय से समाज सेवा से जुड़े रहे। बकौल शेखर 'तत्ता पानी' (खौलता हुआ पानी) आत्मकथा के लेखक जसराम हरनोटिया का जन्म पश्चिमी उत्तर प्रदेश के साँकलपूठी गाँव में हुआ था। जहाँ उनके पुरखे खेतिहर मज़दूर थे और पट्‌टे पर लेकर खेत जोता करते थे। साँकलपूठी में जाट जाति का संख्याबल अधिक था।

जे. आर. हरनोटिया लिखते हैं कि गाँव की पाठशाला में दलित छात्रों को अलग से दूर बैठाया जाता था तथा उन्हें स्कूल के मटके (घड़े) से पानी भी नहीं लेने दिया जाता था। दलितों के बच्चों को पढ़ाई के लिए घर से अपनी टाट ले जानी पड़ती थी। अध्यापक दलित छात्रों को ग़लती करने पर हाथ से नहीं मारते थे, क्योंकि उनके चाँटा मारने से हाथ अपवित्र हो जायेगा। वे उन्हें अक्सर लातों से या डण्डे से ही पीटा करते थे।

हरनोटिया बचपन से ही छात्र जीवन में मेधावी थे और 1951 में वे पाँचवीं कक्षा में पूरे केन्द्र से प्रथम आये थे। जिसका अन्य अध्यापकों ने भी विरोध किया था। आत्मकथाकार अपने प्रधानाचार्य की तटस्थता व निरपेक्ष दृष्टि का सम्मान से उल्लेख कर कहते हैं, क्योंकि उन्होंने किसी विरोध की परवाह न कर अच्छे और सर्वाधिक नम्बर प्राप्त किये थे। हरनोटिया जी के जाटव जाति के होने पर भी कोई भेदभाव किये बिना उन्हें प्रधानाचार्य द्वारा प्रथम क्रमांक घोषित किया था जिसका विरोध अन्य अध्यापकों के साथ स्कूल प्रबन्धक तथा सदस्यों ने भी किया था।

प्रधानाचार्य ने कहा था कि "शिक्षा बिकती नहीं, वह तो विद्यार्थी की कुशाग्रता पर आधारित होती है।"

लेखक हरनोटिया जी का बाल विवाह दिल्ली से सटे हरियाणा राज्य में रहने वाली केशरलता से हुआ है। अपनी पत्नी के त्याग, संघर्ष का लेखक ने सम्मान से उल्लेख किया है। लेखक दिल्ली रेलवे की नौकरी करने के साथ-साथ बी.ए. की पढ़ाई ग़ाज़ियाबाद से करते हैं। उनकी पत्नी शाहदरा स्टेशन पर उन्हें भोजन का डिब्बा देने आया करती थी। उनका पूरा ख़याल रखती थी। उनकी पढ़ाई में बाधा न हो इसका भी ध्यान रखा करती थी। लेखक कहते कि मेरी पत्नी के सहयोग से ही मैं उच्चशिक्षा प्राप्त कर पाया हूँ। लेखक का विवाह 12 मार्च, 1955 को हुआ था। उन दिनों दलित दूल्हों को गाँव वाले किस तरह परेशान करते हैं,

दलितों की बारात में दूल्हे को घोड़ी पर बैठने ना देने की हक़ीक़त भी लेखक विस्तार से बयान करते हैं। वे पनवाड़ी गाँव की घटना का भी उल्लेख कर उसे रेखांकित करते हैं।

रेलवे विभाग में नौकरी लगने के पश्चात लेखक को ट्रेनिंग के लिए बीकानेर जाना पड़ता है। वहाँ पर दलित रेलवे कर्मचारियों के लिए पानी का घड़ा अलग होता है। किन्तु लेखक को यह भेदभाव व असमानता सही नहीं जाती। इसीलिए वह पानी का घड़ा तोड़ देता है। ट्रेनिंग में दलित कर्मचारियों को फेल कर दिया जाता है। इसके विरोध में लेखक अन्य कर्मचारियों को साथ लेकर तत्कालीन रेल मन्त्री बाबू जगजीवन राम जी को निवेदन देते हैं।

संघर्ष के बाद लेखक की 15 मई, 1959 को रेल विभाग में क्लर्क पद पर नियुक्ति होती है और शाहदरा में वे किराये के मकान में रहने लगते हैं।

लेखक 'तत्ता पानी' आत्मकथा में पाठकों को निर्भीकता से बताता है कि 1965 में उन्होंने हिन्दू धर्म का त्याग कर बौद्ध धर्म को स्वीकार कर अपने सभी बच्चों को बौद्ध धर्म की शिक्षा-दीक्षा देकर उन्हें संस्कारित किया है। उनकी शादी भी बौद्ध पद्धति से की है और उनकी बेटी की शादी में बाबू जगजीवन राम जी के शामिल होने की बात वे कहते हैं।

लेखक बताते हैं कि शाहदरा के विश्वास नगर में अन्य साथियों के सहयोग से 1972 में बौद्ध विहार का शिलान्यास किया गया था जिसमें दलाईलामा भी आये थे। हरनोटिया जी 1974 की देशव्यापी रेलवे हड़ताल का भी अपनी आत्मकथा तत्ता पानी में प्रमुखता से वर्णन करते हैं।

अपनी इस किताब के प्रकाशक वे स्वयं थे। और केशरलता प्रकाशन, शाहदरा से 2016 में छपी थी।

### भदन्त शान्त रक्षक महास्थिविर जय भीम का जाग्रत सिपाही : 'मेरा गाँव-मेरी धरती'

'देखिये आप लोग, अब मेरे गाँव की सीमा प्रारम्भ हो रही है। वह जो नगला दीख रहा है यही मेरा गाँव है—मेरी धरती जहाँ की माटी में मैं जन्मा था।' ऐसे कहते हुए भदन्त जी के चेहरे में एक उद्दीपन का भाव साफ़-साफ़ छलक रहा था। अपनी प्यारी मातृभूमि को देख किसको संवेग नहीं जाग्रत होगा। अपनी जन्मभूमि की माटी को कौन नहीं लालायित होता देखने के लिए। उस समय हमारी कार धीमी गति से उस ग्रामीण सड़क पर चल रही थी। कार में हमारे साथ देश के प्रसिद्ध वैज्ञानिक आज के राष्ट्रपति डॉ. अब्दुल कलाम के निर्देशन

एवं सहयोग की छत्रछाया में काफ़ी समय तक काम करने का जिनको मौक़ा मिला था, श्री ओ.पी. निम, उनकी धर्मपत्नी श्रीमती भदन्त शान्त रक्षक और मैं।

अप्रैल का महीना। तारीख़ 27 को सुबह लेखक दिल्ली से श्री ओ.पी. निम की कार से भदन्त जी की जन्म स्थली के दर्शन को रवाना हुआ था। लम्बे रास्ते को पार करते हुए जब हम टीकरी कला के सरहद पर पहुँचे थे तभी भदन्त जी हमें अपने गाँव की ओर इशारा करते हुए उपरोक्त शब्द कहे। उनके वे शब्द अन्तःकरण से निकल रहे थे। उनकी आँखें, उनके शब्दों की लरजता, उनके चेहरे के भाव स्पष्ट दीख रहे थे और यह भी बता रहे थे अपने ममत्व को अपनी धरती के प्रति।

टीकरी कला गाँव पहले अलीगढ़ जनपद का एक गाँव था। किन्तु जब सुश्री मायावती जी प्रदेश की मुख्यमन्त्री बनीं तो उन्होंने बौद्ध संस्कृति के बौद्ध स्थलों के नाम पर कतिपय ज़िलों का निर्माण किया उन्हीं में एक है महामाया नगर (हाथरस)। अब टीकरी कला महामाया नगर जनपद का एक गाँव है।

अस्पृश्य जातियों के लिए स्कूलों में प्रवेश वर्जित था। गाँव के प्राइमरी स्कूल में एक भी जाटव या अन्य दलित जाति का विद्यार्थी भर्ती नहीं था। केवल ब्राह्मण या अन्य सवर्ण जाति के अलावा वार्णिक पूँजीपति वर्ग के छात्रों का ही प्रवेश होता था। मन मसोस कर रह जाता हेतराम का कि अपने पुत्र को कहाँ पढ़ायेंगे? यही प्रश्न उनके हृदय को बराबर सालता रहता। चूँकि यह जागरूक थे। तत्कालीन 'आदि हिन्दू आन्दोलन' की सभाओं में वह बराबर जाते रहते थे।

अध्यापकी की ट्रेनिंग–जी.टी.सी. परीक्षा पास कर लेने के बाद युवक श्यौराज सिंह की नियुक्ति आगरा स्थित श्री जाटव हायर सेकेण्डरी इंगलिश स्कूल में बतौर शिक्षक हो गयी। बचपन से आदि हिन्दू आन्दोलन की सभाओं में उनके पिता ले जाते रहे। वहाँ के पले संस्कार–स्वाभिमान के संस्कार–आज़ादी के संस्कार बरबस मन में हिलोरें मारते रहते थे। उन्हीं संस्कारों से अनुप्रेरित होकर वह युवक सामाजिक कार्यों में भी भाग लेता रहा।

## मेरा जीवन दर्शन

हिन्दी दलित आत्मकथाओं पर अलग-अलग तरह से लेखन हुआ है। मामचन्द रिवाड़िया की आत्मकथा डायरी के रूप में आगे बढ़ती है। चाहे उनके अपने जीवन की घटनाएँ हों या सामाजिक गतिविधियों का ब्यौरा। यहाँ तक कि देशभर में होने वाली सामाजिक, धार्मिक और राजनीतिक घटनाओं का विवरण भी उन्होंने तारीख़ के आधार पर दिया है। इससे घटनाओं, दुर्घटनाओं का विस्तार हो गया है।

परिणामस्वरूप उनके व्यक्तित्व और कृतित्व को सम्पूर्णता में पाठक पढ़ नहीं सके हैं। किस राजनीतिक दल के किस नेता ने, किस राज्य के मुख्यमन्त्री तथा अन्य मन्त्रियों ने दिल्ली का दौरा कब और क्यों किया, देश के प्रधानमन्त्री से लेकर राष्ट्रपति तथा गृहमन्त्री तक के कार्यक्रमों का बाकायदा उन्होंने अपनी आत्मकथा में विवरण दिया है। इनमें से अधिकांश कार्यक्रमों में वे शामिल भी होते हैं। दिल्ली के मुख्यमन्त्री राधारमण से लेकर बाबू जगजीवन राम और बलराज मधोक से रामधन तक के बारे में उन्होंने बताया है। मधु लिमये/स्वामी अग्निवेश/चौधरी चाँद राम/राजनारायण आदि सभी से उनकी मुलाक़ातें होती थीं। हाँ, यह बात ज़रूर है कि उनकी डायरीनुमा आत्मकथा से कुछ महत्त्वपूर्ण बातें पता भी लगती हैं।

उदाहरण के लिए 1960-61 में चीन के प्रधानमन्त्री चाऊ एन लाई भारत की राजधानी दिल्ली पधारे। देश के प्रधानमन्त्री जवाहरलाल नेहरू जी ने लाल क़िले पर उनका स्वागत किया। 1973 में रिवाड़िया जी दिल्ली टेलीफ़ोन सलाहकार समिति के सदस्य बने। उन्होंने सामाजिक कार्यकर्ताओं, नेताओं तथा व्यापारियों को कनेक्शन भी दिलवाये। इसी कड़ी में अपने सिफ़ारिशी कोटे से फ़िल्म नायिका नरगिस के भाई को फ़ोन लगवा दिया। जिनकी फैक्ट्री ओखला में थी। नरगिस स्वयं इस अर्जेंट कार्य के लिए दिल्ली आयी थीं। पहले वे जी.एम. से मिलीं, फिर रिवाड़िया जी से। रिवाड़िया जी को उन्होंने बम्बई आने का न्यौता भी दिया। आत्मकथाकार परिवार सहित बम्बई गये। पाँच सितारा ताज होटल में ठहरे और नरगिस से अच्छी तरह मिलना हुआ। इस बीच उन्होंने फ़िल्म की शूटिंग भी देखी। हेमवती नन्दन बहुगुणा जी उस समय संचार मन्त्री थे। राज्य संचार मन्त्री जगन्नाथ पहाड़िया जी थे। वे खटीक जाति से थे।

पहाड़िया जी के साथ पूरे देश में खटीक समाज के राजनीतिज्ञों/व्यापारियों/ तथा सामाजिक कार्यकर्ताओं (लेखकों/पत्रकारों के अलावा) के बारे में उनकी आत्मकथा में विवरण मिलता है।

वैसे तो आर्य समाज में जाने के बाद आर्य समाजियों के रंग में वे पूरी तरह से रंग गये थे। लेकिन फिर भी उनके जीवन के खाते में 83 वर्ष तक की उम्र तक उपलब्धियों के रूप में बहुत कुछ गिनाया जा सकता है। उदाहरण के लिए हर वर्ष एक-दो बार से नशाबन्दी अभियान चलाया करते थे। दूसरे जब तुर्कमान गेट के दलितों को सरकार ने उजाड़ा तो उसके ख़िलाफ़ उन्होंने आन्दोलन किया। तीसरे खटीक जाति के लोगों में चेतना जगाने का प्रयास किया। साथ ही उनमें व्यापार का कौशल भी पैदा किया। यही नहीं देशभर में जहाँ-जहाँ खटीक जाति के लोग रहते थे, उनके बीच परस्पर संवाद बनाया और जागरूकता पैदा की।

'मेरा जीवन दर्शन' आत्मकथा में ऐसी बहुत कम शख़्सियतों के नाम दर्ज हुए हैं। वे सांसदों, विधायकों और मन्त्रियों के सान्निध्य में रहते हुए भी जीवनपर्यन्त सामाजिक कार्यकर्ता के रूप में रहे। उनके बीच मामचन्द रिवाड़िया जी का नाम अग्रिम पंक्ति में याद किया जाता है।

स्वयं मामचन्द रिवाड़िया के शब्दों में अपनी जीवनी लिखना किसी भी मनुष्य के लिए बहुत कठिन काम होता है। मैं तो एक साधारण-सा व्यक्ति हूँ। मैं कई संस्थाओं से जुड़ा हुआ हूँ। कई सज्जनों ने मुझसे जीवनी लिखने को कहा। उनका कहना था कि मैंने सभी क्षेत्रों में काम किया है। सरकारी नौकरी, व्यापार तथा राजनीति में रहकर चुनाव भी लड़ा। सारे भारतवर्ष का भ्रमण करके सभी प्रदेशों में समाज का संगठन किया। उन्होंने 6 पुस्तकें लिखीं। 17 देशों की विदेश यात्राएँ की। मामचन्द रिवाड़िया लिखते हैं, कुछ चाहते कि मैं अपनी जीवनी लिखूँ ताकि हम और हमारी आने वाली पीढ़ी को अनुभवों का लाभ मिल सकें। मैं सभी की बात सुनता रहा और हाँ कहता रहा। एक दिन भारतवर्ष के प्रसिद्ध नेत्र चिकित्सक आदरणीय डॉ. जे.के. पुरंग जी तथा मूर्तिकार हीरालाल साँवरिया जी के प्रेमपूर्वक आग्रह को टाल नहीं सका। उसी दिन से मैंने लिखना शुरू किया। मेरी इस समय 83 वर्ष की उम्र है। सारी दुनिया को नज़दीक से देखने का अवसर मिला। मैं 1952 से अब तक रोज़ डायरी लिखता हूँ। उसी के आधार पर मैंने अपनी जीवनी लिखनी शुरू की।

मेरा जन्म 17.07.1936 को 1748 चौक शाह मुबारिक, कूचा पातीराम, बाज़ार सीताराम, दिल्ली-6 में हुआ। मेरे पिता का नाम श्री भूण्डेराम रिवाड़िया, माता का नाम श्रीमती मिश्री देवी खेरवाल था। कुछ बुजुर्ग बताते हैं कि मेरे परदादा सांयवा रिवाड़िया ने मिठाई का काम शुरू किया था। मामचन्द जी के एक भाई और सात बहनें हैं। स्वयं लेखक के एक बेटा और छह बेटियाँ हैं।

1952 में मेरी सगाई श्री नथोलराम बंसवाल की बेटी शकुन्तला से हुई। हम साथ-साथ पढ़ते थे और हमारे मास्टर श्री दामोदर जी थे। मैंने चौथी पास नगर निगम के स्कूल बौरासी संटे, बाज़ार सीताराम दिल्ली से की। यहीं पर कमला नेहरू का परिवार रहता था जो अब धवानी मार्केट बन गयी है। मेरे दादा श्री मोतीराम रिवाड़िया ने बताया कि जब जवाहरलाल नेहरू की शादी कमला जी से हुई थी उस समय बारात का एक हिस्सा घण्टाघर पर था और दूसरा हिस्सा कमला जी के घर के पास चौरासी घण्टे पर था।

मेरे पिताजी की सब्ज़ी-फल की दुकान हौजकाजी दिल्ली में थी। चौथी पास करने के बाद पिता मुझे अपनी दुकान पर ले जाने लगे। मैं दुकान पर भिंडी छाँट

रहा था उस समय कमर्शियल स्कूल के प्रिंसिपल जो हमारी दुकान से रोज़ सब्ज़ी ख़रीदने आते थे। उनका नाम श्री रूपलाल जी था। उन्होंने मेरे पिताजी से पूछा वह लड़का किसका है। पिताजी ने उत्तर दिया यह मेरा बेटा है। इसने चौथी पास की है अब यह मेरा हाथ बँटाता है। प्रिंसिपल साहब ने कहा कि इसे मेरे स्कूल में भेजो। मैं इसका दाख़िला करवा दूँगा। इस स्कूल में ब्राह्मण, बनिये तथा सवर्ण जांति के बालक ही पढ़ते थे कोई दलित समाज का बालक नहीं पढ़ता था।

मेरे चाचा जंगबहादुर रिवाड़िया मुझे लेकर स्कूल गये। दफ़्तर में श्री गोयल इंचार्ज थे। मेरे चाचाजी ने उनसे कहा कि मेरे बच्चे को 5वीं कक्षा में दाख़िल करने की कृपा करें, इसने चौथी पास कर ली है, सर्टिफ़िकेट भी दिखाये फिर भी उन्होंने दाख़िल नहीं किया।

अगले दिन प्रिंसिपल साहब रोज़ की भाँति दुकान पर आये और पूछा कि अपने बेटे को स्कूल लेकर नहीं आये। पिताजी ने उत्तर दिया कि स्कूल गये थे लेकिन दाख़िल करने से मना कर दिया। प्रिंसिपल साहब ने कहा कि कल सीधे मेरे कमरे में बच्चे को लेकर आ जाना। चाचा जी मुझे स्कूल ले गये और सीधे प्रिंसिपल के कमरे में गये। प्रिंसिपल साहब ने गोयल इंचार्ज को बुलाया और पूछा कि इस बच्चे को 5वीं क्लास में दाख़िल क्यों नहीं किया? गोयल ने कहा जगह नहीं थी। तब प्रिंसिपल साहब ने कहा कि इस बच्चे को ज़रूर दाख़िल करें जगह हो या न हो। इस तरह इस बड़े स्कूल में मेरा 5वीं कक्षा में दाख़िला हुआ।

हमारे स्कूल में प्रातःकाल शास्त्री जी गीता के एक श्लोक का प्रतिदिन अर्थ सहित पाठ करते थे जिसके कारण विद्यार्थियों में गीता पढ़ने का चाव पैदा हुआ। हमारे अध्यापक बड़ी निष्ठा से विद्यार्थियों को पढ़ाते थे और विद्यार्थी भी उनका बड़ा आदर करते थे। 1952 में मैं 16 वर्ष का हो गया था और मैं 10वीं कक्षा का विद्यार्थी था। इसी वर्ष दिसम्बर 1952 में मेरी शादी हो गयी। मैं स्कूल जाता तथा अपने हाथ में बँधे कंगन को पूरी बाँह से ढँक लेता था ताकि किसी को मालूम न हो कि मेरी शादी हो रही है। शादी वाले दिन एक सप्ताह की छुट्टी ली और कहा कि मैं पिताजी के साथ बाहर जा रहा हूँ। मैं सच कहूँ तो मुझे शादी की वास्तविकता का भी पूरा ज्ञान नहीं था। 1955 में मैंने हायर सेकेण्ड्री स्कूल पास किया। दिल्ली विश्वविद्यालय का दिल्ली कॉलेज जो अजमेरी गेट के पास था बी.ए. प्रथम वर्ष में दाख़िला ले लिया। हायर सेकेण्ड्री तक मेरे पिताजी ने फ़ीस देकर मुझे पढ़ाया। इसका कारण था कि अजमेरी क्षेत्र में खटीक समाज के लोग राजपूत-खटीकों में बँटे हुए थे। उनमें कुछ कहते थे हम राजपूत हैं और कुछ कहते थे कि हम खटीक हैं। मूलचन्द कटारिया और कुछ अन्य लोग जो अपने

आपको राजपूत कहते थे उन्होंने कहना शुरू कर दिया कि भूण्डेराम रिवाड़िया तो खटीक इसलिए बनना चाहते हैं ताकि इसके लड़के मामचन्द रिवाड़िया की फ़ीस माफ़ हो जाये और वजीफ़ा मिलने लगे। मेरे पिताजी ने उन्हें उत्तर दिया कि न तो मैंने फीस माफ़ कराई और न वजीफ़ा लिया। मैं तो समाज हित को देखते हुए खटीक रहना चाहता हूँ जो हम पहले से ही हैं। बाबा साहेब अम्बेडकर जी के कारण हमारे पढ़े-लिखे बच्चों को अनुसूचित जाति के होने के कारण सरकारी नौकरी मिलेगी। हमारे लोगों को लोकसभा-विधानसभा में उम्मीदवार बनाया जायेगा और सरकार में हमारी भागीदारी होगी जिससे हमारी सामाजिक और आर्थिक स्थिति में सुधार होगा। लोगों पर पिताजी की बात का असर पड़ा और अधिकांश खटीकों ने राजपूत बनने का विचार त्याग दिया।

1953 की घटना है। हमारे घर के पास पूरन भगत (जाटव) जो मेरे पिताजी के दोस्त थे, वह घर से नंगे पैर डॉ. भीमराव अम्बेडकर जी के बँगले पर जाते थे। एक दिन उन्होंने कहा कि तुम्हारे बेटे मामचन्द को एक महापुरुष के दर्शन कराने ले जाऊँगा। मेरे पिताजी ने स्वीकृति दे दी। उस समय मेरी आयु 16 वर्ष की थी। पूरन भगत मुझे डॉ. साहब से मिलाने के लिए ले गये। उस समय कई लोग उनके पास बैठे थे, हम भी जाकर बैठ गये। आधे घण्टे के बाद हमारा नम्बर आया। भगत जी ने डॉ. साहब को बताया कि वह मेरे दोस्त का लड़का है और 10वीं कक्षा में पढ़ता है। इसके पिता फल-सब्ज़ी के व्यापारी हैं और यह खटीक जाति के हैं। इनके लोग माली, मिस्त्री और कुछ थोड़े लोग मीट बेचने का भी काम करते हैं। मैं डॉ. साहब के चेहरे को देखता रहा और मेरा मन कहता रहा कि यह कोई महान शक्ति है। उनका आशीर्वाद लेकर हम घर वापिस आ गये। भगत जी ने यह सारी घटना मेरे पिताजी को सुनाई। उस दिन की डॉ. साहब से भेंट आज भी मेरे मन को गुदगुदाती है। मैं भगत पूरन जी को अभी भी याद करता हूँ। जो जाटव जाति के प्रभावशाली व्यक्ति थे और सफल व्यापारी भी थे। पूरन भगत के बहाने मुझे एक महत्त्वपूर्ण वाकया याद आता है। मेरठ में हमारी बस्ती जाटव गेट। मामचन्द जी के अनुसार जहाँ मेरा जन्म हुआ था। मेरे विवाह की बात उन्हीं पूरन भगत की बेटी से चल रही थी। किसी कारण से वह रिश्ता हो नहीं सका। मैंने मामचन्द जी से मज़ाक़ में कहा कि अगर मेरी आपसे 70 के दशक में मुलाक़ात हो जाती तो तब वह रिश्ता हो जाता। सुनकर वे ज़ोरों से हँस पड़े।

डॉ. गंगाराम निर्वाण भी डॉ. अम्बेडकर जी के बहुत बड़े अनुयायी थे। दिल्ली में वे डॉ. साहब की पार्टी में एक बड़े अधिकारी थे। वे डॉ. साहब की पार्टी

से लोगों को चुनाव लड़ाते थे और ख़ुद भी चुनाव लड़ते थे। डॉ. गंगाराम जी का गोत्र तो पहाड़िया था लेकिन डॉ. अम्बेडकर जी ने उनका नाम डॉ. गंगाराम निर्वाण रख दिया तब से इन्हें लोग डॉ. निर्वाण कहने लगे। मैं भी डॉ. निर्वाण के साथ मीटिंगों तथा जुलूस में जाता था। डॉ. निर्वाण ने स्त्रियों के लिए भी बहुत कार्य किये।

दूसरे व्यक्ति कोमी मुसाफ़िर, चौ. प्रभाती (भगवासिया) जो माली का काम करते थे। वे पढ़े-लिखे तो नहीं थे लेकिन गुने हुए बहुत थे। वे इतने ज्ञानी थे कि बड़े-बड़े पढ़े-लिखों को भी पढ़ा देते थे। तरक़्क़ी हो जाने पर वह हेड गार्डनर बन गये और किसी केन्द्रीय मन्त्री की कोठी पर माली का काम करने लगे। डॉ. अम्बेडकर देश के क़ानून मन्त्री थे। उनकी कोठी भी आसपास वहीं थी जहाँ चौ. प्रभाती फाग करते थे। वे भी बाबा साहब से बहुत प्रभावित थे। वह हर रोज़ फलों का गुलदस्ता डॉ. साहब की मेज़ पर रख आते। एक दिन डॉ. साहब ने अपने पी.ए. से पूछा रोज़ाना फूलों का गुलदस्ता कौन रख कर जाता है। पी.ए. ने उत्तर दिया कि पास वाली कोठी में एक माली है जो यह फूलों का गुलदस्ता चुपचाप रख के चला जाता है। बाबा साहेब ने पी.ए. से कहा कि डॉ. साहब तुमसे मिलना चाहते हैं। तुम यहीं रुको। डॉ. साहब हाल में आये और पूछा तुम क्या करते हो तो चौ. प्रभाती ने कहा कि मैं बराबर वाली कोठी में काम करता हूँ और खटीक जाति से हूँ। डॉ. साहब बहुत ख़ुश हुए और कहा कि तुम कभी-कभी मुझसे मिलते रहना। तुम्हारी जाति के लोग तो राजपूत बनते हैं। उन्हें समझाओ कि राजपूत बनने से क्या लाभ है। अनुसूचित जाति में रहने से सरकार की तरफ़ से काफ़ी लाभ होगा। डॉ. साहब की बातों का उन पर बहुत असर हुआ। चौ. प्रभाती जीवन भर समाज सुधार का काम करते रहे।

प्रभाती कोमी मुसाफ़िर पर कोर्ट में मुक़दमा चल रहा था। श्री शिवदयाल चौरसिया एक प्रसिद्ध वकील थे। वे अम्बेडकरवादी, ग़रीबों के मसीहा थे। ग़रीबों शोषितों का केस बिना पैसे लिया करते थे। मुझे उनके साथ कई प्रदेशों में यात्रा करने का सौभाग्य प्राप्त हुआ था। वे प्रसिद्ध उद्योगपति श्री के.के. बिड़ला को हराकर राज्यसभा के सदस्य बने। हमने दिल्ली प्रदेश खटीक समाज की ओर से खटीकों वाली धर्मशाला में भव्य स्वागत किया। तब से मेरा उनके साथ गहरा सम्बन्ध हो गया। मान्यवर कांशीराम जी के वे गुरु थे। मैं उनके साथ यू.पी. के मुख्यमन्त्री श्री बहुगुणा जी मिलने लखनऊ गया। मैं उनके साथ कानपुर के अम्बेडकरवादी तथा मनु विरोधी घसीटामल साहु के घर गया। साहु जी ने हमारा स्वागत किया और हमें एक कमरे में ले गये जहाँ भगवान राम की मूर्ति रखी थी।

श्री साहु जी ने हमसे कहा कि इस मूर्ति को जूता मारो। मेरी तो हिम्मत नहीं हुई लेकिन श्री चौरसिया ने जूता मारा। उसके बाद हम सबने मिलकर खाना खाया।

## माउंट मैन : दशरथ माँझी

ऐसा कहा जाता है कि दशरथ माँझी काफ़ी कम उम्र में अपने घर से भाग गये थे और धनबाद की कोयले की खानों में उन्होंने काम किया। बाद में वे अपने घर लौट आये और फाल्गुनी देवी से शादी की। एक दिन अपने पति के लिए घड़े में पानी ले जाते समय उनकी पत्नी फाल्गुनी पहाड़ के दर्रे में गिर गयी और उनका निधन हो गया। अगर फाल्गुनी देवी को अस्पताल ले जाया गया होता तो शायद वो बच जाती। पर वैसा हुआ नहीं। इसके बाद दशरथ माँझी ने संकल्प लिया कि वह अकेले अपने दम पर वे पहाड़ के बीचों-बीच से रास्ता निकालेंगे और फिर उन्होंने इसकी शुरुआत भी कर दी। 360 फ़ीट लम्बा (110 मी.), 25 फ़ीट गहरा (7.6 मी.) 30 फ़ीट चौड़ा (9.1 मी.) गेहलौर की पहाड़ियों से रास्ता बनाना शुरू किया। इन्होंने बताया, जब मैंने पहाड़ी तोड़ना शुरू किया तो लोगों ने मुझे पागल कहा और लोग मुझ पर हँसते थे। लेकिन इस बात ने मेरे निश्चय को और भी मज़बूत किया।

उन्होंने अपने इस काम को 22 वर्षों (1960-1982) में पूरा किया। इस सड़क ने गया के अत्रि और बजीरगंज सेक्टर्स की दूरी को 55 किमी. से 15 किमी. कर दिया। आरम्भ में माँझी के प्रयास का मज़ाक़ उड़ाया गया था, पर उनके इस प्रयास ने गेहलौर के लोगों के जीवन को सरल बना दिया। हालाँकि उन्होंने एक सुरक्षित पहाड़ को काटा, जो भारतीय वन्यजीव सुरक्षा अधिनियम अनुसार दण्डनीय है फिर भी उनका ये प्रयास सराहनीय है। बाद में माँझी ने कहा, पहले-पहले गाँव वालों ने मुझपर ताने कसे लेकिन उनमें से कुछ ने मुझे खाना दिया और औज़ार ख़रीदने में मेरी सहायता भी की।

## केवल हथौड़े-छैनी से तोड़ा पहाड़

माँझी के प्रयत्न का सकारात्मक नतीजा निकला। केवल एक हथौड़ा और छैनी लेकर उन्होंने अकेले ही 360 फ़ीट लम्बी, 30 फ़ीट चौड़ी और 25 फ़ीट ऊँचे पहाड़ को काट कर सड़क बना डाली। इस सड़क ने गया के अत्रि और वज़ीरगंज सेक्टर्स की दूरी 55 किमी. से 15 किमी. कर दी ताकि गाँव के लोगों को आने जाने में तकलीफ़ न हो। आख़िरकार 1982 में 22 वर्षों की मेहनत के बाद माँझी ने अपने कार्य को पूरा किया। उनकी इस उपलब्धि के लिए बिहार सरकार ने सामाजिक सेवा के क्षेत्र में 2006 में पद्मश्री हेतु उनके नाम का प्रस्ताव भी रखा।

**क्या अकेला कोई शख्स पहाड़ भी फोड़ सकता है?**

1960 से 1982 के दौरान दिन-रात दशरथ माँझी के दिलो-दिमाग़ में एक ही चुनौती ने क़ब्ज़ा कर रखा था। उस पहाड़ से अपनी पत्नी की मौत का बदला लेना। जिसके कारण उनकी पत्नी चल बसी, और 22 साल तक जारी रहे जुनून ने अपना नतीजा दिखाया। हम कह सकते हैं कि पहाड़ ने माँझी से हार मानकर 360 फ़ीट लम्बा, 25 फ़ीट गहरा और 30 फ़ीट चौड़ा रास्ता दे दिया।

यह ख़ुशी की बात है कि सूचना और प्रसारण मन्त्रालय के फ़िल्म प्रभाग ने दशरथ माँझी पर एक वृत्तचित्र 'द मैन हु मूव्ड द माउंटेन' का भी 2012 में निर्माण किया। कुमुद रंजन इसके निर्देशक हैं। जुलाई 2012 में निदेशक केतन मेहता ने दशरथ माँझी के जीवन पर आधारित फ़िल्म 'माँझी : द माउंटेन मैन' बनाने की घोषणा की। अपनी मृत्युशय्या पर, माँझी ने अपने जीवन पर एक फ़िल्म बनाने के लिए 'विशेष अधिकार' दे दिया। 21 अगस्त, 2015 को फ़िल्म को रिलीज किया गया। नवाजुद्दीन सिद्दीकी ने माँझी की और राधिका आप्टे ने फाल्गुनी देवी की भूमिका निभाई है। माँझी के कार्यों को एक कन्नड़ फ़िल्म 'ओलवे मन्दार' में जयतीर्थ द्वारा दिखाया गया है।

मार्च 2014 में प्रसारित टी.वी. शो 'सत्यमेव जयते' का सीजन 2 जिसकी मेज़बानी आमिर खान ने की जिसका पहला एपिसोड दशरथ माँझी को समर्पित किया गया। आमिर खान और राजेश रंजन ने भी माँझी के बेटे भागीरथ माँझी और बहू बसन्ती देवी से मुलाक़ात की। माँझी की और वित्तीय सहायता प्रदान करने का वादा किया। हालाँकि 1 अप्रैल, 2014 को चिकित्सीय देखभाल वहन करने में असमर्थ होने के कारण बसन्ती देवी की मृत्यु हो गयी। हाल ही में उसके पति ने ये कहा कि अगर आमिर खान ने मदद का वादा पूरा किया होता तो ऐसा नहीं होता।

दशरथ माँझी के गहलोर पहाड़ का सीना चीरने से गया के अतरी और वज़ीरगंज ब्लॉक का फ़ासला 80 किलोमीटर से घटकर 13 किलोमीटर रह गया। केतन मेहता ने उन्हें ग़रीबों का शाहजहाँ करार दिया। साल 2007 में 73 बरस की उम्र में वो जब दुनिया छोड़ गये, तो पीछे रह गयी पहाड़ पर लिखी उनकी वो कहानी जो आने वाली कई पीढ़ियों को प्रेरणा देती रहेगी।

अखिल भारतीय आयुर्विज्ञान संस्थान (एम्स), नयी दिल्ली में पित्ताशय (गॉल ब्लैडर) के कैंसर से पीड़ित माँझी का 73 साल की उम्र में 17 अगस्त, 2007 को निधन हो गया। बिहार राज्य सरकार के द्वारा इनका अन्तिम संस्कार किया गया।

बाद में मुख्यमन्त्री नीतिश कुमार ने गहलोर में उनके नाम पर 3 किमी. लम्बी एक सड़क और हॉस्पिटल बनवाने का फ़ैसला किया।

*'राष्ट्रीय सहारा' से साभार*

## द बैंडिट क्वीन ऑफ़ इंडिया

फूलन देवी की जीवनी के रूप में मेरी थेरेसे कनी द्वारा लिखित 'द बैंडिट क्वीन ऑफ़ इंडिया' द्वारा विशेष रूप से पूर्वी उत्तर प्रदेश की दबंग जातियों द्वारा दलित और अति पिछड़े समाज के लोगों पर किये गये उत्पीड़न उजागर होते हैं। बहुत पहले शेखर कपूर ने इसी विषय पर फूलन देवी को केन्द्र में रखकर फ़िल्म भी बनाई थी। आज जबकि फूलन देवी (10 अगस्त, 1963-25 जुलाई, 2001) हमारे बीच नहीं हैं, बावजूद इसके उनकी याद आते ही उन पर ठाकुरों द्वारा किये गये बलात्कार की अमानवीय घटनाओं के साथ उन्हें स्वयं फूलन देवी के द्वारा एक लाइन में खड़ा कर बेहमई गाँव में 22 ठाकुरों को 1981 में गोली मारने के दृश्य हमारे सामने आ जाते हैं।

फूलन देवी का जन्म उत्तर प्रदेश के गोरहा पुरवा में हुआ था। उनके आरम्भिक दिनों में उनके चाचा ने उनकी ज़मीन पर क़ब्ज़ा कर लिया था। बीस-पचीस वर्ष बड़े व्यक्ति से विवाह हो गया। पति ने भी उन पर अत्याचार किये। जीवन के उसी मोड़ से फूलन देवी के भीतर डाकू बनने की प्रक्रिया तेज़ हुई और वे चम्बल के बीहड़ों में उतर गयीं।

ग्यारह वर्ष जेल में रहने के बाद 1983 में हथियार छोड़कर सरेंडर किया। 1994 में तत्कालीन मुख्यमन्त्री मुलायम सिंह यादव ने उन पर लगे सभी मुक़दमे वापस ले लिए और 1996 में उन्हें समाजवादी पार्टी से चुनाव लड़वाया, जिसमें वे विजयी हुईं।

कहना न होगा कि फूलन देवी की जीवनी एक अबला से सबला बनने की कहानी है, जिसे पढ़ते हुए इस देश में आज़ादी के बाद भी सवर्णों के द्वारा दलित और ओबीसी के लोगों को गुलाम जैसी स्थिति में रखने की उनकी मानसिकता रेखांकित होती है। उनकी महिलाओं से आये दिन बलात्कार किये जाते रहे हैं। उनके घरों में आग लगाई जाती रही है। उनके बच्चों को शिक्षा लेने से टोका जाता रहा है।

## जवाहर लाल कौल 'व्यग्र' की आत्मकथा : 'कुछ कही-कुछ अनकही'

बचपन के दिनों को याद करते हुए वे लिखते हैं कि उनके घर के पूरब दिशा में एक बीघा की दूरी पर रुद्राणी देवी का मन्दिर था। एक दिन चुपके से मैं मन्दिर

के भीतर चला गया। माँ ने मुझे दूर से मन्दिर में घुसते हुए देख लिया था। जब मैं बाहर आया तो माँ पूछ बैठी।

"त मन्दिर में काहे घुस गइलै, हमार बिरादरी पासी, खटीक के लोग मन्दिर में नहीं जालन, दूरै से देवी के दरसन करैलन।"

मेरी बस्ती के बगल में पश्चिम तरफ़ सड़क के किनारे दलितों की दो बस्तियाँ थीं एक पसियान (पासियों की बस्ती) जो सड़क के दक्षिण थी, दूसरा खटिकान (खटिक का घर) जो सड़क के उत्तर-पश्चिम थी। खटिकान में मेरी उम्र का कोई बच्चा नहीं था। हाँ पसियान में कुछ बच्चे थे जो खेल-कूद में मेरा साथ देते थे।

जब मैं क़रीब चार साल का रहा होऊँगा, एक शाम अपनी बड़ी माँ के साथ ठकुरान जो मेरे घर के दक्षिण पूरब पड़ता है के बड़े ठाकुर कहे जाने वाले बलभद्दर सिंह के घर गया जहाँ वह उनका गुड़ का भट्ठा ईख की पताई से झोंकती थीं। मैं वहाँ बैठा रहा। बूढ़े ठाकुर जो मचिया पर बैठे थे, उनकी गोद में बैठे पौत्र ने उनसे मेरे बारे में पूछा कि यह कौन है तो उन्होंने उनसे मुझे चमरौटी का होना कहा। लगता है पहली बार मुझे अपने को चमार एवं चमरौटी का होने का आभास हुआ होगा। मैं उस समय बहुत दुबला-पतला था। वहाँ कड़ाहे से ईख से पकी गरम खाँड़ (पतला गुड़) को बड़ी माँ अपने साथ ले गयी कटोरी में मुझे दी जिसे मैंने चाटा तथा उसी कटोरी में ठाकुर के घर का लोटे से गिराया हुआ पानी पिया। घर आते समय मैंने बड़ी माँ से पूछा, 'बड़कीमाई ई चमरउटी का होला।' इस पर उन्होंने कहा, 'हमलोग जहाँ रहीला ओके चमरउटी कहलन, अउर इहाँ के सब लोग छोट जात चमार कहालन।' मैं यह सुनकर चुप हो गया।

यह बात बड़ी माँ ने मेरे बड़े होने पर एक दिन जाड़े में कौड़ा तापते हुए बतलाई थी। पाँच, छह साल की उम्र में कुछ और समझदारी आने पर मेरे दिल-दिमाग़ में अपने को छोटी जाति का चमार होना—नीचा होना तथा बाभन, ठाकुर एवं अन्य जातियों का बड़ी होना—ऊँची होना प्रश्न बनकर मेरे मस्तिष्क में घुमड़ने लगा। मैं यह समझ नहीं पा रहा था कि कैसे हम नीच हैं और वे कैसे ऊँच, इस सम्बन्ध में मुझे यह बोध होने लगा कि जिस जाति में जो पैदा होता है उसी के अनुसार समाज में ऊँचाई-निचाई निर्धारित होती है। नीच कही जाने वाली जातियों में चमार, पासी, खटिक, धोबी, डोम इत्यादि हैं जिन्हें अन्य ऊँची जाति वाले अछूत समझते हैं, कहते हैं। मैं इस जाति व्यवस्था के उलझन से अलग अपनी जीवन-यात्रा में एक-एक दिन आगे बढ़ने लगा। अभी यह मेरा लड़कपन था जिसमें अपने लोगों को नीच समझा जाना या कहा जाना अच्छा न

लगते हुए उस पर किसी से कुछ कहना-सुनना ठीक नहीं समझता था। यद्यपि जात-पाँत, ऊँच-नीच की बातें मेरे दिल-दिमाग़ में खटकती रहती थीं।

## आर.डी. आनन्द की आत्मकथा : 'क्या लिखूँ क्या छोड़ दूँ'

आत्मकथाओं पर ऐसे समय जब मैं अपनी पुस्तक हेतु पाण्डुलिपि फाइनल कर रहा था तब आर.डी. आनन्द की आत्मकथा डाक से मिली। इस पुस्तक के बारे में लिखना बहुत कुछ चाहता था, लेकिन पुस्तक के पृष्ठों की सीमा के साथ मेरे लिए समय सीमा भी थी। आत्मकथा का शीर्षक जैसा लेखक ने दिया, "क्या लिखूँ क्या छोड़ दूँ।" स्वयं मेरे लिए भी सवाल था। पर लिखना ज़रूरी था। इसलिए कि आर.डी. आनन्द नयी पीढ़ी के सशक्त कवि और कथाकार रहे हैं। जैसा कि स्वयं उनकी बेटी श्वेता आनन्द ने इसी किताब की भूमिका में अपने पिता को पढ़ाकू के रूप में दर्ज किया है, जो एक अच्छी बात है। दलित साहित्य के लिए सबसे सुखद बात यह है कि एक पिता की आत्मकथा की भूमिका उनकी बेटी ने लिखी।

आत्मकथा के प्रथम अध्याय में आनन्द जी लिखते हैं, "महुआडावर 1857 तक बस्ती ज़िला के बहादुरपुर ब्लॉक में मनोरमा नदी के तट पर मौजूद एक ऐतिहासिक गाँव था। महुआडावर से बुझावकपुर के बारे में आत्मकथाकार ने मुग़ल साम्राज्य से लेकर ब्रिटिश शासन तक का ब्यौरा दिया है, जो महत्त्वपूर्ण है। उनका जन्म 5 जनवरी, 1965 को बुझावकपुर में हुआ था।

आर.डी. आनन्द सिर्फ़ अपने गाँव के नहीं बल्कि आसपास के 45 से 50 गाँवों में पहले ग्रेजुएट हैं। यही नहीं नौकरी पाने में भी वे प्रथम व्यक्ति हैं। उनकी आत्मकथा के आधार पर हम कह सकते हैं कि 50 गाँवों में वे पहले ऐसे लेखक हैं, जिन्होंने आत्मकथा लिख कर हिम्मत का कार्य किया।

आत्मकथाकार लिखते हैं, स्कूल में एडमिशन के समय गाँव के लोग नाक-भौं सिकोड़ने लगे थे। वे इस बात को लेकर परेशान थे कि जो व्यक्ति खाने के लिए पैसे नहीं कमा पाता है वह अपने बच्चे के लिए पढ़ने की कैसे व्यवस्था करेगा? ख़ैर जैसे-तैसे पढ़ाई चलने लगी।

गाँव में ग़रीबी का आलम यह था कि लोग मीलो-मील नंगे पाँव पैदल ही चलते थे। विकास के क्रम में मुझे याद आता है कि मेरे गाँव में मेरे बचपन में किसी के घर में लालटेन नहीं थी। सभी रात में ढिबरी जलाते थे।

लेखक के भीतर आरम्भ से ही अनीश्वरवाद के बीज पनपने लगे थे। साथ ही मार्क्सवाद से भी वे प्रभावित थे। हालाँकि बाद में बाबा साहेब डॉ. अम्बेडकर

के विचार से परिचित होने पर मार्क्सवाद पर भी उनका मन्थन हुआ। लेखक ने अपनी इस आत्मकथा में 2018 तक का लेखा-जोखा दिया है। आत्मकथा के अन्तिम दो अध्याय 'मैं दिल्ली में हूँ' और 'रिश्ता-ए-दिल : मेदान्ता' में मरीज़ (स्वयं लेखक) और अस्पताल के इर्द-गिर्द गम्भीर परिस्थितियों में भी जीवन के लिए संघर्ष उभरता है। उनका संघर्ष निश्चित ही उनके भीतर के जीवट व्यक्तित्व को साबित करता है।

## 'आउट हाउस' : अधिकारियों के सर्वेंट क्वार्टर में पले-बढ़े रेलवे कर्मचारी की जीवनी

कवि, दिलीपचन्द्र घोडेस्वार की 'आउट हाउस' जीवनी असल में उनके जीवन में हुए सांस्कृतिक बदलाव की, परिवर्तन की कहानी है। वे मध्य रेलवे के भुसावल डिवीज़न में कार्यरत रहे। एक समय मध्य रेलवे का कार्यक्षेत्र विशाल था। दिल्ली के तुग़लकाबाद से लेकर बम्बई के विक्टोरिया टर्मीनस तक उसका विस्तार हुआ करता था और उन दिनों भाप के इंजिनों का प्रचलन होने के कारण मध्य प्रदेश के इटारसी जंक्शन तथा महाराष्ट्र के भुसावल जंक्शन का दबदबा तथा बोलबाला था, और इन दोनों जगह के लोको शेड की तुलना में नागपुर शहर के समीप के अंजनी लोको शेड की शानो-शौक़त को कमतर आँका जाता था। अंजनी (नागपुर) को रेलवे की भाषा में संकेत लिपि में, 'एक्यू' तथा भुसावल को 'बीएसएल' कहा जाता था। नागपुर में दक्षिण पूर्व रेलवे, जिसे साउथ ईस्टर्न रेलवे कहा जाता था।

दिलीपचन्द्र का जन्म 'आउट हाउस' में 21 मई, 1956 को हुआ। उनके पिता और नानी रेलवे कर्मचारी थे। आत्मकथाकार लिखते हैं, मेरे पिताजी ने जीवन में रेलवे की नौकरी कभी नहीं की। किन्तु हम सभी भाई-बहनों का जन्म रेलवे क्वार्टर में हुआ है। मेरे ताऊ रेलवे में चतुर्थ श्रेणी कर्मचारी थे। 1934 में रेलवे की बड़ी हड़ताल हुई थी। इस हड़ताल के बहाने उन्होंने रेलवे की नौकरी छोड़ दी।

'आउट हाउस' के तीसरे अध्याय में जीवनी लेखक ने रेलवे की कठिन परीक्षा में पास होने की बात कही है और उन्हें रेलवे में भाप के इंजन में कोयला भरनेवाला 'लॉडरमैन' के पद पर नियुक्ति-पत्र मिलने का स्पष्टता से उल्लेख किया है। जबकि उन्होंने रेलवे के निर्माण विभाग में अनेक वर्षों तक अस्थायी कर्मचारी के रूप में काम किया था। किन्तु उन्हें लोको शेड में नियुक्ति-पत्र मिला और लॉडरमैन की नौकरी के बहाने इस कार्य के अनगिनत दुखों को ज़ुबान देने का प्रयास किया है।

लेखक ने अपनी जीवनी में शिक्षा के महत्त्व को बड़ी ही स्पष्टता से पाठकों के सामने रखा है और अपने बच्चों को पढ़ाई का भरपूर अवसर एक पिता के नाते उपलब्ध कराया है जिसके सार्थक परिणाम की चर्चा लेखक ने दलित पैंथर के सक्रिय कार्यकर्ता के रूप में भी की है, जिसकी जानकारी उन्होंने इस पुस्तक में विस्तार से दी है। इसी कार्य की वजह से पैंथर के संस्थापक सदस्य रहे कवि, ज. वि. पवार 'आउट हाउस' पुस्तक की विशेषता को रेखांकित कर कहते हैं कि बाबा साहेब डॉ. अम्बेडकर के आन्दोलन का माध्यम और साधन 'मूकनायक', 'बहिष्कृत भारत' आदि पत्रिकाएँ रही हैं और कवि, गायक, अध्यापक आन्दोलन में सहायक और मददगार रही हैं।

## सन्दर्भ


1. 'बयान' में प्रकाशित शेखर के आलेख से।
2. 'आउट हाउस', महाजन पब्लिशिंग हाउस, पुणे, 2012
3. 'मेरा जीवन दर्शन', नयी दिल्ली, 2010

# अन्य दलित आत्मकथाएँ

अन्य कुछ मराठी दलित आत्मकथाएँ, जो प्रकाशित हुईं, उनका विवरण इस प्रकार है–अविनाश शिन्दे द्वारा समतेव नात (समता से सरोकार या सम्बन्ध)–यह आत्मकथा आदिवासी बहेलिया जाति के जीवन को रेखांकित करती है। 2015 में आदिवासी पारधी (बहेलिया) समाज विकास संस्था, सातारा (महाराष्ट्र) से प्रकाशित। इसी तरह से डॉ. शान्ता गवई के द्वारा लिखित मात्ती भिण्डे आकांक्षा (मिट्टी जा पहुँचे आसमान पर), 2015 में समता संगर प्रकाशन, नागपुर से प्रकाशित। एस.एस. इंगले की आत्मकथा आभा काला थिगल (आसमान की थिगली), 2015 में रमाई प्रकाशन, औरंगाबाद से प्रकाशित।

डॉ. सुभाष रोकड़े की आत्मकथा 'हाणला कोमत्ता झालो मास्तर' (किया छुरे से वार और हो गया अध्यापक), 2015 में स्नेह वर्धन प्रकाशन, पुणे से प्रकाशित। कुछ और आत्मकथाओं में सोपान निवृत्ती शिन्दे की आम्बेडकर निष्ठ माझी आई (अम्बेडकरवाडी मेरी माँ) तथा सुरेश देवराव वर्धे की परिस्थितिला दिवस जातान जेव्हा (हालात जब गर्भवती होती है), आतिश नसीर की शारदा साठे (इतिहास का अनभिज्ञ पात्र), इनमें पहली आत्मकथा बार्शी (महाराष्ट्र) से तथा शेष दो मुम्बई से प्रकाशित हुईं। इनके बाद डॉ. भगवान एंगडे की ठेवलेल्या पाऊत खुणा (पाँवों के निशान), कीर्ति प्रकाशन, औरंगाबाद। एडवोकेट एकनाथ सालवे की 'मैं बौद्ध क्यों बना?' सम्यक प्रकाशन, नयी दिल्ली से प्रकाशित हुई। कालेख गर्भ (काँटों से भरा पथ) सम्पादक बबन लोढे, सुधाकर गायकवाड़, ग्रन्थाली प्रकाशन, मुम्बई, व्ही.पी. ढवले की वाट खायखल माची, निर्मल प्रकाशन, मुलाटे की झाकोललेल्या वाटा (अँधेरी राह), स्वरूप प्रकाशन औरंगाबाद, एस.के. हिंगोले की जीवन संघर्ष, अजिंठा प्रकाशन, औरंगाबाद, माधव फुटवाड़ की गाव आणि शिवार (गाँव और शहर), बलीवश प्रकाशन, नान्देड, विनोद मेश्राम की वेदना डोह (वेदना की दलदल), ऋचा प्रकाशन, नागपुर, डी.पी. झगड़े की भूक आणि गरिबी, निर्मल प्रकाशन, नान्देड, विश्वास वसेकर की तहान लेले पाणी (प्यासा पानी),

रत्नाजी आगवणे की माझी वाकल, बाला साहेब गायकवाड़ की ख्रिस्ती महार, के.ओ. गिन्हे की भटक्या, पा.उ. जाधव की म्हारडा, नाना साहेब झोंगडे की फाजर, अशोक पवार की विहाड़, ला.स. रोकड़े की झला, विजय शिरसार की कुस्ती, नामदेव व्हटकर की कथा माइया जन्माची। दलित वर्ग की स्त्रियों ने भी आत्मकथा लिखी हैं। शान्ताबाई काम्बले की 'माइया जन्माची चित्तार कथा', कमल मोरे की 'तीन दगड़ायी थूल' (2000), मुक्ता सर्वगोड की 'मिटलेली कवाडे' (1983), भटक्या विमुक्त समाज की स्त्रियों ने कम आत्मकथा लिखी हैं। जनाबाई कचरु गिरहे की आत्मकथा 'मरणकला' की जानकारी भी हमें मिलती है।

# आत्मकथाओं का विवरण

1. *अपने-अपने पिंजरे (भाग-1)*
   मोहनदास नैमिशराय
   वाणी प्रकाशन, 21-ए, दरियागंज, नयी दिल्ली-2
   1995
2. *An untouchable in the I.A.S.*
   Balwant singh
   Saharanpur
   1997
3. *जूठन*
   ओमप्रकाश वाल्मीकि
   राधाकृष्ण प्रकाशन प्रा.लि., अंसारी रोड, दरियागंज, नयी दिल्ली-2
   1997
4. *A Silent soldier An Autobiography*
   Samata Sahitya Sadan
   Jaipur
   2000
5. *तिरस्कार*
   के. नाथ
   बौद्ध उपासक संघ साहित्य प्रकाशन, टी 2-224, शास्त्री नगर, कानपुर
   1999
6. *मेरा सफ़र मेरी मंज़िल*
   डी.आर. जाटव
   समता साहित्य सदन, जयपुर
   2000
7. *अपने-अपने पिंजरे (भाग-2)*
   मोहनदास नैमिशराय
   वाणी प्रकाशन, 21-ए, दरियागंज, नयी दिल्ली-2
   2000
8. *झोंपड़ी से राजभवन*
   डॉ. माता प्रसाद
   नमन प्रकाशन, 4378/4बी, अंसारी रोड, दरियागंज, नयी दिल्ली-2
   2002
9. *तिरस्कृत*
   सूरजपाल चौहान
   अनुभव प्रकाशन, ई-28, साहिबाबाद, ग़ाज़ियाबाद
   2002
10. *यादों के झरोखे*
    डॉ. एम.एल. शहारे
    श्री नटराज प्रकाशन, दिल्ली
    2005

11. *सन्तप्त*
सूरजपाल चौहान
वाणी प्रकाशन, 21-ए, दरियागंज, नयी दिल्ली-2
2006

12. *मेरा गाँव और जीवन यात्रा*
सीताराम सहयोगी
मनीषा प्रकाशन, ग़ाज़ियाबाद
2006

13. *इन्सान से ईश्वर तक (भाग-एक)*
नवेन्दु महर्षि
मेधा बुक्स, एक्स-11, नवीन शाहदरा, दिल्ली-32
2006

14. *मेरे मन की बाइबिल (भाग-2)*
मेधा बुक्स, एक्स-11, नवीन शाहदरा, दिल्ली-32
2007

15. *छांग्या रूक्ख*
बलबीर माधोपुरी
वाणी प्रकाशन, 21-ए, दरियागंज, नयी दिल्ली-2
2007

16. *मेरा बचपन मेरे कन्धों पर*
श्यौराज सिंह 'बेचैन'
वाणी प्रकाशन, 21-ए, दरियागंज, नयी दिल्ली-2
2009

17. *मेरी पत्नी और भेड़िया*
डॉ. धर्मवीर
वाणी प्रकाशन, 21-ए, दरियागंज, नयी दिल्ली-2
2009

18. *माझी मी*
यशोधरा गायकवाड़
ग्रन्थाली प्रकाशन, दादर, मुम्बई
2007

19. *नागफनी*
रूपनारायण सोनकर
शिल्पायन, 10295, लेन नं. 1, वेस्ट गोरख पार्क, शाहदरा दिल्ली-32
2007

20. *डॉ. गंगाधर पानतावणे : व्यक्तित्व एवं कृतित्व*
सम्पादक : डॉ. अनिल गजभिये
सम्यक प्रकाशन, 32/3, पश्चिमपुरी, नयी दिल्ली
2010

21. *मुर्दहिया*
डॉ. तुलसीराम
राजकमल प्रकाशन, दरियागंज नयी दिल्ली-2
2010

22. *शिकंजे का दर्द*
सुशीला टाकभौरे
वाणी प्रकाशन, 21-ए, दरियागंज, नयी दिल्ली-2
2011

23. *किसने मेरा भाग्य लिखा : ढोर गली से दिल्ली*
सुशील कुमार शिंदे
राजकमल प्रकाशन, दरियागंज, नयी दिल्ली-2
2012

24. *टुकड़े-टुकड़े आईना (प्रथम भाग)*
बुद्ध शरण हंस
अम्बेडकर मिशन प्रकाशन
डॉ. अम्बेडकर मार्ग, चितकोहरा, पो. अनीसाबाद, पटना-2
2013

25. *टुकड़े-टुकड़े आईना (2)*
बुद्ध शरण हंस
पटना
2013

26. *मणिकर्णिका*
डॉ. तुलसीराम
राजकमल प्रकाशन, दरियागंज, नयी दिल्ली-2
2014

27. *गवर्नमेंट ब्राह्मण*
अरविन्द मालगत्ती
स्वराज प्रकाशन, दरियागंज, नयी दिल्ली-2
2015

28. *टुकड़े-टुकड़े आईना (3)*
बुद्ध शरण हंस, पटना
2015

29. *जूठन (दूसरा भाग)*
ओमप्रकाश वाल्मीकि
राधाकृष्ण प्रकाशन, नयी दिल्ली-2
2015

30. *घुटन*
डॉ. रमाशंकर आर्य
शिल्पायन, 10295, लेन नं. 1, वेस्ट गोरख पार्क, शाहदरा, दिल्ली-2
2005

31. *एक भंगी कुलपति की अनकही कहानी*
प्रो. श्यामलाल
यूनिवर्सिटी बुक हाउस (प्रा.) लि., 79, चौड़ा रास्ता, जयपुर
2004
(इससे पूर्व 2001 में इसी प्रकाशन से अंग्रेजी में untold story of a bhangi vice-chancellor प्रकाशित हुई।

32. *माई एनकाउंटर विद द्रोणाचार्य*
डॉ. अशोक भोयर
सुगावा प्रकाशन, 562, सदाशिव पेठ, पूना
2007

33. *दोहरा अभिशाप*
कौसल्या बैसन्त्री
परमेश्वरी प्रकाशन, बी-109, प्रीत विहार, दिल्ली-92
1999

34. *रुकी हुई रोशनी*
नवेन्दु महर्षि
प्रखर प्रकाशन, 1/11498 ए, सुभाष पार्क एक्सटेंशन, नवीन शाहदरा, दिल्ली-32
2011

35. *गाँव गली*
सिद्धलिंगय्या
वाणी प्रकाशन, 21-ए, दरियागंज, नयी दिल्ली-2
2012

36. *मला उद्ध्वस्त व्हायंचा*
मल्लिका अमरशेख
मैजेस्टिक बुक स्टॉल, मुम्बई
1994

37. *माझ्या जीवनाच गाण*
कर्डक वामन
निर्मल प्रकाशन, नान्देड
1996

38. *राघववेल*
नामदेव काळे
देशमुख आणि कम्पनी, पुणे
1995

39. *अन्तःस्फोट*
कुमुद पावडे
आनन्द प्रकाशन, औरंगाबाद
1981

40. *आभरान*
पार्थ पोलके
ग्रन्थाली प्रकाशन, मुम्बई
1984

41. *मातीच आकाश*
राम बसाखेत्रे
सन्दर्भ प्रकाशन, ठाणे (महाराष्ट्र)
1994

42. *कोंडाळ*
तुषार भाग्यवन्त
अजब पुस्तकालय, कोल्हापुर
1986

43. *इरलं*
नीलकान्त चव्हाण
सुविधा प्रकाशन, 149, शनिवार पेठ, पुणे
2010

44. *वस्ती*
वसन्त मून
ग्रन्थाली प्रकाशन, मुम्बई
1995

45. *गवाळ*
दादासाहेब मल्लारी मोरे
श्रीविद्या प्रकाशन, पुणे
1983

46. *यादों के पंछी*
प्र.ई. सोनकांबले
राधाकृष्ण प्रकाशन, नयी दिल्ली-2
1983

47. *अगा जे कल्पिले नाही*
सना. सूर्यवंशी
1975

48. *रामनगरी*
रामनगरकर
मैजेस्टिक बुक स्टॉल, मुम्बई
1977

49. *बलुतं*
दया पवार
ग्रन्थावली प्रकाशन, मुम्बई
1978

50. *मुक्काम पोस्ट*
देवाचे गोठणे
माधव कोंडविलकर
मैजेस्टिक बुक स्टॉल, मुम्बई
1979

51. *म्हारडा*
पा.उ. जाधव
मिलिन्द प्रकाशन, वसारी
1986

52. *तांडा*
आत्माराम
कनीराम राठोड
अभिजित प्रकाशन, नागपुर
1981

53. *हकिकत आणि जटायू*
केशव मेश्राम
लोकवाङ्मय प्रा.लि., मुम्बई
1981

54. *काट्यावरची पोटं*
उत्तम बंडू तुपे
मेहता पब्लिशिंग हाउस, पुणे
1981

55. *मिटलेली कवाडं*
मुक्ता सर्वगोड
चेतश्री प्रकाशन, अमलनेर
1982

56. *फाजर*
नानासाहेब झोगडे
सिन्धू ना. झोगडे, मुम्बई
1982

57. *गावकी*
रुस्तम अचलखांब
श्रीविद्या प्रकाशन, पुणे
1983

58. *कथा माइया जन्माची*
नामदेव कटकर
मैजेस्टिक बुक स्टॉल, मुम्बई
1983

59. *अक्करमाशी*
शरणकुमार लिंबाले
वाणी प्रकाशन, 21-ए, दरियागंज,
नयी दिल्ली-2
2009
(मराठी में 1984 में पुणे के श्री विद्या प्रकाशन से छपी)

60. *धुलपाटी*
श्रीरंग तलवारे
मानसन्मान प्रकाशन, पुणे
1985

61. *माज्या जल्माची चित्तरकथा*
पूर्वा प्रकाशन, मुम्बई
1986

62. *माझी वाकल*
रत्नाजी आगवणे
कॉन्टीनेंटल प्रकाशन, पुणे
1990

63. *ख्रिस्ती महार*
बाळासाहेब गायकवाड़
प्रचार प्रकाशन, कोल्हापुर
1990

64. *कळा त्याकाळच्या*
माधव कोंडविलकर
ग्लोरिया देवरुख
1990

65. *भटक्या*
के.ओ. गिन्हें
प्रियदर्शी प्रकाशन, कोल्हापुर
1991

66. *आमचा बाप आम्ही*
नरेन्द्र जाधव
ग्रन्थाली प्रकाशन, मुम्बई
1995

67. *झळा*
ला.स. रोकडे
अनधा प्रकाशन, ठाणे
1986

68. *बारामाशी (दूसरा भाग)*
शरणकुमार लिंबाले
श्रीविद्या प्रकाशन, पुणे
1988

69. *माझे क्रीडाजीवन*
पी. विट्ठल
1958

70. *कुस्ती*
विजय शिरसाट
रिमझिम प्रकाशन, औरंगाबाद
1983

71. *जातीला जात वैरी*
ना.म. शिन्दे
पॉपुलर प्रकाशन, मुम्बई
1990

72. *रात्र दिन आम्हा*
शान्ताबाई दाणी
भावसरिता प्रकाशन
नासिक (महाराष्ट्र)
1990

73. *विषकन्या*
विभा राही
2009

74. *स्मृति गन्ध*
गुणाबाई गाडेकर
1995

75. *अछूत ( हिन्दी अनुवाद)*
दया पवार
राधाकृष्ण प्रकाशन, अंसारी रोड, दरियागंज, नयी दिल्ली-2
1980

76. *जीवन हमारा*
बेबी काम्बले
किताबघर, अंसारी रोड, दरियागंज, नयी दिल्ली-2
1995

77. *ससाई*
नागार्जुन सुरई ससाई
नेशनल बहुजन पब्लिकेशन ट्रस्ट
नागपुर
1996

78. *छोरा कोल्हाटी का*
किशोर शान्ताबाई काले
राधाकृष्ण प्रकाशन, अंसारी रोड, दरियागंज, नयी दिल्ली-2
1997

79. *मैं हिन्दू क्यों नहीं हूँ?*
कांचा इलैया
अनुवाद मुकेश मानस आरोही बुक ट्रस्ट नई दिल्ली
2003

80. *उठाईगीर*
(अलग टाइटल से प्रकाशित)
लक्ष्मण गायकवाड़
साहित्य अकादेमी, रवीन्द्र भवन, फ़िरोज़शाह रोड, नयी दिल्ली-1
1992

81. *उपरा (मराठी)*
लक्ष्मण माने
ग्रन्थाली प्रकाशन, मुम्बई
1980

82. *पराया*
लक्ष्मण माने
साहित्य अकादेमी, रवीन्द्र भवन,
फ़िरोज़शाह रोड, नयी दिल्ली-1
1993

83. *दी ब्रिगेडियर*
डॉ. एस.एम. भाले राव
राजदीप प्रकाशन, पुणे
2000

84. *चोरटा*
सन्तोष देवसन पवार
सुगावा प्रकाशन, पुणे
2004

85. *डेराडंगर*
दादासाहब मोरे
राधाकृष्ण प्रकाशन, अंसारी रोड,
दरियागंज, नयी दिल्ली-2
2001

86. *मंगुडयाचं पाणी*
आनन्द गवली
सावली प्रकाशन, विक्रम नगर,
धनकवडी, पुणे
2002

87. *धूल का पंछी यादों के पंख*
एम.एन. निमगडे
करुणा प्रकाशन, 151, प्रसाद नगर,
नयी दिल्ली-15
2003

88. *भूले-बिसरे दिन*
अरुण खोरे
राधाकृष्ण प्रकाशन, अंसारी रोड,
दरियागंज, नयी दिल्ली-2
2001

89. *नरक-सफ़ाई*
अरुण ठाकुर/महम्मद खडस
राधाकृष्ण प्रकाशन, अंसारी रोड,
दरियागंज, नयी दिल्ली-2
1996

90. *स्ट्रगल अगेंस्ट स्लेवरी*
बलवन्त सिंह
ए-215, पुराना आवास विकास
कॉलोनी, सहारनपुर
1998

91. *तराल-अन्तराल*
शंकरराव खरात
नेशनल पब्लिशिंग हाउस, दरियागंज,
नयी दिल्ली-2
1987

92. *मेरा संघर्षमय जीवन एवं बहुजन मूवमेंट का सफ़रनामा*
मायावती प्रकाशन
बहुजन समाज पार्टी
12, गुरुद्वारा रकाबगंज रोड,
नयी दिल्ली-1
2009

93. *मेरी हक़ीक़त*
भालचन्द्र मुणगेकर
राधाकृष्ण प्रकाशन, अंसारी रोड,
दरियागंज, नयी दिल्ली-2
2010

94. *आयदान*
उर्मिला पवार
वाणी प्रकाशन, 21-ए, दरियागंज,
नयी दिल्ली-2
2010

95. *पोतराज*
पार्थ पोलके
राधाकृष्ण प्रकाशन, अंसारी रोड, दरियागंज, नयी दिल्ली-2
2012

96. *सोनकवच*
दादाहरी काम्बले
परिसर प्रकाशन, अंबाजोगाई
2015

97. *मागे वसून याहनावा*
टी.एस. काम्बले
लातूर
2015

98. *सैनिक बौद्धाचार्य*
नामदेव ओहाल
एजूकेशन पब्लिशर्स, औरंगाबाद
2015

99. *स्वत्वसंगर*
जयराम खुने
प्रज्ञा प्रबोध प्रकाशन, सांगली
2016

100. *टुकड़ा-टुकड़ा जीवन*
कावेरी
ईशा ज्ञानदीप, ए.डी. 77-ए, शालीमार बाग, नयी दिल्ली
2017

101. *अपनी ज़मीं अपना आसमाँ*
रजनी तिलक
ईशा ज्ञानदीप, ए.डी. 77-ए, शालीमार बाग, नयी दिल्ली
2017

102. *मेरे पिता बालय्या*
वाई.बी. सत्यनारायण
स्वराज प्रकाशन, नयी दिल्ली-2
2018

103. *छूटे पन्नों की उड़ान*
अनिता भारती
स्वराज प्रकाशन, नयी दिल्ली-2
2018

104. *अम्बेडकरी होने का अर्थ*
एल.आर. बाली
भीम पत्रिका प्रकाश, ई.एस., 393-ए, आबादपुरा, जालन्धर
2018

105. *मेरा जीवन दर्शन*
मामचन्द रिवाड़िया
रिवाड़िया साहित्य प्रकाशन, ए/सी-23, टैगोर गार्डन, नयी दिल्ली
2018

106. *टुकड़े-टुकड़े आईना (4)*
बुद्ध शरण हंस
पटना
2018

107. *क्या लिखूँ क्या छोड़ दूँ*
आर.डी. आनन्द
परिकल्पना प्रकाशन, लक्ष्मी नगर, दिल्ली-92
2019

108. *कुछ कही-कुछ अनकही*
जवाहरलाल कौल 'व्यग्र'
अगोरा प्रकाशन, वाराणसी
2019

109. *रंग कितने संग मेरे (भाग-तीन)*
मोहनदास नैमिशराय
वाणी प्रकाशन, 21-ए, दरियागंज, नयी दिल्ली-2
2019

110. *मैं एक कारसेवक था*
भँवर मेघवंशी
नवारुण प्रकाशन
जनसत्ता अपार्टमेंट्स, सेक्टर 9, वसुन्धरा, ग़ाज़ियाबाद
2019

111. *भीम नताचा झंझावात*
एस.के. शिंदे
संवाद प्रकाशन, कोल्हापुर, सोलापुर
2020

112. *लगता नहीं है दिल मेरा*
कृष्णा अग्निहोत्री सामयिक बुक्स, नयी दिल्ली
2010

113. *शालचे दिवस*
योगीराज वाघमारे
मुकारंग प्रकाशन, लातूर
2013

114. *बोधीवृक्षाच्या छायेनं*
भागवत पेठेसंवाद प्रकाशन, सोलापुर
2020

115. *मोची* (एक मोची का अदबी-ज़िंदगीनामा) द्वारका भारती, नवचेतना पब्लिकेशन जालन्धर-
2021

116. *ज़लालत*
नवचेतना, पब्लिकेशन,
2021

117. *धराणं तमास गिराचे*
शशिकान्त तास, गावकर
ग्रन्थाली प्रकाशन, मुम्बई
1989

118. *धडपड सालदाराकपो राची*
डॉ. संजय दामू, जाधव
नासिक
2010

119. *हेही दिवस जातीलथ*
प्रो. डॉ. उद्राव भाले
सुगावा प्रकाशन
2009

120. *बादल*
लक्ष्मण ओहोल
ग्रन्थाली प्रकाशन, मुम्बई
1996

121. *गवाल*
दादासाहेब मोरे
विद्या प्रकाशन, पुणे
1983

122. *आमचा बाप आम्ही*
नरेन्द्र जाधव
ग्रन्थाली प्रकाशन, मुम्बई
1993

123. *काटूर*
डॉ. पांडुरंग गायकवाड़
मेथीली प्रकाशन, लातूर
2010

124. *स्मृतीगन्ध*
गुणा बाई गाडेकर
1992

125. *किसान का बेटा*
रामप्रकाश सरोज
शिवांक प्रकाशन, दिल्ली
2020
126. *ग़ैरहाज़िर आदमी*
प्रेम गोरखी
हरिआनन्द प्रकाशन, दिल्ली
1994
127. *दास्तान*
लालसिंह 'दिल'
चेतना प्रकाशन, पंजाबी भवन, लुधियाना
1998
128. *आलो-आंधरि*
बेबी हालदार
रोशनाई प्रकाशन, कांचरापाड़ा, पं. बंगाल
2002
129. *दाह*
ल.सि. जाधव
अंतिका प्रकाशन, गाजियाबाद
2016
130. *आई वूज एन आउट कास्ट इंडियन*
हजारी
पाल माल प्रैस लंदन,
1951
131. *जीवन संघर्ष : एक आदर्श क्रान्ति कथा*
डाह्याभाई दिनबन्धु
2001,
132. *पूर्णसत्य*
बी. केशरशिवम्
2002
133. *थोरनुं फूल* भाग-1, 2, 3, 4
पी.के. वालेरा
2007
134. *बजता जाये एकतारा*
विट्ठलराय श्रीमाली
2001
135. *आत्मकथा*
ललित परमार
1997
136. *मनस्थ*
नटु भाई परमार
2007
137. *अतीत के अनोखे संस्मरण*
खेमचन्द चावड़ा
2005
138. *जाति अपराध*
के. नाथ
बौद्ध उपासक संघ साहित्य प्रकाशन, कानपुर
2005
139. *डेथ कान्ट स्टॉप मी*
डॉ. अभय परमार
ज्ञान प्रकाशन, कानपुर
2017
140. *कोरे घोड़े का पानी*
मलूक चंद कलेर
2009
141. *अक्क का दूध*
अतर जीत
2011
142. *तिनका-तिनका आल्हाणा*
डॉ. नीता खटड़ा
2016

143. *आउट हाउस*
डी.एस. घोडेस्वार
महाजन पब्लिशिंग हाउस, पुणे
2012

144. My Mother
Adv. Shridhar Kasbekar,
Visyaraj Publication, Pune
2010

## अन्य आत्मकथाओं की सूची

145. *लोक माझे सांगाती*
शरद पवार
राजहंस प्रकाशन, पुणे-30

146. *जगामचय प्रत्येक सेकंड*
मंगला केवले
ग्रंवाली, दादर, मुम्बई-28

147. *तहानलेते पाणी*
विश्वास वसेकर
संस्कृति प्रकाशन, पुणे-30

148. *एका अस्वस्थ तलाठ्याची डायरी*
रामचन्द्र नलावडे
दिलीपराज प्रकाशन, पुणे-30

149. *आणि तोफा धड़ाडल्या*
सुरेन्द्र सुर्वे
औरंगाबाद

150. *परिस्थितीला दिवस जातात तेव्हा*
सुरेश देवराव वर्धे
देवयानी प्रकाशन, नवी मुम्बई

151. *संघर्षयात्री भन्ते धर्मशील (चरित्र)*
डॉ. अनिल गजभिये
सम्यक् प्रकाशन, नयी दिल्ली

152. *जग बदल घालुनि घाव*
एकनाथ आव्हाड
समकालीन प्रकाशन, पुणे

153. *मैं बौद्ध क्यों बना*
एडवोकेट एकनाथ सालवे
सम्यक् प्रकाशन, नयी दिल्ली

154. *ठेवालतेत्मा पाऊतखुणा*
डॉ. भगवान एंगड़े
कीर्ति प्रकाशन, औरंगाबाद

155. *तीन दगडाची चूल*
विम मोरे
मेहता पब्लिशिंग, पुणे

156. *हिरकणीयं बि-हाड़*
सुनिता अरलिकर
अक्षर मानव प्रकाशन
शुक्रवार पेठ, पुणे

157. *बिहाड*
अशोक पवार
दिलीपराज प्रकाशन, पुणे

158. *आकान्त*
बाबाराव मडावी
प्रियंका प्रकाशन, यवतमाल

159. *जग बदल धालुनि घाव*
एकनाथ अव्हाड

160. *परिस्थिति तीला दिवस जेव्हा*
सुरेश देवराव वर्धे

161. *इतिहास का अनभिग यात्री*
शारदा साठे

162. *मिट्टी जा पहुँचे आसमान पर*
डॉ. शान्ता गवई

163. *आसमान को थिगली*
एस.एस. इंगले

164. *हाणला कोयत्ता झालो मास्तर*
डॉ. सुभाष शेकड़े

165. *आम्बेडकर निष्ठ माझी आई*
सोपान निवृत्ती शिंदे

166. *टूटे पंखों से परवाज़ तक*
सुमित्रा महरोल

167. *मेरा गाँव और जीवन यात्रा*
सहयोगी

168. *माऊंट मैन*
दशरथ मांझी

169. *सामाजिक क्रान्ति और सुखलाल कुशवाह*

170. *मेरा गाँव मेरी धरती*

171. *मेरा अतीत*
सन्तराम आर्य

172. *हरलेला डाव*
प्रियकला मेश्राम

173. *हिरकणीयं बिन्हाड*
सुनीता अरलीकर

174. *जगायचय प्रत्येक सेकण्ड*
मंगला कंवले

175. *पगडंडियाँ*
बचिंत कौर
नेशनल पब्लिशिंग हाउस, दरियागंज, नयी दिल्ली-2

176. *फरफर*
सुशीला पटेकर
अखिल भारतीय बौद्ध महासभा
मानखुर्द, मुम्बई

177. *अन्धारातील काजवा*
बालकृष्ण सरकाटे

178. *मारु जीवतरनु गाडु*
(मेरी ज़िन्दगी की गाड़ी)
डॉ. विनु भाई मोगरिया

❐❐